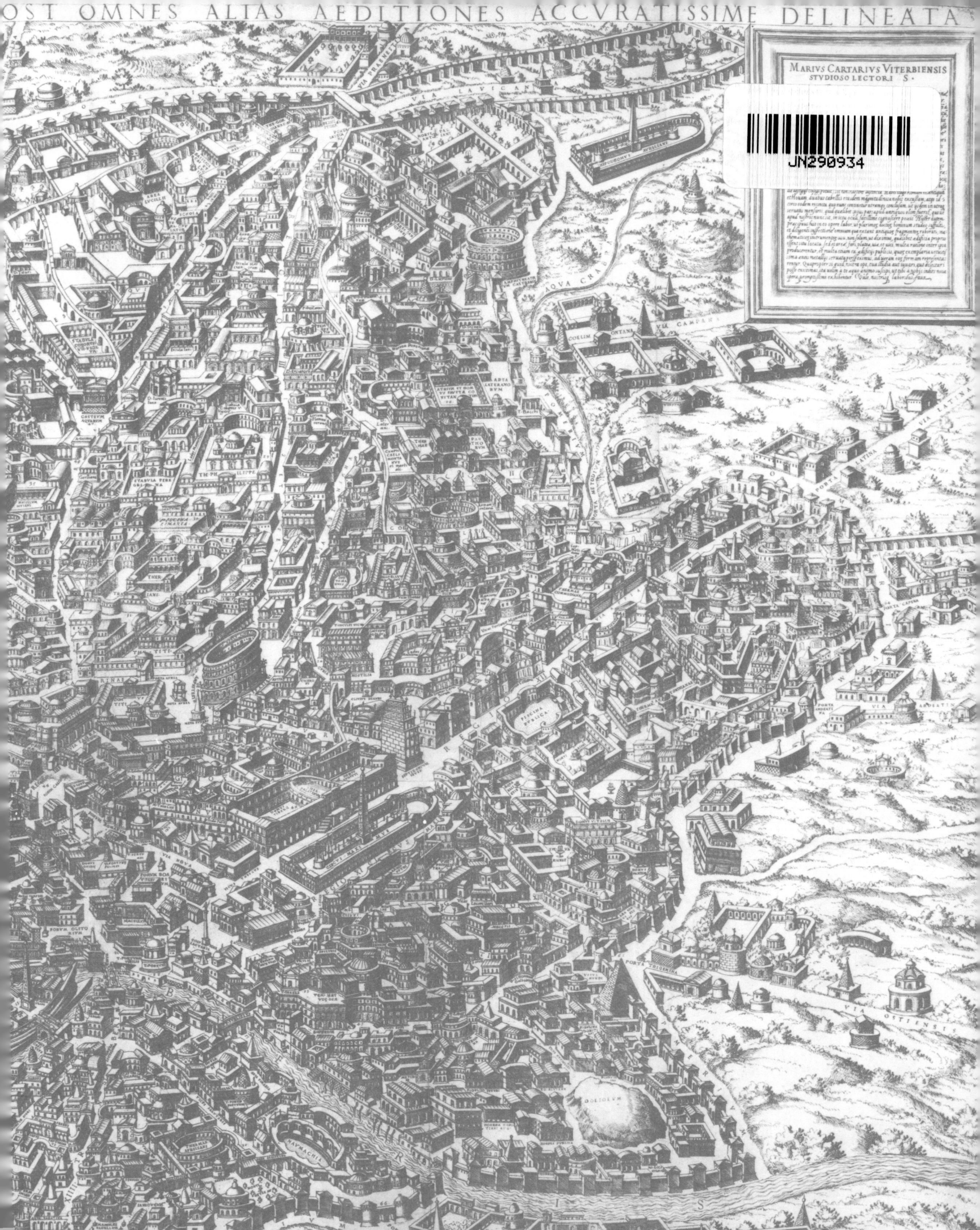

図説 世界文化地理大百科
古代のローマ

図説 世界文化地理大百科
古代のローマ
ATLAS OF THE
ROMAN WORLD

ティム・コーネル　著
ジョン・マシューズ

平田　寛　監修
小林雅夫　訳

朝倉書店

目次

6 年表
8 序

第1部　古代イタリアとローマ共和政

10 発展を約束された都市
34 イタリアおよび地中海の征服
54 危機と改革

第2部　共和政から帝政へ

66 ローマの内乱
102 文化的で強大な帝国

第3部　ローマ帝国の属州

118 アフリカ
124 スペイン
128 ガッリアとゲルマニア
134 ブリタンニア
140 ドナウ川流域
146 ギリシア
150 小アジア
156 東方
164 エジプトとキュレナイカ

第4部　帝国の衰退

168 混乱と回復
188 コンスタンティヌス大帝と4世紀
208 西ローマ帝国の滅亡
220 東ゴート王国とビザンティン帝国による征服

226 図版リスト
228 参考文献
231 監修者のことば
232 訳者のことば
233 地名索引
239 索引

Tim Cornell
ロンドン大学ユニバーシティ・カレッジ古代史講師（前ローマ・ブリティッシュ・スクール副所長）
専門　ローマ共和政初期

John Matthews
オックスフォード大学クイーンズ・カレッジ古代史特別研究員
専門　後4世紀ローマ帝国史

（編集顧問）
Peter Brown
カルフォルニア大学バークレイ校古代史および地中海考古学教授

Editor Graham Speake
Art editor Andrew Lawson
Map editors Liz Orrock, Zoe Goodwin
Text editor and index Jennifer Drake-Brockman
Design Adrian Hodgkins
Production Clive Sparling

AN EQUINOX BOOK

Published by Phaidon Press Ltd, Littlegate House, St Ebbe's Street, Oxford, England, OX1 1SQ

Planned and produced by Equinox Ltd, Mayfield House, 256 Banbury Road, Oxford, England, OX2 7DH

© 1982 Equinox Ltd
Text © Timothy Cornell and John Matthews 1982

All rights reserved. No part of this publication may be reproduced, stored in a retrieval system, or transmitted, in any form or by any means, electronic, mechanical, photocopying, recording or otherwise, without the prior permission of the Publishers.

口絵　ナイル川の風景のモザイク（ポンペイ出土）

地図リスト

- 10 イタリアの地形
- 12 イタリアの気温——1月と6月
- 13 イタリアの降雨量——1年，1月，6月
- 16 イタリアの地質
- 19 アウグストゥス帝時代のイタリアの地方行政区とローマ市の行政区
- 20 イタリアにおける青銅器および鉄器時代の遺跡
- 21 前6世紀のエトルリアとその都市
- 22 ローマ統一以前（前450－400年）のイタリアの諸言語
- 23 地中海西部におけるギリシアとフェニキアの植民地
- 27 王政時代のローマとその周辺地域
- 29 ケルト族侵入時の北イタリア
- 30 ラティウム・ウェトゥスにおける考古学的遺跡群
- 35 前334－241年のイタリアにおける征服戦争と植民市建設，および前338年の中部イタリアの状況
- 38 共和政時代のローマの街道
- 39 前3世紀におけるローマ陶器の分布
- 40 ローマ同盟の拡大
- 45 第1次ポエニ戦争
- 46 対ハンニバル戦争時のイタリア
- 47 第2次ポエニ戦争
- 49 前2世紀のイタリアの植民市
- 57 グラックス兄弟の土地改革
- 60 ローマと地中海世界，前146－70年ごろ
- 62 イタリアと同盟者戦争，前91－89年
- 67 前1世紀のイタリアにおける植民市建設
- 70 ユリウス・カエサルの台頭
- 72 ローマ市民の属州への移住
- 75 ローマ帝国の統治
- 84 68－70年の戦乱
- 93 地中海における難破，前300－後300年
- 107 106年までの帝国の属州と辺境
- 108 ウェスパシアヌス帝の時代からアントニヌス帝の時代にかけての，ゲルマニア－ラエティアの国境
- 111 帝国の言語的区分と都市の分布に関連した自然条件
- 113 属州地図の手がかり
- 118 アフリカ諸州
- 124 スペイン諸州
- 129 ガッリアとゲルマニアの諸州
- 135 属州ブリタンニア
- 140 ドナウ川流域の諸州
- 146 ギリシア諸州
- 150 小アジアとキュプロスの諸州
- 157 東方諸州
- 164 エジプト，クレタ，キュレナイカの諸州
- 171 ディオクレティアヌス帝の防衛組織：サクソン海岸
- 171 3世紀における帝国の侵入者と辺境地
- 173 ディオクレティアヌス帝時代のローマ帝国
- 174 ディオクレティアヌス時代の東方辺境地（ディオクレティアヌス道路）
- 179 3世紀および4世紀初頭のキリスト教会の分布状態
- 191 メソポタミアと363年のユリアヌスの遠征
- 192 ユリアヌスとウァレンティニアヌスのゲルマニア遠征
- 199 修道院の分布と影響範囲，300－500年
- 200 『教皇文書』による教会領の分布
- 209 蛮族の西方への侵入と定着
- 214 526年のローマ帝国と蛮族諸王国との政治的範囲
- 220 ユスティニアヌス帝時代のペルシア

トピックス

- 30 古ラティウム
- 32 エトルリア人
- 52 アルカイック期のローマ
- 86 ポンペイにおける市民生活
- 88 共和政時代のローマ
- 90 帝政初期のローマ
- 92 ローマの外港オスティア
- 94 国家宗教の祝祭
- 96 東方の宗教
- 98 皇帝たち：アウグストゥスからユスティニアヌスまで
- 100 トラヤヌスの軍隊
- 114 ローマ世界の交通
- 180 ローマの肖像
- 182 日常生活
- 184 製造所と技術
- 186 民衆の娯楽
- 202 官僚制
- 204 コンスタンティヌスの都
- 206 帝政末期のローマ
- 218 ラウェンナの華麗な宮廷
- 224 ローマの遺産

年表 （歴代皇帝表は 98－99ページ）

	紀元前800	600	500	400	300	200
ローマとイタリア	ローマの建国(伝説では753) タルクイニウスⅠ世 616－579 ローマ市の発展	セルウィウス・トゥッリウス 579－534 部族，軍隊，都市制度の再編成 タルクイニウスⅡ世 534－509 共和政開始 509 ローマのラティウム支配	ラテン人，レギッルス湖畔で敗北 499 サビニ族，アエクイ族，ウォルスキ族の侵入 パトリキの支配 サムニテス族のカンパニア侵入 420 ウェイイ市の包囲と占領 405－396	ガッリア人のローマ略奪 パトリキとプレブスとがともに執政官に就任 338 ラテン戦争 340 ラテン同盟解散 カンパニアをローマに併合 ローマの植民運動とイタリア征服 334－264 第2次サムニウム戦争 327－304	第3次サムニウム戦争 298－290 ピュロスの侵略 280－275 初期ローマの貨幣鋳造 280頃から 第1次ポエニ戦争 264－241 ガッリア人のイタリア侵入 225 第2次ポエニ戦争 218－202	スキピオ家の試練 187 大カトー監察官に就任 184 ローマ市民への直接税の廃止 167 グラックス兄弟の護民官就任 133, 123－122 マリウス執政官に7度就任 107, 104－100, 86 キンブリ族とテウトネス族の敗北 102－101
	小屋型骨壺 800頃	ウェイイ出土のアポロ頭部像 500頃		カピトリウムのオオカミ 5世紀初頭		ハンニバルの貨幣 210頃
美術と建築	パラティヌス丘の素朴な小屋 カエレ，プラエネステなどにあるオリエント風の豪華な墓 ローマのフォルムの設計 ローマにおける最初の恒久的石造建造物	ディアナ，フォルトゥナ，マテル・マトゥタの神殿 560頃 セルウィウス・トゥッリウス(?)の市壁 カピトリウムのユピテル神殿 509	サトゥルヌス神殿 497 ケレス神殿 493 カストル神殿 484 アポロ神殿 431	ローマ周壁の再建 378 ラルゴ・アルジェンティナのC神殿 350頃 アッピア街道，アッピア水道橋建設 312 ウルキのフランソワの墓 320－310頃	ローマにおける神殿建設計画 302－272 ローマの見事な陶器製品がスキピオ家の墓を飾る 280頃 フラミニウス競技場 221	ギリシア美術がローマにもたらされる 200－ ローマのフォルムにバシリカ・ポルキアを建設 184 バシリカ・アエミリアとアエミリア橋 179 プラエネステのフォルトゥナ神殿 120頃
			←──エトルリアの墓の彩色画──────────────────→			
ラテン文学		最古のラテン語碑文 600頃	12 表法 451－450		アッピウス・クラウディウス・カエクス(雄弁家) リウィウス・アンドロニクス，ナエウィウス，プラウトゥス，エンニウス，スタティウス・カエキリウス，パクウィウス(劇作家，詩人) カトー(雄弁家，歴史家，博識家)	テレンティウス，アッキウス(劇作家) ルキリウス(風刺作家) L・カルプルニウス・ピソ，カエリウス・アンティパテル(歴史家) C・グラックス，L・クラッスス，Q・ホルテンシウス(雄弁家)
アフリカ， ヒスパニア， 西地中海	カルタゴ建国(伝説では814) 西地中海におけるフェニキア人の定住 シチリアおよび南イタリアにおけるギリシア人植民の開始 750頃 マッシリア(マルセーユ)にギリシア植民市建設 600頃	フォカエアのギリシア人，アラリア(コルシカ)でエトルリア人とカルタゴ人に敗れる 535 ローマとカルタゴとの第1回条約 509	カルタゴ人，ヒメラで敗れる 480 ヒエロン，クマエでエトルリア人に勝利す 474 アテナイ人，シュラクサで敗れる 413	ローマとカルタゴとの第2回条約 348 ティモレオン，シチリアからカルタゴ人を追い出す 344 アガトクレス，シュラクサの僭主となる 317－289 アフリカに侵攻 310－307	シチリア，ローマの属州となる 241 サルディニアとコルシカ，攻略され，属州に併合される 238 カルタゴ人，ヒスパニアに帝国を建設 237－218 ローマ人，ヒスパニアでのカルタゴの支配を奪い，新しく2属州を加える 206	ケルティベリア人およびルシタニア人との戦争 197－133 第3次ポエニ戦争 149－146 カルタゴの破壊 146 第1次シチリア奴隷戦争 136－132 ユグルタ戦争 112－105 第2次シチリア奴隷戦争 104－102
ガッリア， ブリタンニア， 中央ヨーロッパ	ハルシュタット文化		ラ・テーヌ文化 ケルト人，北イタリアに侵入(ローマ略奪 390)		ガッリア人，マケドニア，ギリシア，小アジアに侵入 279 ガッリア人のイタリア侵入，テラモンの戦いで止まる 225	ローマ，アルプス以南のガッリアを征服 202－191 ガッリア・ナルボネンシス，ローマの属州となる 121(?) キンブリ族とテウトネス族の移住 120－100頃 ローマ軍，ダルマティアに出兵 118－117
ギリシアと東方	第1回オリュンピア競技会 776 ホメロス，ヘシオドス 700頃	キュロス大王，ペルシア帝国を建設 550－530頃 スパルタ，ペロポンネソス半島を支配 560頃から ペイシストラトス，アテナイの僭主となる 546－528	イオニアの反乱 499－494 ペルシア人，ギリシアに侵入 490, 481－479 エーゲ海のアテナイ帝国 478－404 パルテノン建設 447－432 ペロポンネソス戦争 431－404	レウクトラの戦い 371 ピリッポスⅡ世，マケドニアをギリシアの有力勢力とする 359－336 アレクサンドロス大王，ペルシア帝国を征服 333－323	マケドニア人，アテナイを占領 261 ローマ＝イッリュリア戦争 229－219	第2次マケドニア戦争 200－197 シリア戦争 191－188 第3次マケドニア戦争 172－168 コリントスの破壊 146
		ギリシア人植民時代開始 750頃 ギリシア僭主の時代 655－510頃──			西小アジアのアッタロス王朝 281－133 マケドニアのアンティゴノス王朝 277－167	
				←シリアとメソポタミアにおけるセレウコス王朝 エジプトのプトレマイオス王朝──────────→		

前100	0	紀元後100	200	300	400	500
同盟者戦争 91-89 内乱：独裁官スッラ 82-79 スパルタクスの反乱 73-71 第1回三頭政治 60 内乱：独裁官カエサル 49-44 カエサル暗殺 44 第2回三頭政治 43 アウグストゥスの統治 前31-後14	ユリウス＝クラウディウス朝 前28-後68 ローマの大火 64 フラウィウス＝トラヤヌス朝 69-117 ウェスウィウス山の噴火 79	アントニヌス朝の皇帝たち 117-193	セウェルス朝の皇帝たち 193-235 ローマ市民権を属州の全自由人に拡大 212 帝位の簒奪と分裂 235-284 ディオクレティアヌス帝の四分割統治 293	キリスト教徒"大迫害" 303-305 信仰の自由の復活 313 コンスタンティヌス帝の単独統治 324-337 ユリアヌス帝による異教復活の失敗 361-363 異教信奉の"廃止" 382 帝国分割 395	宮廷ラウェンナに移る 402 アラリクス率いる西ゴート族がローマを略奪 410 ヴァンダル族, ローマを略奪 455 最後の西ローマ皇帝の廃位 476 ラウェンナにおける蛮族の王たち 476-540	ビザンティン帝国のイタリア再征服 540

神官としてのアウグストゥス I世紀末

コロッセウム 79

ディオクレティアヌス帝とマクシミアヌス帝 300頃

ラウェンナにあるユスティニアヌス帝のモザイク 560頃

前100	0	紀元後100	200	300	400	500
タブラリウム(記録庫) 78 ポンペイウスの劇場 55 カエサルのフォルム 46 アウグストゥスの門 21 アグリッパの浴場 19 マルケッルス劇場 17 アウグストゥスの平和の祭壇 9 アウグストゥスのフォルム 2	ローマにおけるアウグストゥスの建築計画 コロッセウム 79	トラヤヌスのフォルム 112 パンテオンの再建 118-128 ティヴォリのハドリアヌスのウィッラ 126-134	レプティス・マグナにあるセウェルス帝の建築物 カラカラ浴場, ローマに建設 216 アウレリアヌスがローマの周壁を建設 271	コンスタンティヌスの記念門 ローマ, イェルサレム, コンスタンティノポリスにおける聖堂建設計画	ラウェンナの聖堂内のモザイク	コンスタンティノポリスの聖ソフィア聖堂再建 537
キケロ(雄弁家, 哲学者) カエサル(雄弁家, 歴史家) ルクレティウス(詩人) サッルスティウス, リウィウス(歴史家) カトゥッルス, ウェルギリウス, ホラティウス, ティブッルス, プロペルティウス, オウィディウス(詩人)	ラテン文学の"銀時代" 大セネカ(雄弁家) ペルシウス, ルカヌス, マルティアリス(詩人) 大プリニウス(博物誌家) 小プリニウス(文筆家) タキトゥス(歴史家)	ユウェナリス(詩人) スエトニウス(歴史家) アプレイウス(小説家)	ウルピアヌス, パピニアヌス(法学者) テルトゥッリアヌス(キリスト教護教論者)	アウソニウス, クラウディアヌス(詩人) ラクタンティウス(キリスト教護教論者) アンブロシウス, ヒエロニムス, アウグスティヌス(キリスト教著述家) シュンマクス(雄弁家) マルケッリヌス(歴史家)	ヒエロニムスのラテン語訳聖書完成 404頃 オロシウス(歴史家) セルウィウス, マクロビウス(博学者) テオドシウス勅法彙纂 429／437 シドニウス・アポッリナリス(詩人)	ボエティウス(哲学者) カッシオドルス(歴史家, 行政官)
ヒスパニアでのセルトリウスの"反乱" 80-72 ヒスパニア(49)とアフリカ(46)でのポンペイウス軍の敗北 ムンダの戦い 45 セクストゥス・ポンペイウス, 西地中海を支配する 40-36 アグリッパによるヒスパニア西北部の征服 27-19	マウレタニアの併合 42		ローマ人定住, 北アフリカへ拡張	ドナトゥス派の始まり 311／312	ヴァンダル族, ヒスパニアに入る カルタゴのヴァンダル王国 439	ビザンティン帝国, アフリカのヴァンダル王国を征服 533 ビザンティン帝国, 南ヒスパニアを征服 554
カエサル, 大陸部ガッリアを征服 58-51：ブリタンニアへ遠征 55-54 ノリクムとラエティアが属州となる 16-15 ティベリウス, パンノニアを征服 12-9	ウィンデクスの反乱 68 ローマ軍, ブリタンニアを占領 43 ゲルマニアの国境拡大 イッリュリクムのドナウ川沿いの国境が固まる	属州ダキアの形成 107 M・アウレリウスのマルコマンニ戦争 蛮族のダキア侵入 167 ダキア戦争 86-92	独立ガッリア"帝国" 259-273 ブリタンニアにおける反乱(カラウシウスとアッレクトゥス 287-296) ガッリアの首府としてのトリーアの台頭 ダキア, ゴート人に引き渡される 272	ゴート人, 帝国領内に定住が認められる 376 ハドリアノポリスの戦い 378	南ガッリアのゴート政権 ローマ人はブリタンニアを放棄し, サクソン人が入植する ブルグンド族, ローヌ川中流域を占領 アッティラを王とするフン族の"帝国"	フランク, 西ゴートをガッリアから追い出す 507 スラヴ人, ブルガリア人, アヴァール人の侵入
ミトリダテス戦争 88-84, 83-82, 74-63 ポンペイウス, 東方を征服 66-63 ポンペイウス, ファルサロスで敗北 48 ブルトゥスとカッシウス, ピリッポイで敗れる 42 アントニウス, アクティウムで敗れる 31	第1回ユダヤ戦争 66-73 イェルサレムの神殿が破壊される 70 ユダヤ人歴史家ヨセフス	第2回ユダヤ(バル・コクバ)反乱 132-135 メソポタミア, 属州となる 165 プルタルコス, パウサニアス(ギリシア語著述家) ギリシア文学における"第二ソフィスト"の作品	ペルシアにおけるササン朝の台頭 パルミュラの反乱 266-272 ヘルリ族, アッティカとペロポネソスに侵入 267 ディオン・カッシウス, ヘロディアノス(ギリシア語歴史家) エウセビオス(キリスト教護教論者)	ニカイアの宗教会議 325 コンスタンティノポリス, 新しい帝国の首都となる 330 西ゴート, ギリシアに侵入 395 エウナピオス(ギリシア語歴史家)	フン族の侵入 カルケドン宗教会議召集 451 オリュンピオドロス, プリスコス, マルコス(ギリシア語歴史家)	ペルシア, 小アジアを攻撃 スラヴ人, バルカンを襲撃 ニカの反乱 532 ゾシモス, プロコピオス(ギリシア語歴史家)

序

　この"アトラス"は，物質的・文化的背景のもとにローマ世界の全体像を示すことを目的としている．時代的には，建国から初期のローマ市の発展，イタリア半島と地中海の征服，アウグストゥスによる帝政成立，その後の新しい政治的・宗教的秩序の確立を経て，さらには西ローマ帝国の崩壊とゲルマン民族の王たちの手からキリスト教・ビザンティン皇帝によるイタリアの回復に至るまでの長大な時間を扱うことになる．1300年を越えるかくも長期にわたる時代と，その間に生じた重要な変化を明示するためには，年代順に話を進めて行く歴史的叙述法を採択することが適切と思われる．本書に掲載した地図，図版，図表の類がこうした叙述法と均衡を保ちながらそれを補足し，事件の解釈をいっそう際立たせる結果をもたらしているなら幸いである．

　共著の体裁をとった理由も本書で扱う時代がこのように長大で多岐にわたっていることからきている．それと同時に，概説書の枠組を多少越えてでも最新の研究成果を盛り込むことによって，本書にいきいきとした歴史感覚を与えるべきだと考えた結果でもある．本書の執筆に際して，われわれは常に一般の読者を念頭に置いてきたが，専門家のあいだで問題となっている論争点を指摘することも，われわれの立場を明確にすることも怠らなかったつもりである．

　本書の重点は，特に初期共和政時代と後期帝政時代に置かれている．これはつまり，他の多くの類書のようにローマ史の"中心的"時代にではなく，"外縁的"時代に著者たちの関心が注がれていることを意味する．紀元後2世紀に集中しているローマ帝国属州に関する部分（そこではこの時代の変化と発展をたどる資料として遺跡をとり上げ，それらの記述にページを割き過ぎたきらいがあるが）を除外すると，総じてローマ史の頭と尻尾が本書の中心的主題となっている．その結果，共和政末期の内乱やユリウス＝クラウディウス朝の政治に対してよりも，アルカイック期のローマ社会の本質に関する諸問題やコンスタンティヌス帝以後の帝国のキリスト教化に対していっそう多くの注意が向けられることとなったが，ここではこれについての弁明は控えたい．

　歴史家アンミアヌス・マルケッリヌスは，人間の名誉欲の空しさについて述べている哲学者が著書に署名する態度を批判している．本書の執筆者も歴史家として，アンミアヌスが事実のありのままの記憶に対して払っている敬意を分ち合う者であるが，本書の各部分の文責をどちらの執筆者が担うものであるかここに明記することは決して不当ではないだろう．ティム・コーネルは，ローマの共和政時代とアウグストゥスの死までのローマ帝国を概説し，資料の選択や地図，挿図，それらの付随記事，さらにはポンペイとオスティアならびにローマ宗教についての特別記事を担当した．ジョン・マシューズは，アウグストゥス後のローマ帝国と第3部，すなわち帝国属州に関する概説と関連の図版資料の解説に責任を負っている．執筆はそれぞれ独自に行ったとはいえ，両者ともに一定の基本綱領に沿うよう，また意見の一致をみるようあらゆる努力を払ったつもりである．

　最後に，著者たちは共同執筆によって学んだものが多かったことを記すとともに，本書の作成に力を貸して下さった編集スタッフ，特に以下の方々に心からの謝意を表したい．図版の選択のための議論に，歴史・美術に対する深い理解をもって参加してくれたアンドルー・ローソン．著者たちが手を加えたなら混乱を招いたにちがいない地図作成のための資料集めの作業を行ってくれたリズ・オーロックとゾエ・グッドウィン．編集者として本書のデザインに多大の助言を与えてくれたグラハム・スピーク．さらに『教皇文書』に挙げられている所領の分布図を作成するための資料収集とユスティニアヌス帝時代の東方の国境を示す地図作成のための資料収集は，それぞれレイ・デイヴィスとミカエル・フィトバイの御助力による．マーガレット・ロクサンからは，ローマ軍団の分布に関連した事項についての助言をいただいた．さまざまな面で協力を惜しまなかったその他の研究者諸氏のうち，特にベンジャミン・アイザック，キーナン・エリム，ブリアン・クロークの名を挙げておきたい．そしてさらに，本書執筆の途中で著書たちが問合せを行った他の多くの方々．かれらはそうした質問の目的を必ずしも十分理解していたとは限らないとしても，著書たちは執筆の過程で自己の知識がいかに浅いものであるかをこれまで以上に痛切に感じたものであった．

第 1 部　古代イタリアとローマ共和政

EARLY ITALY AND THE ROMAN REPUBLIC

発展を約束された都市

イタリアの地形

イタリアの地形を眺めたとき最も重要な特色は，平野と丘陵と山岳が相互に密接に影響し合っている点である．平野部（つまり300m以下の陸地）がイタリアの全表面積に占める割合はわずか5分の1ほどだといわれ，しかもこの平地の70％は，ポー川流域一帯の平野で占められている．イタリア全土の残りのうち約5分の2が山岳地帯（1000m以上の陸地），最後の5分の2が丘陵部（300mと1000mの間の陸地）である．こうした起伏の段階や分布状況に応じて気候風土の相違が生じ，地方ごとに際立ったコントラストを示す風景が形成されている．

イタリアと中央ヨーロッパの間にはアルプスの大障壁が横たわっている．しかし，アルプスの高峰もイタリアをその向う側のヨーロッパから孤立させておくことはできなかった．降雪のために1年の半分以上も通行が阻まれるとはいえ，いまある山道の大部分は太古の昔から知られていた．人々のアルプス越えは歴史の全時代を通じて行われ，時には，共和政期のケルト人やキンブリ族の侵入，あるいは5，6世紀における蛮族の侵入のように，大規模に行われることもあった．

イタリアがアルプス以南の地として地理的にほぼ一つにまとまっていることは事実であるが，しかしまたこれを"大陸部イタリア"と"半島部イタリア"に分けてみることも有効である．前者はポー川流域の平野部とそれを縁取る山岳地帯——つまり北のアルプス山脈と南のアペニン山脈——からなり，後者は島々を除外した残りの陸地からなっている．これら二つの地域は気候・風土・地形の点ばかりでなく，文化的・経済的発展においても相違している．

半島部イタリアは，典型的な"地中海性"気候にめぐまれている．すなわち冬は温暖で，夏は暑く，毎年適度の降雨量が得られる．しかし，降雨がほとんど冬期に集中しているため，6，7，8月に激しい旱魃が起こる．他方，大陸部イタリアの気候は中央ヨーロッパの気候に属し，気温の変化がいっそう激しい．冬の寒さはまことに厳しいが，夏の暑さもそれに劣らず，気温が半島部と同じくらい上昇することがある．年間降雨量は，半島部のある地域にみられるほど多くはなく，四季を通じて平均的な降雨量といえる．両地域間の気候の相違を最も雄弁に告げる目印はオリーヴである．オリーヴは半島部のほぼ全域とリグリアのリヴィエラ沿岸一帯に生育するが，アペニン山脈以北には見出すことができない．

現在，イタリア最大の農業生産地であるポー平原は，古代から経済的に優越した土地であった．古代の著作家たち，たとえばストラボンはこの地の肥沃と人口の多さ，諸都市の繁栄を強調している．ポー川を利用して交通網が発達し，いまと同様当時もはるかトリノまで航行することができた．また，豊かな森林にめぐまれていたこの地域は，カシの実によってブタの飼育を行い，ローマ市で消費されるブタ肉の大半を供給していた．しかし，ポー川の下流地帯は氾濫原となっており，浸水をさえぎるには運河と堀に頼る以外に方法はなかった．ポー川下流，とりわけエミリア地方とヴェネト地方における流域は，明らかにローマ以前の時代から洪水に見舞われやすい沼沢地であった．ポー川南域の沼沢地は，前218年にイタリアに侵入したハンニバルの軍勢にとって大きな障害となったものであった．ローマのイタリア征服の達成以後，前109年に監察官（ケーンソル）のマルクス・アエミリウス・スカウルスがパルマとモデナの間の地域に運河と堀の組織的な建設事業を起こし，これによってこの地の干拓が実現された．この計画はさらにアウグストゥス帝とその後継者たちによって続行され，紀元後1世紀の間には北イタリアはローマ帝国の最も豊かな領土の一つになっていた．

大陸部イタリアが南側で接しているアペニン山脈は，リグリアのアルプス連峰からメッシナ海峡まで，イタリア半島の北から南まで貫通し，さらにメッシナ海峡を飛び越えてシチリア島の北岸一帯にまでつづいている，ヘビのように曲りくねった山脈である．北からみていくと，西はリグリアのリヴィエラ海岸から，東ははるか遠くリミニまで半島を斜めに横切る直線となって伸び，ここからゆるやかな曲線を描いて南へ向かい，アドリア海岸と平行しながらアブルッツォ地方のグラン・サッソ・ディタリア山（2914m）やモンターニャ・デッラ・マイエッラ山（2795m）に至って最高部に達する．そこから再び半島を斜めに横断してルカニア地方のティレニア海沿岸に達し，さらにカラブリア，そしてシチリアにまで伸びている．

以上の結果をまとめて，大陸部イタリアと半島部イタリアの地形上の相違を簡単に述べるなら，前者は本質的には山脈に縁取られた広大な低地平野，後者は逆に沿岸の小平野に囲繞された山脈地帯ということができよう．

半島部イタリアに関していえば，歴史的にみた場合，沿岸

右 グラン・サッソ・ディタリア山地．ほとんど3000mに達するグラン・サッソ（"大いなる岩山"）は中央アペニン山脈の中でひときわ高くそびえる山地で，イタリア半島部の頂点をなしている．

発展を約束された都市

の平野は小平野にもかかわらず重要な意義をもっている．イタリア半島はアペニン山脈によって大きく二つの低地地帯に分けることができるが，半島中央部の山脈はどちらかといえば西側の海岸地帯よりも東側に寄っている．リミニからビフェルノ川までの約350 kmの距離の間には，海岸から山岳奥地までの幅約30 kmの非常に狭い縦長の低地帯が横たわっているにすぎない．それに対し西側では，アペニン山脈はラティウムとカンパニアの低地平野ならびに肥沃なエトルリアの丘陵地帯に向かって，不規則ではあるがゆるやかな下降線を描いている．

モリーゼ地方とガルガノ岬の北端以南では，アペニン山脈はほとんど真南に，ルカニア地方と長靴の"つま先"にあたるカラブリア地方へ向かって走っている．このアペニン山脈の東側に横たわっているのが，半島部イタリアにおける2番目に大きな低地帯のアプリア地方である．これはフォッジャ付近のタヴォリエレ平原からサレンティネ半島（長靴の"踵"にあたる）の先端にまで伸びている．

概して自然条件にめぐまれているのは，イタリアのアドリア海側よりもティレニア海側の方である．南東のアプリア地方に比し，北西の低地帯であるカンパニア−ラティウム−エトルリア地域が従来文化的に優位に立ってきたのはそのためである．このような相違の背景には，気候条件や地味が大いに関係している．気候の相違は年間の降雨量を比較してみれば一目瞭然である．雨が多いのは南よりも北であり，アルプス地域を除くと東よりも西の方である．この一般的傾向にさらに，平野部よりも高地の方が降雨量が多いという事実がつけ加えられるが，ここでは全般的な傾向を把握するだけにとどめる．たとえば北西海岸のラ・スペツィア（115 cm）とアドリア海側のアンコーナ（64 cm），あるいはまたナポリ（79 cm）とバーリ（60 cm）の年間降雨量を比較してみれば，こうした傾向がよくわかるであろう．

さらに，ティレニア海岸は比較的大きな河川を利用できるという利点ももっている．この海岸には少なくともテヴェレ川とアルノ川の二つの川が存在し，古典古代から航行可能な水路として発達していた．それに対し，アドリア海に流れこむ河川は，夏期にはたいてい干上がり，冬には荒れ狂う奔流となって山岳地帯から低地へと流れ入り，やせた大地を侵食する．アドリア海岸は良港を擁するのにもいっそう不利な条件下にあった．

最初のギリシア人植民者たちが，その定住場所として荒涼としたアドリア海岸を避け，イオニア海とティレニア海の沿岸地域を選んで以来，文明史上イタリアの西側地域が東側地域に比べてはるかに重要な役割を演じてきた背景には，以上述べてきたような自然条件の相違があったのである．

歴史を通じて常に後進地域でありつづけたアプリア地方は，イタリア半島のどの地域にもまして降雨量が少なく（年間平均降雨量は57 cmから67 cmの間），旱魃の被害の大きい地域である．特にそれはバーリとタラントの間に横たわる石灰岩台地のムルジェ高原の水に乏しい不毛地帯に著しい．キケロの時代（前1世紀）にアプリアは「イタリア中で最も人口希薄な地方」（『アッティクスにあてた書簡集』13.4）であり，古代を通じて文化的に孤立し，政治的に軽視されつづけた地方であった．

半島部イタリアのもう一つの大低地帯は中央アペニン山脈の西，カンパニア，ラティウム，トスカーナの3地方にまたがって広がっている．これらの地方は異なった風土・地形を

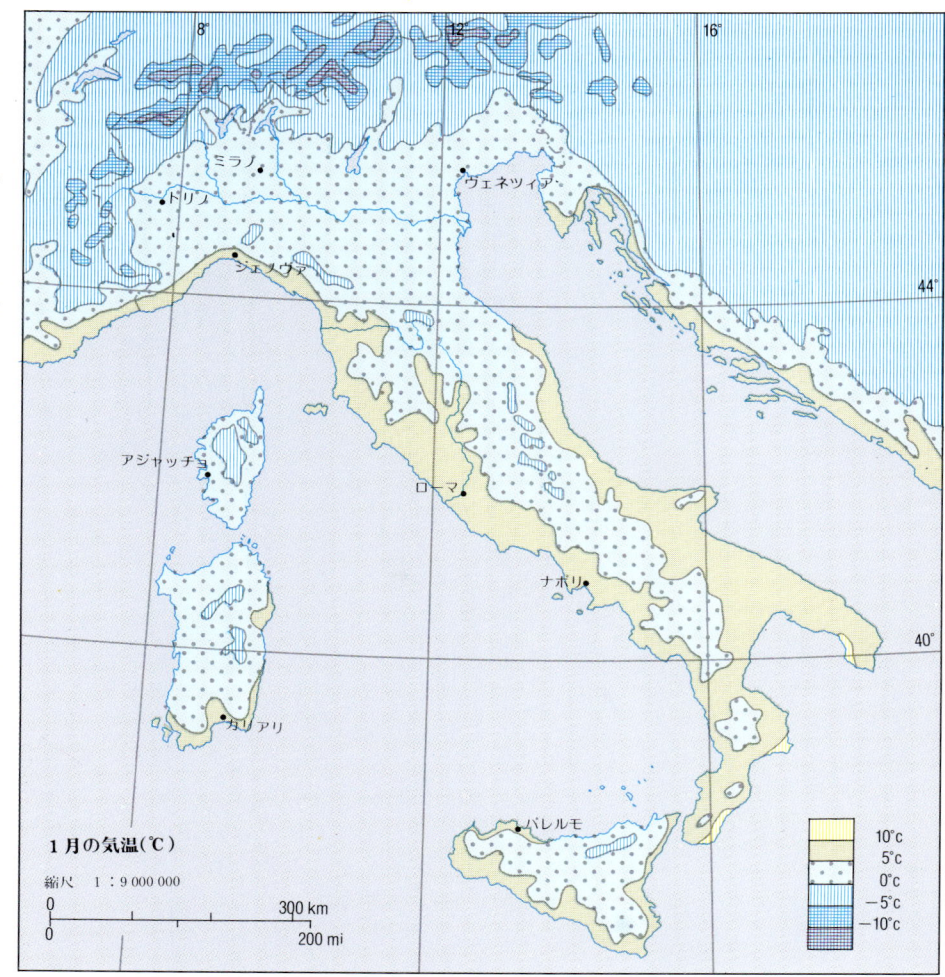

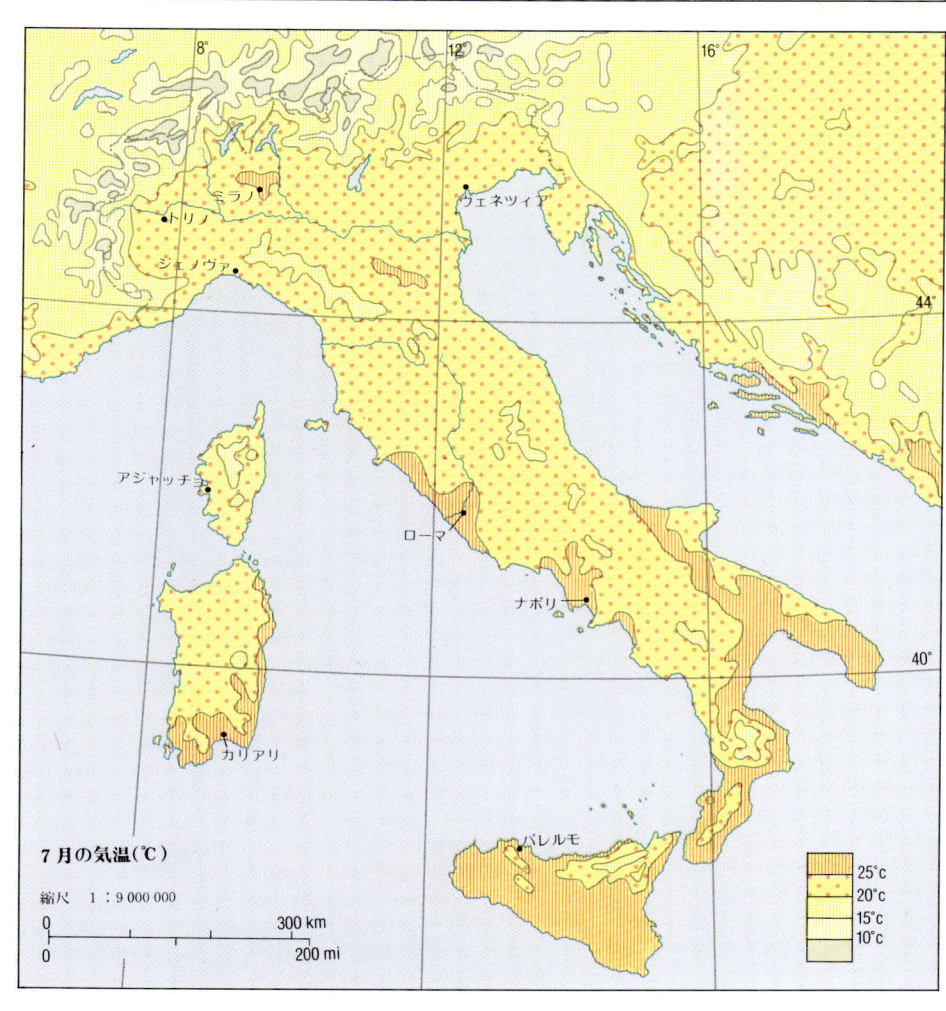

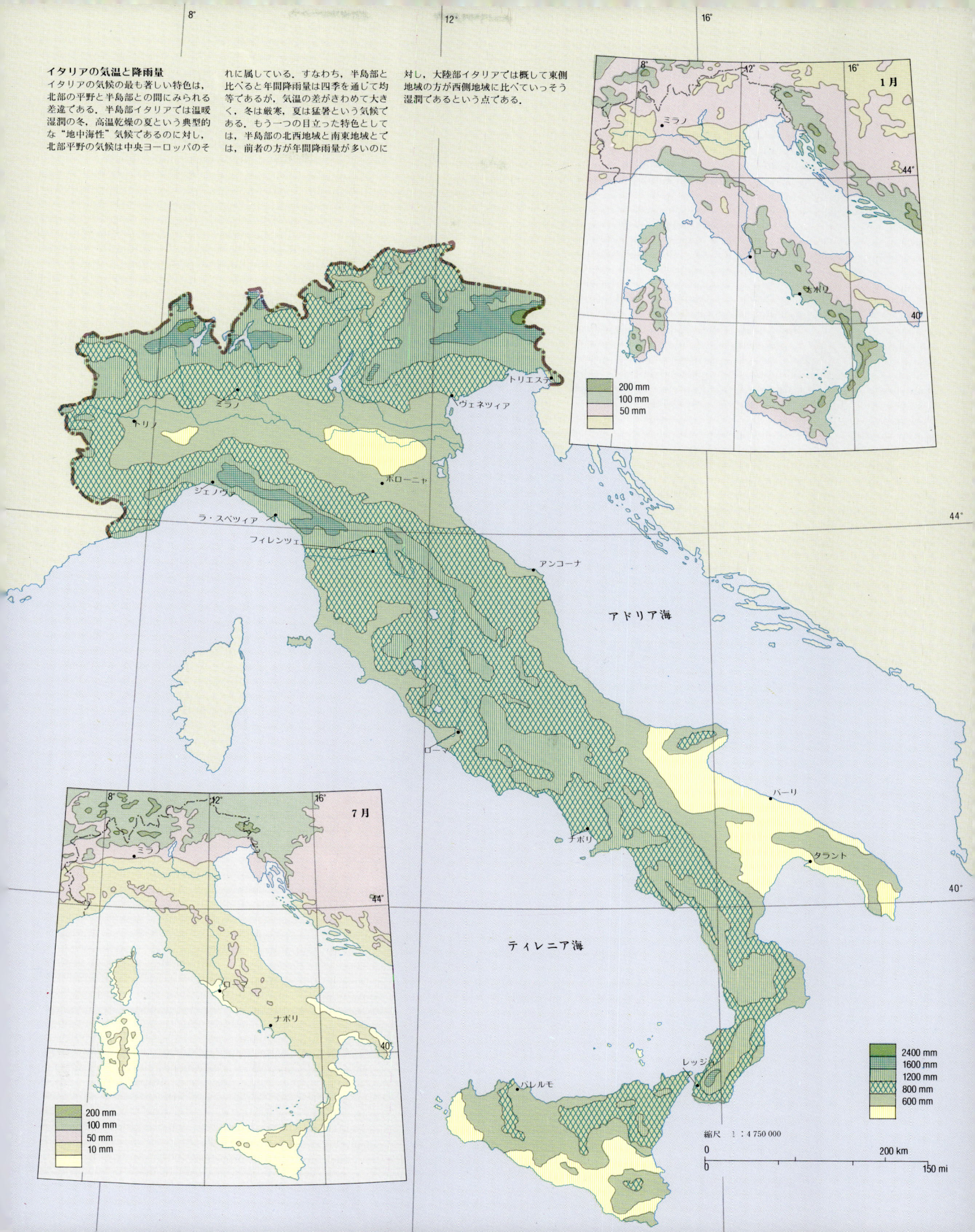

発展を約束された都市

ローマにおいて人間の活動の跡を示す最古の場所は、古代のティベリス川横断地点として知られるティベリーナ島周辺である。最初の橋ポンス・スブリキウスは下流に位置し、その建設者は、伝承ではアンクス・マルキウス王に帰せられている。共和政時代の橋、ポンス・アエミリウス（前2世紀）は、現在なおその遺構をみることができる（図版では前景の橋）。ティベリーナ島そのものは、長い間医術と関係の深い地であった。ギリシアの医神アスクレピオスに献げられた神殿が、前293年のペスト流行の後ここに建てられた。この島の名高い病院（16世紀）は現在でも病院となっている。

示している。イタリアの西側では、火山性の丘陵と山脈が、南部トスカーナ地方のアミアータ山からナポリ湾沿いにいまだに活火山として活動するヴェスヴィオ山まで網の目のように走っている。その大半は死火山で、火山性凝灰岩の台地によって取り囲まれ、ところどころに火口湖が点在する。火口湖の主なものをあげると、南部エトルリアのボルセナ湖、ヴィーコ湖、ブラッチャーノ湖、ローマ南方のアルバーニ山地のアルバーノ湖とネミ湖、ナポリ西方のフレグレイの野にあるアヴェルノ湖などである。この中央部一帯の火山性の大地は、重要な肥料（リン酸塩とカリウム）を含有しているためきわめて肥沃である。ティレニア海沿岸には小さな沖積平野がいくつも点在しているのに対し、内陸部では高い渓谷が東側との境界をかたちづくりながら連鎖状に横断している。このような沖積渓谷の中で特に重要なものは、フィレンツェとアレッツォの間に位置するアルノ川上流域、すなわちヴァル・ディ・キアナ渓谷、テヴェレ川中流域、ラティウム地方とカンパニア地方を結ぶリーリ川とサッコ川およびヴォルトゥルノ川の諸流域である。

これらの河川渓谷がおのずと形成した連絡通路からは、イタリアの西側を縦断する幹線道路が開通し、今日ではフィレンツェ—ナポリ間の鉄道と高速道路が敷設されている。沿岸と内陸とを結ぶ道路も自然の道筋に沿って、すなわちテヴェレ川を主とした河川渓谷に沿って走っている。テヴェレ川下流域こそ、中央イタリアに広がる自然交通網の結節をなし、その最下流域の渡河地点——まさにローマがその地点にあたる——が重要な中心地となるのは自然の理であった。テヴェレ川の中の島（ティベリーナ島）の渡河地点は、とりわけ、新鮮な水をたえず補給することができるとともに防御にも有利な場所である。ここにはローマ最初の橋であるポンス・スブリキウスがアンクス・マルキウス王の時代に建設され、歴史時代には商業用の船着き場（ポルトゥス）や家畜の市場（フォルム・ボアリウム）、そしてまた"ヘルクレスの大祭壇"も設置された。この祭壇は、パラティーノ（パラティヌス）丘に住む巨人カクスを倒したヘルクレスを記念してこの地域の住民が建立したものと思われる。このような伝説の背景に、ローマ市建設以前の重要な会合の場所としてのフォルム・ボアリウムの賑いを想像することができる。

ローマ人自身、この地のめぐまれた自然条件に気づいていたことはいうまでもない。このことは、リウィウスがカミッルスの演説として引用している次のような言葉から明らかである。「神々や死すべき人間がここをわれわれの都市建設にふさわしい場所として選んだのには、理由がないわけではなかった。空気の良い丘にめぐまれ、内陸部の生産物や海外からの輸入商品を運んでくれる河の存在だけでなく、海さえも不便を何ら感じないほど近くにあり、しかも外国艦隊が押し寄せてきても危険が及ばないだけの距離は保たれている。イタリアのまさに心臓部に位置したこの地は、こうしたすべての長所によって、世界のどの場所にもまして発展を約束された都市と定義するにふさわしい土地なのである。」（リウィウス, 5. 54. 4）

発展を約束された都市

上 ロムルスとレムスの奇跡的救出の物語は，ローマ美術に好んで採りあげられる題材となった．この紀元後2世紀の石製祭壇浮彫りには，羊飼いファウストゥルスがパラティヌスの丘の近くで双児の兄弟と牝オオカミを発見する場面が表現されている．

左　イタリアの地質
イタリアの地質は，主としてアペニン山脈のそれによって決定されている．イタリア半島の背骨を形成しているこの大山脈は，北部および中央部では主に石灰岩，砂岩，粘土層から，カラブリア地方では花崗岩からなっている．トスカーナ地方のアペニン山脈西側の麓の丘陵地帯は鉱物資源に富んでいる．ティレニア海に沿って南下すると，一連の火山地帯がつづいており，ラツィオ（ラティウム）地方では，アミアータ山からローマ以南のアルバーニ山岳地帯にかけては死火山であるのに対し，ヴェスヴィオ山一帯は活火山である．ヴェスヴィオ山は，紀元後79年8月24日の大爆発以後何回かにわたって噴火をくり返した．

ローマ建国

ローマの起源に関する問題は，歴史の記述という作業が始められて以来，たえざる考察の対象であり，また論争の対象でもあった．すでに前5世紀のギリシアの歴史家たちは，ローマをトロイアの英雄アエネーアスの建設した都市の一つとして考えていた．アエネーアスはトロイア陥落後イタリアに逃亡したとみなされていたが，実際には，西地中海を漂流しながら沿岸にいくつかの植民市を建設した多くの伝説上の冒険者たちの1人にすぎなかったのである．これらの神話伝承の背後に何んらかの歴史的事実が潜んでいるか否かについては，はっきりしたことはわからないとしても，ギリシア人に慣れ親しまれたこうした伝承が，結局，ローマ人にも根づいたのであろう．

ローマ人自身によって著された歴史文学は，前200年ごろはじめて現れる．名門出の元老院議員クイントゥス・ファビウス・ピクトールがこのときギリシア語で著した最初のローマ史は失われ，他の著作家たちの引用文の中にわずかに残るのみである．ファビウス・ピクトールはおそらく，祭司や支配層の貴族が保管していた古記録，あるいはギリシアの歴史家たちの記事を参照しただけでなく，民衆の間に広まっていた口承文学やアルカイック時代の銘文，記念碑，遺物なども資料として利用しながら，ローマ最古の歴史を著述したものと思われる．かれはローマ市の建設者をロムルスに帰している．伝承によれば，ロムルスは双生児のレムスと一緒にティベリス（テヴェレ）川の岸に捨てられたという．兄弟は牝オオカミの乳で育ち，その後羊飼いに助けられて，ティベリス川左岸を見下す丘陵地帯で幼年時代を過ごした．ささいな喧嘩がもとでレムスを殺したロムルスが，後に自分の名前を冠した都市を建設するのは，まさにかれが幼年時代を過ごした場所であった．

この有名な物語はきわめて古い土着の伝承に属し，ファビウス・ピクトールの時代のはるか以前からローマ建国を物語る遺産の一部として確立されていた．それが，いつのころからかアエネーアスの物語が地方に広まり，土着のロムルスの物語と結合するようになった．アエネーアスはラティウム地方に到着するとラウィニウムの町を建設した．かれの死後，息子のアスカニウスがアルバ・ロンガを建設，そこでかれの子孫たちは400年以上もの間王として君臨した．ロムルスとレムスが登場してくるのはこの間の時代においてであり，かれらは軍神マルスとアルバの王の1人の娘との間にできた息子たちとされた．

こうした民話と推理をより合せる作業は前3世紀を通じて行われ，ファビウス・ピクトールの著作がその成果の現れであったことは疑いを容れない．この作業はその後の歴史的著作にも受け継がれて発展し，ついにウェルギリウス，オウィディウス，リウィウスの手によって最終的な仕上げに到達することになる．しかし，ローマ建国物語の中から歴史的要素を識別することは，なかなかむずかしい作業である．すでに述べたように，アエネーアスとトロイア人の役割がまったくの作り話にすぎないことはまず疑いないとしても，かれらの役割の背後に，ミュケナイ時代のエーゲ海世界とイタリアとの間の交流のかすかな痕跡を認めようとする学者もいないではない．しかし，いずれにせよ，ラウィニウムとアルバ・ロンガが物語の中で目立った地位を与えられていることは確かであり，太古の宗教的中心地としてこれらの場所の占めていた重要な役割が，このように物語の中に反映しているのだと

いうことはできよう．ラティウム地方における最古の集落遺跡が，まさにラウィニウムとアルバ山地一帯で発見されたことは驚くべきことである．しかし，ローマもまた最古のラテン都市遺跡群の一つに数えられることを忘れてはならない．ローマの都市遺跡が，ラウィニウムやアルバ山地に残る遺跡よりも年代が下るものであると証明するすべは目下のところない．後代の伝承によれば，ラティウム地方の歴史的中心地のすべてがアルバ・ロンガの植民市であり，その最後の植民市がローマであった．しかし，アエネーアスが参加したトロイア戦争はギリシアでは伝統的に前1182年とされ，ローマの建国はローマ人自身によって前8世紀のことと固く信じられていたから，アエネーアスによるアルバの建設とロムルスによるローマの建設との間には400年以上もの隔たりが存在することになる．それゆえ，アルバの王朝系図は，こうした時間的距離を埋めるために考え出された純粋に人工的な産物であったに違いない．

ローマ建国を前8世紀の出来事とみなす考え方は，ローマの著作家にほとんど共通してみられたが，その正確な年代については意見はまちまちであった．ファビウス・ピクトールは前748年とし，かれにつづく世代の者たちはいくつかの別な説を主張した（前753年，前751年，前728年の諸説）．そして最終的には，共和政末期の学者マルクス・テレンティウス・ウァッロが主張した前753年説が定説とされた．ロムルスの住んだ場所として言い伝えられているパラティヌスの丘では，前8世紀のものと推測される未発達な小屋の遺跡がいくつか発見されているが，そこがすでに前10世紀以来人が住んでいた場所であったことは，主としてフォルムの谷の墓からの出土物によって示すことができるように思われる．これらの考古学的証拠から，パラティヌスの丘が後に永遠の都となるべき都市の最初の拠点であったとほぼ確実にいうことができよう．このように考えてくると，たとえロムルス自身は歴史上の人物とみなすわけにはいかないとしても，ローマ建国物語のいくつかの要素には事実の裏づけが多少なりとも存在するのだと主張してみたくなる．しかし，ロムルスという1人の建設者が要求されたのは，ローマが"建設"という計画的行為を通して誕生したという信念の結果であり，これと類似の機械的操作によって，ローマのさまざまな基本制度の創設者もロムルスに帰せられることになった．すなわち，ロムルスは元老院制度やトリブス組織（部族）やクーリア組織などの創設者として伝えられており，こうすることで，これらの制度も古さにかけては都市そのものに負けないことになるわけである．この点においては，伝承もおそらく間違ってはいなかったことになるだろう．

伝承というものが，創成の歴史を扱っている場合には基本的に信頼できるのに対して，政治や軍事上の出来事となると当てにならなくなるというのは，前世紀のテオドール・モムゼン以来の一般的な考え方である．だが，伝説や説話の中の最も感動的で浪漫的な部分すら歴史的事実の要素を含みうることは，次のような極端な例からも示される．伝承によると，ローマ建国の2，3ヵ月後に，サビニ人の女たちの略奪というローマ人とサビニ人との間の戦争の発端をなす名高い事件が起こった．この戦争は後に和睦が結ばれ，それぞれの部族の指導者，ロムルスとティトゥス・タティウスによる共同統治政治が行われるようになった．細部の物語は空想の産物とみなしうるかもしれないとしても，この伝承には信ずるに値する側面も多く含まれている．つまり，サビニ人が初期ロ

発展を約束された都市

ーマの住民の重要な部分を占めていたことがここから推測されるのである。また、ラテン語の中にサビニ語の影響の跡を少なからず指摘することもできる。bos（ウシ）, scrofa（ブタ）, popina（料理場）といったいくつかの基本的日常単語のうちにそうした形跡を認めることができることは、実に驚くべきことである。

第二に、ローマ人とサビニ人がロムルスとティトゥス・タティウスの共同統治のもとに統一されたという物語であるが、これはローマの誕生が二つの共同体の連合の結果であることを示唆する他の多くの事象と対照させて考察すべきである。二つの共同体とは、すなわちパラティヌス丘の住民とクイリナリス丘の住民のことであるが、もしかすると、連合の結果というよりは、むしろ後者が前者に吸収された結果であったのかもしれない。元来ローマが二重共同体であったというのは、古文献に見出される見解でもあるが（リウィウス、1．13．4は「二重都市」と記している）、それとは別にアルカイック時代の慣例のいくつかに二重性が認められることによっても確証される。一例をあげれば、サリイ、つまりマルス神の"踊る祭司団"は、パラティヌス丘のサリイとクイリナリス丘のサリイというように二つのグループに分けられていた。こうした古い二重性は、ローマ市民が"クイリーテース"とも呼ばれていた事実のうちにも反映しているといえるかもしれない。

初期の王たち

ロムルスの死後、王位はラテン人とサビニ人の男たちによって継承された。ローマ第2代目の王ヌマ・ポンピリウスはサビニ人の血をひき、伝説では敬虔な王とされており、かれの平和な治政の間にローマの主要な祭司職や宗教行事、とりわけ暦が創始されたという。かれの継承者はラテン人のトゥッルス・ホスティリウスで、この王はローマの母市であるアルバ・ロンガと勇壮な戦闘を展開し、ついにこれを滅した勇猛果敢な戦士であった。ついでサビニ系のアンクス・マルキウスが王となり、伝承ではローマの領土を海岸まで拡張するとともに、ティベリス川河口にオスティアを建設したといわれている。

謎に包まれたロムルスを例外とすれば、これら初期の王たちは歴史上の人物であったと思われる。たしかに、伝説の中のかれらを現実の血と肉を備えた人間としてとらえることはできないし、平和的なヌマと好戦的なトゥッルスという対照が月並な対照法の域を出るものではないことは明らかである。だが、ローマの王たちの中に、ヌマ・ポンピリウスとかトゥッルス・ホスティリウス、あるいはアンクス・マルキウスといった名前をもつ人物たちが存在したことをことさら疑う必要もないだろう。そして、ある特定の制度や軍事上の功績をかれらの名前と結びつけた伝説は、本質的には間違っていないと考えてもよいのではないだろうか。これらの伝説物語は、何よりもまず、当時実際に行われた習慣を背景にして形成されたものであり、こうした伝承を総合して、ローマがいかに初期の王たちの下で政治的・社会的に組織されていったかを、筋のとおった現実味をもった話として復元することも不可能ではない。

政治・社会の組織

伝承では、ロムルスは自分の相談役として100人の"長老"を選抜したという。かれらは最初の元老院を形成し、その子孫たちが貴族となった。ロムルスはまた、住民をそれぞれラムネス、ティティエス、ルケレスと呼ばれる3部族（トリブス）に分けた。3部族はさらにクーリアと呼ばれる30の小組織（つまり各部族を10ずつに分けたもの）に細分された。クーリアは地域別の区分であるが、その成員の分け方が血縁関係によっていたのは、おそらくクーリアが元来は近隣のいくつかの家族の集合で構成されていたことを暗示しているものと思われる。また、諸クーリアは原始的な集会であるクーリア民会を構成する単位としても機能した。ロムルスはさらに3000人の歩兵（ミーリテース）と300人の騎兵（ケレーレス）からなる軍隊を組織した人としても知られている。つまり、この軍隊は3部族がそれぞれ歩兵のために1000人、騎兵のために100人ずつ出した兵士たちによって構成されていた。各部族から派遣された総兵員は、各部族の歩兵隊、騎兵隊ごとにトリブスの指揮者（つまり歩兵のトリブーヌスと騎兵のトリブーヌス）の命令に服した。

国家の最高位には王がいた。初期ローマ時代には王位は世襲ではなかった。王が死ぬと、適当な後継者が見つかるまで元老院議員たちが政務を執行し、議員が1人ずつ5日間交替で"中間王"の称号の下に政治を司ることになっていた。王としてふさわしいか否かを決定する最終審査は宗教に依存していた。リウィウスによれば、卜占官（augur）が神々に新しい王に同意の印（吉兆）として然るべき徴候を送ってくれるよう祈願するというのが通例の手順であった。王はこうして"就任した（inaugurated）"わけであるが、現在用いられている就任という英語の語源はこれに由来している。王の地位は、最後にクーリア民会の投票によって確実なものにされた。

王の権能は政治、軍事、法律、宗教の各領域に及び、王が保持する権限はインペリウム（最高命令権）という概念の中に要約されている。インペリウムとは、吉兆の獲得と就任式とによってのみ授けられることのできる権威、一種の神的・呪術的権威であった。また、元老院に関しては、王政時代の元老院は王に助言を与えるという機能をもつだけにすぎなかったように思われる。とはいえ、伝承では長老たちはアウクトーリタースと呼ばれる宗教的威信を保持し、クーリア民会の決定を肯定したり批准したりするのにこれを行使したという。また、新しい王が任命されるときにも、かれらの一員である中間王を介して重要な役割を果した。王が死んだ際には（あるいは共和政時代の場合には、2人の執政官が後任者の就任式が済まないうちに死んだとき）、「吉兆が長老たちの許に戻った」という言い方がされた。

長老たちはゲーンス（氏族）と呼ばれる社会的にきわめて重要な集団の代表者であった。氏族は本質的には、血筋を辿っていくと共通の祖先にゆき当るような家族で構成された同族集団を指し、かれらの親族関係は共通の名前を使用していることによって表示されていた。諸氏族の個々の成員は実際に二つの名前、すなわち個人名（たとえばマルクス、グナエウス、ティトゥス）と父祖の名の形をとった氏族名（マルキウス、ナエウィウス、ティティウス）とをもっていた。このような名前の形式はスコットランドの氏族名（マクドナルド、マクグレガーなど）の形式から類推することができるかもしれない。一方また、この二つの名前をもつ形式は他の古イタリア人の間にも見出されるから、かれらにも氏族制度があったことを暗示しているにちがいない。

歴史時代の氏族は、各氏族に固有の宗教儀式や祭を実行し、埋葬儀式のような事柄においても独自の習慣を保有してい

上　このテラコッタ製ヘルメス頭部は、ウェイイの神殿の屋根を飾っていた前6世紀の群像の一部である。これらの群像彫刻の作者は、一般にはウェイイ出身の名高い芸術家ウルカに帰せられている。かれはタルクイニウス王の在世時にローマに招かれ、カピトリヌス丘の神殿のユピテル像を制作した。

下　ファスケース（桿と斧の束）は最高行政官の権力の象徴であり、先導吏（リクトル）によって捧持された。伝承によれば、ファスケースはエトルリア起源で、元来は王の標章として用いられていたものだという。この伝承は、エトルリアの都市ウェトゥロニアで鉄製のファスケースの模型が発見されたことによって確証された。

発展を約束された都市

ローマの行政区

- I ポルタ・カペナ区
- II カエリモンティウム区
- III イシス・エト・セラピス区
- IV テンプルム・パキス区
- V エスクイリアエ区
- VI アルタ・セミタ区
- VII ウィア・ラタ区
- VIII フォルム・ロマヌム区
- IX キルクス・フラミニウス区
- X パラティウム区
- XI キルクス・マクシムス区
- XII ピスキナ・プブリカ区
- XIII アウェンティヌス区
- XIV トランス・ティベリム区

アウグストゥス帝時代のイタリアの地方行政区とローマ市の行政区
初期の時代には、イタリアは種々の言語・人種・文化を包擁する国であった。ローマの支配の下にイタリアが統一されると、こうした初期の多様性は、完全にとまではいかないがほとんど目立たなくなった。その名残りはイタリアの地方行政区の名称のうちに今日まで保存されている。イタリアは、アウグストゥス帝によってはじめて正式に11の行政区に分けられた。ローマ市も同様に、行政上の目的から14の行政区に分けられた。

た。しかし、太古の時代におけるその起源と性格についてはいまだ論争中であり、確実なことはわかっていない。何人かの学者の主張するところによれば、氏族は都市国家の出現以前から存在した原始時代以来の集団であり、固有の領土と指導者をもち、政治的にも経済的にも独立した1個の組織体であった。これらの学者のいわゆる“氏族組織”の名残りは、共和政時代になってもなおみられた。たとえば、前479年にウェイイの町と私的な戦争を行ったファビウス氏族がそのよい例である。しかし、“都市国家以前から”氏族が存在したというこのような考え方は、あまりに思弁的である。氏族が3部族やクーリアとどのような関係をもっていたかについてもいまだ明らかにされていない。

歴史時代のローマ社会の基本単位は、氏族ではなく家族であった。ローマの家族（ファミリア）の概念には人間ばかりでなく財産も含まれており、それらすべてが家長の支配下にあった。家長は実質的に無制限な権限を家族の構成員すべてに行使することができたため、家族の成員はいわば家長の掌中にあった。息子たちは成人して自らの子供をもつようになっても、法的に独立した身分も財産権も得ることができず、かれらが父の権威からようやく解放され、自ら家長となれるのはただ父の死によってのみであった。父権は、家族の誰をも殺したり奴隷に売りとばしたりすることができるほど絶大であった。この力を制限しうるものといえば、道徳と慣習の力が残っているにすぎなかった。一般には重要な事柄に対しては年長の親類や友人の意見を聞くのが望ましいとされていたが、それに従う義務が特にあるわけでもなかった。家長は自分の家族が他の家族や共同体と何らかの関わりをもつ際の代表者であると同時に、物故した祖先および神々に対して必要な儀式や犠牲を行う者でもあった。いわば、家族は国家の縮図であり、家長は祭司であり、裁判官であり、法の原型でもあった。

財産の私的所有と家長による専有がローマ社会の初源的な特質であることは、これまで伝統的に認められてきており、現存する最古の法律文書の中でもこのことが前提とされている。それにもかかわらず、財産、特に土地の私的所有が、氏族による共同所有の過程を経て発達した第2段階の過程を代表するものとみなしうる可能性もないわけではない。十二表法（前450年）には、家長が遺言も跡取りも残さずに死んだ場合、その財産は氏族の所有に帰するという条文があるが、もしかするとこれは上述の可能性を暗示するものと受けとれなくもないように思われる。いずれにせよ、古い時代には、氏族を構成する一群の家族間の連帯は後世とは比べものにならないほど強く、家族同士互いに近くに居住し、家長の中で最も大きな影響力をもつ人物が氏族全体に事実上の指導権を行使したのであろうことは想像にかたくない。

指導的な貴族系氏族の力と影響力は、部分的には庇護民（クリエンテース）と呼ばれる多数の従属的な人びとの支持によって成り立っていたものである。ローマ最古の慣習に属する庇護関係（クリエンテーラ）は、伝承ではロムルスに始まるとされている。保護者（パトローヌス）と庇護民との関係は法的拘束力によるというよりはむしろ道徳的義務の観念に基づき、庇護民は保護者の"信義（フィデース）"に迎え入れられた。したがって、庇護民を定義するなら、身柄を他の人に預けて保護をうける代わりに保護者に敬意を払い、奉仕を行う自由人であるということができよう。共和政後期には、この奉仕は保護者に対する政治的支援ならびに従者的奉仕を意味するようになるが、初期のころは庇護民の義務は明らかにもっと幅のあるものであった。

保護者と庇護民の関係は世襲によって代々つづいた。はじめのうちは庇護民は保護者の属する氏族の中に組み込まれ、同じ氏族名を名のっていたことも考えられる。いくつかの証拠によれば、古い時代に庇護民は一定の土地を割り当てられ、これを保護者のために耕作するとともに兵役義務も果していた。初期共和政時代の大氏族の私的軍隊を形成していた者たちは、まさにこれらの庇護民であった。

ローマ市の発展

太古の時代、ローマは1小村か、あるいはせいぜいパラティヌスの丘やそれに隣接する丘陵地帯に散らばるいくつかの村の集合体にすぎなかった。類似の村落は当時のラティウム地方にいくつか存在し、近年の発掘によってその性格が次第に明らかにされつつある。少数のわらぶき小屋の集合からなるこれらの村落は、ローマ平原を見おろす丘陵地帯の、防御に適した場所を選んで形成されていた。

村の人口はせいぜい二、三百人程度と思われ、その日常生活は非常に素朴なものであった。食糧は原始的農業に負っており（主要な穀物はエンマコムギ、オオムギ、エンドウマメ、ソラマメなど）、その他はヤギとブタを主とする家畜の飼育、漁労、狩猟、採集によって補給された。日用品は製陶や織物でまかない、その他の必需品も家内生産に依存していた。貧富の差や身分の違いはいまだ明瞭に現れてきてはいなかった。

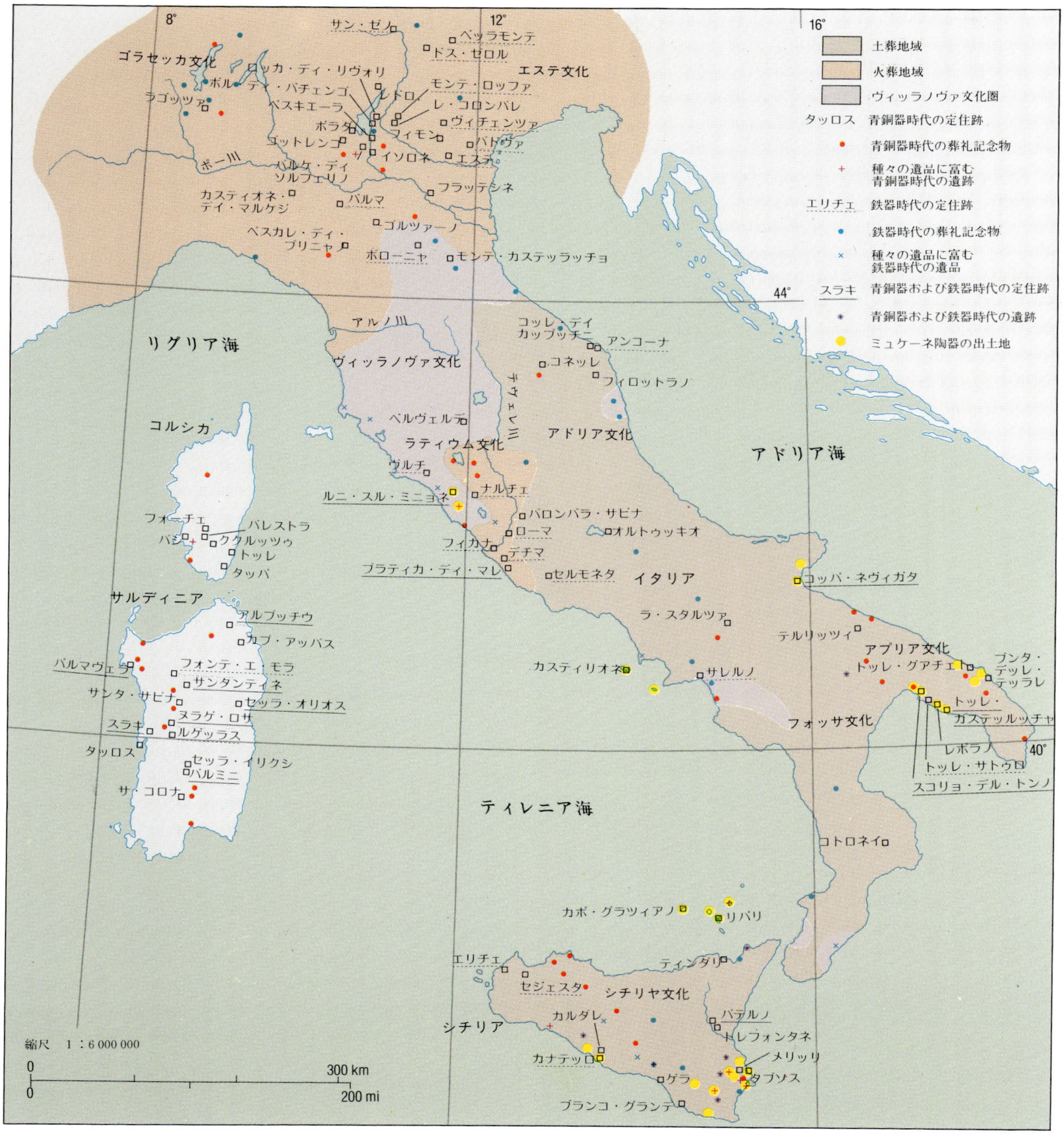

発展を約束された都市

イタリアにおける青銅器および鉄器時代の遺跡
青銅器時代のイタリアの物質文化は，驚くほどの一様性を示している．山岳部に遺跡が多いことから，イタリアの青銅器文明を説明するのに"アペニン文化"という用語が使用されている．この文明は，主として季節移動による牧畜経済に基づくものであったように思われる．前1000年期に鉄器時代に入ると遺跡が豊富になり，これらの遺跡から，共同体の規模と数の増加，ならびに文化の地方分化の現象が起こったことが明らかにされる．この時代の文化は，埋葬法に従って二大別される．土葬（"墓坑文化"）は，概してイタリア南部とアドリア海側の地域で行われ，火葬（"骨壺葬地文化"）は北部とテヴェレ川西側のウンブリアやエトルリアの慣習であった．

前54年にマルクス・ブルトゥス――後のカエサルの暗殺者――によって発行された貨幣．裏面には，かれの祖先で，前509年の執政官で，共和政創設者の1人ルキウス・ユニウス・ブルトゥスが刻印されている．貨幣の表（上図）には貴族の理想である自由が，女神として表現されほめたたえられている．

　前770年ごろからのことについては，発掘史料（依然として墓からの出土史料が中心であるが）が目に見えて増えてくる．この時期の顕著な現象としては，まず人口の増加，さらに外界――特にカンパニア地方のギリシア植民地――との接触の増大や手工業の専門化（たとえば，ろくろの使用），貧富の差が大きくなり階級差が生じてきたことなどがあげられる．階級差は，前8世紀後半にその兆が現れ，前7世紀に目立ってくる．ここ数年来のラティウム地方における発掘によって明らかとなったおびただしい副葬品をもつ墓の存在が，この現象を証明する証拠資料となろう．これらの墓には豪華をきわめた装身具類が埋葬されており，支配的貴族層が次第に形成されてきたことを示している．かれらは共同体の経済的余剰を自己の手中に集め，その権勢を世襲によって存続させるのに成功した者たちであった．

　この期間に丘陵地帯の村々は糾合されて一大村落となり，しばしば人工的に建造した堀と土塁，高台を備えた要塞の外観を呈していた．疑いなくローマもこの発展過程を経験し，ローマ市の母胎であるパラティヌスの村から周辺へ相当広く拡大していった．前7世紀の半ばごろまでには，すでにフォルムのある低地やクイリナリスの丘，エスクイリアエの丘の一部，そしておそらくカエリウスの丘もローマ市の構成要素となっていた．

　前7世紀末ごろに，この集落の外観に大きな変化が生じたことが知られている．村落から都市への変化が始まったのである．ローマのさまざまな区域で，従来の小屋から石造の土台と瓦ぶきの屋根をもつ堅固な木造家屋への移行がみられる．フォルムの場所では小屋が取り壊され，整然とした公共広場に代えられた．この場所から神殿や公共建造物の土台ばかりでなく，屋根瓦やテラコッタ製軒鼻飾り，建築装飾フリーズなども発掘されている．

最後の王たち

　こうした変化が最初に現れるのは，タルクイニウス・プリスクスの時代からである．タルクイニウスI世（伝承では在

前6世紀のエトルリアとその都市
エトルリア文明は、西はティレニア海、北はアルノ川、東と南はそれぞれアペニン山脈とテヴェレ川によって境界づけられた地域で発展した。この地域は、政治的にはいくつかの強力な独立の都市国家に分割されていた。これらの都市国家は、前6世紀に最も繁栄した。ポー渓谷にも、フェルシナ（ボローニャ）やマントゥア、ラヴェンナなどのエトルリアの衛星都市が建設されていたし、またカンパニア地方にはカプア、ノラ、ポンペイといった主要都市やサレルノ周辺に沢山のエトルリア系都市が分布していた。

位前616-579)とも呼ばれるこの王こそ、まさしくローマの都市の外観を大きく変えた張本人として文献では語られている。考古学史料によってもこのことは概ね確認することができるし、王政時代の最後の世紀に関する伝承が多分に真実味を含んでいることは明らかである。最後の王たちの伝記の中には無論曖昧な部分が多いことに注意すべきではあるが、かれらが歴史上の人物であったことは確かであろう。

タルクイニウス・プリスクスは、ローマに移住してきたエトルリア人であったが、ローマで支配的社会層に迎え入れられ、アンクス・マルキウスの死後王に選ばれた。かれの統治は35年以上もの長きにわたり、かれの跡をセルウィウス・トゥッリウスが継いだ。この出身地不明の王は、タルクイニウスの暗殺に伴って起こった宮廷内の革命で力を掌握した男であったが、成功に満ちた長い支配の後にかれを襲ったのは、やはり暗殺という激烈な最期であった。代わってセルウィウスの暗殺を企てた婿のタルクイニウスⅡ世、すなわちタルクイニウスⅠ世の息子あるいは孫にあたる男が王位についた。傲慢王として後世呼ばれるこの王は残酷で専制的な統治者であったため、前509年についに一群の貴族たちによって倒され、かれらによって共和政が敷かれた。

以上の話はいわばかなり要約されたもので、実際はもっと複雑であったかもしれない。たとえば、クラウディウス帝はマスタルナという名のローマの王について若干の消息を明らかにしているが、この王の名は、歴史家たちの著作に伝統的に記載されている7人の王の名前の間には見出されない。先のクラウディウス帝が示唆するところによれば、前6世紀には3人以上の王がいた可能性があり、この時代の王朝史が伝承の物語以上に複雑であったことが推測される。

同様のことが王政の没落に関してもいえる。この出来事は、タルクイニウスの息子たちの1人がルクレティアを乱暴したことが契機となった暴力事件の結果として生じたものとされている。タルクイニウスは追放されたが、クルシウムの王ポルセンナに助勢してもらってローマに帰り咲こうと試みた。在来の歴史によれば、ローマ人はポルセンナの攻撃を撃退し、その際大きな功績をあげたのは、橋を守ったホラティウスとその2人の友であったことになっている。しかし、別の伝承では、ポルセンナは実はローマ占領に成功したのだと語られている。このローマ人にとってはあまり名誉ではない異伝と先のよりいっそう愛国的な（そしてまた浪漫的でもある）物語とを比べてみたとき、後者の方が何か作り話のような印象を与える。ひょっとすると、王政が倒れたきっかけはルクレティアの悲劇ではなく、ポルセンナのローマ侵入であったのかもしれない。いずれにせよ、物語の逸話的部分は二次的な重要性しかもっていない。しかし、その主要部分には充分な信頼をおくことができることが肝要なのであり、それゆえ、王政時代末期のローマ社会の特質について一般化することが許されるのである。

まず第一に注意すべき点は、王政自体の内的性格に変化が生じていたことが知覚できる点である。最後の王たちは自己の地位の基盤を民衆の支持におき、貴族の権力・特権に挑んだ。タルクイニウスⅠ世は民衆を中心に選挙運動を行って王座を獲得し、元老院に新たな人材を送りこんだ。セルウィウス・トゥッリウスとタルクイニウスⅡ世は、さらにこの傾向を推進して保守的伝統を軽視し、貴族排撃に全力を注いだ。どちらの王も不正手段によって権力を得ると、神々やクーリア民会の意向を尊重することなく勝手気ままな統治を行い、特にタルクイニウスⅡ世は元老院の忠告を完全に無視して有力議員を死に至らしめ、典型的な僭主のごとく振る舞った。実際、これらの王の支配は、同じころギリシアの多くの都市に出現していた僭主政治と比較してみるならきわめて理解しやすいと思われる。

ローマ最後の3人の王たちは、ギリシアの僭主たちと同様に、野心的な対外政策を追求したばかりでなく、芸術の後援者でもあり、大規模な建築事業の推進者でもあった。アテナイのペイシストラトスが自ら女神アテナの被保護者であると称した例にもみられるように、自己の地位を正当化するために神々の特別の恩寵を公言するのはギリシアの僭主たちの常套手段であった。同じようにして、セルウィウス・トゥッリウスは女神フォルトゥナと特別親しい間柄であることを主張して、フォルム・ボアリウム（公開家畜市場）の一画に神殿を献堂した（実際にローマ市のこの区域からは、まさしく前6世紀中葉に年代づけられる古代神殿の礎石の一部が発見されている）。

しかし、僭主政のとりわけ重要な要素はその民衆的性格である。僭主は敵対する貴族の富を没収して、友人や支持者たちに分配するとともに、多くの人が特権を享受できるようにと寡頭政治の特権廃止の方針をとった。セルウィウス・トゥッリウスの"諸制度改革"を考察するためには、こうした一

発展を約束された都市

一般的な背景を考慮に入れておく必要がある．セルウィウスはケントゥリア民会と呼ばれる新しい議会を創始したといわれている．この議会では，所有財産と供給しうる武器・武具に応じて兵役義務を割り当てられた市民からなる各百人隊（ケントゥリア）が，その投票単位を構成していた．

富の程度と所有する武器の種類によって歩兵たちを五つの財産等級（クラシス）に分けた緻密な制度も，伝承ではセルウィウスの業績に数えられている．この周到な制度が後世の社会状態を反映するものであることは確かであり，それは前6世紀までは遡れない．しかしながら，セルウィウスがケントゥリア組織を採用したことを疑う理由はない．歩兵たちの等級は一つしかなかったと伝える伝承も存在することから，セルウィウスの創始した制度はおそらくもう少し簡略なものであったのだろう．この歩兵たちは，最小限度を定められた財産を所有する，いわゆる有産階級の男たちで構成されており，かれらは，"等級（クラシス）以下"と呼ばれて，軍隊から排除された貧困市民とは区別されていた．貧困市民は子孫のみを生産するがゆえにプロレタリイと呼ばれた．

史的証拠は乏しいが，広く一般にうけ入れられている解釈に従うと，有産階級の歩兵たちは元来は60の百人隊（この数は後にローマの1軍団の標準人員数となる）からなり，これにさらに6の騎兵の百人隊が加わった．創設当時は，百人隊が100人の集団であったと仮定することは論理的であるから，その推理に基づけば，セルウィウス・トゥッリウスの時代には，ローマは6000人の歩兵と600人の騎兵という戦闘兵力を保持していたことになるだろう．

こうした軍制改革の背景には，軍事技術の改良とよく訓練された密集形体をとる戦闘方式の導入とが関係していたものと思われる．ローマ人はこの新しい兵法をエトルリア人から学んだといわれている．エトルリア人自身はギリシアの重装歩兵，いわゆるホプリテースの方式を採用したのであった．ホプリテースもまた，セルウィウスの有産階級と同様に，武器を自弁で準備するのに充分なだけの財産を所有する男たちであった．この新兵法の導入は，かれらに政治変革の手段を提供した．しばしば，そしてまた正当にも推測されているように，僭主が権力を掌握して，貴族に挑戦することができたのは，こうしたホプリテースの支持があったからこそ可能であった．

セルウィウスはさらに，居住地を基準にした新たな地域部族を創始し，市民の概念に変化をもたらしたと伝えられている．この改革の結果，これまでクーリアの一員からはずされ，市民団に含まれていなかった多くの移住者やその他の者たちも市民団に包括された．以後，古い"ロムルスの"部族とクーリアは大幅にすたれていった．

最後の王たちの政治体制が民衆的で反貴族的性格をもっていたことは，後世のローマ人の王政に対する態度からも確認することができる．共和政時代には，王という概念に対してほとんど病的とさえいえる嫌悪感が示された．そのことはただまったくタルクイニウスII世の悪行の思い出が人々の間に残っていたからだけとは考えがたい．むしろ，それは共和政ローマの支配階級のイデオロギー，つまり力をもった貴族階級のイデオロギーの一つの要素であったと考える方が真実に近いと思われる．貴族階級の頂点に立つ寡頭政治家たちは，権力の座をめぐって競合する権利は自分たちにだけあるのだと主張し，これに"自由（リーベルタース）"の名によって威厳をそえた．ローマ人は常に王政と"自由"が根本的に相容

れないものであることを自覚していた．王政の出現に予防策を講ずることによって，かれらは自由を守り，存続させようとした．共和政の新しい指導者たちが出した最初の二つの法令は，ローマにおいては何人といえども決して王になることを許さず，将来王の地位を望むような人は誰でも法律違反者として摘発することを市民に誓わせたものであったといわれている．この伝承は真実を突いたものにちがいない．しかし，貴族たちが真に嫌悪していたことは，かれらのうちの1人が，低い階級の者たちの要求に迎合してかれらの支持を獲得し，仲間の貴族よりも優位に立とうとする野心を抱くことに対してであった．

以上のことから，共和政時代の支配者たちが，なぜかれらの非同調者に対して王政主義者というレッテルを貼って非難したかを理解することが可能となる．支配層は，われわれのみる限り，そうした非同調者が私財を投じて貧民の救済に努力を払うことにもっぱら攻撃の鋒先を向けた．前486年に死刑となった不運なスプリウス・カッシウス，前440年に刑死したスプリウス・マエリウス，前382年にやはり同じ運命にあったマルクス・マンリウスなどの場合がそうであった．さらに後世のグラックス兄弟の殺害も，兄弟が王政を目論んだ

ローマ最古の公文書史料である"ラピス・ニゲル（黒石碑文）"．おそらく前6世紀前半に属す石碑文の断片で，フォルムの黒大理石で舗装された地面の下から出土した．本文はきわめて古いラテン語で書かれており，すべて解読されているわけではないが，何かの宗教儀式の規則，あるいは聖域を維持していくための法規のようなことが書かれているように思われている．

地中海西部におけるギリシアとフェニキアの植民地

前110年ないし109年にププリウス・ポルキウス・ラエカが発行した貨幣．民衆に訴える権利，すなわちプロウォカティオは，ローマ市民権の基礎的要素とみなされた．この貨幣にはプロウォカティオが表明されており，"provoco"（私は訴える）の銘が刻印されている．

左　ローマ統一以前（前450—400年）のイタリアの諸言語
ローマ征服以前のイタリアは，多種多様な人種，文化，言語の混在した土地であった．この時期のイタリアの言語に関するわれわれの知識はごく限られているが，碑文や土地の名称といった乏しい史料の分析から，学者たちは初期イタリアの言語をいくつかの目立ったグループに分類することに成功した．主として印欧語と非印欧語に大別される（後者の代表例がエトルリア語である）．

という理由によって正当化された．これらの非難は，実際どれほど理不尽なものであろうと，決して単なる修辞的効果のためではなく，王政に対する嫌悪感を公然と表明する人たちによって純粋な信念の下に行われたのであった．かれらのそうした感情の底には，潜在的にではあるが，下層階級に対する深い恐怖の念が隠されていた．

初期ローマとエトルリア人

近代の理論では，タルクイニウス王朝の追放は，民族的解放の契機ならびにローマにおけるエトルリア人支配の時代の終結として解釈されている．しかし，この解釈よりも，王政の終結を僭主政治に対する貴族の反発としてとらえる古い伝承の方が，いっそう説得力があるにちがいない．たしかに，タルクイニウス王朝はエトルリア人の王たちによって出来あがったものではあったが，このことはこれらの王たちがローマを支配下に置こうとするエトルリアの傀儡であったことを意味するものではない．伝承によれば，ローマは諸王の下でも独立した都市であった．そして（ポルセンナの小エピソードを別にすれば），その逆，つまり非独立都市であったことを示唆する証拠はまったく存在しない．

他方，ローマの文化生活がエトルリア文明から深い影響を受けたものであることは，伝承からも充分うかがわれる明白な事実である．たとえば，王の標章——とりわけインペリウム（最高命令権）の保有者が行使する威厳にみちた諸権能を象徴したファスケース（斧の柄に棒を束ねたもの）——は，エトルリアから借りてきたものであるし，競技や凱旋式，ある種の宗教儀式なども同様であった．また，エトルリアの商品がローマに輸入されていたことは大量のブッケロ式陶器の出土から明らかであるし，これらの模倣品さえつくられはじめていた証拠がある．エトルリアの影響はさらに建築や装飾芸術にも及んでいる．エトルリアの職人がローマに在住したことも，タルクイニウスII世がユピテル大神殿の礼拝像をつくらせるために，ウルカという名のウェイイの彫刻家を招いたという挿話から推測される．

しかし，エトルリア語の銘文がいくつかローマで発見されてはいるものの，住民の大半はラテン語を話した．ローマが少なくともある期間エトルリア人の支配下にあったとするなら，ラテン語の中にエトルリア語の影響がほんのわずかしか見出せないことは驚くべきことである．ラテン語は公用文書——たとえば前6世紀初頭に遡る，いわゆるラピス・ニゲル（黒い石）の下から出てきた碑文——の言葉として用いられた．多数のエトルリア人がローマに定住していたことは，共和政初期の執政官たちの名前の中にエトルリア系の人名がみられることから証明される．これと関連して，王政の終結がローマ市からのエトルリア人全員の退去を併発することはなかったことも立証される．

史料によれば，ローマ人は移住者たちをかれらの社会に迎え入れるのに明らかに好意的であったとされている．この初期ローマの興味をそそる特色は伝承によって充分証明されるものであるが，これはまたいくつかのエトルリア都市の特色でもあったようである．エトルリア都市の碑文には，ギリシア人，ラテン人，古イタリア人の各家族の存在を明示している例がみられるからである．この史料は一種の社会的流動性を示唆しているように思われる．つまり，個人ならびに集団

発展を約束された都市

アルカイック期の重要な碑文．1977年に南ラティウム地方のサトゥリクムでマテル・マトゥータ神殿址を発掘している際に発見された．本文の残存部分にはこう書かれている．「ププリウス・ウァレリウスの同志たちがマルス神にこれを献げた．」　問題のププリウス・ウァレリウスは，もしかするとローマ共和政初代の執政官の1人である偉大なププリウス・ウァレリウス・ププリコラであるかもしれない．しかし，この碑文の真の重要性は，これによって貴族の有力氏族や指導者に忠誠を誓った戦士団体に支配された社会像が確認されることにある．

は一つの共同体から他の共同体へ自由に移動することができるだけでなく，移住者でありながら最上層の社会機構の中にさえ進出することも可能であったらしいのである．このように考えると，タルクイニウスⅠ世が純粋に個人的な意志でタルクイニアを去り，ローマで幸運を切り開こうとした単純な物語も真実味を増し，これを打ち消そうとする現代の理論よりもこの古い伝承の方が正しいように思えてくるのである．

ローマ共和政の起源

前509年，一群の貴族たちによってタルクイニウスが追放され，王政は終結した．政権を獲得した貴族たちが創設した王政に代わる体制は，共同統治という2人の人物によって至上権が共有される，手のこんだ制度であった．至上権を共有する2人の人物は，後に執政官（コーンスル）と呼ばれるようになるが（もともとは単にプラエトルという呼び名で通っていたのだが，ここでは混乱を避けるために執政官の呼称を使うことにする），ケントゥリア民会で選挙され，任期は1年で，連続しての再選は禁止されていた．執政官はインペリウムを所有し（形式的にではあるがクーリア民会の選挙に従う義務を依然として負ってはいた），しかも王政時代の最高統治権の標章のすべてを継承していた．ただし，1人の王が単に2人の王になったにすぎないという印象を避けるために，共和政の創設者たちは執政官が各自交替でファスケースをもつように定めた．

しかし，執政官の権限は他の，もっと実質的な方法で制限された．伝承に従うなら，共和政が始まったまさにその年に，公職者の決定に反対して人民に提訴する権利（プロウォカティオの権利）が市民に与えられるという法律が可決された．前449年と前300年に通過した法律に類似のものがあることから，学者たちの中にはローマの著述家がこれら後世の法律を逆に手本として，共和政最初の年の法律を創作したのではないかと考える者もいるが，そうした説にとりたてて確証があるというわけでもない．また，先の伝承に真実味がまったく欠けているというわけでもない．執政官の行動の自由は，共同統治という形式と1年任期という時間的な枠によって制限されていた．こうした"共同統治"と"1年任期"という二原則は，ローマの慣例・制度の基本要素として，末端の公職に至るまで——独裁制を唯一の例外とする以外は——適用された．共同統治の原則は，どんな議論でも反対意見が無視されることはなかったから，いずれの執政官であれ同僚の干渉によってその意図が挫折させられるおそれがあることを意味した．任期が1年に限定されていたことも，執政官が何か事を起こす際の歯止めとなり，政治を行う上での実質的な指導権が元老院の手に残る作用をした．結局のところ，執政官が選出されるのも，任期終了後戻っていくのも，元老院という同じ場所であった．厳密には，元老院は執政官に助言を与えるだけの機関にすぎなかったのだが，元老院の中で絶大な影響力をもつ者は概して自ら執政官の公職を経験したことのある者でもあったので，現職の執政官にとって，元老院の助言は充分拘束力をもったものであったわけである．元老院はローマの伝統の生ける体現者，政治的叡知と経験の宝庫であり，実際には元老院こそローマの真の統治機関であり，公職者たちは元老院の政策を実施する単なる代理人にすぎなかったのである．

以上の基本原則から逸脱する例外が，前500年ごろ制定された独裁官職（ディクタートル職）である．緊急事態が発生した場合，執政官は国家最高の指揮官として独裁官を任命することができた．そして独裁官は，騎兵の指揮権をもつが，厳密には独裁官に従属する騎兵隊長を補佐役として指名した．独裁官の命令には反対する権利も認められなかったし，同僚に干渉されることもなかった．しかし，任期はわずか半年間でしかなかった．

その他の公職者としては，前447年以降人民の選挙を通じて選出されることになった，執政官の補佐役としての財務官（クァエストル）と前443年にはじめて選ばれた監察官（ケーンソル）が重要である．監察官にはかつて執政官が行っていた任務が委ねられた．特に重要な仕事として，市民原簿を作成し，これに基づいて市民の権利・義務を評定するとともに，市民を適当な部族と百人隊へ区分した．監察官は5年おきに選挙され，18ヵ月間在任した．

この新しい共和政の組織は，高度に洗練された政治制度であって，われわれの知る限りでは，ギリシア世界にもエトルリアにも見出すことができない．そのため，執政官制度のような独特の制度が共和政のはじめに果してまったくの無から創設しえたものであろうかと，多くの学者たちによって疑念が抱かれている．かれらの主張では，執政官制度の前段階として，1年任期の独裁官または最高のプラエトルによる国家統治といったより原始的な政治組織が存在し，そこから次第に執政官制度へ発展していったのではないかというのであるが，このような説には説得力に富む証拠が欠けている．

むしろ，実際には共和政の創設者たちが政治的にきわめて卓抜な能力をもった人たちであったことを示す証拠が多い．かれらがかつての王の担っていた宗教的任務を遂行する公職者として"祭祀の王"と呼ばれる者を任命したことは，かれらの最も大胆な新機軸の一つに数えられる．祭祀の王の職務はもっぱら宗教的なものであり，他の公職につくことは許されていなかったから，ここには，政治的な力と"王"の称号とが結びつくどんな可能性も排除しようとする意図が潜んでいたことは明らかである．これについてはA・モミリアーノは次のように述べている．「執政官を2人おく制度は政体のありふれた形式ではなく，ある種の成熟を示すものである．それは，かつて王が保有していた宗教的力を孤立させ，それゆ

ルキウス・カッシウス・カエキアヌスの発行した貨幣（前102年）．表に刻印されたスプリウス・カッシウスは，前493年にアウェンティヌスの丘に平民たちのためのケレース神殿を献堂した出来事を想起させる．

え不毛にする祭祀の王の制度を創設しえた成熟と同種のものといえる．共和政初期の貴族たちが自分にも他人にも厳しく処しつつ，機敏に政治の舵をとっていたことがこのことから理解できる．」

しかし，この新しい組織にはこうした成熟した側面がみられたにもかかわらず，はじめに意図したような秩序ある政府を確立するには至らなかった．逆に，共和政ローマの最初の半世紀間は，軍事的にも政治的にも混乱した無秩序の様相を呈している．王政時代に確立されていた強固な中央集権はタルクイニウスの失脚とともに解体し，力のある個人と集団との間に無秩序な競争が復活した．かれらは庇護民や従者からなる私兵を組織して，国家の統制から外れた行動の自由を取り戻したのである．

この状況を実によく物語っているのが，サビニ族の指導者アッティウス・クラウススの挿話である．この男は前504年に5000人の庇護民と従者とを引き連れてローマに移住してくると，アッピウス・クラウディウスと改名して元老院に迎え入れられ，クラウディウス氏族の祖先となった．かれ以外にも，前460年に4000人の庇護民を率いてカピトリウムの丘を占拠し，クーデターを企てたアッピウス・ヘルドニウスの例や，前477年のクレメラ河畔の戦いでエトルリア兵に虐殺されたファビウス氏族とその庇護民の例とがある．この当時のファビウス氏族の政治的力がどれほど大きかったかは，（クレメラの戦いが始まった年である）前479年まで連続して7年の間常に執政官の1人がファビウス氏族の出身者によって占められていた事実からも明らかである．しかし，大虐殺の後は467年まで，ファビウス氏族の出身者が主要な公職につくことはなかった．

一握りの指導的貴族たちによって支配された社会の全体的イメージを描くには，近年サトリクムから発見されたある碑文が格好の資料を提供してくれる．それは"ププリウス・ウァレリウスの同志たち"がマルス神に奉献した，前500年ごろのものである．この碑文に言及されているププリウス・ウァレリウスなる人が，もしかすると共和政創設者たちの1人として名高いププリウス・ウァレリウス・プブリコラであるかもしれないという興味深い可能性は措くとして，ここで注目したいのは，これらの男たちが自己を定義する際に，都市国家の市民としてでも人種的集団の一員としてでもなく，1人の指導者の同志という言葉を用いている点である．ここに"同志"として訳出したラテン語のソダーレースとは，1人もしくは複数の指導者に対する奉仕精神に貫かれ，強固な団結心で結ばれた集団を意味している．リウィウスがクレメラの戦いにおけるファビウス氏族の追従者に対して用いているのも，同じこの言葉である．この種の集団は，ローマ以外のさまざまな貴族制社会にも存在した．たとえば，ガッリアの指揮官に仕えるケルト人の従者たちがその一例で，カエサルはかれらをローマの庇護民になぞらえている（『ガリア戦記』6．15）．

中央集権的な秩序の整った王政が倒れてからの一時期は，以上述べたような社会状勢であったと思われる．王政末期に確立された市民制度の多くは，前509年に貴族が政権をとったとき停止の憂目にあったにちがいない．一例をあげれば，セルウィウス・トゥッリウスの制定した百人隊の制度は，ファビウス氏族がその庇護民たちとともにクレメラへ進軍していった時代にはほとんど形骸化していたにちがいない．しかし，貴族の勝手気ままな時代は前5世紀の第2・四半期に終りを告げる．クレメラの破局がその原因の一要素を成していたということもできるが，実際にはこの戦争は一連の軍事的敗北の一挿話でしかなかった．むしろ，貴族政治に打撃を与えた大きな原因は，まったく別の，新しいところからやってきたのである．すなわち，当時すでに頭角を現してきつつあった平民の台頭であった．

平民の台頭

共和政の最初の2世紀間は，内政的には貴族（パトリキ）と平民（プレブス）との絶えざる闘争の歴史であった．伝統的に"身分闘争"として知られるこの闘争については，現存史料でもあたかも叙事詩のごとく多くの言葉が費やされているとはいうものの，残念ながら本質的なことが語られていないために充分な理解に至っていないのが実状である．それというのも，ローマの最初の歴史家が誕生するはるか以前の出来事であり，かれらの時代にはすでにこの闘争の原因となった問題が解決されてしまっていたから，その本質についてかれらが抱きえた観念はぼんやりとしたものでしかなかったのである．かれらの記述は時代錯誤と歪曲に満ち，確実な事実を語ることがまれであるため誤解を招きやすい．その結果，現代の歴史家の記述も仮説や推測のつぎはぎ細工のようなものにならざるを得ないのである．

この闘争の歴史をよりよく理解するためには，むしろ貴族と平民を正しく定義する必要があるように思われる．貴族と平民の区別が生じた原因について文献に語られている事柄は明らかに不適当であり，少なくとも一部には誤りが認められる．ロムルスによって選ばれた最初の元老院議員たちの後裔が貴族であるという記述は，貴族を世襲の特権を保有した元老院議員の一族とみなす狭義の定義に関する限り，一脈の真実を含んでいるといえよう．たしかに元老院に議席を占める権利こそ，貴族の特権の一つであったにちがいない．しかしながら，元老院は実際には2種類の集団から，つまり"父たち"と"追加登録議員たち"とから構成されており，前者だけが貴族（パトリキ）であった．貴族の"父たち"が世襲の元老院議員であったのに対し，追加登録議員たちはおそらく英国の一代貴族にたとえられるであろう．

貴族の元老院議員は共和政時代にいくつかの特権を所有していた．たとえば，かれらはいつでも必要なときに中間王を選べたし，かれら自身は常に貴族であった．かれらはまた，神官職や占いを行う権利を独占し，民会決議に対する承認権を保持していた．こうしてみてくると，貴族身分を定義づける本質的特性とは，世襲による宗教的特権の所有であったといえるかもしれない．こうした特権は，中間王制が重要な意義をもっていた王政時代にある特別の家系に許されていた特権に由来するものにちがいない．

しかし，ローマの支配階級が最初からもっぱら貴族で占められていたというわけではなかった．このことは歴代の王のうち4人が，そしてさらに初期の執政官の何人か——ブルートゥス自身もここに含まれる——が平民出身であったか，あるいは少なくとも後に平民とみなされるに至る名前を名乗っていた事実に暗示されているように思われる．それゆえ，次のように考えるのが最も真実に近いのではないだろうか．つまり，貴族出身の神官職の一族が共和政を確立する際に指導的役割を果たし，その宗教的特権を充分活用しながら次第に影響力を拡大してゆき，ついに政治権力を実質的に独占するに至ったのであると．前486年まで貴族出身の執政官は全体の

77％を占めていたが，この割合は前485年から前445年までの間に90％を越えるほど上昇した．前486年に行われた平民出身の執政官スプリウス・カッシウスの名誉失墜と処刑は，"貴族の封鎖"と呼ばれるこうした過程の一部であったかもしれない．それは前450年の異なる身分間の通婚禁止をもって最終段階に達する．

平民の台頭はこれと平行して発展したのであるが，その起源に関しては明確にされていない．史料に見出される平民（プレブス）という言葉は，時に貴族以外のすべてのローマ市民を呼ぶために用いられていることがあるとしても，本来の意味がそうではなかったことはほぼ確実である．古典ラテン語ではこの言葉は，"都市の大衆"を例とするように，"民衆"ないし"人民大衆"といったいっそう特殊な意味にも用いられている．平民という呼び方は，元来特権をもたない人々の集団を指すために用いられたものと思われる．そして最初は明確に定義されていたわけではまったくなく，むしろさまざまな経歴・素姓をもつ貧しく力の弱い人々の混成集団であったというのが真実に近いのではないだろうか．かれらの中には農民もいれば，職人や小商人なども雑多に入り混じっていたことだろう．平民の遠い"起源"を遡ることだけが問題の核心に迫る良策なのではない．むしろ，平民がつとに共和政の最初のころから一つの組織された運動体として存在を明らかにしていた点に注目すべきである．この組織化を説明し，その目的を考察することこそが，ローマの平民に対する理解を深める望ましい道であろう．

前494年，専横きわまる抑圧と負債にあえいでいた平民が一団となってローマ市から退去し，聖山（あるいは，別の伝承によればアウェンティヌスの丘）に立てこもった．かれらはそこで独立国家ないし"国家の中の国家"ともいうべき行政形態をつくりあげ，平民会を創始するとともに，平民のための公職者，いわゆる護民官を選出した．はじめのうち護民官はただ2人だけであったようだが，後世には10人に増やされた．正式に護民官となるには，ローマ人が"誓約による誓務（レークス・サクラータ）"と呼んでいる誓約を経る必要があった．これは，集団でなされた決議をさらに厳粛な誓いによって神聖化するために必要とされた一種の手続きで，平民は自分たちの護民官を守り，かれに危害を加えようとする者には誰でも呪詛をもって答えることを誓った．これによって護民官職は"神聖不可侵"とされた．

イタリア諸種族の間では，軍隊を編制する際に"誓約による義務"が行われていたことが知られている．たとえば，サムニテス族の場合には戦士は指揮官に対し，死をも厭うことなく最後まで従うことを誓わせられた．これとよく似た例として，初期共和政ローマの貴族の指導者に仕える同志集団がある．平民はこうした集団から除外され，貴族による特別の保護を何んら享受することがなかったから，貴族の勢力を支えている，強固な絆で結ばれた集団に対抗するための組織をつくろうと決心したとしても不思議ではない．

貴族自身はローマの全人口のごく少数を占めるにすぎなかった（前509年当時，136の貴族の門閥が存在していたと推定されている）．少数の貴族による国家支配体制は，もっぱら庇護民の支持に負っていた．庇護民は，その社会的地位を保護者に保証してもらいながら，概して相当の富を蓄えることができたようである．したがって，かれらも現状維持を願わないではいられない既得の利権を所有していたことになるが，事実，武器供給が可能なほどの富を所有していたためセルウィウスの制定した有産階級に登録されていただけでなく，この階級の大半を占めていたのもこれら貴族の庇護民であったと思われる．それゆえにこそ，貴族はその特権的地位を維持し，200年以上もの間無事に存続しえたのだった．

平民組織には革命の道具となりうるような巨大な力が隠されていた．その力は何か法的に認められた特権から生れたものではなく，集団の団結に由来するものであった．貴族は結局こうした平民の団体を一連の法律によって認めざるをえない状態に追いこまれた．前471年のププリウス法や前449年のウァレリウス＝ホラティウス法がその例であるが，この傾向は前287年の平民会決議に法的効力が認められることによって決定的となった．"市外への総退去"は平民の最後の切札として，市民の国家に対する不従順を示威する極端な形式であるが，前494年から前287年までの間にかれらがこの手段に訴えた回数は5回を下らなかった．このような場合には，平民は一団となって市から退去し，アウェンティヌスの丘にたてこもった．この丘は平民の活動の中心地となった．

最初の総退去が起こった年の翌年，前493年に執政官スプリウス・カッシウスがアウェンティヌスの丘のふもとにケレース，リーベル，リーベラといった神々を祠る神殿を献堂した．以後この神殿は平民の重要な宗教的中心地となり，宝庫および記録保管所としても用いられた．これと同じ時期に平民は神殿（アエデース）の管理と維持を職務とする按察官（アエディーリス）と呼ばれる2人の公職者を選出した．

護民官は，厳密には公職者ではなく，インペリウムももたなかったが，平民の力が大きくなるに従い重要視され，公職者に匹敵するような職務権限を所有するようになった．かれらは懲戒権の発動によって，罰金を科したり，投獄させたり，またおそらく死刑に処すこともできた．護民官自身は神聖不可侵であり，"援助"をもたらすことによって平民を執政官の虐待から守ることができた．さらに，国家機関の立法や審議，行政上の処置に対し"間に割って入ること"によって拒否権を発動し国家業務を停止させることもできた．これが名高い護民官の"干渉権"である．

初期の時代には，平民たちは負債の軽減と経済的資源，特に土地のより公正な分配を目的として運動した．負債に関して平民が特に関心を払っていたと思われるものは，負債義務の一形態である拘束行為（ネクスム）であるが，これについてはどうやら古典作家たち自身も充分に理解してはいなかった様子で，明確な定義を行ってはいない．おそらく，これは自由な市民が負債の担保としてさまざまな奉仕を行う貸付契約と解釈するのが最も真実に近いだろう．もし（相互の同意に基く利子のついた）貸付金を返済できない場合，奉仕によって負債を帳消しにしてもらうこともできた．債務不履行者は，市民の地位を保っており，少なくとも理論的には法的権利を保持したままでいるという限りでは奴隷ではなかった．しかし，この状態が社会に蔓延し，苦痛の原因となったのは，おそらく債務不履行者たちが実際にはあらゆる種類の酷使にあい，一度拘束状態に陥るとそこからの脱却がほとんど不可能となったからだと思われる．前326年ないし前313年のポエティリウス法によって廃止されるまで，平民たちのこの拘束行為に対する反対運動はつづけられたのである．

平民たちにとって，第二の不平の種は土地不足であった．伝承によれば，初期ローマ時代の農民の所有する土地は極度に小さかった．ロムルスはかれにつき従ってくる者たちに世襲地としてそれぞれ2ユゲラ（1ユゲラ＝0.25ヘクタール＝

王政時代のローマとその周辺地域

初期王政時代（前700年ごろ）には，ローマの領土の広さを祝う行事が毎年5月に行われた．アムバルウァリアの祭（一種の"境界を踏みならす"行事）がそれで，ローマの神官団（"アルウァレス"）が市から数kmの周辺地域に境界線を引くのが慣わしであった．伝承によれば，王の下で征服が達成されると，ローマの境界は南はアルバーニ山岳地帯まで，西はテヴェレ川の河口までに及び，テヴェレ川河口のオスティアにはアンクス・マルキウスによって砦が築かれた．地図に示したのは，王政末期のラテン諸部族の領土のおよその範囲であるが，K・J・ベロッホの推定した線に従って構成したものである．それぞれの領土の広さは，ベロッホによると（数字はkm²），ローマ822，ティブル351，プラエネステ262.5，アルデア198.5，ラウィニウム164，ラヌウィウム84，ラビキ72，ノメントゥム72，ガビイ54，フィデナエ50.5，トゥスクルム50，アリキア44.5，ペドゥム42.5，クルストゥメリウム39.5，フィクレア37という算定になる．これらの数字をわれわれはほぼ正しいものとしてうけ入れている．ここからローマがラティウム・ウェトゥス（古ラティウム）の領域の3分の1以上を占め，首位の勢力であったことが明らかになる．こうした状勢は，前6世紀末のローマが豊かで強大な国家であったことを暗示する考古学的史料によっても，またラティウムにおけるローマの覇権を明白に物語る前509年のカルタゴとの条約文によっても確認される．

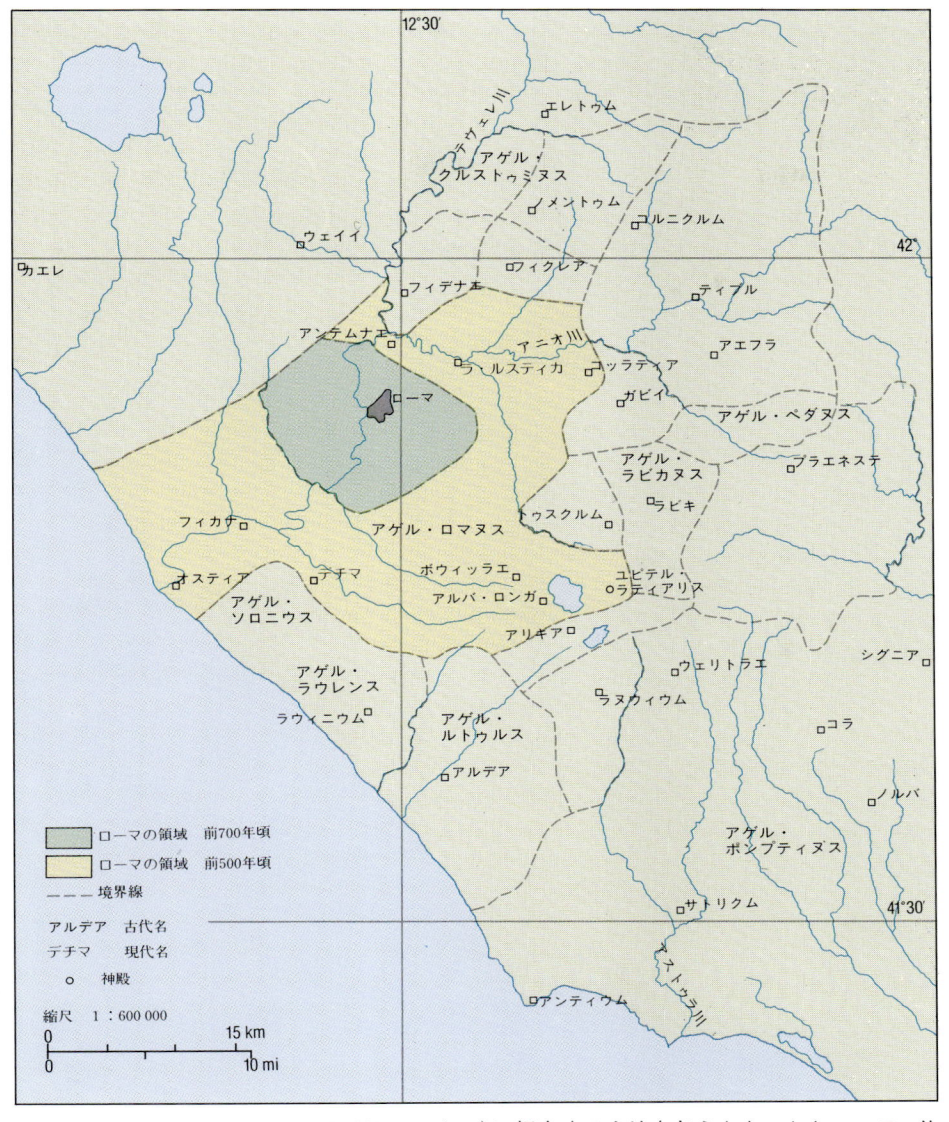

利を再び肯定し，平民の設立した制度を認める一連の法律を通過させた．

十二表法はローマ法の基盤となるものだった．全文は残っていないが，後世の引用から大半を再構成することが可能である．本文は古語を用いた簡明な訓戒と禁止の形式を踏んでいる．たとえば，こんな調子である——「もしかれがかれを裁判所に召喚するなら，行かせなさい．もしかれが行かないなら，証人を呼びよせなさい．そうすればその人物がかれを捕えるだろう」（1．1）．「もしかれが他人の手足を傷つけ，その人と和解できない場合には，報復させなさい．」（8．2）．十二表法は現代的な意味での体系的な法典ではない．それが扱っているのは，家族制度，結婚，離婚，あるいは相続権，所有権，財産の譲渡，不法行為と犯罪，あるいはまた負債，奴隷制，拘束行為などに関するものであり，公法に関する事柄はすべて除かれていた．

十二表法には，これまでの慣習の成文化と革新とが混在していた．主要な革新は貴族と平民との間の通婚の禁止であり，この法令が出されると嵐のような抗議の声がわき上り，まもなく護民官ガイウス・カヌレイユスの手で廃止された（前445年）．この明らかに例外的な条項を除けば，十二表法はすべての自由市民に平等な権利を与えていたが，これこそ平民の要求したことであった．しかし，裁判所に自らの敵対者を訴えるのも，自ら裁判を実施するのも，依然として個人の仕事として残されたままだった．しかも，とるべき行動については法典の中に詳述されていなかったので，ローマ人の大半はなすすべもなく取り残されてしまった．こうした状況にあって，無力で自分を守るすべをもたない市民たちは，法律の中に庇護を見出すよりもむしろ富裕な勢力家の保護を頼みとしつづけたにちがいない．

ローマと近隣の民

王政時代のローマは原始的な小集落にすぎず，外部との関係も局地的な戦争や，すぐ近くに住む人々との些細ないざこざ程度で済んでいた．たとえば，ティベリス川の向こう岸の土地を領土としていたエトルリアの都市ウェイイへの進攻，ローマから北西の，ティベリス川とアニオ川との間の地域に存在する"古ラテン"の集落群に対する戦争などが伝承に残されている．これらの集落（アンテムナエ，コルニクルム，フィクレアなど）は，初期の王たちの行った戦争の記述にくり返しその名があげられているが，前6世紀にローマの領土が拡大するにつれて記録の中から消えていってしまう．

創成期にはローマの領土は四方に約7km広がり，全部で約150km²あった．しかし，この面積は王政時代にかなり拡大された．トゥッルス・ホスティリウスはアルバ・ロンガを攻略し，その領土をローマに併合する一方，アンクス・マルキウスは海岸までローマの境界を広げ，テッレナエ，ポリトリウム，フィカナといった村々を併合した．前6世紀ローマの影響力は広い地域に及び，ティブル，ラウィニウム，アルデアといったラティウムの歴史的中心地のみならず，エトルリアやマグナ・グラエキアの都市とも商取引をもちはじめた．カルタゴとは商業関係をもち，2人のタルクイニウス王のどちらか一方の治政時代には，ギリシアの植民市マッシリア（現在のマルセーユ）と友好関係を樹立した．後者との友好関係は帝政時代までつづいた．

アウェンティヌスの丘のディアナ女神の聖域は，セルウィウス・トゥッリウスが創設したといわれている．ここはロー

0.625 エーカー）に相当する土地を与えたといわれている．他の史料では，古い時代の農地の標準的規模は7ユゲラとされている．後者の数字をとるにしても，1家族を養うための必要最小限度の土地の半分にも満たないから，当時の農夫にはほかにも使用できる土地があったと考えざるをえない．それゆえ，農夫たちが公有地の利用に依存していたと推測するのは不自然ではないだろう．公有地は国家に属する土地であり，元来は征服によって獲得されたものであった．これを耕作や牧畜のために個人が使用することもないわけではなかったが，早い時期に富裕な貴族がこれらの土地を占拠し，自己の私有地に併合してしまったらしい．かれらは貧者に土地の使用を許す代わりに物納させ，隷属状態においたと思われる．公有地の再配分運動が前5世紀の間にしばしば起こったことは，記録から知られる．この種の記録を，後のグラックス兄弟の時代の社会状態に基づきながら時代を遡らせて記述したものとして斥けるべきではなかろう．土地不足と貧困，そして負債は太古から存在したローマ社会の不変の特色であった．

平民も法律の成文化を要求した．この法律制定を要求する運動が，前451年の10人の立法者（十人官）の任命を導くことになり，十人官は2年間政権を掌握して"十二表法"を発布した．しかし，前450年，自分たちの地位を乱用しはじめたかれらは，自ら勢力失墜を招いた．前449年，執政官ルキウス・ウァレリウスとマルクス・ホラティウスは市民の諸権

発展を約束された都市

マ指導下のラテン都市同盟の共通の信仰の場所となった。これらのラテン諸都市の名前とともにこの信仰の縁起を記録した古い碑文は，アウグストゥス時代になってもなおアウェンティヌスの丘でみることができたという．

ラテン人全体，あるいはその一部が共通して信仰する聖地は数多く存在し，上記のディアナ女神の神域はその一つにすぎなかった．とりわけ信仰を集めた聖地がアルバ山（カーヴォ山）中の聖地で，そこでは毎年ラテン諸都市の代表が集まり，ユピテル・ラティアリス神の祭が祝われた．ラウィニウムやアルデア，トゥスクルム近郊のコルネ山にもこの種の共同信仰の聖地が存在した．共通の言語と文化，そして人種的にも起源を同じくするという同族意識を分かちもつラテン人にとって，これらの祭儀はそうした同族意識を目に見える形で表したものといえる．セルウィウス・トゥッリウスがこの古くから存続する宗教同盟を政治目的に利用し，ローマをラティウム地方の新たな宗教的中心地に据えることによってローマの地位を高めようとしたというのは，いかにもありそうなことである．伝承によれば，ローマがラティウム地方随一の軍事力を養ったのはセルウィウス・トゥッリウスの治政下においてであり，かれの後継者タルクイニウスⅡ世は他のラテン人に対する覇権を正式なものにしたという．かれはまたラテン諸都市の政治同盟を結成するとともに，アリキア近郊のフェレンティヌムの森に中央集会所を設け，ローマの指揮の下に軍事連合を組織するのにこの政治同盟を利用したといわれている．

ローマが前6世紀にすでにラティウム地方きっての大都市であったという説は，充分な根拠に裏づけられているからほぼ定説とすることができる．第一には，そのことは，この都市の規模と領土の大きさについて現在知られている情報からも確証される．セルウィウス・トゥッリウスの時代にローマ市の"聖別された境界線"は，すでにクイリナリス丘，ウィミナリス丘，エスクイリアエ丘を包み込んでおり，"4区の都市"ローマは，総面積285ヘクタールの広さだった．ローマに市壁を築いたのもセルウィウス・トゥッリウスだといわれているが，現在のところこの伝承を証明してくれるような考古学的証拠は見出されていない．いまなお印象的な姿をとどめているいわゆるセルウィウスの市壁は，共和政時代のものである．しかし，それが前時代の要塞のプランに沿って建設されたということも考えられるかもしれない．ラウィニウム市のような他のラテン諸都市は前6世紀に市壁を備えていたのであるから，王政時代のローマが防御施設を全然もっていなかったとは考えがたいのである．セルウィウスの市壁によって囲まれた区域の広さは427ヘクタールである．市壁内にはいまだ建築物が建設されていない広い空間があったと仮定しても，初期のローマが相当大きな都市であったことは疑いない．セルウィウス・トゥッリウス時代のローマの規模と繁栄がどの程度のものであったかを知るためには，歩兵6000人と騎兵600人の兵員を前提とする軍事組織の改革が行われた事実が手がかりとなるだろう．これらの軍隊が有産階級から募集され，武器を自弁することができたことを考慮に入れると，女，子供，老人，無産階級，奴隷，外国人居留者を含めたローマ市の全人口は，おそらく3万人を越すほどのかなりの人口に達していたことだろう．

前500年ころにはすでにローマの領土は約822km²の広さに達し，セルウィウス・トゥッリウスによって確立された新しい部族単位の行政区域の中にくみ込まれていたと推測されている．これだけの広さの土地があれば，3万人から4万人までの人口を養うに足る生産力を確保できたであろう（この場合に，km²あたりの人口稠密度は，40～50人ということになる）．この数字は先にセルウィウスの軍隊と関連させて見積った数字と一致しているから，ほぼ正確なものであるにちがいない．これと比較すると，他のラテン諸都市の領土は規模がはるかに小さく，最大の広さを誇るティブル市でさえ，その領土はローマの半分にも満たなかった．前500年ごろのローマは，事実上，古ラティウムの総面積の3分の1以上を併合していたことになる．

ギリシア出身の歴史家ポリュビオス（前200ごろ－118）の伝える史料からも，この当時のラティウム地方におけるローマの威勢を想像することができる．その史料とは，共和政初期の時代にローマとカルタゴが取り交した条約文（この条約文が真正のものであることはほぼ確実である）であるが，それによれば，当時ローマが多数のラテン諸都市を服属させていたことが推測される．ラテン人全体を代表してローマは次のように堂々と述べている．「カルタゴ人は，ローマに服属するアルデア，アンティウム，ラウィニウム，キルケイイ，テッラキナおよびその他のラテン諸都市の市民に対し，危害を加えてはならない．ローマに服属していないラテン人に関しては，かれらの都市を攻撃してはならない．もしそのような都市を奪う事態が生じた場合には，その都市を破壊することなくそのままローマ人に引き渡さなくてはならない．ラテン人の領域に要塞を築くことを禁ずる．もし武装してその領域に足を踏み入れた場合には，そこで一夜を明かすことはならない．」

ローマの新しい共和政体制が国際的承認を獲得し，さらにラティウムにおける自己の覇権を再確認しようといかに心を砕いていたかが，この条約文からうかがえるであろう．しかし，共和政の指導層は，このような努力にもかかわらず，ラテン人がローマの一時的な不振状態に乗じて，結束した抵抗運動を組織するのを防ぐことができなかった．ラテン人はフェレンティナ女神の林苑に以前から設けられていた都市同盟を拠点に置きながらこの運動を組織したのであるが，ちょうどそのころローマ人はこの同盟からはずされていたのである．この反ローマ同盟と関係があると思われるのは，"ラテン人の独裁官"と名のるトゥスクルムのエゲリウス・バエビウスがアリキアの地にディアナ女神のためにラテン諸都市に共通の神殿を献堂したことを伝える記録である．この献堂は，ローマのアウェンティヌスの丘にあったディアナ女神の聖域に代わる連合の宗教的拠点を築こうとしたものとみることができるだろう．

ローマとラテン諸都市との間のうちつづく闘争は，前499年のレギッルス湖畔での雄壮な戦闘で頂点に達した．ローマはこの時かろうじて勝利を得，5年後にローマの執政官スプリウス・カッシウスが条約を起草した．この条約は青銅の柱に刻銘され，フォルムに揚げられ，スッラの時代までそこに残っていた．条約の当事者は一方がローマ，もう一方が全ラテン都市であり，相互間の平和と第三者の攻撃に対する軍事協力ならびに戦勝の際の戦利品やその他の利益をともに分けあうことを規定していた．また，この条約によって，ラテン人の間に太古より存在していた私的権利の共同性に対しても法的な裏づけが与えられた．私的権利の共同性とは，以下のような内容をいう．あるラテン都市の出身者が他のラテン都市に身を置く事態が生じたとき，その人はそこの住民が所有

前96年の貨幣．レギッルス湖畔におけるアウルス・ポストゥミウス・アルビヌスの戦勝（前499年）と関係したもの．そこには騎士の進撃と，カストールとポルックスの神の血を引く双児の兄弟が表現されている．カストールとポルックスはローマに味方して戦い，その後，馬に水を飲ませるためにフォルムの泉に姿を現したといい伝えられている．

エトルリアの港ピュルギから出土した黄金板碑文．おそらく前5世紀前半のカエレの支配者の奉献文が記されている．エトルリア語で書かれ，短いフェニキア語の翻訳が付されている．このことは，エトルリアとフェニキア語を話すカルタゴとの密接な関係を示唆しているように思われる．カルタゴは共和政の開始期にローマとも条約を結んでいる．

発展を約束された都市

ケルト族侵入時の北イタリア

物語的性格の濃い伝承の知らせるところによれば、ケルト人がイタリアに侵入を企てたのは、この国の豊かな農産物とりわけブドウ酒に目がくらんだ結果だという。リウィウスはガッリア人のアルプス越えを前500年以前のこととしているのに対し、ポリュビオスはその年代を前400年ごろに置いている。事実はその中間あたりといえよう。後世ガッリア・キサルピナを構成することになる主な部族は前5世紀の間に確立されたようである。インスブレス族はミラノを首都とし、ボイイ族はボローニャ付近に、ケノマニ族はブレッシャとヴェローナに、リンゴネス族とセノネス族はアドリア海沿いの一帯にそれぞれ本拠を置いた。その結果、この地域はガッリア地方として知られるようになった。ケルト人の存在は考古学的にも北イタリア全土に広く分布する小遺跡からの出土品によって確証されるが、特にそれが集中している地域は、ロンバルディア、ロマーニャ、アーディジェ川上流の渓谷である。

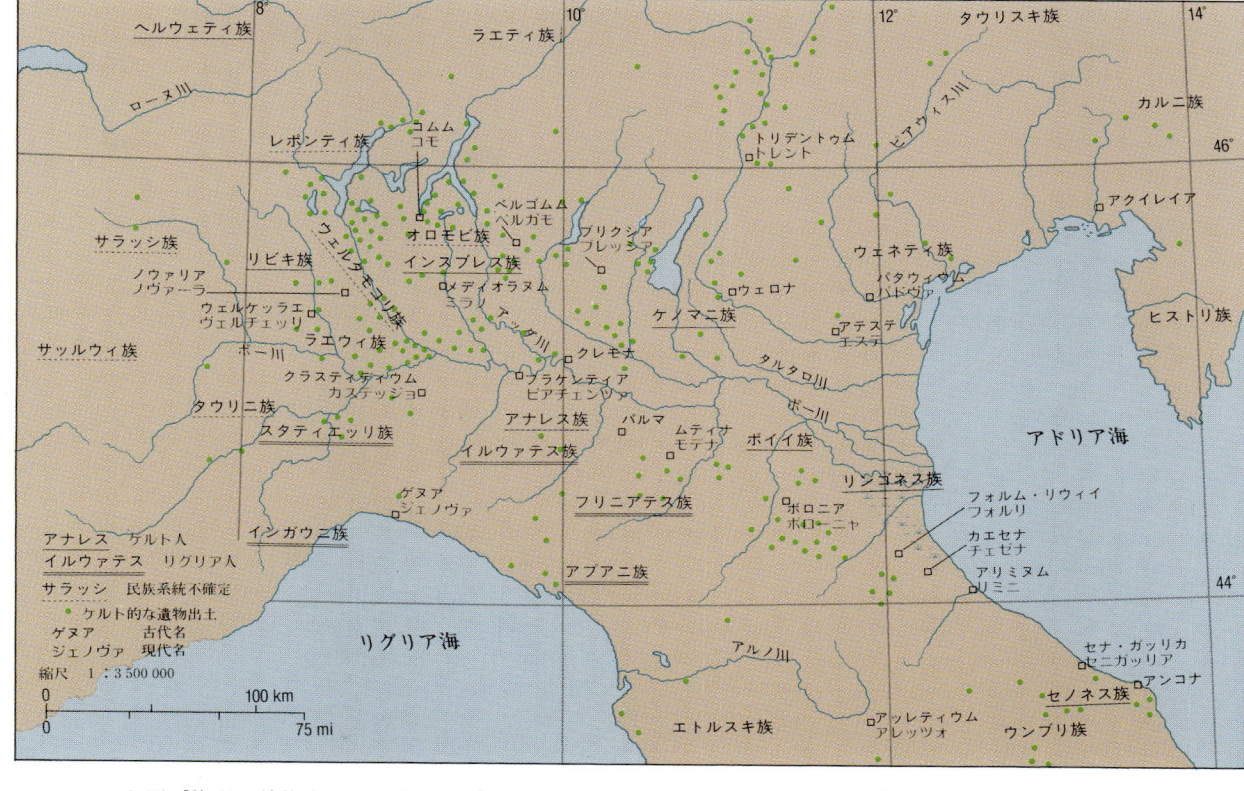

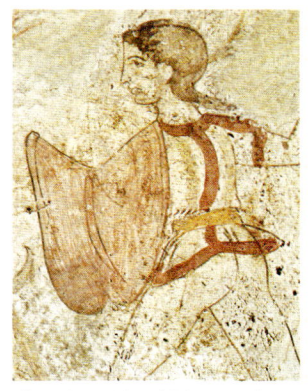

パエストゥム近くで発掘された前4世紀の墓壁画に描かれたルカニアの狩猟する人物画。ルカニア人はサムニテス族と関係の深いイタリキ族である。サムニテス族は前5世紀にイタリア南部の奥地の山岳地帯から沿岸の平野部に進出し、前400年ごろにはティレニア海沿岸のギリシア人都市（パエストゥムを含む）の大半を征服し終えていた。

前43年の貨幣。初期ラテン民族の共通の聖地であったアリキアのディアナ女神の神苑で崇拝されていた古い礼拝像が刻印されている。女神は、3種の姿——ディアナ、ヘカテー、セレネ——をとって表現されている。

しているのと同じ権利・特権をうけ、定住権だけでなくその都市の完全な一員として認められるというのである。後世このような権利は、通婚権（異なる都市出身の者と適法の婚姻をする権利）や交易権（完全な法的保護のもとに商業活動に従事する権利）、あるいは移住権（住居を変更することによって他の都市国家の市民になる権利）といった法律上の概念に要約されることになったが、スプリウス・カッシウスの条約文に定められていたものと思われる。

ローマを指導者にいただく新しいラテン同盟はこの条約によって基礎が築かれ、ローマとラテン都市の代表団によって共同管理されることになった。かれらは毎年フェレンティナ女神の林苑に集い、共通の利害に関係する議題を討議したり、共同の軍事計画について話合ったりした。連合軍はおそらくローマ軍とラテン軍のそれぞれ半分ずつの兵員で編成され、ローマ軍の軍人が指揮をとったと思われる。しかし、この点については確証がなく、指揮官はローマ軍側とラテン軍側から交代で出されたのかもしれない。

再組織されたラテン同盟の軍事力はすぐにその力を試されることとなった。前5世紀のはじめの数年間、ラティウムの国境は、敵の侵入——特にサビニ族、アエクイ族、ウォルスキ族——に大いに脅かされた。これらの部族がラティウムの平原に進出するようになったのは、中部および南部アペニン山脈に住みついていた住民の人口が増大し、その影響が及んだ結果であった。やはり同じ時期にカンパニア地方のギリシア都市やエトルリア都市も、またカンパニアよりさらに南部のギリシア都市も次第に増してくる奥地からの土着民の侵入に悩まされていた。

サビニ族のラティウム侵入はすでに王政時代から始まっており、前5世紀の半ばまで断続的に記録されている。しかし、それ以上に深刻な脅威はアエクイ族とウォルスキ族の進出であった。前6世紀末にかれらがラティウムの境界に出現したことは、ローマとそのラテン盟邦都市の運命に劇的な変化を与えた。ウォルスキ人は、古イタリア人に属し、ウンブリ語に近い方言を話した。前500年直前にかれらはアペニン山岳地帯から沿岸部へ移住してきて、ラティウムの南の境界地域を占領する。このころウォルスキ人とローマとの間で行われた戦争は、コリオラヌスの浪漫的な物語の背景となっている。誇り高きローマ人たるコリオラヌスは、平民階級からうけた仕打ちに愛想をつかして故郷を去り、ウォルスキ族の許へ走る。コリオラヌスの真価を認め、かれを指導者に仰いだウォルスキ族はラテン人の領域に侵入するが、戦勝を重ねてローマまであと8kmという地点にさしかかったとき、コリオラヌスの母が息子に懇願してようやくコリオラヌスの危急を救ったという。この有名な物語の背後には、ローマの存在を脅したウォルスキ族の侵入の記憶が横たわっている。前5世紀を通じて、さらにはそれ以後にもかれらの侵入のあったことが記録に残っているが、それが絶頂に達したのは前490年代と前480年代であった。

第二の外的脅威となったのはオスキ語を話したアエクイ族であった。アニオ川上流域やプラエネステ北方の高地に住みついたかれらは、そこからたえずラティウムの平原へ侵入をくり返したため、前486年ローマとラテン人およびヘルニキ族はこれを撃退するために対等の条件による三者同盟を結成した。ヘルニキ族の領土がアエクイ族とウォルスキ族とを効果的に隔てたため、ヘルニキ族の存在はきわめて重要だった。前5世紀後半には次第に三者同盟が優位に立つようになり、その結果ローマ人は他の領域に自己のエネルギーを集中することができるようになった。

ローマの北方の境界を脅す最大の敵が、およそ15km北方の岩石台地に位置するエトルリアの都市ウェイイである。ウェイイの領土は当時テヴェレ川の右岸に沿って海岸地帯にまで広がっていた。ローマとの紛争はおそらく、テヴェレ川渓谷に沿って走る奥地への商業路と河口の塩床の支配権をめぐって起こったものと思われる。前5世紀を通じて両市の間ではしばしば戦争が行われたことが記録されている。最初の戦争でローマはクレメラにおけるファビウス氏族の虐殺（前477

古ラティウム

ラティウム・ウェトゥス（古ラティウム）の地域共同体の多くは，平野を見下す低い丘に建てられた小屋の集合体を起源としていたと推定される．しかし，組織的な発掘はごく一部の住居遺跡に限られており，現在まで得られた知識の大半は，より深い研究が進んでいる墓地からの出土品に基づくものである．これらの出土品によって，いわゆる“ラティウム文化”の前10世紀から前6世紀までの発展が跡づけられる．墓の副葬品を類型的に分類すると，ラティウム文化は考古学的に六つの“段階”に区分される．I期：前1000ごろ――900年ごろ；IIA期：前900ごろ－830年ごろ；IIB期：前830ごろ－770年ごろ；III期：前770ごろ－730／720年；IVA期：前730／720－640／630年；IVB期：前640／630－580年．初期の段階（第I－II期）では，わらぶき屋根の小屋が集合しただけの共同体であったのが，第III期から第IV期にかけて集落の規模が次第に大きくなり，外縁的社会との交流（“商業取引き”）や手工業の専門化，富裕貴族の出現など，複雑な社会相を示しはじめる．いわゆる“東方化”時代（第IV期のAとB）に，充分な物的証拠から明らかなように，要塞を備えた中枢都市が発展する．ラテン同盟の諸都市がその良い例である．

ラティウム・ウェトゥスにおける考古学的遺跡群
古ラティウムに関する知識は，徹底した考古学調査の成果として近年飛躍的に増大した．その背景には，ローマ市の近郊農村地域が都市の発展と農業の機械化によって破壊される前に，そこに残る考古学的遺産をできる限り多く救出しようという要求が高まったことが理由の一つとしてあった．最近10年間に住宅施設建設や道路敷設，その他の発展の結果として種々の遺跡の存在が明らかとなり，ラ・ルスティカ，アクァチェトーザ・ラウレンティナ，デチマ，オステリア・デッロサなどの遺跡の発掘からは大量の驚くべき出土品をみた．フィカナやプラティカ・ディ・マレでも組織的な発掘調査が行われ，それ以前の発掘から得られていた知識にさらに多くのものがつけ加えられた．

発展を約束された都市

年）を経験し，前475年に不確定的な平和条約を締結した．第2回目の戦争は，前426年にローマが市から約9km上流のテヴェレ川上流左岸に位置するウェイイの前哨基地フィデナエを占領して終った．まもなく大戦闘が勃発し，ついにローマはウェイイの包囲に成功した．ローマの伝承によると，10年間（前405－396年）つづいたといわれるこの包囲については，さまざまの伝説や物語がつけ加えられており，中にはギリシアのトロイア戦争の伝説から借りてきた話もあった．この戦勝はローマ史における決定的転回点の一つとなった．ウェイイはローマの将軍マルクス・フリウス・カミッルスによって破壊され，その領土はローマの領土に併合された．この結果ローマの領土は一挙に2倍に増え，前4世紀初頭にはローマは非常に強大な都市としてラティウム地方に地歩を固めていた．しかし，ウェイイ征服のわずか数年後，今度はローマが突然の予期せざる災難に見舞われることとなったのである．

ガッリア人の侵入

ケルト人がアルプスを越え北イタリアに侵入する動きは，すでに前6世紀に始まっていたのかもしれない．これはリウィウスの見解であるが，これまでのところ，前5世紀以前にポー平原にケルト人が出没していたことを示す確実な証拠はまったく知られていない．しかし，前400年までにはすでにインスブレス，ケノマニ，ボイイ，リンゴネス，セノネスといった主要部族が後にガッリア・キサルピナとして知られるようになった地域に定着し，その地のエトルリア人居住域を脅かしていた．前350年ごろまでには，フェルシナ（ボローニャ）を含むポー川流域のエトルリア諸都市の大半がガッリア人に制圧された．ガッリア人は時にはアペニン山脈を越えて半島部イタリアにも急襲をかけはじめていた．そのような襲撃が前390年の夏におこり，セノネス族の大集団がエトルリアを蹂躙し，さらにクルシウムを経由してテヴェレ川渓谷を南下，ローマを襲った．

その後のローマの暦において凶日とされることになる7月18日，アッリア河畔での対ガッリア戦でローマ軍は完敗を喫し，3日後に無防備のローマ市をガッリア軍は劫掠した．カピトリウムの丘のみが攻撃に耐え，数ヵ月間もちこたえることができた．後代のローマ人が語るところによると，ガッリア人が仕掛けた夜襲は，きわどいときに神の使いであるガチョウの鳴き声でローマの守備隊が目を覚したために失敗に帰した．そして結局，巨額の黄金を受けとることで納得したガッリア人はローマを立ち去ることを決意した．ある愛国的な物語によると，まさに黄金が計量されようとしたとき，ローマ軍の一隊がその場に現れてガッリア人を駆逐したといわれる．この一隊は，アッリア河畔の戦い当時ウェイイの戦利品を不当に分配したかどで追放されていたカミッルスがかき集めた軍隊であった．おそらくガッリア人が求めていたのは略奪品であって，いずれにしてもローマに留まる意志などなかったというのが真実に近いと思われる．それゆえ，カミッルスの面目を立てた勝利の挿話を無視しても問題はないと思われる．もしかするとこの挿話の裏には，ガッリア人が引きあげる途中エトルリアの軍隊に襲われ，したたかにやられたといった出来事があったのかもしれない．事実はどうであれ，ガッリア人はローマ人を瓦礫の中に置き去りにして立ち去ったのである．

19世紀にパレストリーナでいくつかの"王侯の"墓が発見され, 地方貴族の富と権力を証言する厖大な奢侈品と目のくらむような貴重品の出土をみた. 図版に載せた銀の円盤はベルナルディーニの墓から出たもので, エジプト風の場面が表現されている. おそらくキプロスからの輸入品と思われる.

前7世紀前半 (IVA期) に属す.

右上 最古の墓群は火葬に則ったもので, 死者の遺灰を納めた小屋形骨壺が小型の副葬品といっしょに発見された. これらの副葬品は武器や手づくりの小壺類, またまれに供物を捧げている姿勢をとった素朴なテラコッタ小像などから構成されている. 図版に載せた例は, オステリア・デッロサで発見されたIIA期の墓からの出土品である.

下左 パレストリーナのバルベリーニの墓から出土した浮彫り装飾のある象牙製腕. おそらくシリア製品で, 前7世紀のもの (IVA期).

下右 埋葬法が火葬から土葬にかわると, 副葬品はいっそう精巧なものとなる. III期に入ると, 副葬品の中には金属製の壺や洗練された陶器が含まれるようになる. それらの一部はギリシアやエトルリアから輸入された. 個人の装身具としては, ブローチやペンダント, 銀製の渦巻装飾のある髪飾り, ガラスと琥珀からなるビーズなどがあった. 図版に載せた婦人の遺体は, ラ・ルスティカのIII期末の墓に埋葬されていたもので, 青銅箔の帯を身につけていた.

左下 ローマのカピトリーノの丘で発見された青銅箔製小像奉献物. カピトリーノの丘にはユピテル神殿が建造されるはるか以前に露天の社が存在していた. これらの奉献品は, 鉄器時代の宗教活動を証言する史料として重要な価値をもっている.

下中央 パレストリーナのカステッラーニの墓から出土した円筒状"キスタ(容器)" (IVA期, 前7世紀中葉). 木地(修復)の上に銀箔をかぶせたこのキスタは東方様式を示す好例で, おそらくフェニキア製と思われる.

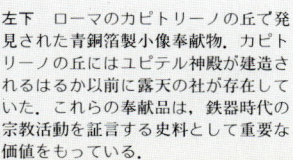

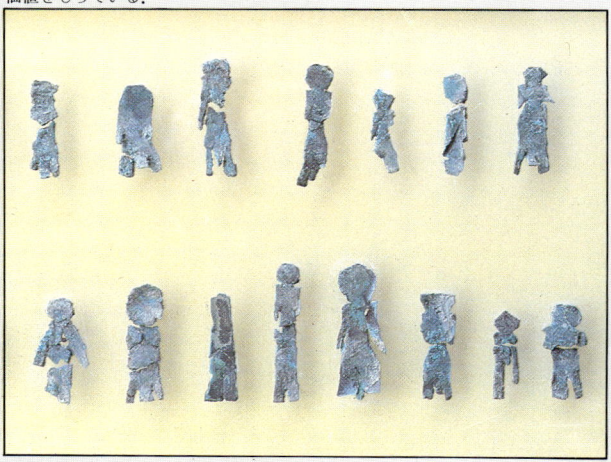

エトルリア人

　史料不足のために,エトルリア文明は謎に包まれている.かつて存在したエトルリア文学は早くに消滅し,エトルリア文明を理解する手がかりとしては,ギリシア・ローマの著作家の記述（往々にして無知と偏見に満ちている）と考古学の不確実な指摘に頼るしかない現状である.考古学的証拠の大半は,エトルリアのかつての大都市の市壁外に横たわる立派な墓地からの出土品である.豪華な装飾を示す貴族の墓は,当時の上層階級の生活様式を彷彿とさせてくれる.しかし,そうした社会像は一面的なものでしかない.エトルリアの社会は農奴階級の労働に支えられていたのであるが,この階級に関する知識は皆無にひとしい.同様に,エトルリアの都市構造についても,組織的な調査がこれまでまったく行われていないためほとんど知られていない.

中　チェルヴェテリ（カエレ）郊外のバンディタッチァ墓地を鳥瞰した航空写真.この墓地はさながら一つの都市のように設計されており,各墓は家の趣を呈している.

下左　タルクイニアのヒョウの墓の壁画.前5世紀のもので,貴族の宴会の情景が描かれている.

下右　タルクイニアのオルクスの墓の壁画,前4世紀前半に属するもので,図版にはウェリアという名の婦人の頭部が示されている.この墓はおそらくエトルリアの大貴族スプリンナ家の墓であったと思われる.

左 カエレの墓の内部. 楯と椅子の墓（前6世紀ないし前5世紀）にみられるのと同じ標準的な住宅建築の特徴を示す墓室である.

エトルリア美術についてのわれわれの知識は，墓から出土した何千点にも及ぶ副葬品によって豊かにされている. エトルリア人はとりわけ青銅彫刻にすぐれた腕前を示した. その好例がカリ出土の戦士像（中段右）と，アレッツォ出土のキマイラ像（下段左）である.

イタリアおよび地中海の征服

ローマの復興

　ガッリア人のローマ劫掠がどれほどの規模であったかを算定することはむずかしい．市の物理的破壊の程度を示唆してくれるような考古学的証拠は，おそらく驚くことにほとんど残っていないから，もしかするとその破壊は表面的なものでしかなかったのかもしれない．アッリア河畔の合戦の人的損失は，おそらくそれほど彪大なものではなかっただろうし，いずれにせよ，2，3年内に回復したであろう．早くも前378年には，ローマは大規模な市壁の建設に着手することができるほどの力を取り戻していた．現在もその一部を残しているこの市壁は，ウェイイの領土内にあったグロッタ・オスクーラの石切場で切り出された角石で建造されており，長さ10 kmに及んで市全体を囲んでいた．ローマは依然としてウェイイの領域を自らの掌中におさめていたので，ガッリア人が退去すると直ちにその地に植民を始め，植民者たちは新たに創設された4トリブス（地区）に登録された．この時期，ローマの領土はおよそ1510 km²の広さに達していた．ローマは復旧が速やかに行える好条件下にあったのである．

　かつてのウェイイの地の北方には，エトルリアの都市カエレの領土が広がっていた．当時カエレはローマ側についてローマの復興に援助の手を差し出していたから，ローマの北方の境界地方は安全であった．このおかげで，前383年にローマはウェイイの北に位置するストゥリウムとネペテに植民市を建設することができた．この二つの要塞は以後"エトルリアの入口"として知られるようになる．

　他方，ラティウムではローマ人は深刻な困難に直面していた．ウォルスキ族とアエクイ族が再び攻撃に出てきたのである．ガッリア人の略奪後の数年間の事蹟を伝える伝承によって，ローマがラテン人とヘルニキ族との間で結んでいた三者同盟が，このころ実質的には中断したかたちをとっていたことが知られる．しかし，ウォルスキ族とアエクイ族の攻撃にローマは自力で耐え，カミッルス指揮下にいくつかの重要な勝利をおさめた．カミッルスは後世の著作家によって，ローマ"第二の建国者"とみなされている．この時期に起こった目立った出来事としては，前385年のサトリクムへの植民，前382年のセティアへの植民があげられる．また，前381年にはトゥスクルムの住民にローマ市民権が与えられ，その領地がローマに併合されている．しかし，これらの出来事の背景をなす状況については知られていない．ガッリア人のローマ劫掠につづく数年間は，ローマ史の中で最も曖昧模糊とした時代の一つとされている．いずれにしても，前385年にラテン人およびヘルニキ族との同盟が更新されるまでには，ローマはすでに充分かつての国力を回復していたように思われる．

　このことは，前348年にローマがカルタゴと第2次条約を締結している事実からも推測できる．ローマの領土はいまやラティウムの境界を越えて南方へ広がりつつあった．オスキ語を話すサムニテス族は南アペニン山脈一帯に強大な部族連合を形成していたが，前地354年にローマはかれらと同盟を結んだ．この同盟はおそらく双方の勢力範囲を確定するとともに，双方の仮想敵国——たとえばガッリア人——の攻撃に対し共同戦線を張ることをとり決めたものと思われる．両勢力は前343年に緊張関係に陥り，いわゆる第1次サムニウム戦争（前343-341年）に突入したが，比較的短い期間で戦闘状態を終結させて再び盟友関係に戻った．それは前340年にラテン，カンパニア，シディキニ，ウォルスキ，アウルンキなどの各部族が連合を結成し，ローマ人とサムニテス族に対抗してきた．ローマは対抗勢力との苦しい戦争の末，サムニテス族からの援軍を得て，ついに前338年に勝利をおさめることができた．

　この時の敗者に対する措置は，ローマが以後イタリアの征服を進めていく際の一つの原形としての役割を果した点で，きわめて重要な意義をもっている．敗れたラテン諸都市のうちの一部はローマ国家に併合され，そこの住民はローマ市民となった．残りの諸都市は領地を一部没収されたが，独立の自治体としての地位を保ち，ローマの盟邦として戦時にはローマに援軍を送ることを義務づけられた．これらの諸都市はローマ市民と結婚したり（通婚権），商業取引を行う権利（交易権）を依然として所有してはいたものの，これらの権利をかれら自身の間で，つまりラテン都市間で行使することも，また政治的な関係を相互に持ち合うこともはや許されてはいなかった．こうして結局古いラテン同盟は解体させられ，共通の宗教的行事だけがローマの管轄下に継続された．一方，対ローマ戦に参加した非ラテン人(ウォルスキ，カンパニア，その他の部族)はローマ国家に併合されたにもかかわらず，限定的な市民権——半市民権ないし"投票権のない市民権"——しか与えられなかった．つまり，かれらは市民としての軍事的・財政的義務のすべてを履行しなければならないが，民会で投票したり，ローマで公職に就くことは許されなかったのである．この形式の限定的な市民権をすべての地域共同体に拡大してゆくことによって，ローマ人は都市国家として

上　共和政時代の市壁．ガッリア人のローマ劫掠後の前378年に建造された市壁の大部分が現存している．ここにみえるアーチは，おそらく前80年代の同盟者戦争の間につけ加えられたものであろう．

右　前334-241年のイタリアにおける征服戦争と植民市建設，および前338年の中部イタリアの状況（挿入地図）
ローマのイタリア征服は，被征服民族をローマ市民の一員に加えること，もしくはかれらを同盟者とすることを意味した．ローマ人は同盟者から広大な領地を没収して，そこへ植民団を送った．ごく早い時期より，ローマは戦略的見地からラティウムの国境周辺に植民を行っていたが，前338年以降は敵の領地に前哨としての植民を開始した．植民団は，(同盟者も若干参加したが)主としてローマの無産者階級から構成されていた．かれらはローマ市民権と交換条件で，新しい植民市に自分たちの土地を得た．新植民市は独立の共同体となり，通婚権と交易権を所有し，その資格は旧ラテン共同体のそれに等しかった．そのため，これらの植民市は"ラテン人植民市"と呼ばれた．海岸の守備のためにはイタリア沿岸に小要塞が設置され，各要塞に二，三百人のローマ市民男子が配置された．前311年には，沿岸守備隊を後援する2人の指揮官に統率された小艦隊がつけられた．これらの沿岸の砦は，史料では"植民市"という誤解を招きやすい名称で呼ばれている．これらは（よりいっそう）重要なラテン人植民市から区別するために，"ローマ"植民市と呼び慣わされている．

地図

主地図

- アリミヌム 268
- セノネス族
- アルノ川
- エトルリア
- セナ・ガッリカ 283
- アエシウム 247
- アッレティウム 284
- センティヌム 295
- コルトナ 311
- ビケンテス族
- トラジメーノ湖
- カメリヌム 310
- フィルムム・ピケヌム 264
- ルシア 311
- ウォルシニ 280
- スポレティウム 241
- カストルム・ノウム 289?
- ボルセーナ湖
- ウァディモン湖 283
- ハドリア 290-286
- ネペト 383頃
- ナルニア 299
- オクリクルム 308
- ウェスティニ族
- コサ 273
- ストリウム 382頃
- パエリグニ族
- アテルノ川
- マルッキニ族
- タルクィニイ
- サバティヌス湖
- カエレ 273
- カルシオリ
- アエクィ族 298
- アルバ・フィケンス 303
- フレンタニ族
- ピュルギ 191以前
- フィデナエ 245
- ロムルス ラビキ 418
- ヘルニキ族
- フチーノ湖
- テアヌム・アプルム
- フレゲナエ 247
- ローマ
- ウィテリア
- アナグニア 306
- マルシ族
- オスティア 350頃
- ウェリトラエ
- シグニア 494
- コラ 495
- ソラ 303
- ボウィアヌム・ウェトゥス
- アルデア 442
- ノルバ 492
- アエセルニア 263
- アルピ
- アンティウム 467, 338
- セティア 383頃
- フレゲッラエ 308, 313
- サムニテス族
- ルケリア 314
- サトリクム 385
- ラウトゥラエ 316
- インテラムナ 312
- アプリア
- キルケイ 393
- タッラキナ 316
- スエッサ 313
- カレス 334
- マルウェントゥム 275
- アウスクルム 279
- カヌシウム
- ミントゥルナエ 329あるいは327
- ヌエッサ 299
- シヌエッサ
- カプア
- サティクラ 313
- ベネウェントゥム 268
- アクイロニア 293
- カウディネ・フォルクス
- ウェヌシア 291
- ポンティア 312
- ネアポリス 326
- カンパニア
- ルカニ族
- ブルンディシウム 244
- パエストゥム 273
- タレントゥム 272
- ヘラクレア 280
- マグナ・グラエキア
- トゥリイ
- ブルッティ族
- クロトン
- ロクリ
- レギウム

凡例
- 戦闘地 ローマ勝利
- 戦闘地 ローマ敗北
- 310 ローマに敗北またはローマと同盟した年
- ラテン戦争（前340-338年）以前に建設された植民市
- ラテン戦争（前340-338年）以後に建設された"ラテン人"植民市
- 海岸守備の"植民市"

縮尺 1:3 000 000
0　　100 mi
0　　150 km

挿入地図

凡例
- ローマの領域（完全市民）
- ローマの領域（"半"市民）
- ラテン同盟
- 非ラテン同盟
- サムニテス同盟

- ボルセーナ湖
- ストリウム
- ネペト
- アテルノ川
- フチーノ湖
- ティブル
- ローマ
- ガビイ
- プラエネステ
- トゥスクルム
- アナグニア
- アレトリウム
- ラヌウィウム
- シグニア
- ウェルラエ
- アルデア
- コラ
- フェレンティヌム
- ノルバ
- アンティウム
- セティア
- リリ川
- ウォルトゥル川
- フンディ
- フォルミアエ
- ミントゥルナエ
- シヌエッサ
- カプア

縮尺 1:2 500 000
0　　50 mi
0　　50 km

のローマの本質的性格ならびにその伝統的な政治制度をそっくり保存しながら，領土拡張と人的資源の増加に成功したのであった．ローマに併合された地域共同体も，それ自身の本質的性格を保持し，実質的な自治を続行することができた．ローマ市民権をもつこれらの自治共同体はムニキピウム（自治市）として知られており，これこそローマが前338年にとり決めた最も重要な新機軸であった．

国内闘争と政治的諸改革

ガッリア人の侵入は，鳥瞰的にみた場合一小頓挫にすぎないものであったとしても，所有地の大規模な破壊と経済的崩壊とは，とりわけ貧民階級に直接大きな影響力を及ぼした．それゆえリウィウスが，この破局の余波として平民の間に負債の新たな危機が起こったと語っているのは何ら不思議なことではない．この時期には，負債に対する平民の不平についての記録が数多く見出されるのである．マルクス・マンリウスが自ら王になろうとしたために前382年に処刑された話の背景にも，こうした平民の不平があった．かれは貴族であったにもかかわらず平民側につき，自分の私有財産を寄付して平民の負債を支払ってやったといわれている．

負債軽減を求める平民の運動は，前378年についに暴動化し，前370年代後半は一種の無政府状態に陥って，少なくとも1年間公職者がまったく選出されないという事態にまで立ち至った．リキニウス＝セクスティウス法（前367年）は短期間の負債の軽減を認め，前357年，前352年，前347年と立続けに出された法令では，利率を統制したり下げたりの努力が行われた．前342年のゲヌキウス法は，利子を取って金を貸すことを違法と定めたが，無論この法律は実施不可能だった．債務者を隷属状態におく拘束行為が最終的に廃止されたのは前326年のことである．

しかし，軍事的征服によって新たに獲得された領土のローマ市民への分配，これこそ平民の経済的苦悩を実質的に最も軽くしてくれるものであった．平民たちがこうした土地分配を求める運動をしばしば行ったことは，リウィウスの記録にみえる．つまり，これらの新領土がともすれば公有地にされたり，富裕階級に独占されたりしたからであろう．伝承によれば，前367年のリキニウス＝セクスティウス法によって，1人の家長が占有しうる公有地の広さとそこで飼養できるヒツジその他の家畜の数に制限が設けられたという．

リキニウスとかれの同僚ルキウス・セクスティウスはすぐれた立法者としてローマ史に名を残している人物であるが，かれらが定めた一連の法律の中で特に名高いのが，平民の間からも執政官を選ぶ権利を認めた法律である．しかし，この改革を促した背景についてはいまだ明らかにされてはいない．前445年の法律にはすでに，執政官制を一時的に廃止し，代わりに3人ないしそれ以上の"執政官の権限をもつ軍団司令官（兵士トリブーヌス）"を選ぶ権利がはっきりと打ち出されている．しかし，なぜこの新しい公職者が採用されたのか，そしてまたどのような場合に2種類の公職者のいずれが選択されることになるのかは明らかではない．リウィウスは，この新しい公職は平民に門戸が開かれていたと推測しているが，この法律が出されてからしばらくの期間，軍団司令官に選ばれた者は実際には貴族だけであった．一方また，平民がその間ずっと執政官職につく権利を法的に認められていなかったかどうかについても曖昧である．ただ確かなことは，前5世紀の末ごろ（前390年以後は必ず）執政官よりも軍団司令官の選出の方が頻繁になり，しかも前400年を過ぎるころから次第に軍団司令官の中に平民出身者が含まれるようになってきたことである．

リキニウスとセクスティウスの真の意図は，このような傾向に対して執政官職を以前の形の正規の最高公職に戻し，さらにこの職を平民にも開放するだけでなく，2人の執政官のうち1人は必ず平民出身者でなければならないことを定めることにあったように思える．換言するなら，両人は平民階級の候補者が有利になるような積極策をとろうとしたのだと考えられよう．これこそ法令による権利の共有と今日呼ばれているものの試みといえた．

リキニウス＝セクスティウスの提案は前367年についに法律として制定されることとなり，前366年ルキウス・セクスティウスが自らこの新制度の下に最初の平民出身の執政官になった．この時期には，執政官はまだプラエトル，あるいは"コーンスル＝プラエトル"と呼ばれていた．しかし前367年に，以前からいた2名の最高公職者より下位の第三のプラエトル職が創設されたため，以後，以前からの2名の最高公職者は単にコーンスルと呼ばれるようになった．プラエトル職はこうして独自の公職となり，この公職にはじめて平民出身者が就任したのは前337年のことである．すでに前356年には独裁官に，前351年には監察官の1人に平民出身者が選ばれている．リキニウス＝セクスティウス法では，平民按察官とならぶ公職者として，2名の高級按察官職も設けられている．新しい高級按察官には1年ごとに貴族と平民が交代で就任した．法令による権利の共有の原理は前339年に監察官職にも，前300年には祭司団，鳥占官職と神宮職などにも及んだ．貴族と平民の平等化が最終的に達成されたのは，前287年に平民会決議が法的力をもち，全市民を拘束するものであることが規定されたときである．

前367年の立法がもたらした最も重要な結果の一つは，これによって次第に平民の間から指導的家系を中心とした新たなエリート支配階級が形成されていったことである．これらの人々は上級の"大官いすに座る資格のある"公職（政務官職，執政官職，独裁官職）に就任することによって頭角を現し，これらの公職者たちの子孫は貴族（ノビリス）と呼ばれるまでになった．この平民出身の新貴族は元老院の中で支配的勢力を形成し，高位の公職を独占してしまうほどの力をふるった．しかし，この新貴族（公職貴族）の独占権を誇大視して考えるべきではない．かれらを旧貴族（パトリキ）から区別する特性の一つは，まさに新しい家系が絶えず貴族の地位に列することを許されつつあったという事実であった．

元老院も新しい血に対して開かれていた．それゆえ，元老院議員の多くは常に"新人"（つまり初代元老院議員）であっただろう．新人が執政官職に就くことは無論珍しい出来事であった．とはいえ，この事実から執政官職が"世襲の"公職であったというような性急な結論を出すべきではない．むしろ，ローマ史の"古典"時代，つまり前300年ごろから紀元後200年までの間，執政官の息子が執政官になった事例はわずかにすぎなかった．換言するなら，公職就任が世襲の特権であったとは考えられないほど，新貴族の中には沢山の門閥が存在していたのである．したがって，高位の公職に就くには非常に競争が厳しく，時とともに競争は激化したのである．

旧貴族は名家として生き残り，貴族の中で多大の影響力を及ぼした．ある種の伝統的な祭司職と公職（祭祀の王，中間王など）がもっぱら旧貴族のもとに留まったし，前172年ま

左　サムニテス人戦士を表した前6世紀ないし前5世紀に属す青銅小像．この戦士はすね当て，兜，胸当て，帯という武具で完全武装し，短い皮の短衣を身につけている．いまは兜の飾りと同様失われてしまったが，元来は槍と楯をもっていた．

下　この時期のローマ兵士の外観を示す好例．パレストリーナから出土した象牙板で，おそらく前3世紀前半のものと推定される

では執政官の1人が必ず旧貴族から選ばれていた事実に留意すべきである．平民に関していえば，前4世紀に権利の共有を獲得するための運動の母胎となった組織は，その後まもなく初期の革命的性格を失い，かれらの樹立した諸制度も次第にローマ社会全体の制度の中に同化されていった．前367年までは主要な公職に就く権利を得ようとする試みにおいて貧民と共通の利害関係をもっていた平民の指導層は，いまや新貴族の一部となっていた．護民官職は下位の公職に相当するものになり，野心に燃える若き平民出身貴族の経歴の一過程とみなされた．前300年ごろにはすでに大半の護民官が元老院の一員になっていたようであり，総じて元老院階級の見解と利害を共有していたことは疑いない．

イタリアの征服

新貴族の出現は，前338年のラテン人反乱鎮圧と前164年の第1次ポエニ戦争の勃発との間の時期に起こったローマ社会全体の変化を示す徴候の一つである．詳しい記録は残っていないが，この時期ローマは外部に向かって目覚しい戦果をあげ，およそ半世紀の間にイタリア全土を自己の支配下に置いた．ローマ社会の変化は，ある一面ではこうした目覚しい征服事業に起因していたのである．

前338年を過ぎてまもなく，ローマはラテン戦争で獲得した土地の整理に着手した．軍事的にきわめて重要な地域であるリーリ川中流域のカレス（前334年）とフレゲッラエ（前328年）に，ローマの無産階級出身者を動員して植民が行われた．かれらはローマの市民権と引き換えに新しい開拓地を分配してもらい，独立の共同体を形成した．これらの植民市は通婚権と交易権を所有し，旧ラテン諸都市と同等の資格を得たため"ラテン人植民市"と呼ばれた．カレスとフレゲッラエとは，その後いくつもつくられることになるラテン人植民市の最初のものであった．他のどんな要因にもましてローマのイタリア統一に寄与したものは，これらラテン人植民市の建設であった．

前328年にフレゲッラエが建設されると，直ちにサムニテス族がこれに反発し，1年を経ずして戦端が開かれた．この戦争は断続的にではあるが40年近くもつづき，一般に第2次サムニウム戦争（前327-304年）と第3次サムニウム戦争（前298-290年）の2期に区分されている．

ローマが前326年に早くも成功をおさめたのは，ギリシア都市ネアポリスがサムニテス族の駐屯軍を追い出し，ローマ人を呼び入れることを決議した結果であった．このとき初めてローマはイタリアのギリシア都市と正式な交渉を行い，価値ある同盟を成立させた．国境付近での小競合を数年間つづけた後，前321年に時の執政官たちは無謀にもサムニテス族の領地へ全面攻撃を企てたが，ローマ軍はカウディウム近くの狭路でサムニテス軍の待伏せに会い，屈辱的な降伏を強いられた．ローマの愛国的な伝承では，この恥辱を糊塗するために，その後ローマ軍は数々の輝かしい武勲をたてたこととして物語られている．しかし，実際にはサムニテス族側に有利な条件で和平が結ばれたらしく，サムニテス族はフレゲッラエを自己の領土におさめ，前316年まで両者の間には平和がつづいたらしい．

この小休止の間を利用してローマはカンパニアでの自己の地位を強化し，アプリア北部の諸都市（アルピ，テアヌム・アプルム，カヌシウム）との同盟を固めた．前316年サムニテス族側から攻撃をしかけて戦端が再び開かれ，前315年にはラティウムに侵入したサムニテス族は，テッラチーナ付近のラウトゥラエにおける会戦で勝利を獲得した．しかし，翌年にはラテン人の領土を荒らし，アルデアまで侵攻したサムニテス族が，今度はローマに敗北を喫する番となった．前313年にローマはフレゲッラエを取り戻し，スエッサ・アウルンカとサティクラ（前313年），つづいてリーリ河畔のインテラムナとポンティア島（前312年）にラテン人植民市を建設した．前312年に監察官アッピウス・クラウディウス・カエクスは，ローマからカプアまで今日までかれの名を留めている沿岸道路（アッピア街道）の敷設に着手した．これ以後ローマは一貫して包囲作戦を推進し，前311年のエトルリアとウンブリアの諸都市の干渉に際しても，もはや重大な敗北の危険に陥ることはなかった．ローマはテヴェレ川上流域を前進してエトルリアとウンブリアに侵入，報復を果した．南の前線ではサムニテス族との小競合をつづけた後，前305年ローマがボウィアヌムの要塞を占領し，第2次サムニウム戦争は終結した．翌年平和条約が結ばれた．

第2次サムニウム戦争の終り近く，ローマは中部イタリアの山岳地帯に勢力を伸ばしはじめていた．ローマは前306年にはヘルニキ族の反乱を鎮圧し，かれらの本拠地アナニア市を"投票権をもたない都市"として併合すると，つづいてアブルッツォ地方を征服し，マルシ人，パエリニ人，マルキニ人，フレンタニ人，ウェスティニ人をつぎつぎと同盟市にくみ入れた．ローマは，前304年に短期間で征服したアエクイ族に対してはとりわけ厳しい処置をとり，領地を召しあげて独立部族としての存続を許さなかった．

こうした一連の征服の背景には，ローマから中部アペニン山脈を経てアドリア海へ通ずる軍用道路の建設（ウァレリア街道，前306年敷設）や，ソーラ（前303年），アルバ・フケンス（前303年），カルセオリ（前298年）などのラテン人植民市の建設が大きな力として働いていた．さらに前299年のウンブリア遠征の結果，ナルニアにもラテン人植民市が建設された．

前298年までにローマは二つの前線で戦闘を再開していた．前302年以降は毎年エトルリアとウンブリアに軍隊を派遣されていたし，前298年にはサムニテス族との間に戦争が再開された．第3次サムニウム戦争の初期の戦闘模様については，前298年の執政官ルキウス・コルネリウス・スキピオ・バルバトゥスの墓碑銘が伝えてくれる．前2世紀に記されたこの碑文は，次のように語っている．「ルキウス・コルネリウス・スキピオ・バルバトゥスはグナエウスを父にもち，勇敢で賢く，容貌・振舞いともにすぐれ，ために執政官，監察官，按察官の重職を歴任，サムニウムのタウラシアとキサウナを攻落し，ルカニア全域に進軍して人質を連れ戻した．」この墓碑銘は，当然スキピオの業績を誇張した面を含んでいるとしても，リウィウスの伝える記述（それによると，スキピオは北エトルリアに進攻したことになっている）よりは真実に近いと思われる．この碑文から当時のローマの軍事作戦の雄大な広がりが読みとれる．

第3次サムニウム戦争でローマが最大の危機に瀕したのは，前295年サムニテス族が北イタリアに軍隊を送りこみ，当時依然としてローマと交戦中であったエトルリア＝ウンブリア軍と合流することに成功したときであった．時あたかも，前299年以後ガッリア人がアペニン山脈を越えて侵入しており，サムニテス軍はこの機会を逃すことなく対ローマ大連合軍を形成した．前295年夏，ウンブリアのセンティヌムにお

イタリアおよび地中海の征服

いてローマ軍はこれらの連合勢力と会戦し，勝利を得た．ローマの勝利は，おそらくローマの牽制的策略によってエトルリア軍とウンブリア軍が引きあげたためであったと思われるが，後世の伝承では，執政官プブリウス・デキウス・ムスの英雄的捨身の行為に帰す傾向が強い．デキウスは我身と敵軍を地獄の神々に"捧げた"といわれている．この会戦の後サムニウム戦争の勝敗は決したも同然であった．領土を蹂躙されたサムニテス族は前290年妥協策を講じ，ローマの同盟国になることに同意して独立を失った．ウォルトゥルヌス川を越えて広がるサムニテス族の全領土がローマの手に帰した結

年代	街道	範囲
312	アッピア	ローマ－カプア
?307	ウァレリア	ティブル－コルフィニウム
?307	クロディア	ローマ－サトゥルニア
?285	アッピア	カプア－ウェヌシア
?283	カエキリア	クレス－カストルム・ノウム
?241	アウレリア・ウェトス	ローマ－コサ
?225	ミヌキア	フォルム・ノウム－ブルンディシウム
?220	フラミニア	ローマ－アリミヌム
187	アエミリア	アリミヌム－プラケンティア
187	フラミニア	アレティウム－ボノニア
154	カッシア	ローマ－アレティウム
?153	アンニア	ボノニア－アクイレイア
148	ポストゥミア	ゲヌア－アクイレイア
132	ポピリア	アリミヌム－アルティヌム
131	アンニア	カプア－レギウム
?127	ラティナ・ノウァ	ローマ－カリヌム
?119	アウレリア・ノウァ	ローマ－ポポロニア
?107	アエミリア・スカウリ	ポポロニア－サバティア

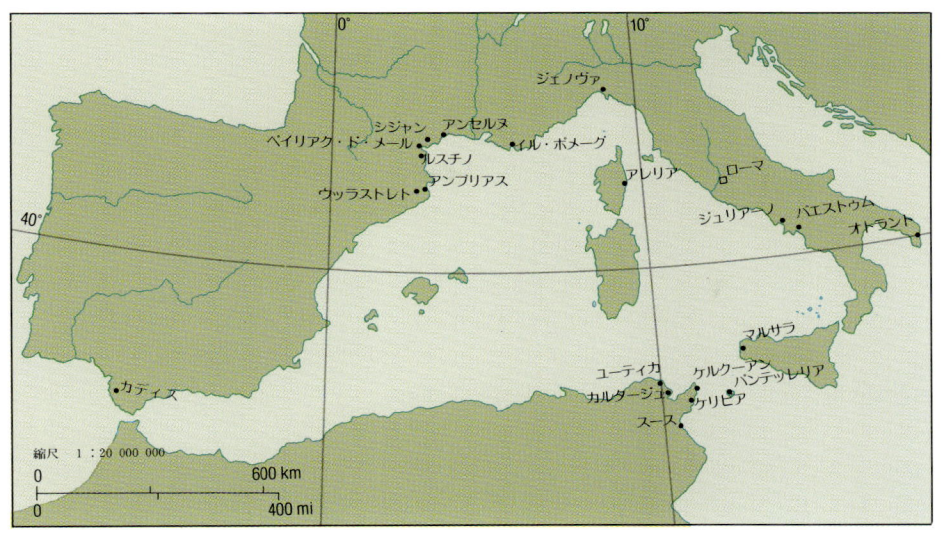

上　前3世紀におけるローマ陶器の分布
中期共和政の時代にはすでに、ローマは第一級の商業および手工業の中心地に成長していた。ローマの手工業製品のうち洗練された陶器がとりわけ名高く、西地中海全域に輸出された。中でも、"小登録商標をもつ工房"として知られる製陶工場でつくられた特色ある陶器は、フランスおよびスペインの南海岸沿岸地域やコルシカ島、シチリア島、北アフリカの種々の場所で発見されている。

左　共和政時代のローマの街道
ローマの最も古い道路が公の通行権を許可された単なる踏みならされた道、ないし細長い土地以上のものでなかったことは疑いをいれない。サッコ渓谷まで走る旧ラティナ街道のようなある種の道路は、太古より使用されていた自然の地形を利用してできた連絡路を継承したものだった。橋や陸橋を架けたり、共同体の便宜をはかると同時にとぎれることのない舗装道路を敷設したことは、ローマの偉大な業績である。そのうちのいくつかの道路はエトルリア人がその敷設に手をそめていたものであった。ローマ以前にエトルリアは、整備のゆき届いた道路網によって各都市間を連結していたのである。イタリア統一時代に実現されたローマの最初の大街道は、ローマとラテン人植民市を結ぶ軍事的機能をもったものであった。道路も植民市建設も等しく、イタリア統一事業の強化のためにきわめて重要な意義を担っていた。イタリアの道路敷設が活発に行われる第二の時代は、前2世紀後半に訪れる。これは帝国の利益を公共事業に投資するという意味合いをある程度もったものであり、共同体の便宜をはかると同時に無産者階級に仕事の口を与える目的が含まれていた。

果、この川が新しい国境となった。前291年にサムニウムの南東地域の大部分が失われ、ウェヌシアにラテン人植民市が建設された出来事につづく、これはサムニテス族にとって多大の領土喪失であった。

しかし、ローマ軍は容赦なく前進をつづけた。前290年に執政官マニウス・クリウス・デンタトゥスはサビニ族とプラエトゥッティ族を征服し、かれらを投票権なきローマ市民にくみ入れた。かれらの土地のある部分は没収されて貧しいローマ市民に分配された。この結果、ローマの領土は中部イタリアを一直線に横切ってアドリア海沿岸に達するまでに拡大し、アドリア海沿岸にラテン人植民市ハドリアが建設された（前290-286年）。つづく時代については史料が乏しいが、ローマはガッリア人に対しても勝利を記録し、エトルリアとウンブリアを降して同盟国にした。

マグナ・グラエキアとの戦争

前3世紀初頭、南イタリアのギリシア諸都市は、たえざる土着民族の侵入と数世紀にわたる都市相互の競争によって衰亡に瀕した状態にあった。ローマがマグナ・グラエキアの問題に干渉するようになったのは、トゥリイ市がルカニア人撃退のためにローマに援助を申し入れたとき、すなわち前280年代のことであった。数年を経ずしてロクリ、レギウム、クロトンの諸市もローマの保護下に入った。南イタリアのギリシア諸都市の中で最強の都市タレントゥムは、こうしたローマの目覚しい成長ぶりに驚異の目をみはると同時に、ローマの勢力を大きな脅威としてとらえ、エペイロスの王ピュロスに援助を仰いだ。ピュロスもまた自己の勢力を拡大する格好の機会としてこの申し出を受け入れた。

前280年、ピュロスは2万5000人の兵と20頭のゾウを率いてイタリアに上陸した。ローマ軍がよく訓練されたヘレニズム軍と対戦したのは、このときが初めてである。ヘラクレアでの最初の交戦（前280年）でローマは敵に大きな打撃を与えたものの、撃退させられた。ピュロスはこのとき和平を申し入れたが、その条件をローマは拒絶した。老アッピウス・クラウディウスが、ピュロスがイタリアの地に留まる限り交渉に応ずるべきではないとローマ人を説得したためだった。ピュロスはローマへの進軍を試み、アナニアまで侵攻したが、カプアとナポリの城門は固く閉ざされたままであり、かれの軍隊に合流しようとするローマ同盟市は1市も現れなかった。ピュロスは自身の着手した仕事の規模を理解しはじめたにち

がいない。ローマはとうていかれが匹敵しえないほどの資力を蓄えた、組織のゆき届いた国家であった。前279年のアウスクルムでの戦闘で再び勝利を得たものの、ピュロス側の被った打撃はヘラクレアにおける戦闘のとき以上に大きく、この戦闘はローマよりもはるかにピュロスに負担となっていた。

前278年ピュロスはさし当りイタリアを離れ、シチリアのギリシア諸都市が対カルタゴ戦に際してかれに援軍を依頼してきていたのに応えるため、シチリアへ向かった。これに対しローマとカルタゴは同盟を更新した。ピュロスの期待は大きかったのに、かれがシチリアで得たものはごくわずかでしかなかった。前275年イタリアに戻ったかれを待っていたのは、マルウェントゥムにおけるローマ軍との対戦、そして敗北であった（マルウェントゥムはこの戦闘の後ベネウェントゥムに改称された）。それからピュロスは海路ギリシアに舞い戻り、その地で実を結ぶことのない計画に才能を浪費しつづけた。2，3年後に、アルゴスでの市街戦の最中に上から落ちてきた屋根瓦がかれの頭部に当り、ピュロスは輝かしいが最終的には無益であった生涯を閉じることになった。

イタリア統一

ピュロスがイタリアを退去した後、タレントゥムは完全包囲されて陥落（前272年）し、独立都市はこれによってイタリアから姿を消した。以後イタリア半島全域が、南はメッシナ海峡から北はピサとリミニを結ぶ線まですべてローマの支配下となった。ルカニアとサムニウムの守備は、パエストゥム（前273年）、ベネウェントゥム（前268年）、アエセルニア（前263年）に植民市を建設したことで安全となった。さらに二つの植民市がブルンディシウム（前244年）とスポレティウム（前241年）に建設された。後者の建設はファレリイ市の反乱鎮圧後に行われた。この反乱には呼応する都市も出ず、ローマは圧倒的な兵力を用いてわずか6日間で鎮圧してしまった。

こうしたイタリア内の戦争に際してローマがとった一般的政策は、冷酷と計算づくめの寛容という相矛盾した傾向が混り合ったものであった。ローマ人がうちたてた数々の勝利は、徹底的な大虐殺（前314年のアウルンキ族や前304年のアエクイ族の例）と広域の領地没収、大量の捕虜の奴隷化という結果を伴った。たとえば、リウィウスのあげている数字からだけでも、第3次サムニウム戦争（前297-293年）のわずか5年間のうちに、6万人以上の人間が奴隷にされたことが推測されるのである。

しかし、被征服民族に対するローマの最終的処置は啓蒙的であると同時に、究極的には双方にとって有益となるよう配慮されていた。完全なローマ市民権ないし半市民権を与えられない、つまりローマ国家の一部にくみ込まれなかった共同体は、同盟条約によってローマに拘束された。イタリアの少なからずの都市国家が、敗戦という犠牲を払うよりも、むしろ自発的にローマと同盟を結ぶ道を選んだであろうことは想像にかたくない。いずれの場合にも、同盟都市はローマが必要とするときにはいつでも軍事的援助を提供しなければならなかった。このことは、内政面では自由が残されていたにせよ、これらの同盟都市は外交政策をとる上では事実上独立を喪失し、一種の従属国と化していたことを意味する。しかし、ローマはこれらの同盟都市に対して税金もしくは貢納義務を課すことはしなかった。このようなローマの政策はいわば一

イタリアおよび地中海の征服

種の共同体制をつくり上げたといえるかもしれない．つまり，同盟都市はローマの征服がさらに容易となるよう援助する見返りとして，征服の利益の分け前に与かるという体制が事実上でき上ったことになる．戦勝がもたらす利益には，移動可能な戦利品（この中には奴隷も含まれる）と土地の2種類があった．敗戦国から没収した土地は，当然ローマ国家の手に帰し，それから売却されたり，公有地として賃貸しされるか，あるいは植民ないし個人的名義のもとに再び居住区域として用いられるかした．注目すべきことには，こうした企図に参画しえた者の中には，ローマ市民だけでなくラテン諸都市やイタリアの同盟都市の住民も含まれていた．それゆえ，ローマに征服された者たちは結局，植民団への参加や戦利品の分け前に与かることによって，自分たちのこうむった損失を埋め合すことができたことになるのである．

ローマのイタリア政策の重要な特徴は，同盟都市における貴族階級が元老院によって支持されていた点にある．したがって，かれらは自分たちの権利が危うくなると常にローマに助けを求めた．ローマがしばしば同盟都市の支配階級の要請で民衆の反乱を鎮圧するために軍事介入したこと（たとえば，前302年のアッレティウム，前296年のルカニア，前264年のウォルシニイでの反乱）が記録から知られている．この代償としてローマは同盟都市の貴族階級からの積極的な協力を期待することができたし，ふつうそれを享受したのであった．この便利な協定によって，ローマは同盟都市からの恒常的な忠誠を確保しえたのであり，第2次ポエニ戦争の最悪の時期においてすら，同盟都市の大半がハンニバルの度重なる懐柔策にもかかわらず，ローマへの忠誠を守り通したのである．

ローマのイタリア半島の征服によって，半島内の人種・言語・文化の諸方面にみられた相違が次第に消えていったことは，長い眼でみたとき，この統一事業の最も意義深い成果としてとらえられるだろう．イタリアの土着民族のローマ化という現象は，征服後につづく3世紀間に徐々に進行し，遠隔地の旧態依然たる少数民族を除くと，紀元後1世紀にはほとんど完成されていた．中部イタリアの半市民権をもつ住民がまず最初に同化され，次第にローマの政治体制に編入されてゆきながら，前268年のサビニ族を嚆矢として完全な市民権を獲得していった．

こうしたローマ化の波は同盟都市にも及んだ．これは，ローマ政府がことさら意図した政策の結果というよりは，むしろ同盟都市の住民がローマ市民とともに，ローマ人指揮官の下で時に数年にも及ぶ兵役に服したことから自然に生じた結果であった．ラテン語とローマ人の生活様式の普及は，同盟都市の領土に隣接して建設されたラテン人植民市によって促進された．ラテン人植民市は自治体として建設されたものではあったが，植民者の大半がローマ人ないしラテン人で占められていたため，言葉はラテン語，生活様式はローマ風という点で，事実上のローマの飛地となっていたのである．

ラテン人植民市の相互の連絡は，ローマが征服を進めてゆく過程で建設した軍用道路網によって行うことができた．敷設者の名前（アッピア，アウレリア，フラミニアなど）に因んで名づけられたこれらの大街道は，軍事的機能を主目的とするものではあったが，副産物としてイタリアのさまざまな地域間の連絡機関を改良し，通行を容易にする役割をも果した．その当然の結果として，ローマの思想および慣習もいっそう容易に普及したのである．

イタリア統一戦争時のローマ社会

征服戦争の間にローマ自体も変化し，中期共和政の特色をなす政治・社会・経済の諸機構がはっきりとした形をとりはじめた．元老院と高級官僚階級を牛耳る旧貴族ならびに平民出の新貴族のエリートたちが政治権力を握った．このエリートの中には，ローマの外交政策を指導すると同時に下層階級の生活改善にも努力を怠らない，強力な政治指導者たちがい

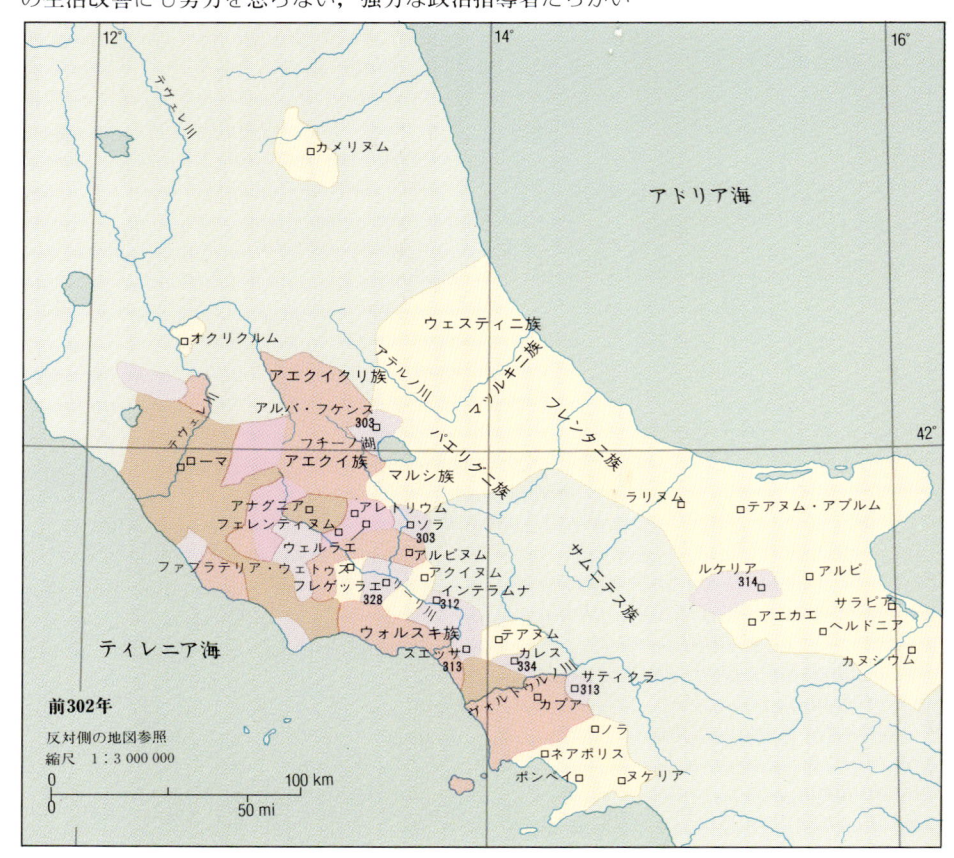

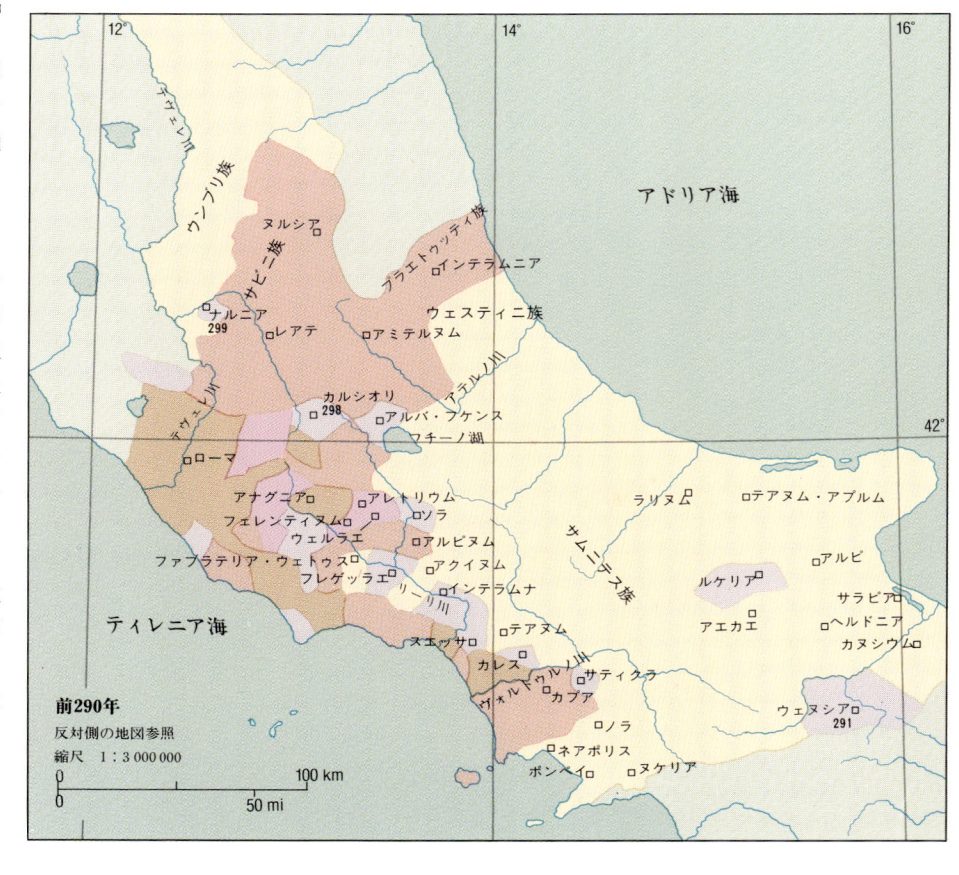

イタリアおよび地中海の征服

エペイロスのピュロス王（前319－272年）．アレクサンドロス大王死後に現れたギリシアの王たちの中で，その外見，気質においてばかりでなく，才能の点でも亡き伝説的大王に最もよく似た人物と一般に考えられていたのがピュロスであった．前275年の対ローマ戦争でのかれの敗北は，ギリシア世界に一大センセーションをまき起こした．

た．平民出身のクイントゥス・ププリウス・フィロ，マニウス・クリウス・デンタトゥスや旧貴族のアッピウス・クラウディウス・カエクスがその例である．アッピウス・クラウディウスについては，「一個の人格をもった個人として文献に登場する最初の人」といわれている．アウグストゥス時代のある碑文に記されているかれの業績は実に印象的である．「ガイウスの息子アッピウス・クラウディウス・カエクスは，監察官，執政官を2期，独裁官，中間王を3期，法務官を2期，高級按察官を2期，財務官，軍団司令官を3期歴任した．かれはサムニテス人から数々の町を奪い，サビニ人とエトルリア人の軍隊を打ちのめした．かれはまたピュロス王との平和条約締結を阻止した．監察官在任中にはアッピア街道の敷設，ローマへの水道橋の建設，そしてさらにベッロナ神殿の献堂を行った．」

支配階級の中のエリートである貴族はその富と権力を土地所有に依存し，その指導権はローマの政治制度の特殊な構造によって保証されていた．ローマの行政は1年任期の公職者たちと1人の前公職者の元老院議員によって運営され，公職者は全市民が参加できる種々の投票を行う集会の選挙で選出された．これらの集会（種々の民会）はまた戦争や講和の問題に関しても，法案や重大な刑事訴訟についても決議権をも

っており，理論上は，集会に集まったローマ国民が主権者とされていた．しかし，実際には集会を召集し，国民に演説して法案を提出できるのは公職者だけの特権であったから，内実は民主的とはほど遠かった．召集された市民には法案を討議したり修正したりする権利，つまり言論の自由がなかったのである．

しかし，何よりもローマの集会の非民主的性格を露呈しているものは，投票が団体で行われた事実である．ローマのトリブス民会と平民会の構成団体もしくは投票単位はトリブス（地区）であった．トリブスの数はローマが新しい領土を獲得するごとに漸次増大してゆき，前241年にはついに35トリブスに至った．これはいわゆる4市域トリブスと31の市外トリブスを合計した数である．土地所有者のみが市外トリブスに登録され，土地をもたないローマ市の住民は4市域トリブスに配属されるという分け方であるため，都市住民は民会参加者の大多数を形成していたはずであるのに――なぜなら民会はローマ市のみで開かれたから――，投票単位としては最小の力しかもちえなかったことになる．このようにして，富裕な土地所有者には有利に，都市の無産階級や実際的に民会に出席することが不可能な遠隔地の小土地所有者には不利に働くような政治機構が人為的にでき上っていたのである．ロ

ローマ同盟の拡大

"ローマ同盟"とは，伝統的には，前338年から前264年にかけてのイタリア半島征服時代にローマが樹立した同盟組織ならびに従属組織に対して用いられる総称である．敗れた敵はローマ軍に兵を出す義務を負う同盟国にさせられるか，市民としてローマ国家に併合させられるかした．新たにローマ市民に加えられた者は，完全な市民権ないし"半市民権"を与えられた．後者は，税金や兵役などの市民としての義務は完全に果すが，その権利は，たとえばローマの民会に投票することができないなど限定つきであった．しかし，時とともにこれらの半市民たちも完全な市民権を手にしていった．たとえば，前268年に低地サビニ族が，前188年にアルピヌム族が，完全な市民権を獲得し，おそらく前2世紀末までには半市民権しかもたない共同体のすべてが完全な市民に昇格させられたと思われる．こうした市民権の拡大とともに，ローマは一連の新しいトリブスを創設し，そこへ新市民や新たに合併された領土に植民者としてやってきた市民たちを登録させた．これらのトリブスはローマの民会の選挙の際の投票単位となった．

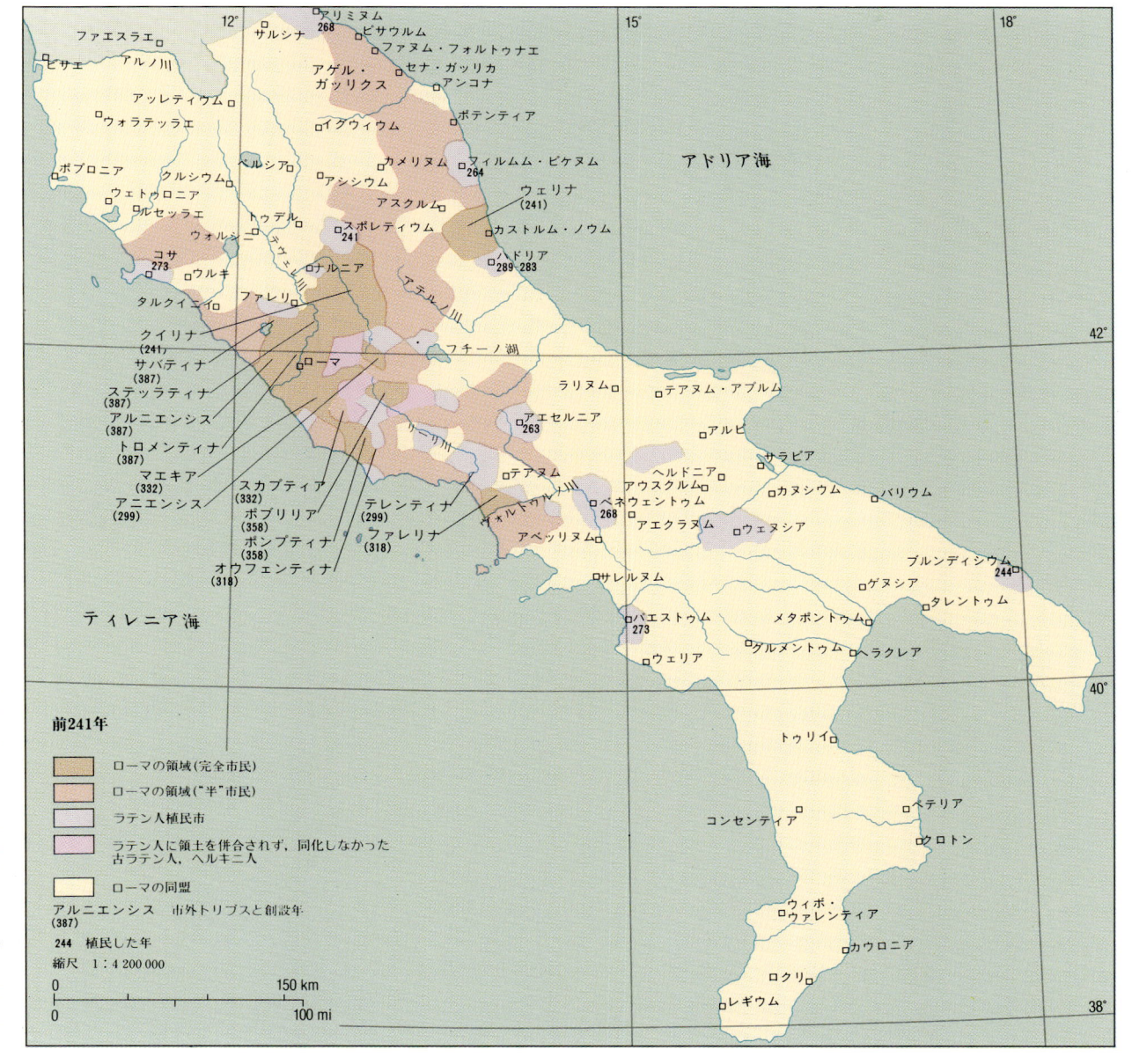

イタリアおよび地中海の征服

ーマの兵員会（ケントゥリア民会）の投票単位となっていた193の百人隊は経済力に応じて5等級に分けられており，この場合も最も富裕な階層が最も多くの票を割り当てられ，兵員会を牛耳ることができるような仕組みになっていた．

有産市民を五つの等級に分ける制度は，セルウィウス・トゥッリウスの創始になるものだと伝えられている（p.22参照）．しかし，事実はおそらくもっと後代のもので，ローマ市民の財産に直接税を課す税制（トリブトゥム）が定められたときに並行して成立したのであろう．この課税からあがる収益は，軍隊の給料に当てられるのが通例であった．兵員の給料（スティペンディウム）がはじめて支給されたのは，前406年のウェイイの包囲攻撃の際であったといわれている．これは，包囲を行っている期間（ウェイイの包囲は10年間つづいた）の，平時なら得ていたはずの利益の損失を埋め合わせるためにとられた処置であったという．この伝承から，当時のローマ軍が農民から募集されたパートタイム民兵によって編成されていたことが推測される．これらの農民は自前で武器を調達できるほどの財産を所有し，政治的・財政的目的のために五つの等級に登録されていた者たちであった．

ここで重要なのは，多くの古代都市国家では兵役が義務としてではなく，一つの特権，社会的地位の目印としてみなされていた事実である．これとともに，1人の人間の政治的権利はその人の国家に対する貢献に比例すべきだという考え方も当時一般的であった．そのため，富を所有せず，したがって租税義務から解放されていた無産者は兵役義務を免れるとともに政治参加から除外されたのである．古代における金権政治と呼ぶべきこの体制は，「課税財産の額が高ければ高いほど兵役義務はいっそう厳しく，政治的権利はますます増大する」（E・ガッバ）という原理に基づいていた．

それゆえ，土地に基づいた富こそ，共和政ローマの政治権力を握る鍵であった．このことは，後に前4世紀後半から前3世紀初頭にかけて現れた政治的指導者が，倹約家で正直の徳を備えた人物の手本としてみなされた事実と矛盾するわけではない．極度の奢侈浪費が日常茶飯事であった後期共和政時代の風潮と比較したとき，かれらがそうみえたというにすぎない．決してかれらが貧乏であったわけではない．後世カトーやガイウス・ファブリキウス・ルスキヌスに強い感銘を与えることになるマニウス・クリウス・デンタトゥスの質素な田舎住まいの話は，そうした意味で誤解を招きやすい．かれが夕食の用意に自らカブラを料理しているのをサムニテス人の使節がみて賄賂を差し出したところ，かれはこれを断ったといわれている．後世の人々は，こうした人物の実際の経済状態よりもむしろその人が示した道徳的模範の方により多くの関心を向けている．この話と関連して，ププリウス・コルネリウス・ルフィヌスのエピソードが思い浮かぶ．この人は，10ポンドの銀の延べ板を所有していた科で，前276年に元老院から追放されたという．この話の重点は，無論かれがそれだけの富を所有することが許されなかったというのではなく，その富の誇示の仕方にあったのである．

前300年前後の数十年間というものは，実にローマ人の公的および私的富が前代未聞の増大をみた時代であった．その明らかな証拠は，土地の拡大である．ローマの領土は，前338年のラテン人反乱鎮圧後に5525km²に拡大し，前264年までにはおよそ26805km²，すなわちイタリア半島部の総面積の20％以上を占めるほどの広さに拡大した．ローマ市民もラテン人植民市の建設によって直接利益を得た．ラテン人植民市は，前241年までに（現代の最も信頼のおける算定によれば）1万km²を越える広さの没収地を占拠していた．

この現象に比例してローマ市民の人口も増加した．信頼のおける人口調査の記録の最も早い例は前3世紀初頭のものであるが，それによると，ローマの自由市民の総人口は75万人から100万人の間だったようである．この時期，ローマ市自体が地中海沿岸都市の最大都市の一つに成長しており，15万人以上の人口を擁していたと推測される．膨張したローマ市の住民の生活をうるおすために水道橋の建設を行わねばならなくなった．最初の水道橋アクァ・アッピアはアッピウス・クラウディウスによって前312年に，つづいて前272年にアニオ・ウェトゥス水道橋がマニウス・クリウス・デンタトゥスによって建設された．

このような公共事業の費用は，戦利品や賠償金などの戦争利益でまかなわれた．こうして，タルクイニウス王朝以来みられなかった大規模な公共建造物の土木計画が可能となり，前302年から前272年までの間に少なくとも11の大神殿が建造された．このうちのベッロナ神殿（前296年），ユピテル・ウィクトル神殿（前295年），ウィクトリア神殿（前294年）の献堂は，ローマ人の当時増大しつつあった軍国主義的信仰への執着を物語るものといえる．現在ローマのラルゴ・アルジェンティーナにその廃墟を残す二つの神殿も，この系列に属していたことは明らかである．ローマへの富の殺到がもたらしたその他の結果として，ぜいたく品に対する嗜好が生じ，またそれを供給する機構が成立した．奢侈品の需要は，少なくとも一部はローマ市内の生産力で満たすことができた．このことは，フィコローニのキスタのような精巧な手工芸品や大量の良質のローマ製陶器の存在から推論しうる．ローマ製陶器の遺品は，西地中海の多くの場所で発見されている．

前3世紀初めごろのローマの経済的繁栄ならびに文化的洗練さがどれほどのものであったかは，種々の分野に認められる重要な発展によって示される．まず第一に奴隷制の発展がある．すでに述べたように，大量の戦争捕虜が奴隷にされたことから，この制度は飛躍的に発展し，大規模に実行されるようになった．ローマでは，慣例に従って解放奴隷は限定つきの市民権ながら，市民権が認められた．かれらの子孫は完全な市民権を得てローマ市民に同化された．奴隷出身の人間がどの程度ローマ市民の中に浸透していたかは，前312年にアッピウス・クラウディウスが解放奴隷の息子たちにも元老院への門戸を開いた事実から想像することができよう．当時の奴隷の大半は，おそらく富者の家の家事労働やローマ市内の手工業に従事していたと思われるが，この時期すでに奴隷が市外の富裕者の領地での労働力に用いられていたことを示す証拠もないわけではない．

第二の発展としては，ローマが最初の貨幣を鋳造した事実がある．ローマ貨幣の起源をいつにおくかという問題については論争が絶えないが，最初の鋳造を前280年ころにおく説が現在最も有力である．それ以前には非鋳造金属が貨幣の代用を果し，一定の計量単位に従って重さを計って計算するやり方がとられていた．貨幣制度が採用されると，兵隊や労働者への給料の支給が，貨幣の数を数えるだけで済むというようにきわめて簡略化された．さらに，貨幣採用に伴うもう一つの利点として，造幣当局が貨幣の模様として選んだ伝説や象徴が，貨幣の流通とともに普及したことがあげられる．換言するなら，貨幣制度は世間一般に対しローマ国家の宣伝の一手段としての役割を果したのである．前269年に鋳造され

このすばらしい青銅製キスタはプラエネステから出土し，前4世紀の末ごろのものと推定される．「ディンディア・マコルニアが娘に与えしもの」および「ノウィオス・プラウティオスがローマでこれを製作せり」という二つの銘文が刻まれている．「ローマで製作せり」という表記から，当時のローマが高級品の主要な製作地であったことが証明される．

たローマ銀貨の裏面には，ロムルスとレムスの双児の兄弟が牝オオカミに乳を与えられている場面が刻まれていた．これよりやや時代の下る貨幣には，表にローマの擬人像，すなわち兜をかぶった女性頭部，裏に勝利の女神が刻印されていた．こうした貨幣の表現は，ローマが自らの巨大な力に目覚め，その自覚を強めていった過程を物語っている．

ローマの貨幣制度はギリシアからうけ継いだものである．これは，ローマの生活に対しギリシア文化の影響が増大したことを意味している．この傾向は，ギリシアの様式・技術の模倣が認められる記念物や工芸品，あるいはまたギリシア宗教のある種の神々の導入といった側面にも現れている．後者の例として，ギリシアの治療の神アスクレピオスの導入があげられ，この神に献堂された神殿が，前291年テヴェレ川の中の島に建造されている．勝利の女神の信仰もギリシアにならったものである．このころローマのエリート層の間にはヘレニズム文化が流行しはじめていた．指導的貴族の中にソフォス，フィリップス，フィロなどのギリシア風の姓を採用する家族が現れてきたことは，この流行を示す例として意義深い．

それまでほとんど知られることのなかったイタリアの共和国ローマがピュロス王を打ち破ったという驚くべきニュースは，ギリシア世界に恐ろしい衝撃を与えた．前273年エジプト王プトレマイオスⅡ世ピラデルポスはローマに使節を送ったが，これは明らかに友好の意志表示であると同時に実情調査を意図した派遣であった．ローマはこの返礼としてアレクサンドリアに使節を送った．3人の元老院議員からなる使節は，プトレマイオスがかれらに贈物を差し出したとき当惑するほど外交儀礼に不慣れであった．アレクサンドリアの宮廷の知的・文学的サークルで，ローマとローマ人は一種の流行の話題とされた．カリマコスは，ガイウスという名のローマ人について詩を詠み，リュコフロンは，アエネーアスの後裔によって建国された新しきトロイアについて叙事詩をものした．科学者のエラトステネスは，ローマの"素晴らしい"統治法について著述した．一方，アテナイではシチリアから亡命してきた歴史家ティマエウスが，西地中海の諸民族に関する大著を著してローマに重要な地位を与え，さらにローマとピュロス王との間で行われた戦争についても一書を著した（いずれも現存せず）．ティマエウスこそギリシア人の間にローマの知識を広めた最大の功労者であった．かれは生まれ故郷のシチリアの事情に通じ，ローマとカルタゴとの間の緊迫関係がかれの故国の命運を決する鍵であることを自覚していたので，イタリアの新興勢力ローマの重要さを理解することができたのである．

ローマとカルタゴの争い

前264年，ローマとそのイタリアの同盟諸市は，北西シチリアで起こった些細な事件が引き金となってカルタゴとの戦争に突入した．これこそ地中海世界の武力外交に劇的な変化を生じさせることになる一連の大戦争の最初のものである．その後100年を経ずしてローマはカルタゴを壊滅させたばかりでなく，東方ギリシアのすべての大勢力に打撃を与えて，前167年ころには早くも地中海の支配者にのし上がってしまう．

しかし，ローマはこうした征服事業を綿密な計画の下に行ったというわけではなかった．前264年の危機は，一見したところでは比較的小さな事件にみえたにちがいない．ローマ軍はメッサナ（メッシナ）市の呼びかけに応じて腰を上げたのである．元来はギリシアの都市であるメッサナは，20年ほど前からオスキ語を話すマメルティニと自称する傭兵隊によって占拠されていた．マメルティニ団は，ヒエロンⅡ世治下のシュラクサ人が攻撃をしかけてきたとき，シチリアのギリシア人の間に味方をもっていなかったため，他に同盟者を求めざるをえない立場に追い込まれた．かれらの指導者のある者は，シチリアのギリシア人の長年の敵であるカルタゴ人に援助を求めることを，またある者は，自分たちと同じイタリア起源であるという共感を求めてローマに働きかけることを提案した．カルタゴにはローマの目覚ましい躍進に警戒の念を抱く理由はいくらもあった．メッサナに置かれていたカルタゴの小駐屯部隊がマメルティニ人によって追放されたとき，カルタゴ人は，ちょうどメッサナ市を包囲しつつあったヒエロンと同盟を結ぶことを決めた．

ローマとカルタゴの対立は，ローマの軍隊がメッサナに到着して包囲軍を攻撃したときから始まった．初戦におけるローマの勝利は，やがてヒエロンに考えを変えさせ，前263年ヒエロンはカルタゴとの同盟を放棄してローマ側に乗り換えた．ローマ軍は勝ち進み，前261年にはアグリゲントゥムのカルタゴの基地を占領，いまや両軍ともに総力をあげての戦争へと発展していった．ポリュビオスの伝えるところによれば，アグリゲントゥムの陥落後はじめてローマ人はシチリアの地からカルタゴ人を追い出し，この地の完全支配を企てはじめたのだという．しかし，カルタゴが海上を支配している限り，この計画を実現することはできないことをローマはまもなく悟り，自らも艦隊をもつことを決議した．前260年の初頭にはすでに100の軍艦（5段櫂船）からなる艦隊が建造され，戦闘体勢が完了していた．このときまで語るに足る海軍をローマ人がまったく所有していなかったことを考慮に入れると，これはまさに驚異的偉業である．

前260年，ミュラエでの最初の大海戦で，執政官ガイウス・ドゥイリウス指揮下のローマ軍は記念すべき勝利をおさめ，その後も戦局はローマに有利に進んだ．特に前256年のエクノムスの海戦ではカルタゴ艦隊に大打撃を与えたが，ローマの幸運はこのあたりから怪しくなり，マルクス・アティリウス・レグルス指揮下の侵略軍をアフリカに送って直接カルタゴを討とうという試みは失敗に帰し，撤兵援助のために送られた艦隊までも帰路嵐に遭遇して難破した（前255年）．一方，シチリアでは前253年にローマはパノルムス（パレルモ）占拠にかろうじて成功し，2年後にはルキウス・カエキリウス・メテッルスが決定的な勝利をおさめ，100頭以上ものゾウを獲得した．しかし，海上では苦戦をなめ，前249年にはドレパナで大敗，かろうじて残った艦隊も同じ年の後半には嵐によってほとんど完全に破壊されてしまった．つづく数年間は，ハンニバルの父ハミルカル・バルカ指揮下のカルタゴ軍がシチリア内でやや形勢優位を保ちながらも，決定的な戦局を迎えることなく展開した．前243年から前242年にかけての冬までに，ローマは新艦隊を建造して戦力を回復し，前241年にはシチリアの西岸沖のアエガテス諸島での海戦でついに圧倒的勝利をものにして戦争を終結させた．勝利者ガイウス・ルタティウス・カトゥルスの提案した平和条約にカルタゴは同意し，シチリアを明け渡すとともに，イタリア人の捕虜全員を返して巨額の賠償金（総額3200タラントン，10年の分割払いによる）を支払う義務を負った．

こうして，古代史上最大の戦禍をもたらした戦争の一つが終結した．双方ともにその損失は甚大であり，控え目に見積

前137年のティトゥス・ウェトウリウスの貨幣．かれの祖先ティトゥス・ウェトゥリウス・カルウィヌス（前321年の執政官）率いるローマ軍が，カウディナの隘路でサムニテス軍に敗れた後両軍が結んだ協定を想い起こさせる貨幣である．場面は（中央にうずくまった人物が抱えている）ブタにそれぞれ剣で触れながら宣誓している2人の戦士を示している．

初期ローマの銀貨．下図は前269年の2ドラクマ銀貨の裏面で，ロムルスとレムスの双児の兄弟に乳を与えている牝オオカミが表されている．第1次ポエニ戦争時に発行された銀貨（左）には，表に武装した女神として擬人化されたローマの頭部（ブリタンニアの像と比較せよ）が（左上），裏面（左下）にシュロの枝と花環をもったウィクトリア（勝利の女神）が表されている．これらの貨幣例は，増大するローマの軍事力と自信を雄弁に物語っている．

イタリアおよび地中海の征服

っても，ローマとその同盟軍は 10 万人を越える戦死者と 500 隻以上の軍艦の損失を出したが，カルタゴ側もおそらく同程度の損害をこうむったと思われる．現地のシチリア人のうけた被害は想像に余りある．多数の大都市が劫掠され（パノルムス，アグリゲントゥム，カマリナ，セリヌス），住民は奴隷にされた．前 261 年にアグリゲントゥムで奴隷にされた人数は 2 万 5000 人に達したといわれる．ポリュビオスの見解によれば，第 1 次ポエニ戦争は，「継続期間，動員戦力の規模の大きさからみて史上最大の戦争」であった．

ルタティウスの条約はカルタゴを窮地に陥れた．自国の傭兵の間で起こった暴動によってカルタゴはいっそうの打撃をこうむったが，この暴動は悲惨な血なまぐさい戦争へと拡大した（前 241-238 年）．前 238 年，ローマはこの機会をとらえて，カルタゴ領であったサルディニア島を占領（ポリュビオスによれば，これはどんな正当化もなしえないような行為であった），同時にコルシカ攻略にも手をつけた．両島はまもなくローマの領有に帰し，シチリアと同等の扱いをうけた．

ローマにとって，前 241 年の勝利の最大の戦利品たるシチリアは，二，三の特例――メッサナやシュラクサなど――を除くと，ローマに十分の一税を納める義務をもつ従属国と化した．この海を隔てた地の領有を安全に支配管理するのは，前 227 年からは最高命令権（インペリウム）をもつ公職者の責任とされた．その結果，シチリアに 1 人，サルディニア＝コルシカに 1 人，合計 2 人の総督（プラエトル）職が新設され，総督のインペリウムの及ぶ領域は"プロウィンキア（属州）"と呼ばれた．この用語は結局ローマの海外領土を指す場合に用いられるようになった．総督の仕事は属州の守護と法律および秩序の維持，そして租税徴集の管理にあった．

他方，ローマはガッリア人の動きが再び不穏の気配をみせていた北イタリアにも注意を怠らなかった．両者の対立が表面化したのは，少なくともその一部の責任は，護民官ガイウス・フラミニウスの出した条例（前 232 年）にあった．それにはガッリア人の領地内の土地をローマ市民に分配することが規定されており，おそらくまた前 283 年以来無断で居住していたガッリア人の立ち退きもそこには含まれていた．前 225 年，ガッリア人の侵入軍はエトルリアのテラモンで大敗を喫し，アペニン山脈を越えて退却した．ローマ軍はこれに乗じてさらにポー平原まで進軍し，前 222 年にメディオラヌム（ミラノ）を占拠，これより，アルプス以南のガッリアの地をローマの領土に統合する企図の実現に着手する．前 218 年にプラケンティア（ピアチェンツァ）とクレモナに 2 大ラテン人植民市がさっそく建設されたが，いまだ住民が定住しないうちにハンニバルの軍隊がイタリアに侵入してきた．

傭兵の反乱とサルディニアの喪失という二重の打撃を経験しながらも，カルタゴは新しい海外領土としてスペインに一大帝国を築き上げつつあった．この事業は前 237 年にハミルカル・バルカによって着手され，かれの死後は婿のハスドゥルバルが継続していた．この情勢を注意深く見守っていたローマの疑いに対し，ハスドゥルバルは前 226 年にカルタゴの活動範囲をエブロ川以南に限定することを保証した．対立が現実化したのは，前 221 年にハスドゥルバルの跡を継いだハンニバルが，サグントゥムの町に圧力をかけたとき（前 219 年）からである．サグントゥムはエブロ川の南に位置していたが，ローマの同盟市であった．サグントゥムに危害を加えてはならないというローマの要求を無視して，ハンニバルは市を陥落させた．市の引き渡しを申し入れた最後通牒を携え

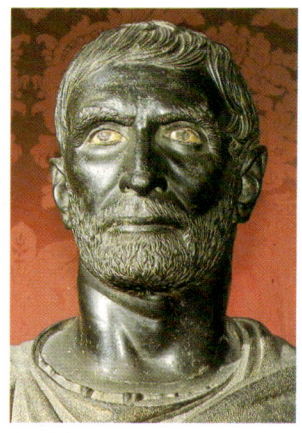

上　古代フェニキア人の都市カルタゴの遺跡．伝承では前 814 年に建設されたカルタゴ市は，前 146 年にスキピオ・アエミリアヌスによって跡形なく徹底的に破壊された．現存する遺跡は，カエサルがそこに新たに建設させたローマ時代の都市の名残りであるが，最近の発掘によって旧フェニキア都市とその港湾設備の若干の痕跡が明らかにされつつある．

中　ローマ貴族の青銅胸像，一般に"ブルトゥス像"と称されており，前 4 世紀後半に属すものと思われる．

右　第 1 次ポエニ戦争

ローマとカルタゴとの最初の大戦争は，前 264 年シチリアで起こった些細な事件にローマが干渉したことをきっかけにして勃発した．どちらもこの島を一方の領有に帰することを潔しとしなかったので，紛争は直ちに全面的な大戦争へと発展した．ローマは艦隊を建造し，前 260 年に海戦にうって出た．以後約 20 年間，陸に海に戦争が展開し，両軍ともに莫大な損失を招いた．結局，ローマの資力の方がカルタゴにまさり，前 241 年のアエガテス諸島沖での海戦の結果はカルタゴの降服で終った．シチリアはローマの手に帰し，ローマの最初の属州となった．

イタリアおよび地中海の征服

たローマの外交使節がカルタゴに派遣された．リウィウスはカルタゴの元老院での劇的場面を次のように記述している．「ファビウス（ローマの派遣代表団団長）はトーガの胸元にひだを寄せて手で押えながらこう述べた，『ここに至ったなら，戦争か平和かのどちらかしかない．どちらでも君たちの好きな方を選びたまえ．』かれがこう語り終えるや否や，相手は誇らし気にわめき立てた．『君たちの好きなように．われわれはどちらでも構わない．』ファビウスは胸元のひだを離して叫んだ，『それなら戦争だ．』カルタゴの元老院議員たちは異口同音に答えた．『われわれにも異議なし．最後まで勇敢に戦い抜くぞ』．」

ローマ側としては，おそらく，ハンニバルとスペインで鉾を合せる一方，アフリカに遠征隊を送ってカルタゴに圧力をかけるつもりだったのだろう．しかし，この計画はハンニバルによってくじかれた．かれは直ちに軍隊をスペインから進軍させ，イタリアの国境に迫ったかと思うと，前218年の秋には2万人の歩兵と6000人の騎兵を率いてアルプスを越えた．ローマから離反した北方平原のガッリア人が，このニュースを聞きつけて直ちにハンニバル軍に合流したため，ティ

前125年のガイウス・メテッルスの貨幣．ゾウの引く戦車に乗ったユピテルが表されている．前251年にルキウス・ソテッルスがパノルムス（パレルモ）で得たカルタゴ軍に対する勝利と，その時の100頭以上にも及ぶ戦闘ゾウの捕獲を想起させる表現である．

キヌス川とトレビア川の河畔で行われた最初の大会戦では，ハンニバルの手に勝利がもたらされた．時はちょうど前218年も暮れようとするときであった．

ガッリア人の合流はハンニバルを勇気づけたにちがいない．かれの希望は，主としてイタリアの同盟諸市がローマに対し反乱を起こすことにあった．前217年，エトルリアに進軍したハンニバルはトラシメヌス湖畔で大勝利を得たが，かれの敵がただローマのみであることを強調し，イタリアの非ローマ人捕虜全員を解放したにもかかわらず，同盟諸市は依然としてローマに対する忠誠を守っていた．ハンニバルがかれらの反乱を期待していたとしたら，それは明らかにかれの誤算であった．実際のところ，同盟市の上層階級は，かれらの利益がローマと結びついていることを感じ，この段階では外国の侵略者，特にガッリア人と同盟した者と合流することに何らかの利点を見出しえなかったのである．

前216年，アプリアのカンナエにおける戦闘でハンニバルはかれの生涯中最大の勝利をかちとった．この戦闘はローマの最大の敗北の一つに数えられ，おそらく3万人に及ぶ戦死者を出した（古文献ではもっと大きな数字が記録されてい

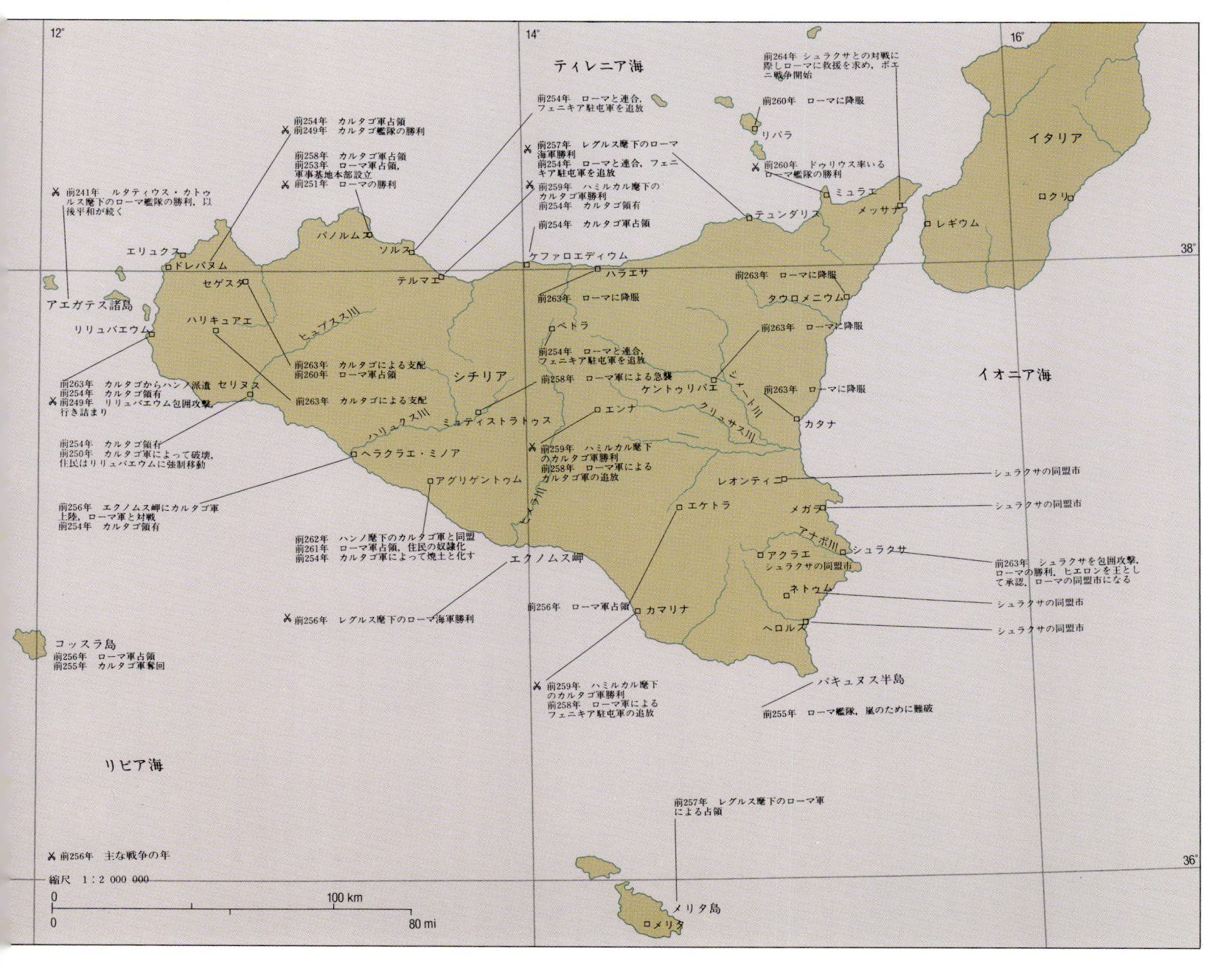

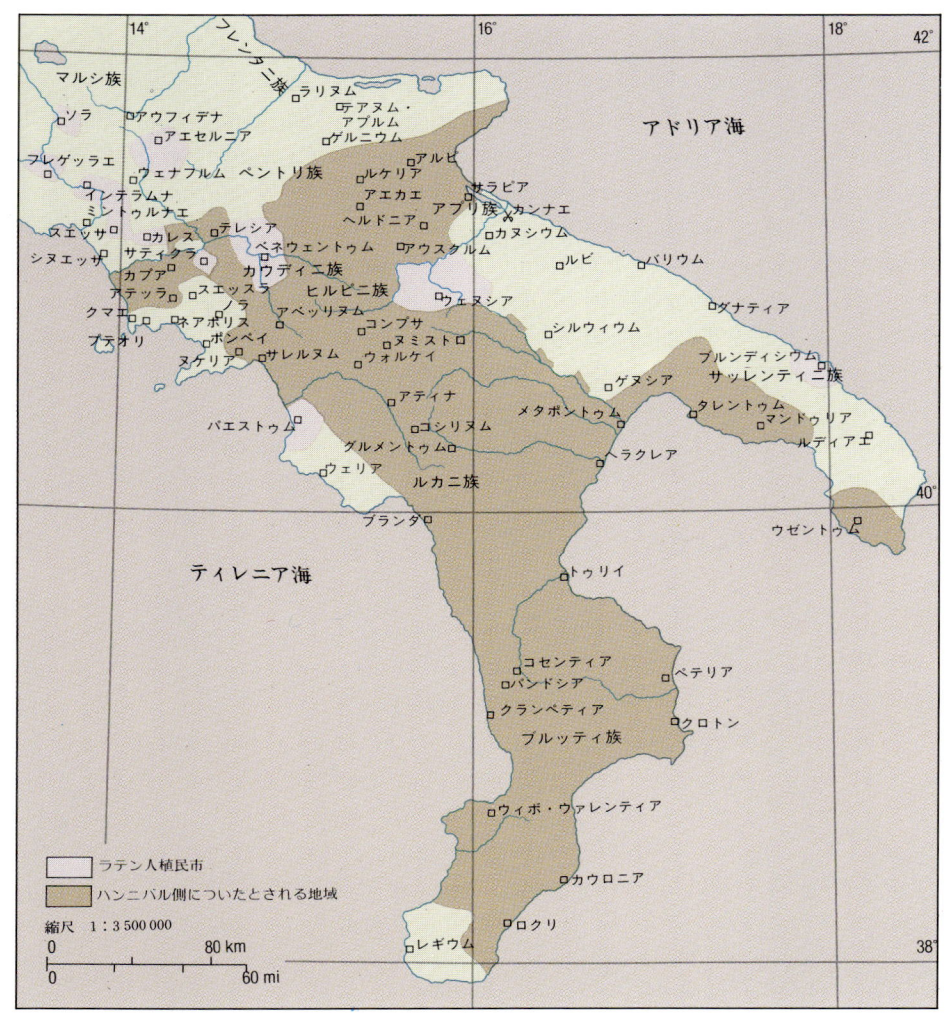

イタリアおよび地中海の征服

ン人植民市ならびに大都市の大半からなる——が散在していた。したがって，南部の拠点から遠隔の地方にまで乗り出す余裕がハンニバルにはなかったのに対し，ローマはハンニバル側についた同盟諸市の領土をほとんど意のままに荒し回り，次から次へと再征服することができた。ポリュビオスが注目しているように，ローマ側は軍隊を分割することができたが，ハンニバルの方は一度に1個所にしか出動できない状態にあった．

ローマは時とともに攻撃の先制権を握るようになり，前211年にカプアを長期包囲の後に陥落させて，ハンニバルに大打撃を与えた。突如ローマへ進軍する作戦によってカプアを救出しようとのハンニバルの企ても，カプア市の城壁の外に姿を表して敵に数日間の衝撃を与えただけで，無残にも挫折した．その間，ローマはシチリアのカルタゴ軍に勝利をおさめ，前211年にマルクス・クラウディウス・マルケッルスの指揮の下にシュラクサ市の攻略に成功した後，前210年に

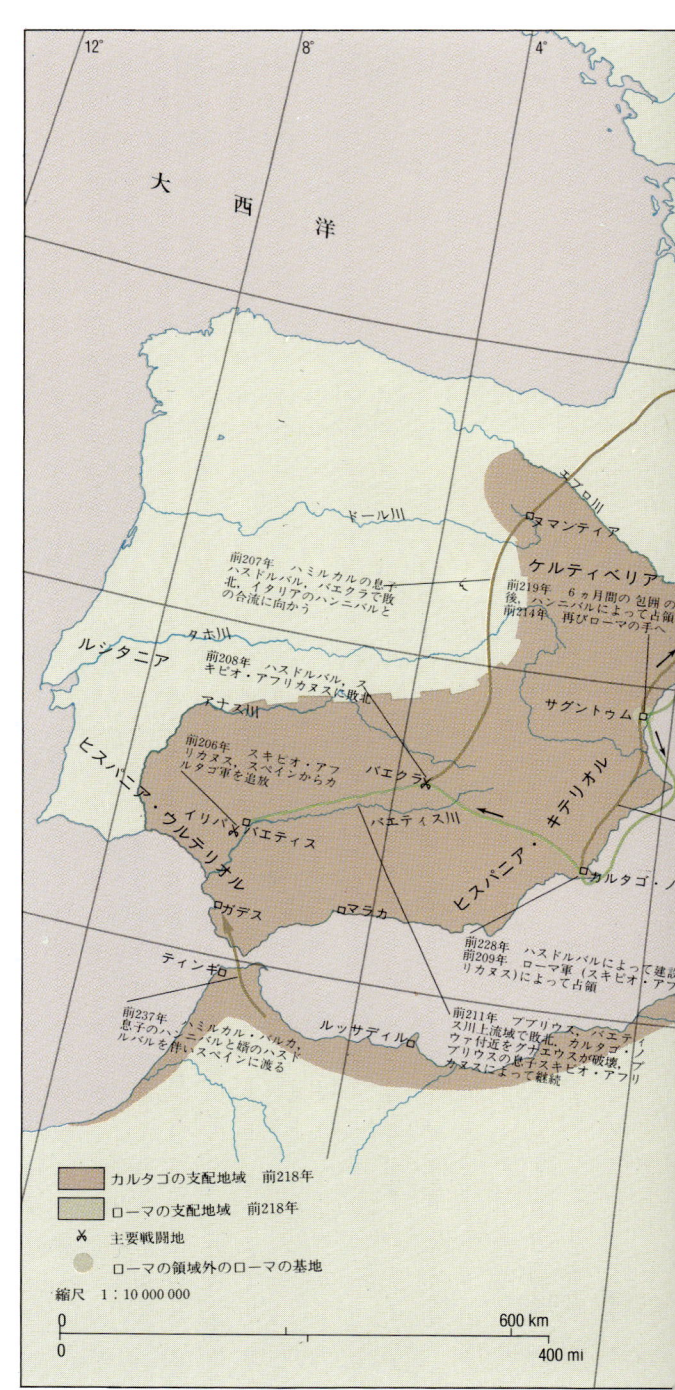

対ハンニバル戦争時のイタリア

戦争当初はローマのイタリア同盟者は，ハンニバルの抱き込み作戦にもかかわらずローマに忠実であった．しかし，カンナエにおけるローマの大敗北以後すべてが一変した．リウィウスは次のように記している．「カンナエにおける敗北がそれ以前に喫した敗北に比べるとどれほど深刻なものであったかは，ローマの同盟者がこれに示した反応から明らかである．この運命的な日までは彼らの忠誠は揺るぎなかった．それがいま，ローマの力が尽きたのではないかという絶望が頭をもたげただけの理由で揺らぎはじめた．以下にあげる部族はカルタゴ側に転じた．すなわち，アテッラニ族，カラティニ族，ヒルピニ族，若干のアプリア族，それからペントリ，ブルッティ，ルカニア，ウゼンティニの諸族を除いたすべてのサムニウム族，さらにタレントゥム，メタポントゥム，クロトン，ロクリなどのほとんどすべての沿岸のギリシア系植民市，そして最後にイタリアのアルプス地域に定住する全ガッリア人である．」これにさらにハンニバルの最大の獲物として，カンパニアの大都市カプアが前215年にカルタゴの味方についたことをつけ加えるべきだろう．しかし，ローマの回復はきわめて早かった．ギリシア系都市が寝返っていたころ（前212年）には，すでにローマはサムニウムとアプリア北部を再び支配下に置いていた．前211年にはカプアが，前209年にはタレントゥムとトゥリイが陥落した．前206年ごろまでにはハンニバルは半島南端に退却を余儀なくされ，その勢力範囲はブルッティウムに限定された．

る）．これ以後，同盟市の間に若干の離反が出，南イタリアの大部分——サムニウム，ルカニア，ブルッティウムの多くを含む——がハンニバルの手に帰したばかりでなく，アプリアのいくつかの町とカンパニアにおける最も重要な都市カプアもローマに反旗を翻した．この時点でローマが平和を求め，カルタゴに有利な条件で戦争を終結させることができるのではないかとハンニバルが期待したとしても当然であろう．

どのような情勢においても敗北を認めようとはしないローマの盲目的頑固さは，ハンニバルの計画の前途にたれこめた暗雲を意味していた．たとえ，多くの状況がその逆を暗示しているようにみえたとしても，である．ハンニバルはさらに味方につくローマの同盟市の数を増やし（前212年にタレントゥムおよびその他のギリシア都市がハンニバル側についた），前215年には老ヒエロンⅡ世死後のシュラクサとピリッポスⅤ世治下のマケドニアの支持をとりつけていた．しかし，ローマ軍は正面からぶつかる戦いを避け，（"ぐずぐずためらう人"の異名をとるクイントゥス・ファビウス・マクシムスが策戦を練った）消耗戦を戦いながら，カルタゴ軍の戦力を徐々に弱めていった．時間がローマに味方し，状況もローマに有利に働いた．ローマには兵力と物資が依然として大量に貯えられていたのに対し，ハンニバルは本国から遮断され，しかもどんな重要な港もいまだその手に保有してはいなかった．エトルリアやウンブリア，ピケヌムおよび中部イタリアの同盟諸市の援助に支えられて，ローマは統一戦線を張ることができたし，またハンニバルの支配下に入っていた南イタリアにもローマに忠誠を誓った要塞で固めた飛び地——ラテ

第2次ポエニ戦争

前218年のハンニバルのイタリア侵入はローマを狼狽に陥れ，カルタゴを直接攻めるというローマの作戦をくじいた．しかし，イタリアでハンニバルに対する消耗戦を行うと同時に，スペインおよびシチリアで大胆な攻撃作戦を展開，ついに前204年にはアフリカ侵入に成功するなど，ローマは次第に優勢に立った．カルタゴはハンニバルへ援軍を送ることに失敗する一方，北イタリアのガッリア人，マケドニアのピリッポスⅤ世の同盟軍はその無力ぶりを露呈していた．ついにハンニバルはカルタゴ防衛のためにイタリアを離れることを余儀なくされ，前202年ザマにおいてスキピオ・アフリカヌスによって決定的な敗北を喫した．

はシチリア全土の反乱を鎮圧した．スペインのカルタゴ軍は，前218年以来ププリウス・スキピオとグナエウス・スキピオ両将軍配下のローマ遠征軍によって動きをさし抑えられたままであった．前215年ローマ遠征隊はイベラでハンニバルの弟のハスドゥルバルを打ち破り，前214年にはサグントゥム奪回に成功した．しかし，前211年にスキピオ兄弟が敗北して戦死したときには重大な危機に陥った．ローマは直ちにスペインに援軍を送り，前210年に指揮官としてププリウス・スキピオの名を継ぐいまだ若年の息子を任命した．かれは敏速かつ大胆な攻撃作戦をとり，前209年カルタゴ・ノウァ(カルタヘナ)を急襲して占領し，翌年バエクラでハスドゥルバル軍と会戦して勝利をおさめたが，ハスドゥルバルが一隊を率いてスペインからイタリアのハンニバルの許へ脱出するのを防ぎ止めることはできなかった．前207年の春，ハスドゥルバルはアルプスを越え，当時ウンブリアに陣を張っていたハンニバルとの合流を目指してアドリア海方面へ進軍を急いだ．しかし，両兄弟が再会を果す前に，ハスドゥルバルはメタウルスでガイウス・クラウディウス・ネロ麾下のローマ軍に捕えられ，決定的敗北を喫した．もはや希望はついえ，ブルッティウムに退却したハンニバルは，前203年避けられぬ運命に身を委ね，だが依然として不敗のまま自軍とともにアフリカへ旅立った．かれの帰国が要請されたのは，若きスキピオが前206年にスペインからカルタゴ人を駆逐した後，元老院を説いてアフリカ遠征の許可をとりつけ，前204年に遠征軍を率いてカルタゴへ向けて出発したためであった．

ハンニバルはカルタゴを守るために帰国した．カルタゴは，かれが9歳のとき，すなわち前237年に立ち去って以来はじめて土を踏む地であった．前202年ザマで最後の対決が行われ，伯仲する戦闘の末，勝利はついにスキピオの手に落ちた．ハンニバル自ら和議の交渉を行い，カルタゴの領土は著しく制限された上に，艦隊を奪われ，50年の期限つきで支払うべき1万タラントンの賠償金が課された．

イタリアおよび地中海の征服

ローマ帝国主義の拡大

　和議が整い，カルタゴの脅威は去った．16年間に及ぶハンニバルの占拠によって荒廃と略奪の憂き目に会ってきたイタリアはようやく息をついた．しかし，カルタゴに対して勝利が得られたからといって，ローマは直ちにその軍事的行為の規模を縮小したわけではなかった．前200年前後の数十年間というものは，北イタリア，スペイン，サルディニア，東地中海で大きな戦闘がくり返され，しばしばローマの大軍がそれらの地に数年間も足留めされるような事態が生じた．P・A・ブラントの指摘によれば，この時期兵役についたイタリア人のおよその人数は，「ハンニバルとの戦争が終結した後も依然として膨大な数に達し，前191-190年には先の戦争で最大の危機に陥ったときと同程度にまでふくれ上ったと推定される．」

　すでに前224年に開始されていたものの，ハンニバルの侵入によって中断されていたアルプス以南のガッリア人の征服をローマは前203年に再開した．ポー渓谷で激烈な野戦をくり返した後，前191年アルプス以南のガッリア人の間で最大の勢力をもっていたボイイ族の征討に成功し，クレモナとプラケンティアを再び補強するとともに，他にも植民市をいくつか建設した．前187年にはアエミリア街道（今日のエミリア地方の名はこれに由来する）がプラケンティアからアリミニウム（リミニ）まで敷設された．ローマは今度はリグリアと北アペニン山岳地帯の好戦的民族を征服する仕事に着手した．散発的な抵抗運動が20年ほどつづいたが，この事業は，前175年にはほぼ完了した．また，前181年には軍事的要衝の地であるアクイレイアに植民市を建設し，前178-177年にはイストリア半島を征服した．

　スペインでは，カルタゴからイベリア半島の南西地域の実質的な支配権を譲渡されたローマは，駐屯軍として常時2軍団を配置した．この地域は，前206年のカルタゴ軍撤兵後ヒスパニア・ウルテリオルとヒスパニア・キテリオルの二つの属州に分けられ，これらの新しい属州統治には，前197年にその定員が4人から6人に増やされた1年任期の総督があたった．当初ローマ人はスペインの地を戦利品としてみなして組織的な略奪を行ったため，原住民の憎しみを買い，前197年にヒスパニア・ウルテリオルで反乱が起こった．急速な勢いで両属州に広がったこの反乱は奥地の住民たちをも巻き込み，前195年のカトーの精力的な軍事行動にもかかわらず，前179年まで継続した．このとき，ティトゥス・センプロニウス・グラックスが平定に成功し，ケルティベリア人と同盟を結んだ．その後25年間は比較的平和な関係がつづいたが，ついでウィリアトスを首長とするルシタニア人との間で戦争が起こり（前154-138年），ケルティベリア人との間でも争いが再燃した（前153-151年）．これらの戦争でローマ人は苦戦し，犠牲も大きかったとはいえ，スペインの住民のうけた残虐行為，被害こそ途方もないものであった．前143年に生じたケルティベリア人の最後の反乱は，もう一つの残酷で長期的な戦争に結びつくことになった．このローマ史上最も野蛮な時期は，前133年スキピオ・アエミリアヌス（ザマの戦いの勝利者の養孫）によってケルティベリア人の本拠地ヌマンティアが占領され，破壊されたときにようやく幕を閉じた．しかし常時駐屯軍を置くことが必要とされ，アウグストゥス時代までスペインの北西端は未征服のままであった．

　西地中海地域に対しては，ローマは土着の"蛮族"を犠牲にして自己の領土の拡張をはかる攻撃的政策を明確に打ち出した．その結果，ほとんど文字通り終りのないガッリア戦争，ヒスパニア戦争がつづいたのである．サルディニア（前181-176年，前126年）やコルシカ（前181年，前166-163年）でも土着民による大規模な反乱が生じた．前125年から前121年の間に行われたガッリア・ナルボネンシスの征服は，こうした攻撃的政策の一環といえるもので，後のカエサルによる奥地を含む全ガッリアの占領（前58-50年），あるいはまたアウグストゥス治下に行われたゲルマニア侵略へと直接結びつくものであった．ローマ人はこうした一連の活動について，何かしら良心の咎めのようなものを抱いていたとは思われない．元老院が軍の指揮官たちのとった冷酷無比で，しばしば非道徳的な行動に対して寛大に振る舞ったことは明らかである．降伏した何千人ものルシタニア人を虐殺したセルウィウス・スルピキウス・ガルバは，その罪が自明の事実であったにもかかわらず，法廷で無罪とされた．蛮族に起こった事態に関心を払う人間は，ローマにはごくわずかしかいなかったのである．

　東地中海で展開された出来事はこれよりもっと複雑な様相を呈していた．ハンニバルとの戦争が終結するころ，すでにローマ人はこの領域で未完の事業に着手していた．かれらが対面していた世界は，アレクサンドロス大王（前356-323）の帝国の解体から生じた，高度の文化と確固とした政治組織をもつ国々からなる世界であった．マケドニアのアンティゴノス王朝，小アジアのペルガモンのアッタロス王朝，シリアとメソポタミアのセレウコス王朝，エジプトのプトレマイオス王朝の勢力関係は，前3世紀末にはすでにほぼ均衡のとれたものになっていた．これらの世界とローマとの中間に，ギリシアとエーゲ海の諸都市国家，とりわけアテナイ，スパルタ，ロドス，アカイア同盟諸市（北部ペロポンネソスの諸市からなる），北西ギリシアのアイトリア同盟諸市が存在していた．

　アドリア海の東部地域にローマが乗り出した最初の冒険は，前229年のイッリュリアの女王テウタに対する戦争である．女王の臣下は当時海賊行為に携り，イタリアの商人たちの悩みの種であった．2回の短い戦争（第1次イッリュリア戦争，前229-228年；第2次イッリュリア戦争，前221-219年）の結果，ローマはイッリュリアを降し，沿岸の多数のギリシア都市の支配権を獲得した．これがマケドニアのピリッ

上　前303年アエクイ族の領土内に建設されたローマ植民市アルバ・フケンス．ヴェリーノ山（2487 m）のふもとの見晴らしの良い地点に位置したこの植民市の遺跡は，1949年以来ベルギーの調査隊によって発掘が進められ，この都市がローマの植民市の多くと同様格子状の都市計画をもち，周囲を防壁で巡らしたものであったことが明らかになった．マケドニアのペルセウス王が前167年に降伏した後抑留されたのはこの地であった．

下　ローマ人が測量に用いた道具のグローマ．この測量器を用いて測量師は，中心点から照準しながら，ある線に対し直角の線をひくことができた．

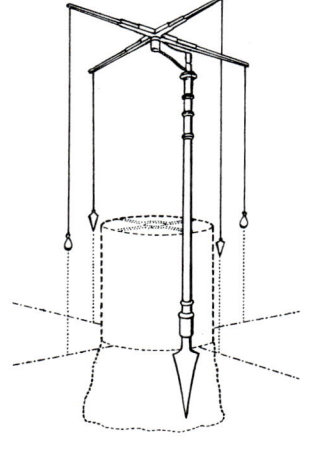

イタリアおよび地中海の征服

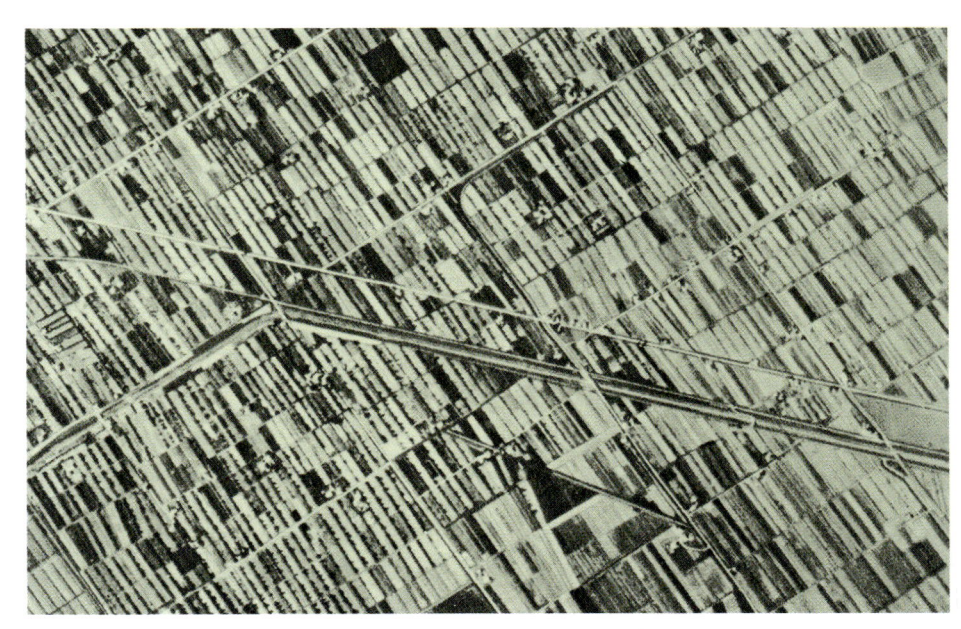

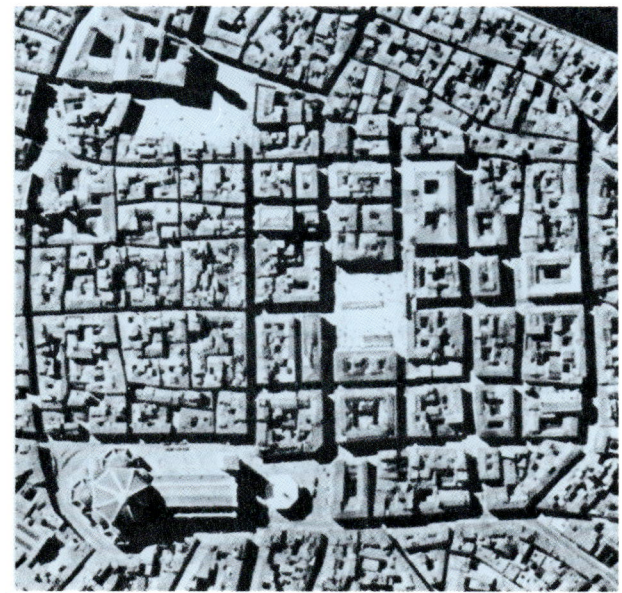

上左 ローマの植民者に対する土地の分配は，測量術を用いて百人隊の区分として知られる分割法に基づいて行われた．この分割法では，土地の1区画単位は200ユゲラ（50ヘクタール）で，ケントゥリア（つまり2ユゲラの土地100個分を含む広さの土地）と呼ばれた．この分割法の痕跡は，イタリアならびに属州の各地で航空写真によって捉えることができた．図版の写真は，エミリア地方のケントゥリアに分割された土地の様相を示している．

上右 ローマの植民市の格子状の都市計画は，植民市起源の現代イタリア都市の多くの道路プランのうちにその痕跡を認めることができる．これはフィレンツェ市に見出されるその一例である．フィレンツェはアウグストゥスの時代に建設された植民市フロレンティアに由来する都市である．

右　前2世紀のイタリアの植民市
ローマの伝統的な植民地政策はハンニバル戦争後も継続され，従来のラテン人植民市の増強が行われたり，南イタリアのヴィボとトゥリィに新しい植民市が建設されたりした．これらの植民市にウァレンティア（強さ），コピア（豊富）といった楽天的な名前をつける習慣をローマがもっていたことは注目に値する．前190年代には，南イタリアの海岸に沿って数多くの沿岸要塞植民市が建設された．これはセレウコス朝の王アンティオコスⅢ世が憎むべきハンニバルの助言をいれてイタリア進出を計画するのではないかとの想定の下に行われた防備であった．ガッリア・キサルピナとリグリア一帯を占拠したローマは，通例のように植民市建設によってこの地方の支配を強化した．しかし，ローマ人がその市民権を放棄するのを次第に拒むようになってきたため，ローマ政府はラテン人植民市の建設を停止し，代わりにローマ市民からなる大植民市建設を開始した．この新しいタイプの植民市の最初の例がパルマとムティナの2市であり（前183年建設），アクイレイア（前181年）は旧タイプの植民市の最後の例である．前177年のルナの建設以後ローマはその植民活動を突然中断し，この世紀の末まで再開することはなかった．唯一の例外が前157年に建設されたアウクシムム市であるが，学者の中にはこの建設年代に疑念を抱く者もいる．

- ■ ラテン人植民市
- ■ ローマ市民植民市
- ● 海岸守備植民市
- 194 植民の年

縮尺　1:6 000 000

イタリアおよび地中海の征服

ポス V 世に警戒の念を起こさせ，王はカンナエの戦いの後のローマの疲弊を利用してハンニバルと同盟を結んだ．これに対抗してローマは，前 211 年ピリッポスの長年の敵であるアイトリア人と手を結んだ．アイトリア人がローマ海軍を後楯にして，陸上でピリッポスとの戦争へ乗り出すと，他のギリシア都市もまもなくこの同盟に参加したため，ローマは自己の手をほとんど下すことなしにピリッポスの脅威を牽制しえた．しかし，自分たちのみ戦争の矢面に立ちながら，ローマが充分な援助を提供してくれないことを感じたアイトリア人は，戦禍を減じるために前 206 年に独断でピリッポスと和議を結んだ．依然としてハンニバル問題に振り回されていたローマは，1 年後にアイトリア人のやり方にならった．

ハンニバル問題が片づくと，ローマは再びバルカンに注意を向けるだけの余裕をもった．ピリッポスがエーゲ海に勢力を確立しようとしてイッリュリアにおいても不穏な動きを示していたため，前 200 年第 2 次マケドニア戦争が始まった．2 年の間戦況の行方は定まらなかったが，ローマは外交作戦で著しい成果をあげた．ローマの目的がギリシアからピリッポスを追い出し，かれの領土をマケドニアに限定することにあることを宣伝した結果，ローマは，中部および南部ギリシアの都市国家の大半から支持を得ることに成功した．ローマのこの政策を実施する機会はまもなく訪れた．前 197 年ローマはキュノスケパライの戦いでピリッポスに対し決定的勝利をかちとった．翌年のイストモス競技祭においてローマの指揮官ティトゥス・クインクティウス・フラミニヌスは，ローマの意図はギリシアの都市国家に自由と独立をもたらすことにあるという劇的な演説を行って聴衆を熱狂させた．戦後処理に 2 年間を費やした後，前 194 年にローマは全軍をバルカンから撤退させた．

この時期すでにローマとセレウコス朝のアンティオコス III 世との間には，かなりの緊張関係が生じていた．王は小アジアで軍事行動を行い，前 196 年にはトラキアを侵略していた．二大勢力は互いの動きを神経を尖らせて見守りながら，宣伝活動や複雑な交渉を行ったりした．現代の史家はこの状態を"冷戦"にたとえている．前 192 年，アイトリア人たちはピリッポスによって奪われていたかれらのかつての領土の 1 部の返却をフラミニヌスに断られたことを憤り，デメトリアスの要塞都市を攻略するとともに，ギリシアをローマから解放してくれるようアンティオコスに依頼した．これを好機とみたアンティオコスは小遠征軍の指揮をとってギリシアに乗り込んできたが，1 年を経ずしてテルモピュライでローマ軍に敗れ，追われるようにしてギリシアから退却した．ルキウス・スキピオ (このとき遠征隊に同行していたアフリカヌスの弟) の指揮の下にローマ軍はアジアに進出，マグネシアでの会戦でアンティオコスを打ち破った (前 190 年)．アンティオコスはタウルス山地を越えて退却し，巨額の賠償金の支払いとゾウ隊および艦隊の引き渡しを余儀なくされた．翌年，執政官グナエウス・マンリウス・ウルソはガラティア人の領土を侵略し，大多数のガラティア人を殺して莫大な戦利品を得た．前 188 年にようやくアンティオコスとの交渉が最終的合意に達し，アパメイアで条約が調印された．小アジアにおける王のかつての領土はロドスと，前 197 年にペルガモンのアッタロスの跡を継いだエウメネス II 世との間で二分された．ローマはこのときギリシアとアジアから全軍撤退した．

こうした目覚ましい一連の出来事をみてきた結果，ここで東地中海におけるローマの政策の本質と目的が果してなんであったのかを問うてみる必要があるだろう．もっと一般的な表現を使えば，ローマ帝国主義の起源とその拡大に関する問題提起ということになろうか．この問題については，現状では大別すると二つの議論が存在する．一つは，ローマ帝国主義の成長を主として防衛政策の偶然的結果とみなす一部の歴史家たちの考え方である．つまり，ローマが戦争をしたのは，自己ならびに同盟国の利益を，現実あるいは仮想の脅威から守るためだったという見解であり，ローマ自身の"正当な戦争"という主張に一脈通じるものといえる．他方，別の歴史家たちによると，ローマの帝国主義は，ローマ人が戦争と軍事的栄光を好み，土地および戦利品に欲望を抱いていたことに起因した悪習であるということになる．この見解に基づくと，ローマ人のとった政策はことさら攻撃的なものであり，"正当な戦争"という体裁の良い口実は，すべて広報活動の際の一種皮肉な効果であるか，愛国的歴史家たちによる素朴な捏造のどちらかであることになる．

これら二つの解釈は，行為者が自ら加担した出来事の意味を必ずしも理解ないし制御していなかったにもかかわらず，行為者が確固とした目的・動機をもって行動したと考えている点に難点がある．たとえ意識的な行為であったと仮定しても，これらの考え方はあまりに図式的で，できすぎたものであるように思われる．たとえば，前 200 年にローマがマケドニアに宣戦布告したのは，ピリッポスをローマ人の利益を脅かす代表者とみなした結果であるとか，あるいはローマが攻撃に出るための新たなはけ口を探し求めていたからであるといった説明は，ありそうもないことのように思われる．リウィウスはもっと単純で，説得力のある理由を示している．かれによれば，前 215 年のハンニバルとピリッポスの同盟は，ローマにとって見過しにできない"裏切り行為"であったため，ハンニバルを片づけるや否や，ローマは直ちにギリシアに渡り，ピリッポスに当然の報いを与えたのである．

最も重要な事実は，ローマ帝国の成長が連戦連勝の所産であったことである．それゆえ，なぜローマ人がそのように多くの戦争を戦ったのかということばかりでなく，どうしてそれほど成功しえたのかということも問う必要がある．分析してみると，結局，二つの問に対する答は一つである．つまり，ローマ人は当時きわめて有能な軍事機構と，敵が太刀打ちできないような巨大な兵力を意のままにすることができたからということになる．ローマにはほとんど無限の補充能力があり，第 2 次ポエニ戦争の一連の出来事が証明しているように，莫大な損失をも吸収してしまうことができた．リウィウスはまったく正当にも (トラシメヌス湖畔での戦いとカンナエの戦いに言及しながら) 次のように断言している．「これほど恐ろしい一連の被害をこうむりながら打ちひしがれることのなかった国は，世界のどこを探しても見当らない．」

ローマの軍事力は，究極的にはローマのイタリア征服の成果である同盟組織に依拠するものであった．同盟諸市を受け身の，ただ貢物を納めるだけの臣下にするより，むしろ能動的な軍事協力者とすることによって，ローマ人は自ら進んで軍国主義と征服欲への道を歩むことになったといえる．かれらが築きあげた軍事組織とは，そこから何らかの利益をひき出せる以上，是非とも利用しないではいられなくなってしまう類のものであった．こうして戦争と征服は論理的必然と化した．これはつまり，実際にはローマ政府が他の国家なら危険性を考えて思いとどまるか，起こりうる損害に耐えられないかするような状況において，戦争を政策の道具として用い

ローマは，前 146 年，古代ギリシアの都市コリントスを帝国の残余の者たちへの見せしめとして破壊した．ローマ時代のコリントス市の廃墟は，図版に示すように，劇場遺跡などとともに印象的な姿をいまに留めている．このローマの都市は，ユリウス・カエサルが植民市として建設したものである (p. 149 参照)．

るだけの余裕をもっていたことを意味している．戦争がたえずくり返され，その規模が拡大化の傾向をたどればたどるほど，軍事能力も専門技術もいっそう向上し，ローマ社会のあらゆる階層に軍国主義的風潮が浸透していったのである．

軍事的成功は，その結果として領土，（税，戦利品，賠償金の形をとった）富，安全，そして勢力の増大をもたらした．これらをローマ人は，かれらが携った軍事行動の中で払わねばならなかった数々の犠牲や努力の代償として，当然うけとって然るべきものと考えた．ローマによる支配が帝国の臣民に与えることのできたさまざまな恩典——蛮族に文明をもたらし，統制のないギリシア人に秩序と安定を与えること——も，こうした征服を正当化する名目となった．誰でも，馬鹿者や途方もなく誇り高い者でさえなければ得をしたのである．

　　汝ローマ人，ひろく諸族を統治して，
　　平和を与え法を布く，ことこそ汝の他に秀ぐる，
　　わざであって征服を，うけたるものを寛大に，
　　あつかいながら暴慢の，やからを圧伏するであろう
　　　　（ウェルギリウス，『アエネーイス』，第6巻　851—853行）〔泉井久之助訳〕

ローマ人の支配は状況に応じて柔軟な形をとった．西地中海地方では，すでにみたように，ローマ人は合併と直接統治および恒常的な軍隊の駐屯という政策を好んでとる一方，ギリシア以東では，合併を避け，地方政府を通じての間接統治策を採用した．地方政府は名目上は独立を保っていたが，ローマの利益に合致するよう行動することが期待されていた．ギリシアの名ばかりの独立都市国家は，実質的には，庇護民と保護者の関係（p.19 参照）に似てローマに依存していた．これらの国家との関係をローマ人自身がクリエンテーラという用語で呼んだか否かは措くとして，"庇護民的国家"という言葉は，明らかにローマによって支配された"自由な"同盟諸国の地位を正しく定義するものであった．

約20年間，ローマはギリシア世界に軍事的干渉の必要性を感じることなく過ごすことができた．しかし，前171年にローマの軍隊はアドリア海を越えて，前179年にピリッポスV世の跡を継いだ息子のペルセウス率いるマケドニア軍との戦争に向かった．すでにピリッポスの死の前からその兆がみえていたマケドニアの復興に対して警戒しはじめていたローマは，特にペルセウスがギリシアの都市国家と和解しようと働きかけたとき，その警戒の念をいっそう強めたのである．ペルセウスの最終目的がローマとの戦争にあったとする説には，根拠がないように思われる．ギリシアの都市国家の下層階級にペルセウスが好意をもって迎え入れられたことをローマが快く思わなかったことは事実だとしても，その説を受け入れることはできない．イタリアにおけると同様にギリシアでも，ローマ人は有産階級の利益を支持する側にまわる傾向を示した（この普遍的パターンにも若干の例外があることはあるが）．ペルセウスは初めのうち優勢に立ち，前171年にはカッリニコスの会戦で勝利をおさめたが，前168年のピュドナの戦いでルキウス・アエミリウス・パウッルス麾下のローマ軍に決定的敗北を喫した．マケドニア軍はほとんど全滅し，ペルセウスもその後まもなく自ら降服した．

ピュドナの戦いの後のローマの処置は過酷であった．これによって，前190年代以来ローマの態度がどの程度変化したかが明らかとなる．マケドニアは四つのそれぞれ分離した共和国に分割され，各共和国の住民は，かつてペルセウスによって課されていたときの半分の税率で貢物をローマへ支払うことを余儀なくされた．このようにしてローマは行政と防禦の義務を負わずして，直接統治の場合と同様の利益を獲得した．カッリニコスの勝利の後ペルセウスに合流したエペイロスのモロッソイ族には残酷な運命が待っていた．かれらの領地はパウッルスの軍隊に略奪され，住民は奴隷にされた．一方，ギリシア諸都市国家内の反ローマ分子もこのとき一斉に粛正をうけた．とりわけアカイア同盟市の上層階級に属す者1000名がイタリアに連れて行かれ，そこで裁判をうけずに抑留された．これらの抑留者たちのうちで最も有名な人物が歴史家ポリュビオスである．アジアではペルガモン王国とロドスが領土失墜の罰をうけた．参戦はしなかったが，故意に見て見ぬふりをしたからである．ローマが臣下からの完全な服従以外の何物も寛恕することはないということを如実に示すためにとった方法は，このようなものであった．

ローマは以後18年間，この方式によってギリシア人を間接的に支配することに成功した．しかし，前150年ごろマケドニアにアンドリスコスという名の王位主張者が現れて，かれの指揮の下に反乱が起こったため，再びローマの干渉するところとなった．前148年アンドリスコスが敗北し，マケドニアは正式の属州となった．2年後には，些細な反乱を口実にアカイア同盟が粉砕され，その領土は先の属州に編入された．コリントスは劫掠され，ギリシア諸都市に民主政治の代わりに金権政治制度（p.42 参照）が布かれた．

この時期こそ，まさしくローマ帝国主義の拡大を左右するような重大な時期にあたっていた．ローマの同盟国ヌミディアの王マシニッサとカルタゴとの間の軋轢にローマが干渉したのをきっかけとして，前150年に第3次ポエニ戦争が勃発した．ローマは，大カトーの主張に従ってカルタゴを滅すことを決議した．カルタゴは死に物狂いの抵抗を試みたが，ローマの指揮官スキピオ・アエミリアヌスによって市は陥落させられ，跡形もないほど徹底的に破壊された（前146年）．カルタゴの領土は新たにアフリカの属州とされた．

アルカイック期のローマ

ローマにおける最古の住居跡は，フォルムの火葬墓に見出すことができる．そこは前10世紀以来，周辺の丘陵地帯の住民のための墓地として使用されていた．パラティヌス丘に早くから集落が形成されていたことは，そこで発見された鉄器時代の小屋の礎石や，ロムルスがこの丘に都市を建設したという伝承から示される．パラティヌス丘の集落は後に拡大してフォルムを含むようになり，前8世紀以降はエスクイリアエ丘が主要な墓地となった．前7世紀末にフォルムに立っていた小屋が取り壊され，そこを正式の公共広場として使用する計画がたてられた．周辺の集落も恒久性に富む石造住宅に代えられ，神殿その他の公共建造物が建設されることによって，いっそう"都市的"な外観を呈するようになった．この発展は，伝承では，タルクイニウスⅠ世（前616-579）の治世時のこととされている．リウィウスによれば，タルクイニウスは「フォルムの周囲の土地を私的建築用地とすることを許可し，商店やアーケードを建設した」という．次代の王セルウィウス・トゥッリウスは都市を拡張して，エスクイリアエ，クイリナリス，ウィミナリスの丘を合併するとともに市壁を巡らし，市を四つの行政管区に分けた．前6世紀におけるこのローマ市の成長は，考古学的証拠によって確認できる．

"カピトリウムのオオカミ"．前500年ごろに年代づけられるこの彫刻は，アルカイックの青銅彫刻の傑作で，おそらくエトルリア人芸術家の手になるものと思われる．双子の兄弟の像はルネサンス期につけ加えられたものであるが，この復元には正当と思われる充分な根拠がある．もしそうだとすれば，ロムルスとレムスの伝説は，王政時代末期のローマにおいてすでに確立されていたことになる．

ユピテル，ユーノー，ミネルウァの3神を祭った大神殿正面プランの復原図（ゲルシュタット案による）．タルクイニウス王朝によって建造され，前509年に最初の執政官によって献堂された．長さ64m，横55m，高さ約40mのこの神殿は，アルカイック期の地中海世界に建てられた最大の神殿の一つに数えられる．前83年に火事で破壊されるまでは，完全な状態で残っていた．

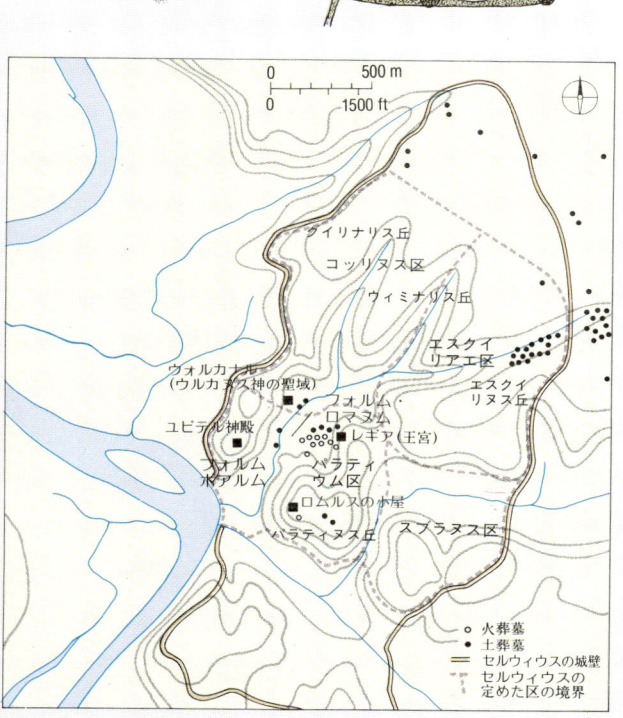

中段左　前8世紀に遡るきわめて素朴な小屋の遺跡．伝説的にロムルスの定住地として知られるパラティヌスの丘で発見された．ローマ人はこの簡素な羊飼いの小屋である，いわゆる"ロムルスの家"のうちに太古の思い出を懐かしみ，帝政時代までこれを保存していた．

下段上　エスクイリアエの丘の土葬墓から発見された2本の柄つき土器．おそらく前8世紀後半のもの．

下段上右　フォルム・ロマヌムの火葬墓から発見された小屋型骨壺．この種の骨壺は，明らかに人間の住居を再現するよう意図されている．長円形の小屋の基礎がパラティヌスの丘で発見されている．

下段右　フォルムのY．典型的な火葬墓．大甕の中に小屋型骨壺や副葬品を入れ，坑に埋葬した．前10-9世紀のもの．

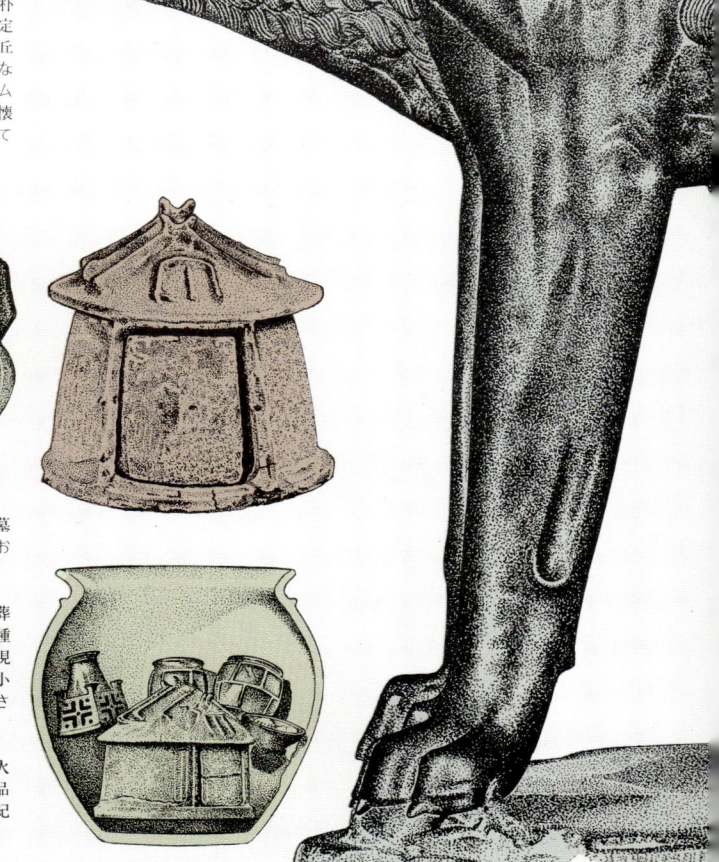

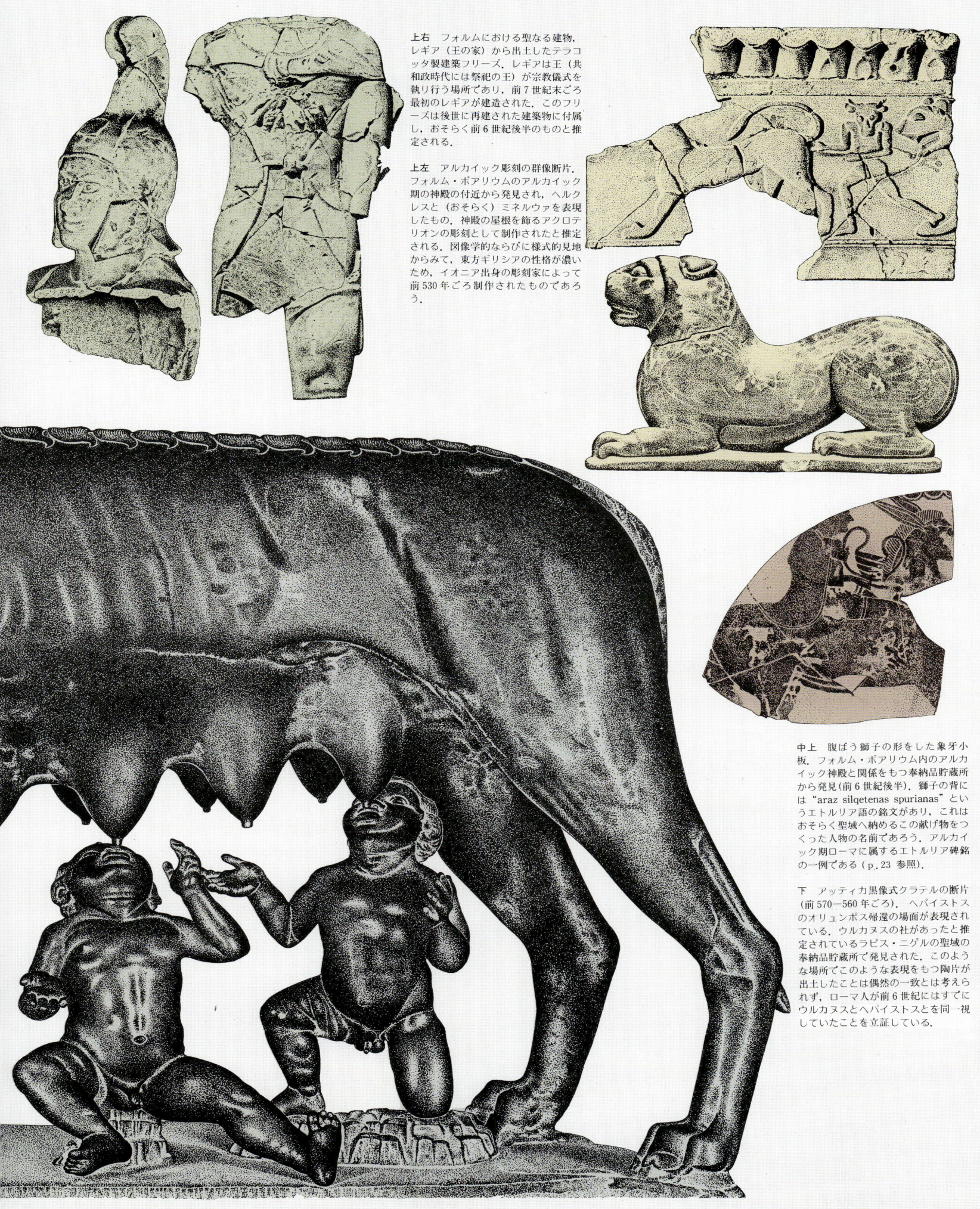

上右 フォルムにおける聖なる建物, レギア(王の家)から出土したテラコッタ製建築フリーズ. レギアは王(共和政時代には祭祀の王)が宗教儀式を執り行う場所であり, 前7世紀末ごろ最初のレギアが建造された. このフリーズは後世に再建された建築物に付属し, おそらく前6世紀後半のものと推定される.

上左 アルカイック彫刻の群像断片. フォルム・ボアリウムのアルカイック期の神殿の付近から発見されたもの. ヘルクレスと(おそらく)ミネルヴァを表現したもの. 神殿の屋根を飾るアクロテリオンの彫刻として制作されたと推定される. 図像学的ならびに様式的見地からみて, 東方ギリシアの性格が濃いため, イオニア出身の彫刻家によって前530年ごろ制作されたものであろう.

中上 腹ばう獅子の形をした象牙小板. フォルム・ボアリウム内のアルカイック神殿と関係をもつ奉納品貯蔵所から発見(前6世紀後半). 獅子の背には "araz silqetenas spurianas" というエトルリア語の銘文があり, これはおそらく聖域へ納めるこの献げ物をつくった人物の名前であろう. アルカイック期ローマに属するエトルリア碑銘の一例である(p.23 参照).

下 アッティカ黒像式クラテルの断片(前570−560年ごろ). ヘパイストスのオリュンポス帰還の場面が表現されている. ウルカヌスの杜があったと推定されているラピス・ニゲルの聖域の奉納品貯蔵所で発見された. このような場所でこのような表現をもつ陶片が出土したことは偶然の一致とは考えられず, ローマ人が前6世紀にはすでにウルカッスとヘパイストスを同一視していたことを立証している.

危機と改革

帝国主義の影響

ローマの地中海征服によって，ローマとイタリアの政治的・社会的・経済的生活には必然的に深い変化が生じた．政治面では，対ハンニバル戦争とそれにつづく東方ギリシア世界の紛争に対して元老院のとった処置は，親元老院派の公職者たちに全面的に支持された．前232年の護民官ガイウス・フラミニウスの政権時代（p.44参照）につづく1世紀間は，平民に関係した立法や既存の体制に対する攻撃がほとんど行われなかった政治的に安定した平穏無事な時代の一つに数えられる．後世，キケロはこの時代を元老院支配の一種の黄金時代と呼んでいる．

元老院そのものは名門貴族によって牛耳られていたが，貴族の間にはいくつかの党派が競合していた．一部の貴族を中心にして友人や親類縁者が結束して党派を形成し，特別な政策を推進したり，選挙時には自派の候補に票を集めるため庇護民や支持者を動員したりしたのである．こうした党派は，無論，恒久的な政治党派といったものではなかった．何よりもそれが"友好"を旨としたものであったことは確かだとしても，他方，ローマの政治がもっぱら貴族の門閥による恒久的ならびに世襲的な協力によって運営されていたわけでもなかった．個人間あるいは党派間の競争意識は伝統的なものであると同時に，一種の勢力均衡の役割をも果していた．しかし，公職の報酬が増え，高位公職をめぐる競争が激しくなっていくにつれ，元老院による寡頭政治内部にも次第に緊張が高まってきた．

ハンニバル戦争の間に，軍事的要請として戦勝将軍の指揮権の任期が1年から2年に延長された．この刷新は実際的見地から正当化されたとはいえ，そこには明らかに公職の1年任期という原則に変更を加える口実を，スキピオやフラミニヌスなどの野心家に与える危険性が存在した．しかも，これらの野心家たちは，これ見よがしの豪勢な生活様式を採用し，ギリシア文化の知識を誇示するなど，同輩の貴族の生活から外れる傾向を示し，かれらにならおうとする貴族も急増した．その結果，公職をめぐる競争の激化，私服を肥やす輩の増大，汚職の流行，ギリシア文化の盲目的崇拝といった一連の社会的風潮が生れた．こうした風潮に反対し，マニウス・クリウス・デンタトゥス（p.42参照）のような過去の偉人を手本として簡素で厳格な生活様式をことさら遵奉したのが，監察官の大カトー（前234-149）であった．ギリシア文化の信奉者たちの軽薄な自己顕示を嘲笑したかれは，中庸の徳を主唱するとともに，土着のイタリアの伝統に深い尊敬を払った．また，従来の元老院による寡頭体制に執着してその維持に努め，スキピオに激しい攻撃を浴びせた．スキピオはその結果，前184年に公的生活からの隠退を余儀なくされた．カトーはさらに奢侈禁止令を擁護し，権力の乱用，収賄，汚職をしばしば声を大にして非難した．

カトーの反ギリシア主義は，単なる偏見によるものではなかった．ギリシア語が話せたばかりでなく，ギリシア文化に対する造詣も，かれが非難の矢を向けた多くの人士より深かった．実際，ギリシア思想がローマに必要とみなされる場合には，そこから盗用することも進んで行ったし，ローマにギリシア式建築であるバシリカを建設させた最初の人もほかならぬかれであった．このバシリカは，かれが監察官であった前184年に建設され，この時期に建造された数多くのギリシア様式の公共建造物のひとつに数えられる．

しかし，ギリシア思想のローマ的応用の最も驚くべき例は，何よりもラテン文学の成長である．これにはカトー自身も重要な貢献を果した．ラテン語で著述した最初の人，リウィウス・アンドロニコスは，前272年のタレントゥムの陥落後に捕虜としてローマに連れてこられたギリシア人であった．かれは『オデュッセイア』のラテン語訳を著し，ギリシアの原作に基づいた悲劇を書いた．かれを手本として，次代にはグナエウス・ナエウィウス（前275ごろ-200）とクイントゥス・エンニウス（前239-169）の2人が現れ，叙事詩だけでなく戯曲もものした．注目すべきことには，2人ともラテン語を母国語とする者ではなかった．ナエウィウスはオスキ語を話すカンパニア人，エンニウスはルディアエ出身のメッサピア人であった．同じことが，ウンブリア人のティトゥス・マッキウス・プラウトゥス，ケルト人のカエキリウス・スタティウス，アフリカ出身のプブリウス・テレンティウス・アフェルらについてもいえた．かれらはいずれも前2世紀前半に活躍した，ギリシア的色彩の濃いラテン喜劇作家である（プラウトゥスとテレンティウスの喜劇が現存している）．その他のすぐれた初期ラテン作家としては，悲劇作家のマルクス・パクウィウス（前220-130ごろ），ガイウス・アッキウス（前170-90ごろ），諷刺作家のガイウス・ルキリウス（前180ごろ-102）がいる．ラテン語散文学を創始した功績はカトーに帰せられる．かれの著作には演説も含まれており，キケロはそれらのうち142の演説を知っており，絶賛している．農業に関する著作は現存しており，またローマおよびイタリアに関する歴史的著作は『起源』と題されていた．それ以前の，ローマの歴史を扱った著述（たとえば，ファビウス・ピクトールの作品）はギリシア語で書かれていた．『起源』の特色は，ローマだけでなくイタリア土着の民族の歴史も書かれている点にあった．

カトーの努力は，ギリシア文化からの借り物を建設的に開発していくこと，そしてまた富や奢侈，権力の追及——これらは，カトーによれば，軍事的征服の間接的な所産としてのヘレニズム文明と関連があった——の悪影響が広がるのを阻止することへ向けられた．しかし，われわれがみる限り，ローマの帝国主義がもたらしたもっと深刻で重大な影響をカトーは認識していなかったように思われる．すなわち，イタリアの農村経済が，カトーの在世時代に重大な農業危機へ至る道を歩みはじめていた点である．これを示す最も明らかな徴候は，半世紀以上もの間継続した戦争によってイタリアの農民が貧困に陥り，土地を棄てねばならない状態に立ち至ったことである．

戦争がイタリアの政治・経済に及ぼした影響には2種類ある．第一にハンニバルの侵入が直接もたらした結果，つまり広範囲にわたる田野の荒廃——わけても南イタリアの地域に

上　ファレリイの神殿から出土したアポロンの優れたトルソー（前4世紀後半ないし前3世紀初頭）．おそらく，マグナ・グラエキア出身のギリシア人彫刻家の手になるものと思われる．この作品は，中部イタリアが当時どのような経路を通じてギリシア文化から影響をうけていたかを如実に示してくれると同時に，"イタリア＝ギリシア"美術の好例でもある．

上右　フォルム・ボアリウムにある円形神殿（通例，ウェスタ神殿という誤った呼称で呼び慣わされている．おそらく前2世紀後半のもので，ローマに残る大理石神殿の最も古い例である．様式は純ギリシア風である．

著しかった——，第二に共同社会全体の絶滅である．たとえば，前209年にタレントゥムがローマ人に占領されたとき，全住民が奴隷にされたため，かつて繁栄を誇ったこの都市は一挙に辺鄙な村落と化してしまった．土地を荒らすことが必ずしも農地の生産能力に害を及ぼすとは限らなかったのに対し，作付け中の作物や建物，家畜を破壊することはそれだけで多数の農民一家を崩壊させ，その地域一帯に人口減少の現象をひき起こすのに充分であったと思われる．兵役義務の延長に甘んじなければならなかった農民にとって，うちつづく戦争の間接的結果の方がよりいっそう深刻であった．伝統的なローマの軍隊は農民軍であり，戦争が近隣の共同体との戦闘，つまり地方的・周期的な色合いを帯びている場合には，これは有効でもあり妥当なものでもあるといえた．しかし，ハンニバルとの戦争およびその後のローマの征服戦争では，彪大な数の兵隊が地中海の遠隔地域で継続して何年間も勤務することが要求されたのであるから，農民軍がこのような性格をもつ戦争にふさわしいわけがなかった．

ハンニバルの敗北につづく35年間のローマおよびイタリアの連合軍の規模は，平均すると13万人以上であったと推定されている．この数値は，イタリアの全成年男子の人口に対しきわめて高い比率を占めている．共和政時代の最後の2世紀間について言えば，全ローマ市民の人口において兵役経験をもつ成年男子の人数が占める割合は，推定では約13％であった．これはすなわち，成年男子の半数以上が，少なくとも一生の間に7年間は兵役についていたことを意味している．小土地所有者の農民階級にとって，このような兵役を押しつけられることはまさに自滅に等しかった．多数の農民一家が男手のない状態を長期間，あるいは戦死した場合には恒久的に強いられた．田畑は顧みられず，負債は増える一方で，結局土地を売りに出すか追い立てをくうかのどちらかであった．時あたかも富裕者が戦勝のもたらした利益をイタリアの土地に投資しようとねらっていた時期に符合したため，この過程は急速に進展した．そのゆき着く先は，少数の富裕者が小土地所有者の農民の耕作地を買い集めて広域の土地を所有するという，いわゆるラティフンディウムの発展であった．

大多数の農民一家が富裕な投資家によって土地を奪われ，かつては自分が所有していた土地で奴隷労働を強いられることとなった．数々の戦勝と，その結果である敗戦国の住民の奴隷化のおかげで，奴隷の供給には不自由しなかった．大規模な農場経営に必要とされる労働力を供給するために，かれらは組織的な集団に分けられた．奴隷は比較的安く手に入れることができただけではなく，さらに徴兵を免除されているという利点があった．こうして，富と奴隷という，兵役についたイタリアの農民の犠牲と努力によってかちとられた勝利の産物の流入によって，ラティフンディウムの発展が促進せられた．ケイト・ホプキンスは次のように述べている．「ローマの農民兵は，自己の地位喪失のために闘っていたのである．」

前2世紀のラティフンディウムの発展は，新しい農場経営方式を生み出した．これは，余剰農産物を売って現金利益をあげ，不在地主に納めることを意図したものであった．カトーの『農業論』は，中規模の大きさの土地（カトーの指示によれば，25から60ヘクタールの土地）を奴隷に耕作させ，農場に常駐する奴隷支配人に管理させている地主のための手引書であるが，ここには上述の新しい制度が例示されている．カトーは，主にブドウとオリーヴの耕作について論じ，これは高額の現金利益をもたらすが，この経営を始める際には大資本を必要とするばかりでなく，目指す利益をあげるためには相当広い土地を必要とすると述べている．同様に大資本と広大な土地を必要としながらも高い利益をもたらす経営には，牧畜とヒツジの飼育がある．第2次ポエニ戦争で全土の人口の著しい減少をみた南イタリアでは，広大な土地が牧草地として使用された．これらの土地の多くは，法律の上では国有地——つまりハンニバルに加担した同盟国からローマが没収した土地——であったのだが，ローマ政府は，富裕者がこれらを収奪するのを見て見ぬふりをしたばかりか，土地所

有の範囲を法令によって制限しようともしなかった．同様のことが，イタリアの他の地域の国有地でも起こったことと思われる．

土地を追われた農民の多くは，イタリアの町や都市，とりわけローマに移住した．ローマ市では，富裕者が奢侈品や娯楽，あるいは政治の取引きのための賄賂，客の接待などに費やす莫大な浪費から新たな仕事の口が増えつつあった．公共の浪費も，都市の市場経済の発展を促した．国家の収入は戦利品や賠償金，税金などの形をとって巨額に達していた．前167年のマケドニアの平定以後，貢租制が廃止され，イタリア内のローマ市民の財産には直接税が課されなくなった．巨額の国家歳入はさらなる征服に再投資された．つまり軍隊の給料と軍需品供給に注ぎ込まれた．残りは大規模な公共土木事業にあてられ，前2世紀を通じて（時に推測されているような，前130年代の建設活動の衰退を示す証拠は何もない），ローマやイタリアの各都市で土木活動が盛んに行われた．富裕者の土地からあがる農産物のための市場が，小都市の成長の結果生れ，他方軍隊の需要を背景として，南イタリアの大農場では羊毛や皮革製品が生産された．

大小の都市はまた，手工業や小規模の工業活動の中心地でもあった．これらの活動は，おそらく奴隷労働に基礎をおいていたものと思われる．手工業製品の主要販路が，衣料や武具・武器を常時必要とする軍隊であったことは明らかである．その供給は，政府と契約を交すことに成功した個人ないし団体によって行われた．この供給を行う個人は徴税請負人（プブリカーニ）と呼ばれ，公共建築や道路その他の公益施設の建造・修復を契約で請け負った．かれらはまた，国有鉱山の開発権，間接税（使用料，入港税など）や公有地の賃貸料を徴集する権利ももっていた．5年ごとに監察官によって結ばれるこの契約は，これによって巨額の金が動いたので，経済に与える影響も大きかった．ポリュビオスによれば，ローマではこうした契約の競売や，その契約によって生じるさまざまの業務に何らかの形で関与しない者はいなかったという．指導的な徴税請負人の許には富と権力が集まったため，かれらは元老院の外で有力な圧力団体を形成した（元老院議員が公共の契約に与かることは認められなかった）．

グラックス兄弟の挑戦

都市化の進展と市場経済の成長に伴って数々の面倒な副産物が生じたことは，同時代の人々の注意をひかずにはおかなかった．まず，小土地所有者たる農民の転落は，人間の苦悩の増大ということばかりでなく，これまで主として有産市民階級によって支えられてきた軍隊の兵員の減少を導いたことからも，憂慮すべき事態となった．土地を失った農民は無産階級者となり，兵役につく資格から除外されてしまった．前150年をすぎると，ローマ軍団の新兵の補充が困難であることを伝える言及が非常に多くなる．第二に，奴隷問題が深刻化した．奴隷は自由農民の代用として耕作労働をさせるために盛んに輸入されていたが，前136年にシチリアで奴隷の暴動が起こり，何万人もの逃亡者を巻き込んだ挙句，かろうじて鎮圧された．同じころ，イタリアでも似たような騒乱が生じて，ローマは法と秩序の全般的破壊の危機に直面させられた．

こうした新兵補充の困難や無産農民の生活の悲惨化，そしてまたいかにして内政を安定させるかといった大きな難問を抱え，その解決に乗り出したのが，前133年に護民官の職にあったティベリウス・グラックスである．かれの周到に練られた解決策，すなわち土地改革案は，概念的には単純きわまりなく，表面的・形式的には穏健ではあっても，潜在的には革命的な効果をもつものであった．グラックスは，土地を失った農民に国有地を分配することによって再び土地に定着させようとした．国有地のうち個人の所有地となっていたものには，その規模に応じて法的制限（500ユゲラ）を加え，制限を越えた分の土地は国家の名の下に返還させるというようにして，農民のための土地を確保したのである．土地返還の業務は三人委員会の手を通して行われ，その後で貧民に土地が分配された．この企図の長所は，伝統的な個人財産の諸権利と摩擦を起こすことがなく，すでに法の圏外にある者たちだけに影響するという点にあった．しかし，実際にはグラックスの法案は多くの富裕な大土地所有者の既得利益を大いに脅かすものであったため，富裕者の側から強硬な反対意見が出

上 ププリウス・リキニウス・ネルヴァの貨幣（前113／112年）．議会で通路（ポンス）に沿って投票を行う市民の姿が表されている．この貨幣は，前2世紀後半に出された一連の法令によって採用されるに至った秘密投票制度を記念したものである．

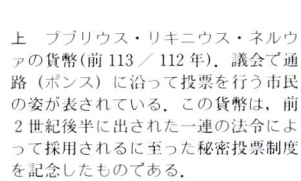

左 ティヴォリ（ティブル）の円形神殿．ローマのフォルム・ボアリウムにあるもの（p.55参照）とよく似ており，年代も同時期である．ギリシアの様式に則った記念建造物は，ローマばかりでなくイタリアの諸都市に建てられていたことが，これによってわかる．

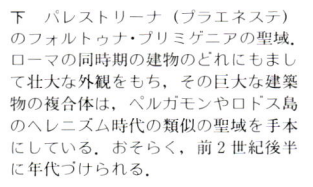

下 パレストリーナ（プラエネステ）のフォルトゥナ・プリミゲニアの聖域．ローマの同時期の建物のどれにもまして壮大な外観をもち，その巨大な建築物の複合体は，ペルガモンやロドス島のヘレニズム時代の類似の聖域を手本にしている．おそらく，前2世紀後半に年代づけられる．

グラックス兄弟の土地改革

グラックス兄弟の農地法改革は、軍事上の危機、農村の貧困化、都市における社会不安の増大を背景にして行われた。イタリアの自由農民はかれらの土地から追い立てられ、広域の農地を奴隷労働によって耕作する方式が普及しつつあった。ティベリウス・グラックスは前137年、エトルリアを通過する旅の途上この方式がもたらす結果を視察した。数年後にシチリアで大規模な奴隷の反乱が起こり、ローマやイタリアでも小規模な暴動が併発した。ティベリウスの行った解決は、国家所有の"国有地"を小区画ずつ貧しい市民に配分することによって自由農民を再生させることであった。かれの農地法は政治的大変動とかれ自身の死を招いたが、かれが設立した農地委員団は業務を実行することができた。かれらの活動の跡は、イタリアの諸地方で発見される銘文を刻んだテルミヌス(境界石)に認められる。ティベリウスの兄弟ガイウスはその仕事をうけ継ぎ、植民地建設の伝統を復興させて、少なくとも二つの植民市——スコラキウム(ミネルウィウム)とタレントゥム(ネプトゥニア)——を建設した。

次頁　フォルム・ロマヌム。セプティミウス・セウェルス帝記念門よりウェスタ神殿を眺めた景観。

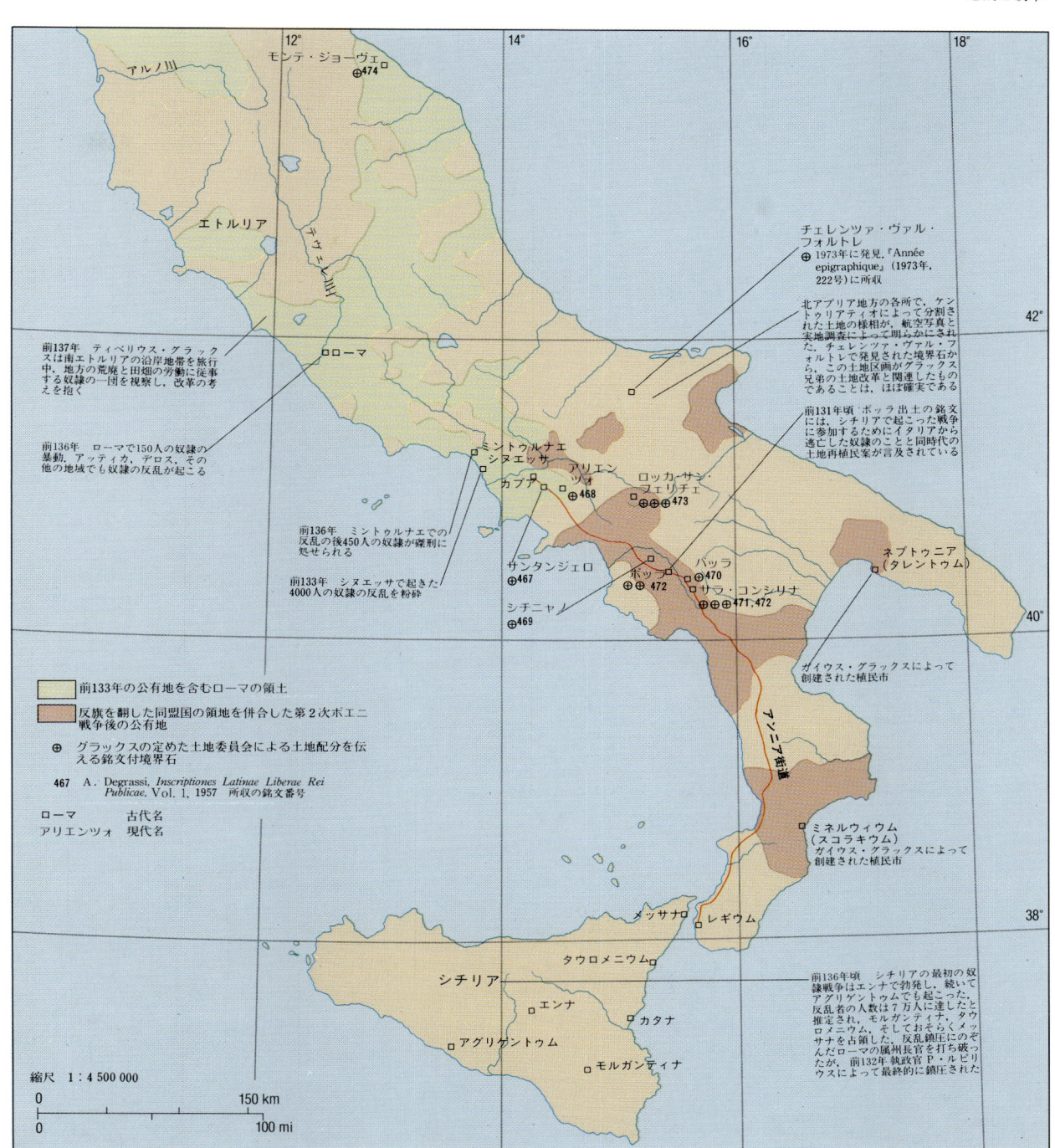

された。他方、グラックスに対する民衆の支持は厚く、特に地方の貧民は、賛成票を投ずるために大挙してローマに集まってきた。法案を否決しようとする試みは、グラックスが反対派の護民官を不信任投票で現職から追放させたため失敗に終った。法案は通過した。そして、ティベリウス・グラックス自身とかれの弟ガイウス、義父のアッピウス・クラウディウスが農地配分三人委員として選出された。

反対派はこの出来事に含まれている政治的意味を知り愕然となった。グラックスは、当時それが慣例となっていた元老院への諮問を経ないままに自己の法案を提出し、同僚の否認権行使を非合法的手段で退けてしまった。しかも、かれはいまや自分が定めた三人委員の1人でもあった。さらに、ペルガモンのアッタロスIII世が王国をローマに遺譲して死ぬという、まさに棚からぼた餅のような出来事が生じたときにも、かれはこれを積極的に利用した。すなわち、グラックスは直ちに法律を制定して、この遺贈をうけ入れ、先に土地の分配をうけた者にこの豪華な財産を分け与えることによって、農地整備の一助となるよう取り計らったのである。これは、元老院が伝統的に掌握していた国庫管理に対する前例のない冒瀆行為として、反対派の憤激をいっそう激化させる結果となった。グラックスが翌年にも第2回目の護民官職に立候補し、さらに立法作成の意図を宣言すると、反対派の狼狽は頂点に達し、ついには王政(レーグヌム)(pp.22–23参照)だという声がささやかれはじめた。選挙の当日、数人の指導的元老院議員とその従者たちが議会を解散させようとはかり、それに誘発された騒動の中で、ティベリウス・グラックスと300人に及ぶかれの支持者が殺された。つづいて、親グラックス派に対する大々的な摘発が行われ、その多くは、元老院の査問のための特別法廷で有罪の宣告をうけた。

護民官職の神聖不可侵が犯され、政治闘争が流血で終ったのは、ローマ史上はじめての事件であった。そうだとしても、この事件の意味が当時充分に理解されていたとは考えがた

い．農地委員団はそのまま残留して業務をつづけていたが（業務妨害がなかったわけではないが），他の面では，ローマの生活は通常時の状態に戻ったようにみえた．しかし，ティベリウス・グラックスの示した手本は生きつづけ，まもなくこれを模倣する護民官も現れはじめた．数年を経ずして，既成の秩序に対するよりいっそう徹底した攻撃が，ティベリウスの弟のガイウス・グラックスによって開始された．かれは連続して2期護民官を勤め（前123年と前122年），この間に広範囲にわたる改革法案を提出した．

ガイウス・グラックスの法律は，四つの主要な標題のもとに要約できる．第一に，かれの提出した一連の重要法案は，国民全体の富を促進させることを目的としていた．かれの兄が先に行った農地法に代わるものを議会で通過させ，さらにイタリア国内での植民市建設の議案を準備した．植民市は，少なくとも2市の建設が実現をみ（ミネルウィウム市とネプトゥニア市），カルタゴの故地に植民市（イウノニア）を建設しようとするいっそう積極的な案も出された．その他には，公共事業の計画や兵役条件の改良に関する法案，あるいはまた国家組織によって行われるローマ市への穀物供給と政府の補助金を得て決められた一定価格による穀物の市民への分配に関する法案が準備された．第二に，グラックスは国家歳入の増進のために新しい関税を定め，また莫大な富を所有する属州アジアからの租税（属州の生産額の10分の1の税）は徴税請負人によって徴集されるべきこと，その契約はローマで監察官によって競売にかけられるべきことが制定された．このようにして，国家は5年間保証された収入をうけ取る一方，生産額と行政経費の変動から生じる危険の方は徴税請負人に押しつけて安閑としていられることになった．グラックスが国家歳入にこれほど関心を払ったのは，かれの福祉計画には資金が是非とも必要とされたからであった．ローマが海外に所有しているものを十全に活用すべきだというのが，かれの行動の指導方針であり，収入は国民全体の利益のために使用された．

第三に，ガイウスは元老院の腐敗を攻撃し，公権力の濫用を抑制させようと努力した．かれは法を利用した陰謀を禁止し，かれの兄の死後，粛正が実施されたときのような特設裁判は，人民の公認なくして開かれてはならないという法律を制定した．かれがとりわけ力を入れたのは，元老院議員による悪政ならびに公金横領に関しての訴訟手続きの再組織であった．おそらくセルウィウス・ガルバのスキャンダル事件（p.48参照）に触発されてのことと思われるが，こうした違反を扱う特別委員会がすでに前149年に設立されていたものの，この委員会は元老院議員で構成され，かれらは正義が執行されているか否かを監督するより，むしろ同輩連中の不正行為を取り繕う方に熱心であった．したがって，これまでの経験から，この委員会は政治的悪に対する適切な防止手段とはなりえないことが証明ずみであった．ガイウスは，この便宜的な"内政調査"組織を廃止して，元老院議員を含まない陪審員からなる常設査問所を代わりにあてた．陪審員は騎士階級から，すなわち有産階級から選ぶべきことが定められた．後世の見解によれば，グラックスは支配階級を分裂させ，国家に二つの指導層を与える種をまいたという．かれの形成した新しい体制の欠陥は，徴税請負人が騎士階級の間に勢力を張るようになった点にあった．この結果，属州搾取という点で徴税請負人と結託していた属州総督たちは，たとえローマで裁判にかけられても放免される希望をもちえたし，またその

逆もありうることとなった．前92年，属州アジアでの徴税請負人の権力濫用を阻止しようとしたププリウス・ルティリウス・ルフスは，騎士階級の陪審員団によって財物強要罪に問われた．評判を呼んだこの訴訟は，明らかにこの種の訴訟の最初のものであった．このような結果を招くことになろうとは，ガイウス・グラックスの時代に予想しえた者が果たしていただろうか．

最後に，グラックスはローマ市民権をラテン人に与え，ラテン人の権利を他のイタリアの同盟市にあてがうことによって，公民権拡大を企てた．（グラックスの同僚が，前125年に同様の法案を提出したことがあるから）これははじめての提案というわけではないが，同盟市の支配階級の間に広がっていた不満の意志表示――かれらはグラックスの国有地返還運動に対して強く反対していた――に対する返答を意味していたと思われる．いずれにせよ，この法案は，自分たちの特権を分ち与えることを望まない平民階級によって拒否された．この時期（前122年の後半）グラックスは次第に支持を失いつつあり，前121年の第3期目の護民官職の選挙に失敗した．かれの在職期限が切れるや否や，カルタゴの植民市建設で始まる一連のかれの制定した法律のいくつかを無効にしようとする試みが行われた．これに対し，グラックスとその支持者たちは，武力行為に訴えて抗議しようとした．元老院はこれを国家に対する威嚇とみなし，ローマ共和国の安全を守るよう執政官に命令を出した．グラックス一党は，かつて平民たちの避難所であったアウェンティヌスの丘に立てこもったが（p.26参照），一斉検挙され，処刑された．この陰惨な大虐殺において，3000人の生命が奪われたといわれている．

ガイウス・グラックスが果たした歴史上の重要な貢献は，一つには，かれの立法の規模の大きさと広がりにあった．これに匹敵するような立法はこれ以前にはまったく存在しなかったし，またユリウス・カエサルの独裁政治まで二度とみられることはなかった．いまやローマの全制度が根底からゆすぶられていた．ハンニバルとの戦争時にまで遡る，絶大な権力を掌握していた寡頭政治の時代が決定的に終ったことは，誰の目にも明らかな事実であった．グラックス兄弟は，平民の保護者としての護民官の旧来の役割を復活させるとともに，国民にはどんな事柄であれ自分たちの利益に合致した法律を制定する権利があることを主張した．ガイウス・グラックスの意図は，元老院や高級官僚たちの手から政策と行政の指導権を奪おうとする点にあったのではなく，議会を通して，そしてまた行政の圏外にある階級から選ばれた独立の司法制度を通して，国民にとってより有益な政治を実現させることにあったのである．

マリウスとスッラの時代

ガイウス・グラックスの悲惨な最期は，国家の最も反動的な分子の勝利を意味した．だが，かれらの勝利も長続きはしなかった．護民官たちの扇動が直ちに再開され，民衆派（グラックス兄弟の目的と方法を採用した政治指導者たち）は，前114年にローマが予期しない軍事的危機に直面した好機をとらえ，翌年巻返し作戦に出た．その年マケドニアにおいて執政官マルクス・ポルキウス・カトー（名高い監察官の孫）は，ローマの属州に侵入していたトラキアの一部族スコルディスキ族との戦闘で大敗を喫した．同時に，ゲルマニアのキンブリ族とテウトネス族が部族移動を開始して，イタリアの国境に近づきつつあるという情報がローマにもたらされた．

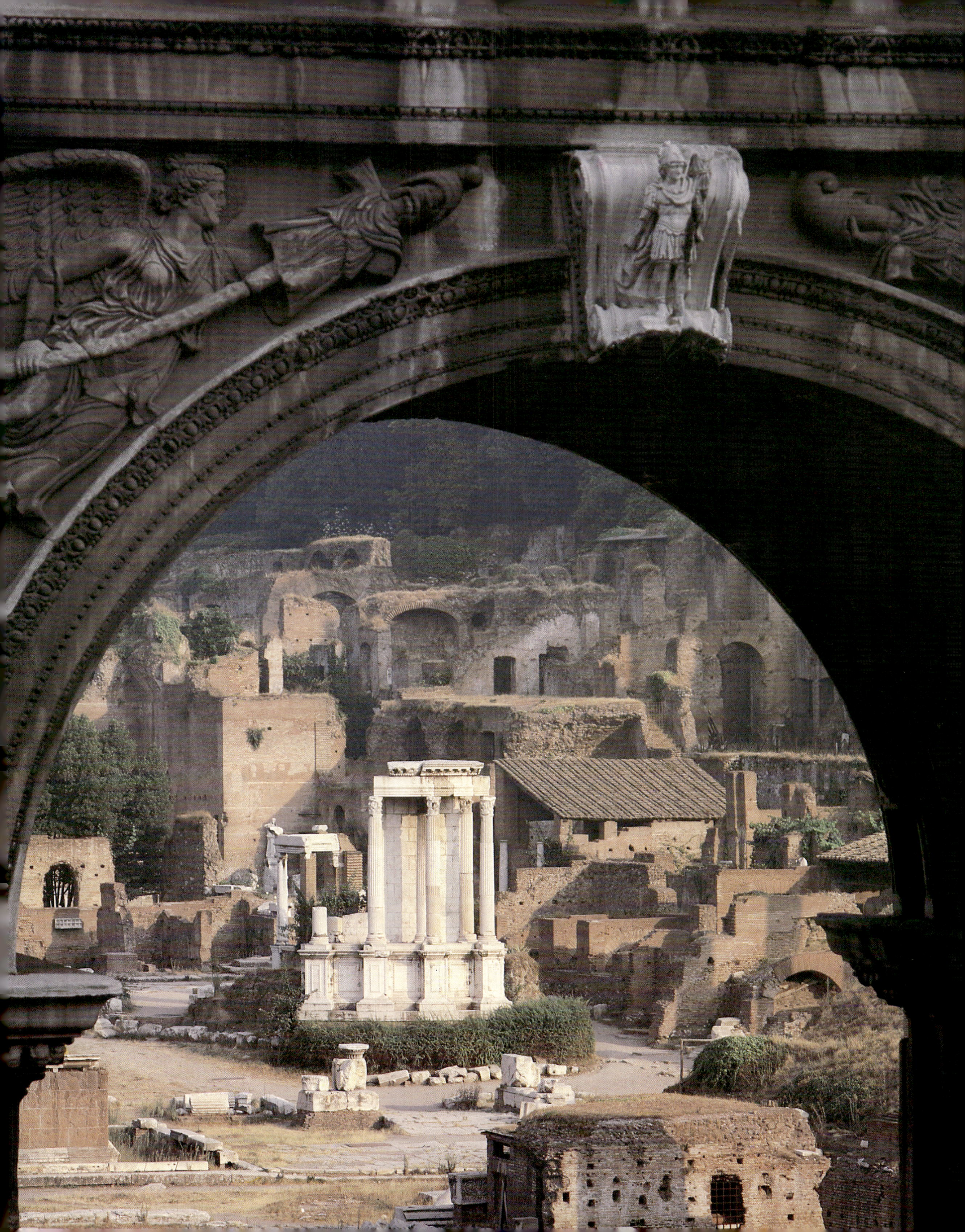

危機と改革

ローマは恐慌状態に陥り，人身御供などの一連の旧套の儀式によって神々を宥めようとした．カンナエの戦いの際にもローマ人はこれに類したことを行っていたから，このときかれらが再び極度の危険に瀕していると感じていたことは確かである．

ハンニバル戦争の間，元老院の寡頭政治体制が絶大な権力をふるうことができたのは，軍事面で指導力と組織力を発揮したばかりでなく，外交政策にも卓越した手腕を示したからであった．だが，グラックス兄弟以後の元老院は，このような力を著しく失いつつあった．前113年に執政官グナエウス・パピリウス・カルボが，ノレイアで危険を賭してキンブリ族と戦い，悲惨な敗北を被った．イタリアが生き残れたのは，ゲルマニア人がかれら自身の理由から西方のガッリア地方へ移動することを決心したという，ただそれだけの理由だった．しかし，ゲルマニア人は数年を経ずして舞い戻り，南ガッリアで行われた3回の会戦（前109年，前107年，前105年）のいずれにも勝利を得た．3回目のアラウシオの会戦はローマの完敗であり，イタリアはゲルマニア人の蹂躙になすすべを知らなかった．

一方，その間ローマでは，北アフリカで起こった危機——ヌミディアの王子ユグルタがまいた紛争——に対してとった元老院の処置が，平民の間で悪評を買っていた．この事件で元老院は，不決断と腐敗と無能のすべてをさらけ出した．前110年にローマ軍がユグルタに屈辱的な敗北を喫したと

き，騎士階級出身の陪審員からなる特別査問法廷を設けて，元老院のとった外交政策を調査すべきことが，1人の護民官によって提案された．その結果，多数の指導的貴族が追放処分にされたが，その中にはガイウス・グラックスを殺害したルキウス・オピミウスも含まれていた．1世代前の時代には到底考えられなかったこの事件の後，前108年にガイウス・マリウスが執政官に選ばれた．

マリウスは，ウォルスキ族の町アルピヌム出身の"新人"（p.36参照）であった．かれは貴族攻撃と，名門出身ではない自己の出自を逆手にとっての巧みな選挙運動によって執政官就任に成功した．かれは厖大な支持者を後楯にして執政官職を得たばかりでなく，元老院が任命したクイントゥス・メテッルスの代わりに，対ユグルタ戦争の指揮権をも平民会決議によって手に入れた．マリウスは（おそらく不当にも）メテッルスを無能力者として告発したのである．アフリカで何回か敗北を喫した後，前105年マリウスはついにユグルタを破り，前104年にはローマにいなかったにもかかわらず，執政官に再選された．かれのローマ不在中には，短期間ではあったが，前106年に執政官に選ばれたクイントゥス・セルウィリウス・カエピオの保守反動政治が行われていた．しかし，翌年カエピオがアラウシオにおいてゲルマニア軍に破れると，寡頭政治体制は完全にその中枢神経を失った．カエピオはタルクイニウス王以来はじめての最高命令権被剝奪者となり，ゲルマニア征討の任は，国民の英雄マリウスの手に移っ

ローマと地中海世界，前146—70年ころ

成功の波にのって進行したローマの帝国主義的拡大は，前146年のコリントスとカルタゴの破壊をもって終止符をうつ．つづく世代は，ハンニバル戦争末期以来浸透しはじめていた政治的均衡の崩壊と，前例のない一連の軍事的敗北を経験した．前146年から前70年まで，ローマは帝国のあらゆる領域で敵意と社会不安に直面し，これらに対する対応策を模索する中で，指導層の貴族は腐敗と無能力を露呈していった．最悪の事態は，前105年アラウシオでローマ軍がゲルマニアの蛮族によって全滅させられたときに生じた．そのときローマの命運は風前のともしびと化した．前88年のミトリダテスの進攻の際に東方属州で反乱が起こったときも，同様にローマは危機に陥った．これは，1世代にわたってローマ人が行った犯罪にも等しい搾取と圧迫に対する反動であった．これらの危機は，才気と野望に溢れた個人をローマ国家の至高の地位につけることによって，かろうじて乗り越えられた．

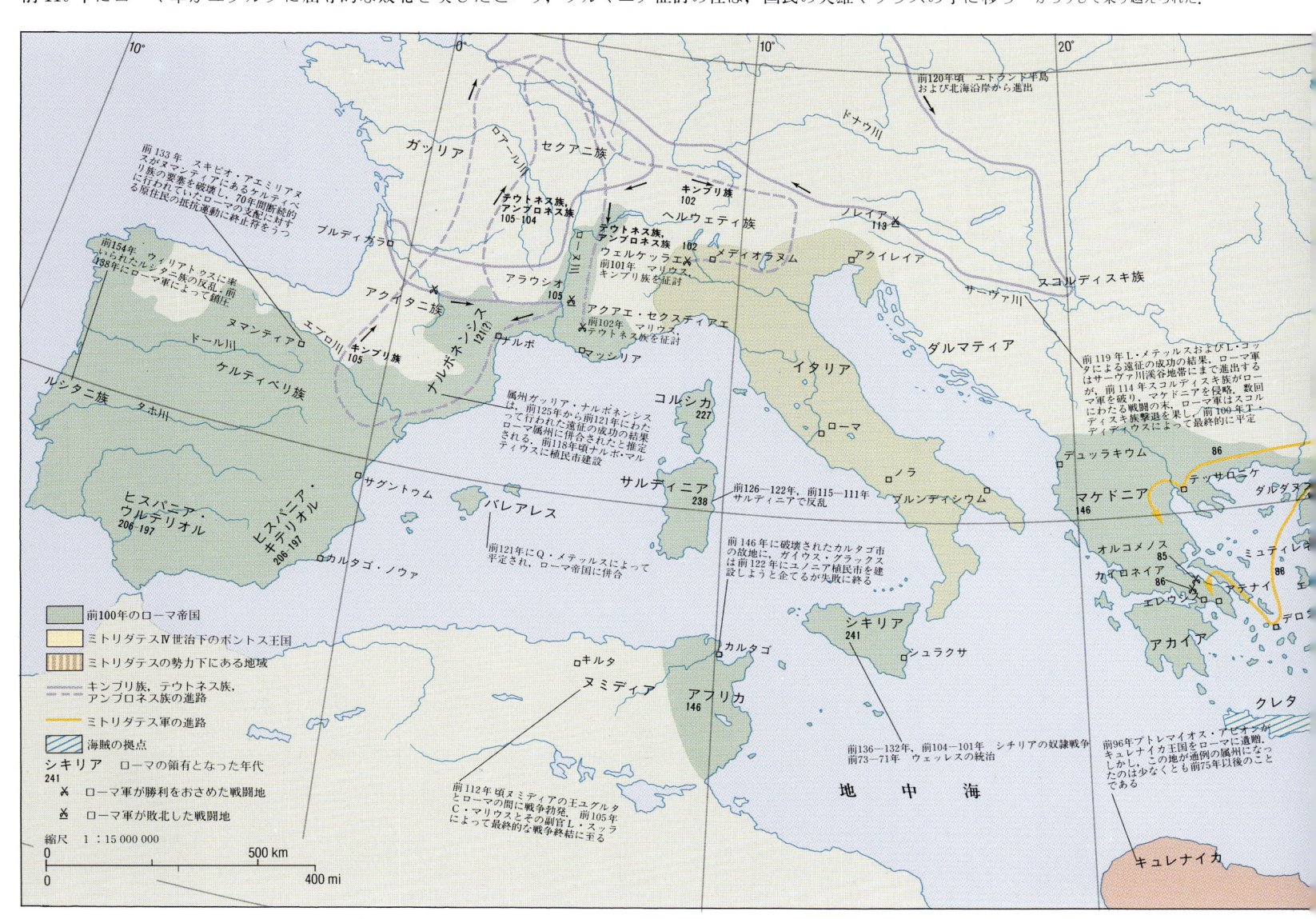

た．ちょうどそのころ，蛮族の脅威は一時的にもせよ衰えていたため，マリウスはこれを機会に，ローマ軍の組織・訓練・装備の改革を実施した（前104-102年）．マリウスはその間も執政官に毎年選出されていたが，これは前例のないことであったばかりか，法律違反でもあった．ついにかれはテウトネス族をアクアエ・セクスティアエで（前102年），キンブリ族をウェルケッラエで（前101年）打ち破り，ローマに凱旋し，前100年には6期目の執政官に就任した．

マリウスの勝利は，軍隊を訓練のゆき届いた有能な戦闘力に仕立てあげた結果にほかならなかった．かれの軍制改革は，社会・経済的意味においてすでに職業軍人と化していた者たちに，それにふさわしい職業的規範を定めていた．前107年のユグルタ戦争では，有産階級から兵員を召集する従来の方法を廃し，単純に無産階級から志願兵を徴募した．有産階級が前2世紀を通して減少していった結果，グラックス兄弟による土地改革が生じたということはすでにみてきたごとくである．グラックス兄弟は小土地所有者の農民階級を蘇生させようと努力したにもかかわらず，問題の根底に横たわる原因を結局とらえそこなった．P・A・ブラントの指摘によれば，「ローマの農民兵士の数を増大させようとのグラックスの目的のうちには，兵隊としてとればそれだけ農民階級の破壊を招きやすいという矛盾が内包されていた．」いずれにせよ，グラックスの計画は，ガイウスの死後に出された一連の法律によって無効にされたから，長期的にみれば失敗だったとみなせよう．農民階級が次第に減少していく中で徴兵の問題を解決する唯一の道は，前120年代以前に盛んに行われたように，兵役につくための財産資格を格下げするか，あるいは前107年にマリウスが行ったように，この資格をまったく無視するかのいずれかであった．当時の史料から推測されることは，この時期すでに軍隊は"無産階級化"し，非常勤の農民兵からではなく職業軍人からなる軍隊が生れようとしており，したがってマリウスの軍制改革は単にその最終段階にすぎなかった．財産所有と兵役との間にかつて存在した絆がこれで完全に断ち切られ，徴兵は土地をもたない者たちにとっての一種の就職口と化した．しかし，その結果，無産者たちで構成される軍隊は，恒常的な報酬を要求するようになった．国家はこの要求に対し，退役兵に土地を分配するといった制度をいまだ設立する段階に至っていなかったため，兵隊の期待は自分たちの将軍に向けられることとなった．こうして，軍隊は共和政後期に輩出した野心的な将軍たちの手に握られ，政治闘争の道具と化したのである．

マリウスがこうした成り行きを予知していたとは思えないが，この新情勢のいくつかの局面はすぐに表面化した．前103年に護民官ルキウス・アップレイウス・サトゥルニヌスは，アフリカの広大な土地をユグルタ戦争に従軍した退役兵に分配することを法律で定めた．前100年に2回目の護民官となったかれは，ゲルマニアとの戦争ならびにその後2回目の奴隷の反乱（前104-101年）が起こったシチリアでの戦役に従軍した退役兵のために土地を分配し，属州に植民市を建設することを提案した．これらの提案は退役兵たちから絶大な支持を得，暴徒の助けを借りて議会で強行採決された．この年の後半になると，事態は悪化し，マリウスが秩序回復に乗り出さねばならなくなった．サトゥルニヌスとその同志たちは降服したが，マリウスはかれらを民衆の私刑から救い出すことはできなかった．サトゥルニヌスの法はその後元老院によって廃止され，マリウスは結局信用を失墜し，かれの部下の古参兵たちは望みの報酬をうけとることなく終った．

ゲルマニア人の侵入はローマに深い衝撃を与え，当時のローマ社会の根底に横たわっていた緊張と分裂を表面化すると同時に，政治的崩壊の過程を促進させる働きをした．ウェルケッラエの会戦につづく10年間に，こうした危機の徴候の一つとして，ローマとイタリアの同盟者との間の関係悪化という問題がもち上った．ハンニバル戦争に際しては，ローマはイタリアの自由独立都市同盟の首長として，率先して外国からの侵入者と戦い，勝利をかちとった．しかし，前2世紀に戦争がスペイン，ギリシア，アジア，アフリカなどの遠隔地域に波及していくに従って，イタリアを守るための同盟という意識が薄らぎ始めた．同盟諸市の人々の意識には，かれらがもはやローマの自由な仲間ではなくなり，自分たちにとって関心もなければ，そこから利益を得ることもない戦争に参加する義務を負った臣下にすぎないという不満が，次第に募っていたのである．前167年以来ローマは，戦利品からの収入や賠償金および属州の税金のおかげでローマ市民に直接税を課さなくても，軍隊に支払うことができる状態になっていた（p.56参照）．それにもかかわらず，同盟市の住民はこの恩恵に浴すことなく，戦争の費用を自分たちでまかなわなければならなかった．しかも，ローマ市民の間から徴兵することが次第にむずかしくなってくると，その負担が同盟市に転嫁されることもあったらしく，同盟諸市は次第にローマの総兵力を支える重要な構成要素にさせられていった．また，ロー

ガイウス・フンダニウスの貨幣（前101年）．キンブリ族とテウトネス族に対する勝利を記念して戦車で凱旋するガイウス・マリウスが表されている．

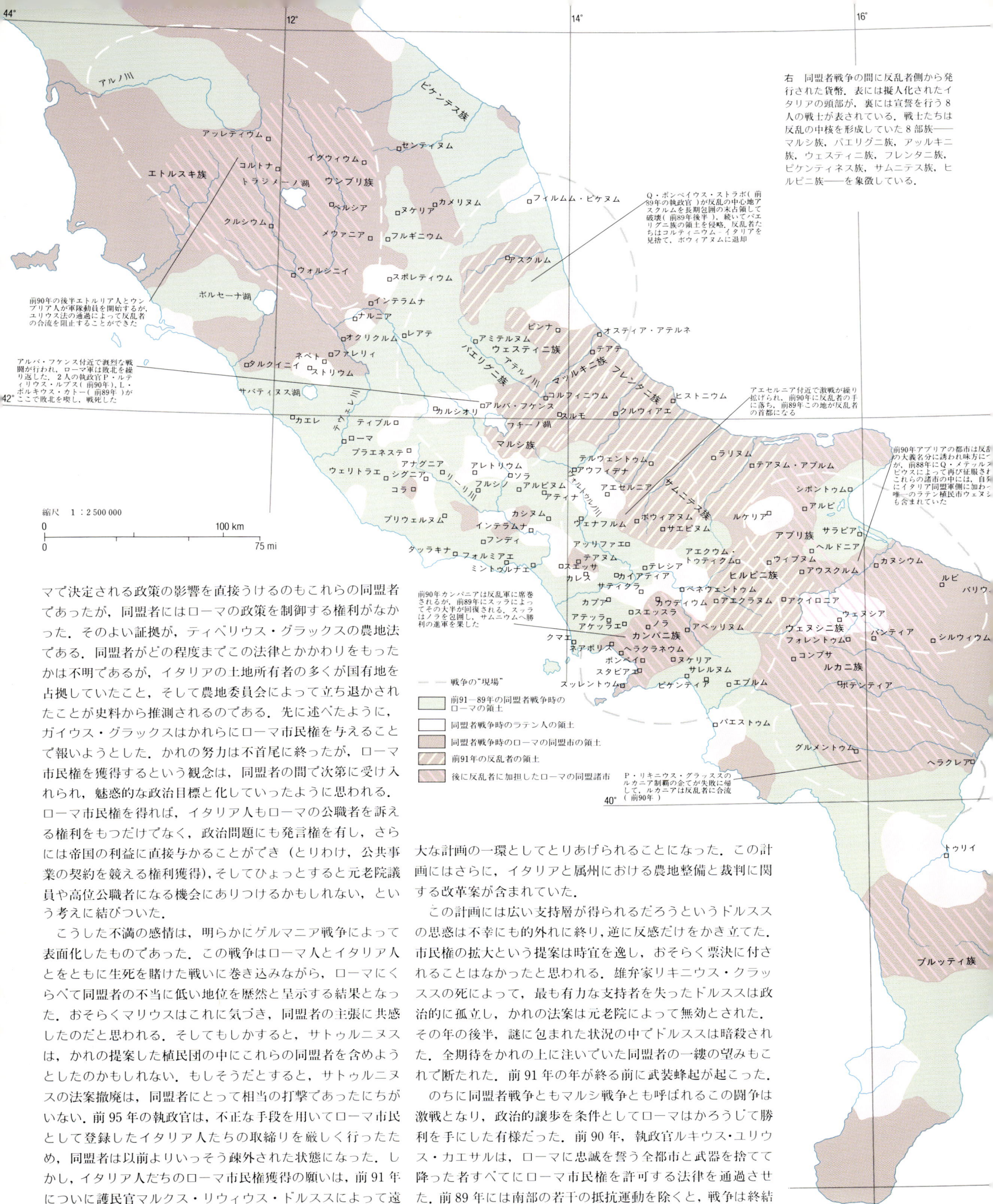

右　同盟者戦争の間に反乱者側から発行された貨幣．表には擬人化されたイタリアの頭部が，裏には宣誓を行う8人の戦士が表されている．戦士たちは反乱の中核を形成していた8部族——マルシ族，パエリグニ族，アッルキニ族，ウェスティニ族，フレンタニ族，ピケンティネス族，サムニテス族，ヒルピニ族——を象徴している．

Q・ポンペイウス・ストラボ（前89年の執政官）が反乱の中心地アスクルムを長期包囲の末占領して破壊（前89年後半），続いてパエリグニ族の領土を侵略．反乱者たちはコルティニウム-イタリアを見捨て，ボウィアヌムに退却

前90年の後半エトルリア人とウンブリア人が軍隊動員を開始するが，ユリウス法の通過によって反乱者の合流を阻止することができた

アルバ・フケンス付近で熾烈な戦闘が行われ，ローマ軍は敗北を繰り返した．2人の執政官P・ルティリウス・ルプス（前90年），L・ポルキウス・カト（前89年）がここで敗北を喫し，戦死した

アエセルニア付近で激戦が繰り拡げられ，前90年に反乱者の手に落ち，前89年この地が反乱者の首都になる

前90年アプリアの都市は反乱の大義名分に誘われ味方になるが，前88年にQ・メテッルス・ピウスによって再び征服される．これらの都市の中には，自発的にイタリア同盟軍側に加わった唯一のラテン植民市ウェヌシも含まれていた

前90年カンパニアは反乱軍に席巻されるが，前89年にスッラによってその大半が回復される．スッラはノラを包囲し，サムニウムへ勝利の進軍を果した

P・リキニウス・クラッススのルカニア制覇の企てが失敗に帰して，ルカニアは反乱者に合流（前90年）

縮尺　1：2 500 000

- - - 戦争の"現場"
- 前91－89年の同盟者戦争時のローマの領土
- 同盟者戦争時のラテン人の領土
- 同盟者戦争時のローマの同盟市の領土
- 前91年の反乱者の領土
- 後に反乱者に加担したローマの同盟諸市

マで決定される政策の影響を直接うけるのもこれらの同盟者であったが，同盟者にはローマの政策を制御する権利がなかった．そのよい証拠が，ティベリウス・グラックスの農地法である．同盟者がどの程度までこの法律とかかわりをもったかは不明であるが，イタリアの土地所有者の多くが国有地を占拠していたこと，そして農地委員会によって立ち退かされたことが史料から推測されるのである．先に述べたように，ガイウス・グラックスはかれらにローマ市民権を与えることで報いようとした．かれの努力は不首尾に終わったが，ローマ市民権を獲得するという観念は，同盟者の間で次第に受け入れられ，魅惑的な政治目標と化していったように思われる．ローマ市民権を得れば，イタリア人もローマの公職者を訴える権利をもつだけでなく，政治問題にも発言権を有し，さらには帝国の利益に直接与かることができ（とりわけ，公共事業の契約を競える権利獲得），そしてひょっとすると元老院議員や高位公職者になる機会にありつけるかもしれない，という考えに結びついた．

こうした不満の感情は，明らかにゲルマニア戦争によって表面化したものであった．この戦争はローマ人とイタリア人とをともに生死を賭けた戦いに巻き込みながら，ローマにくらべて同盟者の不当に低い地位を歴然と呈示する結果となった．おそらくマリウスはこれに気づき，同盟者の主張に共感したのだと思われる．そしてもしかすると，サトゥルニヌスは，かれの提案した植民団の中にこれらの同盟者を含めようとしたのかもしれない．もしそうだとすると，サトゥルニヌスの法案撤廃は，同盟者にとって相当の打撃であったにちがいない．前95年の執政官は，不正な手段を用いてローマ市民として登録したイタリア人たちの取締りを厳しく行ったため，同盟者は以前よりいっそう疎外された状態になった．しかし，イタリア人たちのローマ市民権獲得の願いは，前91年についに護民官マルクス・リウィウス・ドルススによって遠大な計画の一環としてとりあげられることになった．この計画にはさらに，イタリアと属州における農地整備と裁判に関する改革案が含まれていた．

この計画には広い支持層が得られるだろうというドルススの思惑は不幸にも的外れに終わり，逆に反感だけをかき立てた．市民権の拡大という提案は時宜を逸し，おそらく票決に付されることはなかったと思われる．雄弁家リキニウス・クラッススの死によって，最も有力な支持者を失ったドルススは政治的に孤立し，かれの法案は元老院によって無効とされた．その年の後半，謎に包まれた状況の中でドルススは暗殺された．全期待をかれの上に注いでいた同盟者の一縷の望みもこれで断たれた．前91年の年が終る前に武装蜂起が起こった．

のちに同盟者戦争ともマルシ戦争とも呼ばれるこの闘争は激戦となり，政治的譲歩を条件としてローマはかろうじて勝利を手にした有様だった．前90年，執政官ルキウス・ユリウス・カエサルは，ローマに忠誠を誓う全都市と武器を捨てて降った者すべてにローマ市民権を許可する法律を通過させた．前89年には南部の若干の抵抗運動を除くと，戦争は終結

危機と改革

右 カピトリウムの丘を背にしてフォルム・ロマヌムの西端に位置するタブラリウム（記録庫）．残存する共和政時代の遺物中最も保存の良いものの一つ．記録庫として用いられ，国立文書館のあったこの建物は，前83年に火災で破壊された古い建造物に代わるものとして，前78年にクイントゥス・ルタティウス・カトゥルスによって建てられた．

イタリアと同盟者戦争，前91—89年
同盟者戦争はローマ市民権をイタリアの同盟者に与えようとしないローマの頑強な拒否の姿勢に抗して，前91年勃発した．反乱者たちはイタリアと名づけた独立国家を組織し，コルフィニウムに首都を置いた．反乱は半島の南部と中部を中心に展開し，中央アペニン山脈のオスキ語族（特にマルシ族）やサムニテス族，ルカニ族，ピケヌムのアスクルム市などを戦乱に巻き込んだ．ウェネシアを除くラテン人植民市は，ギリシア都市と同様ローマへの忠誠を守った．エトルリアとウンブリアは戦争の最後の段階まで状況を見守り，ユリウス法の下にローマ市民権を与えられた最初の事例となった．

したも同然となり，翌年には南部の抵抗も掃討されてしまった．

イタリア国内の危機が解決されるや否や，今度は東方の属州から惨事の報が届いた．当時ローマは，強力な君主ミトリダテスⅥ世（前121—63）支配下のポントス王国の躍進に警戒の目を光らせていた．前89年にローマの総督が軽率にもミトリダテスに攻撃をしかけると，王は属州アシアに侵入，その地に住む全ローマ人の大虐殺を命令することで報復した（前88年）．1日のうちに8万人もの人間が殺されたという史料があるが，これは途方もない誇張とみなすべきで，実際には4桁の数字，すなわち8000人ほどであったと推定される．

このころまでにローマ人とイタリア人は，徴税人や商人として，あるいは金貸しや地主として，ローマの属州各地に散らばっていた．特に多かったのが，前3世紀以来ローマの開発地域となっていたシチリアであった．最初の奴隷戦争（前136年）が起こったころ，奴隷を抱えた地主の多くは騎士階級出身のローマ市民であり，前70年代後半にシチリアを治めていたウェッレスの時代には，シチリアの諸都市に多数のイタリア人が住みついていた．北アフリカにもかれらが居住していたことは，ユグルタ戦争のきっかけとなった，前112年のキルタにおけるイタリア人"実業家"の大虐殺事件から知られる．兵士たちが，従軍先の属州に住みついてしまうこともしばしばであった．特に著しかったのはスペインで，そこには多数のイタリア人共同体が形成されていた．南ガッリアでは，キケロの語るところによれば（前74年当時），「ガッリアは商人であふれ，ローマ市民がひしめいている．ガッリア人の誰ひとり，ローマ市民から独立して事業を興そうとはせず，ローマ市民の台帳に記録されない取引はびた一文ない．」キケロはまた，ガッリアにいるローマ人を「徴税請負人，農場主，牧場主，その他の実業家」というように分類している．東方，特にギリシア，エーゲ海の島々および西小アジアにはイタリア人実業家が多数居住していた．たとえば，前103年ごろのある碑文が示しているように，ギリシアではメッセネ市の領

土の約10％がローマ人とイタリア人の所有に帰していた．デロス島は，前167年にローマ人がロドス商人の勢力をくじく政策から自由港宣言を行って以来，重要な商業中心地になっていたが（p.51参照），とりわけ奴隷貿易が盛んで，1日のうちに1万件以上もの取引が行われていたとストラボンが語っている．問題の属州アシアでは，イタリア人居住者のほとんどが徴税請負人の経営する事業の雇用者であったと推測される．徴税請負人は，ガイウス・グラックスの法によって，そこで直接税を徴集する権利を与えられていた．かれらの搾取は悪名高く（p.58で述べたルティリウス・ルフスの不運な例を参照せよ），土着の住民の憎しみを買っていた．したがって，前88年のミトリダテス王によるローマ人大虐殺にはこれら土着民たちも喜んで参加した．それゆえミトリダテスは，"全人類の共通の敵"として憎まれたローマ人からギリシア人を解放する者というポーズを容易にとることができたのであった．前88年の末にはかれの軍隊はエーゲ海を制覇し終え，ギリシアに侵入していた．

対ミトリダテスの戦闘に向かうローマ軍の指導者の役割は，前88年の執政官の1人，ルキウス・コルネリウス・スッラに委ねられた．スッラは古いパトリキの家系（かれの祖先の1人に名高いルフィヌスがいる，p.42参照）から出た無節操な放蕩貴族であった．かれはアフリカおよびゲルマニアの戦役で，マリウスの副官の1人として頭角を現し，同盟者戦争では指揮官として自ら名声を築いた．それゆえ，ミトリダテス征討に向かうだけの資格がかれには充分あったといえるが，この決定は，当時いまだ隠然たる勢力をもち，指揮権が自分に与えられるとひそかに期待していたマリウスを落胆させた．ミトリダテスの討伐は決して困難なものではなく，そこから得る利益は大きいと一般に予想されていたから，数年前から不仲となっていたスッラの許へ戦利品が転がり込むなどとは，とりわけマリウスには許しがたいことであった．

こうした時局を打開するために，マリウスは護民官ププリウス・スルピキウスを味方につけた．スルピキウスは門閥派（オプティマテス）の支持者として公職についたが，ある理由から失望感を抱くようになっていた．かれの提案した一連の法案の中には，新たにローマ市民権を与えられたイタリア人に旧来のローマ市民と同等の投票権（新ローマ市民には一部の部族にしか投票権が与えられていなかったのである）を与える旨の法案とともに，さし迫った東方戦役の指揮官としてスッラの代わりにマリウスを任命する法案も含まれていた．時局は速やかに展開した．激しい市街戦が繰り広げられている間にスルピキウスの法案は通過し，スッラはローマを発ってカンパニア地方のノラで自分の軍隊と合流すると，そこで自己の正当性を訴える演説を行った．かれは好意的な反応をうけとると直ちにローマへ進軍し，首都は何んの苦もなくかれの手中に落ちた．周章狼狽したマリウスはかろうじてアフリカへ逃げのびた．スルピキウスは殺され，かれの法律は無効とされた．スッラはその独裁政治を暗示するいくつかの法律を制定した後，東方へ向けて出発した．

スッラがローマから姿を消すや否や，新たな紛争が起こった．前87年の執政官の1人，ルキウス・コルネリウス・キンナがスルピキウスの法を復活させて新ローマ市民に適用しようとはかると，かれの同僚でスッラの支持者であるグナエウス・オクタウィウスがこれを妨害した．暴動によってキンナは逃亡を余儀なくさせられたが，ちょうどアフリカから戻り支持者を動員している最中であったマリウスの傘下に迎え入

危機と改革

れられた．今度はキンナとマリウスがローマへ進軍する番であった．かれらはローマを占拠し，新たな恐怖政治をしいて反対者の虐殺を行った．マリウスは7回目の執政官に就いてから数日後に死に（前86年），同僚のキンナが事態収拾に努めた．新ローマ市民のために多大の配慮がなされ，スッラは国敵として宣告された．"正規の"軍隊が，ルキウス・ウァレリウス・フラックスの指揮の下にアジアへ向けて派遣された．

つづく数年間の出来事は，史料がスッラに好意的な見方に偏っているため，公平な評価を下すことがむずかしい．この偏見が生じた背景には，現存してはいないがローマの歴史家に強い影響を与えたと思われるスッラ自身の回顧録が少なくとも原因の一部となっていた．ローマではキンナが連続して4期執政官をつとめ（前87—84年），強力な支持層を後楯に政治を牛耳っていた．上層階級は，少なくともこれを黙認していたように思われる．この段階では，元老院議員の指導者からはスッラへの寝返りを画策しようとする者はほとんど出なかったし，またわれわれの知る限りでは，実際誰もそんなことはしなかったのである．

東方では，スッラは前86年にミトリダテス軍をカイロネイアで打ち破り，ギリシアから敵を追い出すことに成功した．同じ年，ウァレリウス・フラックスが軍隊を率いて現れ，小アジアでミトリダテスとの戦争を開始した．フラックスはまもなく部下の補佐官ガイウス・フラウィウス・フィンブリアに暗殺されたが，戦争は継続され，フィンブリアは何回か目覚ましい勝利をうちたてた．しかし，スッラは，前85年にミトリダテスとかなり寛大な条件で平和条約を結ぶと，フィンブリア軍に鋒先を向けた．フィンブリア軍は指揮官を見捨てて逃亡し，スッラはきわめて過酷なやり方でアジアを平定した．スッラ軍は都市に宿営して略奪の限りを尽した．

前83年イタリアに戻ったスッラの許に，若き日和見主義者たちが集った．かれらの中にはマルクス・クラッススやクイントゥス・メテッルス・ピウスなどがいたが，特に目立った存在が，自力で募兵を行って3軍団をつくり上げていた若きポンペイウスであった．有能な指揮者を失っていた反スッラの運動組織（キンナは前84年に起こった暴動の渦中で暗殺された）は解体に瀕し，他方スッラを支持する勢力は，勝算が強くなればなるほど増大していった．それにもかかわらず，マリウス派はサムニテス族を味方につけて内乱を起こし，属州でも相当の支持者を集めて暴動を組織した．しかし，スッラ派はポルタ・コリーナの戦闘でサムニテス人を，プラエネステでマリウスの息子を破り，前82年の末にはスッラの政権はすでにローマで揺るぎないものになっていた．シチリアとアフリカに起こった抵抗運動はポンペイウスによって速やかに鎮圧された．ポンペイウスは凱旋式を授けられ（おそらく前81年），スッラからマグヌス（"偉大な人"）の称号をもって迎えられた．

ローマでスッラは，かれの反対者たちの粛正を実施した．反スッラ派の人々は狩り出され，裁判をうけずに処刑された．刑を宣告された者たちは，あらかじめ死刑ならびに財産没収をうける者として公表されていた者たち，つまり不法者として名前が布令に載り，その首に賞金がかけられていた者たちであった．数千人に及ぶ人々が処刑されたといわれる．その中には，40人を越える元老院議員，1600人の騎士階級の人々が含まれていたという．没収されたかれらの財産はスッラの支持者たちの懐に入ったため，スッラ派の多くの人々が産

成した（有名な例がクラッススである）．スッラはまた，かれに敵対したイタリアの都市を罰し，その領土を没収して部下の兵隊に分配した．これによって12万人が，おもにエトルリアとカンパニアの植民市に定住したといわれている．

スッラは第2次ポエニ戦争以来空職になっていた独裁官の地位に就任して自己の地位を不動のものにすると，ティベリウス・グラックスの時代以来ローマを悩ましつづけていた無秩序の再発を防ぎ，ローマに安寧を与えるための一連の法案を提出した．かれは特に護民官の権限を大幅に弱めることに力を入れ，その拒否権と立法権に制限を加えるとともに，護民官職に就いた後つづけて他の公職に就任することを禁止した．さらに，騎士階級から数百人の人材を選んで元老院に送りこみ，約600人にふくれ上ったこの組織に常設裁判の陪審員を任命する仕事を与えた．裁判組織も徹底的に改革されて，とりわけ公的犯罪——金品強要，反逆，収賄，横領，詐欺，暴行，殺人などの罪——を扱う諸法廷が定期的に開かれるようになった．中にはスッラ以前から存在していた法廷もあるが（たとえば，金品強要罪を審理する法廷），その多くはスッラの発案になるものと考えられる．

主な高位公職に対しても一定の規則が設けられた．各高位公職につく者の最低年齢が規定され，財務官は30歳以上，法務官は39歳以上，執政官は42歳以上というように定められた．財務官の職についた者は自動的に元老院に入ることが許されるようになり，元老院議員の人数を常時600人前後に維持するために，年ごとの財務官の人数を20人に増やす処置がとられた（したがってかれらの平均寿命は60歳以上と仮定されている）．法務官の定員は，増大する属州の統治者を供給するために6人から8人に増やされた．さらに，スッラは国家補助による穀物配給制を廃止した．

前81年末に独裁官の座を降りたスッラは，前80年に執政官となり，前79年に公的生活から隠退した後，前78年初頭に前代未聞の生涯の幕を閉じる．かれの残した苦悩と憎悪という遺産はローマ共和政最後の世代に影を投げかけた．合法性や人間的な生活，所有権といった事柄に軽蔑以外の何ものも示さなかった人間が，秩序と安寧を生み出そうとあれほど決然とした努力を払ったとは，注目すべきことである．しかし，結果は疑いもなく失敗であった．共和政に巣くった病を治療しようと躍起になってスッラが取り組んだのは，病原ではなく症候の方であった．スッラ以前の半世紀間に護民官たちによって行われた数々の改革運動は，社会の奥深くに横たわった，単なる立法措置だけでは癒すことのできない不満から生れたものであった．退役兵たちを強制的に各地に植民させたことは，それによって軍事的な安全秩序が保証されるどころか，人心不安をいっそうかきたて，将来の革命の企てにとっての兵力の準備という効果しか生まなかった．スッラが確立したのは，元老院の寡頭体制がかつてない権力を所有することになるような行政構造であった．しかし，この構造は暴力と流血から生れたものであり，一般大衆の同意に支えられたものでは全くなかった．スッラの支持者の多くは，日和見主義者もしくは御都合主義者であったから，スッラが死ぬや否や真先にスッラの築いた制度の弱点を食い物にしようとした．スッラの新体制によって恩恵をうけた主な人々，すなわち門閥派は，この体制を上手く機能させようという意志ももっていなければ，道徳的権威ももち合せていなかった．E・ベイディアンの言葉を借りれば，「スッラの寡頭政治には致命的な瑕瑾があった——罪に汚れた良心という瑕瑾が．」

ルキウス・コルネリウス・スッラ（前138ごろ—78）は，古い家柄ではあるがもはやあまりぱっとしない貴族の出であった．マリウスの盟友としてまず頭角を現し，かれの下でユグルタ戦争ならびにキンブリ族との戦闘に従事した．前90年代の後半以降マリウスと不仲になり，前88年スッラが執政官になったときマリウスとの不仲は頂点に達した．このとき，その前からスッラに与えられていた対ミトリダテス戦争の指揮権が民会決議によってマリウスに与えられたからである．スッラはそれに対しローマへの進軍でもって答え，敵の譲歩を余儀なくさせた．かれは4年間東方で軍を指揮した後，2度目の内乱のために帰国し，前82年の勝利によって残忍な独裁官の地位を築いた．

ポントスのミトリダテスVI世（前132—63）は前120年にいまだ幼少のときに父の王座を継いだ．黒海沿岸の北部地域を掌中におさめて版図の拡張に乗り出し，アルメニアの一部を占領，ついで小アジアに目を向けた．好機は前88年に訪れた．このとき，かれは属州アジアへの進軍に成功し，ギリシア人のローマに対する憎しみを利用しながら，解放者としてエーゲ海諸島を占拠した．スッラ，ルクッルス，ポンペイウスとのうちつづく戦闘に敗れ，ついに前63年自殺に追い込まれた．

第 2 部　共和政から帝政へ

FROM REPUBLIC TO EMPIRE

ローマの内乱

スッラの余波とポンペイウスの台頭

スッラに対する反対勢力は，前81年末までにほとんど一掃され，唯一目につく例外は，マリウスやキンナのかつての腹心クイントゥス・セルトリウスだけだった．かれはスッラの軍勢の接近を前に，前83年にイタリアを撤退し，ヒスパニアへ向かった．前81年にいったんは撃退されたが，前80年に再び戻り，ヒスパニアで土着の人々や，現地のローマ人，イタリア人居住者の支持を得て，大規模な反乱を開始した．前79年にかれに対してさし向けられたクイントゥス・メテッルス・ピウスは，完全に進撃をはばまれた．前77年，元老院は援軍を派遣する必要を悟った．

その間イタリアでは，前78年の執政官マルクス・アエミリウス・レピドゥスの反乱に対処しなければならなかった．スッラの制度をくつがえそうと企てたレピドゥスは，エトルリアの土地を奪われた農民たちの間で支持を得ていた．レピドゥスは，元老院から特別指揮権を与えられたポンペイウスによって簡単に片づけられた（前77年）．ポンペイウスは，かれの軍勢を率いてヒスパニアへメテッルス救援のために赴くことを申し出た．忠実な軍隊を後楯にしたポンペイウスの申し出を拒絶することはむずかしいと判断した元老院は，前77年の末に，かれを"プロコンスル"に任命し，セルトリウス追討の指揮を分担させた．

ポンペイウスの出発後，時に混乱によって中断されることはあったものの，不安定な寡頭支配の時期がつづいた．東方では，ローマは前74年にビテュニアとキュレナイカの属州を併合したが，ミトリダテスを相手としたもう一つ別の戦争に直面していた．この戦争の指揮は，かつてのスッラの部下の1人であるルキウス・リキニウス・ルクッルスにゆだねられた．この時期，ローマ世界は海賊の略奪にも苦しんでいた．しかしながら，前70年代のローマの統治にとって最もゆゆしい問題は，スパルタクスの反乱だった．それは，古典古代における最後にして最大の奴隷反乱だった．トラキアの剣闘士スパルタクスは，前73年に脱走して，逃亡奴隷の集団をヴェスビィオ山に集めた．かれは短時間のうちに，数万人の奴隷の軍隊をつくりあげた（一部の史料では12万人）．かれらは2年間イタリアを徘徊して，ゆく先々で略奪を働き，（前72年の執政官指揮下の二つの軍隊も含めて）ローマ軍を敗退させた．結局，奴隷たちは，前71年に大軍勢（8ないし10の軍団）を率いて進軍してきたクラッススによって，ブルッティウムで打ち破られた．スパルタクスは殺され，捕虜となった6000人以上の奴隷はアッピア街道沿いにはりつけにされ，その十字架の列はローマからカプアまでつづいた．スパルタクスの反乱も，それに先立つシチリアにおける二つの蜂起（p. 56，61参照）も，真に革命的な運動ではなく，むしろみじめな境遇から脱出し，主人に復讐しようとする奴隷たちの哀れな企てにすぎなかったことを指摘しておく必要がある．そこには意識的な革命的イデオロギーの兆候も，あるいは奴隷制度そのものの廃止に向けての明確な運動の兆候も，まったく感じられない．

ヒスパニアでは，ポンペイウスとメテッルスが前72年までゆっくりとした進撃をつづけていたが，その年，セルトリウスは自分の部下の1人に殺害された．ポンペイウスは直ちに戦争を終結させ，自己の軍隊をイタリアに連れ戻した．かれのイタリア到着は，スパルタクス軍の残党の掃討に間に合った．ついて，かれとクラッススは勢力を糾合し，互いに不信をいだきながらも，ともに前70年の執政官に立候補することを決めた．ポンペイウスは法的にはこの職に就く資格がなかった．というのも，かれはわずか36歳であったし，他のどんな公職も務めたことがなかった（事実，かれは元老院議員ですらなかった）からである．しかしながら，事態はポンペイウスに都合のいいように展開していった．

ポンペイウスとクラッススは，執政官に就任し，護民官の職を復活させ，法廷での元老院の独占権に終止符を打つ法律を支持した．陪審員は，元老員議員（3分の1）と騎士身分

上　大ポンペイウス（前106-48）．かれの伝記を著したプルタルコスは，こう書いている．「若いころ，ポンペイウスは魅力的な容貌をしていた．かれが口を開く前に，その容貌がかれのためにすべてを語っていた．しかし，かれの優美な顔つきは威厳を欠いていたわけではない．若い盛りにおいても，かれの態度にはりっぱで堂々としたところがあった．かれの髪は，前の方が自然な感じで少しカールしていた．かれの瞳は潤んだように輝いていて，くるくるとよく動いた．その髪と瞳のおかげで，かれの顔つきはアレクサンドロス大王の彫像からうける感じ以上に，もっと大王によく似た感じがした．そこで，本気でかれのことをアレクサンドロスと呼ぶ人たちがいたが，かれはそれを拒まなかった．」

下　前1世紀はじめの記念物．いわゆる"ドミティウス・アヘノバルブスの祭壇"．一方の側のフリーズは，ローマの国勢調査の模様を表している．左側では，1人の市民が登録されている．中央では，雄ウシ，ヒツジ，ブタを生贄として捧げ，贖罪の儀式が行われている．おそらく，前70年の監察官L・ゲリウス・プブリコラの記念物．

ローマの内乱

右　前1世紀のイタリアにおける植民市建設

共和政末期には，植民市建設は，改革派の指導者たちがかれらを支持する大衆に報いるための方策となっていた．スッラは敵から奪った土地に，かれの古参兵のための植民市を建設した．植民市の多くは既存の都市に隣合って建設されたので，これらの都市は二重の共同体を含むようになった（たとえばポンペイ）．カエサル，アントニウス，アウグストゥスは，スッラの例にならった．

下　M・トゥッリウス・キケロ（前106-43）．アルピヌムの裕福な家柄の出身．主に雄弁家としての類いまれな能力によって，前63年の執政官就任の道を開き，元老院の傑出した議員となった．同世代を代表する知識人として，キケロは演説ばかりでなく，修辞学や哲学の論文も書いた．ぼう大なかれの書簡が，この時代の政治生活や上流社会についての非常に貴重な記録として残っている．共和政の忠実な擁護者であったために，前43年の死刑者のリストに名をあげられ，殺害された．

67

の者（3分の2）から構成されることになった．この処置は，元老院が元老院議員の権利の乱用を防ぐことに消極的であることに対してとられた．門閥派の妨害にもかかわらず，3年に及ぶシチリアでの失政の後，前70年ガイウス・ウェッレスに対する有罪の宣告が下された．ウェッレスを告発したキケロの演説は，役人の不正に対して行われた最も効果的な弾劾の一つとして，いまだに記憶されている．

スパルタクスの敗北後，海賊の問題が深刻化してきた．前60年代のはじめには，海賊はイタリアの沿岸を襲撃し，別荘を略奪したり，アッピア街道を旅行中の旅人を誘拐したりしていた．都市への穀物の供給が被害をうけるようになると，世論は強力な対策を求め，その結果，前67年ポンペイウスに海賊掃討のための特別指揮権が与えられた．ポンペイウスは，広範な権力と多数の兵士，豊富な資金や軍備を与えられた．3ヵ月のうちに，かれはすべての海域から完全に海賊を掃討した．それはまさに，組織と戦術の驚異的な勝利であった．

その翌年，護民官ガイウス・マニリウスは，ポンペイウスの指揮権をミトリダテスとの戦争を終結できるように延長すべきだと提案した．ミトリダテスは，前70年にルクッルスによって属州アジアから放逐されたにもかかわらず，自由に活動していた．ルクッルスは東部の属州の諸都市の略奪を禁じたために，自分の軍隊からは不人気になっていた．かれはまた，徴税請負人の活動に制限を加えていたため，かれらはルクッルスを失脚させようとしていた．キケロ（その当時プラエトル）によって支持されたマニリウスの提案は，圧倒的な賛成多数で可決され，不運なルクッルスはポンペイウスに地位を譲ることを余儀なくさせられた．

ポンペイウスは，さらに4年のあいだ東方にとどまった．この間にかれは，ミトリダテスを手早くしまつし，全アナトリアとシリアを征服，南はイエルサレムまで軍を進め，前63年そこを占領した．ポンペイウスはシリアを併合し，キリキアを拡張，さらにポントスをビテュニアに加えた．新しい属州の周囲の王国は，ローマに貢物を支払った．ポンペイウスは，この1回の遠征で，属州からもたらされるローマの歳入を70％も引き上げたと主張している．かれは莫大な戦利品をもち帰り，かれの兵士たち1人に付き1500デナリウスの報償金を与えたが，これは，かれらの給料の12.5年分に相当する額である．この事業全体を通して，ポンペイウスは元老院に相談せずに，ほとんど自分の判断で行動した．かれはまるで絶対君主のようにふるまっていた．

この時期のローマの政界の空気は，留守中のポンペイウスについての思惑や，帰還に際してかれが何かしでかすのではないかという恐怖，それにスッラについての記憶によって支配されていた．緊張は通貨危機によって高まった（その理由ははっきりしていない．ただ前70年代以降，流通する通貨の量が減少しつつあったことをわれわれは知っている）．この結果，信用貸しが締めつけられ，借金が広がり，貧しい人々の間には不平不満が生まれていた．社会不安や経済的損失が，複雑な政治的陰謀をはぐくみ，ポンペイウスのライバルたちは，かれの留守中に，自分たちの地位を確立しようと企てた．この人々の中で最も傑出していたのがクラッススであり，かれを補佐し扇動したのは若きカエサルだった．

前63年，クラッススとカエサルは，貧民やその当時終結に向かっていたポンペイウスの遠征軍の退役兵を入植させるために，イタリアや属州で土地を購入しようという，護民官の提案を支持していた．ところが，ポンペイウスの後見人を勝手に自任していたキケロは，それがポンペイウスの利害に対して脅威となるという，どちらかといえば頑迷な理由で，この法案をつぶすことに成功した．クラッススやカエサルの活動は，保守派の人々の間に深い疑惑を引き起こし，陰謀や公共の秩序に対する脅威について多くの不吉な噂がささやかれた．しかし，こうした恐怖の第一の対象とされたのは，ルキウス・セルギウス・カティリナという評判のよくない貴族だった．カティリナは，前63年の執政官選挙に，農地の改革と借金の帳消しという公約をかかげて立候補した．この脅威は有産階級の人々を対立候補キケロのもとに結集させ，キケロは"新人"にもかかわらず，みごとに当選を果たした．カティリナは前62年の執政官選挙に再び敗れると，クーデターをもくろんだが，キケロによってはばまれた．キケロは，かれらが攻撃の体勢を整える前に，陰謀の主謀者たちを逮捕してしまった．カティリナ自身は一斉蜂起が起こっていたエトルリアへ逃亡したが，その蜂起も簡単に鎮圧され，カティリナも殺された．ローマにいるかれの仲間たちは，キケロの命令により即座に処刑された．この処置は後になって論議の嵐をまき起こした．というのは，謀反人たちは，ローマ市民として裁判をうける権利をもっていたからである．この知らせを聞いて，ポンペイウスは嫌悪にかられ，事件に関するキケロの不愉快な報告に対して非常に冷淡な返答を書いた．

カティリナ陰謀事件は，借金と貧困の問題の大きさを示している．不満分子には，スッラの没収の犠牲となった人々，罪人として公示された人々の家族，自分たちも借金に苦しむことになったスッラ軍の退役兵たち，高い家賃と劣悪な生活条件に苦しむ都市の大衆などが含まれていた．スパルタクスの敗北に先だつ20年の間に，イタリアの農村地帯は戦乱のために広く荒廃していた．前70年代と前60年代の高い徴兵率は，移動の絶えざる進行に拍車をかけた．農地に関する立法も，この流れを食い止めることはほとんどできなかった．絶望にかられた人々が犯罪に身をまかすにつれて，暴力が蔓延するようになった．ローマの街では，ギャングやテロリストが横行し，秩序を守るための警察力は存在しなかった．高位公職をめぐる競争にますます巨額の金が使われるようになってくると，上流階級の人々の間でも借金が問題になってきた．高位公職を得ることに成功した少数の人々には巨大な報酬が，失敗した大多数の人々には破滅が約束されていたからである．カティリナや，かれの仲間である挫折した貴族たちの経歴は，このような不健全な状態を端的に示している．

前62年の終りに，ポンペイウスはブルンディシウムに上陸した．そこでかれはみなを安心させるために自分の軍隊を解散して，凱旋式を期待しながらローマへ帰還した．おそらくポンペイウスが望んでいたのは，ローマで最も尊敬される政治家として，安楽で威厳のある生活を送ることだったろう．もしそうであったとすると，かれの期待は裏切られた．ポンペイウスは，元老院が東方でのかれの功績を間違いなく承認し，かれの老兵たちに割りあてるための土地を提供してくれるものと期待していた．ところが，かれの要求は，ルクッルスに指導された門閥派の妨害や抵抗に出会った．そしてルクッルスを援助していたのがマルクス・ポルキウス・カトー（小カトー）だった．この人物は気取り屋の頑迷な保守主義者で，主な取り得といえば監察官大カトーの孫ということで，自分でも大カトーのまねをしようと努めていた．これらの人々やその友人たちは，かなり長期にわたって，ポンペイウスの望

右 コーサ近郊，セッテフィネストレにある大きなウィッラの復元図．現存する印象的な遺跡はこの巨大な建物の位置を示している．この建物は広大な地所の中心として前1世紀に建てられた．1976年以降，このウィッラは英伊合同チームによる大規模な発掘計画の対象とされている．発掘の予備的段階の成果が奴隷労働を利用した大規模な農業生産（主にワイン生産）を目的とした事業の中心だったことが確認されている．

ガイウス・ユリウス・カエサル（前100-44）．かれはアエネーアスを遠い祖先とする貴族の家柄に属していた．もっと身近な政治的係累としては，結婚によって義理の叔父となったマリウスや，義父のキンナがいた．若いころ，カエサルはスッラの恨みを追い求めて，追放・死刑または財産没収者の名簿に公示されることをなんとか免れることができた．スッラ以後の時代，カエサルは熱心に人気を追い求めて，ポンペイウスの主張を支持することによって，かれはポンペイウスと提携し，またクラッススにも接近して，かれから多額の金を借りるようになった．前60年にかれは，ポンペイウスやクラッススと盟約を結び，その結果かれらの支持によって執政官の地位を得ることができた．カエサルはかれらの利益をはかるために，執政官職を利用することができた．しかし，"第1回三頭政治"で一番得をしたのはカエサルだった．かれはガリアでの特別指揮権を手に入れた．結局，ガリアでの軍事的成功が，絶対的な権力を獲得するための手段をかれに提供した．カエサルは雄弁家として，また著述家，軍人，政治家，行政官として，測り知れない才能のもち主であることを立証した．かれは自己の利益の追求においてまったく破廉恥きわまりなかった．かれは共和政という政治の仕組みには軽蔑しか感じず，非常に計画的にその破壊に努めた．

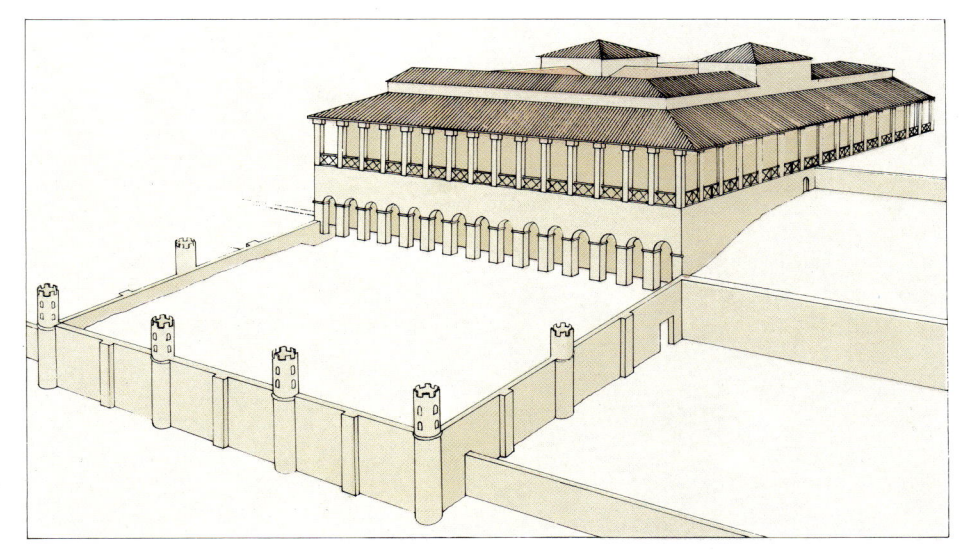

ポンペイの海沿いのウィッラのフレスコ．共和政末期，都会を離れて，くつろいだ時をすごすことが，富裕なローマ人の間で流行するようになると，このような贅沢な型の住居が一般的となった．これら海沿いのウィッラの大部分は，ナポリ湾に面して建てられた．

みをくじくことに成功した．そうすることによって，かれらは知らず知らずのうちに自分たち自身の没落と共和政の破壊に手を貸していたのである．

共和政の崩壊

門閥派の戦術は結局，挫折したポンペイウスをクラッススやカエサルとの非公式の盟約へかり立てることになった．今日第1回三頭政治として知られるこの協定は，伝統的な形態 (p.24 参照) を非公式な形に改変したものであるが，ポンペイウスの絶大な人気，クラッススの富と人脈，カエサルの政治的眼力，この3者の独特な結びつきは抗しがたいことがわかった．カエサルは前59年の執政官に就任すると，3人の盟約者全員の希望を満足させるような法案を一括して提案した．ポンペイウスの東方処理は承認され，また日の目を見ずに終った前63年の法案に似た法律によって，ポンペイウスの退役兵たちは，多くの貧困家族と一緒に土地を分配され，定住することになった．別の法令は，前61年に徴税請負人が同意していたアシアでの税金の請負額の引き下げを認めたものである．この承認は，おそらく財政的にこの問題とかかわっ

ていたクラッススに利益を与えた．最後に，カエサルは自分のために，ガッリアとイッリュリアにおいて5年間にわたる特別指揮権を確保した．その年のうちに，ポンペイウスとカエサルの娘ユリアとの婚姻によって，三頭政治は強化された．3巨頭は，翌年の執政官に友好的な人物が選ばれるように手をうった．

前58年，カエサルはガッリア本土の征服に着手した．ローマでは，この前58年という年は，護民官プブリウス・クロディウスの活動にふり回された年だった（かれは誇り高いクラウディウス一族の出身だったが，平民の家庭の養子となったことで，護民官に立候補することができた）．クロディウスは都市の民衆のあいだに支持層をつくりあげ，かれらのために急進的な穀物法をはじめとして，いくつかの法案を通過させた．ガイウス・グラックスによって導入され，その後スッラによって廃止された国家の助成による穀物の配給は，前73年に限定された形で復活され，前62年には小カトーによって拡大された．さらにクロディウスは手数料を廃止し，それを定期的な無償分配へと改めた．かれはコレギウム（組合）組織を合法化することによって，政治的目的のために都市の無産市民を動員することができた．別の法律によって，キケロは追放され（カティリナ派の人々を処刑したことで），小カトーも解任させられ，キュプロス併合の任務に派遣された．初めのうちは，クロディウスは3巨頭の協力者として働いていたが，いかなる意味においてもクロディウスはかれらの手先ではなかった．かれはその年の終りごろ，ポンペイウスに対する攻撃を何度かしかけた．前57年，ポンペイウスは，もう1人の護民官ティトゥス・アニウス・ミロの協力を得た．ミロはごろつきたちの対抗組織をつくって，路上において公然とクロディウス派のならずものたちに喧嘩をしかけた．こうして，クロディウスは動きを封じられ，ポンペイウスはキケロの復帰をはかることができた．同じ年（前57年）に，ポンペイウスは穀物調達の任にあたるため5年間の特別の"指揮権"を与えられた．時に穀物不足に見舞われることはあったけれども，ポンペイウスは持ち前の能力を発揮してこの仕事にあたった．

前56年，カエサルはガッリア・キサルピナのルーカでクラッススとポンペイウスに会い，この会合でかれらの盟約は延長された．ポンペイウスとクラッススは，前55年の執政官に就任し，それぞれ5年間の特別指揮権を民会決議によって授けられた．クラッススは，シリアを獲得することで，パルティア王国との戦いを指揮する立場を得た．ポンペイウスはヒスパニアの属州を委託されたが，自分はローマに留りながら，レガトゥス（使節，ポンペイウス自身によって直接任命された代理人）を通じて間接的にこれを統治することに決めた．それゆえかれは，穀物調達の管理をつづけながら，首都での成り行きに注意を払うことができた．ガッリアでのカエサルの指揮権は，さらに5年間延長された．

延長された盟約は，すぐにひびわれの徴候をみせはじめた．前54年，ポンペイウスの妻ユリアが亡くなり，かれとカエサルを結ぶ個人的な絆が断たれた．その翌年，クラッススがカッラエの戦いで敗死し，パルティア王国に侵入しようというかれの無謀な企ても潰え，ここに三頭政治は終りを告げた．ポンペイウスとカエサルの間の緊張の高まりは，当然の成り行きだった．この間ローマでは，暴力と混乱が支配し，正常な行政機構を阻害していた．前52年初頭，クロディウスとミロはアッピア街道で出会い，その際起きた暴力沙汰の最

中にクロディウスは殺害された．この事件は暴動を引き起こし，元老院の建物は焼け落ちた．元老院はついにポンペイウスを単独の執政官に任命し，ようやく秩序が回復された．

このころまでに，カエサルのガッリア征服はほぼ完了し，2期目の5年間の指揮権も終りに近づいていた．カエサルに対する恐怖は，ポンペイウスと門閥派をより親密な連携へとかり立てた．かれらは，現在の指揮権から2度目の執政官へ直接横すべりして，（おそらく）そこからさらに長期間の任命を得ようとするカエサルのねらいをくじこうと努めた．そればかりか，元老院はカエサルの指揮権を打ち切ろうと試みた．しかし，その審議は，カエサルに親しい護民官たちによって拒否された．交渉は長引いたが，何の成果も生まれなかった．両者の側に譲歩の気のないことは明らかだった．前49年1月9日，ついに元老院は，公職者は共和政が危害を被らないよう監視すべしとの"最後の布告"を通過させた．カエサル派の護民官たち（その1人はマルクス・アントニウスだった）は首都から脱出した．そして，3日後にカエサルは，自己の軍隊を率いてルビコン川を渡り，イタリアへ侵入した．

内乱の勃発とともに，公職者，元老院，そしてローマ人民の統治と定義された共和政は，すでに崩壊していた．前60年以降，政治権力は，寡頭政治の為政者たちから事実上の君主たちの手に移っていた．かれらは，私設の軍隊と多数の庇護民の支持を受け，制度的には特別指揮権を与えられていた．この特別指揮権は，1年任期の集団的行政機構の制約からかれらを自由にしていた．スッラが復活させた寡頭政治は，責任能力が欠除し，腐敗し，利己的で，無神経なことを露呈しており，もはや社会においていかなる有力なグループの敬意または忠誠を得てはいなかった．イタリアの有産階級は，自分たちの指導者を高い地位から締め出し，そればかりか秩序や安定を保証することもできないような政体に，いかなる信頼も抱いていなかった．貧しい人々は，自分たちの見せかけの自由や効力のない政治的諸権利を，私的なつながりのある指導者のために喜んで投げ出した．そしてこれらの指導者たちは，かれらの支持を当てにし，そのために必要物資をかれらに提供することに気を配った．前50年代中ごろのポンペイウスの地位は，穀物調達の管理や前52年の執政官への単独就任，ヒスパニアでの最高命令権（前52年にさらに5年間延長された）によって，すでに皇帝たちの地位を予告していた．

カエサルの勝利

カエサルのガッリア征服は注目すべき事業であった．その詳細は，カエサルがたぶん前51年か前50年に発表した，7巻からなる『ガリア戦記』（前51年から前50年にかけての出来事について扱った第8巻は，後にヒルティウスによって著された）の中に，略述されている．もちろん，この書物のねらいは，著者の行動を正当化し，ローマにおけるかれの威信を高めることにあったが，この書物は事件の経過のみごとな報告となっている．軍事行動そのものは，前58年，カエサルがヘルウェティ族を攻撃した時に開始された．最初の3年間に，カエサルはガッリアのほぼ全域を走破した．かれは，時計の針とほぼ逆方向に進撃しながら，まずフランシュ・コンテとアルザスの諸部族を平定し（前58年），ついでベルギーとノルマンディの諸部族（前57年），そしてブルターニュと

ガッリア人の肖像（かつては誤ってウェルキンゲトリクスであると思われていた）．カエサルの勝利を祝って前48年に発行された貨幣にみられる．

ユリウス・カエサルの台頭
ガッリア戦争や内乱の経過（前58－45）．

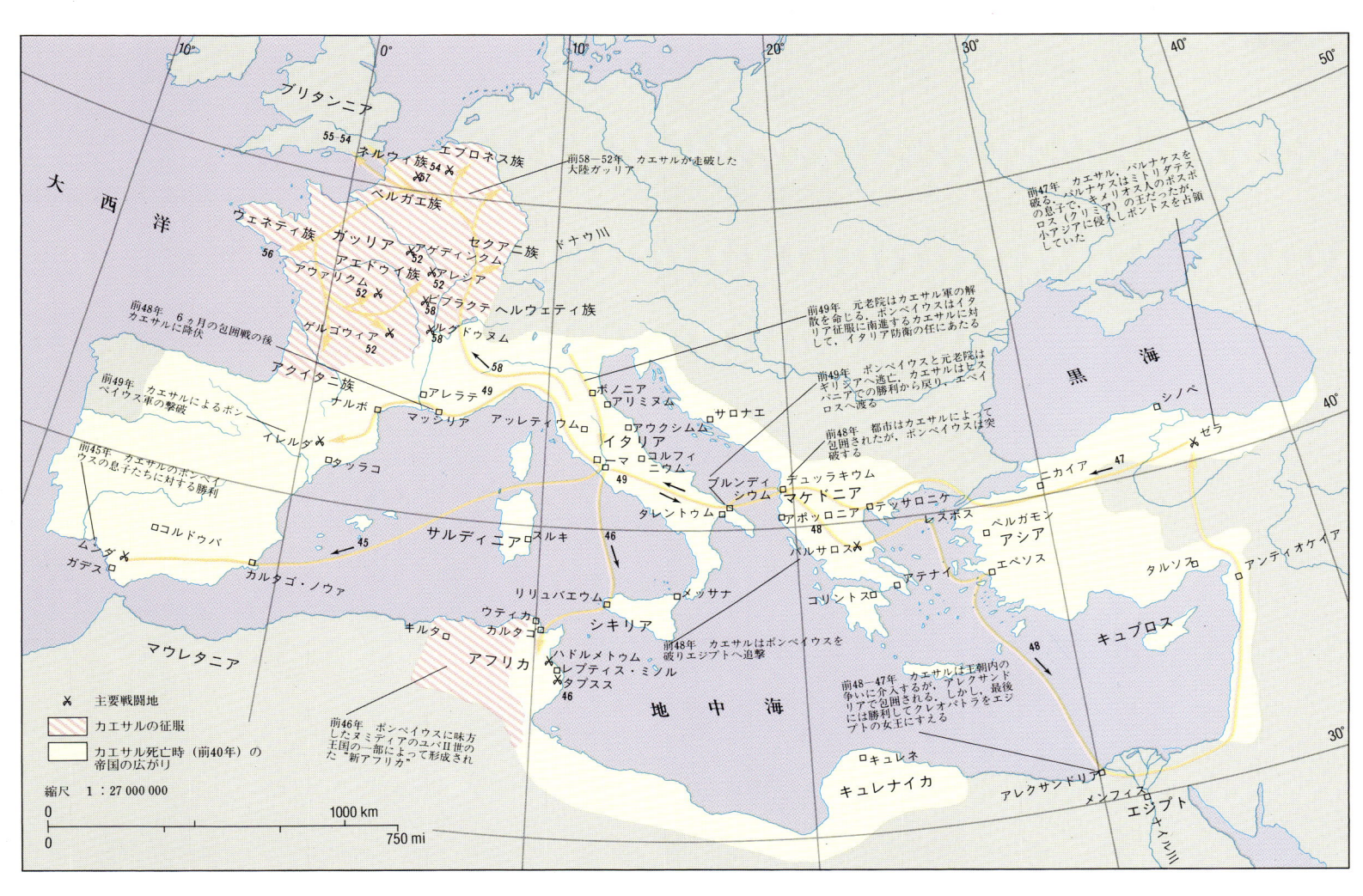

大西洋沿岸の諸部族を平定した(前56年).前55年と前54年には,ライン川を越えて探険し,2度にわたって南ブリタンニアの偵察も行った.その後,カエサルはベルガエ族の反乱に直面したが,この反乱は激烈な戦闘を経て前53年に鎮圧された.前52年,中部ガッリアでガッリア人の最高司令官ウェルキンゲトリクスの指導のもとに大規模な反乱が勃発した.だが,カエサルはその年のうちに,ブルゴーニュのアレシアの城砦にウェルキンゲトリクスを包囲することに成功し,ローマ軍は1ヵ月の包囲戦の後にこの砦を占領した.前51年には,ガッリア人の抵抗も下火となったため,カエサルは自らの注意を政治危機へと転じることができた.さしあたり,ガッリアの諸地域はローマの保護国とされ,1000万デナリウスに達する年貢が課せられた.

前49年初頭にカエサルがイタリアへ侵攻したとき,ポンペイウスはカエサルとの対決を回避し,アドリア海を渡って巧妙な撤退を行い,バルカン諸地域に軍を展開しはじめた.こうしてイタリアは,戦うことなくカエサルに帰した.ローマに入ったかれは,国庫に納められていた富を奪取した.ついで,かれはヒスパニアへ猛進撃を行った.この間にカエサルは,イタリアに戻って独裁官に任命される前に,ヒスパニアでポンペイウスの軍を打ち破った.前49年の終りに,いよいよポンペイウスとの最後の対決に向けて,カエサルは東方へ進撃した.決戦は,前48年の夏,ギリシア北部のパルサロスで行われ,カエサルの勝利に終った.ポンペイウスはエジプトへ逃げたが,そこで裏切りにより殺された.しばらくして到着したカエサルは,ライバルの死の報告を受けた.アレクサンドリアでは,カエサルは自分の愛人となったクレオパトラの側に立って王朝の内紛に干渉した.猛烈な反対にもかかわらず,結局クレオパトラと弟のプトレマイオスXIV世をエジプトの王座に就けることに成功した.途中小アジアで,ミトリダテスの息子パルナケスに率いられた反乱を鎮圧してローマへ帰還したカエサルは,(キケロのような)ポンペイウスに味方した人々を許し,首都の情勢を落ち着かせた.ついで,(前47年の終りに)カエサルは,ポンペイウス派がカエサルの副官を前49年に破って以後,根拠地を築いていたアフリカへ出発した.カエサルはタプススで共和派を破り,属州アフリカを攻略した.ポンペイウスの2人の息子も含めて,ポンペイウス派の残党はヒスパニアへ逃亡したが,小カトーは,自分を赦免する機会をカエサルに与えないために,ウティカで芝居がかった自殺を遂げた.前46年にローマへ帰還すると,カエサルは壮大な凱旋式を挙行した.ところが,その年も終らないうちに,かれはヒスパニアへ赴かなければならなかった.かの地でポンペイウスの息子たちが軍を起こしたからである.共和派の大義は,前45年,ついにムンダの戦場に潰え去った.若いグナエウス・ポンペイウスは殺されたが,弟のセクストゥスは再び戦うために生きのびた.カエサルは10月の初めにはローマに戻ったが,それから半年もしないうちに暗殺された.

短いローマ滞在の間に,カエサルは政治的,社会的,行政上の改革に関する膨大な計画に着手した.貧困と借金の問題に早急に手を打つ必要があった.早くも前49年には,カエサルは借金を25%まで棒引きにし,返済のために財産は戦前の水準で評価されなければならないとの布告を出した.前48年には,1年間の地代が免除され,おそらく前47年にも再びそれが行われた.多数の貧しい市民や退役兵を,イタリア国内や,特に属州の割当て地や植民地に定住させることにした.

カエサルの兵士たちは,前46年のかれの凱旋に際して,各人5000デナリウスを付与された.また,軍団の兵士の正規の年俸は,120デナリウスから225デナリウスに増額された.その他の処置によって,穀物の施しが規定され,都市での交通は統制され,組合が禁止され(ユダヤ人のシナゴーグは例外とされた),ゆすり,背信,わいろについての法律が改正された.アシアや他の属州における直接税の徴税請負制度は廃止された.属州は,カエサル自身が直接任命したレガトゥスによって統治された.前49年,カエサルはガッリア・キサルピナの全住民にローマ市民権を付与した(かれらは,同盟者戦争後の権利の賦与から締め出されていた).かれはまた,ヒスパニアのガデスのような属州の地域共同体には自治権を与え,南ガッリアやシチリアの諸都市にはラテン市民権を与えた.かれは元老院に議席を与えることで,多くのかれの支持者に報いた.元老院の構成員は一挙に900人にまで増加した.カエサルはさらに一連の大建築計画に乗り出した.その中で最も印象に残るのは,まったく新しいフォルムの建設である.このフォルムは,ユリウス家の祖先である母なる神ウェヌスの神殿をその中心としていた(この計画に基づいた工事は,前54年に始められ,前46年に完成した).西洋文明は,1年を365日と4分の1とする暦をユリウス・カエサルに負うている.この暦は,前45年の1月1日から採用された.

晩年の数年間,カエサルは事実上王として君臨した.前46年に任期10年の独裁官に任命されたかれは,前44年にはその地位を終身とした.カエサルは前48年には執政官も務めたが,前46年以降も引きつづいてその職にあった.前例のない法外な名誉が,元老院によってかれの上に積み上げられた.カエサルは,"祖国の父"と呼ばれ,かれが生まれた月は,ユリウス(7月)と改名された.かれは"王"という称号を避け,アントニウスが前44年のルペルカリア祭に際してかれに差し出した王冠を断りはしたが,それでも王権と結びついた多くの装飾物(紫のトーガのような)を採用し,自分の彫像をカピトリウムの丘にある昔の王たちの彫像の間にすえさせ,自分の肖像を刻んだ貨幣を鋳造させた.カエサルはまた,自分のために崇拝儀式を執り行わせ始めた.

カエサルは,共和政とその立憲政体に対するかれの軽蔑を隠そうとはしなかった.事実上かれが公職者を任命し,あらかじめ数年先の執政官の選出まで行った.かれはまた,自分の決定を伝えるためにのみ元老院を召集し,かれに反対しようとする護民官を黙らせた.前45年の大晦日に執政官が亡くなると,カエサルは残りの数時間のために別の人物を選出させた.このような行為は,国家の伝統を尊重するキケロのような人々をひどく怒らせた.前44年3月15日に起きた,元老院議員の一派によるカエサルの暗殺は,残酷で無分別な行動だった.それは,ほんの少し前に終了したばかりの内戦よりももっとひどい内戦を引き起こすことになった.しかし,かれらの行為はしごく当然でもあった.それを自らに招いたのはカエサル自身だし,おそらくかれもそれを知っていた.

アントニウスと新しいカエサル

カエサルの死後,まず混乱と当惑がつづき,次にすさまじい権力闘争が展開された.カエサルの支持者たちの中で指導的な人物は,生き残った執政官マルクス・アントニウスと騎兵隊長マルクス・アエミリウス・レピドゥスだった.アントニウスは,カエサルが計画したパルティア遠征に備えて集結しつつあった軍隊の支持をイタリアで獲得していた.かれは

カエサル殺害を祝うために,解放者たちが前43年と前42年に発行した貨幣.二つの短剣とピレウス(解放奴隷がかぶる一種のフェルト頭巾)を表し,EID. MART. (3月15日)の銘が刻まれている.

前39年にマルクス・アントニウスが発行した貨幣.表面のアントニウスの肖像が,裏面のオクタウィアの肖像と対になっている.オクタウィアはオクタウィアヌスの姉で,この2人の権力者が前40年にブルンディシウムで和解したのにつづいて,アントニウスは彼女と結婚した.前36年にこの結婚は破綻した.それによって,アントニウスとオクタウィアヌスの対立が再燃し,内戦の再開が早まった.

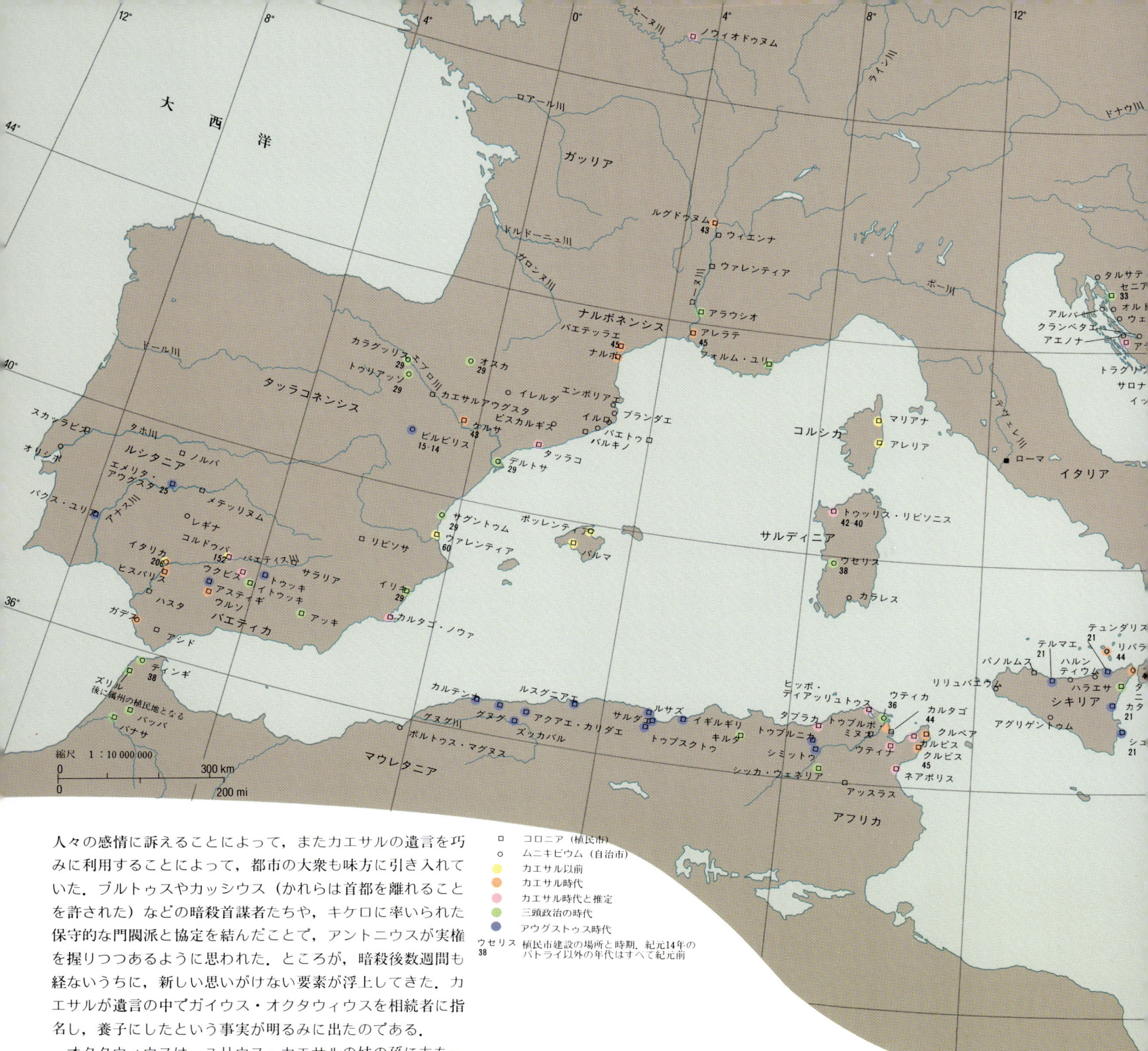

人々の感情に訴えることによって，またカエサルの遺言を巧みに利用することによって，都市の大衆も味方に引き入れていた．ブルトゥスやカッシウス（かれらは首都を離れることを許された）などの暗殺首謀者たちや，キケロに率いられた保守的な門閥派と協定を結んだことで，アントニウスが実権を握りつつあるように思われた．ところが，暗殺後数週間も経ないうちに，新しい思いがけない要素が浮上してきた．カエサルが遺言の中でガイウス・オクタウィウスを相続者に指名し，養子にしたという事実が明るみに出たのである．

オクタウィウスは，ユリウス・カエサルの妹の孫にあたっていた．父方は，ウェリトラエ出身の無名の家系に属していた．前44年にかれが独裁官殺害の知らせを聞いたとき，かれはまだ19歳で，ギリシアで勉強中だった．政争に巻き込まれないようにという両親の忠告を無視して，かれはすぐに遺産相続の権利を主張するためにイタリアへ戻ることを決めた．かれはローマでは，かれの登場を喜ばないアントニウスによって冷たく迎えられた．このことは，オクタウィウスを門閥派の陣営へ走らせた．

前43年，アントニウスは，ガッリアの属州統治のために北へ出発した．ローマでは，キケロがかれに対して重大な攻撃を浴びせ，さらにオクタウィウスも同行させて，執政官指揮下の軍隊をアントニウスにさし向けるように元老院を説得した．ムティナ近くの2度の戦いで，アントニウスは敗北したが，執政官たちも戦死した．そこでオクタウィウスが軍を引き継ぎ，自ら執政官職を要求した．元老院はアントニウスを国敵と宣しはしたが，オクタウィウスの要求に応ずることも拒絶した．そこで，オクタウィウスはローマへ進軍し，力ずくで執政官職を獲得した．同時に国民にかれの養子縁組みを承認させ，正式にガイウス・ユリウス・カエサル・オクタウィアヌスと名乗った．その間に，レピドゥスのようなカエサル派の他の指導者たちはアントニウスと手を結んだ．オクタウィアヌスの方は，イタリア駐留の軍隊と民衆の支持を獲得した．かれらは，カエサルの後継者としてのオクタウィアヌスのもとにはせ参じたのである．

この年の終り，カエサル派の指導者たちはかれらの対立を解消して，元老院と解放者たちに対して共同戦線を組むことを決めた．アントニウス，オクタウィアヌス，レピドゥス

ローマ市民の属州への移住

共和政を崩壊させた主要な社会経済的諸問題は，結局，自由人として生まれたイタリア人を属州に強制移住させることで解決された．カエサルの時代以前には，海外の植民市（前118年に建設されたナルボ・マルティウスのような）はほんのわずかで，植民市建設には反対も多く，議論の的になっていた．だが，カエサルは属州に大規模に植民市を建設する政策に着手し，8万以上の市民とその家族を30を越える植民市に定住させた．これらの人々には，退役兵と同様，都市の無産市民も含まれていた．カエサルはまた，特に西方の属州にあった多くの土着の共同体に

ローマ市民権を与えた．こうして，これらの共同体は都市の資格を手に入れた．アウグストゥスはさらに大規模にカエサルの政策を継続して，約75の植民市を属州に建設した．かれは『業績録』にこう記している．「私は，兵士たちの植民市を，アフリカ，シチリア，マケドニア，ヒスパニアの２属州，アカイア，アシア，シリア，ガッリア・ナルボネンシス，ピシディアに建設した．」

国家再建のための３人委員に任命された．かれらは自分たちの間で帝国を分割し，スッラが行った追放者名簿の公表を復活させて反対者を粛清した．いくつかの史料によれば，（キケロも含めて）300人にのぼる元老院議員と2000人の騎士とが，この恐怖政治の最中に命を落とした．

前42年，オクタウィアヌスとアントニウスは，東方の属州を支配していたブルトゥスとカッシウスに向けて進撃し，ピリッピでかれらを破った．この勝利の後，新たな帝国分割が行われた．オクタウィアヌスはイタリアと西部属州の大半，それにシチリアを占領して，抵抗の中心となっていたセクストゥス・ポンペイウス追討の指揮権を手に入れた．これに対

して，アントニウスは東方での対パルティア戦の指揮権を引き継いだ．"取るに足らぬ役立たずの男"といわれたレピドゥスは，アフリカをつかまされた．イタリアでは，オクタウィアヌスはピリッピの戦いに功績のあった古参兵をいくつかの都市から没収した土地に定住させようと企てた．この問題ではオクタウィアヌスは，執政官の１人でアントニウスの弟にあたるルキウスの激しい抵抗をうけた．ルキウスは結局，不満を抱くイタリア人を代表して戦いを始めた．数ヵ月の戦いの後，ルキウス・アントニウスはペルシア（ペルージャ）で包囲され，前40年の初めにそこも陥落した．かれ自身は命を助けられたが，かれに従った人々は殺された．マルクス・ア

ントニウス自身は，その年の終りにブルンディシウムに到着したが，兵士たちが戦いを拒み，2人の指導者に対立を解消するように強要したことで全面的な衝突は回避された．三頭政治が再建され，東西の分割が確認された．

翌年，アントニウスはパルティア遠征軍を指揮した．前36年にその遠征は失敗に終ったが，前34年かれはアルメニア攻略に成功した．その後，クレオパトラにますますのぼせ上がり，彼女とアレクサンドリアに滞在した．その間にオクタウィアヌスは，セクストゥス・ポンペイウスをかたづけ（前36年），イッリュリクムへの遠征を勝利に導いた（前35年から前33年）．前33年以降，かれはイタリアでの立場を強化し，アントニウスとクレオパトラの情事や，東方の人々に対するローマ人の偏見を利用したりしながら，アントニウスに対する宣伝戦を開始した．前32年，イタリア諸都市はそれぞれオクタウィアヌスに忠誠を誓い，アントニウスとクレオパトラに対する国民的聖戦の指揮をとることをかれに要請した．まもなく始まった戦役そのものは，前31年のアクティウムでの完勝に終った．アントニウスとクレオパトラはアレクサンドリアへ逃れ，そこで自殺した．

アウグストゥスの元首政

アクティウムにおける勝利は，オクタウィアヌスに帝国の完全な支配権をもたらした．その後数年間に数多くの試みを重ねて，オクタウィアヌスは自分の地位を国法の枠の中で合法化することに成功した．かれはカエサルの公然たる絶対専制を避け，プリンケプス（第一の市民）の立場で統治することに成功した．かれは平和と繁栄を回復させ，紀元14年の死までの45年間，絶対的に君臨した．かれはこの時までに，自分の一族出身の者による継承と，君主制そのものの存続を確実なものにしておいた．君主制はその後数世紀にわたってつづくことになった．

オクタウィアヌスは，平和の回復とともに，20年間の内乱でずたずたにされた社会の再建という大仕事に取りかかった．かれはその当初から，国制の伝統的な形態の再興を意図していることを明らかにしていた．難点は専制的な権威をもったかれ自身の地位にあった．それは圧倒的な力によって支えられてはいたが，何ら法的根拠をもたなかった．前27年1月，オクタウィアヌスは元老院と人民に国家を返還することを通告した．このとき，"属州"について10年間の特別統治権がかれに与えられることが承認された．その"属州"とは，ヒスパニア，ガッリア，シリア，キリキアを含み，膨大な軍隊を擁する地域で，オクタウィアヌスはレガトゥスを通じてこれを統治することになった．こうしてかれの立場は，はっきりした先例が共和政時代にみられる（たとえば，前55年のポンペイウス）最高命令権が授与されることによって合法化された．また，かれは執政官の地位を保持しつづけ，さらにアウグストゥスの称号も含めてさまざまな名誉をうけた．前23年，かれを暗殺しようとする陰謀が発覚した．そこで，かれは執政官を辞任することに決めた．その理由は明らかに，かれがたえずその地位にあることは，攻撃を招き，他の貴族たちがその地位に就くのを妨げていたことにあった．しかし，かれは（プロコンスルとして）かれの広大な属州を統治しつづけた．これに加えて，かれの最高命令権は他のプロコンスルのそれに優越するものとされた．同じ年（前23年）に，かれは終身護民官の職権を獲得した．前19年，かれに執政官の標章（そして，おそらく全権力も）が与えられた．最高公職にあるかれの姿をもはやみることができないという事実は，明らかに人々に不安を抱かせた．人々は終身執政官か独裁官に就任するようかれに要請した．

かれはこのようなことに非常に慎重で，度を越した名誉は断る態度をとった．たとえば，『業績録』（自分の業績に関する報告で，死後公表された）の中で，かれは3度にわたり「元老院とローマ人民は，私が単独で最高権力をもった法と道徳の管理人に就任することに同意したが，私はわれわれの祖先の慣習に反するいかなる公職にも就こうとはしなかった」と書いている．アウグストゥスは，自分は他の公職者以上の合法的な権限をもっていないが，権威（アウクトーリタース）において優越していると主張していた．おそらくかれの言わんとするところは，かれの権威がかれの合法的な権限とは無関係に，かれの意志を主張することを可能にした，ということである．選挙は引きつづき実施されていたが，次第に形式化していった．治世の終りごろには，アウグストゥスが事実上重要な公職者のほとんどを任命していた．かれの護民官権限によって，アウグストゥスは絶対的な拒否権をもっていたが，われわれの知る限りでは，それを行使する必要は一度もなかった．権威だけで充分だった．

元首政（プリンケプス体制）が確立されたとき，"国家"（レス・プブリカ）も再建された．再建された共和国という観念は，アウグストゥスの支配を隠すことを意図したものではなく，むしろ20年に及ぶ混乱状態を経た後に正常な状態へ戻ったこと，それに行政機構の活動が再開されたことを示すためのものであった．アウグストゥスは"ふさわしからぬ"議員を排除することによって元老院の規模を縮小し，公職の順序を復活させた．ユリウス・カエサルとは異なり，かれは元老院とその伝統を最大の敬意をもって遇した．属州の総督と他の行政官は，元老院議員の階層の中から選ばれた．いわゆる"元老院の"属州は，くじによって1年の任期でプロコンスルに割り当てられ，"皇帝の"属州（皇帝所管属州）は，アウグストゥスが直接任命し，普通任期が数年に及ぶレガトゥスによって統治された．プロコンスルやレガトゥスは，普通法務官経験者か，（より重要な属州では）執政官経験者であった．元老院議員はまた，各軍団の司令官に任用され，さらにたとえば道路管理者，財庫管理者，（公共事業や水道などの）管理者といった，ローマやイタリアにおける他の一連の行政ポストにも任用された．帝政時代が進むにつれて，伝統的な公職は，何の重要な任務もない敬称となってしまった．その機能は，元老院議員に一定の地位を授け，皇帝が任命権をもっている重要な軍事・行政ポストに就く資格をかれらに与えることにあった．帝政期の元老院は，審議機関としての重要性は薄れ，行政官の団体という性格が強くなっていた．

他の多くの行政上の仕事に，アウグストゥスは騎士身分の人々を登用した．まず第一にかれの個人的な代理人（財務管理者）として，次に皇帝所管の属州の管理責任者として用いることが多くなっていった．たとえば，アルプスのような小属州の財務管理者や総督のようなポストである．騎士階級の人々は，軍事・行政上の高官として任命された．これらのポストは，忠節はもちろんであるが，高度の能力をもった人々を必要としていた．このようなポストには，親衛隊（兵士たちのエリート集団で，皇帝の正式の護衛部隊を形成し，イタリアに駐留していた）の指揮者，穀物供給のための長官，エジプト（帝国の最も豊かな属州で，元老院議員によって統治されない点で例外だった）の総督などがあった．

前18年発行のデナリウス銀貨．裏側には2本の月桂樹の枝の模様が刻まれている．"カエサル・アウグストゥス"の銘は，前27年に皇帝に与えられた名誉を記念している．このとき，元老院はかれの邸宅の戸口の側柱は月桂樹で飾るようにと布告した．

ローマ帝国の統治

帝国の区分について，地理学者ストラボン（前63〜後21）は次のように記している．「アウグストゥスは帝国全体を二つの部分に分け，その一つの部分を自分に，他の部分をローマ人民に割り当てた……そして，この二つの部分のそれぞれをいくつかの属州に分けた．そのうちのいくつかは"皇帝の属州"と呼ばれ，他のものは"公共の属州"と呼ばれている．皇帝の属州には，皇帝はレガトゥスとプロクラトルを派遣し……一方，公共の属州には，人民はプラエトルかコーンスルを派遣している．」公共の属州の統治者（実際にはプロコンスルと呼ばれた）は古参の元老院議員で，1年の任期を務めるためにくじで選出された．皇帝の属州を統治したレガトゥスも上級の元老院議員だったが，かれらは皇帝によって直接任命され，召還されるまでその任務にあたった．ほとんどすべての軍団は皇帝の属州に駐留していたため，レガトゥスには古参の軍指揮官が全員含まれていた．この形式の最も重要な例外はエジプトである．ここは，皇帝が任命した騎士階級出身の総督によって統治された．

復興された共和政を最も歓迎し，またそれによって最大の利益を得た階層は，ローマ市民のうちの資産階級だった．かれらは以前は，共和政の寡頭政治のもとで公生活から締め出されていた，つまり，普通騎士階級と定義される人々である．当時，これら裕福なローマ市民の大多数は，ローマ市の出身者ではなくて，イタリアの町や都市の出身者で占められていた．アウグストゥス自身も地方都市の家系に属していたが，かれが最も頼りとした支持基盤は，このイタリアの上流階層だった．かれの有力な側近たちがその典型的な例である．かれの学友のマルクス・ウィプサニウス・アグリッパは，家系ははっきりしないがイタリアの出身，ガイウス・マエケナスはアッレティウム出身のエトルリア人，ティトゥス・スタティリウス・タウルスは南イタリアのルカニア出身だった．イタリア出身の新しい家系が，アウグストゥス治世のもと，元老院や，騎士階級出身の人々のために創設された公職で目立つようになってきた．マルクス・サルウィウス・オトーは，騎士階級の出で，古いエトルリアの家系に属していたが，アウグストゥスの治世に元老院入りを果し，69年にはかれの息子が皇帝になった．同じように，69年に帝位に就いたもう1人の皇帝ウィテッリウスも，アウグストゥスの財務管理者を務めた騎士，カンパニアのヌケリア出身のププリウス・ウィテッリウスの子孫だった．

アウグストゥスは，ローマの伝統の擁護者であるとの態度をとり，古い国家宗教や，家庭生活の道徳的規範，共和政の法律尊重主義の復活に着手した．かれはすたれていた古来の宗教的祝典や祭儀を復活させ，古い伝統のある祭司団の欠員を補充し，ローマ市にある神殿や神聖な建築物を修復した．前18年と前17年に，かれは結婚法を施行した．離婚は抑えられ，姦通は社会の秩序を犯すものとされた．未婚者には罰が課され，子供を生んだ夫婦は優遇された．これらの規定は，紀元9年の執政官の法令によって緩和された．冗談好きの人たちは，この法案を通過させた執政官は2人とも独身だったと伝えることを忘れなかった．困惑の原因は，皇帝のひとり娘ユリアが，性の面で破廉恥な行状で知られ，このため前2年に島流しに処せられたことである．結婚法が出生率の向上を目的にしていたとは考えにくい．この立法は，むしろ上流階級の生活様式を矯正しようとする試みだったとみるほうが妥当であろう．上流階級の退廃と快楽追求は，共和政末期に広く流行していた．結婚して子供をもうけることがすべてのローマ市民の義務であるという古い考え方が，こうして公の

政策となった．アウグストゥスはまた，節約令を導入し，無計画な奴隷解放のゆきすぎに制限を加えた．

　著作家や芸術家はこの体制の理想の普及に努め，皇帝の友人のマエケナスが積極的にかれらを後援した．かれを取り巻く詩人たちの中にプロペルティウスやホラティウスがいた．プロペルティウスは主として恋愛詩を書いたが，その他にもアウグストゥスをほめたたえる詩を書いた．ホラティウスの詩は，皇帝やその政策に対する好意的な言及にあふれている．前17年，ホラティウスは新しい時代の始まりを祝うために挙行された大祭のために讃歌を創作した．この讃歌はアウグストゥスの業績のあらましを述べ，古い美徳の復活を歓迎している．アウグストゥス時代最大の詩人はウェルギリウスである．かれの作品には，『羊飼いについての詩（牧歌）』，『農業に関する教訓詩（農耕詩）』，『アエネイス』がある．『アエネイス』は，ユリウス氏族の祖でローマの伝統の伝説上の英雄であるアエネーアスの伝説についての叙事詩である．この詩篇は，ローマの偉大さを詳述し，アウグストゥスの業績を予示している．この人々が新しい秩序をほめたたえたのは，たしかにかれらの本心からであった．これに対して，恋愛詩人オウィディウスは，皇帝の不興を招き（特に愛の技巧についてのかれの詩によって），後8年にローマから追放された．この時代の最も重要な著作家の1人に歴史家のリウィウスがいる．ローマ史に関するかれの壮大な記述は142巻にも及んでいる．その叙述は偉大な人物やりっぱな行いの模範を含んでいて，道徳の退廃を正すような戒めを表していた．アウグストゥスのもとでは，視覚芸術も繁栄していた．それは，画家，彫刻家，建築家が都市を美しく飾り，新しい時代の理想を具体的に表現するように依頼されたことによる．"公認の"美術の重要な例としては，平和の祭壇やプリマ・ポルタのアウグストゥス帝の彫像がある．これらの作品は，様式的にも技巧的にも完璧な古典的傑作であるが，暖かみや生命力を欠くとの批判がなされてきた．

　ローマ市では，アウグストゥスはカエサルの事業を引き継ぎ，公共建築の大規模な計画を実行に移した．神殿，劇場，柱廊，凱旋門が至るところに建設され，れんがの都市から大理石の都市へローマを改造したという皇帝の主張を裏づけていた．かれは新しいフォルム（前2年に落成した）を造営し，カンプス・マルティウス（マルスの原）の区域を発展させた．主要建築物は，オクタウィアの神殿，マルケッルスの劇場，アウグストゥス自身の霊廟である．同じこの区域に，アグリッパはパンテオンと初めて皇帝の大浴場を建設した．アグリッパはこの他にも二つの新しい水道橋を建設し，都市への水の供給を管理した．この時期のローマ市の人口は，だいたい100万人前後で，その大部分はぞっとするような不衛生な状態で暮らしていた．大多数は，スラム化した高層の賃貸アパートに住んでいたが，これらの家は建て方も貧弱で，採光も悪く，暖房の設備もなく，常に倒壊と火災の危険にさらされていた．貧しい人々の居住区域は下宿屋に似ていて，賃貸の契約期間は短く，借りるのに担保はいらなかったが，家賃は法外に高かった．下水道の施設は未発達だった．下水溝が街路の下を走っていたが，これと直接つながっているのは金持ちの家だけだった．疫病がしばしば発生し，猛威をふるった．発掘によって，数千の遺骸を埋葬した共同墳墓が掘り出された．公共病院や医療サービスは存在しなかった．夜になると，道は暗く危険で，殺人，押込み，強盗がひん発した．

　アウグストゥスは，ローマ市とその管理についての責任を引き受けたことでも，ユリウス・カエサルの後継者だった．かれは住宅地域の建物の高さを21mに制限し，騎士身分の総監のもとに7000名の"見張り番"からなる消防隊を組織した．行政上の目的から，都市は14地域と265区に分割され，そのおのおのがその地区の役人を選んだ．町の治安を維持する仕事は，都市総監の指揮のもとに，3隊の"母市コホルス"からなる首都駐留軍が担当した．通常このローマ市の総監は，上級の執政官経験者が務めた．周期的なテヴェレ川の氾濫によって，多数の溺死者が出，建物の土台が掘りくずされた．この結果，アウグストゥスは元老院議員からなる"河岸と河床の管理者たち"による管理委員団を発足させた．穀物供給の組織が再建され，結局上級の騎士身分の管理者の責任とされた．無料の穀物配給が登録された男性のローマ市民に対して行われたが，その数は前2年に20万人に制限された．また，民衆はときどき金の施しをうけ，競技や見世物によって歓待された．新しい体制に対するかれらの熱狂は押えきれないものがあった．

　アウグストゥスは，治世の終りまでに，強力で能率的な統治を確立し，内外のあらゆる階級の忠誠と尊敬を獲得した．属州は，かつて共和政体のもとでは有効な統制を指向するは

右 アウグストゥスの平和の祭壇．この巨大な記念物について，アウグストゥスは『業績録』の中にこう記している．「ヒスパニア，ガッリアからの私の帰還(前13年)に際して……元老院は，私の帰還の栄誉を称えて……アウグストゥスの平和の祭壇をカンプス・マルティウスの隣に奉献するようにと布告し，公職者，神官，ウェスタ女神の女祭司が，毎年そこで犠牲を捧げるように命じた．」祭壇それ自体とそれを取り巻く囲いは，新時代のさまざまな有り様を表す浮彫りによっておおわれている．囲いのへいの南側のフリーズは，皇帝一族を含んだ行列を表している．ここに示したのはその一部である．個々の人物を誰と断定するかについては，大いに議論されている．しかし，頭にかぶり物をして従者の後を進む，ひときわ目立つ人物が幼い息子ガイウス・カエサルを連れたアグリッパであるということでは，ほぼ意見が一致している．このフリーズに描かれたもう1人の子供は，おそらくかれの両親である小アントニアとドルススの間に立っているゲルマニクスである．

左 プリマ・ポルタ(ローマ近く)のアウグストゥス像．鎧の胸当てに描かれた人物たちの意味について，大いに議論がなされている．だが，中央の場面は明らかに，敗北した蛮族の1人によるローマ軍旗の返還を表している．アウグストゥスは，『業績録』(p.74参照)の中に書いている．「敵に対する勝利によって，私は他の指揮官が奪われた軍旗のいくつかを，ヒスパニアやガッリアから，またダルマティアからも，取りもどした．私は，パルティア人が戦利品や三つの軍団の軍旗を私に返し，哀願者の立場でローマ人民の好意を請うように強要した．」

下 マルケッルス劇場．劇場の建設は，ユリウス・カエサルのもとで始められたが，アウグストゥスによって完成され，かれの甥で後継者に指名されたが，前23年に死んだマルケッルスの思い出に捧げられた．

ずもない総督や徴税請負人によって，ひたすら搾取されるばかりであった．元首政がすべてを変えた．属州の人々は平和と安定，それにかれらの忠誠の対象を与えられた．かれらは官吏や代理人を統制することのできる強力な政府を期待できた．属州統治の規範は，いまだに理想からは遠かったが，新しい統治が属州で広く歓迎されたことを疑う理由は何もない．

前2年，アウグストゥスは"祖国の父"という称号をうけた．この称号は，どっしりとしてはいるが優しい家長の手を連想させずにはおかない(p.19を参照)．武力で権力を獲得した19歳の革命的指導者は久しく忘れられていた．アウグストゥスの最大の業績のひとつは，革命的な変動を引き起こす強力な要因，とりわけ軍隊を無力化したことである．アクティウムの海戦の後で，かれは軍人の数を大幅に縮小し，退役兵たちをイタリアや属州の植民地に入植させた．保持された28軍団(約14万人)は，ほぼ同数の補助軍(属州で徴兵された非ローマ市民兵士の軍隊)とともに，国境線沿いに常時駐屯させられた．軍隊は常備編成をとるようになり，定期的に新兵の補充を行った．これらの兵士は，20年という定められた期間，軍団で兵役を勤め，除隊の際，土地の下賜か，あるいは現金による退役兵給与をうけた．後6年，この方式は軍事財庫の設置によって制度化された．それは，まず最初は皇帝自らが下賜した金を基金としたが，ついでローマ市民に課された二つの新しい税からの収入によって補充された．すなわち，1％の売上税と，5％の相続税である．この新しい制度は，軍隊を政治の外に置き，国家と皇帝に忠誠な存在にした．皇帝が軍隊の最高司令官を兼ね，その指揮官を自ら任命した．軍隊はアウグストゥスの後継者たちへの忠誠を，一時的に内乱が再発した68年のネロの死まで守りつづけた．

アウグストゥスは，簡素で規律ある生活を送った．かれの性格は，いくぶん冷たく，ユーモアを欠いていたように思われる．かれは人の性格を見抜く能力にすぐれ，友人や協力者の選択にあたっては好運で，かれらのほとんどが最後までかれに対する忠誠を守った．53年にわたるかれの結婚生活を通じて，三番目の妻リウィアへの愛情と信頼を守り通した．かれの家庭生活は，悲劇と挫折が特に目につくし，概して健康

には恵まれなかったが，それでも77歳まで生き，後14年8月19日にノラで平穏に息を引き取った．

ユリウス＝クラウディウス朝，後14年から68年

ティベリウス帝がアウグストゥス帝の跡を継いで即位したが，このときはじめて，元老院は皇帝のあり方を検討することができた．形式ばった言い方をすれば，元老院はその存続を是認したのである．皇帝の継承とは，元老院によって合法的な形式上の手続きをとらされてはいたが，最初から王朝の相続という問題であった．アウグストゥスは初めは，甥のマルケッルスを気に入っていたが，後になって腹心のマルクス・アグリッパをひいきにし，娘のユリアをかれに嫁がせていた．しかし，そのアグリッパが亡くなったとき(前12年)，ティベリウスはしぶしぶながら愛する妻と離婚し，ユリアとの再婚を承知させられた．ところが，前6年にティベリウスはロドス島へ隠棲してしまった．この有名な事件は，ユリアとアグリッパの間にできた2人の若い息子，ガイウスとルキウスが昇進したこと，それにティベリウスがユリアを嫌っていたことによって引き起こされた．ティベリウスはロドス島で気ままな暮らしを送り，愛好するギリシア文化にひたりきった．ガイウスとルキウスが紀元2年と4年に相ついで亡くなると，ティベリウスはローマに戻り，アウグストゥスによって養子に指名され，その代わりにゲルマニクスを自分の養子とすることに同意させられた．こういう場合の常として，元老院は後継者に選ばれた者の地位を保証する法的権力を承認するための投票をするよう要請された．この権力は，最高命令権と護民官権限とを含んでいた．

アウグストゥスのような気さくな性格をもち合せていなかったティベリウスは，自分に対するアウグストゥスの仕打ちを苦々しく思っていた．かれが最初に後継者に選ばれなかったことは，誰もが知っていた．かれはまた，尊大な冷淡さや，かれに備わっていると噂されていた偽善の能力のゆえに，不人気だった．ティベリウスの統治で最も厳しく批判された点は，いわゆる反逆取締り法の運用だった．共和政時代の反逆取締り法は，近代の反逆罪の概念にごく大ざっぱに該当するだけだった．それは，ローマの人民の権威を損なうようなこ

とは，どんなことでもその適用範囲にあった．ティベリウス帝の統治のもとで，この法律は反逆や陰謀のみならず，皇帝に対する不敬，場合によっては元老院議員に対する中傷的な言辞にも適用された．それゆえ，これは言論の自由や皇帝を批判する権利に対するきわめて有効な制限として機能した．

反逆取締り法に対する非難は，元老院の内部でも起きてきた．元老院はその見せかけの権力拡大によって裁判所の機能も果すようになっており，一種の準司法的な手続きによって，告発された人々の審理を指揮するようになっていた．ティベリウス自身は，はじめ反逆罪の適用を抑制しようと努めた．かれの統治を悪名高いものにしている恐怖政治をわれわれが認めるのは，後の時期に限られており，特に紀元31年のティベリウスの腹心セイアヌスの失脚以後のことである．理解しがたいのは，ローマでは国家による訴追制度が欠けていたことである．告発は市民の私人としての行動にゆだねられていた．さらに，財政的な理由による告発，それに政治的な理由による告発がますます増加してくるのが目につく．反逆罪のように死刑判決の出る可能性のある告発で成功を収めた告発者は，有罪とされた者の財産の一部を手に入れることができたし，体制の敵対者あるいは批判者を排除したことで皇帝の引き立てを期待することができた．ところが，この審理を指揮したのは元老院である．かれらはこれによって，しばしば自分達の憎悪や反目にけりをつけた．ティベリウスの治世に反逆取締り法が濫用されたことについての悪評の責任は，皇帝と同様に，元老院にもあったのである．

紀元37年のティベリウスの死は，元老院からもローマ人民からも歓呼をもって迎えられた．かれはローマ人民のために，自らの人気取りになるようなことはほとんど何もしなかった．かれはいつもよそよそしい態度をとり，晩年の10年間は，主として文人や占星術師などの親しい友人たちに取り巻かれて，カプリ島で孤独な生活を送った．カプリ島でのかれの性生活に関する噂は，関係者たちの勝手なでっち上げとして退けてよいかもしれない．しかし，かれらはそれらの噂に反ばくを加えることは不可能だし，誰もそうしようとも考えないことも知っていた．

ティベリウスの後継者ガイウス（カリグラ）の治世は順調にスタートした．ところが，精神の安定を損なうような病にかれが冒されると，明らかにそれ以後，かれの治世は気まぐれな暴政に堕してしまい，41年の暗殺事件によって幕を閉じた．ガイウスの政治を理性的な光に照らして眺めようとする試みがなされてきているが，その成果として，たとえば元首政治を東方にみられるヘレニズム的な華やかな君主政治へ変質させようと意図していたとの推測がなされている．もしかれが本気でこのような計画を抱いていたのだとすれば，それはほとんど狂気と同程度にうけ入れがたい政治判断の欠如を示しているといえるだろう．

ガイウスの殺害後，思いがけず皇帝に推されたクラウディウスは，まじめで勤勉，時にでしゃばりすぎとさえ思えるような皇帝だったが，行政改革，公共事業，外征に没頭した．公共事業の中で最も印象的なのは，オスティアの港の拡張である．かれの元首政治が批判されたのは，かれの解放奴隷たちが法外な権力を行使したと見なされた点と，元老院固有の，あるいは"公的な"活動分野，特に司法の分野にかれが立ち入った点であった．解放奴隷が目立つのは，クラウディウスが元老院あるいは宮廷内にいかなる種類の権力基盤ももたずに皇帝になったためであるかもしれない．親衛隊がかれを皇帝に推戴したそのとき，元老院は共和政の復活についてまさに協議している最中で，かれの登場を強い憤りをもって眺めた．

クラウディウスの現実的で人情味のある美徳も，大衆の評価の点で，かれの品位のなさや私生活の不面目を埋めることはできなかった．かれの二度目の妻メッサリナは，元老院議員のシリウスと共謀してクラウディウスを倒そうと企てて，処刑された．同時代の史料に記された元老院議員や騎士の処刑の多くは，この事件の余波といえるかもしれない．三番目の妻でかれの姪にあたるアグリッピナは，前の結婚で生まれた息子ネロの栄達にすべてを賭けていた．

紀元54年（クラウディウスは，伝えられるところによると，キノコで毒殺された）におけるネロの継承には，皇帝と元老院の間で権力を分割するというアウグストゥス時代の原則を復活させるという約束が添えられていた．しばらくの間，特にネロの家庭教師でストア派の哲学者セネカが影響力をふるっていた間は，この約束は守られていた．しかしこれは，主としてネロの関心を軽薄な趣味へそらすことで保たれていたにすぎず，後でわかるように，賢明な方法ではなかった．59年にネロが実の母親を殺害して以後，かれの統治は華やかではあるが不幸な暴政になった．その中でネロは，音楽と戦車競争に対する情熱に身をまかせていた．そして，かれに反対した元老院議員や哲学者たちは迫害され，殺された．気前のよい浪費によって，かれはローマの大衆の間で人気を保っていた．66年，ネロは盛大なギリシア巡遊を企て，演劇コンクールや運動競技で1600以上もの勝利の冠を獲得してローマへ帰還した．ところが，かれの立場は悪くなりつつあった．64年のローマの大火の後で，復旧したローマを飾るための美術品を求めて，かれはギリシア各地をくまなく探索して回った．その結果，新しい壮大な首都をその廃墟の上に自らの手で建設するために，ネロ自身もローマ炎上に何らかの役割を果したのだ，という噂が広く信じられるようになった．キリスト教徒という不人気な新興の宗教の信者たちを放火犯人に仕立てはしたものの（かれらはローマを焦がす炎を通して，迫りつつある世界の終末を感じていた），かれが命じた闘技場での火あぶりという残忍な処刑は，キリスト教徒に対する同情と，自分自身に対する不人気を助長するだけであることをネロは悟らされた．

ユリウス＝クラウディウス時代を通じて，元首政の制度そのものに対する現実的な反対はみられなかった．わずかに，共和政の復活というはかない可能性があるだけだった．ストア哲学の最も著名な唱道者は，セネカを除けば，元老院議員のトラシア・パエトゥスだったが，この哲学は君主の支配のもとでの公生活への参加を勧めていた．このグループの政治的な理想である"自由（リーベルタース）"は，帝政下において，君主の支配からの自由という共和主義的な意味から，そのような支配のもとで許容される自由な言論や批判の権利へと変質していた．ネロの政治のように，政治が残虐と暴政に堕すると，政治的な生活にかかわることが許容されなくなってきた．というのは，道徳的な存在としての哲学者の本来のあり方を損なうことなしにこのような暴君に仕えることは，哲学者にとって不可能だったからである．この時点で，公生活から身を引くことが哲学者の義務であった．それは，パエトゥスの場合にみられるように，不同意の宣言にも等しい決断だった．かれの意図的な元老院欠席は，66年のかれの自決に先だってなされた弾劾の重要な一面だった．パエトゥスの死

41年のカリグラ暗殺後宮殿に隠れているところを発見されたクラウディウスは，親衛隊の兵営に連れていかれ，皇帝に推戴された．このエピソードを記念して何個か貨幣が発行されたが，そのうちの一つであるここに示した貨幣（下）には，クラウディウスが親衛隊の旗手と握手をしている場面と，「親衛隊によって迎えられた」という銘が刻まれている．

若いネロは，その治世のはじめの数年間は，セネカ，親衛隊長ブルッス，母親のアグリッピナなどの助言者たちによって補佐されていた．初期の貨幣発行（下）は，アグリッピナの立場をはっきりと認めている点で注目される．

右 属州における軍団の配置
この表は，24年，74年，150年という異なった時期における，ローマ正規軍団の属州での配置を示している．これらの年代は，比較的平和で安定した時期を表すものとして選ばれた．68年から69年の内戦のような危機的な時期における軍団の短期的な移動や，あるいはたとえば60年代にユダヤ人が反乱を起こした際に数個軍団がシリアへ集結したような，また86年から112年までの戦争の間ドナウ川沿岸の軍団が増強されたような，短期間の変動は考慮に入っていない．しかし，それでもこの表によって，次のことが明らかにされている．つまり，ヒスパニアやゲルマニアの軍団は減少し，反対にバルカンや東方の軍団が増加したように，帝国の西半分と東半分の間の軍事バランスに長期的な変化がみられたのである．（この表についての情報は，J・C・マンとマーガレット・ロクスランの好意によって提供された．）

属州における軍団(Legio)の配置表			
属州	後24年	後74年	後150年
アフリカ	III アウグスタ	III アウグスタ	III アウグスタ
ヒスパニア	IV マケドニカ VI ウィクトリクス X ゲミナ	VII ゲミナ	VII ゲミナ
ブリタンニア	—	II アウグスタ II アディウトリクス IX ヒスパナ XX ウァレリア・ウィクトリクス	II アウグスタ VI ウィクトリクス XX ウァレリア・ウィクトリクス
ゲルマニア・インフェリオル	I ゲルマナ V アラウダエ XX ウァレリア・ウィクトリクス XXI ラパクス	VI ウィクトリクス X ゲミナ XXI ラパクス XXII プリミゲニア	I ミネルウィア XXX ウルピア
ゲルマニア・スペリオル	II アウグスタ XII ゲミナ XIV ゲミナ XVI	I アディウトリクス VIII アウグスタ XI クラウディア・ピア・フィデリス XIV ゲミナ	VIII アウグスタ XXII プリミゲニア
パンノニア	VIII アウグスタ IX ヒスパナ XV アポッリナリス	XIII ゲミナ XV アポッリナリス	スペリオル I アディウトリクス X ゲミナ インフェリオル XIV ゲミナ II アディウトリクス
ダルマティア	VII XI	IV フラウィア	XIII ゲミナ
モエシア	IV スキュティカ V マケドニカ	I イタリカ V アラウダエ V マケドニカ VII クラウディア・ピア・フィデリス	スペリオル IV フラウィア VII クラウディア・ピア・フィデリス インフェリオル I イタリカ V マケドニカ XI クラウディア・ピア・フィデリス
カッパドキア	—	XII フルミナタ XVI フラウィア	XII フルミナタ XV アポッリナリス
シリア	III ガッリカ VI フェッラタ X フレテンシス XII フルミナタ	III ガッリカ IV スキュティカ	III ガッリカ IV スキュティカ XVI フラウィア
ユダヤ	—	X フレテンシス	VI フェッラタ X フレテンシス
エジプト	III キュレナイカ XXII デイオタリアナ	III キュレナイカ XXII デイオタリアナ	II トライアナ
アラビア	—	—	III キュレナイカ

軍団	後24年	後74年	後150年
I アディウトリクス	(68年頃創設)	ゲルマニア・スペリオル	パンノニア・スペリオル
I ゲルマナ	ゲルマニア・インフェリオル	(70年頃消滅)	
I イタリカ	(66年頃創設)	モエシア	モエシア・インフェリオル
I ミネルウィア		(83年頃創設)	ゲルマニア・インフェリオル
II アディウトリクス	(70年頃創設)	ブリタンニア	パンノニア・インフェリオル
II アウグスタ	ゲルマニア・スペリオル	ブリタンニア	ブリタンニア
II トライアナ		(104年頃創設)	エジプト
III アウグスタ	アフリカ	アフリカ	アフリカ
III キュレナイカ	エジプト	エジプト	アラビア
III ガッリカ	シリア	シリア	シリア
IV フラウィア	(70年頃創設)	ダルマティア	モエシア・スペリオル
IV マケドニカ	ヒスパニア	(70年頃消滅)	
IV スキュティカ	モエシア	シリア	シリア
V アラウダエ	ゲルマニア・インフェリオル	モエシア	(86年頃消滅)
V マケドニカ	モエシア	モエシア	モエシア・スペリオル
VI フェッラタ	シリア	シリア	ユダヤ
VI ウィクトリクス	ヒスパニア	ゲルマニア・インフェリオル	ブリタンニア
VII	ダルマティア		
VII クラウディア・ピア・フィデリス		モエシア	モエシア・スペリオル
VII ゲミナ	(68年頃創設)	ヒスパニア	ヒスパニア
VIII アウグスタ	パンノニア	ゲルマニア・スペリオル	ゲルマニア・スペリオル
IX ヒスパナ	パンノニア	ブリタンニア	(132年頃?消滅)
X フレテンシス	シリア	ユダヤ	ユダヤ
X ゲミナ	ヒスパニア	ゲルマニア・インフェリオル	パンノニア・スペリオル
XI	ダルマティア		
XI クラウディア・ピア・フィデリス		ゲルマニア・スペリオル	モエシア・インフェリオル
XII フルミナタ	シリア	カッパドキア	カッパドキア
XIII ゲミナ	ゲルマニア・スペリオル	パンノニア	ダルマティア
XIV ゲミナ	ゲルマニア・スペリオル	パンノニア	パンノニア・スペリオル
XV アポッリナリス	パンノニア	パンノニア	カッパドキア
XVI	ゲルマニア・スペリオル	(70年頃消滅)	
XVI フラウィア	(70年頃創設)	カッパドキア	シリア
XX ウァレリア・ウィクトリクス	ゲルマニア・インフェリオル	ブリタンニア	ブリタンニア
XXI ラパクス	ゲルマニア・インフェリオル	ゲルマニア・スペリオル	(92年頃消滅)
XXII デイオタリアナ	エジプト	エジプト	(125年頃消滅)
XXII プリミゲニア	(40年頃創設)	ゲルマニア・インフェリオル	ゲルマニア・スペリオル
XXX ウルピア		(104年頃創設)	ゲルマニア・インフェリオル

は，セネカ自身と，かれの甥で詩人のルカヌスの自殺の直後のことであった．かれらは他の多数の人々とともに，ネロを殺害して，ピソという元老院議員をネロの後がまにすえようとの陰謀に加わったと疑われていた．残酷に弾圧された65年のこの陰謀は，ネロの晩年の没落と，ユリウス＝クラウディウス朝の終末の到来を告げていた．

68年の春，当時，属州ガッリア・ルグドゥネンシスを統治していたユリウス・ウィンデクスという名のガッリア人元老院議員が，属州の指揮官たちを反乱に駆り立てようと企て，かれらを説いて回っていた．かれの呼びかけに応じたのは，ヒスパニア・タッラコネンシスの高齢の総督ガルバだけだった．かれはウィンデクスとヒスパニアの小規模な守備隊と，それにかれ自身で集めた軍団の支持を受けて，あえて皇帝に推戴されることにした．ウィンデクスはウェゾンティオ（ブザンソン）近郊で，ゲルマニア・スペリオルの総督ウェルギニウス・ルフスによって鎮圧された．ルフス自身も，かれの軍隊によって皇帝に推戴されたが，これをうけることを拒んだ．ウェルギニウス・ルフスの一貫性のない行動についての一番もっともらしい解釈は，他の場所で何が起こっているのかわからないような状況の中で，かれがネロを支持したということである．ネロの自殺（68年6月9日）のあとで，ルフスはガルバを支持したが，総督の地位を交代させられた．

ガルバによってゲルマニア・インフェリオルの総督として派遣されたウィテッリウスが，69年初頭その地で皇帝に推戴された．その翌月，後継に関してガルバから無視されたオトーが，ローマで親衛隊から皇帝に推され，ガルバは殺害された．かれの政策は，必要からとはいえ，かれの魅力のない性格を補うにはあまりにも厳格で倹約が度を越していた．進撃してきたウィテッリウス軍との前哨線に敗れると，オトーはかれを救ったかもしれないイッリュリアの軍団のイタリア到着を待たずに自殺した（4月19日）．しかしながら，すぐにウィテッリウスは，ウェスパシアヌスによって入念に組織された脅威にさらされていることを悟らされた．ウェスパシアヌスは7月のはじめに，東方の軍隊によって皇帝に推戴された．かれ自身はアレクサンドリアに赴き，そこからローマへの穀物の供給を管理した．そして，バルカン半島で大規模に兵力を結集し，さらにイタリア本土へ迅速な攻撃をしかけることで西方に勝利した．ベドリアクムでの敗北後，ウィテッリウスの抵抗は手のつけられない混乱に陥った．69年12月20日，ウェスパシアヌスの軍隊がローマに入り，ウィテッリウスは殺された．ウェスパシアヌスの息子ドミティアヌスが，"カエサル"として歓迎され，いまやローマはその新しいアウグストゥスを待つのみとなり，かれは70年の10月に到着した．ウィテッリウスの残党も鎮圧され，バタウィア人の補助軍の指揮官ユリウス・シウィリスが，ライン地方で起こした反乱も鎮圧された．軍隊はかれらの言い分をすべて主張し，内乱は終結した．

辺境とローマの軍隊

共和政末期の内乱に巻き込まれた巨大な軍隊を解体したことにより，アウグストゥスに残されたのは26軍団で，後に28軍団に増強された．この比較的限られた軍隊によって，かれはすでに一部は制圧ずみの属州諸地域の平定を完了すべく，合理的に計画された一連の軍事行動に取りかかった．アウグストゥスは，この仕事が完了してからようやく，自己の勢力を拡大と征服に振り向けたのである．

ローマの内乱

まず最初に平定しなければならない地域は，ヒスパニア西北部だった．この地方の山々には城塞が築かれ，土着の住民は反抗的だった．これらの困難な戦争を終結させると，前19年にアウグストゥスはヒスパニア駐屯軍の一部をゲルマニア国境とイッリュリクムに移し，ヒスパニアには4軍団からなる守備隊を残した．ユリウス＝クラウディウス朝時代の終りまでに，この守備隊はレオンに駐屯するわずか1軍団に縮小してしまった．次にアウグストゥスは，ラエティアとノリクムに注意を向けた．これらの地域は，北イタリアの農業や入植者の居住地にとって脅威となっていたばかりでなく，きわめて重要な属州であるイッリュリクムとの連絡にとっても脅威となっていた．東方では，征服を求める民衆の叫びにもかかわらず，パルティアとの関係は外交によって処理された．カッラエでクラッススから奪われた軍旗は返還され（前19年），ローマの利益はローマの保護下にある王たちによって守られた．かれらは忠誠を尽くす代償として，事実上の独立を許されていた．ユダヤのヘロデス王朝は，ローマの保護のもとで季節遅れの開花をとげたヘレニズム諸王国の中で最もよく知られている．プトレマイオス王朝最後の女王クレオパトラの死後，エジプトは大体において諸皇帝の直轄領として，騎士階級出身の総督たちによって統治された．元老院議員たちは，エジプトに立ち入ることさえ許されなかった．

時にアウグストゥス自身も出陣した初期の軍事行動以後，ローマ軍はライン川沿いの国境を固め，それをエルベ川まで押し広げ，イッリュリクムを平定するために用いられた．これが外見上達成されると，ドナウ川の北方，イッリュリクムと新たに占領されたゲルマニアの諸地域との中間に広がるマロボドゥスの王国を併合するための遠征が計画された．ところがイッリュリクムが反乱したために，マロボドゥスに対する遠征は断念され，北の国境に関するすべての政策は紀元6年に破綻してしまった．紀元9年までに反乱は鎮圧されたが，その年にクインティリウス・ウァルスとかれが率いる3軍団が，トイトブルク森の名も知れぬ場所で，ゲルマンの族長アルミニウスによって殲滅された．ウァルスは不意をつかれるという無能ぶりを非難されている．しかしながら，その状況についてはほとんどわかっていない．そこで，イッリュリクムの反乱のために，無防備で攻撃にさらされやすい突出部としてその当時ラインの境界から突き出していた一属州に，ウァルスは孤立させられていたことを，かれの弁護のために指摘しておいていいだろう．

北方におけるユリウス＝クラウディウス朝の政策は，ローマ側の川岸に正規軍団や補助軍の陣営を設置し，さらに川の向こう側に橋頭堡を確保することによって，国境を固めることであった．ティベリウスによってイッリュリクムが回復された（紀元6年から9年）後，ドナウ川も同じような取り扱いをうけた．これらの属州や新たに征服された他の属州では，軍隊がローマ化のために有効な役割を果した．というのは，軍団の陣営がカナバエとして知られる非公式の居住地を生み出し，やがて，近くに地方都市（ムニキピウム）の建設を促したからである．後者の特によい例は，ドナウ河畔のカルヌントゥムである．

帝国を拡張するなというアウグストゥスの勧告は，ティベリウスによって厳格に守られた．それにもかかわらず，かれはトラキアに干渉しなければならなかったし，部族の長タクファリナスの指揮の下にアフリカのヌミディアに発生した原住民の反乱を鎮圧しなければならなかった．東方では，ティベリウスはパルティアがうけ入れる人物がローマの保護の下にアルメニアの王位に就くことを承認した．このことは，ゲルマニクスによって，かれの東方大旅行の間に実現された．かれはこの旅行中に，パルティア帝国とつながりのある隊商都市パルミュラやペトラも訪れた．

43年のクラウディウス帝によるブリタンニア侵入は，かれの皇帝即位直後に計画されたものにちがいない．その動機について，さまざまな議論がなされてきた．ブリタンニアにおいて達成された高度のローマ化にもかかわらず，この属州を占領することが利益をもたらしたとは考えにくい．しかし，このようなことは，ローマ人の計算外だったのかもしれない．クラウディウスが皇帝としての他の不利な点を補うために，征服の栄光を求めていたというのはほんとうかもしれない．たしかにかれは，征服を重要視していた．短い期間，自分でも出陣したし（ゾウを引き連れていたことは，ブリトン人にとって驚くべき光景だったにちがいない），かれの息子をブリタンニクスと名づけ，普段でもかつてないほど頻繁に軍人を謁見していた．しかし，ブリタンニア征服に関する最も信じられる説明は，ブリタンニアがガッリアのベルガエ族の支配地域と想像以上に緊密で安全なつながりを保っていたことに求められるかもしれない．征服以前の時期における，海峡を越えた経済的・政治的活動については多くの痕跡が残っている．それゆえ，クラウディウスやかれの補佐官たちには，ブリタンニアも併合しなければガッリアの完全な安全はありえないと思えたのだろう．

クラウディウスはローマの保護下の王の死につづいてマウレタニアに生じた混乱の後で，その地も属州の地位に引き下げた．この併合は，現存する史料から想像される以上に重要な意味をもっていて，これによって西地中海に隣接する地域の平定が完了した．

東方において，クラウディウス帝の時代，ローマはパルティアやアルメニアとの間で新たな困難に巻き込まれていた．ネロはクラウディウスからそれを引き継ぐことになった．ほぼ10年に及ぶ軍事行動と複雑な外交上の駆け引きを経て，パルティア王ヴォロガエセスは，かれが王に指名したお気に入りのティリダテスがネロから王冠をうけにローマを訪れることに同意した．この協定によって，アルメニアはローマを離れて，人種的にも親近性のあるパルティアの勢力圏へ入ることになった．

ユダヤは，アウグストゥス帝の時代はヘロデス大王のもとでローマ保護下の王国とされていたが，大王の死後ローマの属州とされ，その後クラウディウスによってかれの友人ヘロ

ティトゥス帝の記念門．父のウェスパシアヌスに代わってティトゥスが70年に達成した，ユダヤ人の反乱に対する勝利を記念してローマに建てられた．ここでは，破壊された神殿から得られた戦利品が，勝利の行進の中をローマに運ばれる様子が示されている．

IVD〔aea〕CAP〔ta〕（占領されたユダヤ国）の銘のある貨幣の発行．絶望した捕虜と1本のシュロの木が刻まれているこの貨幣は，前ページに掲げたティトゥス帝の記念門と同じ出来事を祝っている．同じようなタイプの貨幣がハドリアヌス帝によって，135年のバール・コクバの反乱鎮圧後に発行された．イエルサレムや73年に占領されたマサダの砦については162−163ページ参照．

デス・アグリッパにクラウディウスの皇位継承に際してのアグリッパの協力の代償として返還された．しかし，紀元44年にアグリッパが死ぬと，ユダヤは再びローマの属州となった．ローマの総督の1人が，クラウディウスの側近で，解放奴隷のパッラスの弟ペリクスだった．聖パウロはこの総督の前に呼び出された（『使徒行伝』23：24）．不満を抱いた数年間を経て，紀元66年ユダヤは反乱を起こし，その鎮圧はウェスパシアヌスとかれの息子のティトゥスにゆだねられた．69年にウェスパシアヌスの布告で一時中断されたが，ティトゥスが70年に神殿を破壊し，反乱を完全に鎮圧した．その3年後に，最後の砦マサダが長く悲惨な包囲戦の後に陥落した．

ブリタンニアの征服は容赦なく遂行され，その結果，紀元60年から61年にかけてボアディケアの反乱が起きた．ブリタンニアの怒りは，ローマによる圧制の象徴とみられていた退役軍人の植民地カムロドゥヌム（コルチェスター）と，属州の首府であるロンドンに向けられた．ローマはその後より穏やかな政策を採用し，その結果，勢力圏を後にハドリアヌス帝が防壁を築いた線まで拡大した．アグリコラの統治のもとでの北部への領土拡大の試みは長続きしなかった．その理由は，ドミティアヌス帝はゲルマニアで軍務につかせるためにブリタンニアから軍団を呼び戻す必要があったからである．

これらの帝国の拡大した領土は，すでにみたように，15万人足らずの訓練された職業的兵士の軍隊とほぼ同数の補助軍によって防衛されていた．補助軍の兵士は帝国のさまざまの地域や，時には保護下にある諸王国から徴兵され，しばしば特殊な戦闘技術を提供していた．それは，少ない費用で維持していける，できるだけ小さな軍隊で，その規模は経済的・政治的配慮によって決定されていた．経済的な要因は，税金や他の財源から得られる収入によって兵士の給料を確保する問題と関係がある．アウグストゥスからドミティアヌスの時代にかけて，兵士の給料は引き上げられなかったが，ドミティアヌスはおそらくかなりの財政的圧迫という犠牲を払うことで，これを3分の1だけ引き上げた（p.102参照）．帝国の1世紀および，とりわけ2，3世紀を通して，軍隊はますます特別な報酬に頼るようになっていった．それはたとえば，新しい皇帝が即位する際などに支払われたり，より少なくはなっていたが積極的な軍事行動によって戦利品から支払われた．

有能ではあるが活動していない軍隊がもたらす危険は，そのエネルギーを，たとえば道路や橋の建設，鉱石の採掘や運河の掘削のような建設作業にふり向けることで，ある程度は対処できた．これらの仕事はすべて属州の経済的発展には有益だったが，戦意の高揚や財政上の利益の面では得るところが少なかった．ローマの為政者たちが，時としてかれらに課せられた束縛にいらいらすることがあったとすれば，兵士たちも積極的な軍事行動によって利益が引き出される見込みが生じたとき，たとえそれが内戦による場合でも，きっと心を動かされたはずである．

軍隊は，国境沿いに間隔をおいて配置された軍団の要塞を拠点にしていた．属州総督は4軍団以上の兵力を自由にすることはできなかった．このことは，皇帝に対する反乱の成功の可能性を制限するためであった．安定した時代には，属州の軍隊の反乱は，時おり発生する程度で容易に鎮圧された．ところが，41年，68年，97年，103年，また3世紀にはしばしばくり返された（pp.168−169参照）ように，皇帝が死亡したり，不安定であると見なされたときには，属州の指揮官たちやかれらの軍隊の個々の自発的な動きを押えることは不可能だった．68年から69年かけて，軍のすべての重要なグループは，ブリタンニアに駐屯していた軍隊を除いて，積極的に内乱に参加した．タキトゥスも述べたように，もはやローマ以外の他の場所でも皇帝を擁立することが可能となっていたのである．

ローマの諸皇帝は明らかに軍隊の支持をあてにしていたし，かれらの制度上の優雅な地位の背後には軍事力による暗黙の脅迫が厳然と存在していた．しかしながら，ティベリウス，トラヤヌス，それにかれらほどではないがウェスパシアヌスを加えたこの3名を例外とすれば，1世紀の皇帝たちは一般に高度な軍事経験をもった人たちではなかった．同様に，文官や武官の職をまぜ合せた帝政初期の元老院議員の職歴や，属州やローマでの勤務は，職業的な自覚をもった軍事エリートの形成を助長しなかった．アグリコラや，戦略に関する著述を行ったフロンティヌスのような若干の帝国の総督は，体系的に積み上げられ，実戦体験をふまえた相当な軍事経験のもち主だった．しかし，これらの人々は，ローマの元老院議員の生活様式に執着していた．かれらは個人資産のもち主で，一般の上流階級の伝統文化の中で教育をうけていた．この典型的な例は，クラウディウスの治世にゲルマニアを統治したポンポニウス・セクンドゥスである．タキトゥスも書いているように，かれは軍事的勝利によって有名であったが，かれが著した詩によってさらに有名だった．このような状況と，3，4世紀の状況とのコントラストを，これ以上に特徴づけるものはなかった．

西方のローマ化

"ローマ化"として知られている過程とは，帝国の奨励と属州の繁栄が結合した現象である．ローマ人はそれを実現するのに強制手段は用いず，模範例を提供して，属州の土着の人々がローマ風の衣服を採用し，ラテン語を学び，またそれぞれの環境において可能な範囲でかれらの居住区を都市として発展させることを奨励した．新たに平定された西方では，土着の共同体の砦が，かつての部族の支配領域をもとにしたキウィタスとして知られる行政区域の首府となった．新しい都市が以前の不便な場所にとって代わることもあった．たとえば，ガッリアの丘陵都市ビブラクテ（モン・ブーヴレイ）は，アルー川近くの商業活動にはるかに適した場所に新しく築かれたアウグストドゥヌム（オータン）にその地位を譲ることになった．同様に，ノリクムでは，マグダレンスベルグにある土着民の要塞が属州の新首府ウィルヌムにとって代わられた．

ローマ人は，イタリアのムニキピア（自治市）に類似した社会制度を提供することができた．新しい都市は，地元の富裕な人々で構成される議会（クーリア）を与えられた．その構成員は，公的な任務を引きうけることでローマ市民権を授けられ，また形式上ローマの古い選挙区に登録された．

発展しつつある属州の政治組織は，既存の上層階級を通して形成された．属州の古い貴族によって担われた政治的役割や，かれらの市民としての寛厚について，多くの例をみることができる．トリポリタニアのレプティス・マグナでは，1世紀の古い劇場やほとんどすべての他の公共建築物は，カルタゴの富裕な家系に属する人々によって提供されたものであった．西南ガッリアのサント（メディオラヌム・サントヌム）

ローマの内乱

左　サントの凱旋門．そのフリーズにはC・ユリウス・ルフスを記念する銘文が刻まれている．かれの一族はC・ユリウス・オトゥアネウヌスやC・ユリウス・グドモ（一族で最初にユリウス・カエサルからローマ市民権という特権をうけた）を通して，カエサルよりも前の時代のサントネス族の族長エポトソロヴィドゥスまで遡る．ルフスはまた，ルグドゥヌムにある三つのガッリアの祭壇（次ページ参照）のローマとアウグストゥスの祭司でもあった．かれはこの地の円形闘技場建設に貢献したことでも知られている．

下　木製の奉納品．これはジジョン近郊スウルス・ドゥ・ラ・セーヌの神殿に水没した状態で保存されていた．この力強い神殿がローマ帝国の父祖伝来の宗教的な慣習を表現しているのとちょうど同じように，この彫像はローマ支配下のガッリアにおけるケルトの民衆芸術の興味深い一例である．

では，ユリウス・カエサルからローマ市民権を獲得したケルト人有力者のローマ化した孫であるガイウス・ユリウス・ルフスによって，紀元18年に凱旋門が建てられた．

西方で達成された都市化の程度は，地中海的風土に影響された地方と北ヨーロッパ的風土に影響された地方とではかなり異なっている．アフリカでは，都市化が急速に進行したが，その基になったのは，この属州の東部諸地域では古くからのカルタゴ人共同体，ヌミディアでは土着民の部落で，例によってローマ人植民地が補助的役割を果していた．ヒスパニアも都市の急速な発展を経験した．ところが，北ガッリアや，ベルギカ，ゲルマニアの諸属州，それにブリタンニアでは，この過程はよりゆっくりしたものだった．ウェルラミウム（セント・アルバンス近郊）のようなブリタンニアの多くの町では，石造の大きな建物は2世紀になってようやく建てられた．ところが，アエドゥイ族の首府であるアウグストドゥヌムは，1世紀のはじめにすでにローマ文化の中心地だった．ガッリア人貴族の子弟が，その地で自由学芸の教育をうけた

のは，紀元21年に反乱が起こり，その間かれらが人質として拘束されていたときのことだった．

北方では，ウィッラ（別荘）の文化が地中海地域と比べてより重要な役割を果した．だから，都市の発展の程度のみでローマ化という現象を測るわけにはいかない．われわれは，ウィッラを舞台に展開した物質文化の進展も考慮に入れなくてはいけない．ウィッラの文化は，都市の文化と同様に，それなりに興味深いものである．

ローマ化の経済的基盤の評価に関連して，特に重要な二つの要因がある．道路，橋などの物質的な便宜の提供，また都市の発展の基礎として役立った軍団の陣営の設置という点で，軍隊の役割が早くから際立っていた．カナバエ，やがてムニキピアを隣接させた陣営を離れて，属州の軍隊を退役した兵士はその近郊に定住する傾向があり，多くの場合，かれらは地方の名士，ウィッラの所有者，そして都市共同体の構成員となった．ローマ化の動因としての軍隊の役割は，パンノニアやライン地方のように以前は遅れていた地域や，南ヌ

右　ペリグーにあるウェスンナ女神の神殿．初期ローマ時代に建設されたケルトの神殿のすばらしい見本．その巨大な円形の内陣の周囲には，精巧につくられた聖域がめぐらしてあり，現在もその土台が残っている．同じような神殿の平面図は，ローマ帝国内のかつてケルト人が居住していた属州にあるいくつかの遺跡から復元することができる．

ルグドゥヌムにあるローマとアウグストゥスの祭壇は，前10年に三つのガリアの属州会議と共同で建設された．ローマに帰属した部族の指導者たちは，ローマとアウグストゥスの祭司の職を務めた．毎年8月1日に挙行された祭儀に関連して，その祭壇はガリアの統一と，そのローマへの忠誠の鼓舞という点で，非常に重要な役割を果した．その祭壇は残っていないが，その大体の外観はアウグストゥスが発行した貨幣（上）から知ることができる．近くにあった三つのガッリアの円形闘技場が，近年発掘によって明るみに出た．

ミディアの平原にはっきりみることができる．東方のように早くから都会化していた地域では，兵士たちは既存の都市の社会生活により深くかかわっていた．

　第二の要因は，共和政末期における，特にスペイン，アフリカ，小アジアへのイタリア人の移住である．海外に幸運を求めた民間人や，兵役を終えて属州に定住した退役兵の多くはしばしば非常に富裕になった．帝政時代の最初の世紀に，属州出身者が元老院議員に加えられることでローマの支配階級が拡大したが，かれらの子孫はその最も早い例に数えられる．哲学者セネカ，詩人ルカヌス，皇帝トラヤヌス，アフリカ出身者としてはじめて執政官になったキルタのパクトゥメイ兄弟，その他にも多くの人々が，その名前から判断して，共和政時代に移住したイタリア人の家系の出身者であることがわかる．

　属州出身の元老院議員のさらに多くは，その富と社会的地位をローマで示す好機をつかんだ．地方はえ抜きの一族の出身だった．ローマの支配階級が早くから拡大してゆく過程を特に意識していたクラウディウスは，ローマでの元老院議員の経歴を通して栄達をはかるという点で，アエドゥイ族の人々に大きな特権を与えた．ガッリア人，ヒスパニア人，アフリカ人，そして後にギリシア人や東方の人々をローマの支配階級へ迎え入れたことは，ローマの支配の下での属州の着実な発展と，程度の差はあれ，各属州が政治・市民生活の古典的理想をうけ入れたという事実を反映している．

　ローマ化の限界は，その拡大と同様，慎重に定義されなければならない．帝国の諸地域は，多くの場合ローマ化の堅実な外観の裏側に，固有の文化や言語を保持していた．ケルト人やカルタゴ人の言語は依然として使用された．3世紀はじめの法律は，これらの言語のいずれかによって作成された遺言書は有効であると規定している．土着の言語も存続したことを示すはっきりした証拠が，北アフリカの至るところに残っている．これは現代では，リビア語，あるいは"ベルベル語"と呼ばれているが，これら土着の方言がどの程度現代ベルベル語と類似していたかについては，判断の方法がない．

東方では，後の時代の聖ヒエロニムスの証言によると，ガラティア諸地域でケルト語が話されていた．また，ネロの時代，パウロとバルナバは，リュストラ市の住民から"リュカオニア語"による歓呼でもって迎えられた（『使徒作伝』14：11）．タウロス山脈の向こう側では，アンティオキアからバビュロニア，南方ではガザにかけて，さまざまな形のシリア語がローマ帝政時代を通じていたるところで話されていた．しかし，シリア語による文学作品が書かれるのは，3世紀の終りにキリスト教会が興隆したときのことである．

　地方的な芸術様式の根強い伝統は，特に浮彫り彫刻にはっきりと認められる．多くの場合，それは属州の各地に見出されるローマ帝政期の彫刻にみられるより普遍的な形体と，著しい対比を示している．ケルト的西方における神殿建築は，広大な境内に囲まれた中央の巨大な神像安置所に関しては，古典的なモデルからは著しく異なった独自の様式を保ちつづけた．オータンやペリグーに残っているこの最も良い例は，ニームやウィーンの古典的神殿と際立った対照をなしている．ローマ領ガッリアの3"母神"や"つちを持った神"，ブリタンニアのずきんをかぶった3神の場合のように，西方の神々は，多くの場合，土着の神がローマ化したものであった．アフリカのウィルゴ・カエレスティスやサトゥルンは，カルタゴの神々タニトやバール・アモンがローマ風に変化したものであった．アクアエ・スリス（バース）の神殿破風にみられる女神スリス＝ミネルウァのゴルゴンのような顔は，ローマ化された宗教や都市の背景の中でのケルト的装飾様式の存続を特に生き生きと示したものである．ドルイド教のように，ローマの文明化した理想と最も両立しにくい土着宗教の実践といった現象は，政府の法令によって弾圧された．これは，ローマ当局が属州での生活の発展に暴力的に介入した数少ない領域の一つである．

　皇帝崇拝はローマの統一を助ける働きがあった．これについて，ローマ帝国各地で多くのことが知られている．タッラコ，ナルボ，エペソス（小アジア），サルディス（リュディア）のような地方の中心都市を拠点として，皇帝崇拝は郷土愛をローマへの忠誠心に転化させる媒介となった．この崇拝は，各都市の代表によって構成された属州会議によって運営され，この会議は，かれらのうちの1人を議長として毎年開催され，その者は属州のその年の祭司長を務めた．その会議は，状況に応じてかれらの儀礼的なあいさつや，あるいはお悔やみの言葉を皇帝に述べることができたばかりでなく，多くの碑文からもわかるように，当該属州の諸共同体にとって重大な関心のある事柄に関連して皇帝への使節を選任し派遣することもできた．

　皇帝崇拝に関連した宗教的態度は，帝国の西方と東方では異なっていた．西方では，皇帝への崇拝は直接皇帝個人に集中せず，かれの守り神あるいは守護霊に向かっており，都市（あるいは女神）ローマへの崇拝と結びついていた．皇帝は死後ようやく，神聖とみなされたが，いつもそうとは限らなかった．故人となった皇帝が神々の列に加えられるかどうかは，かれの後継者と元老院の態度にかかっていたからである．神格化されたヘレニズムの君主に慣れていた東方では，皇帝崇拝はより直接的であった．ポンティウス・ピラトのユダヤ総督在任時代を記録している，1963年に公表された碑文は，カエサレアの"ティベリウム"，すなわちティベリウス神殿の存在を証言している．当のティベリウスは，直接的な皇帝崇拝という自然な傾向に対し，他のたいていの皇帝よりも

ローマの内乱

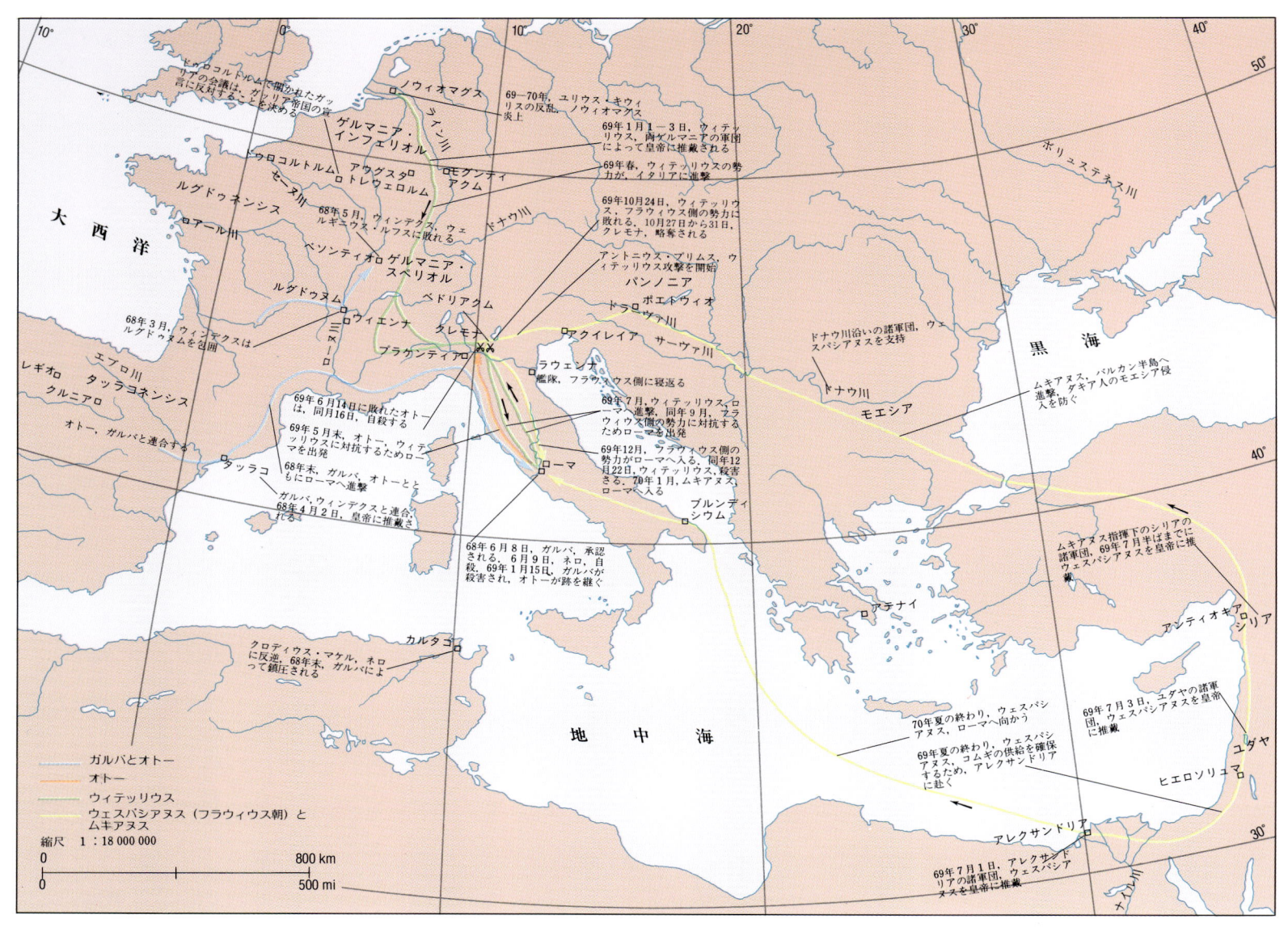

強硬に反対した皇帝だった．

ローマ化の概念は，ギリシア的東方にはほとんど適用できない．ギリシア人に対するローマ人の態度は，かれらの文化的業績に対する賞讃（ネロによる不必要なまでの賞讃）と，一種の恩きせがましい愛情を合せもっていた．ギリシア人の側としては，かれらはラテン文化の影響をうけつけなかった．東方に建設されたローマの植民地は，ラテン語を話す飛び地のようなものだったが，次第に周囲のギリシア的環境に飲み込まれてしまった．しかし，ローマ人のパトロンのドでの出世を求めて，多くのギリシア人がローマへ押し寄せた．たとえば，地理学者のストラボン，占星術師トラシュッロス，多くの詩人たち，歴史家，その他にも名を知られた人々は多い．ギリシアや東方の文化や宗教思想が，平和になった地中海に沿って，ローマへ流れ込んだ．2世紀には，ギリシア・ローマ文化は，第二ソフィスト運動として知られている文芸運動と，それに関連した美術の発展という形ですばらしい繁栄をとげた（以下，pp.110−112参照）．これと同時に，行政機関内でギリシア的東方出身者の占める割合が次第に増大し，2世紀のはじめまでには，元老院議員，執政官，属州総督にまでなる者が現れた．ビュザンティウムの本質となる，統治についてのローマ的理想のギリシア的東方への転移は，盛期ローマ帝国の時代にすでに予想されていた．

ユリウス＝クラウディウス朝に終止符を打った紀元68年から70年にかけての内戦は，ローマ帝国における属州の不和の表れである，という主張がなされてきた．ウィンデクスは分離主義的な"ガッリア人の帝国"の確立を夢見た"民族主義者の"指導者であるという認識は，かれによる貨幣鋳造や，かれがとった政策や態度について知り得た事実が伝統的にローマ的なものであったことによって否定される．それにもかかわらず，自軍の兵士をガッリアの農村地帯の農民から集めたことで，ウィンデクスはローマの元老院議員であると同時に部族の頭領でもあるという自己の立場をはっきり示している．また，この点に関して，かれの反乱は，民族主義的感情の発露ではないにせよ，かれの出身地であるガッリア地方の特殊な社会構造を反映したものであることは確かである．しかしながら，68年から70年にかけての内戦のより重要な性格は，このような状況や全般的な混乱にもかかわらず，ローマの属州ではいかなる民族主義的離脱もみられなかったということかもしれない．戦争はローマの将軍の指揮下にあるローマ軍の間で戦われ，帝国がばらばらに崩壊する見込みはほとんどなかった．

68−70年の戦乱

68年から70年にかけての戦乱は帝国の主な軍事集団を次々に巻き込んだが，勝利を握ったのは統制のとれた動員をした集団だった．主要な例外はブリタンニアで，ここに駐屯している軍隊は，その潜在的な力は恐るべきものがあったが孤立していた．アフリカのただ一つの軍団は，重大な戦闘に耐えるだけの戦闘能力をもたなかった．オトーが引き継いだガルバの小規模な軍隊は，ゲルマニア各地の部隊が結集した軍隊に対抗できなかった．このゲルマニアの軍隊は，ウェルギニウス・ルフスを擁立しようというかれらの企てが挫折すると，ウィテッリウス支持に乗り換えていた．ウェスパシアヌスは東方の軍団とドナウ流域の軍団を結集することができたことで，圧倒的な優位に立つことができた．かれはまた，人々の離反を引き起こすためにイタリアでのつながりを利用することができた．普通，兵士はかれらの将校に忠実に行動した．このことは，かれらが自身の革命的な意図をもたなかったことを示唆している．ウィンデクスの反乱後，属州における深刻な動揺は，ガッリアの東北の辺境におけるバタウィア人ユリウス・キウィリスの反乱だけになっていたが，これももっと広範囲な反乱を誘発するまでには至らなかった．

右　ボスコレアーレにあったププリウス・ファンニウス・シニステルのウィッラの墓室からみつかった，風変りな都会の風景画．

ローマの内乱

ポンペイにおける市民生活

　ポンペイはもともとエトルリア人の都市だったが，前5世紀にサムニテス族によって占領された．その後，この都市は主にオスキ語を話す町として存続したが，前80年にスッラがこの地に植民市を築いた．この結果，ポンペイは急速にローマ化したが，紀元79年の噴火による壊滅以後，ポンペイは18世紀まで（火山灰と火山泥の下に）埋まったままであった．

　ポンペイの経済は，その肥沃な後背地の農産物，特にワインとオリーヴ油に主として依拠していた．この都市は工業と交易の中心地としても繁栄したが，その主たる工業は，織物業と縮絨業だった．また，小規模な工芸品の製造，小売業，その他のサービス業に関して沢山の痕跡が残っている．すべてのローマの諸都市と同様，ポンペイはローマのそれを忠実に模した地方自治の体制を備えていた．その統治機関は，80名から100名の人々（市参事会員）からなる市議会だった．かれらは資産階級の出で，その地位は終身だった．行政官は毎年選出される2名による二頭政治（ローマの執政官に相当する）で，按察官によって補佐されていた．後者は，やはりローマの按察官と同様に，公共工事を監督した．いまでも残っているスローガンや落書きは，選挙がにぎやかな行事だったことを伝えている．

　貧しい人々が主に小さな共同住宅や，街路に面した商店（タベルナ）に住んでいたのに対して，裕福な人々は豪華な邸宅に住んでいた．ポンペイの普通の邸宅は，大広間（アトリウム）を中心にして，柱廊あるいは中庭へ通じていた．家々は壁画で豪華に飾られており，ローマ絵画についてのわれわれの知識のかなりの部分は，この壁画から得たものである．絵画は年代的に四つの時期，あるいは"様式"に分けられる．

上左　卵とツグミのある静物画．第四様式の時代（後55-79年ごろ）には，静物画が非常に流行した．

下　銀婚式の家．典型的なアトリウム（大広間）を備えた家の設計を示している．アトリウムが中央にあり，屋根には明かりとりの天窓，床には雨水をためるための方形の水槽があった．

下右　ベッティ家の邸宅の柱廊を廻らした中庭．

上右　北側の市壁から，南のフォルムの方向を展望．

次頁下左　ポンペイの街路．歩行者のための歩道と踏み石に注目されたい．

次頁下右　北に向かってフォルムを望む．アーチの左側にカピトリウム（ユピテル，ユーノー，ミネルヴァの神殿）が立っている．背後にはヴェスヴィオ山をみることができる．

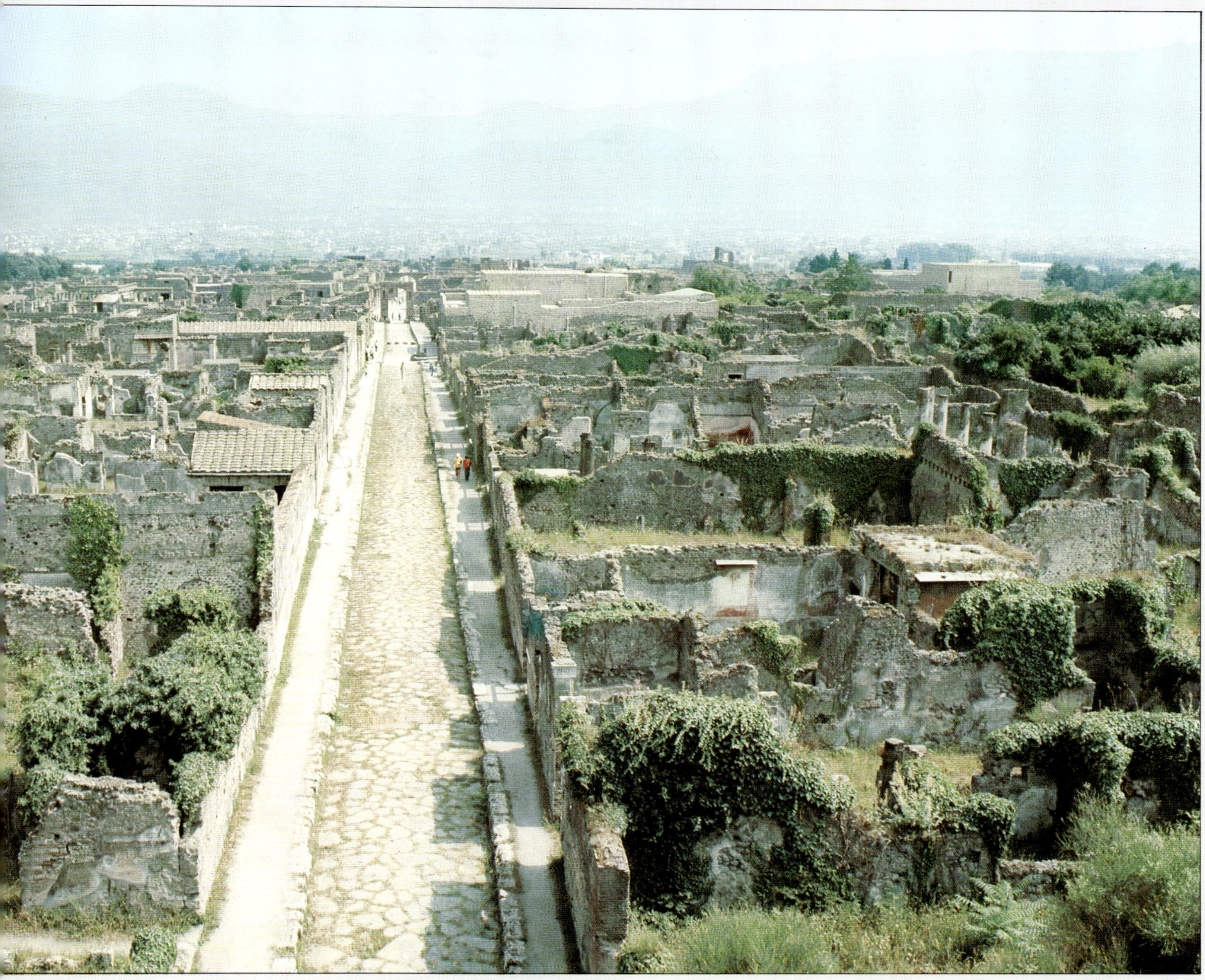

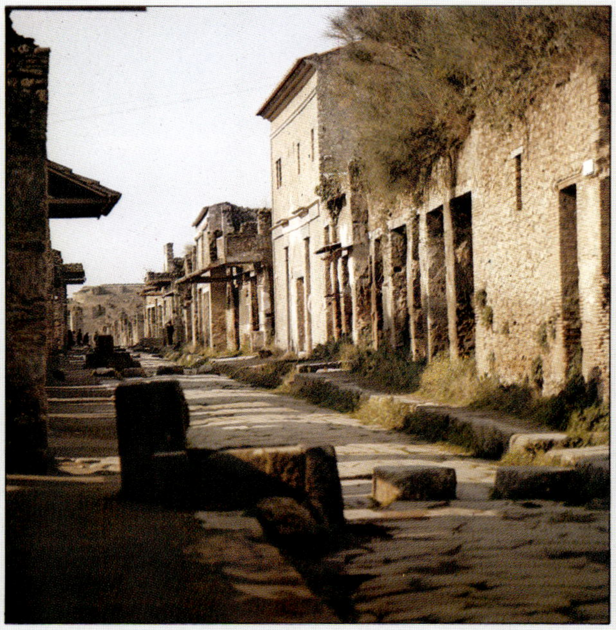

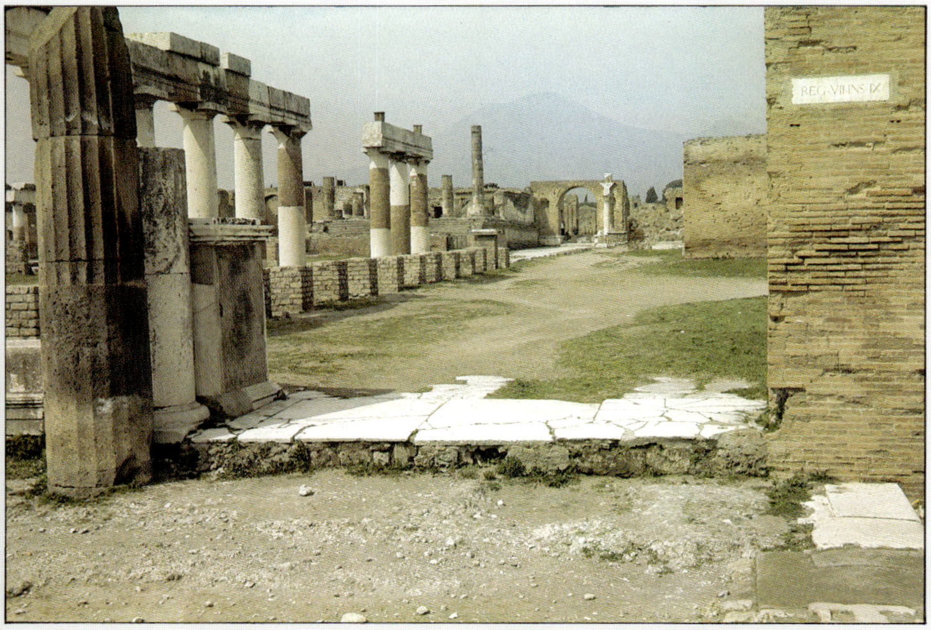
REG·VII·INS·IX

共和政時代のローマ

　都市ローマは，共和政時代を通してめざましい拡大をとげた．早くも前6世紀の終りには，かなりの人々が居住する町になっていたが，その人口は前300年までにおそらく10万人に達し，カエサルの時代には100万の水準に近づいていた．帝国の首都を特徴づけていたみすぼらしい居住区域は，ハンニバルの時代にすでに出現していた．公共施設，娯楽施設，神殿，装飾的な記念建造物などの公共建築物が，アッピウス・クラウディウス・カエクス（かれは前312年に最初の水道を建設した）の時代に多数建設されるようになった．その建設は，特に第2次ポエニ戦争後の帝国膨脹の時代に，ますます大規模につづけられた．最後に，スッラ，ポンペイウス，カエサルなどの前1世紀の統治者たちは，かれらの個人的な栄光を増すために，都市の全貌を一変させるような建設計画に着手した．ところが，共和政時代のローマの記念建造物のうち，ごくわずかしかわれわれの時代には残っていない．というのは，帝政時代のさらに壮大な建設計画によって，今度はこれらの建物の大部分が取りこわされてしまったからである．

上　ラクス・クルティウス（クルティウスの池）から出土した大理石の浮彫り．古い伝説によると，クルティウスという人物は昔，かれの馬とともにフォルムの中心の割れ目に飲み込まれて死亡した．ある伝説は，クルティウスをロムルスと戦ったサビニ族の指導者としている．この物語に関する別の伝説では，この事件は前4世紀に起き，1人のローマの騎士を飲み込んだことになっている．事件を描いたこの浮彫りは，共和政時代の作とされている．16世紀にこの場所で発見され，その後実物は博物館に移され，代りに複製が置かれている．

下　フォルム・ロマヌム．ここは，数世紀の間，ローマの政治・宗教生活の中心だった．黒石（p.22参照），ウェスタの神殿，元老院のような最古の記念物は王政時代にまでさかのぼる．この写真には，ローマの最も古い通りである"聖なる道"がみえる．この通りは，ラクス・クルティウス（左）からカエサルのバシリカ（右）へ通じていて，前54年にユリウス・カエサルによって建設された．バシリカの隣には，共和政時代につくられたカストルの神殿の3本の円柱がいまも残っている．この神殿は，前499年のレギッルス湖畔での勝利を記念してつくられた古い神殿があった場所に建てられた．地平線にそびえているのはティトゥス帝の記念門で，これは帝政時代のものである．

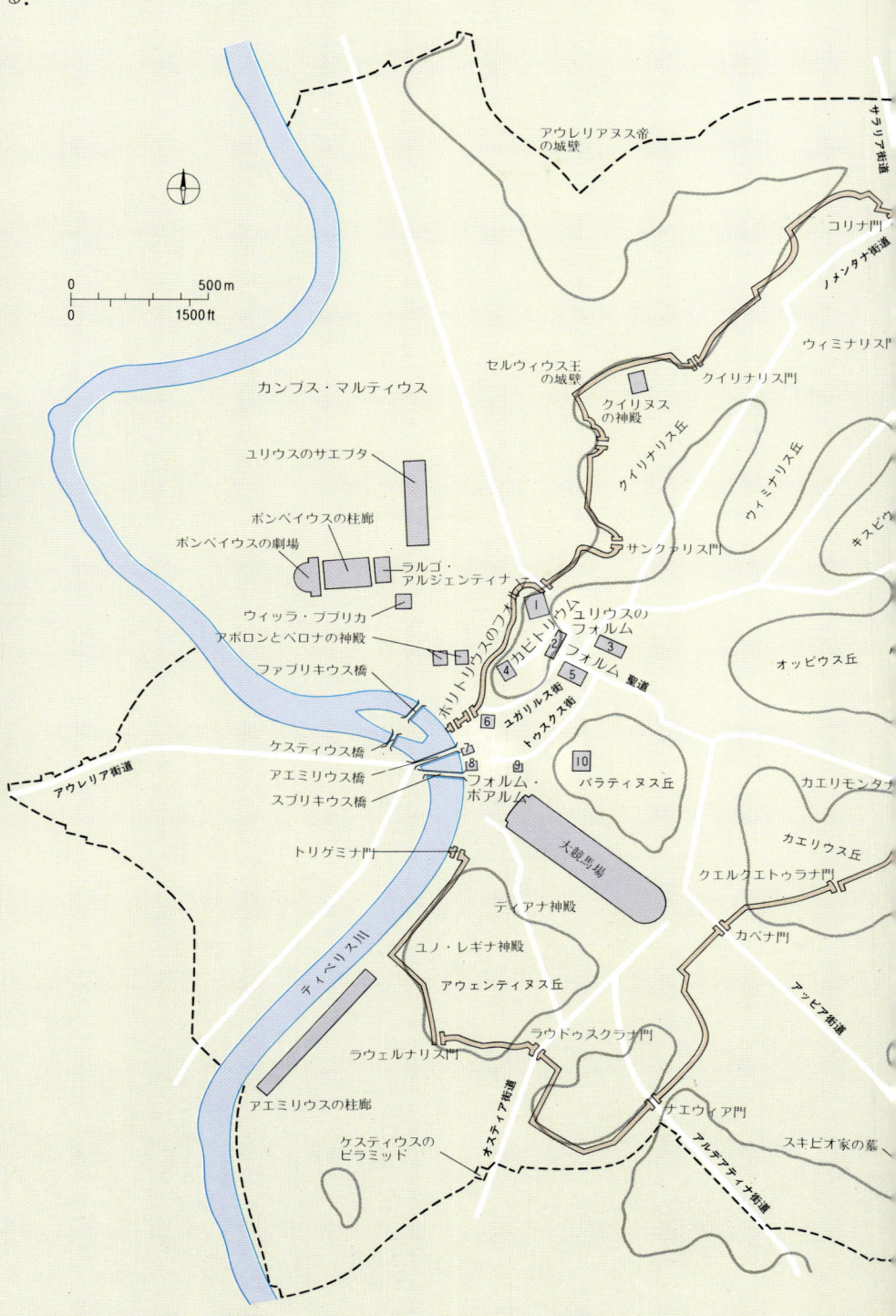

上左　原形をよくとどめた方形の神殿(前1世紀はじめ)．一般にフォルトゥナ・ウィリリスの神殿として知られているが，ポルトゥヌスの神殿とみるべきかもしれない．このポルトゥヌスは，近くの港に関連のある神である．

上右　カエサルのフォルム(前46年に完成)．ユリウス家の伝説上の祖，ウェヌスの壮大な神殿がこれを見おろしている．独裁者の騎馬像が広場中央に立っている．

下左　ラルゴ・アルジェンティナの記念物．1920年代に共和政時代の神殿が四つ発掘され，この雄大な全容が明らかになった．これらの神殿がつくられた年代は，前4世紀の末から前2世紀の終りまでにわたっている．この写真は，前3世紀の神殿Aの遺跡を示している．

下右　ファブリキウス橋．テヴェレ川の左岸と島を結ぶこの橋は，前62年，道路管理官のL・ファブリキウスによって建設された．

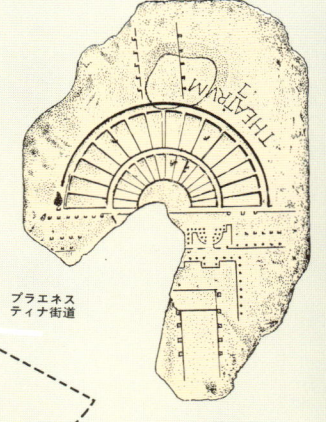

上　ローマの最初の石造劇場のプラン．ポンペイウスが依頼したこの劇場は，前55年，かれの手で完成した．この建物の跡はほとんど残っていないが，その設計は3世紀につくられた大理石の都市の見取り図の断片にみることができる．

上右　ミルウィウス橋(前109年)．ローマの北側に位置するこの橋は，フラミニア街道をエトルリアやウンブリア方面へ連絡している．

下左　パラティヌスの丘からみたフォルム・ロマーヌム．カストルの神殿の列柱のうしろに，クーリアすなわち元老院の議場が立っている．建設は前80年にスッラによって始められたが，前44年にカエサルによって建て直された．

下右　フォルムにあるウェスタの神殿．この場所は早い時代からウェスタの礼拝と結びついていたが，現在残っている遺跡は帝政時代のものである．

1　エノ・モネタの神殿
2　タブラリウム(記録保管所)
3　アエミリウスのバシリカ
4　エピテル・カピトリヌスの神殿
5　ユリウスのバシリカ
6　フォルトゥナとマテル・マトゥタの神殿
7　ポルトゥヌスの神殿
8　ヘルクレス・ウィクトルの神殿
9　アラ・マクシマ(大祭壇)
10　キュベレあるいはマグナ・マテルの神殿

89

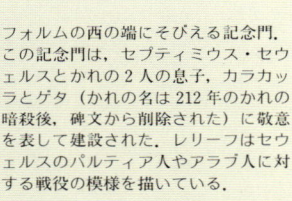

帝政初期のローマ

　帝政時代のローマは，おそらく100万を越える人口をかかえた巨大な都市だった．その住民の大部分は，ぞっとするような状態で暮らしていた．スラムのみすぼらしさは，アウグストゥスをはじめとする歴代の皇帝によって建てられた壮麗な公共建築物と対照的だった．スエトニウスによれば，アウグストゥスはこの都市を非常に美しく変えたので，次のようなかれの自負ももっともであった．「私は，れんがの都市を見出したが，大理石の都市ローマを残した．」紀元64年の壊滅的な火災のあとをうけて，さらに大規模な改造がネロの治世に行われた．タキトゥスは，「ローマを分けていた14の区域（p.19の地図を参照）のうち，4区域のみが無傷で（Ⅰ，Ⅴ，Ⅵ，ⅩⅣ），3区域は完全に焼けおち（Ⅲ，Ⅹ，Ⅺ），他の7区域ではわずかな建物が残ったが，半焼状態で大きな損害を被っていた」とわれわれに伝えている．ネロは精力的な再建計画に着手したが，それには広大な新宮殿ドムス・アウレア（"黄金宮殿"）も含まれていた．この宮殿は，パラティヌス丘からエスクイリアエ丘のセルウィウスの市壁まで達していた．後にこの地域は，ウェヌスとローマの神殿（後135年），コロッセウム（後80年），トラヤヌス帝の浴場によって占められた．この浴場は，104年の火災によって黄金宮殿が壊滅した後に，その一部が廃墟となって残っていたのを利用して建てられたものであった．このトラヤヌス帝の浴場は，ローマの記念建築の壮大な頂点を示す三つの巨大な浴場施設（他の二つは，カラカッラ帝の浴場とディオクレティアヌス帝の浴場）の中で，最初のものだった．

左　マルクス・アウレリウスの像．この見事な彫像は，古典時代のブロンズの騎馬像としては現存する唯一のものである．

右　トラヤヌス帝の市場．クイリナリス丘の南西斜面を切り開いた場所に位置し，トラヤヌスのフォルムを見おろす一群の高層の建物がこの名前で呼ばれる．市場は商店や商館に囲まれた半円筒天井のある広大なホールからなる．これらの建物は，トラヤヌスのフォルムの東端をなしているれんが造りの堂々たる円形広間の背後に建っている．トラヤヌスのフォルムや浴場と同様に，一群の建物すべてがダマスカスのアポッロドロスによって設計された．

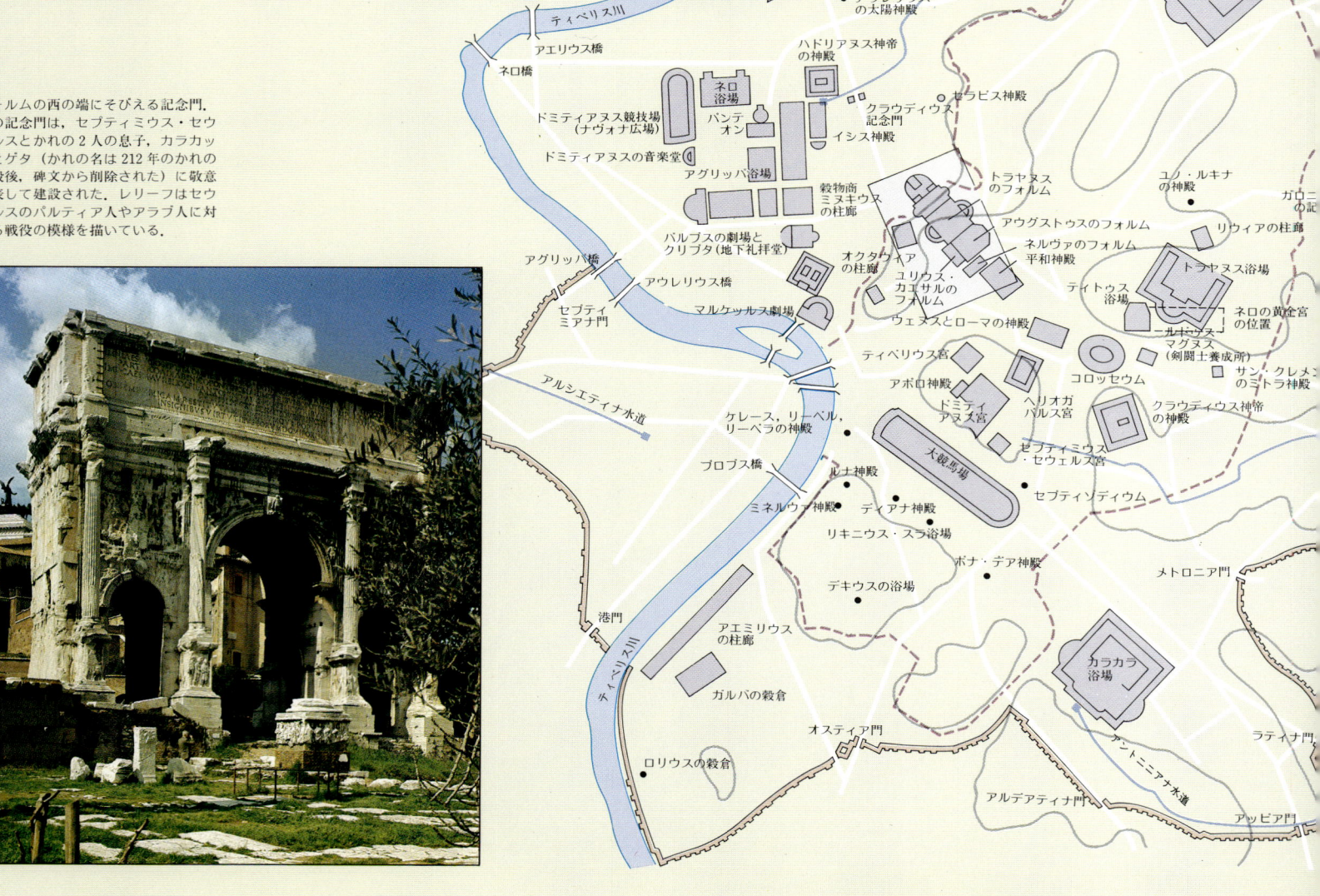

フォルムの西の端にそびえる記念門．この記念門は，セプティミウス・セウェルスとかれの2人の息子，カラカッラとゲタ（かれの名は212年のかれの暗殺後，碑文から削除された）に敬意を表して建設された．レリーフはセウェルスのパルティア人やアラブ人に対する戦役の模様を描いている．

差込み図
1 トラヤヌス記念柱
2 図書館
3 自由のアトリウム
4 トラヤヌス騎馬像
5 ウェヌス・ゲネトリクス神殿
6 アントニヌスとファウスティナの神殿
7 王宮
8 ユリウス・カエサルの神殿
9 アウグストゥス記念門
10 ウェスタ神殿
11 ウェスタのアトリウム
12 カストル神殿
13 アルギレトゥム
14 サトゥルヌス神殿
15 演壇
16 セプティミウス・セウェルス記念門
17 ディ・コンセンテスの柱廊
18 ウェスパシアヌス神殿
19 コンコルディア神殿
20 フォルム・ロマヌム

上左 アントニヌスとファウスティナの神殿。アントニヌス・ピウスによって141年にフォルムの中に建てられ,中世にはキリスト教の教会に改装された。バロック風の正面は1602年に加えられた。

上右 フラウィウスの円形闘技場(コロッセウム)。ウェスパシアヌスが着工し,かれの息子のティトゥスとドミティアヌスが完成した。高さが50m以上もあり,形は楕円形で,その長径は188m,短径は156mある。公式には,80年に完成した。7万人の観客を収容できた。

上右 トラヤヌスの記念円柱。皇帝のダキア征服を記念して,皇帝の新しいフォルムに113年に建てられた。

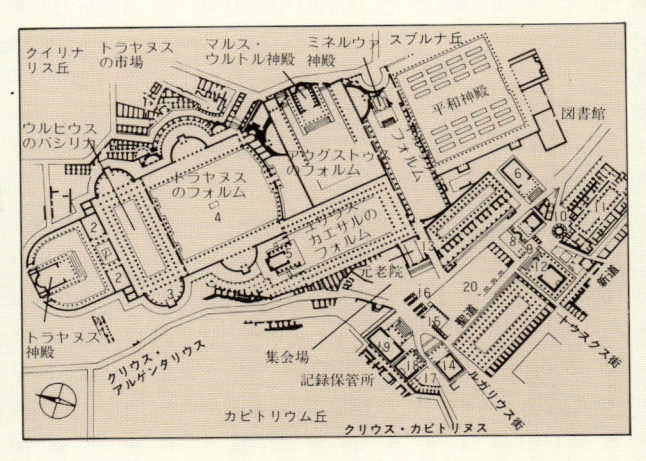

上 クラウディウスの水道。紀元38年にカリグラが着工し,52年にクラウディウスが完成した。68km離れたスビアーコ近郊の水源から,ローマへ水を供給した。

右 ローマのローマ文明博物館にある古代のローマの模型の細部。手前にみえるのが大競技場,その後ろがパラティヌス丘にある皇帝の宮殿。写真の上部は,左から右へ,フォルム,マクセンティウスのバシリカ,ウェヌスとローマの神殿,コロッセウム,クラウディウスの神殿。

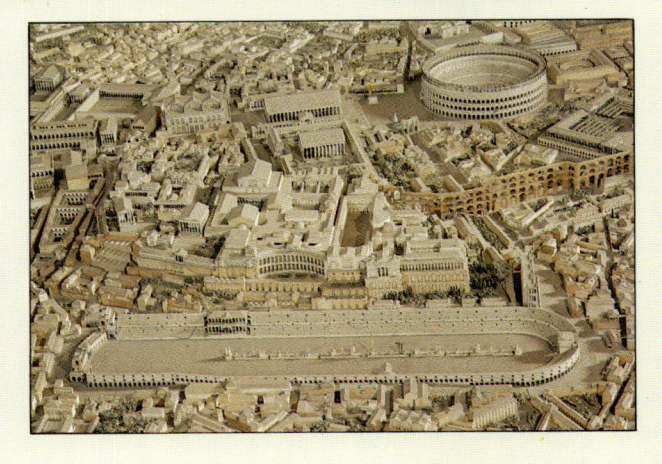

ローマの外港オスティア

　伝説では，オスティアの建設はアンクス・マルキウス王によるものとされているが，この初期の植民地の形跡はいまのところ発見されていない．最も初期の遺跡は，前4世紀に建設された沿岸守備隊の植民地（p.34参照）のものである．オスティアは第2次ポエニ戦争の際重要な海軍基地となり，前2世紀には増大するローマの住民の要求を満たす商業港として発展した．帝政初期までに，この河港は海上交通のにぎわいに対処できなくなっていた．そこでクラウディウスは，広大な人工の港を3kmほど北のポルトゥスに建設した．この新しい港も，トラヤヌス帝治下に拡張された．オスティアは2世紀に繁栄し，その人口はほぼ2倍になった．高層家屋が建ち並ぶ街衢が出現し，公共建築物や娯楽施設が大規模に建設された．しかしながら，3世紀を通して新しい建物はほとんどつくられず，既存の建物のいくつかは荒廃に帰した．人口は減少し，商業は不振となり，町は次第に衰退した．

上左　中世のポイティンガー地図にみられる，350年のポルトゥスの港（p.116参照）

中左　200年ごろの大理石のレリーフに描かれた港の様子．このレリーフは，トラヤヌスが建設した港の近くで発見された．写真右側の帆をたたんだ船は，ドックで荷降ろしの最中である．左側では，別の船が港へ向かって航行中で，乗組員がかれらの無事な帰還を祝って生贄を捧げている．ローマの紋章であるオオカミと双子の兄弟が，主帆に二つ描かれているのに注目する必要がある．灯台（たぶんクラウディウス帝の時代に建てられた）が背後にみえる．三叉のほこをもった場面中央のネプトゥヌスが，場面全体を圧している．

右　ポルトゥスの鳥瞰図．トラヤヌス帝による内湾の六角形のプランがはっきりみえる．

下 オスティアを東西に走る目抜き通りのデクマヌス・マクシムス．

下 河舟イシス・ギミニアナを描いたオスティアの墓の絵．上流のローマへ向かって出航しようとする舟に，コムギを積み込んでいるところ．船長ファルナケスは船尾でかじを握っている．沖仲仕を描いたこの絵は，ローマでもオスティアでも多くの人々が波止場で働いていたことをわれわれに想起させる．

下中 組合広場のモザイク．町の中心の柱廊を廻らしたこの大きな広場は，海運業者の事務所に囲まれていた．これらの事務所では，ローマや海外と交易をする商社の代理人が仕事をしていた．また，事務所の壁は航海の様子を描いた見事なモザイクで飾られていた．

地中海における海上貿易の様子を知る手がかりは，水中考古学によって発見された古代の難破船が与えてくれる．特定の海域への集中は考古学の調査活動によるもので，船舶の航行が特にこれらの海域に集中していたとか，古代の航海にはこれらの海域が特に危険だったというわけではない．年代を推定できる難破船が時期的に紀元前300年から後300年の間に集中しているのは，その前後の時代と比べて，古典期に交易が非常に活発だったことを示している．

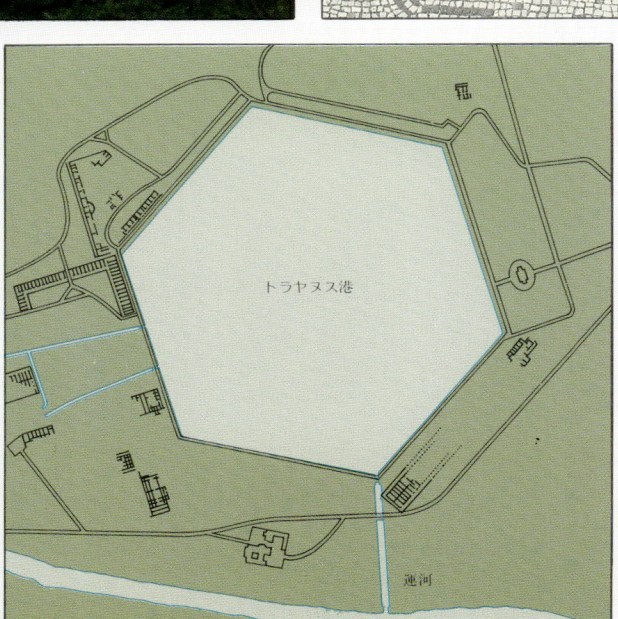

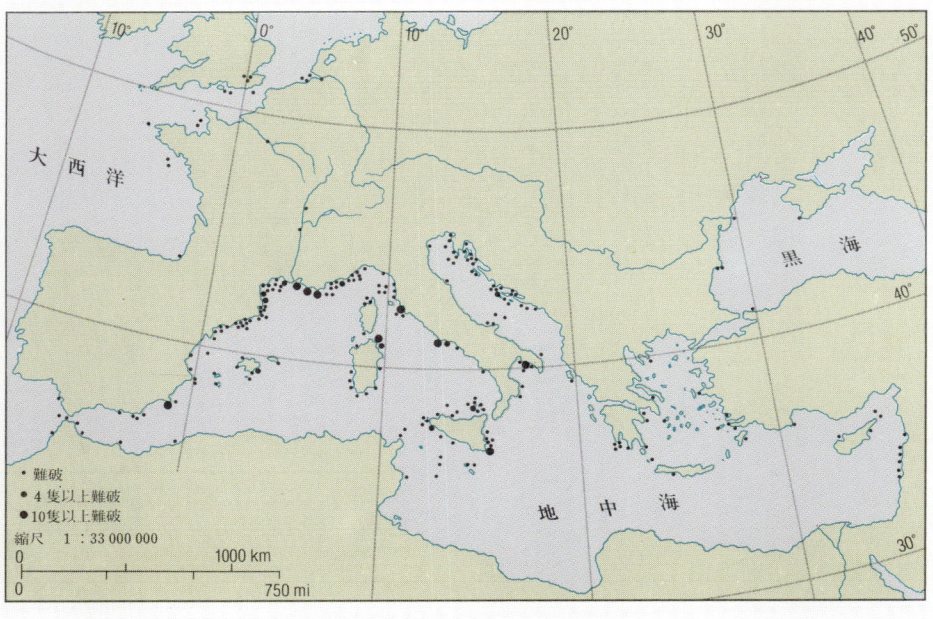

国家宗教の祝祭

下　前10年ごろの貨幣にみられる竪琴をもったアポロ。非常に早い時期から、ローマ人はギリシア人の祭儀や宗教思想を採り入れていた。最初のアポロの神殿は、前431年、疫病が流行した際に建設された。アウグストゥスは特にアポロを好み、かれのためにパラティヌス丘に神殿を建てた。

ローマの伝統的な異教的宗教は、ローマ人が"神々の平和"と呼んだ神々の加護を確保するための手段として、くり返し機械的に挙行した古めかしい儀式や礼拝の乱雑な寄せ集めのようにわれわれにはみえる。ウェスタ(かまど)、ペナテス(貯蔵戸だな)、ラレース(亡くなった祖先)のような家政の神々を慰めるために、それぞれ特別な礼拝を執り行うことは、家長の義務だった。同じような儀式が、祭司長や公職者らによって共同体のために挙行された。やがて、公の祭儀の精巧な体系が確立され、市内や周辺の数百の聖堂、神殿を礼拝の場とするようになった。祭司たちは職業的な階層ではなくて、公職を保持し、軍隊を指揮した支配的な貴族階級の人々だった。これらの祭司たちのうちでより重要なものに、国家の祭礼や暦を監督した神宮、占いを司った卜占官、神聖な書や外来の祭儀の世話をした祭儀執行のための十人委員などがいた。その他には、最高国家神三体をまつる祭司、従軍祭司、祭司団サリー、祭祀の王、ウェスタ女神の女祭司などがいた。全員が、国家宗教の責任者である大神官の権威の下にあった。

左　エトルリアの鏡．腸卜者の姿をした伝説上の予言者カルカスが描かれている．はらわたの検査による占いは，ローマの宗教にとっても重要な役割を果たしていた．エトルリアの占い師たち（腸卜者）は特にこの道に通じていると考えられており，定期的にローマ人から相談をうけていた．

下　雄ウシ，ヒツジ，ブタを生贄として捧げているところ．異教を信奉する最後の皇帝の1人であるディオクレティアヌスの，4世紀はじめの記念物から．

6人のウェスタの女祭司は，国家のために象徴的な家事の仕事を演じていた．なかでも，フォルム内にある建物の中で絶えることなく燃えている聖火のウェスタの女祭司は6歳から10歳までの少女たちの中から選ばれ，少なくとも30年は純潔を守らなければならなかった．これに違反した者は生埋めの刑に処された．

左　アンティウムから出土したユリウス暦以前の暦．前46年，ユリウス・カエサルはわれわれがいまだに使用している暦を導入した．ローマ人の1年は355日から成り立っていたが，それは12の月に分けられていた．そのうち3月，5月，7月（はじめクインティリスと呼ばれていた），10月の4ヵ月は31日，2月は28日，残りの月は29日からなっていた．公式の暦を太陽年と一致させるための試みとして，ローマ人は22日か23日の閏月を1年おきに挿入する習慣があった．しかし，この措置はきちんと正しく実施されたわけではなかった．そのため，暦が季節と大幅にずれてしまうことがよく起こった．必要な調整をはかるために，カエサルは前46年を90日間延長しなければならなかった．

ユリウス暦以前の暦についてのわれわれの知識は，一部は文学に現れた記述に，一部はアンティウムから出土した暦（左に復元した）による．これは，ユリウス暦以前の暦としては現存する唯一のものである．

各月には三つの固定した時点があったが，それはもともと月の位相に対応していた．つまり，月の最初の日のカレンダエ，5日目か7日目のノーナエ，13日目か15日目のイドゥスである．これらの時点（その日も含めて）から前にさかのぼる形で，日を数えた．たとえばカンナエの戦い（前216年8月2日）は，"8月のノーナエから4日前の日"に起こった（このために，ノーナエから4日前の日は常に縁起が良くないと考えられていた）．月はさらに，8日間の"週"に分けられていて，8日ごとに市の日（ヌンディナエ）があった．暦の上で個々の日は，AからHの文字で記されているが，これはその日が1週8日のうちでどの日にあたるかを示している（図参照）．週のうちでどの日かを示す文字の他に，個々の日にはもう一つの文字，あるいはいくつかの文字も記されている．これはその日が平日か休日かを示している．F（ファストゥス）の文字は普通の労働日を示し，C（コミティアリス）の文字は議会を開くことのできる日を示している．しかし，N（ネファストゥス）が記された日は，ある種の公的な業務は禁じられていた．EN（エンドテルキッス）が記された日は，Nにあたる夕方と朝，それにFにあたる午後に分けられていた．NP（おそらくネファストゥス・プブリクス）の文字は普通，大きな公的な祭儀が行われる日を示していた．また，その祭儀の名称は省略形で示された．たとえばTERMI〔nalia〕（境界の神テルミヌスの祭）, AGON〔alia〕（ヤヌス神の祭), FORDI〔cidia〕（この祭では妊娠したウシが犠牲にささげられた）などである．これらの日が定った祭とは別に，邪教の田野巡祀祭（p.26参照）のように，年によって日が変わる祭がいくつもあった．これらの祭は暦には登場せず，毎年神官たちが決めた日に挙行された．

祭儀それ自体ははるか昔からのもので，おそらくほとんどの研究者が，共和政時代の暦の基本的な要素が少なくとも前6世紀までさかのぼるものであることに同意するはずである．祭儀は素朴な農耕社会の関心を反映している．大地の豊穣と生き物の健康を確保すること，出産を促進すること，死者の霊を慰めること，疾病や悪疫をそらすことなどである．原始的な戦士の社会も，3月23日と5月23日のらっぱ清浄祭や，10月19日の武器清浄祭のような儀式に反映されている．さまざまな祝祭に際して挙行された儀式は数も多く，多種多様で，無意味な儀式が数多くあり，共和政末期になると，ローマ人自身もかれらのしていることの多くを説明できなくなり，礼拝されている神がどの種の神なのかもわからなくなった．よく知られていた祭儀にルペルクス神の祭（2月15日）があった．これは清めの儀式で，そこでは裸の若者の一団がパラティヌス丘の居住地であるパラティヌス丘を走りまわり，ヤギ皮の細長い皮片でゆき会った女たちをたたいたりした．また，クリスマスの原型であるサトゥルヌスの祭（12月17日の種まき祭）もあった．アッキウス（p.54参照）によると，その当時，"人々がその日を祝うとき，田舎や都市のいたるところでかれらは喜々として祝宴をはり，人はそれぞれ自分の奴隷たちのために給仕している．"

東方の宗教

　共和政時代末期と帝政時代初期にローマや西方の諸州に広がった東方の諸宗教は，伝統的なローマの異教思想の信仰や実践と完全にかけ離れた思考領域に属している．伝統的な宗教は，素朴な農業社会の必要を満たしてきた．そして，その最も発展した形において，ローマ共和政の政治活動や増大しつつある帝国主義に認可を与えていた．ところが，ローマ帝政期の国際的な都市社会では，これらの宗教では不充分なことが次第に明らかになってきた．はじめ東方の祭儀は，貿易商，商人，特に奴隷たちによって西方にもたらされた．たとえば，最初のシチリアの奴隷反乱（前136－132年）の指導者エウヌス／アンティオクスはシリアの女神アタルガティスの帰依者で，そのカリスマ性をその女神の被保護者であるとの主張から引き出していたことは重要である．大規模な奴隷解放と交易によって引き起こされた自発的移住は，帝国西部のすべての大都市において，かなり大規模なギリシア人や東方の人々の共同体を発達させる原因となった．そして，これらの共同体は，パレスティナ以外の地域のユダヤ人共同体が初期キリスト教伝道の中心となったのと同様に，東方の祭儀の普及の中心となった．また，ローマの支配それ自体が，伝達を容易にする働きをしたが，それにより思想の移動も活発になった．

　"シリアの女神"の祭儀は，次第に大衆に浸透してきた密儀宗教の中で最も重要なものの一つであった．この他に，フリュギアのキュベレとサバジオスの祭儀，エジプトのイシス，ペルシアのミトラスがあった．キリスト教というパレスティナのユダヤ人の祭儀を付け加えてもよい．この宗教は，ある面では特殊であるが，一時そのライバルであった他の東方の諸宗教と多くの点で共通していた．

　東方の諸宗教は，次の点で伝統的な異教思想と異なっていた．つまり，それは神の力との交流による個人的な救済の機会を個人に与えることで，直接人々に訴えた点である．人々の個人的な信念に訴えることは，改宗の可能性を提供することであり，改宗は，入会の儀式と，選ばれた特権的な集団のみが通じている密儀の啓示を伴っていた．儀式的な食事，償いの手段としての苦行，清めの儀式が強調されていた．清めの儀式で最も印象的なのは，"雄ウシの供儀"であった．これはもともとキュベレの祭儀と結びついていたが，後にもっと一般的に行われるようになった．雄ウシの供儀では，礼拝者は穴の中に立って，かれの頭上でいけにえとして屠られた雄ウシの血を浴びた．この儀式を通過することによって，かれは罪を清められた．

　密儀宗教の魅力の一つは，新参者も他の信者仲間と平等の地位を得ていたことである．それは，社会的，民族的な障壁を超越していた．密儀宗教はそれぞれ，念入りな儀式の方法，複雑な神学，不死に関する教義を有していた．要するに，これらの祭儀は，多くの場合過酷で不正なこの世において，あらゆる人々の審美的，知的，精神的要求を満足させることができたのである．

ミトラス教はペルシアに始まり，紀元1世紀に小アジア経由でローマ帝国へ広まった．ミトラスは光の神で，邪悪な暗黒の君主アーリマンとの永遠の闘争にたずさわっていた．創造神としてのかれの役割は，雄ウシを殺すかれの姿（左）に象徴されている．流れ出る雄ウシの血は生命と成長の源だった．雄ウシの殺害はほら穴の中で行われたが，そのことは，ミトラス教の礼拝堂がローマのサン・クレメンテ教会の下にあったもの（下）のように，地下に位置していたことに影響している．ミトラス教はもっぱら男だけの祭儀で，特に兵士たちの間で人気があり，兵士たちを仲介にして帝国の国境の属州へ広まった．それは厳格な祭司団の位階制と奥義伝授の段階を備えていて，忠誠と規律を強調していた．

右　アルキガッルス，つまりキュベレ女神の高僧を表したレリーフ．かれの職業を表す衣服と装具を身につけている．この女神の祭儀は恍惚感に満ち，野生的な踊り，むち打ち（アルキガッルスはからざおをもっている），自己棄損を伴っていた．自己去勢という極端な行動に走った者はキュベレ女神の祭司となり，ガッリとして知られた．ローマの政府は，自分たちが軽率にも許可してしまったこの奇妙な新しい祭儀を，最初から好ましくないものとみていた（次ページ参照）．もともとローマ市民はこの祭儀から締め出されていたし，狂信的な去勢された祭司たちの列に加わることを禁じられていた．しかし，この規制は帝政時代にはゆるめられた．

下 ヘルクラネウム（エルコラーノ）から出土した壁画にみられるイシスと彼女の夫オシリス・セラピスの祭儀．エジプトの古い祭儀がヘレニズム化されたもので，ヘレニズム時代に地中海世界へ広まり，早くも，前100年までにポンペイで，またスッラの時代までにローマで地歩を固めていた．この祭儀は，これを公認し，マルスの原にイシス神殿を建てたカリグラの時代まで，なん度も迫害された．イシスの神話は，オシリスの死と再生，またオシリスの死を乗り越えてイシスがホルスを懐妊した点で，創造を象徴している．

フリュギアの神サバジオスは，ユピテルやディオニュソスとさまざまな形で同一視されていて，しばしばアッティスとも混同されている．かれに対する礼拝の特徴は，魔術的な象徴でおおわれた手を奉納することで，この場合（下）は，黄道十二宮でおおわれている．それは，親指と人指し指，中指を伸ばして，典礼の定めによる祝福の合い図をしている．

下 ジャッカルの頭をした，エジプトの神アヌビスの姿．アレクサンドリアのコム・エル・シュクアファにある1，2世紀のカタコンベから発見された墓石のもの．古いエジプトの信仰では，アヌビスは葬儀や死後の生活と結びついていたが，ここではローマの兵士の衣装と姿勢で表現されている．"ほえるアヌビス"は，オクタウィアヌスの側に立ったローマの先祖伝来の神々に対し，ウェルギリウスによってアントニウスとクレオパトラの味方に分類された，東方の奇怪な神々の一つだった．

右 キュベレ女神．ローマで最初に地歩を築いた東方の祭儀は，大母神すなわちキュベレ女神の祭儀だった．それは小アジアのフリュギアに起源を発し，ハンニバルに対して彼女がローマ人を助けるだろうという予言の結果，前204年にローマの国家宗教に取り入れられた．大地の女神キュベレは，しばしばライオンに引かせた戦車に乗った姿で肖像に描かれている（右）が，それは野生動物の女主人としての彼女の役割を象徴している．彼女の隣にいる彼女の愛人は，植物の神アッティスで，かれの死と再生は季節を反映していて，狂乱と恍惚の儀式によって祝われた．

97

皇帝たち：アウグストゥスからユスティニアヌスまで

この表は，皇帝の地位の性格が変化していったことを示している．最初の2世紀半の間，安定した王朝が順々に交替しているが，その変わり目は偶発的な内戦によって皇帝の在任期間が短くなっている．3世紀は，短命の皇帝がめまぐるしくつづいているが，この世紀の終りごろになると，かれらが生き残れる可能性は増大してきている．4，5世紀は，コンスタンティヌス興隆の混乱を経て，帝国の分割と皇帝の地位の分担を基盤として，世襲王朝の安定が回復された．

皇帝の肖像も同時代人の皇帝観を反映している．アウグストゥス（ここでは大神官のベールを被っている）の若々しい温かさは，マクシミヌスの心配そうな，物思いに沈んだ感じと対照をなしている．このイメージは，より様式化された形で，ディオクレティアヌスとマクシミアヌスの決然とした容貌に見出される．イタリアのバルレッタで発見された彫像は，たびたびウァレンティニアス I 世のものであるとされてきた．この堅苦しい権威主義的な特徴は，かれにふさわしく思われる．しかし，その様式は4世紀というよりも5世紀のもので，マルキアヌスのものとするのが最も妥当かもしれない．最後に，初老のユスティニアヌスが，超然とした落着きを感じさせるイメージで表現されている．

アウグストゥス

マクシミヌス

ディオクレティアヌスとマクシミアヌス

年代	皇帝	王朝
前27-後14	アウグストゥス	ユリウス＝クラウディウス朝
14-37	ティベリウス	
37-41	ガイウス（カリグラ）	
41-54	クラウディウス	
54-68	ネロ	
68-69	ガルバ	
69	オトー，ウィテッリウス	
69-79	ウェスパシアヌス	フラウィウス朝，ネルウァ＝トラヤヌス朝，アントニヌス朝
79-81	ティトゥス	
81-96	ドミティアヌス	
96-98	ネルウァ	
97-117	トラヤヌス（97-98 ネルウァと共治）	
117-38	ハドリアヌス	
138-61	アントニヌス・ピウス	
161-80	マルクス・アウレリウス（161-69 ウェルスと共治）	
180-92	コンモドゥス	
193	ペルティナクス	セウェルス朝
193	ディディウス・ユリアヌス	
193-211	セプティミウス・セウェルス	
211-17	カラカッラ（211-12 ゲタと共治）	
217-18	マクリヌス	
218-22	ヘリオガバルス	
222-35	アレクサンデル・セウェルス	

政治的無政府状態と混乱の時代

235-38	マクシミヌス
238	ゴルディアヌス I 世，II 世（アフリカにおいて）
238	バルビヌス，マクシムス（イタリアにおいて）
238-44	ゴルディアヌス III 世
244-49	フィリップス
249-51	デキウス
251-53	トレボニアヌス・ガッルス
253	アエミリアヌス
253-60	ウァレリアヌス
253-68	ガッリエヌス（253-60 ウァレリアヌスと共治）

西		東	
259-74	ポストゥムスのガッリア帝国 ウィクトリヌス，テトリクス	260-72	オダイナトス，ゼノビア，ウァバッラトスのパルミュラ帝国
268-70	クラウディウス		
270	クインティルス		
270-75	アウレリアヌス		
275-76	タキトゥス		
276-82	プロブス		
282-83	カルス		
283-84	カリヌス，ヌメリアヌス		

284-305 ディオクレティアヌスと4分割統治

西		東	
287-305	正帝マクシミアヌス	284-305	正帝ディオクレティアヌス
293-305	副帝コンスタンティウス	293-305	副帝ガレリウス
305-06	正帝コンスタンティウス	305-11	正帝ガレリウス
305-06	副帝セウェルス（306-07 正帝）	305-09	副帝マクシミヌス（309-13 正帝）

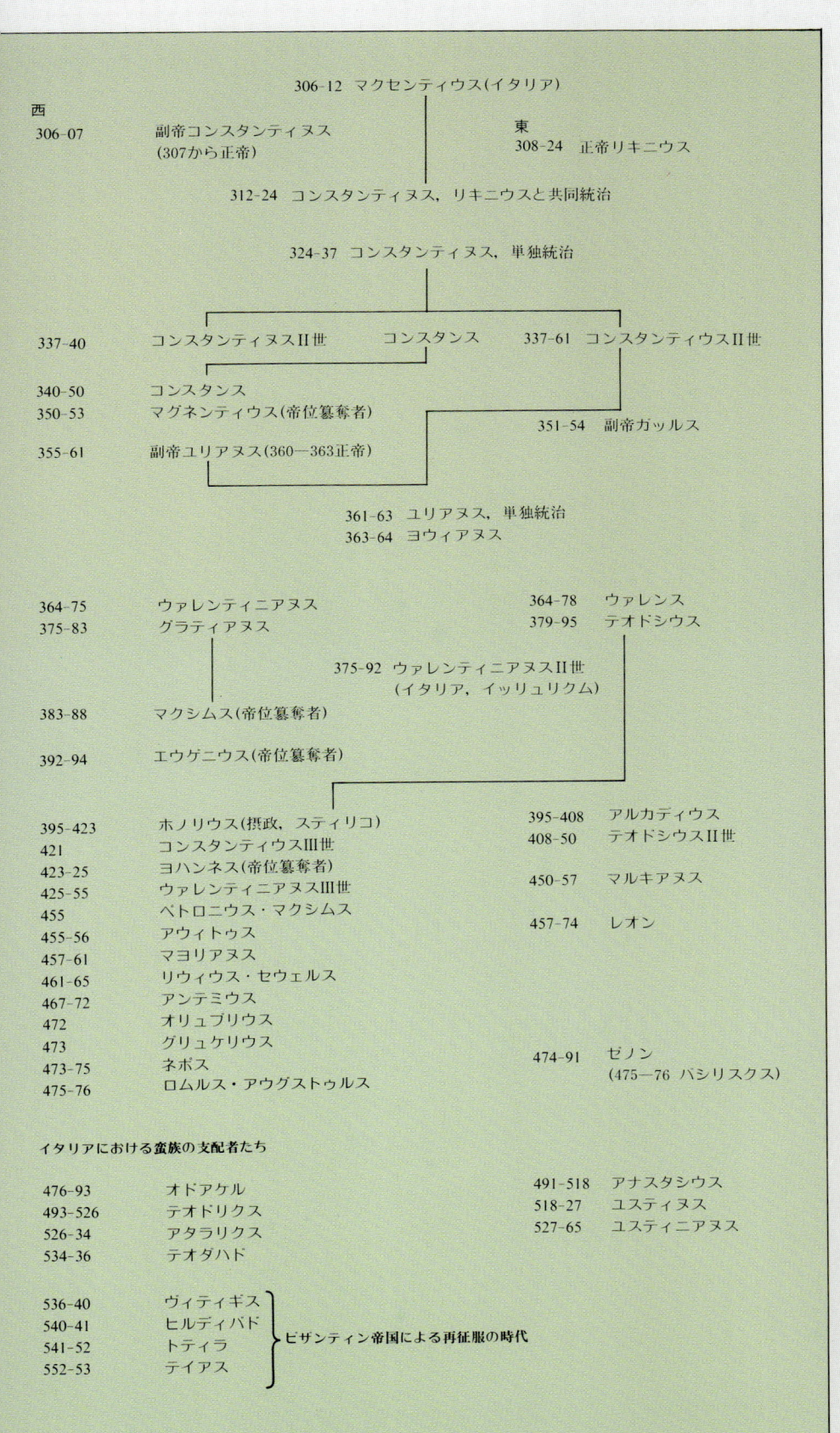

```
西
306-07   副帝コンスタンティヌス              東
         (307から正帝)              308-24   正帝リキニウス
         312-24   コンスタンティヌス, リキニウスと共同統治
         324-37   コンスタンティヌス, 単独統治

337-40   コンスタンティヌスⅡ世    コンスタンス    337-61   コンスタンティウスⅡ世
340-50   コンスタンス
350-53   マグネンティウス(帝位簒奪者)
                                              351-54   副帝ガルス
355-61   副帝ユリアヌス(360—363正帝)

         361-63   ユリアヌス, 単独統治
         363-64   ヨウィアヌス

364-75   ウァレンティニアヌス              364-78   ウァレンス
375-83   グラティアヌス                    379-95   テオドシウス
         375-92   ウァレンティニアヌスⅡ世
                  (イタリア, イッリュリクム)
383-88   マクシムス(帝位簒奪者)
392-94   エウゲニウス(帝位簒奪者)

395-423  ホノリウス(摂政, スティリコ)       395-408  アルカディウス
421      コンスタンティウスⅢ世              408-50   テオドシウスⅡ世
423-25   ヨハンネス(帝位簒奪者)
425-55   ウァレンティニアヌスⅢ世            450-57   マルキアヌス
455      ペトロニウス・マクシムス
455-56   アウィトゥス                      457-74   レオン
457-61   マヨリアヌス
461-65   リウィウス・セウェルス
467-72   アンテミウス
472      オリュブリウス
473      グリュケリウス
473-75   ネポス                           474-91   ゼノン
475-76   ロムルス・アウグストゥルス                  (475—76 バシリスクス)

イタリアにおける蛮族の支配者たち

476-93   オドアケル                       491-518  アナスタシウス
493-526  テオドリクス                      518-27   ユスティヌス
526-34   アタラリクス                      527-65   ユスティニアヌス
534-36   テオダハド
536-40   ヴィティギス
540-41   ヒルディバド      ⎫
541-52   トティラ         ⎬ ビザンティン帝国による再征服の時代
552-53   テイアス         ⎭
```

上 マルキアヌス 　　下 ユスティニアヌス

トラヤヌスの軍隊

　トラヤヌス帝の記念円柱と，その背景となっている壮大なトラヤヌス帝のフォルムの設計者ダマスカスのアポッロドロスは，古代の最も偉大な実践的天才の1人だった．この記念柱は，トラヤヌス帝の2度にわたるダキア戦争（101－102年；105－106年）の事跡を，200mもつづくらせん状の浮彫りに表現している．地面からこの彫刻をみるのはむずかしいが，人々は当初，これをその近くのウルピア図書館の露台から眺めたものと思われる．細かい事を知るのは困難だし，ほとんど他の資料が欠けているが，ダキア遠征の事跡はかなり正確にたどることができる．

　その表現の技法や芸術様式についての興味は別にしても，この浮彫りには，活動中のローマ軍の詳しい有様が正確に表現されている場面が数多く認められる．それは，実際の戦闘の模様だけでなく，行軍や工兵の活動，医療や輸送の技術，さらにローマ軍の作業日課を区切っている宗教儀式についての様子も少なからず示している．

　一連の場面を通じて，トラヤヌス帝の姿がくり返し表現されている．通常，顧問団を従え，かれの軍隊に演説したり，閲兵したり，犠牲をささげる儀式を挙行したり，使節や捕虜を迎えたり，時には（右の図のように），冷静な洞察力をたたえわざとらしいポーズで，単に前方を見つめるだけの姿で表現されている．かれは自分の部下たちの"仲間の兵士"として表現されていて，演説の際，「戦友たちよ」という言葉でかれらに呼びかけるのが常だった．

下　生贄を捧げる儀式に関係した行列の楽士たち．かれらの楽器は弁がない．だが，いくらかコルネットに似たへこんだ吹口の管楽器を演奏している楽隊のリーダーは，音の高低や音質の変化をつくるために，かれの右手を使っている．アフリカのランバエシスに駐屯した第3軍団アウグスタには，39人のらっぱ手と36人の角笛吹きがいた．

大きな石弓に似た，ローマの投射機．かなりの正確さと射程距離（500mまで算定された）をもっていた．2本のつるは，両側の円筒形の容器の中に入った，動物の腱でつくったひもがねじれて生じるばねの力によって操作されていた．ここでは，二つの異なったタイプが示してある．下の絵は，準備された砲座に移すために投射機を二輪馬車に乗せて運んでいるところ，右ははるかにがんじょうな砲車をつけて改造したもので，まさに機動力のある型である．一種のローマの野戦砲で，2頭のラバによって引かれた．

下 第1次ダキア戦争の初期の段階を描いたもの。この場面では、軍団の兵士たちが要塞を建設している。この仕事中は、かれらの矛、兜、楯は近くに立てかけてある。兵士の何人かは二重の濠を掘って、その土を籠に入れて運び出している。また、他の兵士たちは四角い泥炭のブロックで防壁を築いている。場面前方では、このブロックをいくつか使って地取りがなされている。防壁はまくら木のようなもので補強されている。この作品をつくった彫刻家は、明らかにそれが何であるのかよくわからないままにまくら木の末端を表現している。トラヤヌスは要塞から外をみているところを表現している。左側では、さらに多くの軍団の兵士たちが川に木の橋を架けようとしている。その向こう（物語の進行では前になる）には、別の完成した要塞とその哨兵が描かれている。下の方では、ダキア人の捕虜が2人の補助軍の兵士によってトラヤヌス（この図版からは左手外になってしまった）のもとに連行されている。

下 ダキアの首都サルミゼゲトゥサへの最後の攻撃を描いた細部。攻撃の先頭に立つ補助軍の兵士が描かれている。短剣と長方形の楯で武装した正規軍の歩兵と、うろこ模様の鎧をまとった弓兵の両方の姿がみえる。後者は東方、特にコムマゲネ、エメサ、イトゥラエアの諸地方から徴募されている。全体を通してみると、かれらは背後から歩兵を掩護していて、かれらの頭越しに防戦するダキア兵に向かって矢を射かけている。投石器を使う兵士や軍団の兵士も攻撃に参加している。記念柱にみえるように、軍団の兵士は丸くなった兜をかぶり、補助軍の兵士は円錐形の兜をかぶっていた。この場合はちがうが、補助軍の兵士は普通卵形の楯をもっていた。

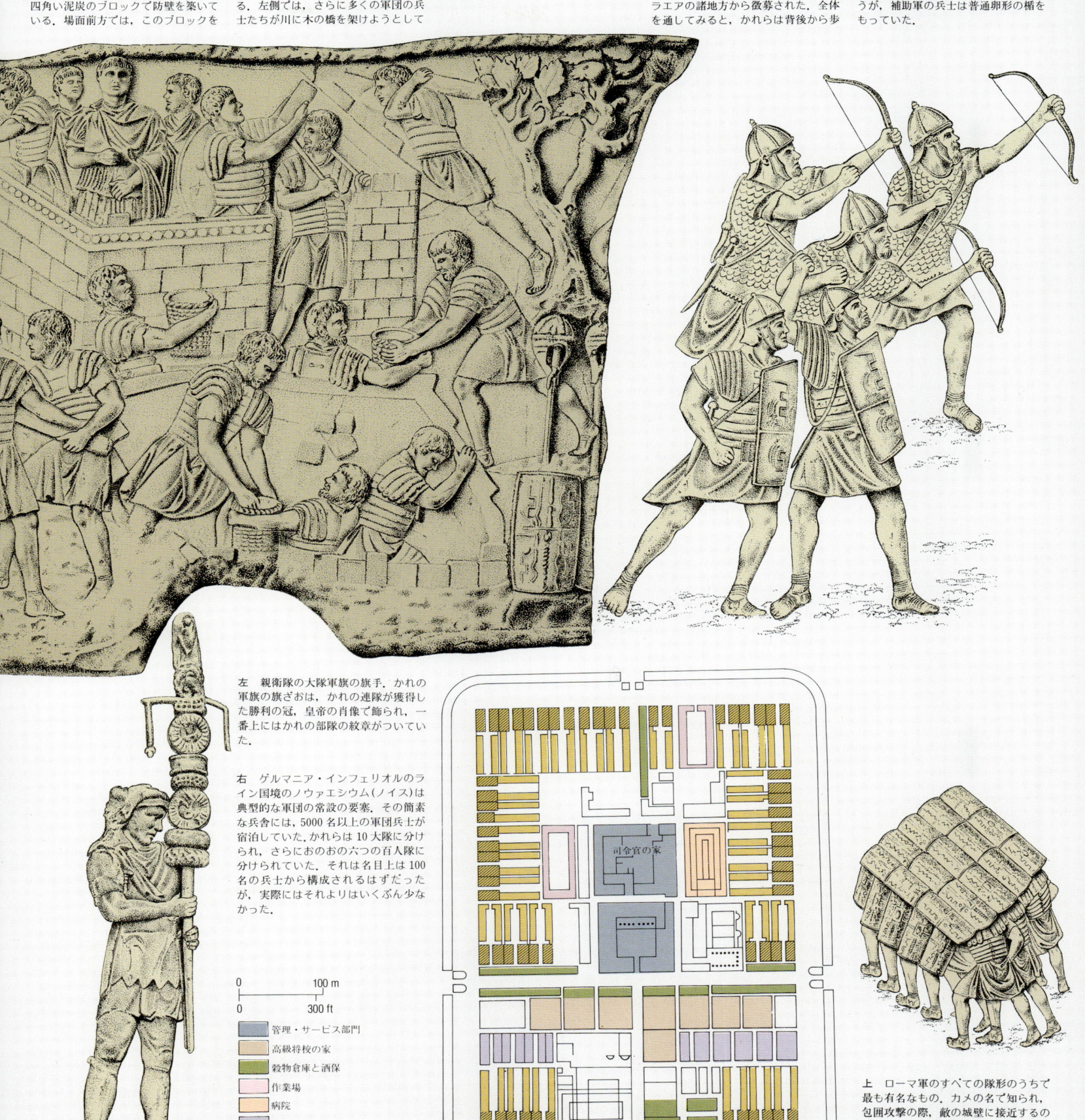

左 親衛隊の大隊軍旗の旗手。かれの軍旗の旗さおは、かれの連隊が獲得した勝利の冠、皇帝の肖像で飾られ、一番上にはかれの部隊の紋章がついていた。

右 ゲルマニア・インフェリオルのライン国境のノウァエシウム（ノイス）は典型的な軍団の常設の要塞。その簡素な兵舎には、5000名以上の軍団兵士が宿泊していた。かれらは10大隊に分けられ、さらにおのおのの六の百人隊に分けられていた。それは名目上は100名の兵士から構成されるはずだったが、実際にはそれよりはいくぶん少なかった。

司令官の家

	管理・サービス部門
	高級将校の家
	穀物倉庫と酒保
	作業場
	病院
	騎兵の兵舎
	百人隊長の兵舎
	歩兵の兵舎

上 ローマ軍のすべての隊形のうちで最も有名なもの。カメの名で知られ、包囲攻撃の際、敵の城壁に接近するのに用いられた。ここでは、丘の上のダキア人の砦を攻撃するのに用いられている。

文化的で強大な帝国

帝国の事情

ローマ帝国は，政治面でも文化面でも，紀元70年から235年にかけての1世紀半の間に最盛期を迎えた，と一般に考えられている．この時代は，急激な変動やめざましい大事件よりもゆるやかな発展の時代だった．ギボンは，皇帝アントニヌス・ピウス（138-61）について次のように書いている．かれは「地上の大部分に秩序と平穏を広め」，その結果「まったくのところ，人類の犯罪，狂気，不幸の記録にすぎない」歴史に，かれの治世はほとんど何の材料も提供しなかったくらいである．ギボンは，通常の物語風の歴史について，政治と軍事の面に偏った考え方をしている．しかしながら，アントニヌスの時代の明らかな繁栄の背後では，帝国とその周辺部の間の軍事的均衡に若干変動が生じていた．それは，帝国の権力の社会的基盤を根本から変形させ，3世紀や帝政末期の非常に異なった状況の原因となっていたのである．同時に，2世紀にみられる感受性の面における変化に，古代末期の最も顕著な文化的・宗教的な特徴のうちのいくつかの原因を認める人もいる．

政治的な観点に立つと，この時期は一般に，帝国の王朝がしっかりと安定していた時代で，主な激動期はフラウィウス朝を権力の座に着けた69年から70年にかけての内戦と，セウェルス朝が浮上するもとになった193年の内戦ぐらいである．フラウィウス朝のもとでの相続の原理は家族相続の原理で，ウェスパシアヌス帝の跡を継いだのはかれの息子たちで，人気はあったが短命のティトゥス（79-81）とドミティアヌス（81-96）だった．後者は，道徳的厳格主義と宗教的復古主義（かれは姦通にふけるウェスタの女祭司を生き埋めにした）を専制的な不寛容と結びつけた，複雑な性格の人物だった．この不寛容のせいで，かれの治世の晩年は，かれに反対を表明した人々，特に哲学者たちに対する血なまぐさい迫害へと堕落してしまった．半分死滅した世界にむち打ち，ローマを奴隷化した"はげ頭のネロ"というかれに対する風刺詩人ユウェナリスの中傷（『風刺』4．38）は，この観点からみる限りは不当ではなかった．

宮廷内の陰謀によって思いがけずドミティアヌスが暗殺されたとき（96年9月18日），皇帝候補者としてのネルウァの魅力は，温厚で非の打ちどころのない元老院議員としてのかれの性格や評判と並んで，一つにはかれに子供がいないことでもあった．このことは，政治的策略にいくらかの余地を残すものであると思われた．しかし，ネルウァの短い治世（96年から98年）は，不安定で混乱したものだった．重大な危機と内戦が再開されるかもしれない可能性は，かれがゲルマニア・スペリオルの諸軍団の指揮官のトラヤヌスを急いで養子に迎えたことで，ようやく回避された．トラヤヌスとかれの後継者のハドリアヌスには子供がいなかったため，権力の永続性を保証するための手段として，かれらは養子縁組みを利用した．しかしながら，117年のハドリアヌスの即位も，後継者の準備も，政治的不安や潜在的な競争相手の処刑によって汚されている．

ドミティアヌスとコンモドゥスを除いて，フラウィウス＝アントニヌス朝の諸皇帝の政治行動は，比較的控え目なものであった．また，反対意見も断続的に表明されたが，広くゆき渡ることはなかった．故人であるハドリアヌスに対する敵意の理由は，継承を確実なものにしようとするかれの試みをめぐる混乱や苛烈な態度に求められる．かれが最初に選んだアエリウス・カエサルは，イタリアの元老院議員の家系の出身で，136年に養子となったが，若死にしたため，後の皇帝アントニヌス・ピウスがかれに代わった．他の候補者がヒスパニア，ゲルマニア，アフリカ，ローマで即位を宣言した後で，69年にウェスパシアヌスを権力の座に押し上げたような，属州の軍隊内の動揺はほとんどみられなかった．ドミティアヌスは89年から90年にかけてゲルマニアで起きたアントニウス・サトゥルニヌスの反乱を鎮圧しなければならなかったし，マルクス・アウレリウスは175年に東方で起こったシリア総督アウィディウス・カッシウスの反乱によって脅かされた．おそらく，マルクスが老齢であること，さらにコンモドゥスは後継には不向きであるという認識によって企てられたこの反乱は，マルクス自身に近い宮廷内のグループから何らかの支持を取り付けていたように思われる．かれの妻ファウスティナも関係していたと信じられていたが，カッシウス鎮圧後，マルクスはやっかいなことになったかもしれない調査を差し控えた．

フラウィウス＝アントニヌス朝の統治は，ここでも比較的少数の例外を除けば，慎みと節度を特徴としていた．このことはウェスパシアヌスに特にあてはまった．かれは自分の有名な財政的倹約を擁護して，69年から70年にかけての内戦が帝国にもたらした莫大な損失をあげている．しかし，そのウェスパシアヌスさえ，ローマ市の改造には巨費をつぎ込んだ．ティトゥスの短い治世で目を引くのは，特にフラウィウスの円形劇場（コロセウム）の落成の際や，火災後，新たにローマ市再建のために惜しみなく出費したことである．ティトゥスはまた，79年のヴェスヴィオ山の噴火によってポンペイとヘルクラネウムが破壊された後，救援対策を講じたことで大いに称讃された．多分兵士の給料を3分の1引き上げたことで，ドミティアヌスは重大な財政危機に直面していたといわれてきた．なるほどこのことが，元老院議員に対するかれの告訴の動機となっていたと推測される．しかし，財政危機があったにせよ，それがどの程度のものだったのか，不明のままである．また，フラウィウス朝の諸皇帝は，属州の総督に責任ある行動を強く要求していたが，特にドミティアヌスはこの点では強硬だった．ドミティアヌスの伝記作者であるスエトニウスは，かれに好意的ではなかったけれど，この皇帝の治世ほど総督たちが節度をもち誠実であった時代はなかったと述べている．

フラウィウス朝の軍事政策は，特にライン川上流とドナウ川流域の諸州における国境の再編に関連して，慎重な配慮と一貫した計画の立案を示している．ドミティアヌス帝のダキア戦役は，はじめ85年と86年に大敗北を喫するなど惨憺たるものだったが，後にタパエの戦い（88年）で戦局は好転し，トラヤヌス帝の戦役とダキア併合に道を開いた．ドミティア

紀元79年のフラウィウス朝の円形闘技場開設を記念して，ティトゥス帝が発行したセステルティウス銀貨．68年から70年にかけての内戦後，ウェスパシアヌス帝によるローマの美化と再建の一環として，かれによって着工されたこの円形闘技場は，7万人以上の観客を収容することができ，6世紀まで使用された．

第3次ユダヤ反乱（132-135年）の指導者シメオン・バル・コシバ，あるいはバル・コクバによって発行された4ドラクマ銀貨．貨幣の銘刻は，神殿の正面の絵を付した"シメオン"の名（上）と，"イェルサレムの自由"（下）．

文化的で強大な帝国

なっていた．トラヤヌスは武骨な兵士だったが，ハドリアヌスはギリシア文化への深い愛着をもった，休むことを知らない好奇心にあふれた知識人だった．その21年間の統治期間中に，かれはたえず旅行をつづけ，帝国全土の軍隊（ある碑文は，ヌミディアのランバエシスに駐屯する兵士たちを観閲し，かれらの演習を視察した後で，ハドリアヌスがかれらに行った演説を伝えている）を訪ね，アテナイやアレクサンドリアのような文化の中心地にも滞在した．かれと関係のある二つの最も有名な遺跡は，かれの多彩な趣味をよく示している．一つはティブル（ティヴォリ）にある離宮で，その設計はかれの世界的大旅行を反映している．もう一つはハドリアヌス帝の長城で，それはブリタンニアの軍事境界線，つまり全ローマ帝国の最も北方の，そして最も遠方の地点における軍事境界線を重々しく定めていた．

トラヤヌスやハドリアヌスとは対照的に，アントニヌス・ピウスはその皇帝在任中にイタリアを留守にしたことは一度もなかった．かれは帝国の統治に没頭しつつ，質素で家庭的な，誠実で家族思いの美徳に包まれて，静かにローマで暮した．この後者の点でも，かれはハドリアヌスとは異なっていた．ハドリアヌスの妻サビナは無視され，不幸だった．ハドリアヌスと少年アンティノオスの関係は有名で，事実ハドリアヌスはナイル川での溺死という不慮の事故でアンティノオスが亡くなると，エジプトのある都市にかれにちなんだ名前をつけた．ピウスはその統治の晩年には，自分の甥で養子でもあるアンニウス・ウェルス（マルクス・アウレリウス）と共同で統治し，161年安らかに息を引き取った．マルクスは169年まで先帝のもう1人の養子であるルキウス・ウェルスとともに，共同統治の皇帝として統治した．この年，ウェルスはパルティア遠征で輝かしい戦果をあげた後，マルクスと一緒にゲルマニアから帰還する途中死亡した．177年から180年まで，マルクスは息子のコンモドゥスと共同統治にあたった．かれの統治は鋭い緊張を生み出し，その緊張は次第にローマ帝国に影響を及ぼし，その支配構造に変化を与えることになった．ストア派の哲学者で，古代においても近代においても，ローマのすべての皇帝の中で最も称讃された者の1人であったマルクスは，かれのきわめて個人的な思索を，心に浮かぶままに，いかなる文学的技巧も排して，その『自省録』の中にギリシア語で書き記した．かれは皇帝の地位を熱望したわけではなかったし，その地位が提供する権力を行使することにあまり喜びを感じていなかった．しかしかれは，自己の哲学を通じて，自分に与えられた人生における役割に非常に強い義務感を抱いていた．そして，道徳や知性に関する自己の力を充分発揮することはこの役割に対する義務である，とかれは考えていた．マルクスが『自省録』を書いたのは，ローマの北方の敵であるクアディ族やマルコマンニ族との戦いのために，治世の数年間戦場に出陣していた時だった．これらの戦いの模様は，トラヤヌス帝の戦役と同様に，ローマの記念柱に刻まれた．その記念柱はトラヤヌス帝の記念柱の場合よりも粗野であったが，見方によっては，より力強く，またそれに負けず劣らず攻撃的に描かれていた．マルクス・アウレリウス帝の戦争は，膨脹のためのものではなくて，ドナウ川の境界に増大しつつあった圧力に対して帝国を防衛するためのものであった．これが，次の世紀において，ローマ軍事史の永続的な型となった．

マルクスはこれらの戦いを指揮している最中の180年，ウィンドボナ（ウィーン）で死亡した．かれの息子で後継者の

上 ポンペイのL・カエキリウス・ユクンドゥス家の家庭の守護神ラール神を祀る祭壇のレリーフ．79年のヴェスヴィオ山の噴火による都市の破壊以前に，都市の大部分に被害をもたらした62年の地震の影響を生き生きと表現している．

下 トラヤヌス記念円柱．ダキアのデケバルス王に対する最後の戦いを描いた場面の一部．この戦いの後，ダキア王は自殺した．近年公表された碑文によると，ローマの兵士ティベリウス・クラウディウス・マキシムスは，デケバルス王の首をトラヤヌスに差し出した．トラヤヌス帝の2度にわたるダキア戦役の結果，ダキアはローマの属州に編入された（107年）．

ヌスとダキアの王デケバルスの間に結ばれた条項の一つに，ローマ人技術者のダキア人への提供があった．これは，"異民族援助計画"の初期の一例であった．この計画は，はじめは独立していたが発達の遅れていた諸民族に，外部からの影響をたびたびもたらした．

ダキアの併合は，帝国北部の国境についての全体的な戦略状況の中で，一つの防衛的手段というふうにみることができる．しかしながら，101年から翌年にかけてと，それから106年のトラヤヌス帝の戦役は，ローマの大衆にはあけっぴろげな帝国主義的気分の中で伝えられた．トラヤヌス記念柱の彫刻は，軍隊生活のあらゆる面を網羅した数多くの場面が刻まれていて，かれの戦役の模様を伝えている．この記念柱とそれが設置されたトラヤヌス帝のフォルムの建設資金は，敗れたダキア王の王室財産から多く支出されていた．トラヤヌスのもう一つの軍事的な企てであるパルティア侵略は，明らかに併合の野望を秘めたものであったが，これはアレクサンドロス大王と肩を並べようという欲求に影響された攻撃的な帝国主義としか説明しようがない．115年に始められたこの計画は，皇帝の病いとキリキアでの死によって117年に挫折した．このとき，トラヤヌスによる各地の併合はまだしっかりと固まってはおらず，ユダヤ，エジプト，キュレナイカの騒乱の鎮圧は，ハドリアヌスの手に託された．たとえトラヤヌスがまだパルティア征服の企てを放棄していなかったとしても，ハドリアヌスはそれを断念した．バル・コクバによる第2次ユダヤ反乱（132年から135年）の後，かれはイェルサレムを破壊し，その地にアエリア・カピトリナの軍団基地を設けた．

気質の面では，ハドリアヌスはかれの前任者とはかなり異

文化的で強大な帝国

上　ハドリアヌス帝の大理石の胸像．120年ごろ．

右　ティヴォリ（ティブル）にあるハドリアヌスのウィッラ．一群の建築物の自由な結合，あるいは"工夫された建築的景観"（B・クンリッフェ）と呼ぶことができる．さまざまな点で，ハドリアヌスが旅行中に感嘆した記念物の影響をうけている．その印象は，上品で洗練された，そして少し郷愁を誘う感じである．この写真の場所は"カノプス"と呼ばれており，同名のエジプトの都市にみられる建築的特徴を再現している．ハドリアヌスのエジプトの思い出は，かれの若い愛人アンティノオスと結びついていた．下に掲げたのは，アンティノオスの理想化された肖像の一つ．アンティノオスはカノプスで溺死した．

下中　4世紀のコンスタンティヌス帝の記念門に再現されたイノシシ狩りの円盤．ハドリアヌスは余暇を楽しむ皇帝の典型的な姿で表現されている．後で示す（p.168）ササン朝時代のイメージと比べると興味深い．

右　1750年ごろパンニーニが描いたローマの新パンテオン．この建物はまたの名を"すべての神々の神殿"という．建設当初のアグリッパの献辞はそのまま残されたが，実質的にはハドリアヌス時代の傑作である．巨大な円天井の直径は45mを越え——工業発達以前の方法でつくられたものとしては最大——，その床からの高さと一致しており，このため円天井は事実上完全な球体の上半分をなしている．それは天国の穹窿のイメージであり，その天窓は太陽を象徴している．

文化的で強大な帝国

コンモドゥスは、あまりにも性急に蛮族との和平を取り決めてローマに帰還したことで批判を浴びた。明らかにコンモドゥスは、辺境での戦いを指揮するよりもローマで暮す方を好んでいた。かれの治世の歴史は主として首都でのかれの活動に関するもので、とりわけ容赦なく弾圧されたかれに対する陰謀や、かれが個人的に熱愛した剣闘士の公開試合を開催するために気前よく金をつぎ込み過ぎたことや、かれのお気に入りの解放奴隷クレアンドロスを犠牲にせざるをえなかった食糧暴動や、ヘルクレスをかれの個人神とみなし、ついには自分自身を神と同一視するほどの宗教上の野心などが伝えられている。コンモドゥスは、ヘルクレスがそうであったように、ライオンの皮をまとい、こん棒を振り回している姿で、貨幣や胸像に登場している。

コンモドゥスは、192年の大晦日に陰謀によって殺された。かれの後継者、ププリウス・ヘルウィウス・ペルティナクスは軍の将校だったが、マルクス・アウレリウス帝の戦役での勲功によって、175年かれは騎士階級から一挙に執政官の地位へ昇進した。ペルティナクスはかれの支持者を満足させることに失敗し、またかれの政策がきびしすぎたこともあって、多くの新しい敵をつくってしまい、権力の座に就いて3月も経たないうちに、親衛隊によって殺害された。かれの跡をついだのはディディウス・ユリアヌスだった。かれはこのときまでりっぱな元老院議員で、ハドリアヌスの時代の偉大な法学者の孫でもあった。かれは親衛隊の支持を取りつけるために、1人につき2万5000セステルティウスという資金を調達することができた。ところが、すぐにパンノニアの軍団が、かれらの総督のセプティミウス・セウェルスを皇帝に推挙した。セウェルスは素早くイタリアへ進撃することによってユリアヌスを廃し、ついで69年から70年の内戦を思わせるような戦いの中で、かれのライバル達を戦場で打ち破った。194年にはシリア駐屯軍の指揮官、ペスケンニウス・ニゲルを倒し、196年ブリタンニアで皇帝に推挙されたクロディウス・アルビヌスをルグドゥヌム（リヨン）近郊で打ち負かした。ニゲルを打ち破ると早くもセウェルスは、せめて世間の関心を内戦から外征の成功へそらしたいという意図もあって、対パルティア戦役に取りかかった。かれはアルビヌスに勝利すると、かれの征服を強固なものにするため東方へ戻った。セウェルスによる対パルティア戦争の成果は、北メソポタミアを併合したこと、それからローマの境界をティグリス川に固定したことである。しかしかれは、さらに南方の隊商都市ハトラを占領することはできなかった。

セプティミウス・セウェルスは、アントニヌス朝との連続性をほのめかしつつ、息子のカラカッラとゲタに正式の呼称を用いた。また、初期に発行された貨幣には、"神としてあがめられたマルクス・ピウスの息子"という称号が刻まれていた。かれの治世は、かれの気前のよい建設計画と、特にかれの生まれ故郷であるトリポリタニアのレプティス・マグナへの公共投資で知られている。セウェルスはブリタンニアで軍事行動を指揮していたとき苦しい病いにかかり、211年かの地で死亡した。かれの後継者カラカッラ（マルクス・アウレリウス・アントニヌス）は、ライン川、ドナウ川沿いの国境で軍事行動を展開し、216年にパルティア戦役に取りかかる前にアレクサンドリアを訪れた。翌年、カラカッラは親衛隊長マクリヌスを支持する人々によって、シリアのカッラエ（ハッラン）近郊で暗殺された。

内政に関する限り、セプティミウス・セウェルスとその息子は古代の史料ではあまり評判が良くない。かれもカラカッラも、元老院議員や騎士階級に属している人々を多数処刑したと報告されている。これには多少の誇張はあるにせよ、全部が事実に反するとはいいきれない。セウェルスの死の床でのカラカッラへの忠告は、弟と仲よくしてゆくこと、軍隊を富ませること、他のことは無視することであったと噂されていた。カラカッラはこの忠告の第一の部分を無視して、212年に若いゲタを殺した。第二の部分については、軍隊はセウェルス朝の諸皇帝のもとでその規模を拡大し、俸給も良くなった。また、兵士たちがまだ兵役に就いたまま合法的に結婚できる権利のような、いくつかの特権を軍隊は手に入れた。軍隊が享受した利益にもかかわらず、ローマ帝国の"軍国化"という評価に、特にセウェルス朝の諸皇帝がふさわしいのかどうかはっきりしない。この過程にもっと関連しているのは、北方の国境への圧力がたえず増大していたことである。当然、それは軍隊の存在をより重要なものにし、そして指揮官たちには1世紀や2世紀のはじめには考えられなかったくらいに専門の軍事知識を発揮することを要求していた。

マクリヌス帝（217-18）の短い在位を経て、東方で企てられた陰謀は、セプティミウス・セウェルスの妻ユリア・ドンナのシリア系の親戚の1人を皇帝候補に推した。かれが、ヘリオガバルスの名でもっともよく知られている、ウァリウス・アウィトゥス・バッシアヌスだった。かれはエメサ（ホムス）の土着神エラガバルスの神殿の少年祭司だった。短いが風変りな治世で、最も注目に値する事件は、エメサの神を象徴する黒い円錐形の石をローマへもち込んだことである。この事件はヘリオガバルスによる数回の貨幣発行に示されている。皇帝はその石を運ぶ馬車の前を、後向きに頭をたれたまま、歩いて進んだと報告されている。いくつかの古代の史料が伝えているヘリオガバルスの治世に関するさらにぞっとするような話は、222年のヘリオガバルス殺害に際してかれの跡をついだアレクサンデル・セウェルスについて古代の史料が描いている巧みに理想化された肖像と同様に、慎重に扱われる

上　コンモドゥス帝の治世の最後の月に発行された記念のメダル。ヘルクレスのライオンの皮のかぶり物をつけた皇帝が描かれている。ここではぼしてないが、メダルの裏側にはコンモドゥスの顔つきをしたヘルクレスが描かれており、刻銘には"ローマのヘルクレスへ！(HERCULI ROMANO)"とある。

上右　マルクス・アウレリウス記念柱の細部。蛮族の捕虜がローマの兵士によって処刑される瞬間が表現されている。かれの顔は苦痛にゆがみ、伸ばした右手は絶望的な嘆願を表している。かれの髪の毛の動きは、背に突き刺された槍の衝撃のショックを暗示している。

文化的で強大な帝国

必要がある．同じ一族出身のもう1人の東方出身者アレクサンデルはひ弱な皇帝で，母のユリア・マンマエアのいいなりだった．かれの治世はまずまずのスタートをきったが，法学者ウルピアヌスが親衛隊長就任後1年ほどで暗殺されると，すぐに政治的混乱に陥り，特に目を引くようなこともなく継続した．231年，かれはパルティア遠征に出発したが，ライン川沿いの国境のより切迫した脅威に対処するために引き返さざるをえなかった．235年にモグンティアクム（マインツ）で，かれとかれの母は兵士たちによって殺害され，新帝ガイウス・ユリウス・マクシミヌスが推戴された．この陰謀は，帝国が直面している軍事的危機に対処する能力がアレクサンデルにはまったく欠けていたために起きたもので，軍の将校であるマクシミヌスの即位は，ローマ史に新たな段階を開くものであった．

軍事的・経済的膨張

タキトゥスは，2世紀のはじめの著作において，ローマ帝国はアウグストゥスの死の時点ですでに戦略的に完全な状態に到達していたという見解の根拠を，紀元14年のアウグストゥスの讃美者たちに求めている．帝国は，「大洋や，あるいは遠方の河川によって囲まれ，軍団，属州，艦隊のすべてが統合されていた．」（『年代記』1．9）．この評価の妥当性について議論がなされており，これを批判する人の中には，それはアウグストゥスの時代よりもタキトゥス自身の時代の状況によりあてはまると考えている人もいる．クラウディウス帝によるマウレタニアとブリタンニアの征服・併合は，タキトゥスによって報告された評価と矛盾するというよりは，むしろそれを修正するものであると考えてよい．これを除くと，帝国の戦略的防衛に関する大幅な改善は，フラウィウス朝やトラヤヌス帝の時代になされた．紀元66年に結ばれたネロとパルティアの間の協定や，ティトゥス帝によるユダヤ反乱の鎮圧につづいて，力づくによるシリアの占領，エウフラテス川上流の渡河地点防衛のための守備隊のカッパドキア進駐，それからパルミュラ，北シリアの諸都市，それにエウフラテス川に囲まれた地域における軍隊移送のための道路網の整備が行われた．ドナウ川沿いの国境では，蛮族による軍事的脅威がより緊迫したものになっていたし，今後もますます増大していくような様子を示していた．すでにネロの時代に，モエシアの総督はローマ人にとって"未知で敵対的な"王たちと遭遇し，サルマティア人の"東方の動き"を押さえ，バスタルナエ族，ロクソラニ族，ダキア人と外交関係をもつに至り，ドナウ川の向こう側の人々10万人を，その妻子や王族とともに川のローマ側に定住させていた．ドミティアヌス帝によるダキア戦争は，トラヤヌス帝によるダキア戦争へ道を開いた．この戦争の結果，デケバルス王の王国は新たな属州として併合された．この属州は，東をアルタ（オルト）川，西をマリシア（ムレシ）川とティシア（ティーサ）川，北と東北をカルパティア山脈の障壁に接していた．この併合は，マルクス・アウレリウス帝が抱いていたとされるサルマティアとマルコマンニアの新しい属州を創設しようという未完の意図と同様に，防衛的なものと解釈することができる．

東方では，すでにみたようにセプティミウス・セウェルス帝が，新しい属州メソポタミアを建設した．この属州は，東はティグリス川まで，南はシンジャール山地のシンガラまでの，アルメニアの南に位置する地域を含んでいた．この獲得は，パルティア人からかれらが父祖の領地と見なしていた，またその後も見なしつづけた土地を奪ったという点で挑発的なものだったかもしれないが，シリアのローマ諸都市には充分な守りを提供するものだった．これらの都市は，当時の国境線のかなり内側に位置するようになった．これと同時に，ニシビス（現在のヌサイビン），レサイナ，シンガラのようなメソポタミアの諸都市が植民地化された．特に興味を引くのは，セウェルス朝のもとでのヌミディア南部への膨脹である．それはローマ人をサハラ砂漠のはしに沿って西方へ向かわせ，短期間にカステッルム・ディンミディ（メッサドのオアシス）にまで到達させた．オーレス山地の南と西の縁の航空写真や野外調査によって，ローマ時代の田畑の区画，灌漑工事，入植地の模様が明らかになった．そのスケールの大きさと技術の精巧さは，歴史上の他のどの時代にも達成されなかったものである．さらに北の，オーレス山地とシティフィス（現在のセティフ）の間の平原には，セウェルス朝末期の碑文ではカステッラ（とりで）と呼ばれている堅固な町を中核として組織された大規模な居住地の跡をたどることができる．3世紀のはじめはローマ帝国が物理的に最も膨脹した時代で，辺境地域の農業資源の組織的な開発の最もはっきりした痕跡が残っている．

1，2世紀が経過する間に，ローマ帝国の属州は，着実に繁栄の度合を増していった．これを如実に示しているのが，こわれた陶器の巨大な山（高さ50m）にみられるワインとオリーヴ油の，特にヒスパニアからの輸入の痕跡である．この山はローマの古代の倉庫街にあり，"陶器のかけらの丘"の名で知られている．2，3世紀には，ヌミディアとアフリカから輸入される品が，オリーヴ油市場において主要な地位を占めるようになった．総督統治下のアフリカにある大都市テュスドロス（エル・ジェム）は，3世紀のはじめにつくられた巨大な円形闘技場（帝国内で3番目に大きい）とその豊かなモザイクで知られているが，その繁栄をオリーヴ油の輸出貿易の発展に負っていた．ヌミディアでは，同じような基盤の上に，堅固な村落共同体や町を中心に豊かな内陸経済が発展した．首都ローマの市場では，アフリカから供給される穀物が，他の産地から運ばれてくる穀物や，あるいはイタリア内で生産される穀物をはるかに凌駕していた．アフリカの穀物は，属州でもローマでも，帝国の代理業者によって管理され，特殊な方法による生産と輸送がなされていた．ブリタンニア，北ガッリア，ゲルマニア，ドナウ川流域のような帝国の他の地域は，今日なら低開発国と呼ばれるような状態から出発したにもかかわらず，高水準の物質文化を生み出した．

ローマ帝国の富はもっぱら土地に基づいていた．商業活動は，アレクサンドリア，パルミュラ，ドゥラ・エウロポスのような大交易都市にとって根本をなすものであったし，トリポリタニアのレプティス・マグナのような沿岸の諸都市にとっても重要な役割を果していたが，帝国全体の富を生み出すものとしては農業にはかなわなかった．いずれにせよ，帝国の交易や商業の大部分は，地方的な範囲のものに限られていた（この証拠としては，陸上輸送のコスト高をあげるだけで充分だろう）．また，都市における商業活動の担い手は，多くの場合，土地所有者本人かその代理業者だった．工業活動もかつて想像されていた以上に重要であったし，帝国内の諸都市での物質的な生活様式に明らかに影響を与えていたけれども，大規模生産を可能にする程発達してはいなかった．

したがって，ローマ帝国の顕著な都市の繁栄は，農民の生産活動によって生み出された富に基づいていたのである．と

ヘリオガバルス発行の貨幣に4頭立ての馬車で運ばれる火として表現されたエメサの太陽神．ヘリオガバルス自身はこの祭儀の少年神官だったが，皇帝になった際にこの神をローマへ持ち込んだ．

106年までの帝国の属州と辺境

トラヤヌス帝によるダキア戦役の終結によって、ローマ帝国の膨張は事実上頂点に達した。フラウィウス朝の"アグリ・デクマテス（十分の一税の土地）"の併合によって、北部地域の国境線は可能な限り短いものになった。はじめアウグストゥスはさらに中部ヨーロッパへ進出することを企図していたが、後にそれを断念し、その計画が再び取りあげられることはなかった。ダキアは見かけほどは攻撃をうけやすくはなかった。というのは、その境界は天然の地形に基づいており、その東方と西方でローマ軍がこの地域を管理していたからである。しかし、3世紀になると、ローマの主要な属州のうちでダキアだけが放棄されてしまった（p.171、173の地図参照）。ローマが106年以降に獲得した領土のうちで注目に値するのは、メソポタミアの併合と、マウレタニアのいくつかの地点で一時的に前進したことくらいである。

"元老院の属州"と"皇帝の属州"との形式上の区別は、実質的には次第に解消されつつあったが、依然として有効だった。しかし、2、3世紀には、統治を容易にするために属州が分割され、その数が著しく増加した。セウェルス朝時代と四分割統治時代の属州を比べよ（p.173の地図を参照）。

ころが、この農民について現存する史料からはっきりわかることは、比較的わずかなことにすぎない。この農民の地位は大きく異なっていたが、その多くは土地所有者の小作人か、皇帝の小作人だった。土地所有者は、地方に居住していることもあったし、不在地主の場合もあった。帝国中に広がる皇帝の所有地は、寄贈や没収によって、また遺言を残さずに持ち主が死亡した場合などに皇帝の所有に帰したもので、非常に広大なものだった。不在地主の場合、所領の管理は普通代理人によって行われたが、皇帝の所有地の場合はプロクラトル（財務管理者）によって行われた。北アフリカの一部でのかれらの暴虐な行動は、皇帝の小作人、つまりコロヌスが起こした保護を得るための企ての成功を記録した碑文によって、たまたま知られている。

農業開発によって生み出された富の程度はかなりの隔たりがあり、一方の極には、アテナイのヘロデス・アッティクスのように、莫大な資産をもった地主もいた。しかしながら、特に小さな都市の地主たちの多くは、市参事会員の資格に必要な登録財産10万セステルティウスという比較的地味な数字にかろうじて届く程度だった。それよりも低い水準では、自由農民層が帝国の至るところに存在していたことが明らかであり、かれらは時には実質的な農場主ということもあったし、小自作農という場合もあったが、自分たちの土地をもち、生産物を地方市場に出荷していた。

1、2世紀における帝国西部の属州の経済発展を物語るものとして、この時代の非常に重要なラテン語著作家たちの出身地をあげることができる。コルドゥバ出身のセネカ父子とルカヌスにつづいて、詩人のマルティアリス、それに修辞学者のクインティリアヌスもスペインの出身だった（前者の生まれた都市はビルビリス、後者はカラグッリス）。風刺詩人ユウェナリスはアフリカの出身ではないかといわれてきたが、おそらく中部イタリアのアクイヌムの出身らしいし、小プリニウスはポー川北側のコムム（コモ）出身のイタリア人だった。しかしながら、タキトゥスは南ガッリアの人で、フォルム・ユリイ（フレジュス）出身の裕福な一族の娘を妻としていた。次の人たちによって、アフリカは特に貴重な貢献をした。アフリカのヒッポ・レギウス出身の伝記作家スエトニウス、キルタ出身のフロンティヌス、フラウィウス朝時代に建設された植民地マダウロス出身のアプレイウス、カルタゴ出身のキリスト教著述家テルトゥッリアヌスらである。パンノニアからは、4世紀はじめのポエトウィオ（プトゥイ、かつてのペ

文化的で強大な帝国

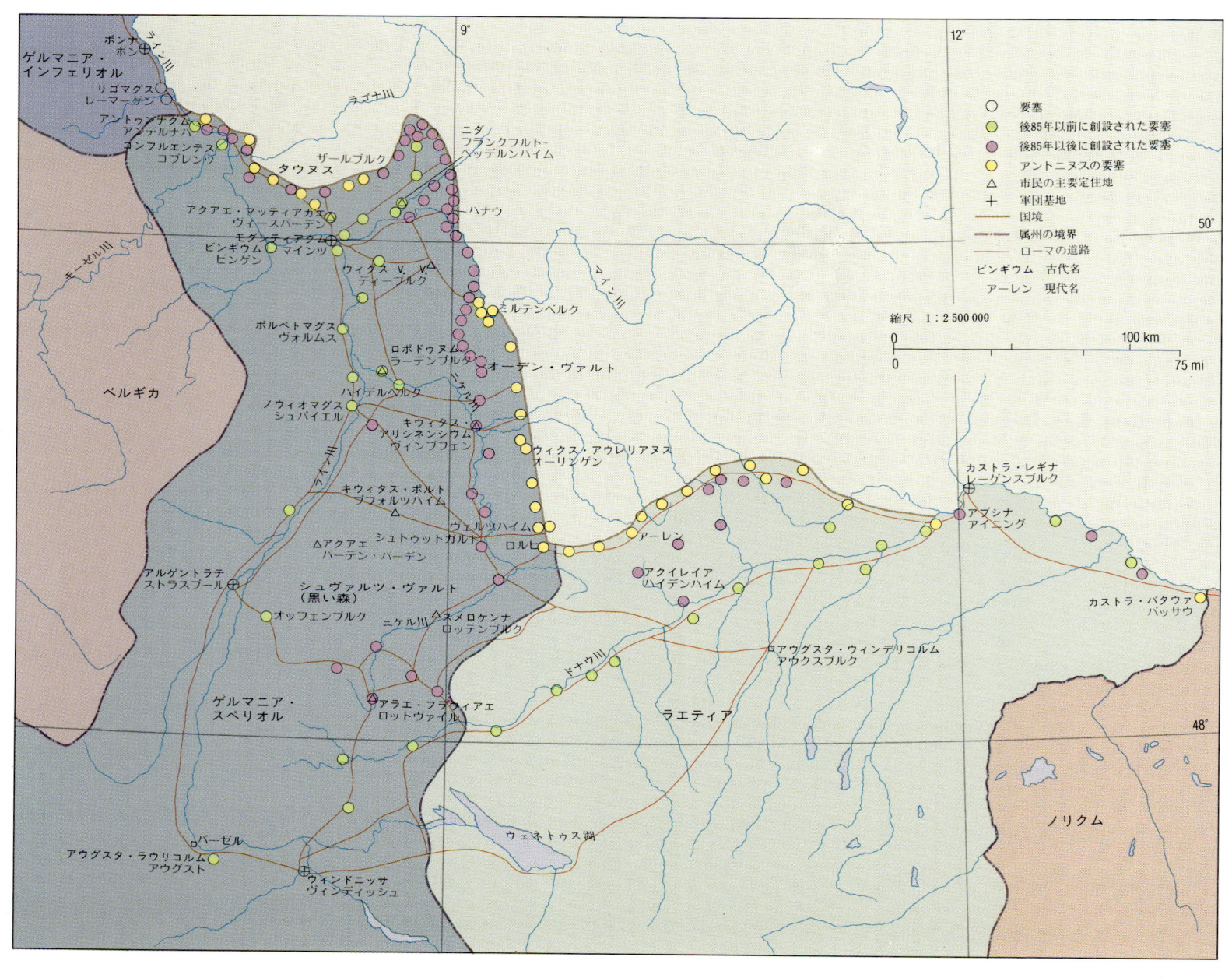

ットゥ）の司教ウィクトリヌスまで，名前の知られた著述家は出なかった．ブリタンニアからは，さらにほぼ100年の間，記録に残るような人は出ていない．しかし，あくまで表面上のことにすぎない．ガッリア中西部からは，1，2，3世紀の長い沈黙を経て，突然4世紀にすぐれた著述家たちが輩出した．このことは，過去においてこの属州がローマの文化の影響にあずかっていたと考えなくては理解しにくい．ブリタンニアでは『アエネイス』の場面がモザイクで描かれたばかりでなく，硬貨にもウェルギリウスのことが刻まれている．このようなローマ貨幣は，知られている唯一の例である．また，ブリタンニアで話されていたラテン語は，明らかに高い水準のものであったとみられている．

帝政時代の最初の2世紀の間，ローマ市民権が個人や共同体に与えられ，次第に市民権が拡大されていったが，このことは，セウェルス朝の時代には，ローマ市民権を保持することが貴重な特権ではなくなっていたことを意味している．紀元212年のアントニヌスの勅法，すなわちカラカッラ帝の勅法によって，帝国のすべての自由人はローマ市民となった．多くの人々にローマ市民権が与えられたことは，このとき以降，カラカッラ帝の公式の命名法に従ってマルクス・アウレリウスの名で記録に登場する人々の数によって明らかである．しかしながら，当時の人々の見解によれば（近代の批判者も同じ見方をしている），この勅法は財政的な手段として以外は重要な意味をもっていなかった．カラカッラ帝は，これによって課税可能な帝国住民の数を増やしたのである．聖パウロが申し立てた（『使徒行伝』22：24以下），ローマの役人の命令によって勝手にむち打たれたりしない特権のような，かつてはローマ市民権に固有の諸特権は，"より高貴な"身分の人々と，"より卑しい"身分の人々（ホネスティオレスとフミリオレス）の間の，いまではもっと厳然とした社会的区別の一部分として存続した．ホネスティオレスは，帝国諸都市の市参事会員とほぼ同じ人々であると考えられ，国営鉱山送り，体罰や拷問（反逆罪のような特に規定されたケースを除けば），火あぶりや野獣を使った処刑のような特定の刑罰を免除された．二つの階級の区別は，ハドリアヌス帝の時代にはじめて法律の条文に現れた．しかし，これよりも前に，そのような区別が実際に適用されていたこと，そしてそれは異なった社会的地位の人間には異なった価値が与えられて当然であるとする，ローマ人の確固とした考えを反映していることは明らかである．

ウェスパシアヌス帝の時代からアントニヌス帝の時代にかけての，ゲルマニアーラエティアの国境
この地図は，辺境の要塞を結んだ線がライン，ドナウの両川沿いからアントニヌス朝時代のさらに遠方の位置まで押し進められるにつれて，国境も不断に前進したことを示している．この新しい国境によって東西間の移動がはるかに容易になったこと，また軍事的展開がはるかに自由になったことも明らかである．しかしながら，前進した国境それ自体は，大規模な物理的障壁ではなく，主として道徳的威信に基づいていた．帝国末期には併合された地域が放棄され，再び国境の防衛はライン，ドナウの両川に依拠するようになり，両川の川岸やローマ側に築かれた防衛陣地によって厳重に固められた（p.192の地図参照）．

支配階級の出身地の広がり

フラウィウス朝，アントニヌス朝，セウェルス朝の皇帝たちの出身地は，社会的にみて，ローマ世界における参政権の着実な拡大と経済の発展を反映している．フラウィウス家は，昔サビニ族が住んでいた地域にあるレアテ（リエーティ）の市民の家柄の出だった．ウェスパシアヌスは，ユリウス＝クラウディウス朝の時代の濫費の後で，イタリアや属州出身の新しい人々に固有の家庭的な，つつましい雰囲気を助長した，とタキトゥスは述べている．トラヤヌスとハドリアヌスは，スペインのバエティカ地方のイタリカ市の出身だった．アントニヌス・ピウスは，古い部族の根拠地で，南ガッリアのローマ植民市ネマウス（ニーム）の出身だった．また，かれの王朝は，夭逝したアエリウス・カエサルや，マルクス・アウレリウス（かれの祖父はスペイン出身だった）を通して，1，2世紀に西方の貴族たちの間でよくみられたような，属州とイタリアの富裕な家族同士の結合の例を示している．セプティミウス・セウェルスとかれの一族は，さらに遠くまでこの範囲を広げた．セウェルス自身は，古いフェニキア都市レプティス・マグナの出身だった．この都市は，その地の有力者たちの気前のよさのおかげで，ローマ帝国のもとでその繁栄と市民の誇りがすでに知られていた．セプティミウス・セウェルスは共和政末期にイタリアからアフリカへ移住した家族の子孫ではないかといわれてきた．セネカや詩人ルカヌスのようなローマで元老院議員となった属州出身者，それにおそらく皇帝トラヤヌスの血筋も，実はこのようなものであった．しかし，セウェルスが実のところレプティスのフェニキア系の有力な一族に属していたことは確かなようである．かれの曽祖父は1世紀の終りに元老院議員としてローマへやってきた．シリアで勤務しているときに出会ったユリア・ドンナとの結婚によって，セウェルスは東方の名家と縁組みを結んだ．われわれはすでに，ヘリオガバルスとアレキサンデル・セウェルスというシリア系の血を引く候補者が皇帝に就任した際に，この結婚の政治的な影響をみた．一般にはトラキア人マクシミヌスとして知られている，ドナウ川地方出身のガイウス・ユリウス・マクシミヌス帝の即位は，ローマの政治的生活の社会的基盤の拡大における一つの新しい要素を示している．

皇帝たちの家系は，ローマ帝国の統治階級である元老院議員や騎士たちの中で，属州出身者の占める割合が拡大したことを反映している．現存史料は広範囲に及んでいるが，これを土台にして統計学的な正確さを求めることはできない．しかし，ユリウス＝クラウディウス朝時代に中・北部イタリア，南ガッリア，スペインの出身者として知られていたこれらの元老院議員につづいて，フラウィウス朝の諸皇帝のもとでは，アフリカ出身の野心家たちが登場したことがはっきりしている．アフリカでは，広大で肥沃な周辺地域を有するキルタ（コンスタンティン）市が，特に目立った役割を果していた．エペソスやペルガモンのような，小アジアのギリシア諸都市がすぐに頭角を現した．2世紀のはじめ，トラヤヌス帝はその結果についてはよくわからないが，すべての元老院議員はその所有する土地の3分の1をイタリア内に所有しなくてはならないという条件を課した．明らかにかれは，イタリアとつながりをもたず，ローマの元老院議員としての完全な義務遂行を約束できそうにもない属州出身の元老院議員の数が増えることに，懸念を抱いていた．

この時代の元老院議員の出身地である属州のリストから帝国のいくつかの地方が抜けているのが，注意を引く．北ガッリア，西ガッリア，ゲルマニア，ブリタンニア，ドナウ川流域の属州からは，議員が輩出していない．ところが，これらの地域が元老院議員を生み出すだけの経済力を欠いていたと信ずべき理由は何もないのである．事実，1世紀のクラウディウス帝の政策の批判者たちには，ガッリアの名士たちの多くは，もし元老院議員身分が認められたとしたら，その富裕ぶりでイタリア出身の人々をはるかにしのいでいただろうと思われていた（タキトゥス，『年代記』11：23）．ブリタンニアの場合のように，帝国の中心からの純然たる距離的遠さが，明らかに要因となっている場合もあった．ところが，特にガッリアのような他の地方では，既存の社会形態がその地方特有の形を示す傾向にあった．それは，地中海沿岸のより都会的な生活様式よりは，田園やウィッラの経済を基盤としていた．ダルマティアの場合，沿岸の諸都市は，元老院議員の身分を確立するのに必要な富を生み出すだけの豊かな農業後背地を欠いていた．バルカン半島内陸部の経済は，常にローマ軍の存在と密接に結びついていた．パンノニア出身の元老院議員としては，1，2世紀を通してポエトウィオ出身のウァレリウス・マクシミアヌスだけが知られている．かれが元老院議員の地位へ昇進し，184年から翌年にかけて執政官に選ばれた理由は，休みなしに軍務にはげんだこと，特にマルクス・アウレリウスの戦役に従軍したことである．マクシミアヌスは，3，4世紀におけるローマ支配層の変質の格好な先例を提供している．元老院に出席するためとか執政官に就任するために，かれがローマへ赴いたということはありそうにもない．かれは留守のまま執政官職を保持したのだろう．帝国への奉仕によってその地位を手に入れたこと，しかしローマで元老院の政治的・社会的生活に参加しなかったことで，マクシミアヌスは帝政末期における属州出身の元老院階級の成長を先取りしている．

このように，帝政初期の支配階層の社会的基盤の拡大は，二つのことに表われていた．一つは1，2世紀の"ローマの平和（パクス・ロマーナ）"のもとで徐々に現れてきた属州の富の増大で，もう一つは皇帝と帝国への奉仕の伝統である．それは，人々を行政職に就け，貴族の身分を与えたが，ローマの元老院議員の伝統的な義務にかれらを巻き込むことはしなかった．この発展の中で，元老院の重要性は，その政治的な機能からローマ社会においてのある階級を代表するものとしての役割へと移行した．

通常の元老院議員の経歴は幅の広いもので，武官に偏ったり文官に偏ったりすることはあったが，両者の間には，はっきりとした，あるいは正式の区分は存在しなかった．この通常の元老院議員の経歴とは別に，騎士階級の人々にも同じような機会が生まれてきた．かれらはプロクラトル（財務管理者）に任命されたが，この職は属州にある皇帝の領地に関連した行政官の地位だったが，広範囲な職務を担うようになっていた．その職務において，プロクラトルは公式の権限を与えられた属州の総督と並んで，重要な役割を果した．法学者ウルピアヌスの見解によると，プロコンスルと皇帝領のプロクラトルの両者の利害に関係した財政上の事柄において，通常プロコンスルの方が「慎しみ深かった」（『学説彙集』1．16．9）．このような地位から，プロクラトルは騎士階級の管轄にある比較的小さな属州の総督の地位に出世することも可能だった．かれらの出世の頂点は，高位のプラエフェクトゥスだった（p.74 参照）．

文化的で強大な帝国

左 "クレメンティア（慈悲深さ）"と呼ばれている2世紀末のローマの石棺．共和政時代と同様に帝政初期のローマの将軍たちは元老院議員だった．かれらは戦場での成功が職業軍人のみに限られたものでなく，市民として，また軍人としての資質を統合した，統一のとれた生活様式の一部であるとみなされていた社会の出身だった．この石棺では，このイデオロギーはいわば逆の意味に用いられている．故人は護衛の兵士たちと戦利品に囲まれ，勝利を得た将軍として表現されている．かれは敗北した敵をゆるし，勝利の女神を表した人物によって冠を授けられている．

帝国の言語的区分と都市の分布に関連した自然条件
ここに示した都市の分布は，都市の法制上の立場よりもむしろ，都市の自然の法則に従った発展に基づいている．法制上の立場は非常に多様な経済の機能を隠してしまうことがある．最も北部の属州では，ウィッラの文化の重要性が再び強調されるべきだろう（p.82参照）．砂漠と接した南部や東部では，都市化と通常の農業開発の限界を示している250 mmの等雨量線の関係が注意を引く．この限界の外側に位置する都市は，オアシスか大河による遠方の山地からの水の供給に依拠している．オリーヴが成育する区域と，都市化の区域との一致も明らかである．

これらの経歴が示しているような，経歴の形式化といったことをあまり過大視してはいけない．ある人の昇進に関して決定的な要素は，それがどのようなタイプの出世だろうと，有力な保護を手に入れること，あるいは他の人々が気づかれずにいるときに，偶然，幸運な瞬間にかれの価値を皇帝に認めてもらうことかもしれない．しかし，プロクラトルに昇進した人にあてたマルクス・アウレリウス帝の任命の手紙には，皇帝の愛顧を保つには，精力的で誠実な行動が必要なことが強調されている．これは，このような地位にふさわしい行動の規範をはっきり暗示している．プロクラトルの地位の等級は，それに付随した給料によって規定されていた．たとえば年俸10万セステルティウスの"ケンテナリー"，20万セステルティウスの"ドゥケナリー"のプロクラトルたちといった具合である．この事実は，少なくともここに"官僚"組織の始まりがあることを示唆している．このことは，ローマ末期の起源を考える上で重要である．

政治的な公職に就任しようとする人々に要求されている財産上の資格は，帝国のこうした"官僚貴族"を形成する人々が，いまだに富裕な上流階級の出身だったことを裏づけている．かれらは経歴とか訓練によって専門化した官僚ではなく，ローマ帝国の伝統的な文学的教養の教育をうけた人たちだった．文学教育が，良い為政者に必要な道徳的適性を与えるものと考えられていた．そして帝政末期になってようやく，専門家としての能力の方が優先すると考えられるようになった．

統治と修辞学

ローマ帝国の実際の統治方法は，フラウィウス朝からセウェルス朝までの時代を通して，ほとんど変化しなかった．軍事政策にかかわる事柄を除けば，皇帝は通常自分の方から率先して主導権を発揮することはなかったし，それをする用意もなかった．皇帝たちは世論に耳を傾けるための手段をもたなかったし，その必要も感じなかった．また，近代の統治では当然のこととされている，積極的な政策立案のための機関を工夫することもしなかった．属州の総督たちは，普通皇帝からのごく大まかな指示のみをもとに，自分たちの判断に従ってかれらの属州を統治した．皇帝が干渉した少数の分野のひとつに，諸都市の財政管理があった．皇帝の干渉は，時代が進むにつれて厳しくなっていった．皇帝が取った方法の一つは，都市の財政を監督する役人を任命すること，もう一つは財政問題に関連した都市の法令には皇帝または属州総督の同意を必要とするようにさせたことである．通常皇帝たちは，かれらに対する訴えに答えるという形で統治を行った．かりにある都市が皇帝に請願したいと思ったら，その都市は通常次のような手順をふんでそれを行った．まず，議会が適当な形の法令を可決し，次に皇帝のもとにその法令を送るのである．それには，属州総督を取り次とする書簡による場合と，その法令を擁護する陳述を行うよう委任された使節を派遣する場合があった．碑文が伝えるところによると，この使節に参加したり，経済的に後援したりすることは，地方都市の指導的な人々が，自分たちの市民としての気前のよさを示すために，最もひんぱんにとった方法の一つだった．

多くの逸話や，修辞学の手引き書に書かれた忠告が示しているように，使節の通常の行動は単純で，かれらは皇帝の前に進み出て，法令を提示し，できる限り説得力を駆使して，その法令を擁護する陳述を行えばよかった．当然この行動は，修辞学（まさに説得の技術である）を駆使することを必要としていた．また，このような実用性という背景に照らしてみれば，アントニヌス時代のローマ帝国で，修辞学が享受していた非常に大きな威信も，少なくともある程度まで理解することができるわけである．"第二ソフィスト運動"として知られる文学運動の特徴は，"鑑賞用雄弁術"と呼ばれてきた形式を生み出すために，文学的教養と哲学的教養とを融合したことである．この雄弁術（主にギリシア語の作品が多く残っているが，ラテン語の例もいくつかある）が典拠としたのは，過去の文学，特にホメロスおよび前4，5世紀のギリシアの著作家や雄弁家だった．ある逸話が伝えているところによると，1人のアラビア人のソフィストがゲルマニアにいる

カラカッラ帝に向かって，自らをマケドニアのピリッポス王の前に進み出たデモステネスになぞらえている．このたとえは無理なこじつけで，飛躍しすぎていると思われる．ところが，その場にふさわしい素養をもった当時の人々はみな，それを理解したのである．より現実的な議論も，このような傾向を避けられなかった．ローマ帝国下のギリシア人は常に遠い過去に言及することで，当時政治的には自分たちがまったく無力だったことの埋合せをしていたように思われる．

ローマの貨幣は，ここに示したトラヤヌス帝発行の貨幣のように，近代人がみたら社会政策と呼ぶようなものを時おり例示している．ここでは"扶養計画"が示されている．この政策によって，地方の財産への課税に基づいた児童手当がイタリア諸都市の幼い少年少女のために支給されていた．この貨幣は，皇帝から手当をうけるために子供たちが手を差し出している様子を示していて，慈悲心にあふれた家族主義の精神を見事に捉えている．

市民の気前のよさ：アントニヌス時代の性格

フラウィウス朝からセウェルス朝にかけての時代は，ローマ帝国の物質的繁栄が最も印象的に感じられる時代である．現在も残っている，主としてこの時代の属州の諸都市の遺跡は，ギボンにとってそれ自体，これらの属州が「洗練された強大な帝国においてかつて重要な位置を占めていた」ことの証拠である．記念建造物に関連した建物の銘は，公益の擁護者の名誉を称えて掲げられた記念碑文と同様に，このような都市の威容は諸都市の指導的な人々が公的義務を果すことや自分たちの威信を高めることに没頭したことによって達成されたことを示している．属州の市参事会員階層の中の富裕者と認められるこれらの名士たちは，喜んで気前のよいところを見せてやろうと，自分たちの都市環境を物質的に快適にさせるさまざまなものばかりでなく，社会的に必要な多くのものを提供する責任を引きうけていた．これには，たとえばコムギやワインの配給，公衆浴場の運営，競技会の主催，街路の掃除や照明，周辺の農村地域の秩序維持，さらにその財政や法の運用にかかわる多くの事柄の監督などがあった．使節として外国へ旅したのは，この階層に属する人々だった．かれらは市民としての誇りや気前のよさを発揮する機会として，この役を買って出たのである．

帝政初期の諸都市の社会生活を支えていた気前のよい精神は，公職やそれに伴う義務を引きうけるのをためらうような態度に取って代わられるようになってきていたが，このような徴候は，2世紀の終りから3世紀のはじめにかけてみえ始めていた．公職に就くことを避けようとするこの傾向は，もし増大していれば，帝国における都市の繁栄の本質をゆるがすような脅威となったはずであるが，それがどの程度にまで及んでいたのか，またその原因がどこにあるのか，充分に理解されてはいない．一つの要因は，都市参事会員階級の内部で少数の特に富裕な人々の影響力が増大したことにあったよ

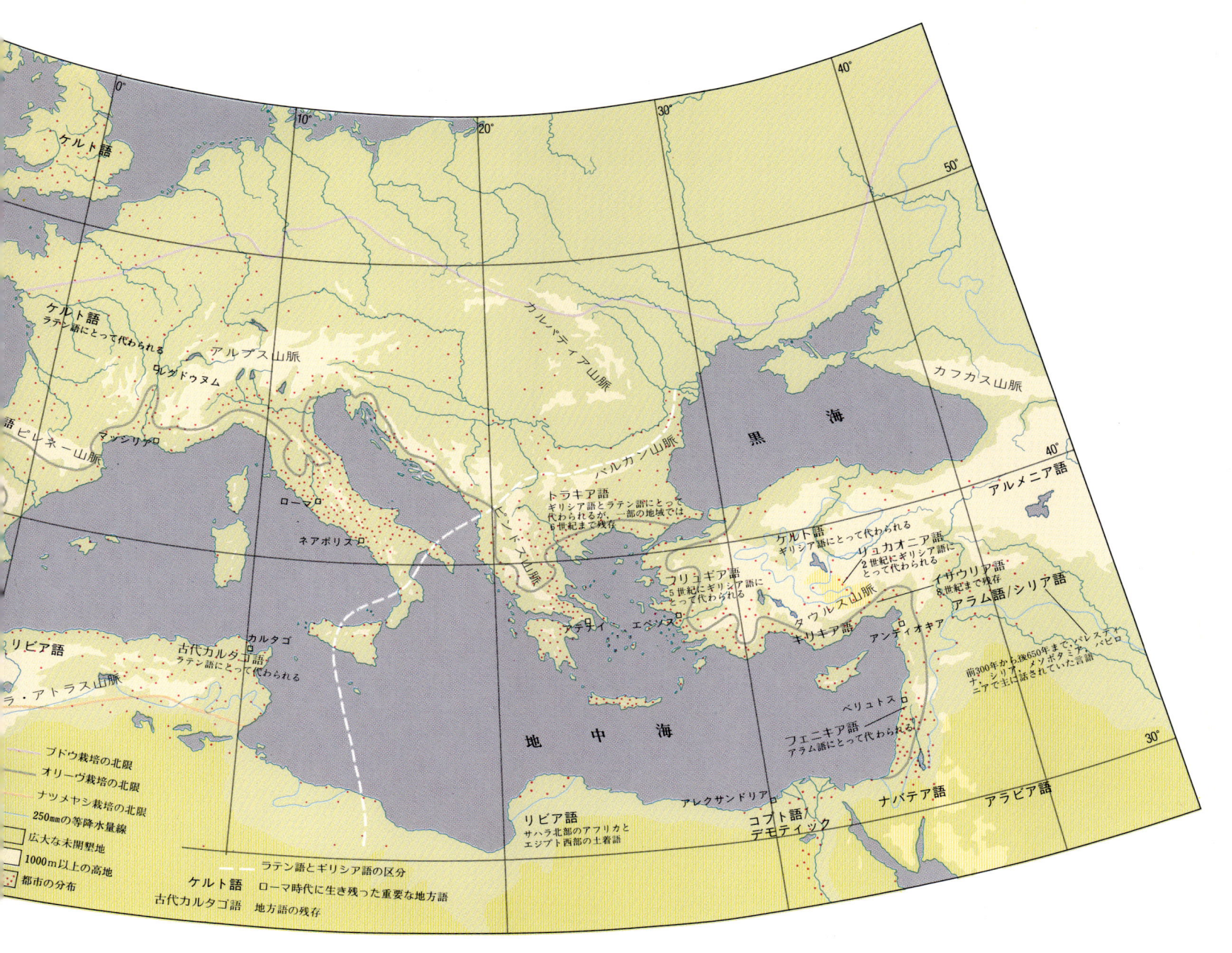

文化的で強大な帝国

うに思われる．かれらのお互いのライバル意識や，他の都市の同輩に対するライバル意識が，気前のよさを発揮するのに必要な経費をかれらのみが到達できる水準にまで引き上げてしまう傾向があったのである．同時に，かれらはその政治的影響力を行使することによって，魅力の少ない公的な義務を自分たちの同僚たちよりもうまく免れることができたのである．

　もう一つの要因は，市政の問題に関して皇帝の影響力が増大したことである．1世紀の終りから，皇帝たちは諸都市の財政運営により直接的に干渉するようになっていった．たとえば，個々の都市を監督するために，役人（クラトル）を派遣したり，属州の総督たちにより明確な委託条件を課したりした．トラヤヌス帝の時代に，属州ビテュニア・ポントゥスの総督に任命された小プリニウスの書簡は，自分の属州の各都市の財政について詳しく調査するようにとの指示をうけていた総督のことを伝えている．トラヤヌスは，「多くの事柄が是正を必要としているように思えるので」と記している．都市の財政に対する中央政府のこのような関心は，財政の逼迫よりも無統制な出費によって生じたように思われる．プリニウスがトラヤヌス帝にあてた書簡は，ある種の資金不足ではなく，都市の財源の管理の失敗，中途で放棄されたあまりにも野心的な建設計画，個人による公金の横領のような諸問題を伝えている．もしこれがビテュニア・ポントゥスについても当てはまるなら，そのことは繁栄を謳歌していた隣接する小アジアの属州に，より一層当てはまったはずである．ビテュニア・ポントゥスも小アジアも，皇帝の関心を引かざるをえない都市の動揺というもう一つの特徴を示している．それは上流階級の人々間での勢力争いによって都市の内部に生じたものであり，またアジアではエペソスとスミュルナ，ビテュニアではニカエアとニコメディアのように，諸都市間の対立によっても生じた．これは党派争いや暴動を引き起こしたから，歴代の皇帝がそれを無視できなかったことはいうまでもない．

　アントニヌス時代の都市の繁栄は，豊かな公共心と個人主義という潜在的に相容れない二つの特徴のみごとな結合によるものであった．この結合は，徳とは本来公的な，つまり事実上市民としての徳を意味するのだとする古典的認識に基づいていた．同時に，2世紀を特徴づけているのは，個人主義の発展である（pp.176-177参照）．それはたとえば，アプレイウスの『転身譜（黄金のロバ）』の第10巻で言及されたイシスの礼拝や，キリスト教のような個人救済の宗教の人気の高まりを伴っていた．アエリウス・アリステイデスの『夢の書』は，個人と保護神である医術の神アスクレピオスの関係を伝えている．かれの記述によると，この神は夢や幻覚を通して，自らかれの帰依者へ語りかけている．アリステイデスはノイローゼ性のヒポコンデリー患者だったが，ヒポコンデリーは自分の中へ没入することに他ならない．それは，アントニヌス時代のより大きな不安を感じさせる特徴の一つとしてよく記述されてきた．医師ガレノスの途方もない名声は，多分この時代の様子を具体的に表したものである．かれら個人の才能に基づいた"第二ソフィスト運動"のソフィストや教師たちの個々の名声は，ソフィストたちの伝記を書いたピロストラトスによって巧みに描かれている．ピロストラトスは，有名な賢者で奇跡を行う人でもあったテュアナのアポロニオスの生涯と旅行についての物語も著した．アポロニオスには祭儀が捧げられ，また奇跡を行ったことで，後にかれはイエス・キリストと比較されるようになった．かれは，ルキアノスの著作の中で風刺的に紹介されている，ペレグリヌスやアバウノテイコスのアレクサンドロスのような宗教的な霊感をもった哲学者や賢者と同列に置くことができる．

　アントニヌス時代の基本的な性格は，この時代が私的な個人主義と公的な気前のよさの間につくり上げたバランスの中に存在していた，と要約することができる．この私的な個人主義と公的な気前のよさは，互いに他を補強し合っていたことがわかる．ギボンがこの時代に発見した，「ゆっくりとした効き目の，見えない毒」は，平和にひたりきっていた人々が自由の精神を喪失していたということよりも，むしろ私的な個人主義があふれんばかりに成長していたこと，そして集団的な公的責任という理想がそれを支えるのにふさわしい地位にあった多くの人々の間で，次第に弱いものになっていたことによるのかもしれない．この時代，諸都市とその有力な市民たちの生活は，何不自由なく繁栄することができた．またマルクス・アウレリウス帝の戦役は，これから起こることの不吉な前兆ではあったけれど，帝国は実際に被害をもたらすような軍事的脅威をうけていなかった．アントニヌス時代の繁栄が消えうせ，新しい社会秩序が徐々に現れてくるのは，3世紀の235年以降，根本的に変化した軍事的・経済的・政治的状況の中でのことだった．

ポンペイ市民と，剣闘士の試合を見るためにこの都市を訪れていた近郊のヌケリア市民の間で起こった騒動．ネロの時代の一エピソードとして，ポンペイの壁画に描かれている．この騒動では，数に勝るポンペイ市民が優位に立ち，このため「多くのヌケリア市民は，わが子や親たちの死をいたむことになったし，他にも負傷して家へ運ばれた者がいた」（タキトゥス）．この騒動は試合の際の無礼な言葉のやり取りから始まったが，それが暴力的にエスカレートしたことで，さらに根深い都市同士のライバル意識が露呈された．このことは，「ヌケリア市民に災あれ！」というポンペイの落書きによっても暗示されている．この事件の結果，円形闘技場は10年間強制的に閉鎖された．都市の内部の，また都市同士の合法的な競争が破壊的な暴力事件となって爆発することもありうるといった状況や，その結果として起こった地方自治の制限が示されている．

第3部　ローマ帝国の属州
PROVINCES OF THE EMPIRE

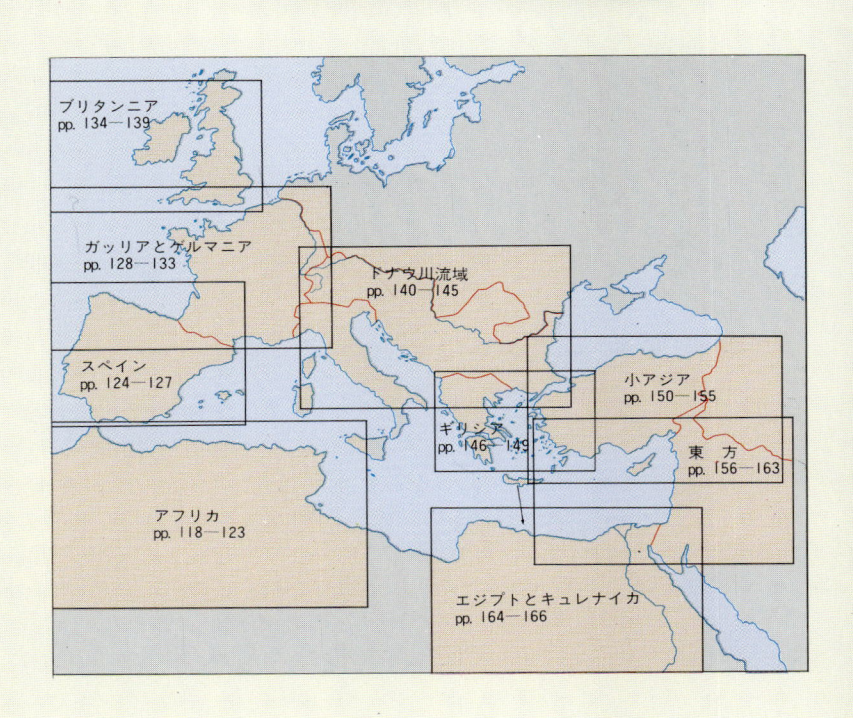

ブリタンニア
pp. 134–139

ガッリアとゲルマニア
pp. 128–133

ドナウ川流域
pp. 140–145

スペイン
pp. 124–127

小アジア
pp. 150–155

ギリシア
pp. 146–149

東方
pp. 156–163

アフリカ
pp. 118–123

エジプトとキュレナイカ
pp. 164–166

ローマ世界の交通

　ローマ帝国のまっすぐに伸びた道路は，綿密に測量されて施工されたものであり，ローマ時代の建造物の中では最も壊れにくいものの一つである．スコットランドからシリア砂漠までのあらゆる地域に，いまもなお道路の跡が明瞭に残っている．道路は最初は軍事用に建設されたものが多かったが，公務の急使のためにも使われた．町と町の間の距離が1日の旅程分以上ある場合には，一般の旅人用に街道に宿場（マンシオネス）が設けられていた．

　道路はまもなく経済面で役に立つようになり，大量の商業運輸に使われた．州境では輸入税が課せられ，帝政時代後期には荷の積み過ぎを防ぐために荷車を検査する任務の役人がいた．道路維持経費の一部は，道が通ることで利益を得る地域社会が負担させられた．

　経済という面からみた場合，陸上輸送，特にかさばる物品の輸送には時間と費用がかかったので，道路はそれほど重要ではなかった．穀物をエジプトやアフリカから海路でローマに送るほうが，南イタリアから陸路で送るよりも安上りだった．帝国の道路を使った商品輸送も大半は一地方内に限られていた．行政効率という面も，使節の体力を考えればそれほど速い旅行はできなかった．それでもなお交通の効率という点では，ローマ帝国はかつてなかったほど秀でており，遠距離間の連絡はよく保たれていて，その後も近代になるまでこの時代を凌ぐものはなかった．

左　ティムガッド（p.123参照）にあったローマ植民市の石畳の大通り（デクマヌス）．この道はランバエシスの軍団陣営に通じ，さらに一般に帝国が率先して開発していた南ヌミディアの平野に通じていた．

上　レプティス・マグナのセウェルス帝の記念門近くの里程標．内陸への道程は44マイルと記されている．

左端下　ガッリア・ローマ美術の浮彫りにみられる馬車．駅馬車を思わせるところがあり，乗客は車の中だけでなく屋根の上にも座っている．このただ堅固なだけの馬車では，たとえローマ帝国の立派な道路を進んだにせよ，陸路の旅はつらいものであったと思われる．

左端上　トラヤヌスがドナウ川に架けさせたドロベタの橋（トラヤヌスの円柱にある簡略な図像より）．有名な建築家，ダマスコスのアポッロドロスの設計．歴史家のディオン・カッシオスはこれをトラヤヌスの最高の業績であると考えた．「この橋には四角い石の橋脚が20本あり，土台を除いた高さは150フィートで，幅は60フィートである．それぞれが120フィートの間隔で建てられ，アーチで結ばれている．」この建造物は水中「深く，渦の巻く川床の泥地に」建てられたもので，土木工事上の奇跡であった．トラヤヌスの死後，ダキア側から近づきにくくするために，橋の上部構造は取り壊されたが，橋脚はそのまま残され，「まるで，人間は工夫次第で何事も成しとげられるということをただ示すためにだけ建てられたかのようである．」

ローマ帝国の道路は，中世には"悪魔の大道"と呼ばれたが，かつて属州であった地域の現代の道路網の基礎となっていることが多い．写真（左中）はイギリスのフォース街道で，エクセターからサマーセットを経てリンカンに至る幹線道路である．曲りくねった地方道路や不規則な形のパッチワークのような畑とは対照的に，まっすぐに伸びている道がみえる．

ポイティンガー地図

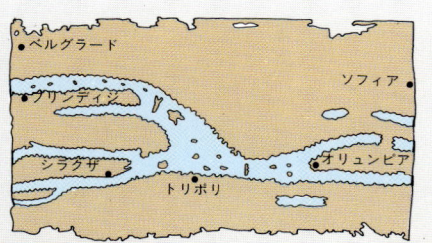

ポイティンガー地図．これはローマ時代後期の原図を 13 世紀に写したもので，アウグスブルクの町役場の 1 人の書記の名がついている．かれはこの地図を 1508 年に人文学者のコンラード・ツェルティスから受け継いだ．この地図は 6.80×0.34 m の 1 巻の絵巻物の形をしており，ブリタンニアからインドまでの既知の世界を表したもの

ローマ世界の交通

であるが，最西端の部分が欠けている．この図（第Ⅵ部分）でもよくわかるように，地形は歪んだ形に描かれている．陸地は水平の帯状に表され，地中海とアドリア海で分けられている．山と川が示され，都市は『高級官職表（東西両部文武百官官位録，ノティティア・ディグニタトゥム）』の挿絵のように，数軒の建物で表示されている（p.118, 124を参照せよ．ローマとオスティアを表すかなり手の込んだ図についてはp.92）．しかし，この地図は地理学的に正確な個所も細部ではいくつかあるが，地理学上の正しさを意図したものとしてみられるべきではない．これはむしろ旅人用の図表であり，町の名と町と町の間の距離と，道路と町の位置関係とを示している．大都会の鉄道路線図が鉄道の通る各地域の実際の相関位置を示すものであるように，これもほぼ同じ方法でローマ帝国の地理を表示している．

アフリカ

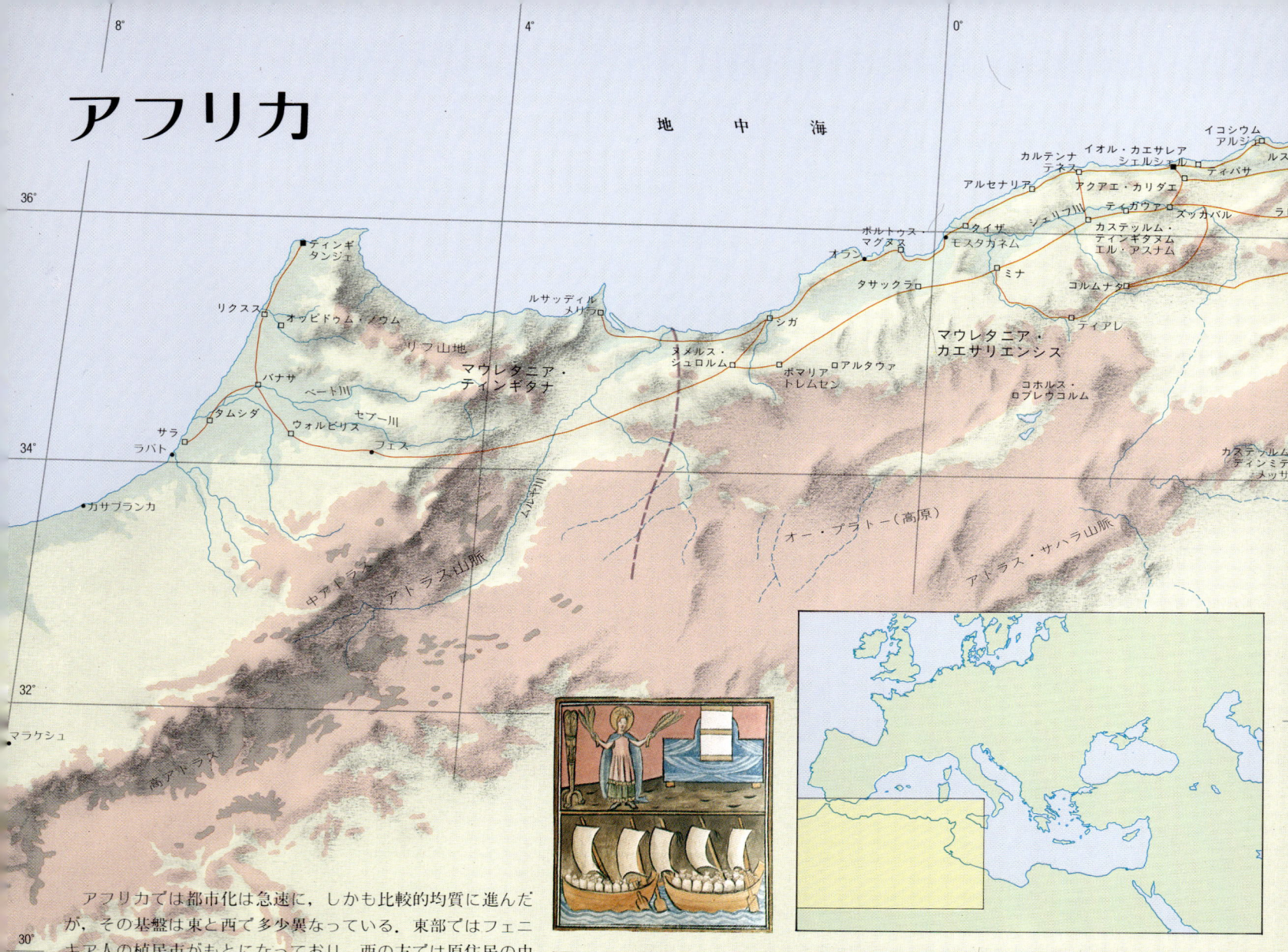

アフリカでは都市化は急速に，しかも比較的均質に進んだが，その基盤は東と西で多少異なっている．東部ではフェニキア人の植民市がもとになっており，西の方では原住民の中心地がローマ化したものである．属州は山脈に沿ってのびていったが，山脈は東西に走っているため，内陸から海岸地帯へ楽に往来できるところはほとんどなかった．2世紀のころオーレス山脈を囲むように町ができ，山中にも入り込んでいった．この山脈の警備はランバエシスの砦にいた1軍団が担当していて，その砦はティムガッドの植民都市に支援されていた．内陸の原住民はかれらの独自性を保った．4世紀のある反乱のときに集められた同盟は，歴史家のアンミアヌス・マルケッリヌス（29．5．28）によれば，"多様な文化"とおそらく"リビア語"の方言であったらしい"多様な言語"の諸民族からなっていた．

ローマ化されたアフリカは，思想の分野で最も活躍した属州の一つに数えることができる．ここは法律家たちの出身地として名高く，多くの元老院議員や騎士たちも輩出し，さらに優れた文学者たちも生まれた．東方とのつながりで早くからキリスト教が伝わり，4世紀にはカトリック派とドナトゥス派との抗争に影響をうけ，教会の監督制度が発達した．

アフリカ経済は外部世界と密接にかかわっており，必ずしも属州アフリカの有利にはならなかった．アフリカ名産のオリーヴ油の輸出では利潤を得たが，ローマへの穀物供給はまったく不利な条件で行われた．この属州が豊かであったことははっきりしているが，利潤の海外流出がなかったなら，さらに大きな富を得ていたはずである．

凡例

- ■ 属州の首都
- □ 軍団の駐屯地
- □ その他の定住地
- ○ 解説がのっている道路
- ● 現代の都市
- ─── 属州の境界線
- ─── ローマ時代の道
- ─── フォッサトゥム（防衛用堀）
- ─── ワジ（水無川）

カプサ　古代名
ガフサ　現代名

標高:
- 2000 m
- 1000 m
- 200 m
- 0
- 海面下

縮尺 1:5 000 000

0　　300 km
0　　200 mi

地図上の破線はこの地域の東西の区分線を明瞭に示している。マウレタニアの"最西"部はまったく遠くにあって、砂漠によって孤立していたので、帝政末期にはスペインの管区の一部として統治された．

『高級官職表』所載の図像（左上）は，4世紀のローマ帝国におけるアフリカの役割を要領よく表象している．上段の婦人は，プロコンスルの標章（p.202参照）に囲まれて，穀物の穂を振り回している．下段には，コムギの袋を積んでローマへ航行中の船が描かれている．

左　ブドウ酒を注ぐ農夫．チュニスのバルド博物館所蔵のモザイク画．この絵は田園生活のいつの世にも変らない面を表している．農夫はワラぶき屋根の小屋の前に座っている．小屋はフェニキア語でマパリアと呼ばれるこの土地の伝統的な様式で建てられている．

右　ウティナ近くの浅い谷間を走る水道．カルタゴは50 kmも離れたザグアン近くの水源から水を引いていた．大規模な水道によって市内に運ばれた水は，ふたのついた大きな貯水槽に貯えられた．

アフリカ

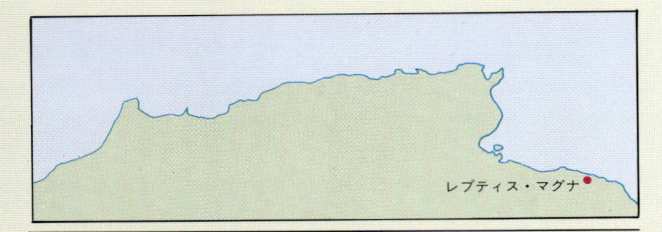

レプティス・マグナ

　レプティス・マグナは3都市という意味のトリポリタニア地域（と現在のトリポリ）の名の因になった3都市の一つであり，おそらく前5世紀にフェニキア人が建設したものである．レプティスの初期の歴史はほとんど知られていないが，フェニキア時代の豊かさは宗主のカルタゴに1日につき1タラントンを納めていたことでもわかるし，また後に，ユリウス・カエサルに対するアフリカの敵対行動に加わった咎で，この市に毎年300万ポンドの油の科料が課せられたことでもわかる．レプティスは帝政時代になっても200年の間発展をつづけたが，特に二つの時期に著しく発展した．最初はアウグストゥスの時代であり，まだ市を支配していたフェニキア人貴族たちが大きな建造物を残した．次はレプティス生れの最も有名な人物セプティミウス・セウェルス帝の時代である．市を訪れた皇帝は新しいフォルムとバシリカを造り，港を改修し，港からハドリアヌスの浴場そばの記念広場に至る堂々たる列柱を建てた．

　帝政時代後期，レプティスの富はやや減少したものの，依然として豊かな市であった．ここはトリポリタニアの知事の所在地であり，この時期の碑文はたくさん残っているが，新規の建設はほとんどなかった．4世紀中葉に，レプティスと近隣諸国は砂漠からの部族の襲来に苦しんだ．ヴァンダル族に支配されてから市の財政は急激に傾き，ビザンティン帝国がこの地を取り戻したときには，ここはすでにひどく荒れ果てていた．

　レプティスの富の一部は交易と商業に由来していた．しかし，主な財源は，後背地の農業がオリーヴとコムギを基礎に発展したことにある．

上　西からみたセウェルスの大フォルムとバシリカ．手前の方にはアウグストゥス時代の市場とカルキディクム（バシリカの付属室）がある．これらの建物は，劇場（次ページ）と同様に，この市のフェニキア人貴族たちが建てたものである．遠くに肥沃な海岸地帯が眺められるが，レプティスの富はまさにその地帯に依存していた．

右　セウェルスのバシリカの壁から張り出した1対の柱のうちの1本の細部．この柱は，後にユスティニアヌス帝がこの廃墟の中にキリスト教聖堂を建てたとき，後陣の側面の保護に再び使われた．彫刻の図像は，レプティスの守護神に数えられたディオニュソス（リーベル・パテル）に関係している．同じようなもう1対の柱にはヘルクレスの生涯に関する場面がみられる．彫刻の様式は，小アジアの帝政期の美術に非常に似ている．

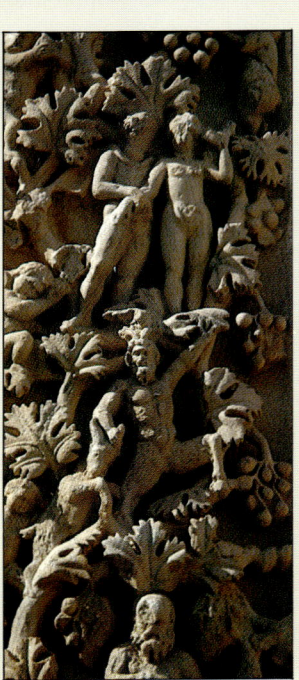

アフリカ

フェニキア人は港の西の岬に住んでいた。道は海岸に沿って西方に走り、レプティスの南の地方に通じていた。これらの道路が後々の市の発展に影響を与えたことは、遺跡の図面（左）をみれば一目瞭然である。港や旧フォルムが劇場と離れており、劇場はフェニキア人の墓地であった地域に後から建てられたものであるから、初期の居住地が拡大されたことがわかる。ローマ時代の最も発展したころの市の範囲を見積るには、未発掘の地域も考えねばならない。競技場は東港の突堤から1000m離れているが、その間の地域は未調査のままである。

上 劇場。ヒミルコ・タパピウスの息子で、フェニキア人貴族のアンノバル・ルフスが後1／2年に建てたもの。左の写真はかれの献呈碑文であり、ラテン語とフェニキア語が美しく刻まれている。アントニヌス朝時代に加えられた舞台正面のすぐ後に中庭と柱廊玄関があり、これはクラウディウス帝時代に神とされた皇帝たち（ディ・アウグスティ）を祀る小神殿を囲んで建てられた。碑文中の"ornator patriae（祖国を飾る人）"という称号は市民の気前の良さを称えるフェニキアの伝統的表現である。称号"sufes（最高官）"はローマの二頭制に相当する市の公職を表したが、レプティスがローマの植民市となった後110年に消滅した。この称号を最後に名乗った人は、レプティスの最大の寄進者であるセプティミウス・セウェルスの祖父であった。

アフリカ

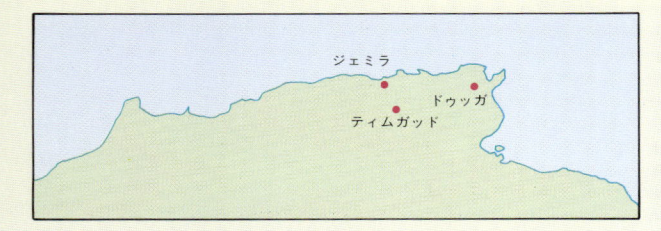

ドゥッガ

　ドゥッガ（古代名はトゥッガ）はカルタゴから西南に約90kmの防御の固い地にある．この市はローマ人の到来するずっと以前から繁栄しており，もともと，フェニキア人と土着リビア人とが融合して住んでいた．市の遺跡の中には，前3世紀末か前2世紀初頭のヌミディアの王子を祀る霊廟があり，フェニキア語とリビア語とで書かれた碑文も残っている．ここが新しい属州アフリカの一部として併合された後でも，ドゥッガの土着の住民はそのまま自分たちの制度によって統治されたのであり，はじめのころカルタゴを頼みの綱としたローマ市民社会と併存して暮らしていた．ドゥッガは3世紀初頭までは正式な自治都市ではなかった．不規則に走る道路（右）と山腹を段々に上っていく建物群をみれば，この地域社会の起源が土着のものであったことがわかる．それでもやはりドゥッガにも，属州のローマ都市にあるべき標準的な設備――カピトリウムの神々の神殿，フォルム，元老院議場など――があった．市の富は下方に広がる平野を開拓して得たものであり，いくつかの壮麗な公共建築物，とりわけ後168／169年に建てられた壮大な劇場とカエレスティス神殿をみれば市の豊かさがよくわかる．

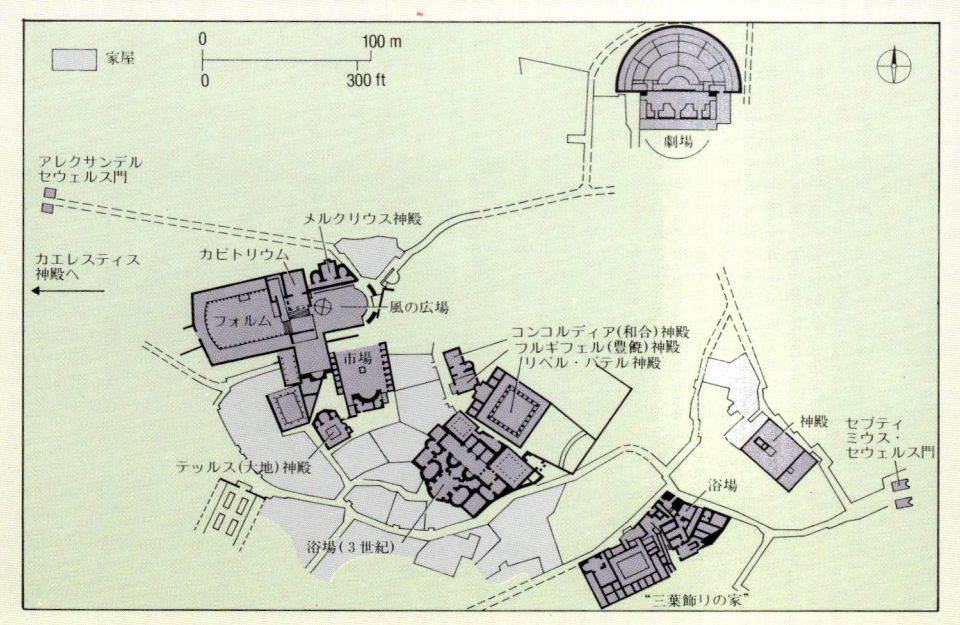

ジェミラの街並をみればこの市の発展の経過が明確にわかる。建設時当初の規則的な地取りは、2世紀に発展した地域のかなり無頓着な形の街並と対照的である。セウェルスのフォルムとバシリカが、現状のやや横に広がった市をまとめるための建築術上の機能を果しているのも明確にみてとれる。遺跡の東南部分は通常"キリスト教地域"と記されるが、厳密にいえば誤解されやすい表示である。キリスト教の建築物は2世紀に住居地として発展した地域に建てられたのであるが、ジェミラのこの区域がキリスト教で、残余の地域は異教のままであったという時期がかつて存在したことを想定すべき理由はない。

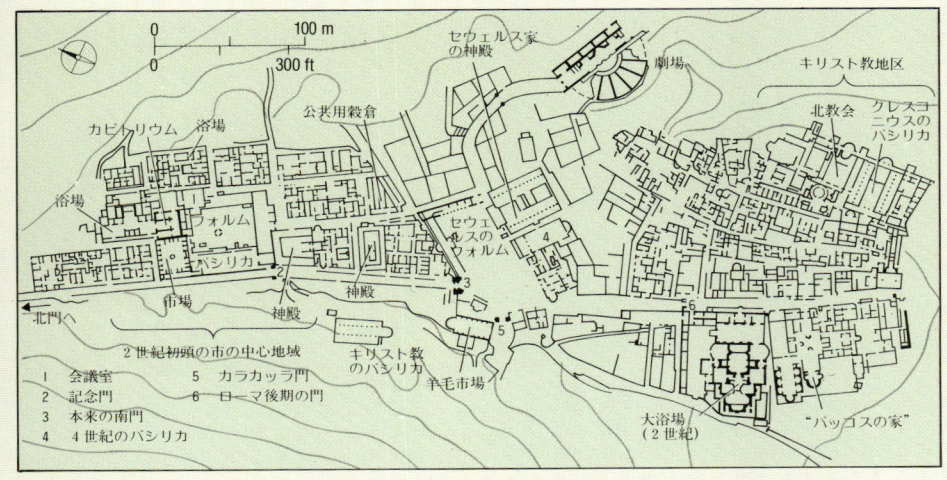

下 ティムガッドのセウェルスの記念門は、ランバエシスからの街道沿いにある植民市の当初の建設区域への入口を示している。これは西門の位置にあるのだが、ティムガッドは2世紀に西門も西壁も越えて発展してしまった。

左上 ドゥッガのカピトリウム神殿は、劇場の寄贈者と同じ一門の人々が166／7年に気前よく奉献したものである。おそらくこの市が丘の斜面にあったために、主フォルムとそれに付属する公共建築物が神殿正面の階段や参道に面しておらず、むしろ側面に面している。神殿の基壇の周壁は、ビザンティン帝国がアフリカを取り戻した時代のものである。

左下 モザイク画は"ディオニュソスとオデュッセウスの家"の一部屋にあったもので、岩の上で竿とたも網を使って釣をしている男が描かれている。この部屋にはこの他に、セイレンのいる岩を通りすぎるオデュッセウスの絵とティレニア海で海賊に遭遇したディオニュソスの絵があり、この絵はその二つのモザイクにみられる海の特徴を補強するための伝統的表現である。

ジェミラ

ジェミラ（古代名はクイクル）はネルウァ帝またはトラヤヌス帝の時代に、シッカ・ウェネリア（エル・ケフ）からキルタ（コンスタンティヌ）へ至る街道沿いに建てられた退役兵の植民都市の一つであった。まもなく、ここ以外のアフリカの諸地域からも人々がやってきて住みついたので、クイクルは急速に当初の規模よりも大きくなった。市は南に広がり、入植地の背後にある丘陵の斜面を上っていった。2世紀にその地域に劇場と浴場建築物が建てられると、市の中心地が本来の中心地からずれてしまい、セウェルス朝時代に均衡を回復させるために、新しいフォルムやバシリカやその他の記念建築物が建てられた。クイクルはローマ時代後期とビザンティン時代になっても重要であった。4世紀の聖堂と主教館が市の東南部分に建設されたが、この地域でもまた旧フォルム地域でも、家屋は後期の質の高いモザイクで飾られていた。おそらく、クイクルは農業資源の開拓によって栄えたのであろう。

ティムガッド

左の航空写真で明瞭であるように、ティムガッド（古代名はタムガディ）は碁盤の目状に設計されている。それは、ランバエシスに駐屯していた第3軍団が後100年に退役兵用の植民市としてここを建設したからである。2世紀中葉には、すでに市の当初の囲いの外にまで住居地が広がっていた。西側と西南側で特にはっきりみられるように、新しい郊外は軍事用に考えられた設計を小気味よいほどに無視して発展した。この市は非常にうまく建設されており、快適な市民生活に必要な施設はすべて整っていた（少なくとも14組の浴場建築物が認められている）。ここには図書館があり、4世紀には多くの教会とともにドナトゥス派の大バシリカもあった。

スペイン

　イベリア半島では，ローマ人はまず東の海岸線に住みつき，そしてバエティス（グァダルキビル）川の流域に向かった．これらの地域の諸都市は初期の元老院議員を輩出するような名家を生んだ．コルドゥバ出身のある雄弁家は帝政ローマ時代初期の主要な文芸思潮の一つを築き，またイタリカ出身のある皇帝直轄領の総督は最初の属州出身皇帝の父となった．

　北と西北にある山脈を征服する必要があったが，それはアウグストゥスのカンタブリア戦争で達成された．この地域も都市化はされたものの，その土地固有の特色をかなり保っており──バスク語はローマ時代以前の言語である──，地域の安定を守るために（レオンに）1軍団が維持された．

　この守備隊が小さかったためもあって，スペインがローマ帝国の政治上の大事件に与えた影響は，その社会的・経済的重要さにつり合わなかった．しかし，この地の反乱によって"四皇帝の年"が始まり，スペインは5世紀初期の帝国の政治紛争に重要な役割を演じた．

　イベリア半島，特にウェルヴァの東北のティント川の流域の鉱山と，ポルトガルのベーハ（パクス・ユリア）近くのヴィパスカから，貴金属や銅がとれた．その他の産物では，とりわけブドウ酒のローマへの輸出量が最初の2世紀間で大きな比率を占めるようになった．

　キリスト教は早くから伝わった．306年のエルヴィラ（イッリベリス）会議の記録によって，コンスタンティヌス帝時代直前の教会の分布（p.179参照）と機構と道徳的関心とがわかる．ガッラエキア出身のテオドシウス帝の時代に，帝国がキリスト教化していくときに，法律によって支えられたカトリック教会の非寛容がスペインで生まれた．そして，禁欲主義の説教師プリスキッリアヌスが教会史上最初の"異端者"として殉教した．

　スペインの半島は5世紀の蛮族の侵入によってかなりの痛手をうけたが，ローマ人，そしてゴート人，アラビア人がつづいて数世紀の間住みついていたため，スペインの初期の文化風土はほとんど他に類をみない複合体となった．

上　『高級官職表』に示されたスペイン．この管区内の諸属州は後光のついた冠をかぶり，籠──税収という形の属州の実り──をもった貴婦人たちで示される．代官は，アフリカのプロコンスルと同じに（p.118），司法権限を象徴するものとしてインクスタンドをもつ（p.203参照）．

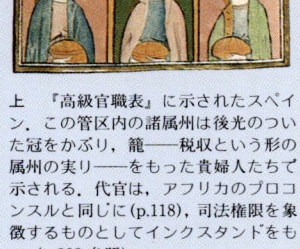

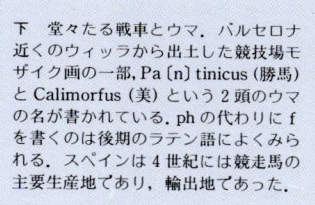

下　堂々たる戦車とウマ．バルセロナ近くのウィッラから出土した競技場モザイク画の一部，Pa[n]tinicus（勝馬）とCalimorfus（美）という2頭のウマの名が書かれている．phの代わりにfを書くのは後期のラテン語によくみられる．スペインは4世紀には競走馬の主要生産地であり，輸出地であった．

地図:古代ローマ時代のイベリア半島（タッラコネンシス属州）

地名一覧（古代名／後の地名／現代名）

北部（ビスケー湾沿岸〜ピレネー山脈）
- ビスケー湾
- ギギア／ヒホン
- ントゥム
- ポルトゥス・ウィクトリアエ／フラウィオブリガ
- カンタブリア山脈
- ユリオブリガ／レトルティッリョ
- ウクサマ・バルカ／オズマ
- アラケリ／アラキロ
- ポンペロ／パンポローナ
- ピレネー山脈
- イアカ／ハーカ
- オスカ／ウエスカ
- ユンカリア／フィゲーラス
- エンポリアエ／アンプリアス
- アウサ／ヴィック
- ゲルンダ／ヘローナ

中北部
- ランキア
- ウィロエスカ
- セギサモ／ササモン
- リビア／レイヴァ
- ウネレア
- カラグッリス／カラホッラ
- グラックリス
- カスカントゥム／カスカンテ
- アエソ／アヴェッリャ
- イェッソ／ギソーナ
- パランティア／パレンシア
- シエッラ・デ・ラ・デマンダ山脈
- トゥリアッソ／タラソーナ
- アウグスト・ブリガ
- カエサルアウグスタ／サラゴサ
- イレルダ／レリダ
- バエトゥロ／バダローナ

中部
- セプティマンカ／シマンカス
- ゲルム・ドゥリ／モラ
- ラウダ
- ロアロ
- ドゥエロ川
- ウクサマ・アルゲラ
- オシナ
- ヌマンティア／ソリア
- テルメス
- セゴビア
- シェッラ・デ・ガッラマ山脈
- ビルビロ
- ケルサ
- デルトサ／トルトーサ
- タッラコ／タッラゴーナ
- 地中海

中央
- ナルマンティア／サラマンカ
- カウカ／コーカ
- セゴウィア（セゴビア）
- アウェラ／アヴィラ
- アルコブリガ
- セゴンティア／シゲンサ
- アリクサ
- シエッラ・デ・グレードス山脈
- カエサロブリガ／タラヴェラ・デ・ラ・レイナ
- アウグスト・ブリガ／タラヴェラ・ラ・ヴィエーハ
- モンテス・デ・トレド山脈
- コンプルトゥム
- カラカ
- エルカウイカ
- ティトゥルキア
- タホ川
- トレトゥム／トレド
- コンサブラ／コンスエグラ
- セゴブリガ
- カベサ・デ・グリエーゴ
- レイリア（エデタ）／リリア
- ウァレリア
- ウァレラ・ヴィエーハ
- サグントゥム
- カプエル川
- ウァレンティア／ウァレンシア
- フカール川

南部〜南東部
- アカディア／アナ川
- ラミニウム
- リピポサ／レスーサ
- オレトゥム
- サルティギス
- アド・アラス
- ディアニウム／デニア
- サエタビス／ハティバ
- セゲラ川
- イリキ／エルチェ
- ルケントゥム／アリカンテ
- ミロブリガ／カピッリャ
- シサポ／アルマデン
- メッラリア／フエンテ・オベフーナ
- エボラ／モントーロ
- カストゥロ／カシオーロ
- ベガストルム
- セエヒン
- コルドゥバ／コルドバ
- オブルコ／ポルクーナ
- ウクビス
- トゥッキ／マルトス
- バスティ／バサ
- イッリベリス
- アッキ／グアディクス
- カルタゴ・ノウァ／カルタヘーナ
- アスティギ／エシーハ
- ウルソ／オスナ
- シングリス川（ヘニル川）
- アンティカリア／アンテケーラ
- シエッラ・ネバダ山脈
- アブデラ／アドラ
- ムルギ
- ウルキ
- フェルガル
- マラカ／マラガ
- アルンダ／ロンダ
- カルペ／ヒブラルタル

凡例
- ■ 属州の首都
- ⬜ 軍団の駐屯地
- ▫ その他の定住地
- ○ 解説をのせた道路
- ╌╌╌ 属州の境界線
- ─── ローマ時代の道

バスティ　古代名
（エデタ）　後の地名
バーサ　現代名

標高：2000 m／1000 m／200 m／0

囲み地図
バレアレス諸島
- ポッレンティア／ポリェンサ
- パルマ
- マイオル島
- ミノル島
- マゴ

属州
タッラコネンシス

縮尺 1:3 400 000
200 km / 150 mi

スペイン

イタリカ

　イタリカはトラヤヌスとハドリアヌスの出生地であり，スペインでは最も古いローマ市民の共同体であったが，自治体になったのは遅かった．イタリカはローマ化した土着都市ヒスパリス（セヴィリヤ）に長い間圧倒されていたが，ハドリアヌスの時代に変容した．都市はヘレニズム風に設計し直された．2万5000人の収容力のある大円形闘技場が加えられたが，この人数はイタリカ自体の人口とはあまり一致していなかった．さらに，優雅なモザイク画のついた美しい家屋が市内に建てられた．3世紀とその後の数世紀の間，再びイタリカはその地方でセヴィリヤよりも優位に立った．

下　イタリカの北側部分で発掘された家屋の美しいモザイクの床．これはハドリアヌスがこの市を飾った時代のものである．現存する彫刻の着想はギリシアのものであり，ギリシア人職人が傭われていたのかもしれない．

右　セゴヴィアの有名な水道橋．市の中心部を800 mに渡って128個の水道橋のアーチが連なっている．

右下　タグス川（タホ川）に架かるアルカンタラの橋．橋の長さは200 m近くあり，ルシタニアのノルバとコニンブリガを結ぶローマ時代の街道が通っている．

セゴヴィア

　セゴヴィアはかつてはケルト人の要塞の地であり，ローマ時代の町としてはあまり重要ではなかったが，主に美しい水道橋で名高い．水道は約16 km離れた水源から分配地点まで水を運び，そこから町中に水を配った．アルカンタラの橋のように，ローマの土木技術と地方の指導力とが結びついたことで，市民生活を快適に変えることができたことの好例である．セゴヴィアの人々は明らかに水道に誇りを抱いていた．当時の墓碑には水道の図が彫られているものがよくある．

スペイン

アルカンタラ

　アルカンタラの橋は，ローマ帝国下に民衆が率先し，協力して架けた例として特に著名であり，建造主であるルシタニアの 11 の共同体の名が橋に刻銘されている．橋は川面から高すぎて無駄のようにみえるかもしれないが，冬の豪雨の際には水位がほぼアーチの高さまで上ることもある．この地で発見されたある碑文には，建築技師ガイウス・ユリウス・ラケルが自分の業績は「歳月を越えて永遠に存続する」だろうと述べた言葉が残っている．いま，かれの技術が優秀で，自信が当然のものであったことがよくわかる．

ガッリアとゲルマニア

ガッリアの社会史で最も目立つことは，地域間の相違がいちじるしいことである．南部は都市化しており，マッシリア（マルセイユ）やアンティポリス（アンティベス）のような都市を通してすでにギリシア風になっていた．中央山地の北と西の地域はもっぱらガッリア・コマタ（"長髪のガッリア"）として知られていた．この地域には重目の土壌が広がっていて，大規模な農業開拓ができた．都市と都市の間はずっと離れており，エストレ・シュール・ノワ（p.130参照）にあるような大きなウィッラやサンクセのような田園の聖所がこの地方の特徴となっている．3分の1はライン川沿いの軍事地帯であり，兵士や従者たちが集まっていた．かれらはそこに住みつき，結婚し，さらに現地で退役することも多く，市内や田園地帯の家で快適な市民生活を送れるように要求した．

ガッリア社会は保守的ではあったが，そこにも裕福な商業・交易階級が生まれたことは，多くの墓の浮彫りにかれらの活動が図示されていることからもわかる．さらに，水力利用や農業の面での技術革新もあった（pp.182-185参照）．

帝政時代後期にはこの均衡が破れて，北部が優位に立った．トリーアに宮廷が置かれて，増加していた金融資源や物質資源が引き寄せられ，非常に増大した官僚機構の中心地となったのである．

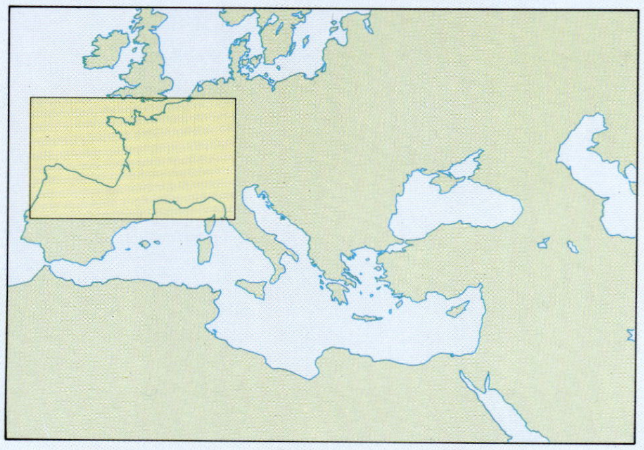

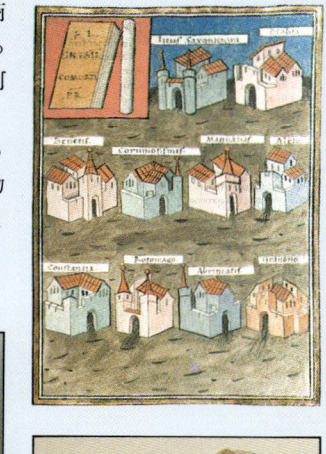

左下 『高級官職表』に表されたアルモリカ軍司令官の標章．アルモリカ（ほぼブルターニュとノルマンディ）は属州ではなく，海岸の軍管轄地であった．図中の道標の一つにリトゥス・サクソニクムつまり"サクソン人の海岸"（p.171参照）の文字がある．

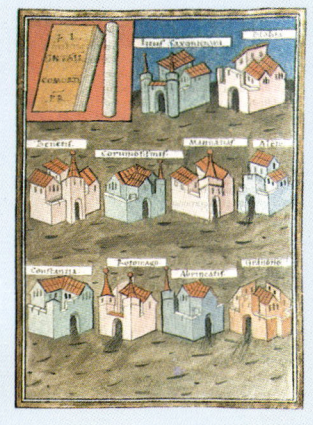

下 トリーア出土の青銅像．これはもとはもっと大きな群像の一部であり，明らかに戸外で働く農民の姿である．この前方に動こうとする姿勢と，かつては円柱か把手を握っていた両手からみて，おそらくすきを動かしている姿であろう．

オータン（アウグストドゥヌム）市は帝政時代に自由学芸の中心地として急速に発展した．劇場と円形闘技場とが古くからあり，市を囲む大きな周壁にはつり合いの好い堂々たる門がついている．上の写真はその門の一つ，"アルー門"であり，川を渡って北に至る道が通っている．

ラインランドのガラス器は，とても美しくてしかも非常に繊細につくられているものが多い．写真の水差しはウルディンゲンからの出土品であり，くねくねした紐の飾りがついている．

ビスケー湾

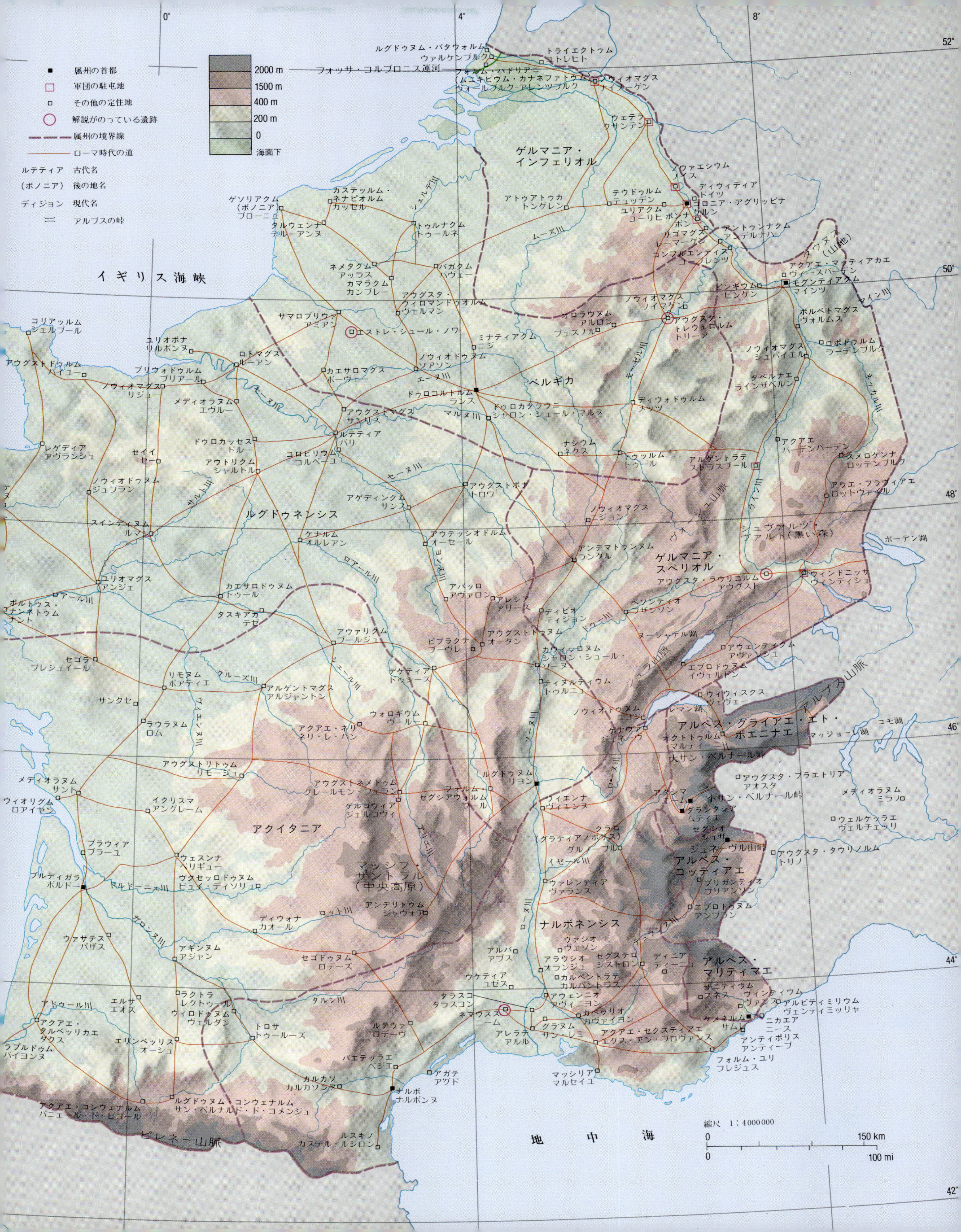

ガッリアとゲルマニア

エストレ・シュール・ノワ

　ここは地表には何も立っていない比較的無名の遺跡である．しかし，エストレ・シュール・ノワ（ソンム）にあった田園風の大ウィッラは，ニームやトリーアのような大都会と同様に，西方の属州生活での経済発展を象徴している．そのウィッラは，最近北フランスで数年間の組織的な航空撮影によって調査された多くのウィッラの一つである．下に示したウィッラの復元図は実測に基づいて描いたものである．写真の上端にあたる部分に本館があり，その前の中庭に小屋や倉庫が並んでいる．正面の門近くに独立した建物があるが，おそらく聖所だっただろう．全体の構造は，帝国の北方の属州では典型的な自給自足型農園である．このような遺跡の解釈で最もむずかしい点は，発掘してみないことには解決のつかないことであるが，同一時期にいくつもの地に人が住んでいたのかということ，また，なん個所の遺跡を住民たちが見捨てて，近くの地に移ったのかを確認することである．いずれにせよ，北ガッリアの田園部の人口密度はかなり高いものであった．

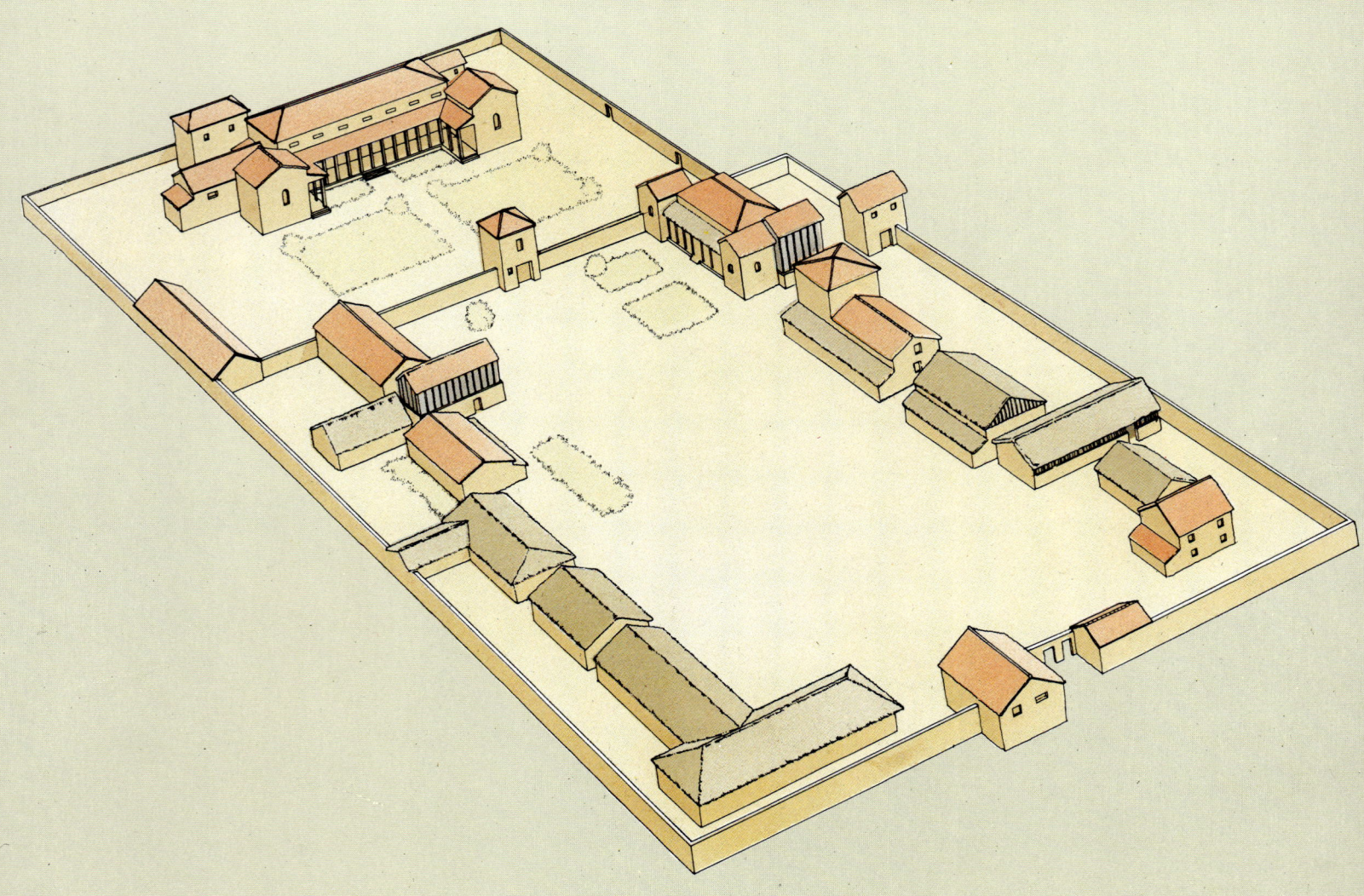

ガール（ガルドン）川に架かる有名な水道橋．これはアウグストゥスの時代に建てられたもので、ユゼス近くの水源からニームに至る水道組織の一部であった（p.185参照）．この水道に関する調査と土木工事の正確さは非常に印象的である．水は50 kmの距離を運ばれたのであるが、その間の落差は17 mしかない．水道建設のために石を切り出した現地の石切場は、いまでも見ることができる．

前30年にオクタウィアヌスがアレクサンドリアを占領した後、エジプトのギリシア人たちはニームに移住させられた．この事件はアウグストゥスとアグリッパの頭像の図柄の貨幣が発行されたことでも示されている．その裏面（左側）にはワニの図柄とCOL〔onia〕NEM〔ausus〕という銘がある．ニームの古代のフォルムにいまも美しく残っている神殿は"カレーの館"として知られている（左）が、ガイウスおよびルキウス・カエサルに献じたものであった．それは古典様式の完璧な作品であり、ウィトルウィウスが主張した比例に正確に合っている．ニームの有名な円形闘技場（上）は現在でも闘牛用に使われているが、1世紀末か2世紀初頭のものである．

ニーム

　ニームは古代名をネマウススといい、前1世紀末にローマの支配に服し、アウグストゥスの時代にローマ市民の植民市となった．ここはイタリアからスペインに至る本街道に位置し、地中海に近かったので、南ガッリアでは最も人口が多く重要な都市の一つとなった．しかし、交易に関してはナルボンヌの方が盛んであったから、この市の富は主に交易からではなく、この地方の農業生産力の開拓によって得られたものであった．この地方出身の初期の元老院議員たちの名前の命名法を調べてみると、かれらはイタリアからの移民であったというよりは、むしろ先祖代々この地の地主であったガッリア人がローマ化したことがわかる．2世紀にはこの市からアントニウス・ピウス帝が出た．このページに示されている大建築物だけでなく、ニームにはネマウスス神の聖なる泉から水をひいた浴場と池からなる手の込んだ建物があった．この建物は18世紀に入念に改造されて、現在でもみることができるが、他の公共建築物、たとえば以前この市にあった競技場は残っていない．

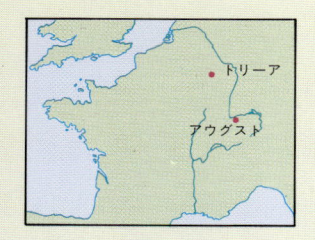

ガッリアとゲルマニア

アウグスト

アウグスト（アウグスタ・ラウリコルム、後には単にラウラキ）は前44年にユリウス・カエサルの副官が軍事植民都市として建設したものであるが、一つにはカエサルの新しいガッリア遠征を安全にするためであった。アウグストゥスやフラウィウス朝下のゲルマニア戦争においても重要地であった。この地では守りに有利なことは地勢から明らかである。ここはライン川の岸から少し入った台地で、その三方が削り取られたように落ち込んでいる。発掘をしてみると、ここは列柱のある通り、劇場、元老院議場、泉、神殿、2組の浴場、さらには腸詰製造業者のものも含めた諸施設などさまざまなものがよく整備されていた町であることがわかった。北方の属州の他の遺跡と同様に、アウグストに本格的な石造建築が建てられたのは後1世紀末になってのことである。3世紀中葉に侵入をうけた後、人口は目にみえて減少し、もっと小さな城砦住居地であるカイザーアウグストに集中した。アンミアヌス・マルケッリヌスは4世紀のラウラキを"ライン川のすぐヘリに"あると述べたが、カイザーアウグストは完全に別の住居地というよりも、その大建築の立つ地域からの配置替も含めて、むしろ以前の住居地を縮小したものとみなされるべきである。

アウグストの劇場がいろいろ改造されたことは、航空写真をみてもわかるが、遺跡の図面をみるとさらにはっきりする。それはまず伝統的な設計の小劇場であり、観客席の一部は木製であった。それが次には円形闘技場（あるいは劇場と円形闘技場の組合せ）になり、後150年ころの最後の改造で、8000人の収容力のあるやや大きめの古典劇場になった。この段階と同じときに第二の円形闘技場が南側に建てられた。このすべてが地域社会の繁栄と拡大の標である。市壁は2方向にのびているが未完成のままである。

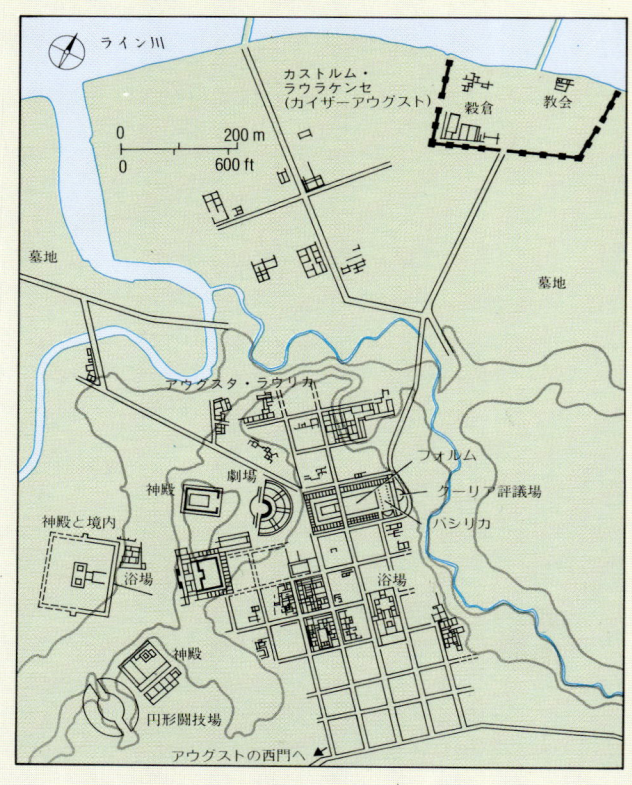

トリーア

トリーアは、ケルト諸部族の混合体とおそらくゲルマン人とからなるトレウェリ族の古代の首府であった。市の近くには重要な宗教上の聖域があり、その中にはこの土地固有の神域であるアルトバハタルや土着神がローマ化されたレヌス・マルスの神殿もあった。アウグスタ・トレウェロルムという古代名は、アウグストゥスが前15-13年のガッリア訪問の際にここに滞在したことに因んでいる。帝政時代初期にはこの市は繁栄したが、それはこの市が水路沿いにあって、ライン川沿いの軍事施設に行きやすいという地の利を活かしたためであった。蛮族の浴場として知られた浴場や円形闘技場や入念に造られた多くの個人住宅の遺構などは初期に建てられたものである。トリーアは、後1-2世紀にはベルギカと二つのゲルマニアを治めるプロクラトルの駐在地として重要な行政の中心地であり、この地の出身者が数人歴史に名を残している。3世紀末以後、この市は西方における皇帝の主要在住地として非常に大きな役割をもつことになった。コンスタンティウス帝と特にコンスタンティヌス大帝が、この地の発展に大きな影響を与えた。コンスタンティヌス時代以後の最も名高い記念建築物は、新しい"宮殿域"の一部分となった皇帝の大バシリカ（アウラ・パラティナ）と皇帝の浴場であり、さらにいくつかの教会であった。ある雄弁家が310年にトリーアで語った言葉はその雰囲気を伝えている。「ローマ市にあるものに匹敵するような大競技場がみえる。バシリカとフォルムと司法の府とが高くそびえて、まるで星に届くようだ。これもみな皇帝の滞在地であることのおかげである。」帝国の首府としてのトリーアに教師や文官として文人たちがひきつけられた。ここには属州から使節が訪れ、またトゥールのマルティヌスやミラノのアンブロシウスのような教会人がさまざまな用向きでやってきた。首府が4世紀末から5世紀初頭にアルルに移るまで、ガッリアとブリタンニアとヒスパニアの法務官府が、造幣局や国立作業所のような付属の役所ともども、トリーアにあった。かつてはこの市は地理的位置によってこれほど大きな利益を得ていたのだが、5世紀になると未開人の略奪にさらされやすい位置のために何度もくり返して略奪され、ローマ都市としては急速に衰えた。

上　トリーア出土のフレスコ画。田園地帯の館の外で働く田夫たちが描かれている。1人の男が着ているフードつきの外套は、この地方やブリタンニアの墓の浮彫りにもみられる。おそらくそれは、現在と同じように当時でも北の気候にむいていたのだろう。

ガッリアとゲルマニア

右端 トリーアの北の大門はポルタ・ニグラ(黒い門)として知られている．この門とつながっている市壁はおそらく2世紀末か3世紀初頭のものであろうが、いずれにせよ門は、市が後世に帝国の首府となった役割をまさに象徴している．中世になるとこの門は東側の塔に後陣がつけ加えられて教会になった．右図のフレスコ画はおそらくコンスタンティヌス帝の妃を描いたものであり，後の大聖堂の地にあったコンスタンティヌス帝の宮殿から出土した．

ブリタンニア

ブリタンニアが征服された原因の一端は，こことベルガエ族のガッリアとの関係にあった．ローマ帝国下のブリタンニアの社会史は，大陸にある隣国の歴史を延長したものであった．ブリタンニアの諸都市は面積は広いが，同時代の地中海地方の諸都市と比べると，たしかにまとまりがなく，重厚な感じもしない．ガッリア・コマタでも同様であったが，商業生活の伝達手段やローマ化を促進させる上でウィッラが比較的重要な役割を演じた．

ウェールズの部族とハドリアヌスの城壁より北方の諸部族とがたえず不安定な状態をもたらしたので，ブリタンニアは常に本格的な軍隊の存在を必要としていた．実際，この属州は二つの地方に分かれて発展した．エクセターからリンカンに至る道のフォース街道の南は文明化した住居地であったが，この線より北と西の地は全体として強力な軍事力により占領されていた．

ブリタンニアの土着民は，4世紀にくり返し帝位簒奪者を産み出したことを除けば，ローマ帝国の政治生活に直接にはほとんど影響を与えなかった．ブリタンニアからは錫や鉛のような金属や少量の金が輸出され，時にはライン河畔の軍隊に穀物が提供されたりしたが，ブリタンニア占領の費用にとても見合うものではなかった．しかし，この土地で達成されたローマ化の本質を過小評価してはならない．ローマ時代の諸都市や道路は巨人や悪魔が造ったものと思われ，後の著作家たちの想像力を刺激した．あるアングロ・サクソン人の詩人はローマ時代の浴場の廃墟をこのように歌っている――「そこに古き昔／金の飾りの誉れ高き英雄たち……／輝ける武具を身にまとい，目を見張らせる宝石と財宝……／この広き土地もてる輝かしき市で……」

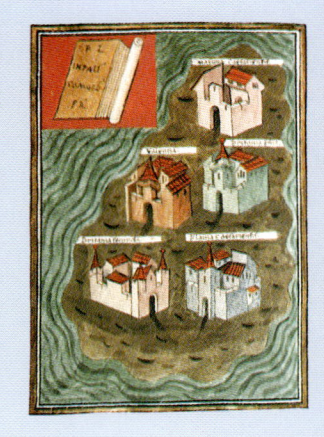

『高級官職表』でブリタンニアの文人および軍人の統治者たちを表すのに使われている標章では，この属州は明瞭に島として示されている．しかし，都市や要塞の位置を地理上絶対的に正確に示すことはおろか，相対的に正確であろうという試みさえもなされていない．本図はブリタンニア代官の標章である．

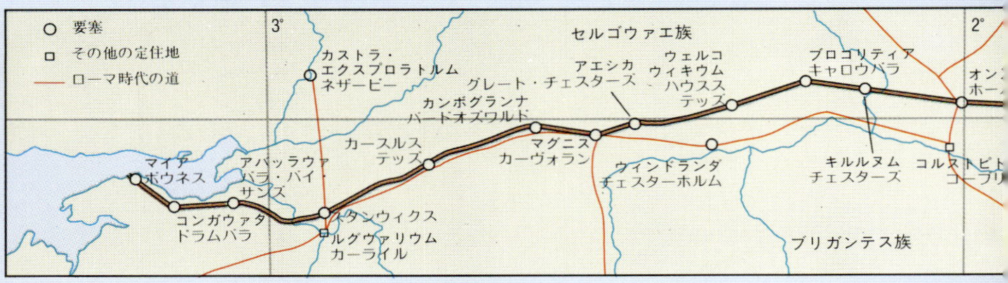

セトフォードの遺宝は1979年にノーフォークのイックニールド街道脇で発見されたもので，ブリテン島で発見されたローマ時代の金銀の埋蔵品では最大のものである．細工の質からみて，それは4世紀末にヨーロッパ大陸でつくられたものである．上図の金のバックルの弓形の部分は2頭のウマの頭が向かい合っている形であり，踊るサテュロスの浮彫りのある四角い部分とは蝶番でつながっている．

上　ハドリアヌスの城壁の北にあるハイ・ロチェスターの砦から出土した建物の碑文．碑文にはチェスターからの第20軍団に属する分遣隊が行った仕事が記されている．碑文を囲む粗彫りの人物像はマルスとヘルクレスであり，軍の保護神にまさにふさわしい．年代はおそらく3世紀初頭であり，そのころはセプティミウス・セウェルス帝のブリタンニア遠征の後で大いに再建が行われていた．

上　4世紀のモザイク画．サマーセットのウィッラの浴場建築物から出土．ディドとアエネーアスの物語を描いた一連の絵の一部．絵の穏やかな性欲の表現はさておき，このモザイク画をみれば，ウェルギリウスの『アエネイス』が――少なくともその最もロマンチックな巻が――知られていたことがわかる．アウグスティヌスも，4世紀アフリカの学生時代に，「ディドの死に涙した」(『告白』1, 13)．

ハドリアヌスの城壁（挿入地図）は軍事占領地帯によって維持され，巡察されていた辺境防衛線であった．この戦略的概念は，その他の2世紀の辺境地帯に，たとえばラエティアの防衛線(p. 108)に類似している．城壁とその付属物は，まるで城壁の向こう側ばかりでなく手前の状況にもかかわっているようにみえる．おそらくこの城壁は南北両側の不穏な民族を分断して支配するためのものだったらしい．

次頁裏　ハドリアヌスの城壁．非常に景色が鮮明にみえる日には，ハウステッド近くで東の方に城壁がみえる．このような状況にいると，そこに駐屯していたパルミュラ人やその他の中近東の人たちにやや同情を感じる．

ローマ時代のブリタニア地図

凡例

- ■ 属州の首都
- □ 軍団の駐屯地
- ● 植民市
- ○ キウィタスの首都
- △ その他の重要な民政地
- ▽ その他の定住地
- ◎ 解説がのっている遺跡
- ローマ時代の道
- ローマ時代の道（推測）
- ローマ時代の運河
- ローマ時代の水路
- ローマ時代の壁

ウェンタ 古代名
カーウェント 現代名

標高：500 m / 200 m / 0
湿地

主な地名（古代名／現代名）

- グランピアン山脈
- チェイ川
- インチタットヒル岬
- カーポー
- インヴレスク
- アントニヌスの壁
- トリモンティウム／ニューステッド
- ブレメニウム／ハイ・ロチェスター
- カストラ・エクスプロラトルム
- キルヌム／チェスターズ
- ハドリアヌスの壁
- ロイストヒドウム／コーブリッジ
- セゲドゥヌム／ウォールズエンド
- ポンス・アエリウス／ニューカースル
- チェスター・ル・ストリート
- コンカンギウム
- マイア
- ルグウァリウム／カーライル
- アラウナ／スアリーポート
- デルウェンティオ／パップカースル
- オールド・ペンス
- ウェルテラエ／ブラフ
- チェヴィオット丘陵
- ラウァトラエ／バウズ
- カラクトニウム／カッタリック
- ヨークシャー荒野
- カンブリアン山地
- イスリウム／オールドバラ
- ペトゥアリア／ブラフ
- エブラクム
- カルカリア／タドカスター
- ブレメナクム／リブチェスター
- ラゲンティウム／カースルフォード
- マムキウム／マンチェスター
- アクアエ・アルネメティアエ／バクストン
- ナウィオ／ブラフ
- リンドゥム／リンカン
- デルウェンティオ／リトルチェスター
- レア川
- カウセンナエ／アンカスター
- ウェルネメトゥム／ウィラビー
- ブランドゥヌム／ブランカスター
- ウロコニウム／ロクセター
- シーゲス
- レゲケトゥム／ウォール
- ラタエ／レスター
- ドゥロブリウァエ／ウォーター・ニュートン
- ウェンダ／カイスター
- セゴンティウム／カーナヴォン
- デウァ／チェスター
- サリナエ／ドロイトウィチ
- マグニス
- アルスタ
- ラクトドゥルム／トウスター
- ドゥロウィグトゥム／ゴッドマンチェスター
- ドゥロリポンス／ケンブリッジ
- グレト・チェスターフォード
- モリドゥヌム／カーマーゼン
- プレスティウム／モンマス
- コバンニウム／アバガベニー
- グレウム／グロスター
- アルチェスター
- カムロドゥヌム／コルチェスター
- カエサロマグス／チェルムスフォード
- ニドゥム
- ウェンタ／カーウェント
- イスカ／カーレオン
- コリニウム／サイレンセスター
- ドーチェスター
- ウェルラミウム／セント・オールバンス
- ロンディニウム／ロンドン
- アクアエ・スリス／バース
- クネティオ／ミルデンホール
- カッレウァ／シルチェスター
- ドゥロブリウァエ／ロチェスター
- ドゥロウェルヌム／カンタベリー
- ドゥブリス／ドーヴァー
- エクスムア
- リンディニス／イルチェスター
- ソルウィオドゥヌム／オールド・セイラム
- ソールズベリー平野
- ウェンタ／ウィンチェスター
- ポルトゥス・アドゥルニ／ポートチェスター
- サウス・ダウンズ
- アンデリタ／ペヴァンジー
- ダートムア
- イスカ／エクセター
- ドゥルノウァリア／ドーチェスター
- メイドン・カースル
- ノウィオマグス／チチェスター
- フィッシュバーン

海域

- 北海
- アイリッシュ海
- イギリス海峡

縮尺

縮尺 1:2 700 000
0 ─── 150 km
0 ─── 100 mi

縮尺 1:800 000
0 ─── 20 mi / 30 km

挿図（ハドリアヌスの壁周辺拡大図）

- インドウァラ／チェスター
- コンデルクム／ベンウェル
- ポンス・アエリウス／ニューカースル
- セゲドゥヌム／ウォールズエンド
- サウス・シールズ
- コンドラ／チェスター

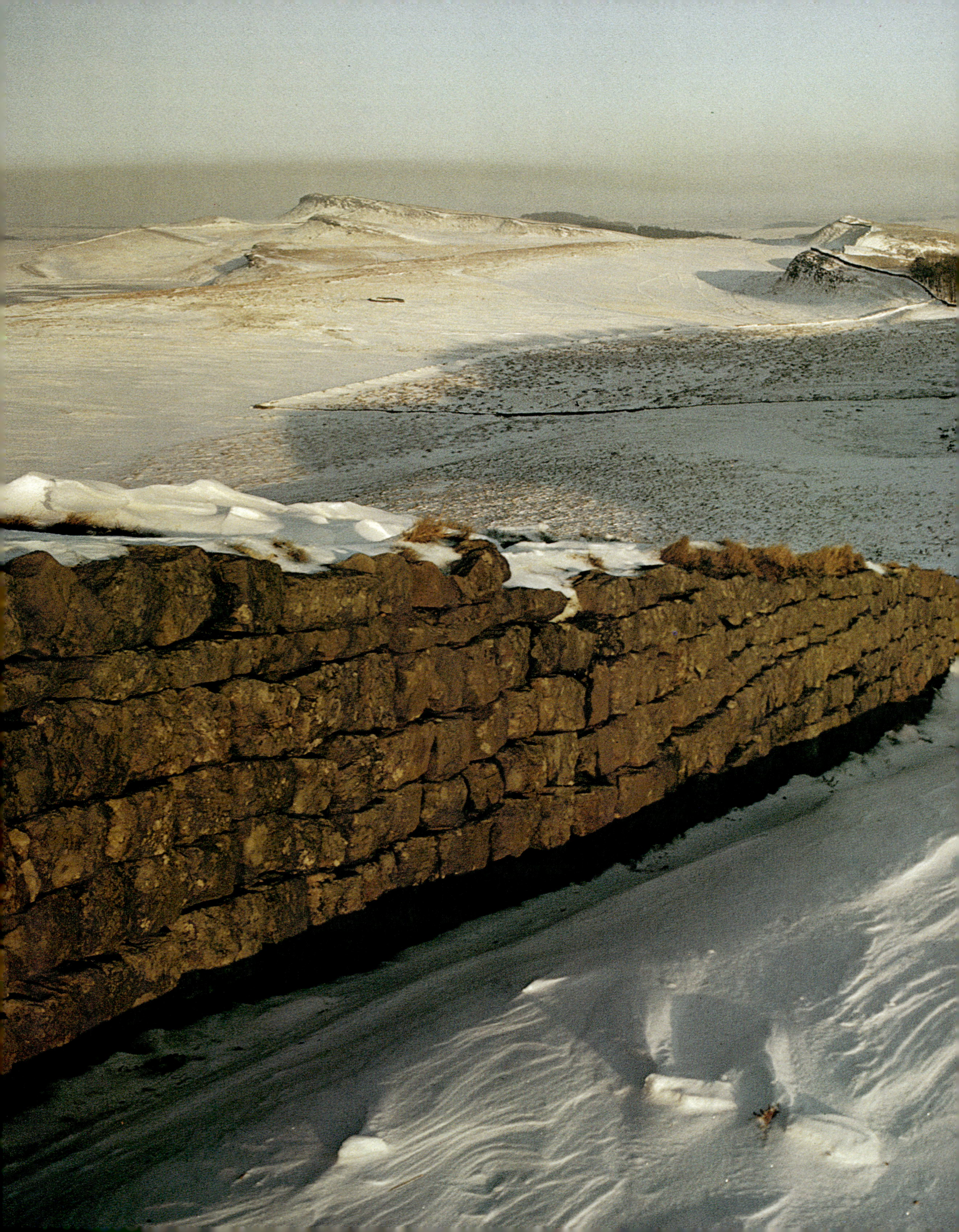

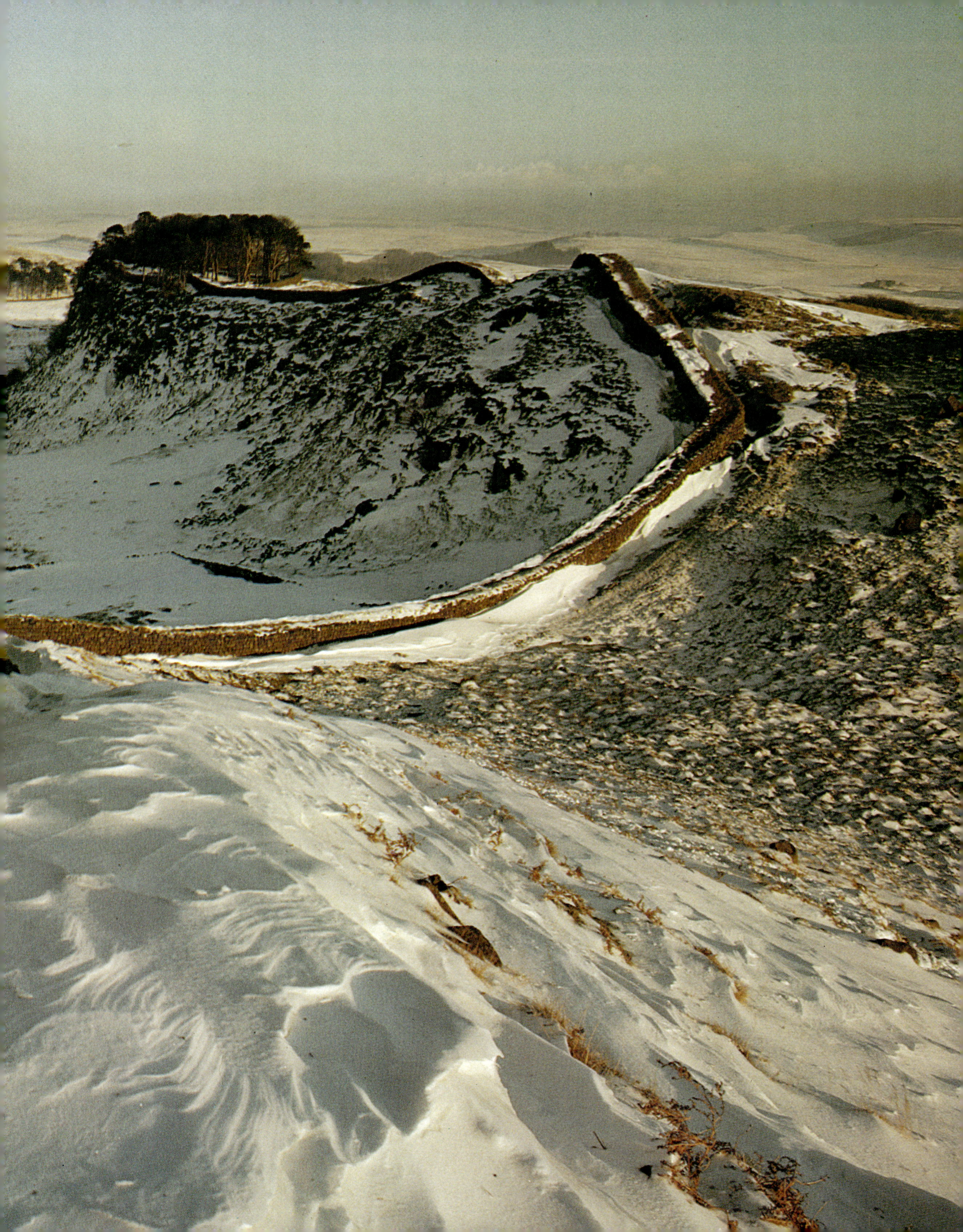

ブリタンニア

シルチェスター

　シルチェスター（アトレバテス族のカッレウァ）は，土着の諸国家（キウィタテス）の首府であった．その国は，クラウディウスの遠征のときにブリタンニアの首領コギドゥブヌスに庇護王国として与えられたのである．この地はローマ時代以後は中心的都市としては見捨てられ，いまでは広大な畑になっているが，2世紀末か3世紀初頭にそれまでの土塁に加えられた市壁の遺構が周囲に残っている．現代の建築物は，ローマ時代の町の東門近くに教会と農場が1軒あるだけである．近くに，小さな円形闘技場の遺構が輪状の土手のようにみえる．その収容力は約 2700 人と推測されており，成人人口にほぼ一致していたらしい．シルチェスターの人口を 1000 人とする最近の見積りはあまりに少なすぎるようであり，このような大農業地域のついた田園部の中心地では当然考慮されるべき季節的変動が考えられていない．

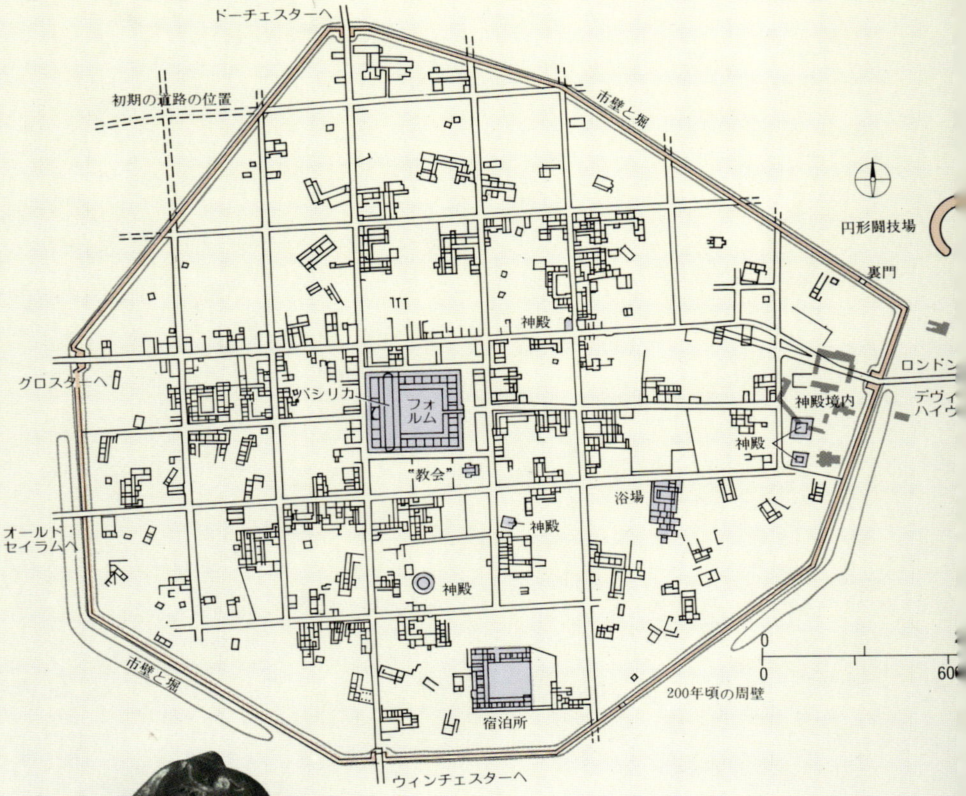

右　シルチェスターのワシ．この青銅像はローマ時代のバシリカで発見されたものであり，はじめに想像されていたような軍団の旗印ではなく，かつてバシリカ建築物の中にあったもっと大きな像の一部分であることは明らかである．

下　2／3世紀のローマ時代の要砦の推移，そして内側の土塁が町の早くからの発展によって不要なものになったこと，および真四角な町並みが航空写真に明確に現れている．円形闘技場は遺跡の左肩にある杜の中にある．遺跡を貫通している自動車道路は現代のものである．

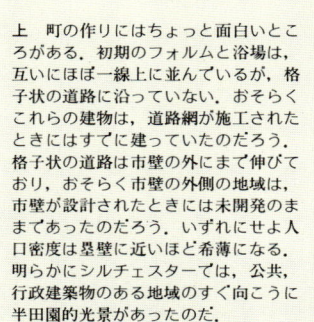

上　町の作りにはちょっと面白いところがある．初期のフォルムと浴場は，互いにほぼ一線上に並んでいるが，格子状の道路に沿っていない．おそらくこれらの建物は，道路網が施工されたときにはすでに建っていたのだろう．格子状の道路は市壁の外にまで伸びており，おそらく市壁の外側の地域は，市壁が設計されたときには未開発のままであったのだろう．いずれにせよ人口密度は塁壁に近いほど希薄になる．明らかにシルチェスターでは，公共，行政建築物のある地域のすぐ向こうに半田園的光景があったのだ．

ブリタンニア

下　バースの大浴場．いまでもローマ時代の暗渠が使われている．大きさは24×12mで深さ1.8mである．

右下　女神の表現．ケルトの女神スリスはミネルウァとしてローマ化された．18世紀末にバースでポンプ室を建設中に，その神殿がはじめて発見された．ここに示した，毛髪代わりにヘビを絡ませた"メドゥサ"の頭部は，なんとひげを生やした男であり，破風彫刻の中心となって人目をひいていた．ケルト美術の装飾の才はいくぶんか翻案された古典的主題に用いられ，すばらしい効果を現したのである．作品の様式上の力強さは，やはりバースで発見された古典的なミネルウァの頭部（下）の落着きと比べるとはっきりする．女神の首は金めっきの青銅品で，18世紀の大浴場で発見されたものであるが，おそらく信仰用の神像の一部であろう．

バース

　ローマ時代のバース（アクアエ・スリス）はフラウィウス朝時代に建設されたもので，薬効のある温泉のおかげで長い間繁栄をつづけた帝国内の多数の住居地の一つに数えられる．大陸側の帝国内に同じような町を探してみると，フランスではヴィシーやネリ・レ・ベンが，ドイツではバーデンバーデンやヴィースバーデンなどがすぐに見つかる．これらの都市と同じように，バースも健康と休日の保養地として現在までずっと人気を博していたが，最近，水がバクテリアに汚染されていて使用に適さないことがわかった．この市は絶え間なく発展してきたので，アクアエ・スリスについては，保存状態のよい浴場建築物以外はほとんどわからない．しかし，2世紀か3世紀の町の城壁が，18世紀初頭までは残っていた．

フィッシュバーン

　サセックスのフィッシュバーンにあったローマ時代の宮殿は，チチェスター（ノウィオマグス）から西に向かう大通りのそばで最近発掘され，壮大な姿を現した．宮殿は，当時はいまよりもずっと内陸に入っていた入江の先端にあった．そして，木製の穀倉の遺跡もあり，また考古学的にみてクラウディウス帝の征服と関連のある海軍の根拠地もあった．フラウィウス朝時代に完成した宮殿は，古い館を拡げたものであった．それは，前述のコギドゥブヌス王――ローマ市民であり，皇帝クラウディウスの良き友――と結びつけられてきた．この関連は積極的には証明できないが，宮殿の壮大さ――その時代のものとしてはローマの西方の属州にもかなうものがなかった――を考えると，その所有者がコギドゥブヌスであった可能性は高い．

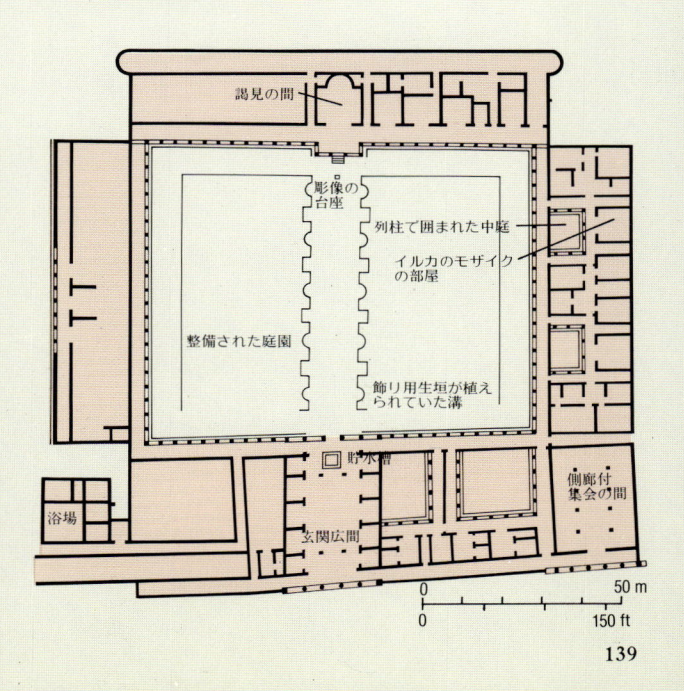

この遺跡にはいまでもフィッシュバーンの洗練された宮殿をしのばせるものがある．左のモザイク画は2世紀に再建された北翼のある部屋の中にあるもので，海の怪獣と，三叉をもってイルカに乗った有翼のクピドの姿が描かれている．このモザイク画は数人の職人がつくったものらしい．そのことは，特に北側と南側のパネルにある海馬をみてみると，表現力に差があって，南側のパネルの方がずっと腕がよいということから考えられる．

ドナウ川流域

　ディオン・カッシオスはビテュニア出身のギリシア人で，アレクサンデル・セウェルス時代にパンノニアを統治した人物であるが，かれはその地方を後進地帯で，住民は未開人で血に飢えた人々であると考えていた．かれの見解は，当時のその地方で達成された物質文化の水準を見すごしたものであり，まったく地中海型ではないがそれでもなお繁栄して，帝国にとって本質的に重要であった地方に対する，地中海地域の教養人の偏見を表している．

　ドナウ川諸州を一まとめにすると，西の定住ケルト部族やダルマティアの都市化した海岸線から黒海沿岸の古代ギリシア諸都市まで，ローマ文明の全範囲に及んでいる．スッキ峠の東にあるトラキア地方はギリシア語圏であり，都市にはギリシア名がついている．ダキアがほぼ150年近く占領された後で"ラテン化"されたことは，現代ルーマニア語が実証している．

　この地域が何らかの意味で統一されていたのは，この地がローマ帝国の軍事力を支える存在として重要だったからである．たとえば，カルヌントゥム（p.142 参照）のようなローマの要塞が刺激となって都市化が始まり，また農業とウィッラの生活も発展した．ドナウ川沿いの諸州からは特に多くの兵士が集められ，3，4世紀にはしばしば田園地帯や小都市出身の人々が高級将校になり，やがて帝国の公職者にも就任した（p.109 参照）．特に4世紀には，ここに皇帝が滞在したことで，新しい繁栄を迎えた．ある4世紀の史料によれば，"パンノニアはあらゆる資源に恵まれ，果実，獣，商い，そして奴隷も豊富である．ここには常に皇帝がいて，シルミウムのような大都市がある……"

　東西と関連をもち，また蛮族の侵入にも直面していたので，ドナウ川諸州は常にローマ帝国の安寧の試金石であった．ディオンも知っていたように，ローマ帝国の存続はこの地の安定にかかっていた．

縮尺 1:3 700 000

左　パンノニア出土の青銅製飾り板．これはおそらく個人用の聖所で発見されたもので，帝政時代初期の宗教がケルト人の宗教の影響をたえずうけていたことを立証している．右側の人物像は，足下に三頭犬ケルベロスがいるので冥界と結びつくのだが，ローマの冥界と夜の神であるディス・パテルにほぼ相当するケルトの神のものである槌をもっている．ヘビをもつ女神はその妻である冥界の女王ペルセポネがケルト風に表されたものである．

左 スキュティアは,『高級官職表』ではドナウ川が真中を象徴的に（そして不正確な形で）流れている都市群として表されている.

ドナウ川流域

カルヌントゥム

　カルヌントゥムとアクインクムは、ローマ帝国の北方の軍事属州に特有な都市化の発展過程を示している。カルヌントゥムはティベリウス時代にドナウ川岸に軍団基地として建設された。まもなくこの駐屯地にひきつけられて多くの人々が住みついた——商人、職人、兵士の従者やその他、ローマ帝国から定期的に給料をうけている人が5000人以上もいる施設の近くなら一財産つくれる見込みがあると考えた人々である。そのような移住者たちはカナバエとして知られる非公式な居住地に集まった。その共同体には独立した法的地位はなく、軍団レガトゥスの管轄地となった。後に市民の自治体が樹立されたが、それは兵営とカナバエとの西に対してであり、その中心地域は現在のペトロネル村の下にあった。そこには自分たち用の円形闘技場があったが、それはガイウス・ドミティウス・ズマラグドゥスという名の、シリアのアンティオキアからの移住者で、市参事会員であった人が、2世紀に寄付したものであった。2世紀のカルヌントゥムは、その

右下　カルヌントゥムの軍団の要塞のカナバエの航空写真。穀物や道路のある中に、建物や道路の跡がはっきりと異質なものとして見分けられ、この住居地が自然発生したものではあるがかなりの規模であったことがよくわかる。大通りは要塞の南門からカナバエに入ったところで分岐している。要塞は塁壁に隣接する空地の向こう側の、写真の下部より少し離れたところにある。

全体としての形は、まさに実質的に都市型共同体であった。
　ここは帝政時代後期までずっと重要な地であったが、その軍事上の機能も決して失われなかった。マルクス・アウレリウスがクアディ族との戦いに従事しながら、『自省録』の第2巻をしたためたのもこの地であり、セプティミウス・セウェルスが後193年に皇帝に宣せられた場所もカルヌントゥムであった。4世紀にはアンミアヌス・マルケッリヌスはこの地を"さびれた乱雑な町"であるが軍事的には便利であると記している。ウァレンティニアヌス帝はアクインクムに移る前に、ここで3ヵ月をすごした。カルヌントゥムは、フン族が北の平野を占領し、ローマ軍がドナウ川の右岸から撤兵したために、明らかに放棄された。実際、ローマ帝国のまさに辺境の地にこのように設備の整った都市があることは、辺境に隣接する蛮族にとってはしばしばいつまでもつづく誘惑にみえたであろう。

下　カルヌントゥムの図面には、軍団の陣営とカナバエと市民の自治体ムニキピウムとの相関的な立場が示されていて、集合都市の全体の大きさがわかる。

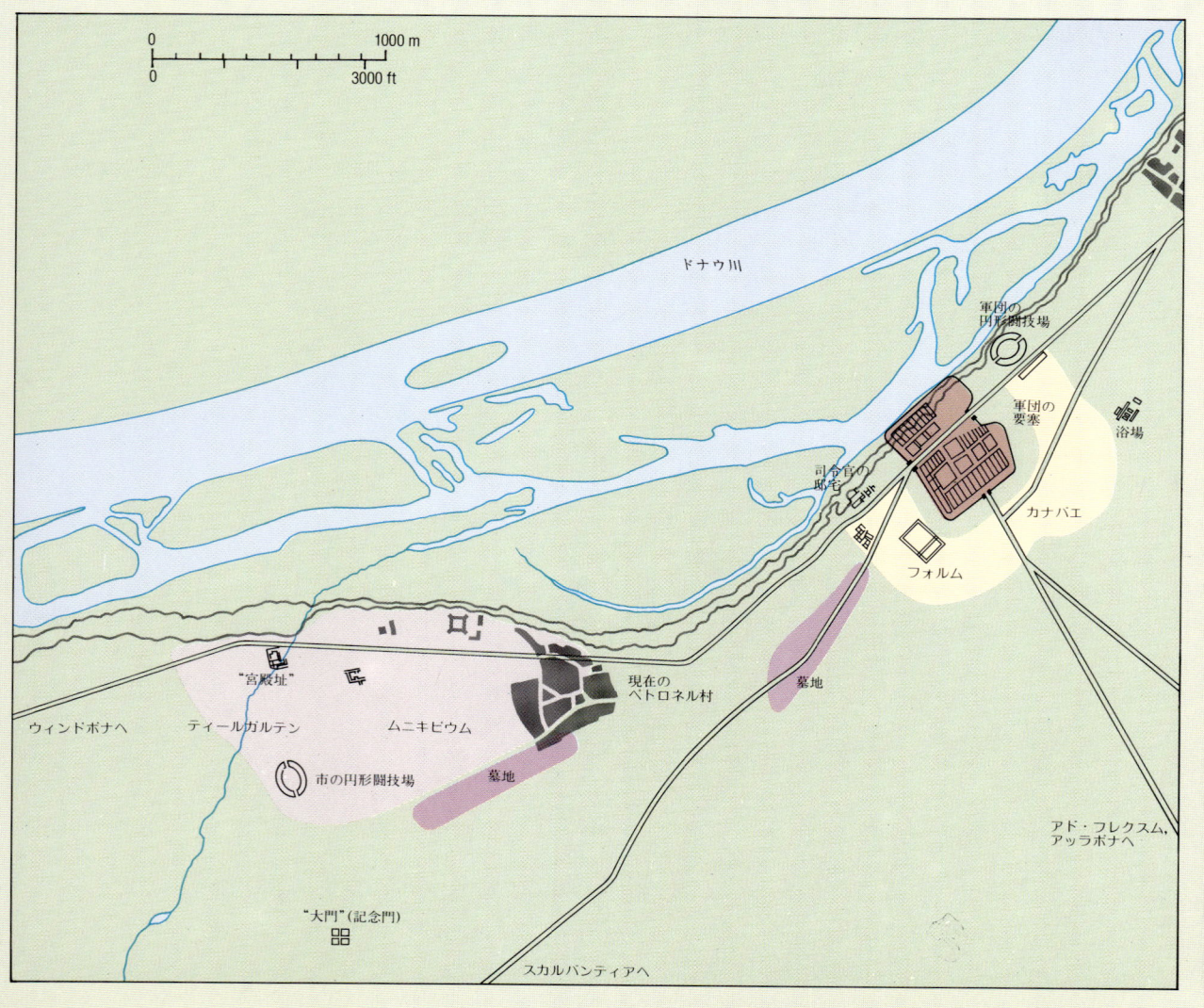

ドナウ川流域

カルヌントゥムの市民用の円形闘技場は，ウィエンナ（ウィンドボナ）に向かう大道のそばに建っていた．右下の航空写真では，その囲りの広範な建物群の跡が明瞭にみえる．

下　小型オルガン．これがコッレギウム・ケントナリオルム，つまり消防士組合場の地下で発見されて，その会合はどんなものであったのかという興味を呼びおこした．たまたまアクインクムからは，軍団つきオルガン奏者が音楽をたしなむ妻のために建てた感動的な墓碑も出土しており，そこには「彼女だけが夫にまさった」と記されていた．

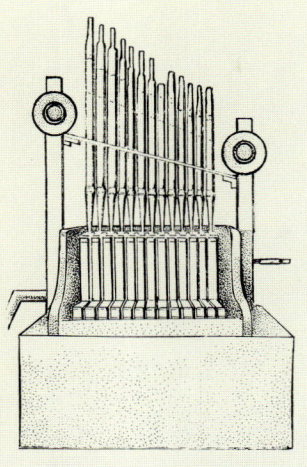

アクインクム

　カルヌントゥムのようにアクインクムも，軍団の陣営とカナバエから後のムニキピウムに発展するという同一の経過をたどった．カルヌントゥムと同じく，ここにも軍隊用と市民用の二つの円形闘技場があるが，市民用のものは，2世紀にムニキピウムが建設された後で建てられたものである．アクインクムは現在のブダペスト市によって完全に破壊されてしまったが，そこには数多くの芸術品が残されていたし，美しく飾られていた壁画からは，当時の社会のかなり富裕な人々の生活水準がわかる．碑文にも，この地に駐留した軍団の退役兵がアクインクムの市民生活に対して貢献したことが記されている．

143

ドナウ川流域

スプリト

　スプリト，あるいはスパーラトはもともとはサロナ市の郊外であった．サロナはダルマティアのある古代部族の首府であり，帝政ローマ時代には大都市であった．4世紀から6世紀には，サロナは後期ローマ・キリスト教の有名な中心地となり，大きなバシリカや多くの彫刻つき石棺がつくられ，5世紀には一時，独立したダルマティア公国の首府となった．中世以降二つの共同体の立場は逆転した．スプリトが都市居住地の中心として発展したのに対し，サロナは次第に建築材用の石切場にすぎなくなった．現在ではサロナは荒廃した遺跡であり，スプリトは繁栄している都市である．

　中世のスプリトの町（その古代名のアスパラトスは，この地に生えるとげのある植物を表すギリシア語であり，ダルマティアのこの地域への古くからのギリシアの影響を反映している）は，ディオクレティアヌス帝が305年に帝位を退いた後で隠居用に建てた海辺の宮殿の内部とその周辺に生まれた．列柱廊に隣接する八角形のかれの霊廟（下図）は後にキリスト教の聖堂になった——晩年をキリスト教の迫害にすごした皇帝にとって皮肉な運命であった．宮殿は軍営のように厳密なローマ式配置になっており，大通りが直角に交じわっていた．ディオクレティアヌスはたとえば園芸のような質素な趣味の持ち主であったという評判にもかかわらず，隠退後も皇帝のころと同じような壮麗な儀式がかれについてまわっていたということらしい．

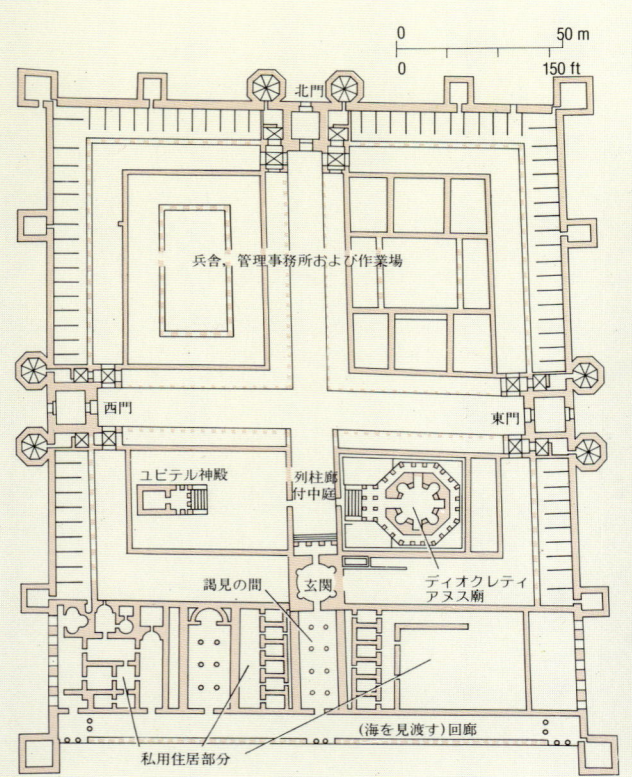

上　スプリトの建設者ディオクレティアヌス帝．ニコメディア出土の胸像の風ぼうと類似している．

右　ディオクレティアヌスの宮殿の遺跡はヨーロッパの多くの芸術家や設計家を魅了した．その1人である建築家のロバート・アダムは1757年に遺跡の調査と測量で多忙な5週間をすごした．これは海を見下ろす位置にあった宮殿南側正面をかれが復元したものである．かれは古代建築の確実な部分をはっきりさせるために多少芸術家としての型破りな表現をしたところもあるが，かれの描写はいまよりも保存状態のよかったころの建築物の印象をうまく伝えている．宮殿の建築学上の中心は列柱廊（下）であった．それは儀式用の中庭として使われ，また当然のことながら，ディオクレティアヌス廟への堂々たる参道としても使われた．

下　"パストル・ボヌス（善き牧人）"の石棺．サロナ出土．現在スプリトの考古学博物館所蔵．彫刻（4世紀初期）の質は雄渾であり，この作者は後にローマのコンスタンティヌスの記念門をつくった職人と同一人物であるといわれている．

アダムクリシ

ドブルジャ地方のアダムクリシ近くに，ローマ都市トロパエウム・トライアニが2世紀から古代末期まで存在したことが知られている．市は3世紀のゴート族の侵入によって破壊されたが，コンスタンティヌスとリキニウスによって再建された．後には，数多くの美しい聖堂が建立された．市の名は"トラヤヌスの戦勝記念碑"に由来しており，その現在の復元が下図に示されている．それはダキア戦争での勝利の現地の記念碑としてトラヤヌスが建てたものであるが，同時にドミティアヌスが被った敗北への報復を示す意図もあった．近くに霊廟と記念の祭壇が建立され，祭壇にはドミティアヌスのダキア戦争で戦死した4000人近い兵士の名が記された．

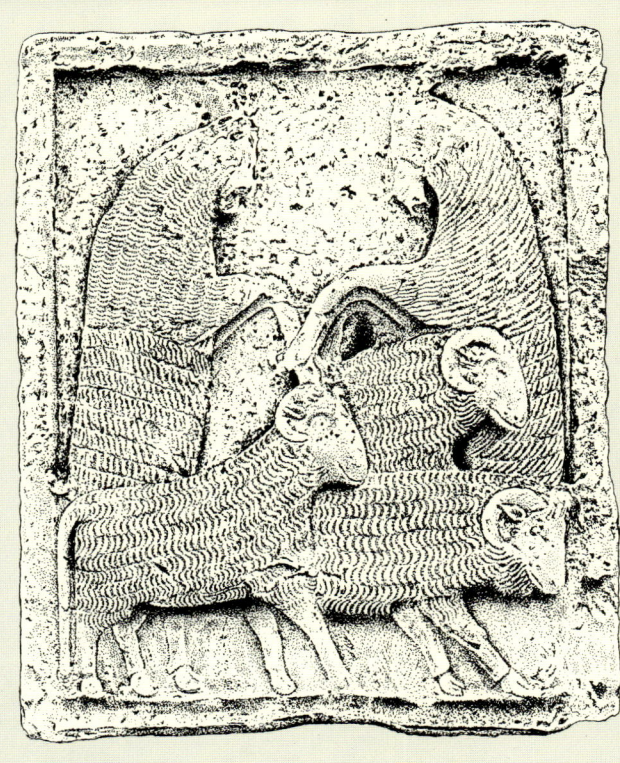

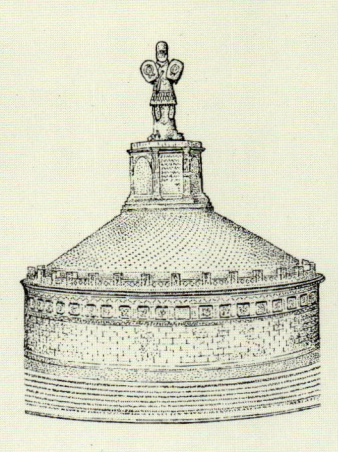

左　アダムクリシの戦勝碑のメトープ．そこに表された戦争場面の様式は，ローマにあるトラヤヌスの円柱のものと著しい対照をなしている．この図は鎖帷子に身を固めた援軍の騎兵と戦利品としてのヒツジが表されている．メトープはコンスタンティヌス時代のものであり，トロパエウム・トライアニ市の後期の再建と関係があるという説もあるが，いずれにせよこれらは属州様式を如実に示す例である．

20°
22°
24°
42°
40°
38°
36°
スカダルスコ湖
ドリン川
リッスス
ストルーマ川
ヴァルダル川
ストビ
エピダムノス
（デュッラキオン）
ドゥレース
プリレプ
リュクニドゥス
オーフリド
オーフリドスコ湖
ヘラクレア・
リュンケスティス
ビトラ
ツルナ川
アクシオス川
ストリュモン川
ピリッポイ
ネアポリス
カヴァッラ
アブデラ
マロネイア
トリス
（トライアノポリ
アンピポリス
タソス
タソス島
エデッサ
ペッラ
テッサロニケ
レウカディア
カルキディケ半島
アカントス
ポテイダイア
（カッサンドレア）
サモトラケ
サモトラケ島
プレスパンスコ湖
デヴォル川
セマン川
アポッロニア
ビュッリス
（アウロン）
ビヨセ川
オリクム
マケドニア
ベロイア
ピュンダ
ハリアクモン川
ディオン
オリュンポス山
2917 m
ゴンノス
ヘパイスティア
レムノス島
オンケスモス
ブトロトン
コルキュラ
コルキュラ島
アトラクス
ラリサ
トリッカ
ペネイオス川
ポティケ
パラミティア
ドドナ
ゴンポイ
メトロポリス
パルサロス
デメトリアス
テバイ
エペイロス
北スポラデス諸島
エーゲ海
アンブラキア
イオニア諸島
ニコポリス
アクティオン岬
ピンドス山脈
アケロオス川
ヒュパタ
テルモピュライ
ヒスティアイア
アイデプソス
スキュロス島
レウカス島
ストラトス
ナリュカ
オポス
ハライ
エウボイア島
アンピッサ
デルポイ
カイロネイア
アンテドン
カルキス
オイニアダイ
ナウパクトス
キッラ
レバディア
レヴァディア
アクライピア
テバイ
タナグラ
サメ
ケパレニア島
アイギオン
テスピアイ
ティスベ
ティスヴィ
プラタイア
マラトン
イオニア海
パトライ
アカイア
メガラ
エレウシス
ケピシア
カリュストス
ゲライストス
ペロポネソス半島
シキュオン
レカイオン
イストミア
アテナイ
エリス
コリントス
プレイウス
ケンクレアイ
ペイライエウス
アンドロス島
ネメア
ミュケナイ
アイギナ島
ラウレイオン山
ザキュントス島
オリュンピア
ヘライア
マンティネイア
アルゴス
（アンティゴネイア）
ティリュンス
エピダウロス
スニオン岬
ティノス島
ティノス
アルペイオス川
アシネ
トロイゼン
デロス
ピガレイア
テゲア
メガロポリス
ヘルミオネ
キュクラデス諸島
ナクソス島
イトメ山
メッセネ
パロス島
ナクソス
スパルタ
シプノス島
シプノス
メトネ
ギュティオン
ラス
アソポス
テウトロネ
メロス島
テラ島
テラ
キュテラ島
縮尺　1：2 500 000
0
120 km
0
80 mi
属州の首都
その他の定住地
解説がのっている遺跡
ローマ時代の重要遺跡
属州の境界線
ローマ時代の道
エリス　古代名
（アウロン）　後の地名
カヴァッラ　現代名
2000 m
1000 m
200 m
0
標高（メートル）
峠

ギリシア

ローマによるギリシアの征服は，前146年のムンミウスのコリントス攻略と60年後のスッラのアテナイ占領とに完全に象徴されるように，3世紀にさかのぼるギリシア諸都市と都市同盟の諸問題に，ローマが軍事，外交，商業の各分野で複雑に巻き込まれたことの集約として起こった（p.50-51参照）．その結果として生まれた属州のアカイア（アカエア；はじめはエペイロスも含んでいた）とマケドニアとは，両方ともプロコンスルに統治されていたのだが性格が異なっていた．アカイアは，古典ギリシアという歴史上の栄誉に基づいて，ローマ時代を通して特別な権威を保っていた．対照的にマケドニアは西海岸を除いては辺鄙な田舎の地であり，社会の基盤は都市よりもむしろ村落にあった．都市が内陸に発生した場合，それは土着の要塞から発展したものが多かった．

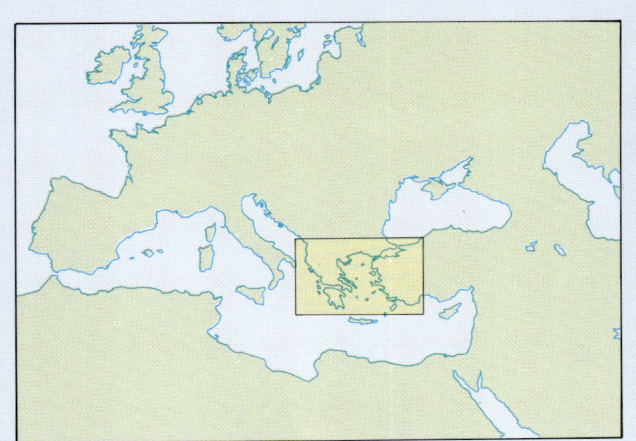

ある意味では，ローマが存在したからこそ，ギリシアは物質面で以前よりもずっと盛大に発展できた．あるいは，おそらく富をかつてなかったほど極度に発展させることだけはできたのである．特定の一族，たとえばスパルタのエウリュクレス家やアテナイのヘロデス・アッティコス家（p.148参照）は，古典時代では誰も成しとげられなかったほど大規模に富を手に入れた．この点でアカイアは，さらに見事に成功した小アジア諸都市を手本としたのであった．ボイオティアのカイロネイア出身の著述家であるプルタルコスは，ローマ帝国の支配下で繁栄していた小アジア出身の文人たちによく似ていた．かれの作品，ことに選ばれたギリシア人とローマ人とを比べた『英雄対比列伝』は，ローマの支配下に好意的でなくもないギリシア人の態度を反映している．

コリントスやパトライやテッサロニケのようないくつかの都市はだんだんと繁栄の度を増していったが，他の都市は衰退して重要性を失い，全体としてのギリシアの経済力は，小アジアの力や，ローマの開発によって"開かれた"いくつかのさらに新しい属州の力には及ばなかった．

3世紀に，そしてまた4世紀末にも，バルカン半島は蛮族の侵入をうけ，395-397年のアラリクスの侵入は特に破壊的であった．5世紀中葉までには，マケドニアは東方の影響圏内にしっかりと入り込んでおり，イッリュリクムの新しい首府をテッサロニケに確保して，未開の北方に対する辺境となっていた．

上　『高級官職表』に表されたアカイアのプロコンスルの標章．帝政末期になってもなおプロコンスルの肩書きをもつ人物に統治されていた属州は三つしかなく，アカイアはその一つであった（残りはアフリカとアジアである）．それは，元老院議員の統治する属州としての威信を反映していた．

上　ギリシア・ローマ文化後期における古きものと新しきもの．4世紀アテナイの魅力的な大理石像．キリストが竪琴を手にしたアポロンの姿で表されており，文化の混合が異常なほど明瞭な作品であるが，ギリシアの文化的中心地の伝統に特に調和する作品である．

右　ローマ時代の道．これは有名なエグネティア街道，ピリッポイからネアポリスまでマケドニアを横断して走っている．この道は共和政末期の内戦では戦略上重大なものであった（p.70参照）が，帝政時代にドナウ川流域の辺境地帯が併合されると，この道よりもさらに北方の道の方が軍事的に重要になった．

ギリシア

アテナイ

　アテナイの都市国家としての政治権力が崩壊した後も，その卓越した精神的遺産は輝き続け，そのままローマ帝国内でのアテナイの名声の基となった．帝政時代のあらゆる時期に，著名な知識人が多勢この地で学び，教え，あるいは聖パウロのように（『使徒行伝』17：16 以下），聴衆を求めた．エレウシスの秘儀は相変らず人々を魅きつけていた．ハドリアヌス帝と背教者ユリアヌス帝と異教徒の元老院議員プラエテクスタトゥス（p.194）とが，多くの信徒の中でもとりわけ有名な人々であった．

　ペルガモンのアッタロスのようなヘレニズム世界の王たちの恩恵もうけはしたが，ローマ時代のアテナイはまさにローマの皇帝たちの援助を示す陳列所であった．カエサルとアウグストゥスの市場とアグリッパのオデイオンがあり，さらにギリシアびいきのハドリアヌスが寄贈したギュムナシオンと，全ギリシア人の神殿パンヘッレニオンと，大図書館とがあり，さらに着工以来 600 年以上中断されていたものを完成させたオリュンポスのゼウス神殿があった．数年後，ほかならぬアテナイ人のヘロデス・アッティコスが自分の名に因んだオデイオンと新しいスタディオンを寄贈した．

　アテナイの哲学は，帝政末期に魔術的要素の影響によって，神秘主義的な新プラトン主義へと展開した（p.177 参照）．アテナイ市はアラリクスに占領されて破壊されたが，5 世紀のシュリアノスとプロクロスの新プラトン主義の学園をうけ入れるに足る秩序は整っていた．しかし，この遅咲きの知性の発展と，古典学問の殿堂としてのアテナイの歴史的役割は，529 年にユスティニアヌスによって学園が閉鎖されたときに終った．

右　ローマ時代のアテナイの新旧．アクロポリスの上にはペリクレス時代のすばらしい建築物が並んでおり，新しい建物はほとんど加えられなかった（重要な例外はローマとアウグストゥスの神殿である）．アクロポリスの下には，後 160 年ころに大富豪が同胞に与えたヘロデス・アッティコスのオデイオンがみえる．

左下　"風の塔" つまりキュッロスのアンドロニコスのホロロギオン，後にカエサルとアウグストゥスの市場になる場所の近くの空地に前 1 世紀に建てられた．塔は 8 種の風神の浮彫りで飾られていて，もともとは上に風見がついていた．内側には水力で動かされる 24 時間時計があった．

下　ハドリアヌスのトルソー．アクロポリスを背景にして建つこの像が着ている鎧は，ハドリアヌスの趣味の面でギリシア的なものよりもむしろローマ的なものを表している．そこには，勝利の女神たちの姿やロムルスとレムスの双子を連れた牝オオカミの姿が彫られている．

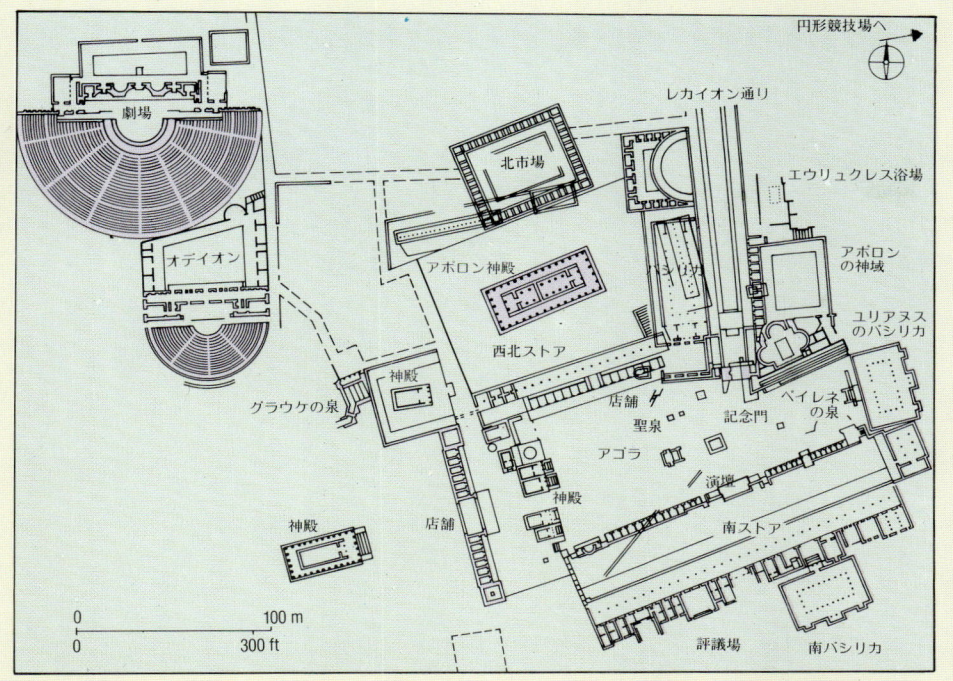

コリントス

コリントス（左の図面）は前146年にムンミウスに破壊された後に，前44年に再建され，属州アカエアの首府になった．この優遇措置には，かつてこの市がアカイア同盟の盟主であったことが反映している．ここは，聖パウロがプロコンスルのガッリオの前に出頭した地でもある（『使徒行伝』18：12以下）．ローマ帝国に支配されてからのコリントスは，広範な顧客を有する大商都として存続した．ネロは後66年のギリシア周遊中にこの地を訪れ，地峡に運河を掘ろうとしたが，いろいろな時代になされた多くの試みと同様に失敗した．コリントスは後521年に地震で破壊された．

テッサロニケ

テッサロニケ（テッサロニカ）はエグネティア街道の東端にあり，ペッラに代わってマケドニアの首府および主要港となった．この市は2世紀に急速に発展し，3世紀中葉にはローマの植民都市として発展を助成されたが，後にローマ帝国の資産がボスポラス海峡地域に移されるとともに，最も壮麗な時代を迎えた．一つの四分領の首府としてテッサロニケに宮殿が建てられたが，宮殿の建物の中には競馬場も，またおそらく王座の間であるいわゆるオクタゴンも含まれていた．この時期の市は建設に情熱を注いでいたことがわかる．建設へのその情熱はラクタンティウスによってディオクレティアヌス帝に帰せられているが，もっと普通には小アジアのニコメディアと結びつけられている．

この市は皇帝が時おり滞在したために相変わらず重要であった．人気者の駅者の投獄が引き金となって起きた騒乱は競馬場での大虐殺という結果になり，テオドシウス帝はアンブロシウスにむりやりその罪の償いをさせられた（p.198）．5世紀中葉にテッサロニケはシルミウムに代わってイッリュリクムの中心地となり，物質面での第三の大拡大期を迎えた．聖デメトリウス聖堂と総督用の新宮殿と巨大な周壁はこの時期のものである．

上 ハドリアヌスの門．この優雅な門はアテナイ人がかれを称えて後130年ころに建てたものであり，二つの碑文がついている．一面は旧市に面し，「これはテセウスの古き都市，アテナイ」とあり，他面には「これはハドリアヌスの都市にして，テセウスのものにあらず」とある．これはオリュンポスのゼウス神殿の神域のそばの道路上に立っている．

右 ローマ時代のテッサロニケの拡大期後半の記念建造物．このペルシア人に対する戦勝（p.171参照）記念のガレリウスの凱旋門には，軍事生活と宗教生活の典型的な様子が表されている．テッサロニケのビザンティン時代の市壁（右端）は長い間4世紀のものと信じられてきたが，いまではシルミウムの放棄後にこの市がイッリュリクムの中心地に昇格したときと結びつけられている．

27°
30°
33°
42°
40°
38°
36°
34°
黒　　海
マルマラ海
エーゲ海
地　中　海
アマストリス
アボヌテイクス
イネボル
ティウス
ポンペイオポリス
ポンティネ山脈
ヘラクレア・ポンティカ
エレーリ
ビュザンティウム
カルケドン
カディケイ
ドリスコス
プルシアス・
アド・ヒュピウム
ニコメディア
イズミット
クラウディオポリス
ガングラ
（ゲルマニコポリス）
ランプサコス
リャプセキ
キュジコス
アビュドゥス
ニカイア
イズニック
キオス
プルサ
ブルサ
ビテュニア・ポントゥス
イリオン
トロイア
アレクサンドリア・
トロアス
サカリャ川
キルモストゥ川
ドリュレイオン
エスキセヒール
アンキュラ
アンカラ
タウィウム
アッソス
アドラミュッテイオン
レスボス島
ミュティレネ
ペルガモン
ストラトニケイア
（ハドリアノポリス）
アエザニ
アシア
ナコレア
ペッシヌス
キジル・イルマク川
アエガエ
テュアティラ
アクヒサール
アポッロニア
アモリウム
キュメ
マグネシア・
アド・シピュルム
ゲディズ川
ニュッサ
キオス島
エリュトライ
クラゾメナイ
スミュルナ
イズミール
サルディス
ピラデルピア
アラシェヒール
シュンナダ
トゥズ湖
ガラティア
テオス
レベドス
シーアジュク
コロポン
ビュユク・メンデレス川
エウメニア
アンティオキア
クライナイ
（アパメイア）
ディナル
ナジアンゾス
ガルサウラ
（アルケライス）
アド・メアンドルム
マグネシア
マニサ
エペソス
サモス島
サモス
ニュサ
スルタンヒサル
トラッレイス
アイドゥン
ラオディケイア
ヒエラポリス
パムッカレ
コロッサイ
エーリディル湖
セレウケイア
シデラ
イコニウム
コニヤ
プリエネ
ヘラクレイア
ミレトス
アラバンダ
アプロディシアス
サガラッソス
ベイシェヒル湖
リュストラ
テュアナ
アリンダ
カルプズル
クレムナ
ファウスティノポリス
ナクソス島
イアソス
ミュラサ
ミリャス
ストラトニケイア
コマナ
セルゲ
デルベ
ポダンドス
ハリカルナッソス
ボドルム
キビュラ
オルバサ
リュキア・
パンピュリア
イサウラ
ラランダ
カラマン
キリキアの門
アモルゴス島
コス島
コス
ブボン
バルブラ
テルメッソス
ペルゲ
アスペンドス
キリキア
タルソス
オイノアンダ
コマ
アッタレイア
アンタリア
カデュアンダ
タウロス山脈
ポンペイオポリス
ソロイ
アステュパライア島
テルメッソス
シデ
セリミイエ
クラウディオポリス
オルバ
トロス
ポダリア
パセリス
シデュマ
アリュカンダ
コリュコス
エラエウサ
（セバステ）
ロドス
ロドス島
クサントス
キュアネアイ
ディアポリス
シュエドラ
セレウケイア
シリフケ
リンドス
パタラ
ミュラ
リミュラ
セリヌス
（トライアノポリス）
ガジパシャ
アネムリウム
アナムル
カルパシア
ラペトス
ラピソス
キュトロイ
リメニア
ソロイ
サラミス
タマッソス
アルシノエ
キティオン
ラルナカ
キュプロス
パポス
クリオン
アマトス
ネアポリス
属州の首都
軍団の駐屯地
その他の定住地
解説がのっている遺跡
属州の境界線
ローマ時代の道
タウィウム　古代名
（セバステア）　後の地名
ウルファ　現代名
2000 m
1000 m
200 m
0
縮尺　1:3 800 000
0
200 km
0
150 mi

小アジア

　小アジアにおけるローマの影響の拡大は，ペルガモンのアッタロスの遺産をうけ取ったこと (p.57) から始まり，諸庇護王国の併合と編入によって着実に進んだが，東はアルサケス朝パルティアによって抑えられた．ローマ時代の小アジア諸都市は，農業開発によって産み出された富を所有して生き生きと旺盛な自己主張をした．その指導的な市民たちは広大で時には横暴ともいえるほどの名声を獲得した．かれらは帝国の権力者の前で自分たちの都市のための有能な代弁者として振舞い，また自分たちの共同体にかなりの出費をさせもしたが，ビテュニアにおけるように，市の資産を濫用しすぎてローマの干渉を招きかねなかった．

　さらに東では様相が一変する．アナトリア山地は農村地帯であり，ここの農民たちはしばしばローマ軍の兵士として求められた．リュキアとパンピュリアの山岳地帯，そしてキリキアとことにイサウリアには牧人たちが住んでいたが，かれらは生活が苦しいときには山賊になったり，地方を襲ったり，また極端な場合には反乱を起こしたりした．ここにはローマの植民都市があり，ラテン文化の前哨基地となっていたが，この地のギリシア的環境に徐々に吸収されていった．東では，カッパドキアに接したコンマゲネとアルメニアとがオリエント的君主国であり，小アジアのギリシア文化圏よりも東方のシリアとイランの方に緊密な関係を結んでいた．

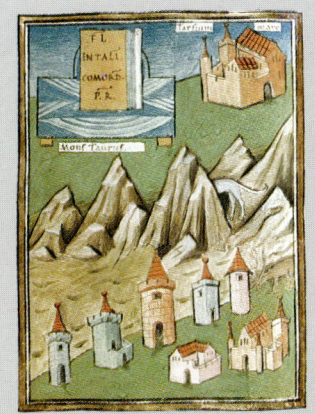

左　『高級官職表』でのイサウリアの図は，山岳が小アジア南部の平野と海岸地帯の安全をおびやかすものであることを見事に喚起させる．

左下　パンピュリアのアスペンドスの美しく保存された劇場，2世紀の小アジアにおけるぜいたくさの程度と建築水準とがよくわかる．

下　キュプロスの4世紀のモザイク画，これはクリオンの海と畑を見下ろす"エウストリオンの家"の床であり，これもまた個人の豊かさを表している．

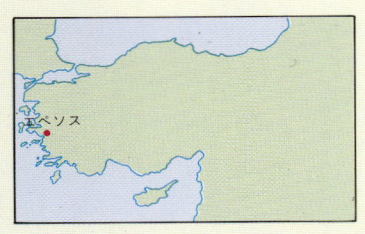

エペソス

　エペソスは『ヨハネ黙示録』でアジアの七つのキリスト教会の第一にあげられているが、アルテミスの大神殿の本拠地でもあった。その神殿は世界の七不思議の一つに数えられ、著しくローマ化した都市におけるヘレニズム建築の傑作であった。ここはまた伝説上の眠れる七聖者の故地である。かれらは数世紀の間まどろんだ後に目覚めて、自らがキリストの支配する世に生きていることを発見したと思われていた。ローマ時代のエペソスの生活は、広範な考古学の遺物だけでなく、指導的な名家の気前の良さと、アジアの"第一の都市"という称号をめぐってのスミュルナとの対抗を示す碑文からもうかがうことができる。聖パウロが引き起こした騒動では、銀細工師がかれらの女神のために人々を奮起させたが、このエピソードはこの東方の大都市の生活について多くのことを示してくれる(『使徒行伝』19：22以下)。示威運動が大劇場(次ページをみよ)で起こされたが、その劇場には2万4000人分の客席があった。この大都会の数ある設備の中でもとりわけ有名なのはケルススの図書館であった。これは2世紀初頭にティベリウス・ユリウス・ケルスス・ポレマエアヌスを称えて、やはりローマの元老院議員であった兄弟が奉献したものであった。

　この市は3世紀にゴート族に攻撃されたが復興し、威勢を失わずにキリスト教時代に入った。4世紀に建てられた聖母マリア聖堂で431年にエペソス宗教会議が開かれた(p.216参照)。アルカディアネ通りとして知られる大通りが大劇場から港まで走っており、5世紀初頭のものである。伝道者ヨハネの墓の上に建立されたと推測されている聖ヨハネ聖堂は、ユスティニアヌスによって華麗に再建された。

　エペソスはいく度も地震に襲われ、最後には沖積物の堆積と結びついた緩慢な沈下にみまわれた。これらの変化によって海が後退し、港は泥で埋まり、その他の多くの遺物やアルテミシオンの基壇も水びたしの状態で残された。

下　ヘレニズム時代の市壁線上にあるマグネシア門に通じる道(図面参照)。アルテミスの祭の行進は、アルテミシオンからこの門を通って大劇場へ向かった。

最下段左　ウィッラの壁画。これはアゴラ近くの中央地区にあったもので、エペソスのかなり贅沢な住居のすばらしさがよくわかる。

最下段右　ハドリアヌスの神殿の入口。2世紀初頭に建てられ、4世紀末に修復と増築が行われた。神殿前の4基の台には分割統治者の像が立っていた。

小アジア

左 アルカディアネ通り脇の大劇場から港の方をみた眺望。港は遠くに緑の沼のようにみえている。

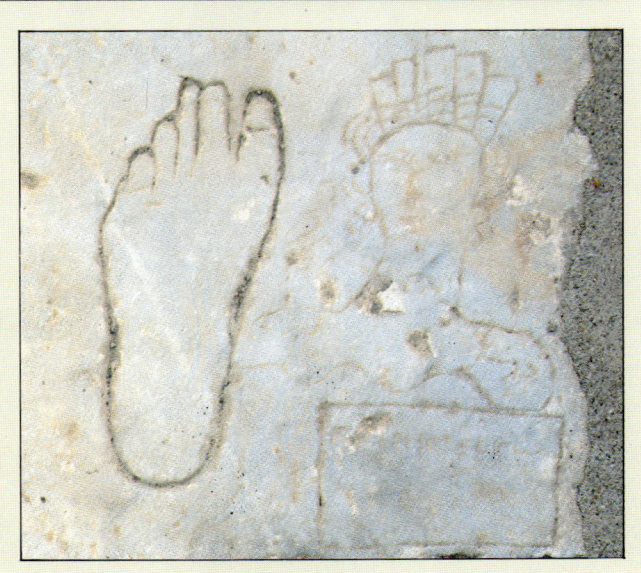

上 "エペソス人のアルテミス"。この女神の礼拝像はローマ時代の模作であるが、古典風な擬古主義ともっと遠いおぼろげな過去とが結びついているのが見てとれる。この神像の多数の乳房は、"女王にして狩人、純潔にして美"という伝統的古典的なアルテミスの概念とはほとんど結びつかない。

左 エペソスの生活のかなり世俗的な一面。歩道上に描かれたあからさまな印は娼家の広告である。

153

小アジア

右 アプロディシアスの劇場．これは昔のアクロポリスで後にビザンティン時代の要塞になったところに食い込んで建てられたもので，後2世紀に野獣と剣闘士の見世物に使えるように改造された．
アプロディシアスはローマ帝国の重要な大理石供給地であり，芸術の中心地であった．その様式の影響はレプティス・マグナで認められている（p.120）．次ページの左上の図は，新しく発掘されたアウグスティ神殿から出土した像で，若い皇子，おそらくブリタンニクスの顔であろう．

アプロディシアス

　カリアの大都市アプロディシアス（現在この地にある小村の"ゲイレ"という名は古代カリアの名を残している）は，アウグストゥスやハドリアヌスのようなローマ皇帝ばかりでなく，前1世紀のスッラとユリウス・カエサルにも特に好まれていた．この共和政の2人の有力者はともに自らをウェヌス女神に庇護された者とみて，古来からの地方女神を"ギリシア化"した名をもつこの都市に魅きつけられた．この点でアプロディシアスはさらに東にあるヘリオポリスなどの遺跡と比較できよう（p.161）．アプロディテ神殿は前1世紀に建てられ，ハドリアヌスから新しい神域を寄贈されて美しく飾られた．神殿は6世紀にキリスト教聖堂に変えられた．劇場の壁も前1世紀に建てられたものであるが，そこから多くの元老院議決の後世の写本や，この市の特別な権威を認証する皇帝の書簡，そしてもっと世俗的な地層からは最高価格に関するディオクレティアヌスの勅令（p.172）の一部が出土した．

　防壁は260年代にゴート族の侵入に対して建てられたもので，美しいスタディオンを取り込んでいるが，市のその他の部分は除いている．しかし市は帝政末期にも繁栄をつづけ，ビザンティン時代になって衰えた．下に示したアプロディシアスの図面は大部分が空地になっているが，このたえず生産的であった遺跡の発掘の現状を表している．道路組織からみる限りでは，町の作りはヘレニズム時代後期か帝政時代初期の普通の都市のものであったことは明らかである．

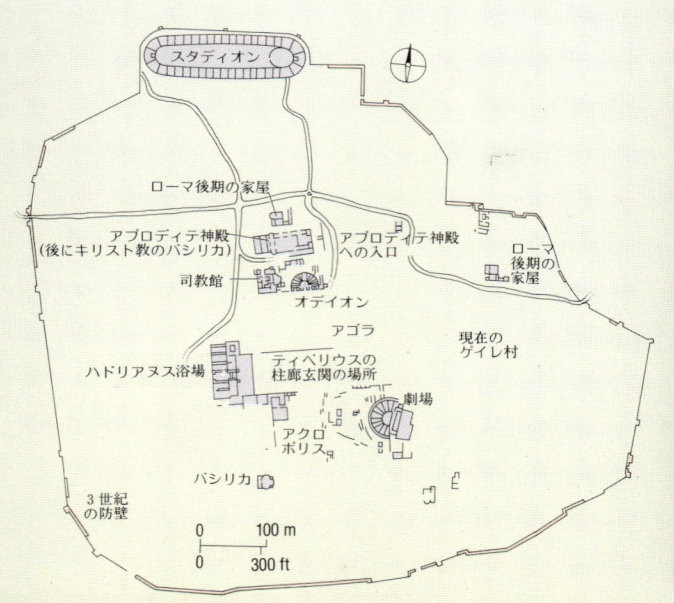

小アジア

シデ

パンピュリアのシデは狭い半島内にあり、大規模に人の手を加えた港を備えていた。キリキアの海賊たちは、ポンペイウスに征圧されるまで、この港を使っていた。残念ながらこの港は砂に埋まりやすく、港をきれいにしておくには不断の浚渫の必要があった。「シデの港」という古い諺は、何度もくり返されてやむことのない仕事を意味していた。港の入口もやや狭く、この都市の繁栄が主に海上貿易によったということは考えにくい。近隣のアスペンドス（p.151参照）やペルゲのように、シデは本質的にローマ帝国の都市であった。劇場は、アプロディシアスのものと同じく、野獣狩りや同じように危険な見世物のために改造され、客席に壁がつけられていた。帝政時代後期には、半島の最狭部を横切る防御壁が建てられ、アゴラの真後ろを通り抜けていたが、都市はこのような区域を越えて繁栄をつづけ、アラブ人の侵入をうけるまでは衰えなかった。

アミダ

ティグリス河畔のアミダ（下）はかつては重要な都市ではなかったが、コンスタンティヌス時代の末に、北メソポタミアと、コルドゥエネ（クルディスタン）に至るローマ支配下の大守領との防衛の拠点として発展した。この地は359年のペルシアの侵入の際に包囲されて、奪取されたが、結局ローマの手中に帰し、363年にヨウィアヌスがニシビスを明け渡した後に、その住民の一部をうけ入れた。周壁は後にかなり修理されているが、本来はユスティニアヌスが築いたものである。それが濃色の玄武岩造りであったことから、「城壁は黒、アミダの兵士の心も黒」という諺が生まれた。

ガルニ

カステルム・ゴルネアエつまりソビエト領アルメニアのガルニには、左下に示された古典様式の建築物の遺跡があるが、おそらくローマ化された庇護王を祀る2世紀の墓であろう。タキトゥスの記述によれば、この土地はネロの東方遠征の際にローマ人が占領した要塞であった。フラウィウス朝時代の百人隊長が、どういう事情かはわからないが、バク近くの岩面に自分の名を彫りつけているのを例外とすれば、ここはローマ人が到達した最も東の地点であった。

右　シデの遺跡と海の概観。この雑然とした遺跡を見ていると、小アジアのローマ文化圏でいまなお行われている数多くの発掘活動が思い浮かんでくる。

東方

ローマの東方支配はセレウコス王国の廃墟の上に築かれた．それは，ポンペイウスがこの地方を属州シリアとして組み込んだことに始まり，コンマゲネやユダヤなどの親ローマ的な"庇護王国"を次々に吸収して拡大し，アラビアとメソポタミアの併合で完成した．

これらの属州を一まとめにすると，"肥沃な三日月地帯"の西側の弧になる．この三日月地帯とは，東地中海の海岸に沿って上り，シリアと北メソポタミアを横切り，下ってバビロニアに至る古代文明の地域である．この帯状の地域には充分な雨が降ったので，穀物を計画的に栽培することができ，都市の発生をみることができた．このローマの諸属州の東と南には広大な砂漠があり，移動する遊牧民であるベドウィン族が住んでいた．この他にこの砂漠に足を踏み入れたのは，パルミュラ（p.158参照）やハトラのようにオアシスを基盤とすることの多い商業都市からの隊商だけであった．

ローマに占領されても，この地域の文化生活は実際はほとんど変らなかった．ギリシア語は上流階級の言葉として残り，町や田園部の大衆はシリア語を使った．ラテン語はほとんど広まらず，ただ東方におけるローマ法の故地であるベリュトス（ベイルート）で使われ，帝政時代末期には行政首府アンティオキアで使われただけである．その逆に，タルソスのパウロやサモサタのルキアノスや法律家ウルピアヌスのような東方人が帝国中に進出した．しかるに，社会的にあまり高くない階層について書けば，保守的なイタリア人のユウェナリスが「オロンテス川がティベリス川に流れ込んできた」（『風刺詩集』3．62）と不満をもらした．ギリシア・ローマ世界後期の哲学と宗教の分野で最も斬新で重要な思想のいくつかが，これと同じ経路で伝わった．

『高級官職表』でのアラビア軍司令官の標章．守備隊駐屯の町が通常の方法で示されている．ヘビと1対のダチョウに注目してほしい．

最下段　アンティオキア近くのダプネのウィラスのモザイク画．このフリーズは5世紀のものであり，アンティオキアからこの上流社会の保養地に至る道程が描かれている．ここでは（ダプネの聖バビュロスの）"殉教者の聖所の作業場"がみえており，その前にマルケッロスという名の男が横になっていて，カルコマスという名の従僕に酒を注がせている．次に"オリュンピア競技場"と"アルダブリオスの私用浴場"があり，ダプネの有名な泉の"カスタリア"と"パッラス"がある．カスタリアの下の柱廊のある半円形の溜池は，おそらくハドリアヌスが建てた娯楽施設のニュンファエウムであろう．下図の"ゆで玉子のある静物"を魅惑的に描いた絵は，ダプネから出土したもう一つのモザイク画の細部である．

右　上流階級の家族．オスロエネのエデッサの洞穴墓出土のこのモザイクには，ローマ世界の文化の多様性が見事に表されている．この人々の名はシリア語で記されており，身につけている色とりどりの上着や履物やズボンや帽子からは，その背景にあるのはローマの属州よりもむしろイランの要素であるように思われる．

次頁　上城からの眺め．エデッサの威圧的な立場をみてとれる．3世紀までここは先祖代々の王朝が治めていた．おそらく"大王"アブガルⅨ世（179-216）の王妃であったらしいシャルマト女王の像が，城砦にある2本の独立円柱の1本の上に立っていた．

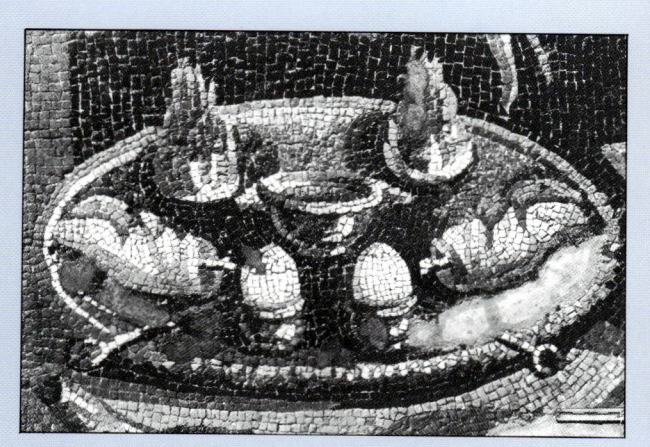

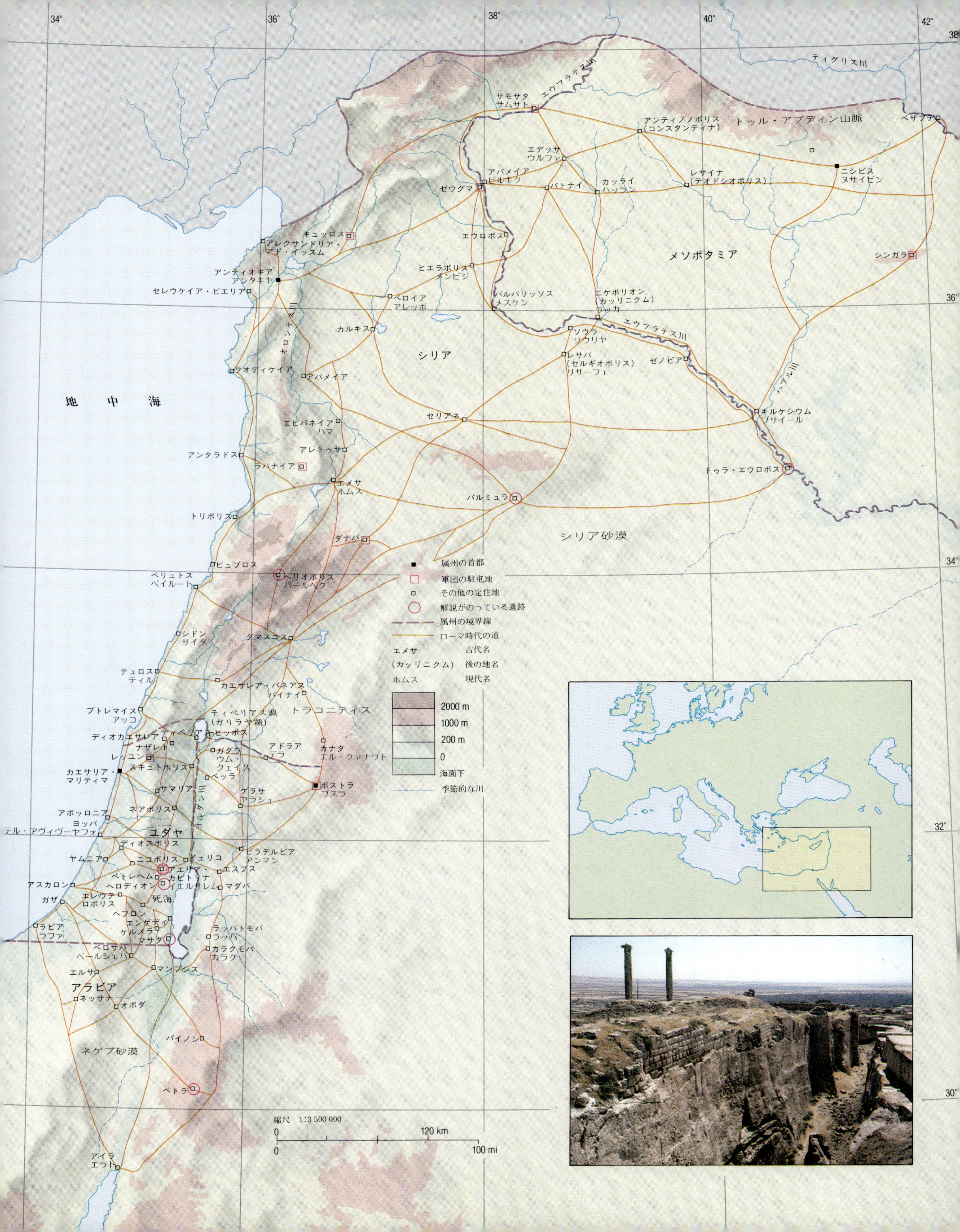
34°
36°
38°
40°
42°
38°
36°
34°
32°
30°
ティグリス川
エウフラテス川
サモサタ
サムサト
アンティノノポリス
(コンスタンティナ)
トゥル・アブディン山脈
ベザブデ
エデッサ
ウルファ
アパメイア
ビルイク
ゼウグマ
バトナイ
カッライ
ハッラン
レサイナ
(テオドシオポリス)
ニシビス
ヌサイビン
キュッロス
アレクサンドリア・
アド・イッスム
エウロポス
メソポタミア
シンガラ
アンティオキア
アンタキヤ
ヒエラポリス
メンビジ
セレウケイア・ピエリア
ベロイア
アレッポ
バルバリッソス
メスケン
ニケポリオン
(カッリニクム)
ラッカ
エウフラテス川
オロンテス川
カルキス
ソウラ
ソウリヤ
シリア
レサパ
(セルギオポリス)
リサーフェ
ゼノビア
ラオディケイア
アパメイア
ハブル川
地中海
キルケシウム
ブサイール
エピパネイア
ハマ
セリアネ
アレトゥサ
アンタラドス
ラパナイア
ドゥラ・エウロポス
エメサ
ホムス
パルミュラ
トリポリス
シリア砂漠
ダナバ
ビュブロス
属州の首都
軍団の駐屯地
その他の定住地
解説がのっている遺跡
属州の境界線
ローマ時代の道
エメサ 古代名
(カッリニクム) 後の地名
ホムス 現代名
ベリュトス
ベイルート
ヘリオポリス
バールベク
シドン
サイダ
ダマスコス
テュロス
ティル
カエサレア・パネアス
プトレマイス
アッコ
ティベリアス湖
(ガリラヤ湖)
トラコニティス
2000 m
1000 m
200 m
0
海面下
季節的な川
ディオカエサレア
ティベリアス
ヒッポス
ナザレ
ガダラ
ウム・クェイス
アドラア
デラ
カナタ
エル・クァナワト
レッユン
スキュトポリス
カエサリア・
マリティマ
ペッラ
サマリア
ゲラサ
ヤラシュ
ボストラ
ブスラ
アポッロニア
ネアポリス
ヨッパ
テル・アヴィヴ-ヤフォ
ユダヤ
ディオスポリス
ヤムニア
ニコポリス
イェリコ
ピラデルピア
アンマン
アスカロン
ベトレヘム
アエリア・
カピトリナ
イェルサレム
エスブス
ヘロディオン
マダバ
ガザ
エレウテロポリス
死海
ヘブロン
ラピア
ラファ
エンゲディ
ケルメラ
マサダ
ラッバトモバ
ラッバ
ベロサバ
ベールシェバ
カラクモバ
カラク
エルサ
マンプシス
アラビア
ネッサナ
オボダ
バイノン
ネゲブ砂漠
ペトラ
縮尺 1:3 500 000
0
120 km
0
100 mi
アイラ
エラト

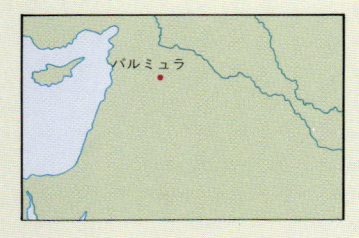

東方

パルミュラ

　パルミュラあるいはタドモル，すなわち"シュロの都市"は，ローマ帝国の下で都会として目ざましい繁栄をとげた．ローマがパルミュラに関心をもったのは早くもマルクス・アントニウスからであった．かれはここを攻撃したが，その伝説的な富を奪うことはできなかった．帝政時代のまさに初めのころは，ここがローマとパルティアの両帝国間の独立国とみなされていた．しかし後18年にゲルマニクスがティベリウスの使節として東方周遊中にここを訪れ，パルミュラは属州シリアに組み込まれた．この都市は東方と商業上結びついていたため，ローマ時代の都市としては異例なほど常に独立性を保っていた．ここの支配者一族が，砂漠を越えてエウフラテス川やペルシア湾に達し，そこから海路でインドと関係をもつ隊商を組織した．パルミュラ語とギリシア語の両方で書かれた碑文には，ある商人が「ウォロゲシアスで設立された商人たちや隊商や仲間の市民たちを，多くの場合，気高く寛大に援助し」，さらに「最近ウォロゲシアスから着いた隊商を大きな危険から護った」，と書かれていた．この危険とはおそらく商路ぞいのベトウィン族によるものだったろう．
　260年と270年代にパルミュラ王家のオダイナトスとウァバッラトスとゼノビアが，自分たちの都市を独立帝国の首府とした．その帝国はササン朝ペルシアに対して重要な軍事的役割を演じた．しかしパルミュラはアウレリアヌスに破壊され，二度と繁栄をかちとることはできなかった．

右　西北からの眺望．この都市の地理的環境と歴史に残る壮麗さが一目で見渡せる．後19年に廃墟の丘の上に建てられたベルの大神殿が遠くにある．その丘はこの住居地が古いことを示しており，そこから円柱の並ぶ大通りが市内を通り抜けている．神殿のこちら側には一群の建築物があり，その中には劇場や，柱に囲まれたアゴラ（または隊商宿）もある．神殿の向こう側にはオアシスの木立があり，そこにみえる砂漠を横切って隊商がエウフラテス川やペルシア湾に進んだのであった．

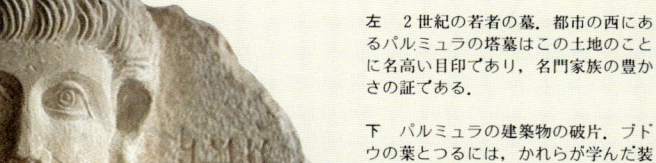

左　2世紀の若者の墓．都市の西にあるパルミュラの塔墓はこの土地のことに名高い目印であり，名門家族の豊かさの証である．

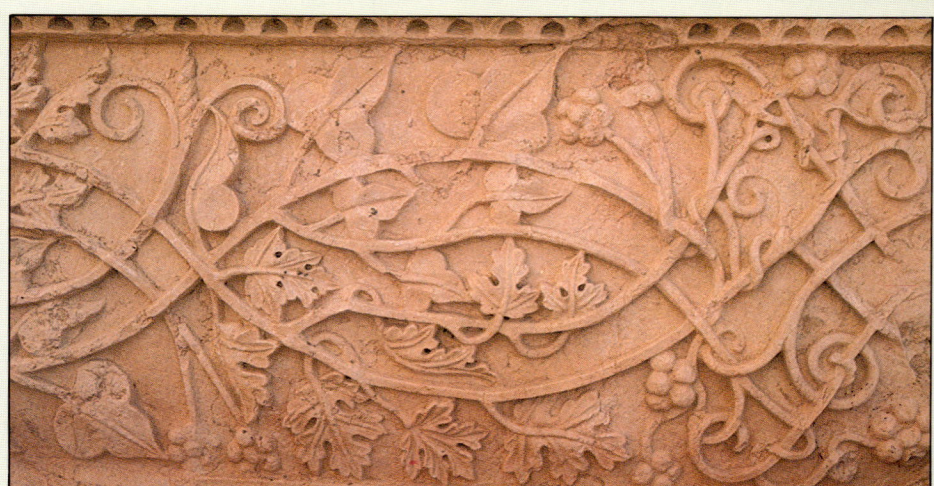

下　パルミュラの建築物の破片．ブドウの葉とつるには，かれらが学んだ装飾上の調和の中のオリエントの影響が反映されている．

東方

パルミュラの都市づくりで最も目立つ点はその不規則さである。ベル神殿とその背後の家屋と劇場とは一直線上になく、また劇場とその隣りのアゴラの位置も対称でない。大柱廊は3方向に伸びており、横断柱廊も大柱廊に直交していない。この不規則さの理由はこの土地のローマ時代以前の居住形式にある。つまり、オアシスの位置と水源の地形がもとになったのである。住民たちはベドウィン族の生活様式を多少保ちつづけていて、この土地のさまざまな地区に陣を張っていたのが、ローマ時代になって都市のさまざまな区域として発展したのであると考えられてきている。

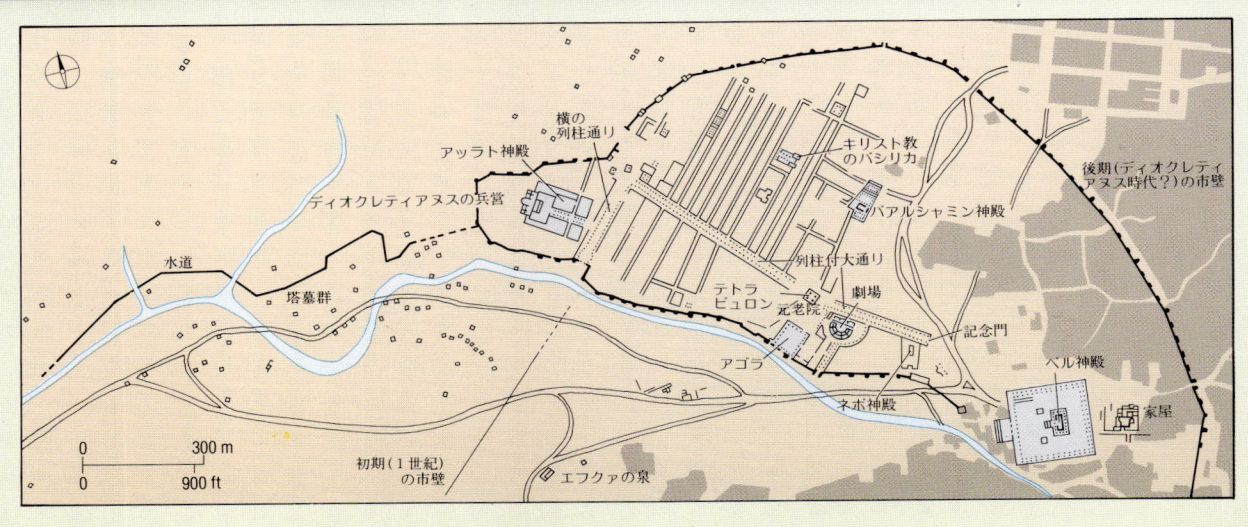

東方

ドゥラ・エウロポス

　エウフラテス河畔のドゥラは、ヘレニズム時代の住民たちにエウロポスと呼ばれたが、この都市の歴史はある程度まで明瞭に区分することができる。この都市は前300年にセレウコス王家により要塞として建てられ、前2世紀にパルティアに破れ、後165年以後ローマに支配された。256年にシャープールⅠ世のペルシア軍に破壊された後、この土地に再び人が住むことはなかった。

　ドゥラは突然見捨てられたため、ローマ時代の段階で消滅した。そのため遺跡からは、ローマ時代の軍事組織についての証拠が大量に出てきた。しかし、さらに重要なことは、外国の支配をうけていた全時期を通して、その土地固有のセム系文化の性格が保たれていたことである。碑文はたいていギリシア語で書かれているが、アラム語やアラビア語の方言やパーラヴィ語もみられる。ドゥラの宗教生活にも同じような混淆が起こっている。ローマの国家宗教とは別に、ユダヤ教、ミトラス教、キリスト教の教会堂があった。

上空からみたドゥラ。市街図とともにみてみると、エウフラテス川を見下ろす急斜面上にあることの戦略上の利点がよくわかる。写真でも図面でも、ヘレニズム時代の都市の主要な形がはっきりとみえる。オリエントの影響は一般家庭用建築の細部の方にいっそうはっきりしている。キリスト教聖堂とユダヤ教会堂が写真右側の塁壁の内側に隣接している。

ドゥラのユダヤ教会堂出土の壁画。上の方の壁画はナイル川にアシ舟で流された幼児モーゼが発見される場面であり、下の方の図は律法を納めた聖櫃がペリシテ人に攻撃されている場面である。ペリシテ人兵士たちは当時のササン朝の軍服を着ている。ここのユダヤ人の共同体は、下メソポタミアのアラム語を話すユダヤ人と関係があった。いずれにせよ教会堂に壁画があるということは、律法の教えにあまり厳格な態度ではなかったことを思わせる。

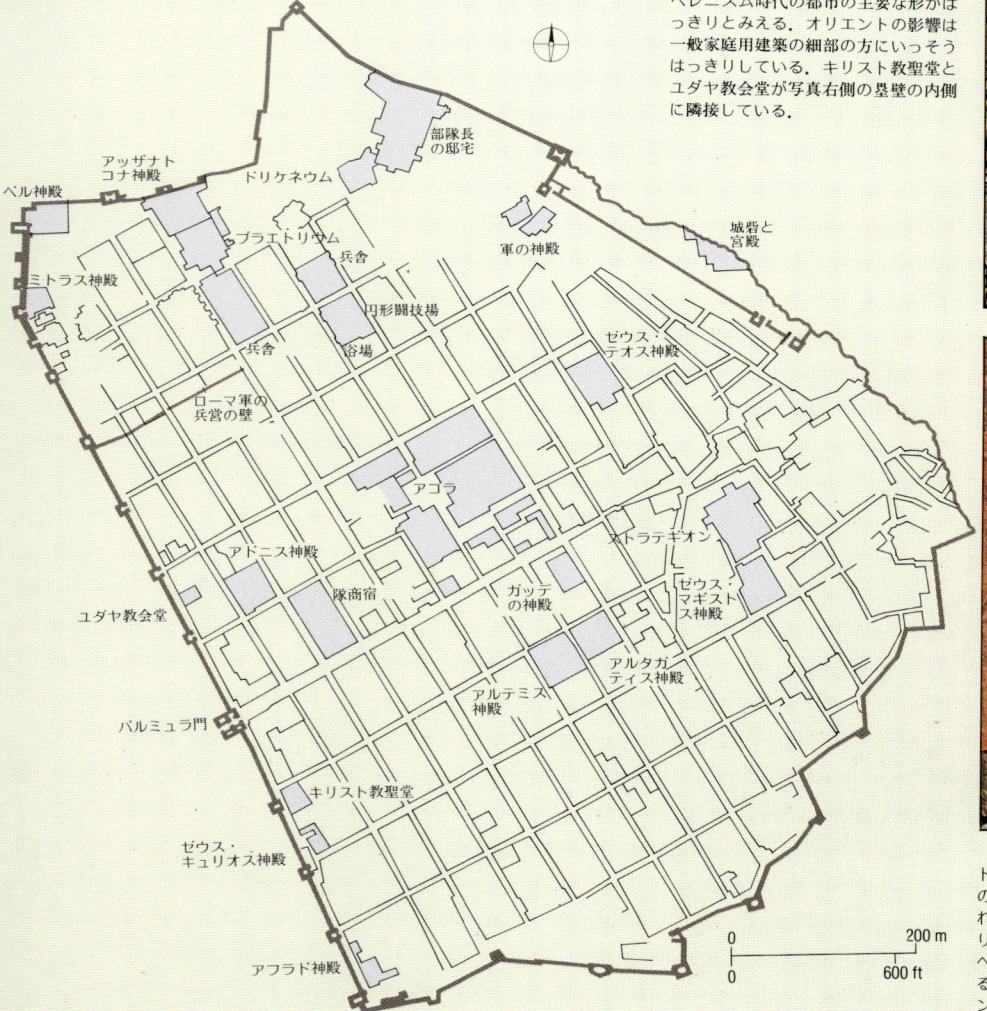

右 ユピテル・バアル神殿の基壇から東南方向の眺め。前方にはバッコス神殿として知られているもう一つの神殿があるが、おそらくヘリオポリスで崇拝されていたセム系の3神のうちの1神であるウェヌス・アタルガティスの神殿であった可能性が最も高い。下に示した聖域図をみると、広々とした構内と内陣の結びつきがよくわかる。内陣はいかなる個々の建築上の特色よりも、この遺跡の"オリエント的"性格をよく示している。キリスト教のバシリカが4世紀末に建てられた。ヘリオポリスは異教が長い間ずっと勢力を保っていた都市の一つであった (p.194参照)。

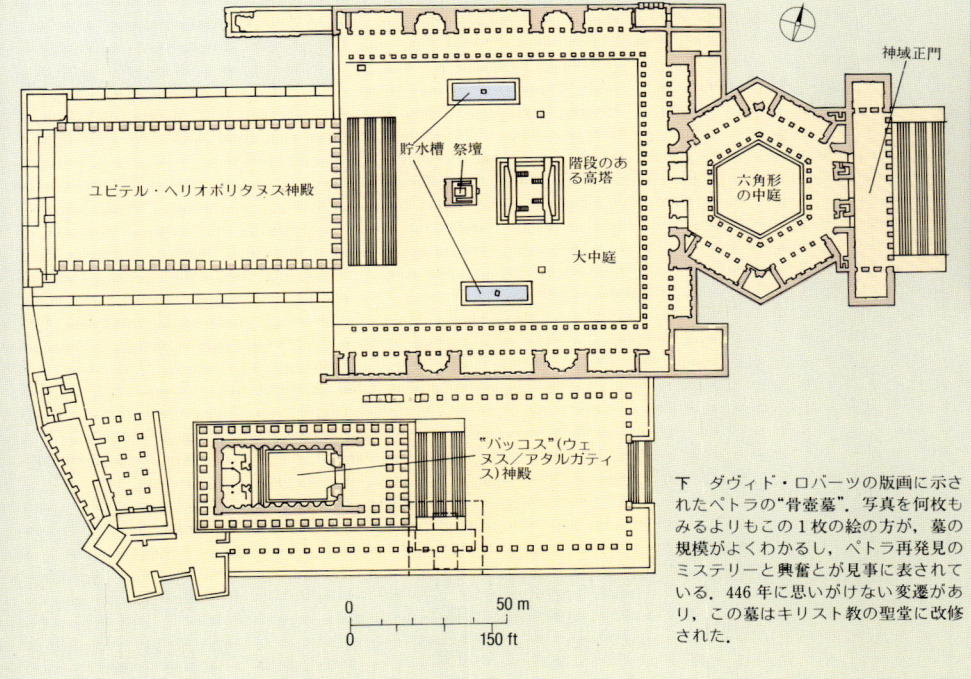

下 ダヴィド・ロバーツの版画に示されたペトラの"骨壺墓"。写真を何枚もみるよりもこの1枚の絵の方が、墓の規模がよくわかるし、ペトラ再発見のミステリーと興奮とが見事に表されている。446年に思いがけない変遷があり、この墓はキリスト教の聖堂に改修された。

バールベク

ヘリオポリス（バールベクの古代名）は、ドゥラ・エウロポスやペトラと同じに、ヘレニズム時代後半とローマ時代に有名になり、しばしばそうであったように2世紀と3世紀初頭に都市として重要な発展をとげた。レバノンとレバノンの反対側の山並にはさまれた谷間にヘリオポリスはあり、ギリシア・ローマ風の大会議場や劇場、競馬場などの通常の機能が備わっている。そして家屋には、特にローマ時代後期の美しいモザイク画があり、その様式は古典的なものと"オリエント化"したものの両方がある。

しかし、ヘリオポリスで真に注目に値するのは、すばらしい神殿の境内であり、特にユピテル・バアル神殿である。それは、パルミュラの類似の神殿と同じく後1世紀にこの土地の古さを示す廃墟の上に建てられた。ユピテル・バアルはこの土地で崇拝された3神のうちの1神で、他の神々は、セム族のアタルガティスに相当するウェヌス＝アプロディテと、セム族では何神にあたるのかはわからないが、メルクリウス＝ヘルメスであった。

ペトラ

ペトラは後18年にゲルマニクス・カエサルが訪れたナバタエ王国の首府であり、ヘレニズム時代後期の地方の王たちのおかげで発展した。ヨルダンとネゲブ川の都市住居地における王たちの業績は、最近以前よりも高く評価されてきている。ペトラはインドから地中海側のリノコルラ（エル・アリシュ）とガザに至る通商路上の隊商都市としての役割によって大いに発展した。しかし、すでに後1世紀にはそのような交易はパルミュラ経由でもっと北よりのルートをとるか、紅海経由でアレクサンドリアにゆくかしていたらしく、ペトラの繁栄は限界に達していたらしい。だが、ローマ時代の遺物は印象的である。劇場があり、柱の立ち並ぶ通りが三重アーチの門を通って聖域に通じていた。しかし、ペトラで最も有名なのは岩壁に掘られた墓であり、墓の正面にはヘレニズム時代の宮殿様式が巨大な浮彫りでつくり出されている。

東方

イエルサレム

　ダビデ王の古き都イエルサレムは，1世紀のローマ帝国下の大プリニウスによって「ユダヤのみならず東方においても群を抜いて最も名高い都市」(『博物誌』5．70)と述べられた．このことはヘロデス大王に負うところが大きい．かれこそがイエルサレムの城砦地域を拡大し，(おそらく城壁外に)劇場と円形闘技場を建て，宮殿を築き，さらに巨大な基壇上で市内を威圧する神殿を含む大建築物を建てて，イエルサレムをまったく壮大な光景にしたのである．これらの建築物でわかるように，ヘロデスはユダヤ文化とギリシア・ローマ文化の間で均衡をとることができた．これはかれ以前のハスモネ家の人々がほとんど試みなかったことである．前4世紀にヘロデスが死んだ後はユダヤの独立は長くつづかず，ヘロデスが再建した都市の一つであったカエサレアを首府としたローマの属州にされてしまった．

　後66－70年のユダヤ反乱(p.81参照)のときに，イエルサレムとその神殿はティトゥスに占領されて破壊され，都市は第10軍団に占領された．ハドリアヌスの時代にこの市はアエリア・カピトリナという名のローマ植民都市として再建された．ローマ帝国がキリスト教化すると，イエルサレムは新時代に入り，キリストの最後の垂訓と死と復活に関連して有名になり繁栄した．4世紀末までには，イエルサレムはひんぱんに行われた巡礼の目的地になり，また修道士たちの居住地となった．この歴史の新しい局面はビザンティン時代までつづいた．注目すべき寄進が亡命皇后エウドキア(p.216)によってなされ，またユスティニアヌス時代にも行われた．イエルサレムは638年にアラブ人の手に落ち，イスラムの聖なる都市としても等しく有名であった．

最下段　6世紀のモザイク画の地図に表されたイエルサレム．ヨルダンのマダバ出土．大建築物の中で，ハドリアヌス時代の都市の柱の並ぶ大通りが人目をひく．そして，その通りの中ほどにある聖墳墓教会は，その円堂(本図では逆様にみえている)ではっきり見分けられる．下図の嘆きの壁は，実際にはヘロデス大王が拡張したときの神殿の基壇である．

東方

ヘロディオン

　ヘロディオンの城砦はヘロデス大王がイェルサレムから12km離れたところに建てたもので、イェルサレムからはっきりみえる。これは大居住地の中心地であり、歴史家ヨセフスの言葉によれば、「都市に劣らなかった」。そこには"娯楽"つまり遊園地が備わっており、水は少し離れたところから水道で引かねばならなかった。城砦の中には入念に建てられた宮殿があり、浴場や教会堂や庭園もあるのだが、外からはみえないように建築学的に実にうまく欺いていた。城砦は自然の山頂にわざわざ土盛りをした上に築かれて、中が隠された。ここを訪れる人は磨かれた石の階段を200段上り、大塔わきに深く切り開かれた入口から中に入って、はじめて宮殿を目にすることができた。宮殿は、前14年にヘロデスがマルクス・アグリッパをもてなした館に囲まれて建っていた。

　ヘロデスは死後ヘロディオンに——何人かの学者が信じるところでは、未発掘の北の塔内に——埋葬された。この地は後66-70年のユダヤ反乱で最後まで残った拠点の一つであり、またバル・コクバの反乱でも占領された。

マサダ

　マサダは死海の西にある不毛の山脈の突出部にあり、ハスモネ家の人々が要塞として使ったが、ヘロデスが王国内外の挑戦から身を護るために宮殿兼要塞として大きく発展させた。廃墟の中には広大な貯蔵庫や温浴場や教会堂があり、大宮殿が二つある。北宮殿は目も眩むほど高い崖の端にあり、階段状に降りているテラスがついていた。

　ヘロデスの死後は宮殿は使われなかったが、66-70年の反乱のはじめにローマの駐屯軍に占領されたのをゼロテ派の人人が奪い返した。ウェスパシアヌスの使節（レガトゥス）フラウィウス・シルウァがマサダを攻略したが、長い間の包囲の末に防衛者側の自決（73年）でやっと終結することができた。籠城者たちは自分たちの中から10人をくじで選び出して、その人々が残りの人（子供も含めて男女全員で390人）を殺し、そしてその10人のうちで最後に残った者が自らの命を絶つということを決めた。かれらの統師者であったベン・ヤイルの名を記した陶片が発見されているが、ことによるとそのくじの1枚かもしれない。

左　ヘロディオンの航空写真。4基の塔とその高さまで人工的に盛り土されたことが明瞭にみえる。ヘロデスが葬られているかもしれない北塔は、写真では右側になる。その横に宮殿への道と門とがみえる（坂道は現代のものである）。

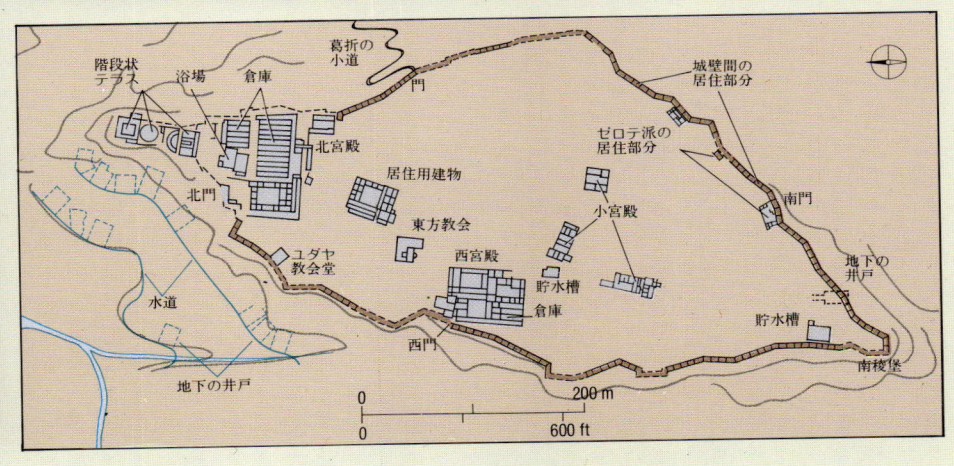

左端　空からみたマサダ。ローマ軍の攻城用要塞の一部と塁壁の一部がみえる。さらに、ゼロテ派の抵抗に決着をつけさせた攻城機械が登った大きな坂道がみえる。ヨセフスの説明によれば、マサダの平らな頂きは肥沃で、耕作用の空地があったから、その場所で多少の自給自足はできたはずである。このことが全体として正しいことは左の図をみてもはっきりする。死海から頂上に行くには"ヘビの細道"を通っていく。この道の身の毛もよだつ様子をヨセフスが生き生きと、しかしおそらく誇張した表現で述べている（『ユダヤ戦記』7．283）。西側の方が近づきやすかったが、ヘロデスが防衛用の塔で塞いでしまった。

エジプトとキュレナイカ

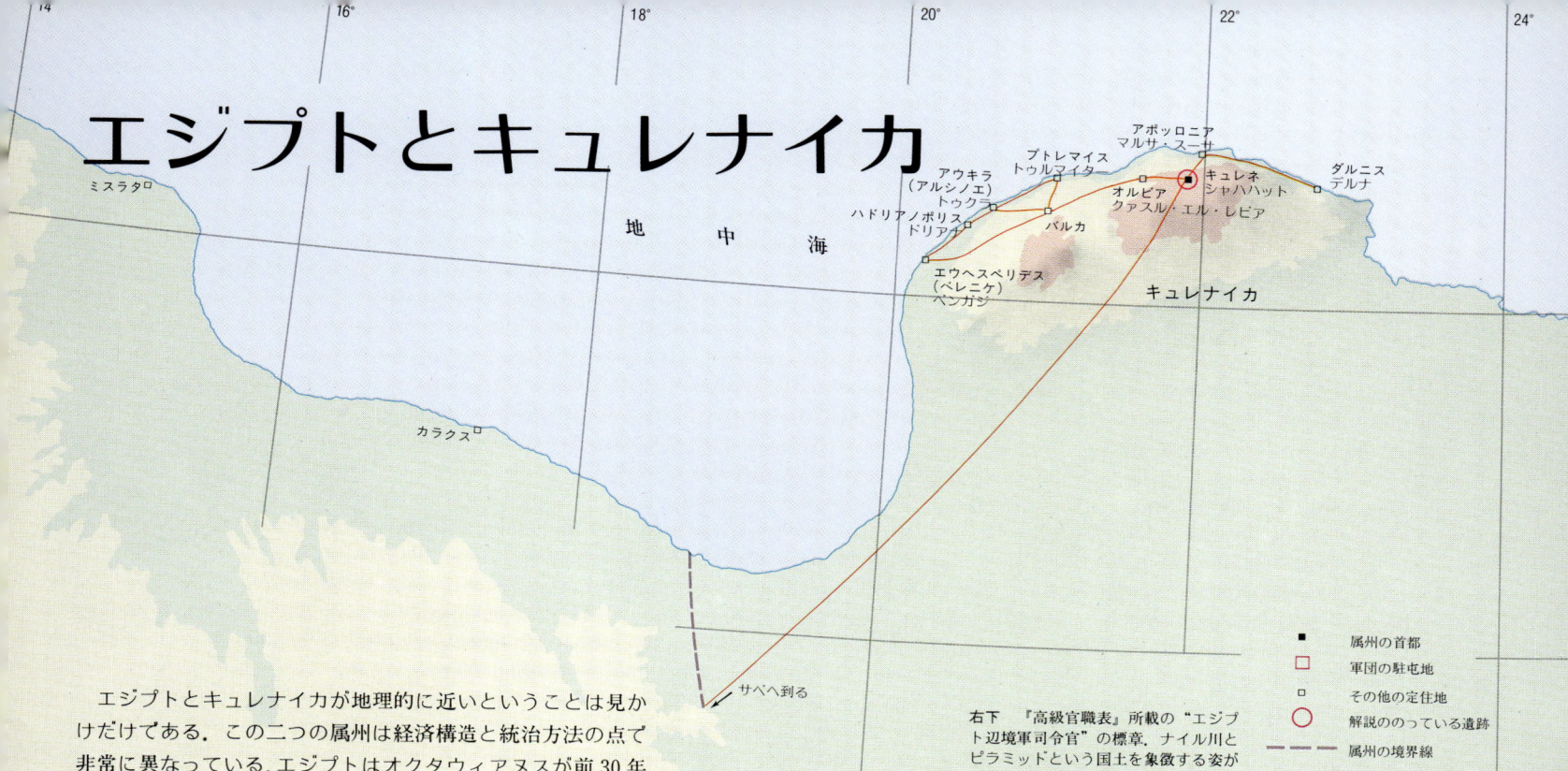

　エジプトとキュレナイカが地理的に近いということは見かけだけである。この二つの属州は経済構造と統治方法の点で非常に異なっている。エジプトはオクタウィアヌスが前30年のアレクサンドリア占領後に手に入れたもので、かれと後継者たちは皇帝直轄領として扱った。その特別の立場は、何世紀も前からのファラオとプトレマイオス家による王政の伝統を継いだものである。統治方法やエジプトでのローマ的生活のあらゆる面については、オクシュリュンコスやその他の遺跡で発見された数多くのパピルス文書から豊富な証拠が手に入る。しかし、この証拠を他の帝国属州にどこまで適用しうるかという疑問は残る。エジプト固有の地理的特質はローマ帝国内では独特なものであり、メソポタミアのバビロニアの特色に最も良く似ている。エジプトの諸都市はナイル川で結ばれていて、他の土地の都市よりも中央の支配に従属させられやすかった。逆にいえば、中央支配なしには地方の農業生産力が充分に発揮されないのである。ナイル川の年ごとの氾濫によって、エジプト人の生活に基本的リズムが生まれた。ナイル川はナイル尺として知られる尺度を使ってエレパンティネで公式に測量された。

　エジプトではアレクサンドリアが大ヘレニズム都市であった。その他にデルタ地帯やナイル河谷の住居地で、共同体の生活が樹立され、しばしば"都市"として史料に記されたが、実際には大きな村に近かった。ギリシア文化はアレクサンドリア経由でエジプトに入り込み、ナイル川諸都市に伝わった。エジプトのギリシア風都市の住民と地方の住民との間には本質的な相違があり、地方住民はエジプト語を保持して、帝政末期にはエジプト特有のコプト教会を産み出した。

　キュレナイカはペンタポリスとして知られる5都市の集団であり、帝政時代にはクレタ島と一緒にされて元老院議員の地方総督（プロコンスル）に支配された。ペンタポリスの経済生活はゲベル・エル・アクダルとして知られる水に恵まれた海岸山地なしにはありえなかった。キュレナイカは場所がやや辺ぴなところに思われるが、東地中海といういっそう広大な背景を考えると、このことはあまりあてはまらない。この5都市はプトレマイオス時代と同じく帝政ローマ時代にも栄え、そして特にアポッロニアの港が、地方総督の支配するアフリカの諸都市とトリポリタニアとアレクサンドリアとの間の交通をつなぐものとして重要になった。

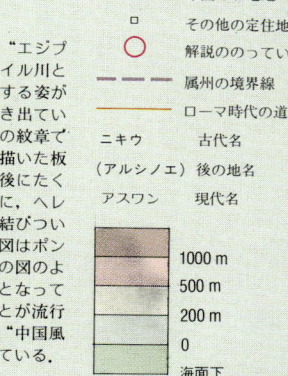

右下　『高級官職表』所載の"エジプト辺境軍司令官"の標章。ナイル川とピラミッドという国土を象徴する姿が表されている。各都市から突き出ているものは、エジプトの行政区の紋章である。下図は葬祭用の肖像を描いた板絵であり、ローマ時代後半以後にたくさん出てくるが、本図のように、ヘレニズム様式と地方の影響とが結びついているものが多い。最下段の図はポンペイのモザイク画である。この図のように、ナイル川の風景が刺激となってつくり出された光景で飾ることが流行していたが、近代に流行した"中国風装飾様式"にかなり似かよっている。

- ■ 属州の首都
- □ 軍団の駐屯地
- □ その他の定住地
- ○ 解説ののっている遺跡
- --- 属州の境界線
- ─ ローマ時代の道

ニキウ　　　　　古代名
（アルシノエ）　後の地名
アスワン　　　　現代名

1000 m
500 m
200 m
0
海面下

地図

地中海

クレタ島（挿入図）
縮尺 1:3 500 000

- キサムム
- カステッリ
- キュドニア
- ハニア
- ポリュレニア
- タウラ
- シュブリタ
- ポイニクス
- クノッソス
- ケルソネソス
- イタノス
- リュットス
- モクロス
- ヒエラピュトナ
- イエラペトラ
- ゴルテュン
- クレタ

エジプト本図
縮尺 1:4 000 000

- パラエトニウム
- カノポス
- ニコポリス
- アレクサンドリア
- タポシリス・マグナ
- コマルム
- ブト
- サイス
- セベンニュトウス
- タニス
- ブシリス
- トムイス
- カシウム
- ペルシオン
- ラピア
- リノコルラ
- エル・アリシュ
- ナウクラティス
- ニキウ
- テレヌティス
- アトリビス
- ヘリオポリス
- バビロン
- クリュスマ
- メンピス
- ファイユム
- カラニス
- ディオニュシアス
- テアデルピア
- アルシノエ
- テブトゥニス
- ヘラクレオポリス
- オクシュリュンコス
- ヘルモポリス
- エル・アシュムーネイン
- アンティノオポリス
- リュコポリス
- アンタイオポリス
- プトレマイス
- ヘルミオウ
- エル・マンシャ
- パノポリス
- テンテュラ
- ダンダラ
- コプトス
- ヘルモンティス
- テバエ
- ルクソール
- ラトポリス
- イスナ
- エイリテュオポリス
- アポッリノポリス・マグナ
- オンボス
- コム・オンボ
- エレパンティネ
- アスワン
- ピライ
- シュエネ

エジプト
シナイ砂漠
スエズ湾
アラビア砂漠
紅海
クァッターラ陥没
大オアシス
アイラ（エラト）
ナイル川

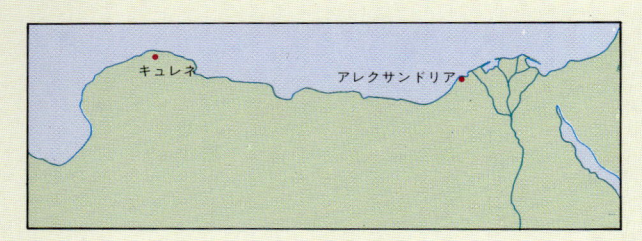

エジプトとキュレナイカ

アレクサンドリア

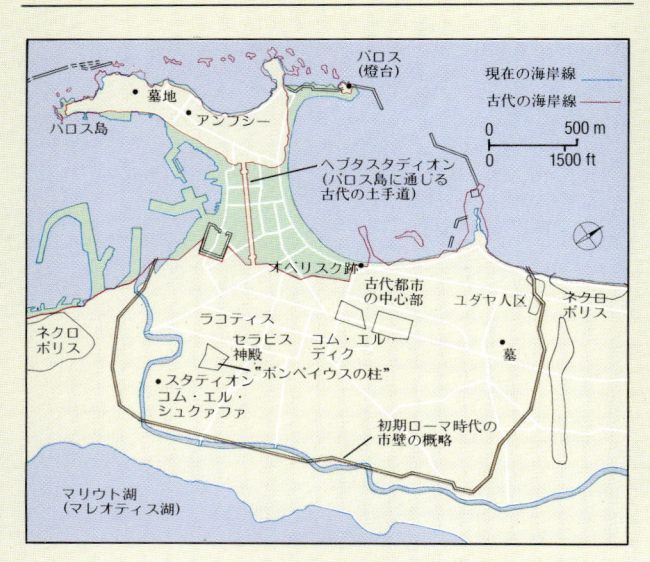

アレクサンドリアという名は建設者アレクサンドロス大王に因んでつけられた．この都市はプトレマイオス時代までに力強く発展し，その後もずっと栄えているので，古代の考古学的遺跡はほとんど残っていない．しかし，ロドスのディノクラテスの設計はヘレニズムの都市計画の有名な例であった．帝政ローマ時代のアレクサンドリアは活気のある大都会で，規模の点ではローマに劣るが，知性の面でははるかに凌いでいた．この地は富を貿易から得ており，東方輸入品の手形交換所であったし，帝政ローマ時代にはローマに，後330年以後はコンスタンティノポリスに，穀物船を送り出した．国際色豊かな住民の中でもとりわけ目立つのはユダヤ人で，かれらは独自の政治機構をもち，後39年には哲学者ピロンを使節としてカリグラ帝の下に派遣し，アレクサンドリアのギリシア人のユダヤ人に対する取扱いを抗議した．だが，ユダヤ人もまたこの市のヘレニズムの雰囲気に強い影響をうけていた．

キュレネ

キュレネはテラ島出身のバットスによって建設された後，1000年以上にわたって繁栄を維持し，初期ギリシア植民市の中では最も有名な都市の一つである．前4世紀末以後ここはプトレマイオス家の地方王朝の支配下に入り，その最後の支配者によって前96年にローマに遺贈された．ローマ人の支配下で，この都市は他のヘレニズム諸市と同様に発展をとげた．後115年のユダヤ反乱では，この市は謀叛の首謀者に占領されて大きな損害を被った．ハドリアヌスはこの都市の復興のために気前よく援助した．キュレネは3世紀中葉と4世紀中葉に地震で損害をうけ，4世紀末と5世紀初頭には近くのトリポリタニアの諸都市と同じように，砂漠からの侵入に

キュレネの遺跡．東地中海にあるたいていのギリシア都市と同じように，ここでも目につくのはローマ時代のものである．だが，都市の設計はヘレニズム時代のものである．写真では，"バットス通り"が巨大なカエサレウム，つまり皇帝崇拝の神殿を通り抜けているのがみえる．カエサレウムの北側に接して帝政ローマ時代のバシリカがあり，西側には小さなオデイオン，つまり奏楽堂がある．"バットス通り"の向こうにはローマ時代の劇場があった．ここは明らかに最も人目をひく市の中心地であった．

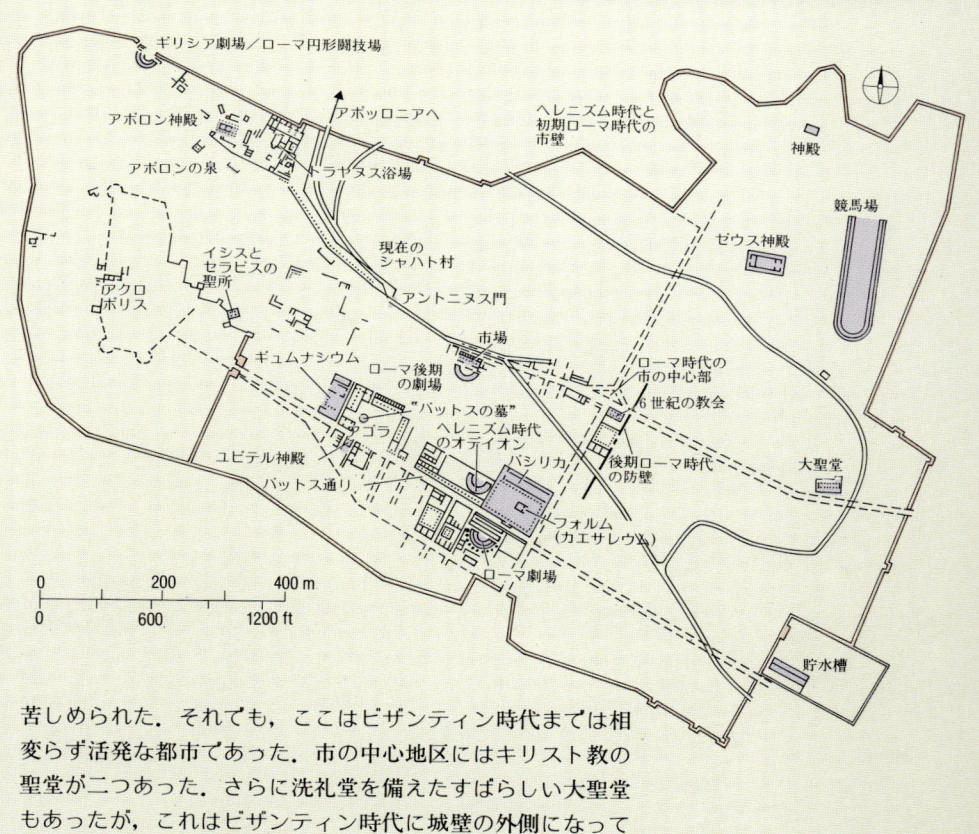

苦しめられた．それでも，ここはビザンティン時代までは相変らず活発な都市であった．市の中心地区にはキリスト教の聖堂が二つあった．さらに洗礼堂を備えたすばらしい大聖堂もあったが，これはビザンティン時代に城壁の外側になってしまい，要砦化した前哨基地となった．

第4部　帝国の衰退

THE EMPIRE IN DECLINE

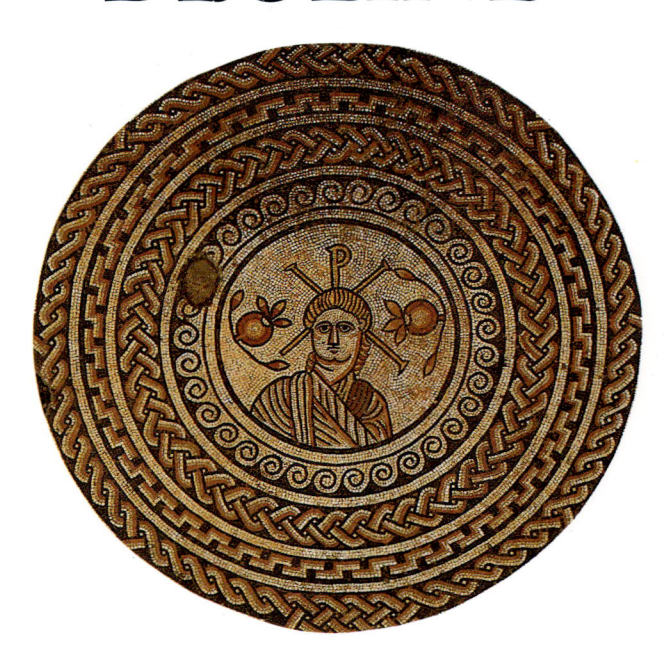

混乱と回復

マクシミヌス帝からカリヌス帝まで，235－284年

235年にマクシミヌス帝が即位してから284年にカリヌス帝が死ぬまでの50年間は政治的動乱の時代であったが，断片的な史料しか残っていないために，現在の歴史家にとってはわかりにくい時代である．歴史家ディオン・カッシオスは，かれの同時代の人物や出来事に特に関心をはらったが，220年代の末で筆を止めている．シリア人ヘロディアヌスのあまり感銘を与えない歴史記述も238年のマクシミヌス帝の死で終っている．アテナイ人デクシッポスのギリシア語による歴史作品は，実に興味深いものだったことは確かだが，ビザンティン時代の抄録者が伝える不完全な断片の形でしか残っていない．ラテン語の史料では，『皇帝列伝』として知られる皇帝伝記物が2世紀に関しては非常に有益な情報も多いのだが，3世紀になると作り話と空想に堕し，その関心は広範なものではあっても，元来歴史的なものではない．それより後の4世紀の著述でも，一群の要約者たち——アウレリウス・ウィクトール，エウトロピウス，そしてウィクトールの無名の後継者——が，3世紀に関する簡単な記述を伝えているが，それはコンスタンティヌス帝（337年没）時代の1人の名も知れぬラテン史家に由来している．しかし，これらの史料相互の関係を探る研究は専門的で，往々にして論議の余地を残した問題である．

3世紀について論述しようとすれば，どうしても主題中心にならざるをえず，叙述や年代の正確さを期することは不可能である．だが，こうした事情は必ずしも障害にはならない．むしろ歴史家がこの時代を，"過渡期"というあまりに使われすぎた歴史概念からみることを多少でも強いられることの方が，さらに重大である．その観点では，この時代の意義の大部分は相前後する時代から推論されねばならない．しかし，当時の人々が，自らの生涯がいかなるものであったかを知るために，4世紀を待つことはできるはずもなかった．だから歴史家は，この時代を他の時代からの推論によらず，この時代そのものを捉え，この時代の性格を読みとる努力をしなければならない．

視野を限って，皇帝の地位の変遷に眼を向けてみると，3世紀は無政府状態の時代として特色づけられてきた．235年から284年までの間に，18人以上の"正統の"ローマ皇帝がいたが，それぞれの在位期間は平均3年に満たないことになる．しかし，こうした計算は，歴史の一端しか語っていない．というのも，そのほかにも父帝とともに公務をとるべく任せられた息子たちやその他同様の役目をおおせつかった者たちがおり，しかも総勢がどれほどになるか決して知られないほど多くの帝位簒奪者や帝位要求者もいたのである．ほぼすべての人々が，国の内外の戦乱あるいは陰謀によって横死したのである．

これらの単調にくり返される出来事をとりまく環境や動機には，きわめて曖昧なものが多い．天寿を全うする見込みのほとんどない皇帝という地位を非常に多くの者が求めた事情は，個人的野望からということだけでは説明できない．帝位簒奪は，たいていは軍事占領地域や蛮族侵入地域，とりわけライン川とドナウ川地方の軍隊内で起きたのである．帝位簒奪という現象は，個人的野望による行動が積み重なったものとしてではなく，むしろこの時代の帝国の社会構造の一局面とみるべきである．

帝位簒奪とは，日増しに帝国の悩みの種となっていった軍事的逼迫に対する反応の一種であったとするのが，最もわかりやすくて，しかも確かに正しい解釈である．ゴート族の小アジアへの侵入，アラマンニ族とフランク族のガッリアやヒスパニアへの侵入，ヘルリ族のアッティカへの侵入——この場合には，歴史家デクシッポスが率いるアッティカの人々の抵抗にあって，ヘルリ族は排撃されている——により，遠方にいる皇帝では充分に発揮できない実際的な支配力や地方に供される財政，そして皇帝の権威とが必要となってきた．つまり，侵略者との交渉が成功するか否かはそこにかかっていたからである．簒奪者ポストゥムスが建てた260年代および270年代の独立ガッリア帝国は，東部の占領地域やドナウ川辺境地の諸問題に専念していた正統のローマ皇帝ガッリエヌスが実行することを希望した以上に，ゲルマン族侵入に対してよく組織された対応を示した．ガッリエヌス帝がガッリアで帝位僭称者がうまく事を進めるのを妨げなかったのは，かれの権力に限りがあったことを示してもいるが，かれの現実感覚に原因があったことも想起すべきである．

東方では，シャープールⅠ世の率いる強力で野望に満ちたササン王朝が勃興したため，勢力均衡に重大な変化が生じた．この新王朝は，ペルシア帝国を結束させ活気づけるとともに，長い雌伏の時代に終止符をうち，権勢を握っていたローマ人に実質的な挑戦状をたたきつけるのに成功した．260年，皇帝ウァレリアヌスは，エデッサ近郊の会戦でシャープールⅠ世率いるペルシア軍によって捕えられた．屈辱的なローマ皇帝の降伏する像が，先帝フィリップスが244年にシャープールに屈従するという想定図とともに，ビシャープールとナクシュ・イ・ルスタムにある岩に記念碑として浮彫りで刻まれている．260年代半ば以後，ガッリエヌスが父帝の捕囚

シャープールⅠ世（240－72）は，"王の中の王"として，東方において先祖代々ローマを敵とした者たちに，ローマに抗して再起をはかれと鼓舞した．この金をあしらった美しい銀製の奉納皿では，かれは疾走する雄ジカを射倒している．ササン朝ペルシアの王たちの娯楽を表した多くの皿のうち，おそらく最も古いものである．狩猟用の動物は，大きな周壁のある庭園の中に飼われていたが，古典文献の中でしばしばその庭園が注目を浴びている．歴史家アンミアヌス・マルケッリヌスは，363年にユリアヌスの東征に同行してペルシアにおもむくが，そうした庭園について説明を加えるとともに，ペルシア人たちが「絵画や彫刻において，戦闘とさまざまな形式の屠殺以外の何ものも表現しない」と評している．

の後は単独皇帝となり，東方辺境地の防衛をパルミュラの君主オダイナトスにまかせた．この王は，最盛期にはエジプトから小アジア東南地域にまたがる準独立帝国を支配したのであり，かれの跡をゼノビアとウァバッラトスが承け継いだ．

ガッリエヌス帝の統治は，3世紀の帝国の苦境を実証すると同時に，それを打開するための社会機構の改革を示唆してもいる．後の史料によると，かれの統治期は反乱の頻度が頂点に達した時代とみなされ，ローマ領のヒスパニア，ガッリア，ブリタンニア，東方領といった大きな地域は，分割された"小帝国"として治められた．ところで，こうした帝国の分割は，ガッリエヌス帝が東西の絆としてイッリュリクムを保持したこととあいまって，四分割統治制の共同統治構造や4世紀の行政区分制度に似ている．頻発する帝位簒奪は，皇帝の共同統治の発展における初期の苦難に満ちた段階であるといえるが，共同統治を可能にする帝国一体の理想の適応だけが欠如していた．3世紀の最も奇妙な局面の一つは，人材面での限定と消耗であった．これによって，他になすべき急務があったにもかかわらず，正統皇帝たちは，事実上，効果的な地方機能を果していた対抗者の権力要求を押さえつけたのであった．

ガッリエヌス帝が後に批判をうけた第二の点は，かれが伝統的なローマの支配階級である元老院を，軍隊保有権から排除したといわれていることである．ある古代の史料は，このことをおそらく軍隊から"最良の者たち"を遠ざけておくために，元老院議員の軍隊指揮権の保有を禁じたガッリエヌスの"布告"に帰している．しかし，これはあまりにも単純すぎる見解である．騎士階級で軍隊を後楯にした人々のために軍隊の指揮権から元老院議員を除外するというのは，2世紀のマルクス・アウレリウス帝の戦争にまで遡りうる変化の一般的な過程の一端である．

3世紀の危機の経済的諸相

3世紀後半のローマ帝国の情勢は，多少なりとも政治史を考慮すれば，批判的に述べるしかない．地方の各区域が自治区へと分裂していく傾向の中で，不平が一段と増したことも認められる．中部ガッリアでは，バガウダエの反乱として知られる地方住民の反逆者たちが，皇帝の権威にたてつき一種の暴動を起こした．帝国の他の地域では，農民が土地を捨てて逃散して山賊のようなもっと望みのある仕事についたり，どんどん農地が荒廃していったりした証拠がある．だが，これらのことがどの程度まで進展したのかをはかることはできない．というのも，疫病の影響とか2世紀後半から3世紀にかけての戦乱や騒乱の影響範囲とかを根拠にして，人口が全体的に減少し，その結果として，統治にたずさわる人的資源も減少し，帝国内の農業生産力が衰退した可能性をはからねばならないからである．統計的資料が欠けており，しかも，そうした傾向がいずれにせよ帝国のさまざまな地域で一様に影響を与えたとは考えにくい．

3世紀の危機を測る最も手っ取り早い目安は，経済的発展に現れている．3世紀後半には，貨幣制度が一時的に弱体化した．この原因は複雑であるが，そのうちの一つは，ローマの支配者たち自身が貨幣流通の理論と自らの活動の経済面での影響力とを理解していなかったことにある．古代の貨幣の役割は，貨幣価値とはその含有金属の価値であるという仮定に基づいていた．この意味で，貨幣に刻印される公式銘は——リュディアや初期ギリシアの貨幣の場合と同様に——その純度と重量を国家が保証したものとみなされたようである．しかし，この暗黙のとり決めは，かつて行われていたことは明白であるが，厳密には守られなかった．というのも，貴金属が不足した折には，貨幣の額面価値の切り下げを念頭におかず，卑金属の混合によって貨幣の質を落とす改鋳が許されると考えられていたからである．実際にネロはこの改鋳を行ったのだが，大した影響はなかった．かれは純度90％の銀貨を発行したし，その後の皇帝は，徐々に銀の純度を下げていった．マルクス・アウレリウス帝は，純度75％の銀貨を発行し，セプティミウス・セウェルス帝は，純度50％の銀貨を発行した．しかし，次に述べるような事実も認められた．ディオン・カッシオスは，カラカッラ帝が蛮族に報酬金を良質の金貨で支払い，そして悪質な銀貨を帝国領内に流布させたとして非難した．

3世紀後半になると，行政経費が極度にかさんだ上に，貴金属の調達量が眼にみえて低下したために，皇帝たちは，財政上の要請に合わせて，ますます悪質な銀貨を発行せざるをえなかった．貨幣が含有金属に照らしてはなはだしく過大に価値づけられていることに大衆が気づけば，通貨価値が下落して物価上昇をまねくことは明らかであった．この結果，インフレーションが進行し，かつてないほど質の落ちた貨幣が続発され，次いで物価がさらに高騰するという悪循環に陥った．以上に加うるに，貴金属の供給源の先細りに対する統治者側の措置として，さらにひどい貨幣改鋳が余儀なくされて，高い実質価値をもつ貨幣は死蔵されたため，税としてまったく回収されなくなってしまった．

すでにガッリエヌス帝の治世までには，銀貨の純度基準は，5％しか維持されていなかった．数年もたたないうちに，政府は銀メッキ銅貨の発行を余儀なくされた．2世紀から301年のディオクレティアヌス帝の最高価格令（pp.172－173参照）までの期間のインフレ率は，コムギ価格の記録に基づいたかなり信用のおける貴重な数値から判断できる．コムギ1枡は，2世紀には約半デナリウスの公定価格であったのが，最高価格令（これは低く見積ってある）の目録では100デナリウスとなっている．一通貨単位デナリウスは，かくして，初期の価値のせいぜい0.5％の価値になってしまっていた．

インフレーションと行政経費の増大と貴金属の不足とが重なったときに，政府が自滅的な貨幣"政策"をどう回避でき

ペルシアからみたローマの歴史．ダリウス大王の墓に近いナクシュ・イ・ルスタムにある堂々たるこの磨崖浮彫りでは，シャープールが最近の勝利を披露している．かれはローマ皇帝フィリップスの敬意をうけ入れ（244年），260年にエデッサ近郊で敗退させ捕因としたウァレリアヌス帝の右手首をつかんでいる．

混乱と回復

たのかを知ることもむずかしいが，政府がどうしてその政策にこだわることができたのかも，同じくらい理解しがたい．インフレーションの主な犠牲者は，政府自体であったにちがいない．というのも，税収入の実質的価値が落ち込む一方で，官吏や兵士に多額の現金で給与を支払う必要があったからである．政府の解決策は，食糧，物資，輸送機関などの徴用によって直接に税を取り立てて，窮乏をしのぐことだった．時の流れとともに，これらの徴用は日常化し，帝政時代後期の税制の標準形態となっていた．

貨幣制度の破綻の影響を直接にうけた公生活の分野とは，アントニヌス帝時代の帝国の特色である贅沢な市民生活であった．公共施設の建設，見世物や娯楽の提供，その他気前のよい公的な活動は，経済的観点に立つと，農業生産がもたらした豊富な剰余現金の処置手段とみることができる．古代社会は，すでにみてきたように，現代の産業社会における剰余物を吸いとるさまざまな娯楽や手段に欠けていた．剰余金は消費，それも多くの場合派手な散財以外にはほとんど使えなかった．それゆえ，貨幣制度が破綻して，3世紀後半に市民生活の贅沢さが突然に，しかもきわだってかげり始めたことは驚くにあたらない．このことは，単に生活物資の供給を現状の水準に安定化させることを意味するだけではない．この時代には，大衆の娯楽や余興がはっきりと減少したことが認められる．劇場や円形闘技場は使用されずに廃物で埋まり，そのアーケードは無断居住者の住まいとなる．トゥールやペリグーで行われたと同じように，円形闘技場が侵略に備えて3世紀後半に建造された都市の防壁の一部に組み込まれた場合さえある．

帝政ローマ後期には，特に西方領では都市の外観が変貌した．その変化は，市民の贅沢に生じたかげりにもうかがうことができるような，都市生活の縮小を反映していたと考えられることが多い――都市が変貌をとげている間に，大規模な自給自足のウィッラが相変らず繁栄をつづけたり，拡大さえしている場合には，特にそのことが強く感じられる．アントニヌス帝時代に都市の活力源であった上流階級の市民たちは，いまや都市を見限って，一族郎党とともに自分の私有地での自足生活を求めたと推測される．もっとも，こうした推測には細心の注意が必要である．少なくともガッリアにおいて都市が変ったのは事実である．帝政初期の拡張する都市では，防禦のためというよりも誇示のためのこれ見よがしの巨大な市壁をめぐらしたり，堂々たる城門を備えていたが，いまや周壁は都市の中心部，すなわち実質的に都市化した地域のほんのわずかな部分を取り囲む，限定されたものとなった．建築資材として，葬送記念碑や石碑などのほか，明らかにもはや使われていない古い公共建造物の積石や円柱も取り壊されて，再び使われた．

北部ガッリア，ゲルマニア，ブリタンニアの地方経済は，いつでもウィッラを中心とした地域文化に基づいていた．考古学と航空測量によって，倉庫や小作人用住居を備えた自給自足の大田園邸宅が，とりわけ北部ガッリアに数多く存在することが判明している．こうした状況は，ローマ帝政史全般にわたってみられることであり，単に帝政時代後期に限ったことではない．後期ローマの都市部には要塞化した城廓が出現するけれども，そのことはこれまでの都市の経済機能が永続的に損われていることを意味しているわけでもない．新たな周壁の外側の市街地に継続して人が住んだことは，ガッリアにおける多くの事例によって明らかである．ローマ帝国西部領やそのほかの地域における都市景観の変容に加え（たとえばアテナイでは，ヘルリ族の侵入後に建設された市壁が，古いパンアテナイ祭道をふさいでしまった），すでに述べた経済的理由のために市民の享楽が失われていたにせよ，3世紀の危機により，都市生活が継続的に衰退して，農村土地所有者の地位について，前封建制あるいは"領主制"と時には呼ばれることもある特色が増大したと考えるべきではない．

3世紀に，農民と主にその農民から徴募されたローマ軍との間で，社会的経済的圧迫の原因である都市とその資産階層に対抗する同盟が結ばれたことを，偉大な社会経済史家ミハイル・ロストフツェフは特異な観点に立って論証した．ロストフツェフが認めたように，この解釈の大方は，1918年にかれが亡命のために離国せざるをえなかった革命ロシアにおける赤軍の活動を範としている．しかし，3世紀のローマ帝国に，赤軍の活動を範とする解釈をもち込むことは説得力に欠けている．かつて都市がそうであった以上に，いつももっと苛酷てより直接的な圧迫者となっていた軍に対しては，農民が敵意を抱いていたという証拠を無視できないからである．兵士は農民から徴募されたかもしれないが，農民はあくまで一兵卒として行動し，自らの社会的出自についてはさしたる考慮もせずに，農地からの収奪を行ったのである．

帝国の財源が地中海地域から辺境地域に移るという，きわめて重大な経済変化が生じた．その理由は，帝国が軍事上の危機に陥り，皇帝たちはほとんどの時間を戦場となっていた辺境地域ですごさねばならなかったからである．モーゼル河畔のトリーア，ドナウ川流域のシルミウム，ナイッスス，セルディカといった諸都市は，3世紀の間に正規の帝都としての役割をもつようになり，4世紀にもその役割を依然として保持していた．また東方への移動も認められた．コンスタンティヌス大帝は，新しい首都をどこにするかを決める際に，ビュザンティオンに決定するまで，いったんセルディカを候補にしたといわれている．コンスタンティノポリス自体が，ディオクレティアヌス帝によるニコメディア遷都の後継地であった．両地とも，東西をにらんだ戦略的位置を占めており，地中海とも，そしてイッリュリクムや東方のペルシア辺境地域に通じる軍用陸路とも密接に結びついていた．

財源および帝国の関心がこうして地理的に移動するにつれ，旧都ローマはますます孤立化していった．興味深い結果として，元老院階級が支配するローマは，自立の気運を高め，皇帝不在の事態の中で，後期のローマ諸都市のうちでも依然として最も華やかで活力にあふれた都市であった．しかし，間違いなく3世紀には，帝国の実質的財源は地中海地方から北部国境の辺境地域へと移っていった．その辺境地域はずっと以前から帝国の軍事上の真の中枢であったが，3，4世紀にはそのことが公然となってきていた．帝国内の重要な分離とは，東西間の分離であると同時に，地中海地方と北方との間の分離でもあった．そしてこの分離が，結局，帝国分割の基本形態を準備した．

ディオクレティアヌス帝と四分割統治

ディオクレティアヌスの立身出世にまつわる事情は，3世紀のこととしても，芝居じみていた――かれはヌメリアヌス帝の親衛隊長でありながら皇帝を暗殺したアペルを，集まった軍隊の眼前で告発し，自らの手で処刑したといわれている．これは284年のことであった．ディオクレティアヌスは，その夏の終りにはニコメディアで皇帝に推された．翌春，か

"四分割統治制"をかたどる斑岩製の群像は，コンスタンティノポリスから運ばれたヴェネツィアの略奪品で，現在はヴェネツィアのサン・マルコ大聖堂の外壁に据えられている．群像をディオクレティアヌスとその同僚皇帝たちとする見解には，いくつかの困難が伴うけれども，この像は末期ローマの皇帝たちに求められた和合の精神，"相互協力"の精神を美しくとらえている．

右　3世紀における帝国の侵入者と辺境地

3世紀半ばの危機の結果，実際に見棄てられた地域は，驚くほど限られていた．すなわち，ゲルマニアのアグリ・デクマテス（十分の一税の土地），ダキア，メソポタミアの一部（これはガレリウスが取り戻した）である．地図は必然的に単純化された印象を与えている．大きな影響は，帝国の内部構造にあった．同時期に生じた脅威にさらされ膨大な長さをもつ内陸辺境地は，皇帝たちの"同僚"間における権力の委譲を必要としたであろうし，しかも行政は辺境地帯にある軍事拠点から指揮されたであろう．3世紀における簒奪は，事実上権力の委譲を意味した．"正統"皇帝は基本的にしぶしぶながらそれを承認した．260年代，270年代のガッリアとパルミュラの"帝国"は，4世紀の"道"にあらゆる点で代表されるような経済的・政治的に独立した区域をバルカン地方を間にはさんだ形で形成した（p.173参照）．アフリカのクインクエゲンティアニの反乱とか中部ガッリアのバガウダエの反乱をはじめとする他の反乱が，一般的な不安から起こり，帝国の構造に影響を及ぼすことなく鎮圧するためには経費と努力とを必要とした．

れは，生き残っていた皇帝カリヌスをパンノニアで打ち破り，いまや誰れも匹敵できないほどの権力を手中にした．こうした一連の出来事はそのどれもが，ディオクレティアヌスの統治がもつ特質を何ら予測させるものではない．はからずもかれの統治は20年以上に及び，活力にあふれる政治と改革の時代となって，後期ローマ帝国の政治構造の基礎を築くことになった．

ディオクレティアヌスの成功の基礎となったのは，共同統治者に権力を委ねる必要をかれが認識していた点にあった．286年，かれは同じイッリュリクム出身の旧同僚であったマクシミアヌスを副帝（カエサル）に昇進させ，翌年には正帝（アウグストゥス）にした．マクシミアヌスは，西帝国担当の共同皇帝として専念し，アラマンニ族と戦って勝利を得た．一方，ディオクレティアヌスは東部の辺境地でペルシア人と対峙していた．

293年3月1日に，"四分割統治"として歴史家に知られている取決めが実施に移された．このとき，イッリュリクム出身のもう2人の将軍ガレリウスとコンスタンティウスが，副帝に推挙された．ガレリウスはディオクレティアヌの下で，コンスタンティウスはマクシミアヌスの下で副帝になり，それぞれ養子縁組を結んだ．コンスタンティウスは，教育をうけさせるために幼い息子のコンスタンティヌスを東方に連れていった妻（ないし側室）ヘレナと別れて，皇帝マクシミアヌスの義理の娘と結婚した．しかし，マクシミアヌスは退位後は，息子のマクセンティウスを支援した．

権力譲渡は，充分に満足のいく結果をもたらした．ガレリウスはドナウ川下流のゴート族と戦い，297-298年にはペルシア人に対する目覚ましい勝利をおさめた．ナルセス王の妻妾たちを幸運にもかれが捕虜にしたことによって東は遠くクルディスタン，シンガラに至るティグリス川上流までローマ帝国の国境を拡大することができた．一方，ディオクレティアヌスはエジプトにおける反乱を鎮圧し，さらに西方では，コンスタンティウスがブリタンニアをアッレクトゥスの簒奪からとり戻すとともに，ライン川辺境地で数々の勝利をおさめた．マクシミアヌスはマウレタニアにおける住民暴動を抑えた．

四分割統治制の形成は着々と進行し，3世紀に顕著にみられた帝国の権力構造の"遠心的"傾向は，合法化されることによって封じられた．305年，ディオクレティアヌスとマクシミアヌスは，かれらの業績の中でもおそらく最も驚くべきものである，自動的な政権交代に関する法令によって正帝を退位した．ガレリウスとコンスタンティウスが正帝に就き，2

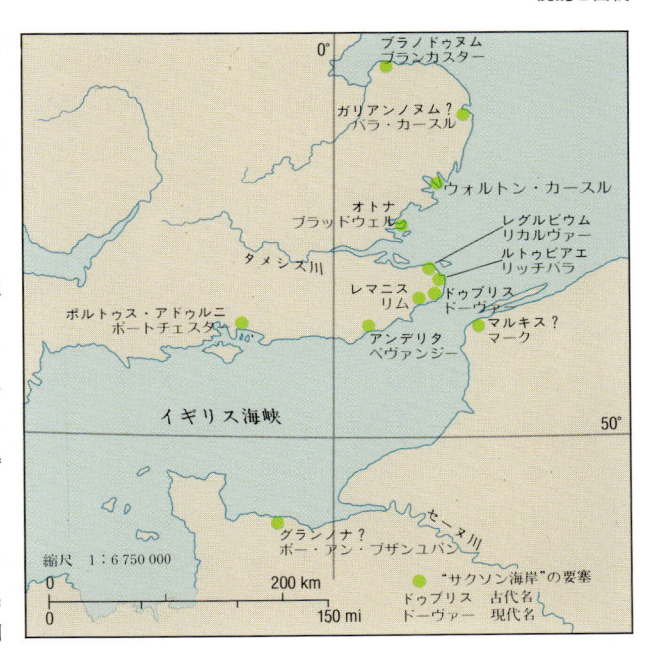

ディオクレティアヌス帝の防衛組織：サクソン海岸

"サクソン海岸"という防衛組織は，3世紀末のブリタンニアの簒奪者たちがいくつかの点では先んじて考え出したものだが，四分割統治皇帝がそれを発展させ，組織化した．ドーバー海峡を渡って南ブリタンニアと北ガッリアの海岸への急襲をはかるサクソン人の侵入を阻むために，海岸の防衛と監視の手段として考えられた．この地図は，『高級官職表』が伝えるサクソン海岸の"総司令官"の管轄区に基づいている．しかし，ここに挙げられた実際の砦の数は，特に北ガッリアの場合は明らかに不充分である．"サクソン海岸"はローマ人に代わってサクソン人が占拠守備した区域を指すとみる，かつての見解はたしかに誤りである．

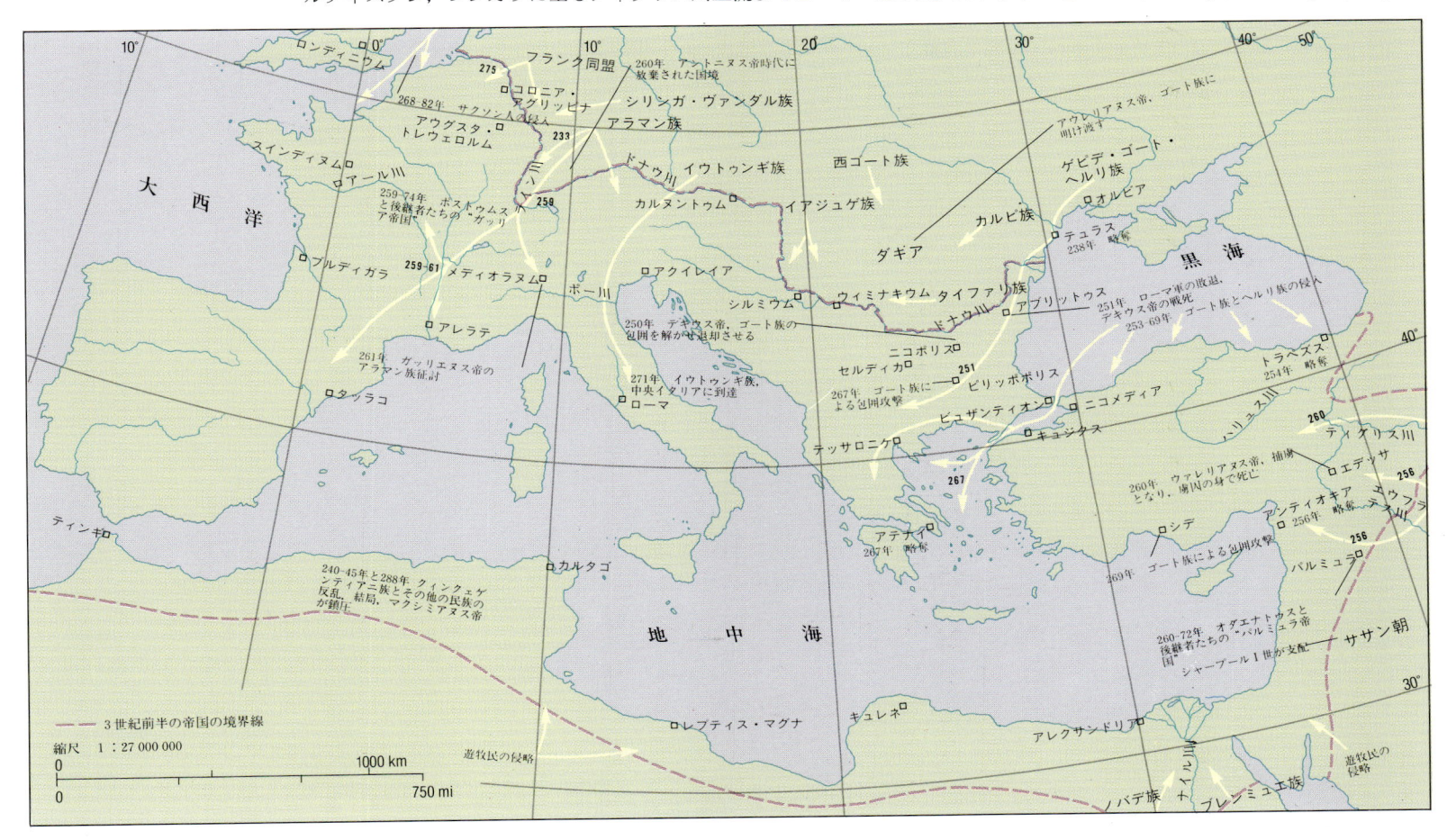

混乱と回復

ブリタンニアの簒奪者カラウシウス発行のかなりぞんざいな鋳造であるが良質の銀貨（最上）は，ローマの貨幣では珍しいウェルギリウスへの呼応が顕著に認められる．ウェルギリウス風な装いのブリタンニアが，救済者としてのカラウシウスを歓迎している．"EXPECTATE VENI" という銘文は，トロイアの陥落前にヘクトルの亡霊が夢の中でアエネーアスの前に現れたことを暗示している．

対照的にコンスタンティウスのメダル（上）は，"永遠の光の再興者"，つまりカラウシウスとアッレクトゥスという"僭主"に代わる正統な政府の"光"として，今度は皇帝がロン〔ディニウム〕（現在のロンドン）によって歓迎されているところを表現している．コンスタンティウスによる海峡横断は，軍艦によって象徴的に表されている．

下　ディオクレティアヌスの長大な最高価格令の一部分．目の化粧水をつくるために用いられたスポンジを含むさまざまな草木や鉱物産品，たとえば石灰やにかわの最高価格が列挙されており，それにつづいて，アレクサンドリアからローマ，ニコメディア，ビュザンティウムへの海上輸送料金が記載されている．

人の新たな副帝が推挙されて，再び四分割統治制が行われようとした．後述するように，この取決めはすぐに失敗しており，それだけにディオクレティアヌスとかれの共同統治者たちとの間で築かれていた相互信頼が，一段と特筆すべきものであったことがわかる．明らかにこの事情は，ローマ社会の姿勢や構造に何か突然の変化が生じたためではなく，四分割統治制は，互いに相手をよく知っていたイッリュリクム出身の将軍たちが，ディオクレティアヌスの優位を認めるにやぶさかでなく，また軍人としても個人としても信頼関係で結ばれていたことに基づいていたことは明らかであろう．

ディオクレティアヌス帝の統治が20年間つづいたことは，一連のまれにみる改革が行われるための必須条件であったといえる．その改革によってローマ史の歩みは全体的に変り，後期ローマの政治・社会組織の基礎ができたのだが，かれ自身の改革のうちの多くのものにすでに先例があった．たとえば，軍隊の再編成に際し，ディオクレティアヌスとかれの共同統治者たちは，辺境駐屯軍の任務を補うために移動野戦軍の充実に努めたが，野戦軍の重視はすでにガッリエヌスとアウレリアヌスのときにもみられたことであり，また初期の皇帝たちが主力の軍団を駐屯地に残しながら，分遣隊を実際の戦地に派遣したやり方にもすでにみられたことである．

縦横に移動する野戦軍と駐屯する辺境防衛軍を区別することは，後期ローマの戦略の基本である．辺境駐屯軍は，時にはリミタネイといわれるが，一種の現地民兵を形成し，有事の際に軍事任務につく代償として土地を占有したのだと考えられてきた．いまでは，リミタネイという言葉は単に"辺境防衛軍"を意味し，それ以上の含意をもたないと一般に考えられている．しかしながら，トリポリタニアやマウレタニアといった，防衛組織が地方種族の連合からなっていた地方では，辺境駐屯軍を"現地民兵"と記述したほうが，むしろあたっているように思われる．

四分割統治制のもとで，軍の兵力は，数字上大幅に増大した．当時の批判的な証人ラクタンティウスは，軍が4倍になったと述べている．これは明らかに誇張ではあるが，現代の研究者たちは2倍までは増加したという見解をとる傾向にある．この増加が国費の歳出入の諸問題に影響したことはきわめて明白であり，当然四分割統治の財政・税政改革という問題と結びつかざるをえなかったのである．

統治者たちは，直ちにインフレーションを止めることはできなかった．しかし，かれらはいくつかの方法を駆使して，インフレーションを阻み，後継者たちに部分的であれ安定した通貨体系を残した．こうした業績は，一連の通貨改革によってなされた．そのうちでも最も重要な改革は，純度の高い新しい金貨の発行であった．その金貨の交換価値は，純金1ポンドに対し硬貨60枚の割合であった．この価値体系は，コンスタンティヌスによる5分の1の切り下げを経て，ビュザンティオンにおける，安定した金貨の流通の基礎となった．銀貨の公定基準もあった．銀貨は金との交換価値が比較的よかったが，銅貨はそうではなかった．このために，帝国住民の日常通貨である銅貨で表された物価の面ではインフレーションがつづいていた．軍の不平がもとでディオクレティアヌスは301年に最高価格令を勅令した．その勅令の前文で，インフレーションの因は，「人のために何ら思慮せず，月日ならぬ一刻一秒を惜しんで，己れの利益ともうけに邁進する…狂暴な強欲」に素朴にも帰せられている．そこで，広範囲にわたる生産品や役務に対し，最高公定価格を取り決める試みがなされたのである．この布告は，むしろ物品を市場に出回らなくさせたために，すぐさま全面的失敗に至った，とラクタンティウスは述べている．かれの見解は一般にうけいれられてきた．しかし，政府が真剣にインフレーション抑制の措置を講じようとしたことは，長文の勅令を刻んだ碑文の断片がさまざまな土地で出土していることによって立証される．その勅令は経済上というよりも，心理面に最も効果があったのかもしれない．3世紀にインフレーションで苦しんだ後で，ローマ政府がこれほどの規模でしかもこれほど細々とした点にまで，率先して自らの権威を働かせようとしていたこ

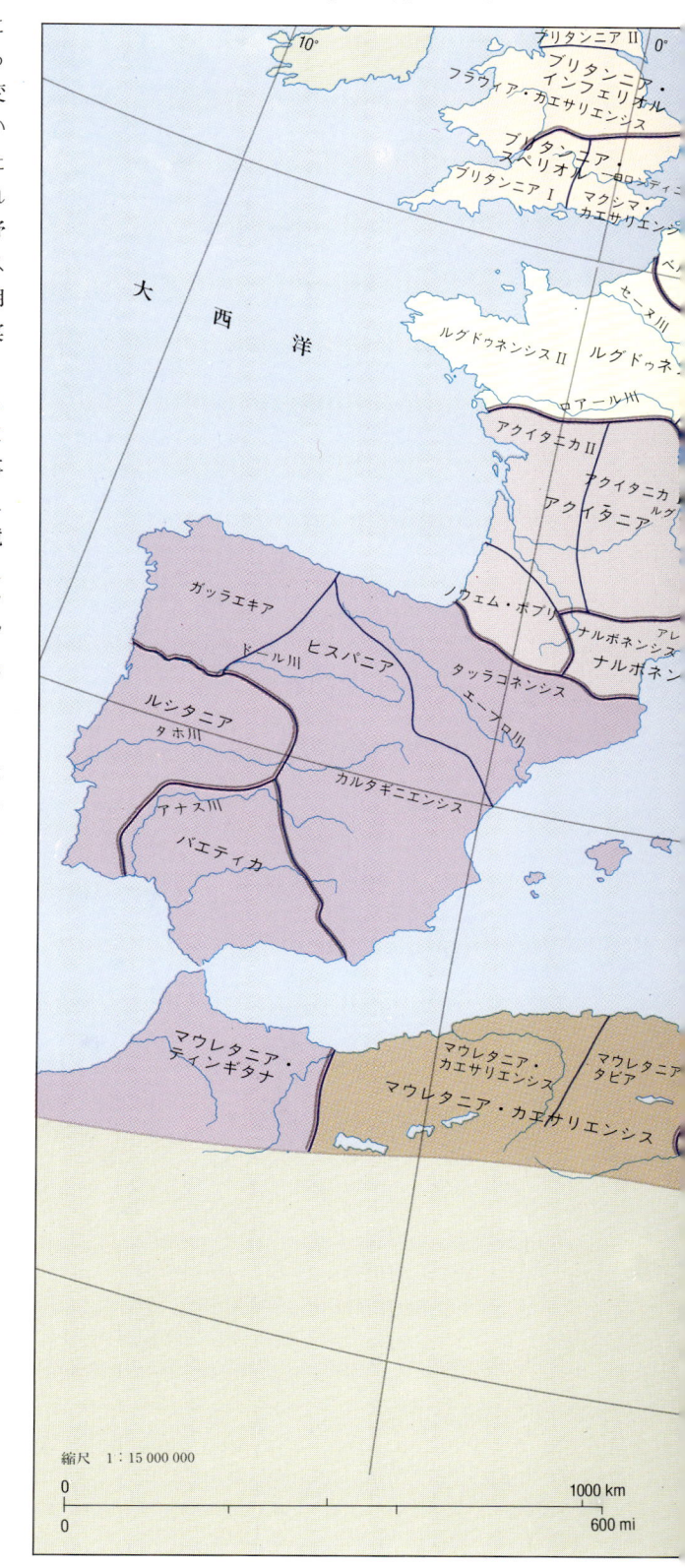

縮尺 1:15 000 000

0　　　　　　　　　　　　　1000 km
0　　　　　　　　　　　　　600 mi

ディオクレティアヌス帝時代のローマ帝国

ディオクレティアヌス時代の"道"、"管区"、"属州"といった区分体系が、セウェルス時代の諸属州に関連づけて示されている。主な変化は、拡大したイタリアを、属州を含む管区として扱っていることと、"アグリ・デクマテス"とダキアが蛮族による占領のために放棄されている点である。ダキアの名は、その住民の一部とともに、ドナウ川のローマ領側に移されている。また、ガレリウスの遠征は、ティグリス川上流沿いの領土を加える結果になった。

とをその勅令は物語っている。

これほど複雑な法令が施行されたということは、明らかに政府がかなりの行政面の人材をかかえていたことを示唆している。このことはまた、ディオクレティアヌスとかれの共同統治者による税制改革に関しても明白である。地域の多様性、地方の慣習を考慮しながら、再び徐々に着手されたこうした改革には、本質において課税の基準単位の採用が含まれていた。その単位とは、農耕に従事する労働力(女、奴隷を含む)と家畜および開発農地面積とに基づいていた。農地の査定額は、農地の用途の相違——穀物、ブドウ、オリーヴ、放牧用など——に応じてさまざまであった。次に査定された数字が合算されて、農耕法の相違や収穫率を見越した税負担単位が算出された。実際の課税率は、1単位あたり一様にいくらという形で決められた。4世紀初頭、アウグストドゥヌム市がコンスタンティヌス帝に歎願して、課税査定額を3万2000単位から2万5000単位へ切り下げることに成功しているが、その際、領内の非農地面積が査定に含まれていたというのが主な理由であった。

原則として、これは農地の用途や農耕手段の種類の多様性からくる生産力の違いに基づいた公正な課税方法であり、ロ

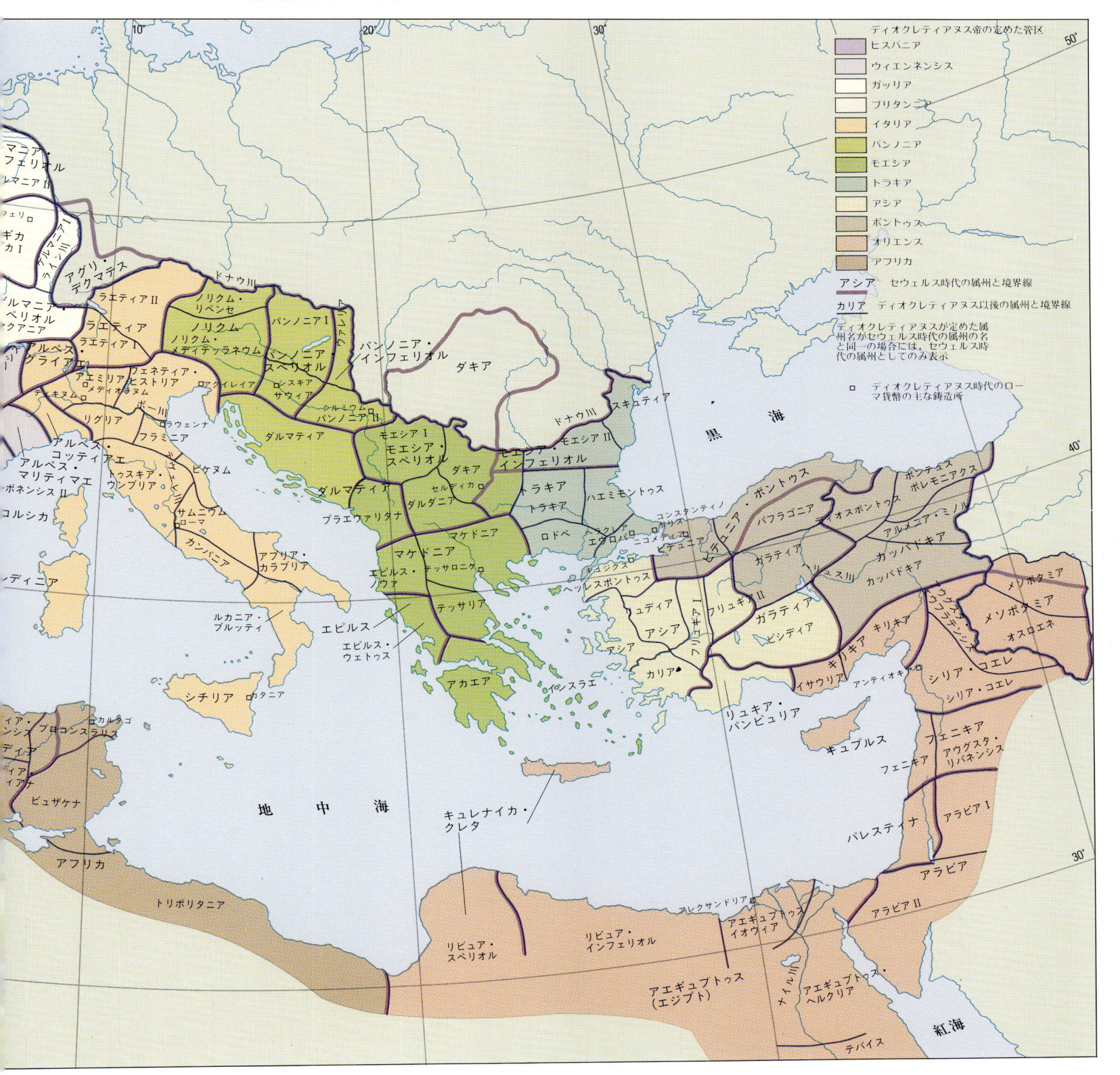

混乱と回復

ーマ史においては初めて合理的な予算を考慮したものであった．政府があらかじめ財政上の負担額を見積ることができれば，その数値を帝国領内（あるいはその一部）の税単位総数で単純に割り，それぞれの年の予測経費に見合う税率を算定することができた．この理想がどの程度まで達成されたかは，また別の問題である．しばしば税収入に不足が生じたことは明らかである．皇帝たちは，その不足を"補充査定"を行うことで補っていた．

新たな税単位以外に，さまざまな強制的取立て形態があった．それ自体は強制的ではない付加税が，元老院議員の資産に割り当てられた．皇帝たちは，相変わらずさまざまな記念日に現金や純金をうけとっていた．こうしたことは付加税に相当したし，明らかに帝国財政に多大な貢献をしていた．3世紀と同じく，政府は輸送施設や軍用宿舎提供といった徴用を行い，さらに土地から直接取り立てた生産物で軍隊や官僚の物質的需要の大方をまかなっていた．辺境駐屯軍は，定期的に地方土地所有者の地所から現物支給をうけた．地方行政役務は，地方の市参事会に義務として負わされた．税の徴収と帝国当局への納入も，市参事会員の個人資産をあてにして，かれらの責任とされた．この税制の限界は，前述の"特別査定"の必要があったということだけでなく，皇帝たちが何度も未納入税の免除を行って"帳簿から抹消"したことにも認めることができる．

ラクタンティウスによれば，ディオクレティアヌスの税制改革の結果として，帝国には納税者よりも収税吏の方が増加した．ラクタンティウスの明らかな誇張であるにせよ，帝国官僚機構の増大は後期ローマの最も著しい特色の一つであり（pp.199-200参照），また政府がローマ社会に課した"税負担"が四分割統治の時代に増大したことを反映してもいる．同様な展開が地方行政にも生じた．すでに諸属州は，セウェルス朝の皇帝たちによって，以前より小さな扱いやすい単位に区分されていたが，さらに3世紀の約2倍に当る総数100以上の属州（プロウィンキア）への分割が進められた．イタリアはローマ史上はじめて諸属州に分割され，正規の課税の対象となった．諸属州は"管区"（ディオエケシス）として知られている地域群にまとめられ，おのおのをウィカリウス，つまり（親衛隊長の）"代理官"という官吏が統治した．ウィカリウスの職能は，明らかに徴税と結びついていた．なぜなら，一般に各管区には帝国の造幣所があり，そこへウィカリウスが税として徴収した貨幣が戻されて，新硬貨として再鋳造されていたからである．4世紀における親衛隊長統治区域の主な機能の一つは，まさしく地域の課税の査定と管理であった．

4世紀の発達した官僚制の特徴の多くは，コンスタンティヌスとかれの後継者たちのもとで次第に現れてきた．しかし，疑いなくそれが決定的に拡大したのはディオクレティアヌスによるものであり，かれの統治の行政・立法両面における精力的な活動を反映している．

後期ローマの儀式と美術

4世紀の史料によると，ディオクレティアヌスは"紫衣崇拝"と称される儀式を導入したとされている．この儀式では，皇帝謁見を許された者が，各人差し出された皇帝の紫衣の端に接吻して臣従の礼をつくした．これらの史料では，ローマ皇帝の地位が，第一人者としての元首（アウグストゥスの時代より守られている名目であるが，とりわけ3世紀の軍事的

危機の間に明らかに後退していった）から東方的専制君主に変ったことを，この儀式が象徴しているとみられている．後期ローマの皇帝たちは初期の皇帝たちよりはるかに念入りで煩雑な儀式にとり囲まれており，紫衣崇拝は儀式進行の単なる一局面でしかなかった．儀式の展開における多くの個別的要素は，古い時代のローマの慣習中に見出されるが，それらの要素が組み合わさったものは，皇帝という地位の性格がまったく変ったことを示していた．皇帝の人格には，宗教的な霊気が付随した．請願者や讃美者は，皇帝の"神聖な耳"に語りかけたのであり，"神聖な唇"から下される応答は，皇帝の"神聖な秘書官"により修辞を尽した公式の言葉で表されたのである．国の顧問会議は，皇帝臨席の中，列席者が立ち上って行われたために，立つという言葉に基づく"コンシストリウム"の名で知られていた．ディオクレティアヌスは"ヨウィウス"と名乗り，自らをユピテル神の地上における代理者と任じた．かれの共同統治者のマクシミアヌスは，不屈の働きによって恐怖と苦難から人間を救い出した神の名をとって"ヘルクリウス"を名乗った．これらの称号は，四分割統治の各副帝によって引き継がれた．行政機関の用いる言語は，"我らが平安"，"我らが荘厳"，"我らが永遠"といった抽象語がちりばめられるようになる．このような言葉によって，皇帝は個人的人格としてではなく，帝国を庇護する抽象的な徳の媒介者として表された．戦争における皇帝の勝利は，皇帝の不変の属性とされた．皇帝たちは"常勝"し，"天下無敵（最も征服されがたい）"の人物でさえあることになる．帝位の共同統治制が熱心に主張された．帝国のある地域で発布された法令が他の地域にはまったく関与しない場合で

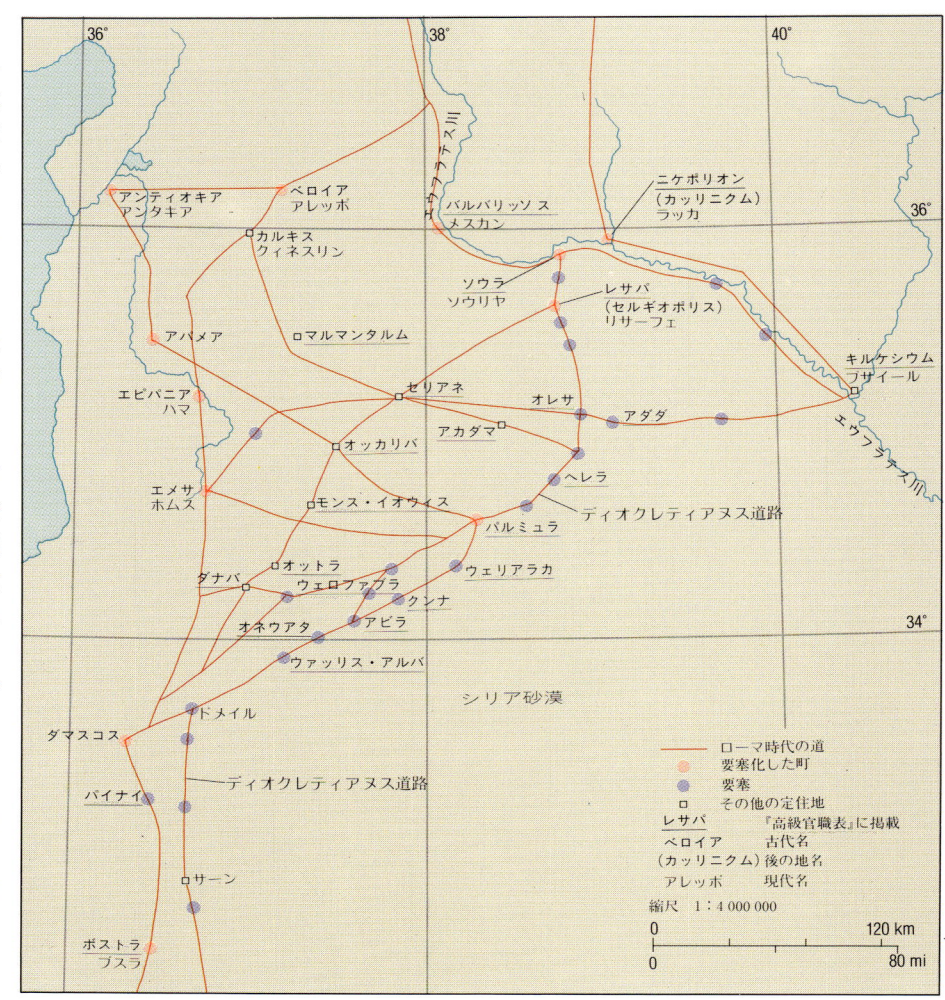

ディオクレティアヌス時代の東方辺境地（ディオクレティアヌス道路）

地図は，ディオクレティアヌス時代の東方辺境地の要所を示しているが，『高級官職表』の証言とか野外考古学，航空測量による再構成である．軍用道路（ディオクレティアヌス道路）に沿って守備隊が駐屯する辺境地に新奇な傾向は何もない．軍用道路は，防衛すべき都市より前線に近く，各都市を結んでいる．この交通路は，実のところ，フラウィウス-トラヤヌス時代のものであり，ディオクレティアヌスの防衛組織との類似性は，ローマ末期のアフリカに見出される．碑文によれば，3世紀のアフリカでは，すでに防衛組織が発達していた．しかし，東方辺境地は，パルミュラとかキルケシウムにおけるように，かなり新しい編成を必要とした．特にキルケシウムは，ペルシアの攻撃に対する重大な防衛上の要所とみられていた．防衛組織が，どの程度現地のベドウィン族に対する安全のために企図されていたかは定かでない．しかし，特にベドウィン族（文献史料では"サラセン人"と記されている）がペルシアと同盟を結ぶ可能性があったのだから，この組織は，防衛上，明らかに重要であった．

辺境地には正規の国境防衛軍（リミタネイ）が配置された．こうした軍隊は，アフリカ駐屯軍のように，たしかに要塞の周辺で耕作活動に従事したけれども，かれらを土地の譲渡の見返りに軍事義務を負う"屯田兵"とみなすのはまったく当っていない．

シチリアのピアッツァ・アルメリーナ宮殿のモザイクからとられたこの細部（p.186参照）は、末期ローマの衣装の色彩と華々しさをよく伝えている。一群の従者は、捕獲された動物が積み込まれるのを待ち構えている。飾りのついたかれらの上衣には、当時の衣装に典型的な刺繍による紋章がみられる。このモザイクは、4世紀のものである。また、このウィッラは退位した皇帝マクシミアヌスが所有していたものであると広く認められているが、この点はいまだにかなり不確実である。

も、その法令にはその時代の正統皇帝すべての名が記されている。

　皇帝の職務が煩雑化したことの一端として、宮廷は多種多様な侍者と官吏にあふれ、かれらが皇帝への謁見を管理して容易に面会できなくさせた。この点もまた、古い時代と対照的である。かつては、皇帝が従臣に接したり、かれらの個人的苦情の申し立てに耳を傾ける時間をさくという建前は、少なくとも守られていた。帝国後期の肥大化した行政官僚制は、それに対応して"侍従"を長とする宮廷職員の増加を助長した。侍従はしばしば宦官であった（これは、帝国行政組織の"東方化"のもう一つの兆候である）。これらの人々は、時には測り知れぬほどの、そして保守的な見解によれば、醜聞の種になるほどの影響力をもつに至った。

　後期ローマ帝国の皇帝の公務をめぐる儀式の煩雑化は、孤立した現象ではなかった。後期ローマの公生活全般の特徴として、"演劇的"効果を求める傾向が増大していた。儀式参会者と長蛇の行列を従えた皇帝の姿は、最も壮観な演劇的効果を示す例でしかない。こうした傾向を語る多くの美術表現——たとえばシチリアのピアッツァ・アルメリーナにある宮殿のモザイク、あるいはローマにある執政官ユニウス・バッススの謁見の間の大理石製象嵌細工——をみれば、後期ローマの公生活には、色彩と様式とが採り入れられていて、古典期の都市というよりもルネサンス期のフィレンツェを想起させる演劇的気取りがあったことがよくわかる。文学史料では、たとえばアンミアヌス・マルケッリヌスによれば、4世紀後半のローマ貴族の意匠をこらした着物は色あざやかな軽い絹でできていて、総飾りがあり、生き生きとした文様の縫取りがついていた。これもまた、演劇的効果を求めた傾向を物語っている。

　儀式はコミュニケーションの一手段である。それは、ローマ帝国後期には、しばしば想像される以上に積極的で率直な方法で機能を果した可能性が強い。それは単に新しい専制政治を反映していたばかりでなく、帝国官僚に新たな支配階級としての自覚を与えるものでもあった。この支配階級はいまだ地固めの段階にあったが、ローマ帝国後期の民衆に対し、聡明で確信的と思われた方法で帝国行政機構を示したのであった。3世紀の間は、皇帝たちは往々にして、帝国の一般市民からまったくかけ離れた存在に思われていたにちがいない。皇帝の威信が3世紀の政治的混乱によって損なわれなかったとは、ほとんど考えられない。四分割統治時代およびそれ以降、皇帝をこのように栄誉につつまれて出現させたことは、帝国の永遠性が再びしっかりと確立されていて信ずるに足るものであることを、ローマ帝国後期の民衆にうまく思い込ませる上で効果的だったのかもしれない。

　皇帝の姿を公然と表現する際に変化がみられたことは、帝国後期の美術や図像にはっきり現れているように思われる。

ローマのコンスタンティヌスの凱旋門にあるこの浮彫りは、末期ローマの儀礼を題材とする美術の大方に特徴的なこわばった"正面性"を示している。この浮彫りには、慎重に配慮された意図がある。すなわち、多様な参列者の役割を、おのおのが現れている層を視覚的に切り離すことで明確にすることと、皇帝と会衆との関係を一種の劇における書割りのように表現することである。迫持（アーチ）に組み込まれた2世紀の彫刻がもつ、あまり四角ばらぬ自発性との対照の妙は、大変に際立っている（p.104参照）。

　3世紀と、とりわけ4世紀におけるローマの公共美術の特徴は、人間の顔の表現と全体の意匠の両方ともがますます形式化したことである。この新様式の最も目立った特質は、こわばった、正面を向いた人物像表現や、集団の図式化された配置にある。しかも遠近感は弱められている。こうした新様式は、すでにレプティス・マグナにあるセプティミウス・セウェルスの記念門の彫刻（3世紀初頭）に認められるし、またローマにあるコンスタンティヌスの記念門の彫刻（315年ごろ）ではさらに顕著に認められる。この場合には、彫刻の定型化や単純化は、新たな記念碑を飾るためにあちこちから集められたアントニヌス時代の諸作品とともに並置されているので、余計に際立ってみえる。

　この新様式との親近性は、帝政ローマ初期の地方の彫刻にも見出される。しかし、後期のローマ美術にそれが流行したのは、当時の皇帝の一段と儀式化された謁見の様子と、一般的に演劇的要素とを伝える必要があったからだとするのが真実に近いところかもしれない。こうした背景を考えるならば、かなり後期のローマの具象美術における人像の正面向きの姿勢や、わざとらしい仕種、手際のよい明瞭な配列、それに慎重に立案された空間も、最も理解しやすくなるであろう。個人肖像のますます様式化された"表現主義"もまた、少なくとも皇帝肖像の場合には、ここに述べた展開を反映しているようでもある。その場合には、皇帝は個人としてではなく、ある種の徳を具現化したもの、つまり型にはまった抽象理念の象徴とみられている。

　このようにかなり強烈な形式主義への変化があったにもかかわらず、往々にして美術史家は、ガッリエヌスの統治期を、哲学や文学の分野のみならず視覚芸術においても、古典的様式の"ルネサンス"の時期として理解してきた。問題となる様式面での主な特色は、アントニヌスの時代の美術を想起させる刷新された自然主義であるが、そこにより大きな情緒的烈しさが、つまりG・マシューの言葉を借りれば、「はかない生命の本質的にロマンチックな表現」が加えられている。しかしながら、ここで論じられている諸作品についてその年代を正確に決定することのむずかしさはさておき、それらの作品は、視覚芸術におけるさらに"近代的なものに向かう"発展と並行して、それ自体で発展しつづける自律的な古典主義の伝統を、単純に反映しているということができるのかもしれない。"ルネサンス"という概念が、多少なりとも意識的に設定された目的をもち、しかも皇帝をはじめとする後継者たちの入念な援助に育まれた運動を意味するものならば、その

ような概念を立証する確たる証拠は一つとしてない．3世紀の美術の多様な様式は，批評家が考えるほどには周囲の社会的・政治的状況に必ずしも密接に結びついているとは考えられないし，たとえ結びついたとしても，最終的にそれを説明できる根拠はきわめて薄弱である．したがって，それはむしろ一つの時期に同時に追求されるべくして追求されたさまざまな伝統の現れとみるのがよいだろう．

宗教上の発展

2世紀初頭に著作したプルタルコスは，ギリシアの古来の神託が無視されていることを嘆いている．この事情は，おそらくギリシアの都市国家が政治的独立を失ったことを反映している．ローマでは，1世紀にストア主義が台頭したが，これは関心が国家的礼拝から離れて個人としての義務観念に由来する道徳的行動律へ移ったことを示すとみられており，このことはまた，かつての大支配階級である元老院が，皇帝のもとでその政治的影響力を失ったことに対して示した反応の一部とみられている．

以上の例は，2－3世紀のローマ帝国におけるきわめて重要な宗教上の変化の核心へとわれわれを導いてくれる．新たな形態の信仰が，エジプト，ユダヤ，シリアといったギリシア・東方文化圏とメソポタミアから生じた——すなわち，イシスとオシリスの崇拝，キリスト教，グノーシス主義や，さらに時代が下ってミトラス教とマニ教のさまざまな形態である．ディオニュソス神やフリュギアの大母神の崇拝のような小アジア起源のいくつかのいっそう個人的な密儀宗教と並んで，これらの宗教はますます一般に広まっていったようである．それらは，個人に多様な魅力を提供した．たとえば，魂の救済の望みとか，ある場合には浄めをうけたエリートになるための異国風な入信儀礼，宇宙の秩序を説く寓意的神話，宇宙における個人の位置づけなどであった．また時にはそれらの宗教は，人間の魂が神の王国から降りきたったもので，敵対する物質の世界あるいは善悪の闘いの場に陥れられていると考えることで，苦悩や邪悪の説明を行った．これに対して，ギリシア人やローマ人の旧来の国家宗教は，こうした事柄に何ら関心を示さなかったのである．

密儀宗教の普及は，より正確にいえば3世紀の危機に往々にして結びつけられてきた．世の中に混乱と不安が増大したために，個人は歩調を合わせるように内的生活へ引き籠ったと想像するのが，当然のように思われてきた．加えて，伝統的信仰が帝国を守る力を失ったために，人々の注目は密儀宗教や占星術のみならず，災禍から個人を守るための魔術にも向いたようである．そうした魔術は，後期ローマ時代に，絶対的な意味でも相対的な意味でもますます広く流行したとみなされている．

このような結論は，きわめて厳格に検討される必要がある．断片的な状況証拠では，ある時代における相互に対立しあうような信仰の影響力について，厳密な分析はまったくできない．ローマ後期には，概してそれ以前の時期よりも豊富で多様な史料が残っており，当然魔術の行使というような事例も以前より多く伝わっている．さらに，まさにいま問題としている類の見解は，後期ローマ社会は明晰な合理主義の古典時代から衰退して，"理性"よりも迷信にとらわれた行動や信仰の時代の方へ進んだとみる，さらに一般的な考え方に結びつけられることが多い．このような印象には，合理主義についての不適当な概念の押しつけもあろうし，それ以前のギ

リシア・ローマ社会における複雑な宗教事情に対する認識の欠如もあるのかもしれない．

魔術や占星術は古代社会ではずっと古くから行われていた．魔術に対する国家の抑圧は，占星術師や"哲学者たち"のローマからの追放を伴い，1世紀にすでに頻発していた．そして，その時までには，すでにイシス神殿がローマの中心部に建立されていた．2世紀の史料は，魔術の実践の話に満ちている．その実践とは，夢をはじめとする多くの"不合理"に感応してとられる行為であり，実践者の立場からすれば効果的な行動方法であった．いわゆる"カルデアの神託"とは，宇宙および神の本性とか魔術を使って魂を神へ昇華させる技法とかに関する言説を集めたものであり，それらはマルクス・アウレリウス帝の時代に収集され流布された．実際，かりに神秘主義を3世紀の深刻化しつつあった悲惨にあまりにも密接に関連づけてしまうと，マルクス・アウレリウス自身が，アントニヌス朝の黄金時代という繁栄期にあってさえ，『自省録』の中で，不安気に自らの魂に語りかけていることを説明するのがむずかしくなるだろう．

密儀宗教の流行は3世紀の危機に関連があるという見解は，かくして反対の見解に出会う．それは，多くの本質的な点で，密儀宗教は3世紀の危機に先立って存在していたとする見解である．密儀宗教の発展は，皇帝たちがもたらした平和な状態の地中海世界で，人間と思想が以前にも増してどんどん移動し，そのことがラテン，ギリシア，中東の各世界を一体化する一因ともなっていたことにむしろ関連づけられるべきであろう．かりに時代の政治的・社会的危機に対して宗教の次元で反応があったとすれば，新たな価値への模索とともに，伝統的価値の再評価の形となっても現れたと思われる．こうした事情が，デキウス帝の治世下とディオクレティアヌス帝治世下でのキリスト教徒迫害（p.178 参照）や，ディオクレティアヌス帝によるマニ教徒迫害の背景にあったのである．マニ教徒弾圧に関するディオクレティアヌスの布告においては，共通の知恵にそむき，いにしえに確立された宗教に対立する新たな宗派を支持し，太古に神々から人間に託された信仰を捨てて自分らの信仰をとった者たちは，邪悪で傲慢であると告発されている．

皇帝たちは，必ずしも全面的に保守的ではなかった．かれらは，当時の人々に広範に支持された宗教的信仰をすでに反映していた．かれらは，自らの守護者たる特定の神と己れ自身とを結びつけた．コンモドゥスは，自らを神ヘルクレスと同一視するほどであった．しかし，こうしたことは，ヘリオガバルスをエメサの神聖な石に結びつけること（p.105 参照）と同じく，少々奇行に属した．3世紀の半ば以降，とりわけガッリエヌスの時代以降，皇帝たちは自身を"征服されざる太陽神"と結びつけ，この神を親密な"伴侶"とみなした．アウレリアヌスはローマ市に太陽神の公的礼拝をうちたて，それに奉仕する神官たちの学校を新設した．この学校は，異教信仰が国家公認の宗教でなくなるまで存続した．ディオクレティアヌスとマクシミアヌスもまた，自らをユピテルとヘルクレスのみならず，征服されざる太陽神にも結びつけた．

こうした傾向が反映しているのは，ミトラス神の肖像やローマの軍隊に代表される太陽神崇拝の流行と当時の諸宗教であった．当時の諸宗教では，太陽が自然界と知性界の源と同一視され，あるいは究極の神の象徴とみなされ，古典的パンテオンの神々は，太陽神のあまねくゆきわたる力の神聖な代

アテナイにあるディオニュソス劇場から出土した胸像は，いろいろな折に，キリストの肖像とか"知られざる蛮族"の肖像（つまり"セム系民族"を表したもの）とか，アントニヌス時代あるいは3世紀半ばの"ガッリエヌス・ルネサンス"の傑作などとみなされてきた．ごく近年の見解は，この肖像がセラピス神に擬した皇帝ガッリエヌス自身を表したものとしている．この断片は，明らかにアントニヌス時代からヘレニズム時代にまで遡れる要素を備えており，次ページに示された胸像の厳格なモダニズムとも，右下のアウレリアヌスの肖像がもつ単純明快さともはっきりと袂をわけた，内省的な"夢見がちなメランコリー"を備えている．

アウレリアヌスの貨幣（右）は，太陽神の特徴である放射物つきの冠をかぶった軍人姿の皇帝を表している（p.188のコンスタンティヌスと結びつけられた例を参照のこと）．その裏側には，こちらも放射物つき冠をつけ球体を運ぶ太陽神の細長い像とともに，"ORIENS AUG(ustus)"すなわち"昇りゆく皇帝"という銘がある．天体の表現は，像の背景に星をあしらうことで強められている．

理者と考えられていた．

　当時の哲学における諸発展には，いっそう厳密に定義づければ，宗教思想一般と似たような傾向があり，もっぱら一連の学説をプラトンに由来する万物包含の神学によって基礎づける努力がなされていた．プラトン思想の宗教的諸相に，とりわけ霊魂は神聖なイデアの領域から物質界へ下降し，かつ神への帰還を希求する，というプラトン主義の学説に重きが置かれている．この"霊魂の帰還"は，理性的な瞑想によって，あるいは魔術的技法を使って達成されるものであった．この魔術あるいは"神秘的呪術"の技は，宇宙における神の存在の形ある"しるし"を数字や呪文やまじないによって捉えようとするものであった．瞑想という純粋に知性に頼る方法は，今日，新プラトン主義として知られる学派の創始者プロティノスが用いた方法であった．新プラトン主義とは，存在と実在のさまざまな段階からなる階層という表現で，プラトンの思想を体系化したものである．魂は瞑想によってこの階層をたどり，"一者"，すなわち魂のよってきたる最高原理へと帰還する途を進まねばならないのである．この方法をとるプロティノスの最も重要な後継者は，テュロス出身のシリア人ポルピュリオスであった．もう一方の，そしてあらゆる点でより大衆うけのする方法，つまり呪術による霊魂の上昇手段は，やはりシリア人であるイアンブリコスの学派によって支持された．さらにイアンブリコスの呪術の伝統は，シュリアノスやプロクロスの率いる5世紀のアテナイの新プラトン学派に伝えられた．

　これらの哲学者のすべてにとって，プラトンは単に知的影響力をもった中心人物というだけではなく，"神のごとき教師"でもあった．そして，かれら自身は神から霊感を与えられた人間とみられた．かれらの目的は，伝統的な古典的哲学者の目的を越えたところにあった．かれらは単に美徳とか善にとどまらず，完全無欠を教え，またそれを獲得しようと望んだ．かれらは神から霊感を与えられた者として特別な能力をもち，空中浮揚とか奇蹟を行ったり，神々を呼び出して神託を授かることができたりすると信じられた．再び，ここで強調しておかねばならぬが，こうした発展の起源は控え目にみても早くもアントニヌス朝時代にみられ，ルキアノスが風刺した奇蹟を行う"哲学者たち"とかアプレイウスのような者たちに求められるに違いない．宗教の発展は，それ固有の因果に即した有機的発展であり，社会環境の不安にはほとんど何も負っていないとみるのが最良である．それとは逆に宗教，哲学の動きにみられるような蔓延する個人主義の起源は，あまり異論なくアントニヌス朝時代のような平和と繁栄の時代の閑暇と泰平に帰せられる．

キリスト教信仰の伸長と迫害

　2, 3世紀は，キリスト教会にとっても拡張の時代であった．このことは，帝国の東方諸州，アフリカそして地中海に面した西方領でとりわけ顕著であった．地中海世界には，例のごとく東方からの知的・文化的影響の主要な部分が流れ込んでいた．西方の諸教会では，2世紀末までおおむねギリシア語が話されていた．ローマの司教ヒッポリュトスはギリシア語の著作を残している．ルグドゥヌム（リヨン）の初期の司教たちはギリシア語を話していた．しかし，テルトゥッリアヌス（170ごろ-220ごろ）は，アフリカの教会が生み出した偉大なラテン語著述家であった．そして，アフリカでもイタリアでも，キリスト教徒の集会においてギリシア語使用者たちは，この時期までにラテン語を話す地方の改宗者たちに圧倒されはじめていた．

　キリスト教会の勢力拡大は，もう一つの観点から，すなわち256年に司教キュプリアヌスが組織したカルタゴの会議に87名の司教たちが出席したという点からも推測される．ローマでは，慈善援助をうけていた寡婦と孤児の人数は1500名に達しており，この数字は，実質的なキリスト教徒の共同体の存在を示唆しているだろう．アンティオキアの司教パウルスは，異端と断罪され，268年に解任させられたが，かれはあたかも皇帝の代理人であるかのごとく，この都市のキリスト教徒の社会を牛耳っている，と1人の反対者によって記述されている．

　帝国のある地域，特にパンノニア，北ガッリア，ゲルマニア，ブリタンニアといったヨーロッパ諸州は，あまり直接にはキリスト教の影響をうけなかった．しかし，300年までには，キリスト教信者が少なくとも少数派でありながらも際立った存在となっていた地方が多くなっていたことは明らかである．

　カエサレアの教会史家エウセビオスは，300年を過ぎてまもなく著した著作で，デキウス帝の治世以後の時代は，教会にとり平和と繁栄の時代であったが，悪魔は階層間の不和の種をまいてこの時代を蝕んでいた，と記している．デキウスが始めた迫害そのものは，熟慮した上での政策としてローマ政府が乗り出したキリスト教信仰に対する最初の総攻撃であった．それ以前の迫害は，しばしば地方住民や指導的市民の圧力に押されて総督らが地方単位で行ったものであった．こうした弾圧の存在は，たとえばトラヤヌス帝の時代のプリニウスのように，当の総督がキリスト教徒に対処する方法——キリスト教徒であると認められたローマ市民をどう処置すべきか，匿名の告発を奨励するべきか否か（この点についてのトラヤヌスの回答は，断固として否であった）——に関して皇帝にうかがいを立てた事実がなかったら，いまではもうわれわれに知られていないかもしれない．このような地方での迫害が頻発したことを，過小評価しないことが肝心である．と同時に，3世紀中葉におけるデキウス以前のどの皇帝も，キリスト教に対して中央からの反対運動に乗り出すことはなかったし，それまでは，いずれのローマ皇帝にとっても，キリスト教問題はまったく重要ではなかったことを認めることが必要である．

　迫害の一般的原因はきわめて明白である．しかし，それがなぜその時代に起こったのかを語るのは，必ずしも容易ではない．社会を苦しめる災いはどんなものでもキリスト教徒のせいにされている，とテルトゥッリアヌスは訴えた．「ティベリス川が氾濫するとかナイル川が氾濫しないとかで，キリスト教徒をライオンに与えろという叫び声が上がる．」疫病の発生，地震，激しい嵐なども，大衆の見解によると，神々の寵愛が後退したために起きる災禍であった．というのも，ローマ人は人間に対する神々の善意がなければ宇宙の均衡は保たれないと信じていたからである．神々の善意は，その社会の構成員の全員の敬虔な心，いい換えればきちんと確立された祭儀と供儀の執行を通じて保たれねばならなかった．キリスト教徒はそうした祭儀に加わることを拒んだ非同調集団であり，社会と神々の関係を悪化させ，"神々の平安"を乱すことによって神々の庇護の後退を引き起こしつつあると思われていた．

　加えて，キリスト教徒の社会的・宗教的習慣自体が疑惑を

ローマ末期の肖像における"表現主義"は，カイロから出土した3世紀末ないし4世紀初頭のある定かでない皇帝の斑岩製胸像に認められる．肉付けには，主題となる人物の性格を取り込んだ抽象的な対称性が著しい．容貌は誇張と生々しさにもかかわらず，素材の外観上，静止した状態にあり，生理学上の構造は単純化されている．前ページに示された"ガッリエヌス"の胸像がきわめて美しくとらえている内省的で複雑な雰囲気は，少しも感じられない．

招いた．かれらの祭儀は秘密めいており，肉と血の象徴である"聖体"の飲食を伴っていた．反キリスト教宣伝者らは，キリスト教徒は食人——"テュエステスの宴"（ギリシア神話によると，テュエステスはシチュー料理にされた息子達の肉を食べさせられた）——の習慣をもっているとか，キリスト教徒が兄弟・姉妹を愛せと勧められていることを理由に近親相姦であるとかといった煽情的な申し立てを行った．キリスト教徒は互いに秘密めいた忠誠を誓い合った．ところが，その誓いが「窃盗，強奪，姦通を犯さず，信頼を裏切らず，預ったものが請求されたら返却を拒まないこと」であると知ってプリニウスは驚いた．かれらは社会の社交の場にほとんど顔を出さなかった．なぜなら，そうした交流はさまざまな宗教儀礼の挙行に結びついていたからであった（すでにタキトゥスがキリスト教徒たちを"人間を憎悪する連中"であると非難していた）．テルトゥッリアヌスのような一部のキリスト教著述家たちは，キリスト教徒は基本原則として，世俗の社交生活とか文化にまったく関与すべきではないとまで主張するに至った．「アテナイはイエルサレムに何の関わりがあるのか」とかれは書いている．しかし，決してこれが全体像ではなかった．他のキリスト教代弁者たちは，キリスト教徒もまた税を納め，皇帝の無事を自分らの神に祈る忠実な市民であると主張した．すべてのキリスト教徒が，必ずしもテルトゥッリアヌスのように古典的文化と教養について厳しい見解をとらなかったことは明らかである．この論争には，キリスト教帝国の時代の最も重要な論議の一つが先取りされている（p.194 以下参照）．

デキウス帝によるキリスト教徒迫害の開始は，先に粗描した他の証言と同様に，キリスト教が比較的目立つ宗教であり，少なくとも帝国の病の一因として名を上げるに価していたことを暗示している．デキウス帝の治世は，時代的には重大な軍事上の危機，とりわけゴート族の侵入による危機の始まりに当っている．そして，伝統的な神々に対し，帝国が再び忠誠を唱える必要性を感じたということであろう．この感情は，皇帝フィリップスが挙行したつい先ごろのローマ建国一千年祭が，期待されていたであろうローマの繁栄の確認をもたらさなかったという意識とあいまって，おそらくいっそう強く感じられたのであろう．

迫害の実際の手順は，まず最初は聖職につく者たちの逮捕と処罰であった．ついで，すべての市民は，ローマの神々と皇帝の守護神，つまり手引きとなる霊とに犠牲を捧げるように要求された．供儀の儀式が完了すると，その件に関する証明書（リベッルス）が発行された．これらの証書例はパピルスに書かれて残っている．供儀は望まないにもかかわらず，刑罰上の責任を恐れたキリスト教徒たちが，わいろによってこれらの証明書を手に入れたということは，疑わしいことではあったが，時には行われたに相違ない．聖職者は，聖書を引き渡すことも要求された．しかし，デキウス帝による迫害では，教会建造物には危害が加えられなかったと思われる．多くのキリスト教徒の集団は，依然として富裕な仲間の私邸に集まっていたことは疑いない．

デキウス帝が火をつけた迫害は，ウァレリアヌス帝のときに一時再燃したが，ウァレリアヌスがペルシア人に捕われて後（260年），下火になった．そのときの犠牲者の1人にカルタゴのキュプリアヌスがいた．かれはデキウス帝による迫害の際には，カルタゴを脱け出して逃れることができたが，ウァレリアヌス帝治世時に流刑の身となり，258年斬首の刑によって殉教した．それでも，キリスト教徒が一時的に静かに身を隠すことで迫害を逸がれるのは，比較的容易であったようである．当局側も，身を隠すおそれのある者，とりわけキリスト教信者の仲間たちによってかくまわれるかも知れぬおそれのある者を，片端から捕えるというわけにはいかなかった．おそらくこのときも，大迫害のときと同じく，犠牲者となったキリスト教徒たちの中には，実際に殉教し，そのことによってただちに確実に聖人の列に加えられることを望んだ者もいく人かいたはずである．このことは，不本意ながら刑を課しているローマの当局者たちのいらだった論評や，殉教志願の問題に直面したキリスト教著述家たちの当惑した記述から明らかとなっている．

ディオクレティアヌス帝による大迫害は，それ以前のデキウス帝による迫害とは異なっている．その発端の情況についてはよく知られているけれども，大迫害の開始されたディオクレティアヌス帝の治世は，政治的あるいは軍事的観点からみて，特に危機でも不安定でもなかった．迫害の動機をもっていたのは，むしろディオクレティアヌスの年若い共同統治者ガレリウスの方であり，かれはキリスト教に対する個人的憎悪にかられて，年老いて弱気になっていたディオクレティアヌスにこうした態度を強いたのだ，という当時のキリスト教関係史料の主張にはいく分かの真理があるに相違ない．キリスト教徒あるいはキリスト教徒同調者として伝統的神々への供儀を強いられた者たちの中には，ディオクレティアヌス自身の妻と娘とがいた．

全面的迫害は，ニコメディアで供儀が首尾よく行われなかったことから起こった．この供儀で，帝室の公式の出席者の1人がその儀式による不浄を避けるために十字を切るところをみられた．皇帝にごく近い宮廷関係者の中に，キリスト教徒がいたことは興味深い．このことが，ガレリウスを動揺させ，憤らせることになったのだろう．303年2月23日付の最初の迫害令は，教会堂の閉鎖と聖書の没収を命じた．これにつづいて，聖職者に伝統的神々への供儀を行うようにとの命令が出された．そのときまでは，単に教会当局者のみが巻き込まれていたにすぎなかったのだが，第三の迫害令はキリスト教徒の集団の全員に供儀を義務づけるまでに拡大された．ニコメディアで提示された迫害令（そのうちの一つは怒ったキリスト教徒によってひきはがされたが，その者は即刻，火刑に処せられた）は，親衛隊長たちに送られ，かれらから属州総督たちに伝えられ，さらにかれらを通して法の施行担当の地方役人に伝えられた．オクシュリュンコス出土のパピルス文書には，あるキリスト教徒の体験が記録されている．かれは，訴訟のためアレクサンドリアへやってきて，出廷するもの全員が供儀を行わされていることを知った．かれはこの問題を乗り越えるために，明らかに非キリスト教徒であった自分の兄弟に自分の権利を与えて代行させた．

迫害の範囲や，流刑，鉱山労働，四肢切断ないし死刑といった罰をうけた者たちの人数を推測するのはむずかしい．パレスティナやエジプトといったかなりキリスト教化の進んだ地方の状況についてエウセビオスが記述しているが，かれによれば，かなり多数の犠牲者が出たらしい．エジプトの場合には，たとえば国の鉱山での重労働に従事させるために，それぞれ97名と130名の男女，子供からなる二度のキリスト教徒護送団があったことが述べられている．しかしながら，帝国全体ではキリスト教徒住民のうち処罰をうけたものの割合はあまり多くなかったように思われる．明らかなのは，迫害

混乱と回復

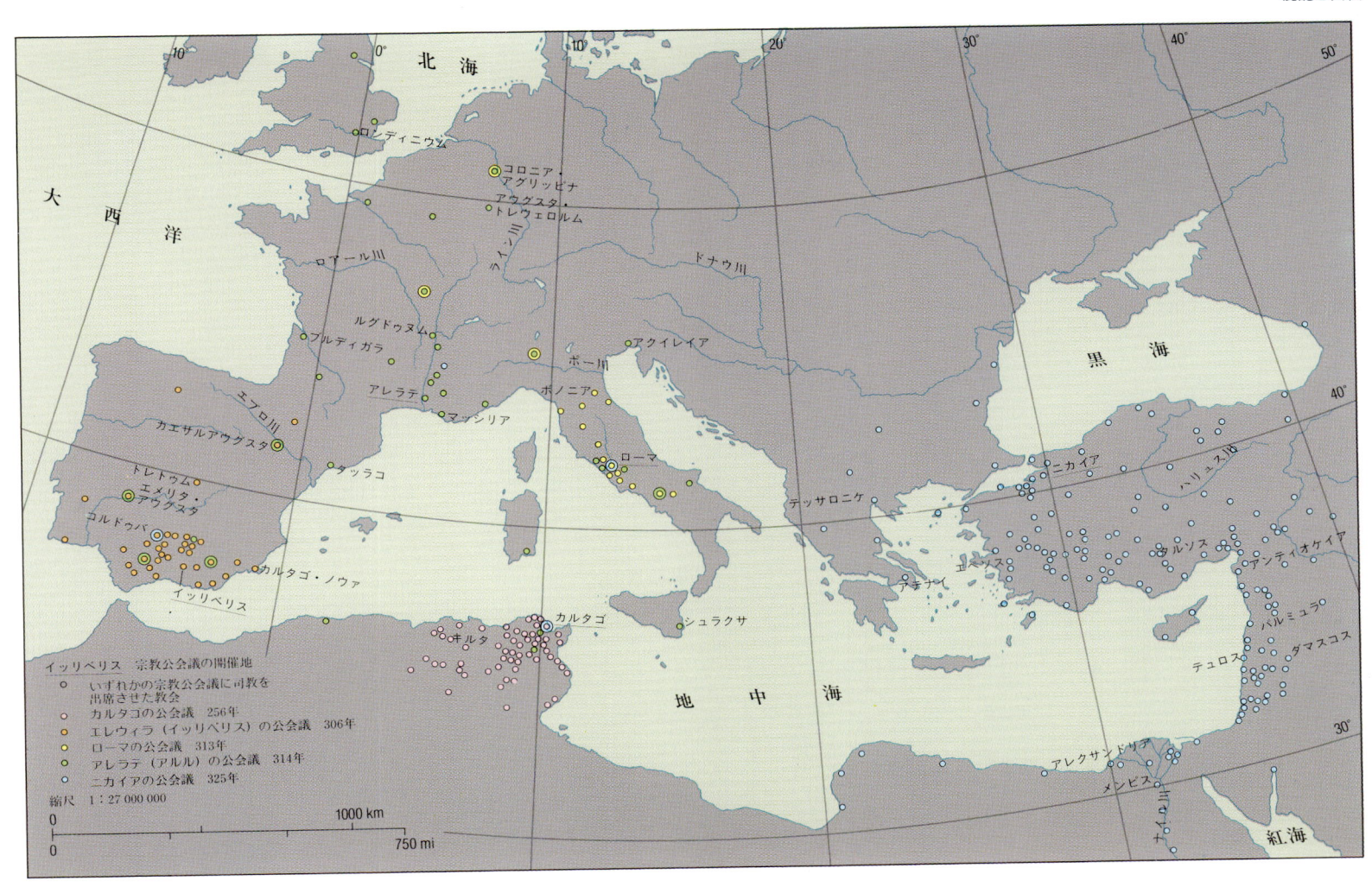

凡例（地図中）
- イッリベリス 宗教公会議の開催地
- いずれかの宗教公会議に司教を出席させた教会
- カルタゴの公会議　256年
- エレウィラ（イッリベリス）の公会議　306年
- ローマの公会議　313年
- アレラテ（アルル）の公会議　314年
- ニカイアの公会議　325年

縮尺　1:27 000 000

3世紀および4世紀初頭のキリスト教会の分布状態

地図の目的は，それぞれの宗教会議に参加したことが判明している教会のみを示すことにある．時には信憑性はあるが，しばしば後世の信頼するに足りぬ証拠に基づいてどこか他の場所にあったと記録された教会は地図から除かれているし，キリスト教徒の共同体の実際の規模については何ら指示されていない．ある地域については，宗教会議が提供する証拠に基づいているため，地図は教会の実際の分布状態というよりも"潜在的な"分布状態を示している．この証拠は明らかに不完全である．たとえば，南ダルマティアで開かれた宗教会議は，何を明らかにしたのかと人はいぶかしく思う．しかし，ニカイア宗教会議は，コンスタンティヌスの治世初期の東方における教会の分布状態を正しく示しているし，他の地域の分布状態は帝国の都市化の密度 (p.111 参照) ときわめて緊密に一致しており，全体的な印象が間違えていないことを示唆している．

が数年の間社会政策の中心問題であったことと，その結果として，コンスタンティヌスとリキニウスによる教会の平和の容認後の時代におけるイデオロギー上の主要問題に，キリスト教会が取り組むことになったことである．聖書を引き渡して棄教してしまった聖職者や供儀を行ってしまった一般キリスト教徒に対して採るべき態度とか，そうした行動についての主張から生じた憎悪に満ちた論争は，北アフリカにドナトゥス派という分派をうみ出し，一時的に多くの教会の営みをおびやかした．

ディオクレティアヌスの退位後の数年間は，ガレリウスによって迫害がつづけられたが，コンスタンティウス（ガッリアとブリタンニアを担当．その地には，ともかくキリスト教徒はほとんどいなかった）と篡奪者マクセンティウス（イタリアとアフリカを担当）が管轄した地域では，迫害はいつの間にか下火となっていった．311年にガレリウスは不治の病に罹り，明らかに死をおそれて，当初の明白な動機となっていた意味での迫害を一時中止した．かれは強制的にキリスト教徒を健全な精神に戻すことを望んだが，かれらが自分たちの神を礼拝する機会を奪われている間にも，かれらが伝統的な神々にも祈りをささげなかったことにかれは気づいた．そこでかれは礼拝の自由を復活させてキリスト教徒を招き，自身の無事とかれらおよび帝国の安全をかれらの神に祈らせた．その後まもなくしてガレリウスは死んだ．ラクタンティウスのようなかれの死を喜んだキリスト教徒にいわせれば，ガレリウスの死は，神が復讐したためであった．

ガレリウス帝の死後，かれの後継者マクシミヌス・ダイア帝によって迫害が再び行われたが，今度はいくらか重点に変化があった．マクシミヌスは，キリスト教徒の迫害を嘆願する諸都市から派遣された陳情団に接見した．キリストに対する冒瀆に満ちた，ポンティウス・ピラトの偽造回顧録を流布させたアンティオキアのテオテクヌスのような非キリスト教徒たちの宣伝活動は，かなりの長期にわたって迫害を支えていたともいえる地方住民の感情を垣間みせてくれる．マクシミヌスは背教者ユリアヌス（p.191 参照）の政策を先取りし，復興した伝統的信仰の行政を託す地方神官職を設けようとも試みた．こうした政策が何らかの効を奏す前に，マクシミヌスは新たな皇帝リキニウスに敗れた．313年，コンスタンティヌスとリキニウスは礼拝の自由を認める宣言を布告し，押収されていた教会財産をキリスト教会に返還した．これが教会の平和の始まりであり，ローマ帝国のキリスト教への改宗であった．エウセビオスはこれを神の予言の成就として，すすんで歓迎した．しかし，このことは，次章で論議されることになるコンスタンティヌスの改宗という問題を予期することになる．

ローマの肖像

　個人肖像の発展は，一般にローマ美術の主な功績の一つと考えられている．この見解は，おそらくやや矛盾している．なぜなら，残存する肖像の大半を制作した芸術家たちは，実際にはギリシア人であった．しかし，かれらは富裕なローマ人の後援を得て制作していた．かれらの作品は，ローマ人の需要に応じ，ローマ人の趣味を反映している．この肖像様式の際立った特徴は，表現対象の醜く魅力に欠ける容貌を特に強調した，極端な写実主義である．この"即物的な"様式の起源を探ることはむずかしい．しかし，この様式が，自身を勇猛，実直かつ愚をおかさぬ人間とみるのを好んだローマ人の心に大いに訴えたことは疑いない．共和政後期からローマ帝政初期にかけて，写実的肖像様式は，職人，商人，解放奴隷を含むあらゆる社会階層にうけいれられた．このことは，大衆美術の最も特徴的な表現に属する，数多くの墓碑肖像浮彫りからみてとれる．公共肖像は，アウグストゥスとユリウス＝クラウディウス朝下に著しい変化が起きた．その時代には，理想化された肖像という古典的様式が好まれた（p. 76参照）．しかし，即物主義がフラウィウス朝とカラカッラ帝治世下の3世紀に再び出現した．カラカッラ帝はハドリアヌス帝以来流行していた古典復古趣味を排斥し，新しい凄まじいほどの写実主義をとり入れた．3世紀の危機の時代の皇帝肖像は，帝国を治めた素朴な軍人の精気，剛毅，活気を著しく率直に表現している．しかし，ディオクレティアヌス帝とその後継者の時代には，皇帝肖像は煩雑化した宮廷典礼によって，臣下からかけ離れた皇帝の威厳を表明するべく，固定化した抽象的性格をもつようになった．後の皇帝肖像では，実在人物の実際の特徴を表現する試みはもはや行われなくなった．

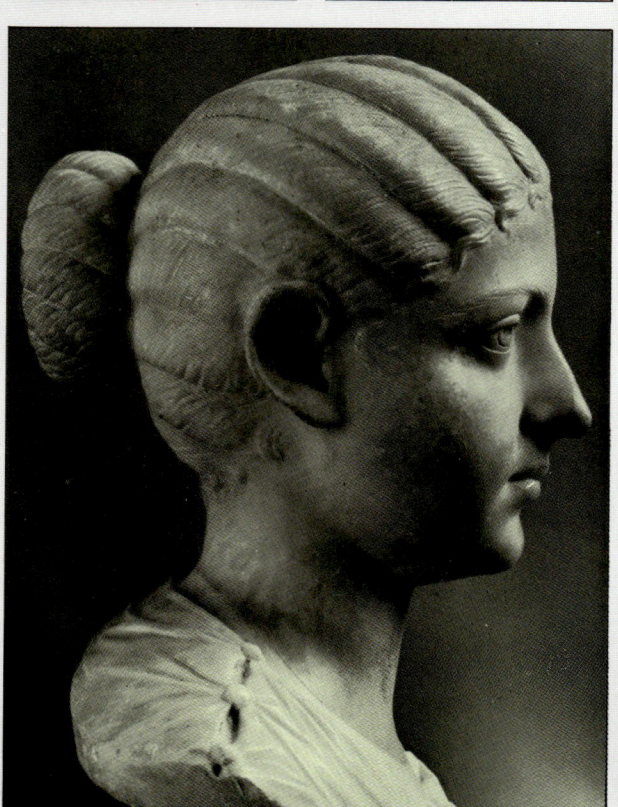

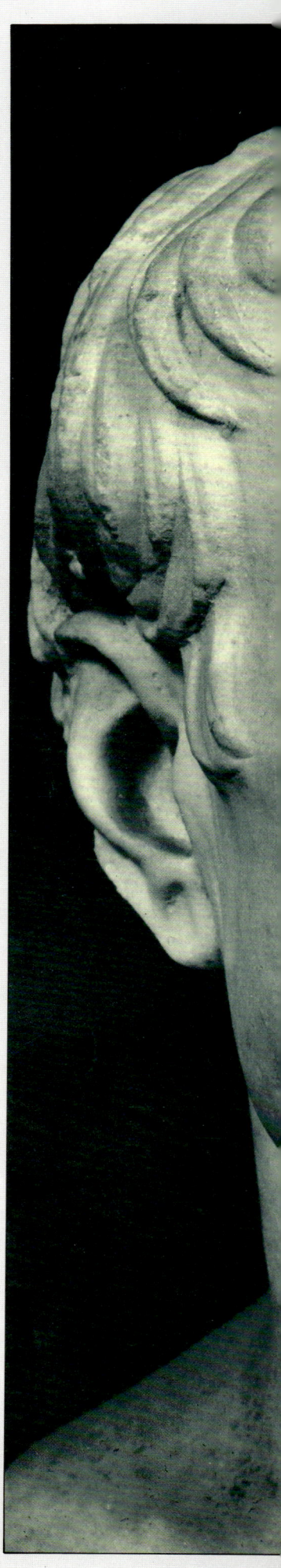

181

日常生活

墓碑，特に帝国の西部領から出土したものには，職業生活の場面がいろいろな様式で，しかも往々にして地方様式で，刻まれているものがよくあるが，細部までかなり精確に観察されて表されている。そのうちの数点を選んでここに示したが，これらはローマ世界の概して小規模な産業や交易の実態をよく示している。その多くは，奴隷の助手や年若い徒弟を

八百屋

小売商人

鍛冶屋

古代世界では，生産と小売の手段は明確に分化していなかった。金物屋の店（左端）に陳列されているような製品は，店と同じ敷地内にある仕事場（たとえば，上の鍛冶屋の仕事場）で生産されたものであろう。下の浮彫りには金銭の支払いないし両替と思われる場面が示されている。おそらく賃貸料か何かが代理人に支払われているところで，外からやってきた人物（フード付きの外套を着用）と店で働く人物とが識別できるように表されている。肉屋の店（下左）では，店の内儀（あるいは顧客か）が筆記道具を使って帳簿つけをしているらしい。この浮彫りの右背景に表されているような桁端の遺品が数多く残っている。

金物屋

薬種商

肉屋

集金人

加えた家族単位の活動に基づいており，組織立った産業というよりも，職人の営みであった．帝国後期の武器工場のような大きな国家産業は例外であった．もちろんその場合でも，製造工程は大規模なものではなく，おそらく小さな作業の集まったものであった．

かんな

鍛冶屋の仕事場（上）では，助手が，熱をさえぎる衝立に守られながら取っ手付きのふいごを用いて溶鉄炉を熱している．背景には，鍛冶屋の道具とその製品の一つと思われる槍の先端が並べられている．シルチェスター出土の大工のかんな（最上）は，現代までの長い期間ほとんど意匠上の変化をうけなかったことを示している．荷舟で輪送される酒樽を表現した浮彫りが多数残っている．左の浮彫りには，船頭が舵を取り，3人の男が軸に巻きつけた綱をもって引き船道から荷船を引いている情景が描かれている．やはりシルチェスターから出土した大きなブドウ酒樽（右）は，ピレネー山地産のモミ材でできており，井戸の内張りの一部として再使用されたために残存した．

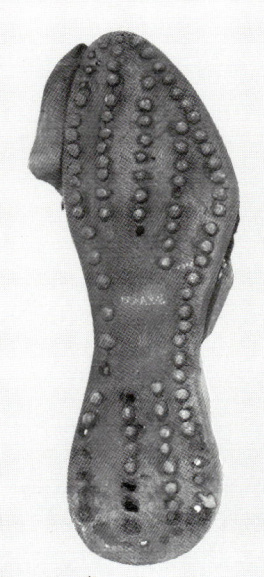

船頭

くつ底

くつ直しとなわ職人

酒樽

製造所と技術

　ローマ社会では，産業経済の発展はまったくなかったし，経済成長の一般理論もなんら生まれなかった．産業投資に必要な財政が欠けていたし，生産性や消費需要といった考えがなかった．ローマ人が技術上の発明の才能に欠けていたのでもなく，はっきりした必要が感じられて，そのことがよくわかっているときに発明の才能をいかすことができなかったわけでもない．たとえば，軍事技術では，発射機や攻城機械が戦争に用いられて，高い洗練度と効果を発揮した．ローマ人は人を驚かせるような演劇の効果を創り出すことができたし，建造物や水道整備におけるかれらの功績はいうまでもない．しかしながら，製造業は相も変わらず産業というより手工業段階の小規模な営みにとどまっていた．

　産業技術が発展できなかった原因が，奴隷制の存在に求められることがある．奴隷制が機械化による労賃節約の芽を摘んだとする論理である．明らかに，この点は論争のまとである．奴隷制のなかった多くの社会でさえ産業化に失敗しているうえに，ローマ帝国の特に大都市には，しばしば仕事にあぶれた自由人の労働者がいた．人口過疎地のように必要にせまられたところでは，労働力を節約する動機も存在していた．ある農民作家がここに図示された刈入れ機を勧めた理由の一部はそこにあった．

　技術の実用化にはさまざまな限界があった．古代社会には，進んだ冶金技術が欠けていた．器械装置は木製で，動力機械の起こす圧力に耐えられなかった．次ページ掲載のバルベガルの水車の歯車は木製であるが，鉛製の栓によって車軸にとりつけられていた．この歯車は，たえず修理と整備を必要としたにちがいない．

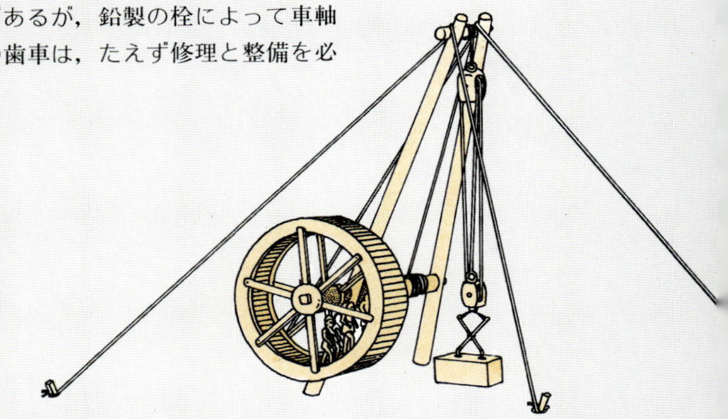

上　北東ガッリアの平野地帯で用いられていた刈入れ機（ヴァッルス）．現在知られる刈入れ機の表現はすべてこの地帯に由来している．この装置は，背後から押しながら，先の尖った歯状の道具でコムギの穂を刈り取るかもぎ取るかして付属の容器にそれらの穂を落し入れる仕組みになっている．コムギの残りの部分は，丈の高い刈り株の状態でそのまま残される．

下　ウシの力によって動く船．船の外輪に垂直の車地がかみ合うよう取り付けられたもので，370年ごろ皇帝に提出された一連の軍事用発明品の一つ．537年にベリサリウスがこの着想を巧妙に応用して，外輪を船からつり下げ，水力を利用しながら船にとりつけた石うすを回転させることに成功した．

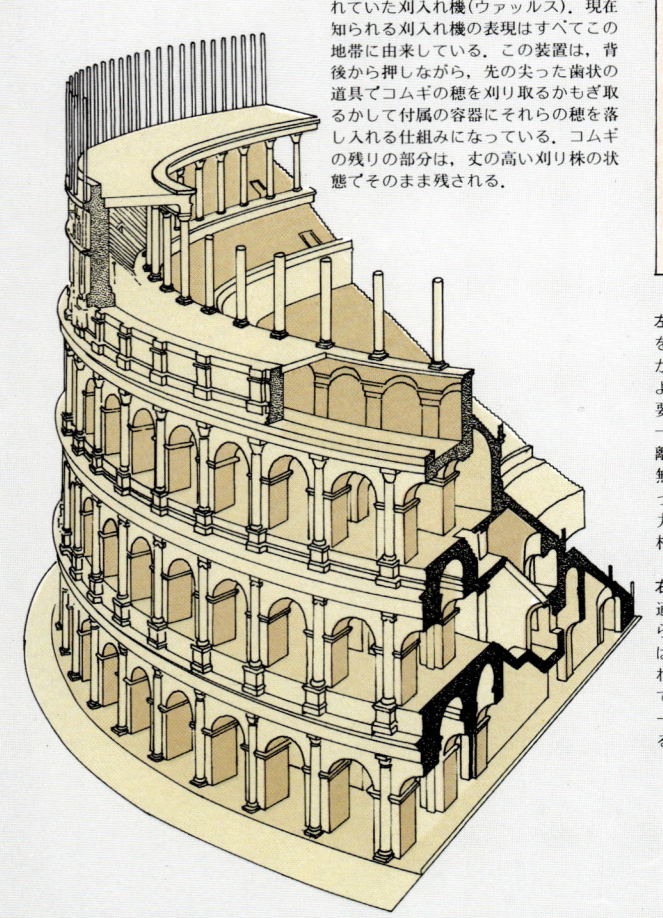

上　建築家ウィトルウィウスによってその仕組みが記述されている巻揚げ装置．この機械の桁ないし腕は張り綱によって固定され，荷は三つ組の滑車装置に取りつけられた綱によって運ばれる．特に重い荷物の場合には，歯車による巻揚げ機が用いられ，極端な場合は1人ないし数人の男が踏み車を操作して荷を動かす．ここに載せた図版は，シュラクサ出土の墓碑浮彫りの表現を基にして復元したものである．

左　円形闘技場が拮抗する物理的圧力をどのように結合強化して立っているかを図解したもの．上部構造の重みによって働く垂直の重圧力は，アーチの要石を通して水平方向に転換される．一方，水平の圧力は個々のアーチを分離させがちなものであるが，アーチを無限に連続させることで相互に支え合っている．その結果生じる外へ向かう力はアーチを円環状にめぐらすことで相対的に無に等しくされている．

右　ローマ市は八つの主要な水道橋を通して，市の南方と東方の丘陵地帯から水を供給していた．これらの水道橋は，ローマ市の人口の増加と歩調を合わせながら，数百年以上の年月をかけて建設された．右図の復元図には，ローマ市の近くで五つの水道橋が交差する様子が示されている．

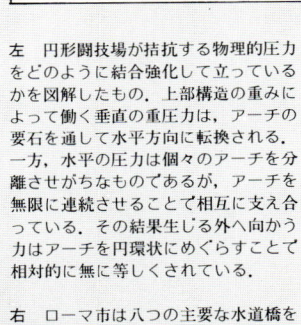

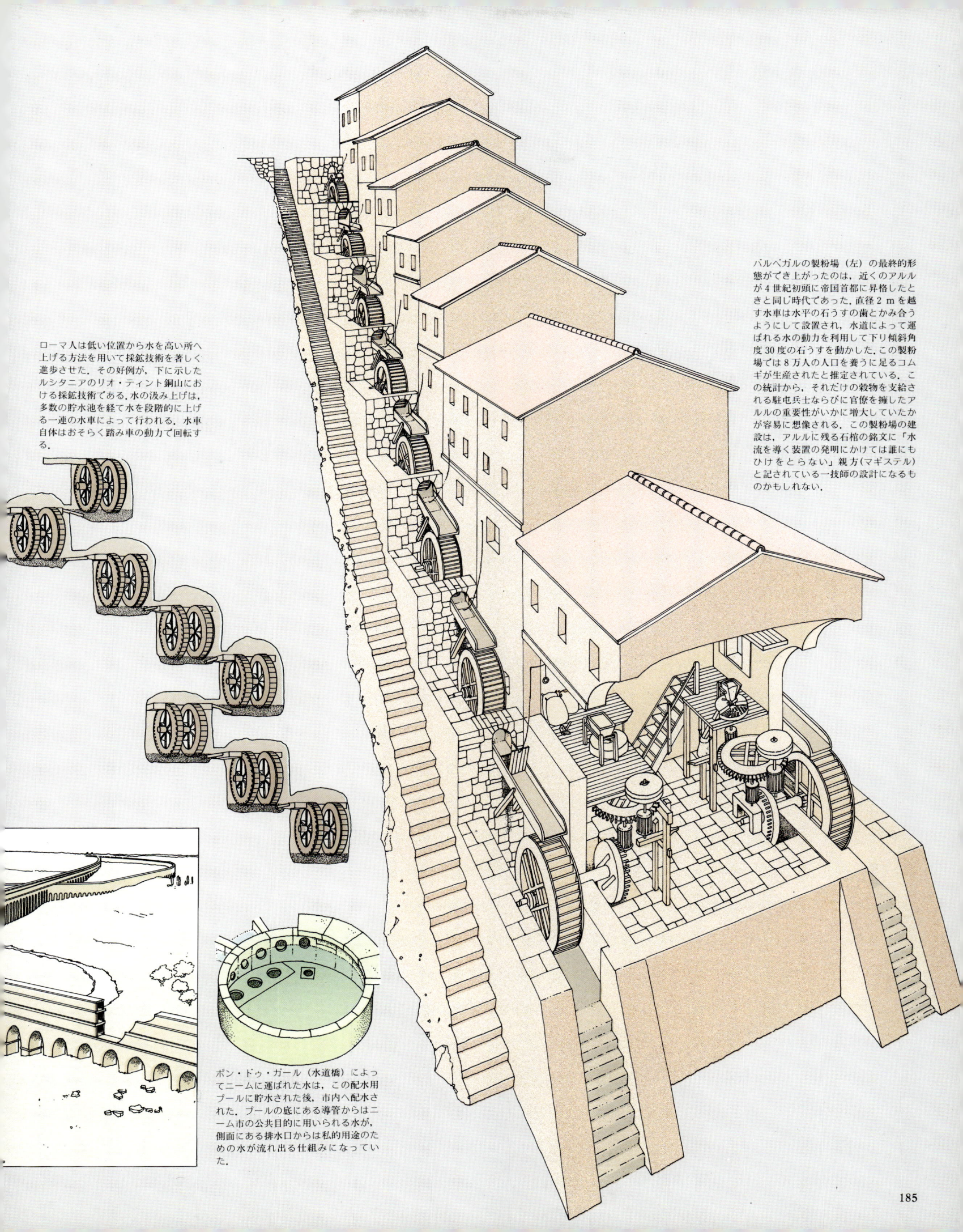

ローマ人は低い位置から水を高い所へ上げる方法を用いて採鉱技術を著しく進歩させた。その好例が、下に示したルシタニアのリオ・ティント銅山における採鉱技術である。水の汲み上げは、多数の貯水池を経て水を段階的に上げる一連の水車によって行われる。水車自体はおそらく踏み車の動力で回転する。

バルベガルの製粉場（左）の最終的形態ができ上がったのは、近くのアルルが4世紀初頭に帝国首都に昇格したときと同じ時代であった。直径2mを越す水車は水平の石うすの歯とかみ合うようにして設置され、水道によって運ばれる水の動力を利用して下り傾斜角度30度の石うすを動かした。この製粉場では8万人の人口を養うに足るコムギが生産されたと推定されている。この統計から、それだけの穀物を支給される駐屯兵士ならびに官僚を擁したアルルの重要性がいかに増大していたかが容易に想像される。この製粉場の建設は、アルルに残る石棺の銘文に「水流を導く装置の発明にかけては誰にもひけをとらない」親方（マギステル）と記されている一技師の設計になるものかもしれない。

ポン・ドゥ・ガール（水道橋）によってニームに運ばれた水は、この配水用プールに貯水された後、市内へ配水された。プールの底にある導管からはニーム市の公共目的に用いられる水が、側面にある排水口からは私的用途のための水が流れ出る仕組みになっていた。

民衆の娯楽

ローマ人は"パンとサーカス"を好んだ，とする諷刺詩人ユウェナリスの軽蔑の言葉（『風刺詩集』10. 81）は，しばしば批評家たちによってひき合いに出される．これらの批評家は，都市の貧困あるいは失業の退屈さをなかなか想像できないのだ．実際，大衆向けの見世物は単に特権をもたぬ者たちの慰みだけではなく，ローマ市における社会生活，社交の上できわめて重要な役割をもってもいた．地方の高官はそうした娯楽を提供し，そのことによって対抗者と張りあって自らの富と特権を誇示し，一般大衆に対する保護者としての自分を認めさせた．そのことに対する大衆の感謝の気持ちは，劇場，円形闘技場，競技場における歓呼のかっさいによって表明された．1世紀のローマでは，皇帝たちは見世物提供の大盤振舞いによって，セナトール貴族の地位を"下落させる"ことができた．しかし，帝国後期には，皇帝がこのローマ市をまれにしか訪れなくなったために，立場は逆転してしまった．

見世物競技によって社会的緊張が緩和したのか，増長したのかを語るのは難しい．ネロ帝治世下のポンペイとヌケリアの間の紛争のごとく（p. 112参照），競技が暴発して激しい破壊活動に変ることがあった．地方貴族たちの対抗心が，往々にして市民の騒動を悪化させた．これを一つのきっかけにして，地方都市の生活に皇帝が介入するようになった．

競技は，戦車競争のように気違いじみた危険と刺激に満ちたものと，剣闘士の闘いや野獣との闘いのように流血を常としたものとがあった．闘技場で野獣にさらすことは，もっぱら奴隷や下層民向けの，さらには砂漠の卑賎の民のような帝国外部の人間向けの刑罰であった（下図参照）．刑罰としてではない場合には，獣と人間の闘いは，むしろ軽技芸としてだったように思える．現在のプロレスと同じように，本物の搭闘は一種の芝居がかった仕掛けでみせたものが多かったのではないかと思われる．実際には剣闘士としての経歴を求めたのは向こうみずな者だけだったらしいことは明らかであるにしろ，ネロ治世下には自ら進んで剣闘士となる元老院議員も現れはしたが，かれらが生命をかけるほどの危険を冒したとは考えにくい．

剣闘士の試合や曲芸，見世物用狩猟の場面はローマの装飾美術によく登場する．これらの主題は，芸術家に躍動感にあふれた動きをもった人間や動物を描き出す機会を与えるとともに，注文主にとってはこうした娯楽を催すことができるほどの自己の富を記念するのに都合のよいものでもあった．上は元老院議員ユニウス・バッススのローマの邸宅から出土した鮮やかな大理石モザイクで，バッススが執政官に就任したとき（331年）のパレードの場面を表している．先頭をゆくかれの背後には，かれらの党派を示す色彩の衣裳をまとった御者たちがいる．かれらの幸運を貪欲に求める支持者たちの行列である．左上の戦闘場面はドイツのクロイツナッハの浴場趾で発見されたモザイクの一部で，このモザイクにはさまざまなタイプの剣闘士の試合が描かれていた．この図では，"サムニテス族"風に剣と長方形の楯，頂飾りのある兜で武装した1組の剣闘士の白熱した闘いがくり広げられている．シチリアのピアッツァ・アルメリーナに残る末期ローマのヴィッラから出土した大規模なモザイクでは，狩猟場面が展開している．中段左に示されているダチョウだけでなく，トラ，カモシカ，サイなどの動物が，アフリカから輸出されるために生け獲りされている場面が主題となっている．トリポリタニアのズリテン出土のモザイク（左）は，残酷なまでの写実主義の点で注目すべき作例である．砂漠の原住民が捕えられ，無防備のまま野獣にさらされている姿や野獣と闘うさまざまの姿が表現されている．

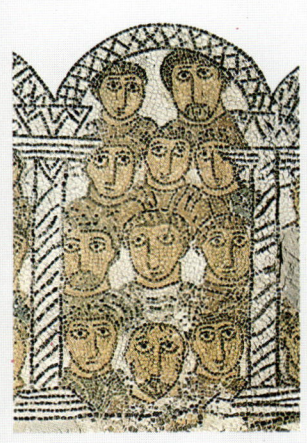

上 チュニジアのガフサ（カブサ）出土のビザンティン時代のモザイク。大きく目を開いて曲芸に見入る観衆の姿が活写されている。これは、この6世紀の地方都市で戦車競技が継続されていたことを証言するものとはいえないが、それ以前の古い図像タイプ、つまりローマ時代のカルタゴと関連のある伝統的な主題に由来するものである。

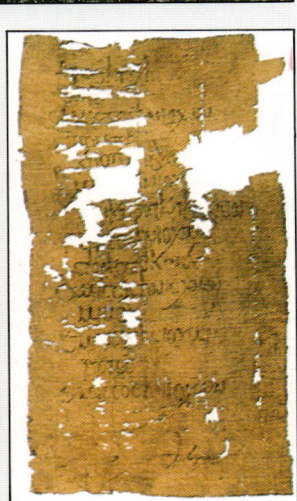

上 オクシュリュンコス出土のパピルスに書かれている6世紀に行われた曲芸のプログラム。演物は6回の戦車競争で、その間にパレードや2人の踊り子が歌いながら綱渡りを行ったり、ガゼルと猟犬の競演、パントマイム、体育競技が挿入されていた。

左 エル・ジェム（古代のテュスドルス）の円形闘技場。帝国の闘技場のうち最大のものの一つで、この市にそれ以前からあった闘技場を廃して3世紀初頭に建設された。

上 ランパディィ家の二連象牙板。この種の象牙板は、元老院議員の家族が自家の催す競技会に友人たちを招待した際に配った贈り物の代表的なものであった。このような競技会は、一族の一員の公職就任を記念して開催されるのが習慣であった。

187

コンスタンティヌス大帝と4世紀

コンスタンティヌスの台頭と改宗

　両正帝ディオクレティアヌスとマクシミアヌスが305年に退位した結果，すでに副帝であった東のガレリウスと西のコンスタンティウスが即位することになった．と同時に，それに伴って比較的無名であったマクシミヌス・ダイアとセウェルスが副帝に選ばれた．こうした人選は，ディオクレティアヌスが非常に苦労して達成した政策の忠実な実行と一貫した遂行を危うくした．というのも，その選任には，正帝を退位したマクシミアヌスの息子マクセンティウスと，昇進したコンスタンティウスの息子コンスタンティヌスという2人の有力な皇帝候補者が除外されていたからである．ディオクレティアヌスの分割統治制が崩壊を迎えたのは，ある意味で選から漏れた候補者の個人的野望に帰せられる．しかし，野望にはそれなりの理由があるに違いない．おそらく，分割統治が直接的な世襲制の復活を求める一般の期待，特に軍の期待に反して行われたことが重大であった．

　305年，コンスタンティヌスはいまだ東方領に居住していたが，ガレリウスによってブリタンニアの父のもとへ行くことが許された．翌年，コンスタンティウスがヨークで没すると，軍はコンスタンティヌスを正帝と宣言した．しかし，かれが当初ガレリウスに要求したのは副帝の肩書だけであった．コンスタンティヌスは直ちに激しい内戦を起こし，その結果324年にはローマ帝国の単独統治者になった．ガッリアへ渡ったかれは，旧正帝のマクシミアヌスの支持をかちとり，その娘ファウスタを妻とした．マクシミアヌスは，すでにかれ自身の息子マクセンティウスの支持をローマで宣言していたが，息子と反目しコンスタンティヌスと手を結ぶことにしたのである．ほどなくしてかれは，コンスタンティヌスとも対立し，自害を余儀なくされた（310年）．コンスタンティヌスは，今度はマクセンティウスに対して進撃を開始し，ミルウィウス橋の戦い（312年11月28日）においてかれを打ち破った．マクセンティウスはその前にすでにセウェルスを打ち破っていたので，コンスタンティヌスがいまや西方領全体の統治者となった．

　一方，東方領においてはガレリウスが没したことで，その後継者リキニウスがマクシミヌス・ダイアとともに東部帝国を掌握した．コンスタンティヌスとリキニウスは，相互承認のためミラノで会見し，とりわけ重要な事項として宗教の自由の復活と大迫害で没収されたキリスト教徒の財産の返還を取り決めた．2人の皇帝は，コンスタンティヌスがリキニウスからバルカンにおける領土を獲得した316年まで（この間にリキニウスはマクセンティウスを敗退させている），および317年より324年まで，平和に過ごした．しかし，324年にコンスタンティヌスはリキニウスに対して戦いを挑み，ハドリアノポリスおよびクリュソポリスの海戦で勝利をおさめた．これ以後337年に没するまで，帝国の単独支配者となり，かれの息子たちコンスタンティヌス，コンスタンティウス，コンスタンスを副帝として任命した．

　コンスタンティヌスの台頭は，かれがキリスト教へ改宗したことを抜きにしては充分に理解されない．この台頭の外見

上の足どりはかなり厳密に辿ることができる．権力を希求する初期の段階では，コンスタンティヌスは四分割統治制に関係したもろもろの権利に依存していた．ついで，310年にマクシミアヌスが自害した後，あるガッリア人の頌詞作成者は，コンスタンティヌスがガッリアのとある聖地でアポロンの幻影をみたと公表した．この話は，コンスタンティヌスの家系がクラウディウスⅡ世（ゴティクス）と姻戚関係にあるという作り話と一緒に語られている．この幻影の話は，しごく当然のことながら，神の支持を証明すると同時にかれの権力希求の正当化という二重の役割を意味した．この当時，マクシミアヌスの死に出会い，コンスタンティヌスはそうした支持を最も必要としていた．第二の段階については，結局，コンスタンティヌスが晩年にカエサレアのエウセビオス――この皇帝のために著述したキリスト教徒――に語ったかれ自身の話から知ることができる．コンスタンティヌスは，"これによって征服する"という言葉を伴って十字架が太陽の上に浮び上る幻影をみたこと，そして次の夜，キリストが夢に現れてかれにこの幻影の意味を説いてくれたことを回想している．第三段階は，ミルウィウス橋の会戦前夜にコンスタンティヌスが体験したもう一つの夢であった．この夢の中で，かれは自分の軍勢の楯にキリストの組合せ文字（☧）を描き，"この徴して武装して"戦いに出よと告げられた．その通りに実行して，かれはマクセンティウスに勝った．ここまでのコンスタンティヌスの宗教との連携は，二つの傾向をあわせもっていた．それらは，当時の宗教思想の全知全能の神の象徴たる太陽と関係づけられ，この考え方の枠内で，そうした力の特別な代表者としてコンスタンティヌスに自らを顕現し，力ぞえを与えたキリストに焦点が向けられることになった．

　第四の最も公的な改宗の段階は，コンスタンティヌスの勝利が，唯一の真の神への信仰によってもたらされたという趣旨のさまざまな宣言を含んでいる．コンスタンティヌス自身による書簡形式のものもあれば，頌詞起草者によるもの，記念碑に刻まれたものもあった．いまや，皇帝自身が唯一の真の神に帰依することになった．多くのそうした宣言のうち，二つのものが特に強調に値する．一つはローマのコンスタンティヌスの記念門にみられるもので，皇帝は"神の霊感とかれ（すなわちコンスタンティヌス）の精神の偉大さによって"暴君マクセンティウスを敗北させた，という銘文が刻まれている．もう一つはアフリカの司教たちにあてたコンスタンティヌス自身の314年の書簡で，そのなかでかれは自ら体験した神の恩寵の深さを語っている．自己の改宗に直接言及しながら，皇帝は当初自分自身の中に"正義を欠く"ように思われる多くのものがあり，しかもそれらはふりかかったあらゆる悪運によって償われるべきものであった，と述べている．しかし，神は無知の暗黒からコンスタンティヌスを救い出し，かれがそれに少しもふさわしくなかったにもかかわらず，かれに救済を与えた．こうした皇帝自身の書簡，勅令，目撃者の証言にみられる言明から，コンスタンティヌスの"改宗"が――かれの個人的心理を表白した説明がどうであれ――

最上　310／315年ごろの金製メダルに表されたコンスタンティヌス帝とその初期の首都トリーア．錫杖をもった皇帝が市壁で囲まれた市門の上に立っており，市門の下にはモーゼル川が流れ，両側には征服された蛮族の姿がみえる．

上　313年のメダル．"征服されざる者"コンスタンティヌス帝とその片われである太陽神が表されている．コンスタンティヌスの初期の宗教的発展の中で占める太陽神の重要性がここに明らかに認められる．楯には太陽神の4頭立馬車が表されている．

次頁最上　コンスタンティヌス帝治世後半の327年ごろに発行された貨幣．王権を示す頭飾りを巻き，天国との親密さを象徴するかのように上方を見上げたコンスタンティヌス帝が表されている．

次頁上　315年のメダル．きわめて少数の遺例のうちの最良の作例で，ここに表現されたコンスタンティヌス帝の兜の頂飾りには組合せ文字（☧）が認められるというのが一般的定説になっている．しかし，むしろ頂飾りを構成するバラ形花文の一種にすぎないものという可能性の方が強い．コンスタンティヌスの楯には，牝オオカミと一緒のロムルスとレムスが表されている．

一皇帝により公表され，しかも明確な影響をともなう真の宗教的体験として同時代人から認められた事件であったことは疑いない．

さまざまな宣言においてコンスタンティヌスは，ガッリアの神殿でかれが幻視したアポロンとの関係と同様に，キリスト教の神との関係が個人的な性格のものであることをしばしば強調している．コンスタンティヌスに呼びかけながら，310年の雄弁家は，この神殿における幻影を"あなたのアポロン"の幻影として引合いに出している．さらに，夢や幻影は，古代の宗教体験の普通にみられる"技術"，すなわち神々が人間と意志を通じ合うためにとった標準的な手段の一つであった．夢や幻影に答えてとられた行動の例が数多く見出されるし，そうした行動の範囲は多岐にわたっている．聖パウロのダマスコスへの道の途上での改宗は，コンスタンティヌスの体験と明らかに類似している．しかし，神の託宣のすべてが，必ずしもこれらほどセンセーショナルであったわけではなかった．個人ないし集団の心理の側面から説明される必要はあるとしても，コンスタンティヌスが神から天啓と教示を授かった体験は，古代人たちがこうしたことが行われるのに必要だと信じていた典型的な方式に従っていたことは明らかである．

古代におけるあらゆる社会的・政治的事件のうち最も重大な事件に数えられるコンスタンティノポリス建設にも，コンスタンティヌスの宗教的態度が反映していた．皇帝は，315年，かれの統治の10周年を記念する儀式のためにローマを訪れた．リキニウスに対する勝利の後，326年に再びローマを訪ねた際，コンスタンティヌスはカピトリウムのユピテル神殿への行列と供儀に参加することを拒否し，ローマの元老院と市民を怒らせた．かれと旧都とに不和が生じたために，コンスタンティノポリス遷都に拍車がかけられた．古代のビュザンティオンの場所に新都を創建することを，かれはすでに西方領を訪れる以前に決定していた．"新しきローマ"は，七つの丘の上に建てられ，14街区に分けられ，固有の元老院をもった．さらに，この元老院の権威は，コンスタンティヌスの後継者コンスタンティウスによって高められた．この都市は330年に奉納された．324年の奉献儀式には内密の異教礼拝が含まれていた，という記録があるにもかかわらず，コンスタンティノポリスは創建時から決して積極的な異教礼拝を行わない都であった．ただし，この都の運命の女神"テュケー"の礼拝は例外であった．東方領の諸都市から古典期の彫像がこの都に集められていたが（デルポイのアポロンの祭壇の一部も含まれていた），これらは以前の宗教的な連想を呼ぶものから切り離されることによって"世俗化"された．旧ビュザンティオンに存在した異教神殿は使用されなくなった．新しい首都はキリスト教を奉じ，大きな聖堂をもつ都となった．その中の聖イレーネ聖堂と使徒聖堂はコンスタンティヌスによって建立されたことが確証される．全聖堂のうち最も名高い聖ソフィア大聖堂は，おそらくコンスタンティウスによって着手された．

コンスタンティヌスの一時的なローマ訪問は，ある面でかれの身近な親族を巻き込んだ，謎に満ちた政治的危機に関係していた．326年にかれの息子クリスプスは，ダルマティアのポラで処刑された．ついでやや遅れて，コンスタンティヌスの妻ファウスタ（クリスプスの継母）もまた死亡したが，浴室内で火傷をおって死亡した，といわれている．その後まもなくして，コンスタンティヌスの母ヘレナは聖地への訪問，つまり巡礼を行った．彼女の意図の一端が，家族にふりかかってきた罪をあがなうことではなかったかと疑われても不思議ではなかった．実際，コンスタンティヌスと敵対するギリシアの異教の伝統に立つ勢力は，コンスタンティヌスのキリスト教改宗がかれの犯した親族殺害を"即座に容赦"してもらうためであったという，誤解ではあるが一見もっともらしい主張を行った．ヘレナの聖地訪問は，イエルサレムやその他の聖地に聖堂を建設するために多額の費用を注ぎこんだ計画と関係があった．コンスタンティヌスは聖地に個人的に強い関心をもっていた．かれはイエルサレムの司教に設計，設備に関した書簡を送り，聖堂建設に際して財政的・行政的援助，運搬業務の便宜，その他の援助を約束している．333年にボルドーからイエルサレムを訪れたある巡礼者は，コンスタンティヌスの命令によって建立された立派な真新しい聖堂について，機会あるごとにその印象を述べている．最も有名なものは，キリストが埋葬された地点を指し示すための聖墳墓教会であった．この聖堂は6世紀のマダバの地図では，イエ

右 ローマのコンスタンティヌス凱旋門．312年に"篡奪者"マクセンティウスに対する勝利を記念して建てられた．この凱旋門の浮彫りのあるものは2世紀の浮彫り(p.104参照)を再使用したものであるが，マクセンティウスとの戦闘のあらましを表す，新たに制作された浮彫りもみられる．下右はヴェローナ攻囲の場面．下左 コンスタンティヌスがローマで多額の贈り物を施し，その度量の広さを示している場面．役人たちが金庫から貨幣をとり出して配っており，そのうちの1人は支出を帳簿につけている．眉根に寄せたしわは，心配というより精神集中を暗示するものとみなされよう．

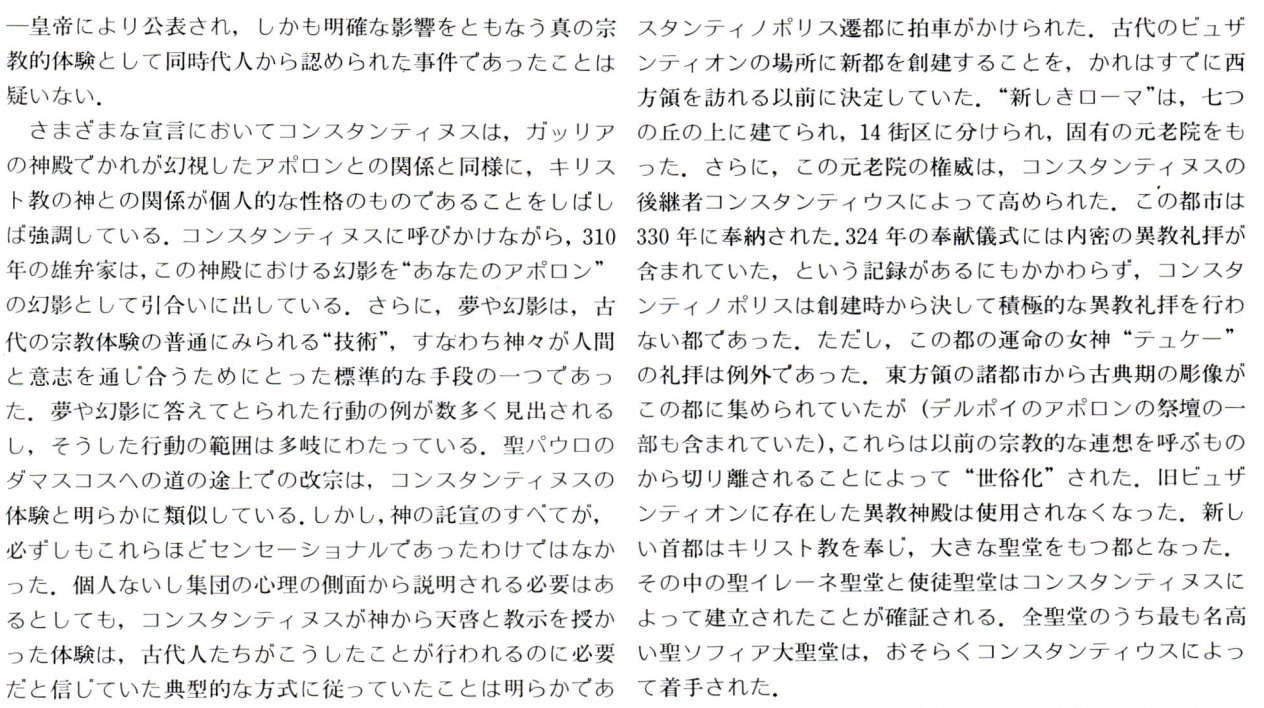

コンスタンティヌス大帝と4世紀

ルサレムの重要目標物として描かれている．コンスタンティヌスの死後まもなく，"真の十字架"の断片もまたイエルサレムに展示された．あるとき，一巡礼者があたかもこの聖遺物に口づけするかのように身を曲げたのち，一部をかじりとって逃げた．しかしながら，ヘレナと聖十字架発見記念日とが関連づけられるようになったのは，ようやく4世紀の末になってからであり，それはヘレナの生きていた時代の行事ではなかった．

コンスタンティヌスは，そのほかにも著名な聖堂を創設した．たとえば，ローマのラテラノのバシリカ型聖堂，聖ペテロ聖堂，ヌミディアのキルタ（コンスタンティヌ）や，かれがその治世の初期の数年間を過ごしたトリーアの諸聖堂である．コンスタンティヌスが，息子クリスプスの家庭教師として，修辞学の老教師ラクタンティウスを呼び寄せたのは，トリーアであった．ラクタンティウスはキリスト教の注釈書の著者であり，キリスト教徒迫害者を告発する激烈な小冊子の著者でもあった．アフリカ出身のかれは，317年ないしそれ以前にトリーアへくるまで，ディオクレティアヌス帝時代の首都ニコメディアで修辞学を教えていた．

コンスタンティヌスの治世のみならず4世紀全般を通じて，帝国のキリスト教化の過程に決定的衝撃を与えたのは，宮廷であった．最も高い地位にあったコンスタンティヌス支持者たちの多くが——たとえば，親衛隊長アブラビウスや，ラクタンティウスと面識があり，キリスト教徒としては最初のローマ市長官となった（326年）スペイン人アキリウス・セウェルスのような人々——キリスト教徒であった．かれらの示す模範とか影響力は，疑いもなく宮廷に大きな作用を及ぼし，また宮廷を通して社会全般に影響を与えた．その上，官僚は都市の中間階層から，まさしくキリスト教の影響が早くから浸透していた社会層からの人材で構成されていた．その意味では，コンスタンティヌスの改宗は，本来，個人的かつ不測の事件ではあったが，真空状態の中に影響を及ぼしたのではなく，後期帝国の主要な社会制度の一つとなったものを媒介にして影響を与えたのであった（p.201参照）．

コンスタンティヌス帝の後継者たち

コンスタンティヌスの諸政策は，宗教問題に限定されたわけではなかった．もっとも同時代の評者たちは，この皇帝が帝国の行政・財政・軍事の組織に多くの変更を導入したのも，かれを宗教上の革新へと導いたのとまさに同じ精神的な不安感に由来したものと考えた．コンスタンティヌスは新たな税，なかんずくクリュサルギュロンという貨幣税を設けた．これに対する非難は激しかったにもかかわらず，これは交易・通商のあらゆる形態に課された．そして，金の通貨基本単位ソリドゥスは，ポンドあたり72ソリドゥスという新しい相場に定められ，これはいく世紀にもわたって維持された．軍事政策において，コンスタンティヌスはさらに移動野戦軍の役割を発展させたため，一部の人々は効果的な辺境防衛を犠牲にしていると考えた．かれはゲルマン諸族，ついでゴート族，ドナウ川辺境地のサルマティア族に対し有利な戦線を展開した．337年のかれの死は，ペルシア大遠征の準備の最中の出来事であった．コンスタンティヌスは死の床で洗礼をうけ，かれの遺体はコンスタンティノポリスに運ばれ，かれの建てた使徒聖堂の一角に埋葬された．十二使徒の記念碑は，皇帝の両側にそれぞれ6人の使徒が配された．そのためにかれは，いわば13番目の使徒のようにみえた．

コンスタンティヌスは，父がマクシミアヌスの義理の娘と二度目の結婚をしたことにより，多くの異母兄弟，甥をもち，時にかれらを政治上，外交上の計画のために利用した．皇帝の死後すぐさま，これらの姻戚縁者およびその子供達は，明らかに予定どおりに殺害されたが，コンスタンティヌス自身の息子達，コンスタンティヌスII世，コンスタンティウス，コンスタンスは，おのおのヒスパニア，ブリタンニアを含むガッリアの皇帝，東ローマの皇帝，イタリアを含むイッリュリクムの皇帝として残された．縁者暗殺の直接的利益を受けたのはコンスタンティウスとされているが，当時かれは20歳になっていなかった．それゆえ，皇帝親族間の争いとは無関係に，きちんとした帝位継承の維持を望んだ有力な政治家や将軍たちが暗殺に関与した可能性もあるだろう．

コンスタンティヌスII世は，わずか3年後にコンスタンスによって葬られ，そのときから10年以上にわたってコンスタンスが西方領を治めた．350年，コンスタンス自身は，帝位簒奪をねらう軍人マグネンティウスに敗北した．コンスタンティウスは，351年にムルサで，ついで353年にモンス・セレウ

5世紀に建設された，ローマの聖マリア・マッジョーレ聖堂の凱旋門型アーチを飾るモザイクの一部．図版に示したイエルサレムの町（上左）とその友市ベッレヘムとは，割礼ををを受けた人と異邦人の両教会堂を象徴している．市内にはコンスタンティヌスの創建になるいくつかのきわめて顕著なキリスト教の記念建造物がみえる．これらの建造物は，ローマ時代の石棺浮彫り（上右）の背景にも現れている．ここには，キリストが聖ペテロに夜が明ける前にペテロが3度キリストを否認するであろうと予言している場面が表されており，左側の三つの建築物は，キリストの埋葬所と推定された場所に建てられた埋墳墓教会とその洗礼堂および復活聖堂として知られる円屋根のある円形建物を表したものと推測されている．洗礼堂を際立たせている点は，キリストを否認したペテロの悔悛という主題を強調するためである．

右　メソポタミアと363年のユリアヌスの遠征

363年のペルシア遠征の際ユリアヌスがとった戦略は，北アッシリアに侵略するとみせかけてシャープール王の主力軍隊をわきへそらし，王が軍を移動させる前に速やかにクテシフォンを攻撃することだった．しかし，ピリサボラのような防備を充分固めた都市やベソウキス付近の要塞で抵抗に会い，また河川や運河を決壊して大地を氾濫させてユリアヌスの進路を阻もうとするペルシア側の作戦のために，この戦略は挫折した．ユリアヌスはどうにかクテシフォンにたどり着いたが，王の軍隊の接近に脅かされ，クテシフォン攻撃の企てを放棄せざるをえなかった．かれはエウフラテス川下流に糧食を運んできたがいまや無用の長物となった巨大な艦隊を焼き払い，絶えずペルシアの攻撃にさらされながら北に進路をとったが，結局前哨線の小ぜりあいで死亡した．この地図には，川の流れが変化したために水を失って崩壊した古い市や，運河の組織，地質が示されている．また，この遠征についてはごくわずかしか古代文献で言及されていない事実，つまり名高いユダヤの律法学者の学校をもった規模の大きいユダヤ人居住区の存在が，この地図から明らかになる．

クスでマグネンティウスを打ち破り，ローマ帝国全体の独自統治者となった．しかし，ゲルマン人の新たな敵対姿勢に直面した西方領には，地方有力者を従えた独自の皇帝による統治機構が必要とされていることがすぐに明白になった．コンスタンティウスは個人的な反感の情をおさえて，337年に暗殺された人々の1人の息子である甥ユリアヌスを，355年に勉学先のアテナイから呼び寄せて，ガッリアの副帝に任命した．

コンスタンティウスは，ユリアヌスがゲルマン人との戦いには名ばかりの指揮者にとどまり，事実上の指揮は副帝の代理として任じた将軍や官吏たちの手にゆだねられるようにし向けた．ユリアヌスは当初黙認したが，こうした条件のもとで，かれは357年ストラスブルグ近郊でアラマンニ族に対する大勝利をかちとった．しかし，ユリアヌスは徐々に軍事的才能を発揮し戦争に関心をもつようになるにつれて，自らの個性をより激しく前面に出すようになった．コンスタンティウスは357年にローマを訪れた後，メソポタミアの大規模な侵入を迎え撃つために東方へ戻った．東方の軍隊を強化する必要を感じたかれは，360年にユリアヌスに援軍を求めた．ユリアヌスの返答は，かれを正帝（アウグストゥス）と宣することであった．伝えられるところによれば，その要求は軍内部での自然発生的なものであり，ユリアヌス自身はしぶしぶうけ入れたということである．361年，ユリアヌスはコンスタンティウスを撃つために東方へ軍を進めたが，おそらくユリアヌスが勝利を逸したかも知れぬ破滅の可能性の高い内乱は，コンスタンティウスの死によって回避された．かれはまだ44歳にもなっていなかった．

ユリアヌスの短命に終った治世は，気違いじみた，ある意味で平衡を欠いた活動が行われた時代であった．皇帝公務の念の入った儀式を嫌ったユリアヌスは，宮廷の規模ならびに官僚機構を大幅に節減し（史料は，こうした節減の犠牲者として，特に床屋，料理人，宦官を挙げている），かれの注目を惹いた裁判や訴訟問題には自ら熱心に審問した．皇帝としての主な野望は，古代の神々の礼拝を復活させ，これを市民の道徳・文化の復興と結びつけることであった．イエルサレムの神殿を復興するかれの企ては失敗に終ったが，他の都市における復興は成功した．ユリアヌスは一新された異教神殿を管理する聖職者制度の創設へ向けて第一歩を踏み出した．キリスト教会が行っていたのと同じように，社会向けの慈善施設が，寡婦と病者を援助するために建設されることになった．古典文学を愛好することと，キリスト教を信じることとは矛盾すると考えたかれは，キリスト教徒が文学および修辞学の教師として勤めることを禁ずる勅令を出したが，これは大いに批判をあびた．当代随一の古典学者マリウス・ウィクトリヌスは，ローマ市における修辞学教授職の辞任を余儀なくされ，その代わりにキリスト教の教理に関する著作によって有名になった．もう1人の学者，アテナイのプロハエレシウスも教職を追われたが，エレウシス密儀の祭司にうかがいを立て，皇帝の統治が長続きしないことを知ったといわれている．

ユリアヌス個人の宗教的な共感は，イアンブリコスの提唱した魔術的新プラトン主義に向けられていた（p.177 参照）．かれはミトラス教および大母神の帰依者であり，それらの神々のための難解な寓意的小論やキリスト教徒に対する烈しい批判書を著した．後者のうちで最も有名な『ガリラヤ人に抗して』は，5世紀の著述家アレクサンドリアのキュリロスによる反論から知られるのみである．ユリアヌスは異教の神々に対し無際限の熱狂をもって身をささげ，そのためにかれの支持者たちからさえ批判された．かれが己れ自身の好みとは異なる宗教を信奉する異教徒からどの程度の共感を得たのか，異教徒に対して敵に対する以上に寛大であったかどうかは，決して確かではない．かれの政策は，当然，キリスト教著述家の厳しい敵意を招いた．しかし，政策が充分に履行されないうちに，あるいは政策の成功の見込みが立つ前に，この皇帝は363年アンティオキアから反攻を開始した大がかりなペルシア出征の途上で殺害された．

ユリアヌスの後継者ヨウィアヌスは，戦場におけるユリアヌスの死が招いた危機の中で，メソポタミアにおいて軍隊により皇帝を宣せられた．ペルシア領からの軍隊の脱出を確保するため，ヨウィアヌスはティグリス川上流沿いの五つの太守領と，ニシビスとシンガラの東の全土を含む北部メソポタミアの諸領の割譲を余儀なくされた．やむを得ぬこうした譲歩のため，ヨウィアヌスは前任者がうけるべき責めを負った．ユリアヌスとは逆に，かれは外見上，穏やかな気質のキリスト教徒であった．しかし，何らかの実際の政策あるいは姿勢が示される前に，かれもまたコンスタンティノポリスへの旅の途中に滞在したガラティアの邸宅内のしっ喰いを塗られたばかりの部屋で，煙にまかれて死んだ．

ヨウィアヌスの後を継いだのは，もう1人の軍人ウァレンティニアヌスであった．かれは文武の高官からなる幹部会により皇帝に指名され，軍隊によって異議なくうけいれられた．ウァレンティニアヌスは，皇帝権力を分担する必要性を認め，同僚皇帝として自分の弟ウァレンスを選んだ．これは一見頼りない選択にみえるけれども，当時その必要性が切実に感じられていた帝国の東西諸領の間の忠誠を確保する上で，最も適当と思われた都合のよい選択であった．364年から365年にかけての冬，シルミウムで開かれた会議において，両帝は2人の間で領土，軍隊，行政部を分割した．ウァレンティニアヌスはその後ライン川辺境地に赴き，361年にユリアヌスがガッリアの地を離れた後につづいていた新たな蛮族の脅威に立ち向かった．この辺境地を確保するために心をくだ

いていたウァレンティニアヌスは，弟を残して会戦に出かけ，自身の機略により，365年プロコピウスの帝位簒奪の企図を挫いた．

ウァレンティニアヌスの治世は，帝国のライン川国境と，晩年にあってはドナウ川国境の軍事上の防衛にもっぱら向けられた．かれの将軍テオドシウスも，ブリタンニアへの蛮族の大規模な侵入を鎮圧した．ウァレンティニアヌスの政策は，考古学によってよく立証されている．その中には，要塞築造の組織的計画が含まれており，砦は河に沿った場所や，河川から奥の，ローマの属領へ伸びる街道沿いに築かれた．砦の維持は，懲罰と報復を兼ねた蛮族領への侵入によって保たれた．行政政策は，ローマ末期の政治の典型となった残忍な行動はいうまでもないことだが，おしなべて厳格と徹底という語によって特徴づけられた．しかしながら，トリポリタニアの諸市が砂漠からの部族の侵入に立ち向かおうとした試みは，地方ならびに中央政府の悪政と腐敗のためにうまく運ばなかった．イッリュリクムは親衛隊長の圧政に苦しみ，そしてマウレタニアは深刻な部族の反乱におびやかされたが，その反乱は373-375年にテオドシウスにより鎮圧された．ローマでは，ウァレンティニアヌスが穀物供給と建設事業計画を組織化したことにより，かれに永続的な声望が寄せられた．しかし，369年以後のかれは，魔術や姦通の告発を奨励したために，ローマの貴族階級から敵視された．ウァレンティニアヌスは，375年ドナウ川のブリゲティオの野営地で，応接中のクアディ族の使節の振舞いに怒って脳溢血をひき起こしたために死んだ．

ウァレンスの治世は，主として対外戦に振り回わされた．かれはゴート族に対して，367-369年に首尾よく攻撃に成功したが，対ペルシア戦では，アルメニアを巻き込んだ煮え切らない戦闘になった．ウァレンスは，兄と同様に，魔術を告発する裁判を指揮したが，その裁判に東方の上流階級の人々が巻きぞえにされた．ウァレンティニアヌスが指揮したときと同じく，単なる貴族の不道徳な振舞いよりも，むしろ東方の知識階級の中にいる純粋に政治上の反対者が，こうした裁判では問題にされた．ウァレンスの統治の危機は376年にやってきた．このとき，ドニエプル川の東の故地からフン族が拡張をはかったために，ローマ帝国辺境地に圧力をかけてきた西ゴート族に対して，皇帝は説得されて帝国への入領許可に同意した．この政策に皇帝が魅力を感じたのは，非常に多くの補充兵を獲得しうる好機だったからである．この結果として，農民はローマ軍に徴用されずに土地に居残ることができるようになり，徴税による現金収入が必然的に増大した．しかし，ドナウ川の渡河は充分な監視の下に行われず，ゴート族が統一のない大集団でトラキアに押し寄せたため，ロー

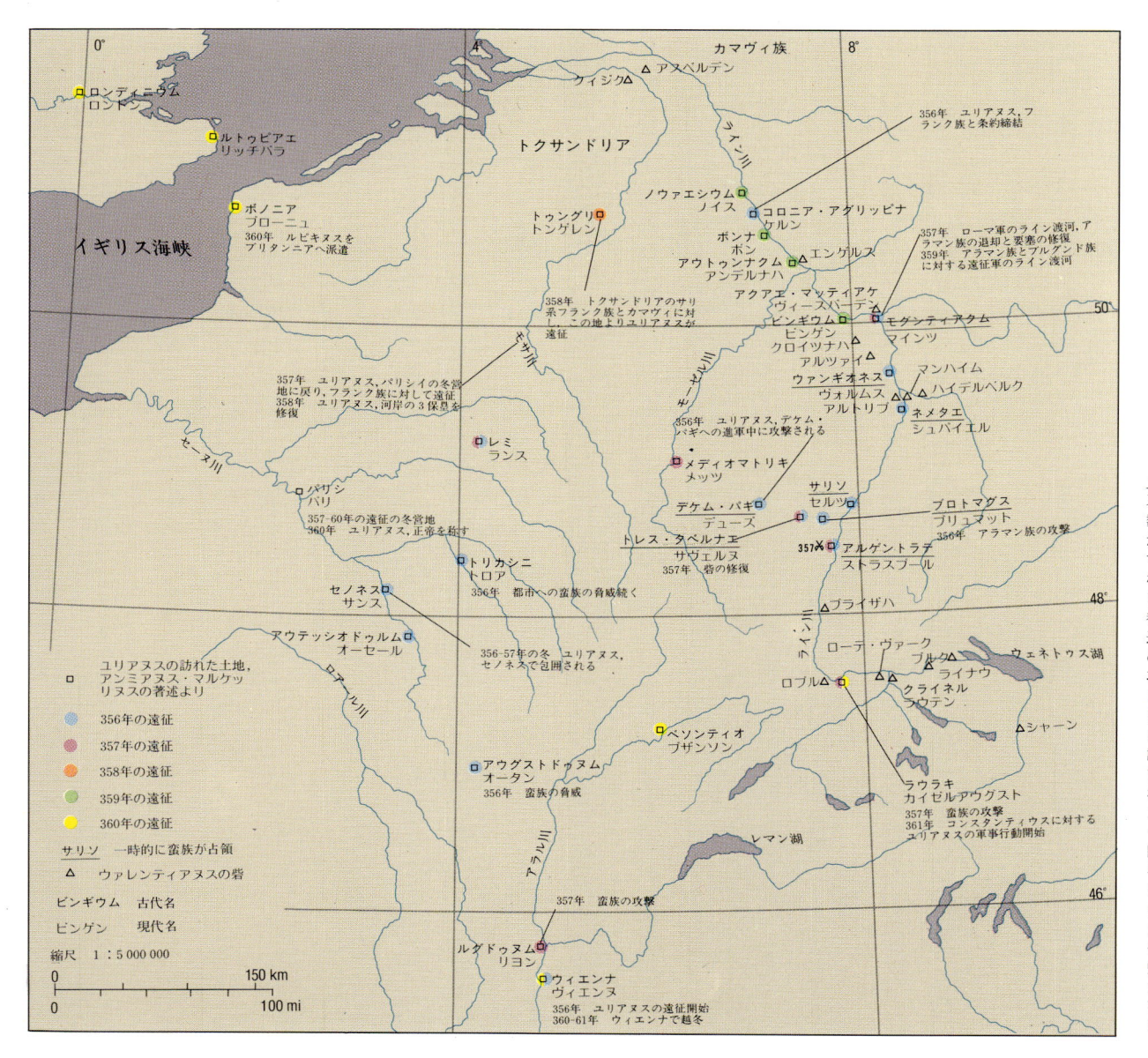

ユリアヌスとウァレンティニアヌスのゲルマニア遠征

数年間の政治紛争を経た後ユリアヌスが副帝に任命された時点で，蛮族がすでに占拠していた，あるいはそのおそれのあった地域は，はるか西方のリヨン，オータン，サンス，トロワなどの都市にまで及んでいた．ユリアヌスの遠征によって再び国境がライン川に定められ，かれはこれを自身の個人的な功績として主張し，また少なからず不当ではなかったが，実際にはかれにはまだ経験不足の面が多少はあったし，またおそらくはユリアヌスの賛美者が認める以上にコンスタンティウスの助言が大きな力として働いたことと思われる．ユリアヌスのコンスタンティウスに対する宣戦布告はガッリアから多くの軍隊を奪い，またガッリアの親衛隊長の反対を押し切って行われた363年のペルシア遠征はユリアヌスの功績を無に帰した．こうした状況を快方に向かわせたのは，ウァレンティニアヌスの良識と忍耐であった．しかし，古代の証言がユリアヌスの功績の個人的魅力に引きつけられて，かれが携わった国境防備の要塞建設という地味な仕事に注目しなかったことはありそうなことである．

マ軍はかれらと一戦を交えざるをえなくなった．378年8月，ウァレンス自身がハドリアノポリス（今日のヨーロッパ側トルコ領のエディルネ）でゴート族と会戦し，敗北した．ウァレンス自身が殺害され，ローマ軍の3分の2が潰滅させられた．

この危機にあって，ウァレンティニアヌスのかつての将軍の息子テオドシウスが，ヒスパニアでの一介の市民の生活から呼び戻されて，379年1月，皇帝に推挙された．テオドシウスは，その治世の当初，ゴート族の問題に専念し，382年には同盟条約が締結された．その結果，ゴート族は下モエシアに自分らの族長の下に定住し，同盟者としてローマ軍に仕えることが認められた．テオドシウスはまた386年にペルシアとも条約を結んだ．コンスタンティノポリスにある390年に建てられたテオドシウスのオベリスクの基台には，この同盟条約を記念した銘文が刻まれている．

西方では，ウァレンティニアヌスの後を，その息子たちのグラティアヌスとウァレンティニアヌスII世が継いだ．そのとき，1人は16歳もう1人は4歳であった．両人とも明らかに後見人によって操られていた．ウァレンティニアヌスII世の場合は，母として権力を揮ったユスティナにも支配されていた．どちらの政権もさして帝国の政治に衝撃を与えなかったが，383年にグラティアヌスの政権はマクシムスに簒奪された．ブリタンニアで皇帝を宣したマクシムスは，リヨンでグラティアヌスを殺害させ，トリーアで自らの宮廷を構え，テオドシウスによる承認を望んだ．しかしながら，387年かれはイタリアに侵入し，ウァレンティニアヌスII世の座を奪ったため，ウァレンティニアヌスII世はテオドシウスのもとへ遁走した．これに呼応し，388年，テオドシウスはマクシムスに向けて進撃してかれを打ち破り，ウァレンティニアヌスII世をもとの座に戻し，かれをガッリアへ派遣する一方，己れ自身はミラノに居を構えた．テオドシウスは，389年の夏，ローマを訪れた．

391年，コンスタンティノポリスへ戻る際，テオドシウスはウァレンティニアヌスII世をフランク族の将軍アルボガストの監督下にトリーアに残した．翌年，この若い皇帝は縊死体で発見されたが，おそらく自殺であった．アルボガストはかつての修辞学教師エウゲニウスを皇帝の地位につけた．エウゲニウスは，一群のローマの元老院議員の支援者たちにより，ローマに異教信仰を復興させるための"先兵"として利用された．しかし，394年9月に，アルボガストと元老院議員ニコマクス・フラウィアヌスの指揮下にあったかれらの軍隊は，アクイレイアの東，フリギドス（ヴィパック）川の戦いでテオドシウスに敗退させられた．テオドシウスは再びミラノにやってきて，そこに宮廷を構えた．しかし，395年1月，かれが明らかに心臓病で死亡したため，帝国はかれの若い息子たちの手に残された．その結果，ホノリウスが西方領を治め，アルカディウスが同様の名目的権威をもってコンスタンティノポリスから東の領土を治めることになった．364年以後のことを度外視するなら，事実上のローマ帝国の東西分割は，このとき以降のことである．

ローマ帝国のキリスト教化

4世紀末の著作において，アウグスティヌスはローマ世界のキリスト教への改宗が"極端に迅速に"行われたと評した．旧来の異教宗教が古典古代の文化，倫理的価値，社会組織の中にどれほど深く根をはっていたかを特に考慮にいれたとき，かれのそうした意見はまったく正しい．ギボンは，『ローマ帝国衰亡史』の見事な第15章において，初期キリスト教徒がかれらの純粋な信仰を守り，しかも普通の社会生活に加わろうと望んだならば，数々の困難に直面したことを生き生きと記述した．かれらが参加を望むか，あるいは参加を強制されたかした行事において，たとえば婚礼，葬儀，訴訟を含む"社会のあらゆる儀式と娯楽"において，かれらは自分の意志にそむいた宗教的儀式と信仰表明を行うはめになった．この"地獄のわな"から逃れるには，かれらは日常生活から身をひかざるを得なかった．同様の史料によると，先祖伝来の宗教は，皇帝たちに支持された攻撃的なキリスト教信仰によって守勢に立たされ圧迫をうけたとき，おそろしい粘り強さを示した．統治活動のために，宗教上の諸要素を，それらときわめて密接に関連している社会的・文化的環境から切り離すことは，ほとんど不可能であることが明らかとなった．コンスタンティヌス自身は，ヌミディアのキルタにおける第二フラウィウス朝の神殿建立を許し，また中部イタリアのヒスペッルムにおける神殿建立を認めた．後者の場合，神殿で供儀の"弊風"が行われてはならないという条件がついていたことが記録されている．4世紀を通じて皇帝が定めた一連の立法は，380年代および390年代初頭のテオドシウスによる法令において頂点に達し，異教の供儀は制限され，最終的には廃止された．古代の神殿は閉鎖され，その地所は没収された．しかし，あらためて述べるまでもないことだが，伝統的に神殿と結びついていた競技や饗宴は"すべての人々に共通の娯楽"として定着していたので継続して行われていた．382年の法令により，オスロエネのエデッサにある大神殿では宗教儀式は執行されなくなったが，建物は美術作品および古代博物館として保存された．4世紀のキリスト教を信奉する皇帝たちは，ますますこうした状況を当然のことと考えるようになった．

歴代の皇帝たちが過去の異教信仰を存続させてきたことの最も顕著な要素は，皇帝たちが大神官の称号を保持していたことである．この称号をはじめて破棄したのはグラティアヌスであり，かれは司教アンブロシウスの影響を受けて，おそらく382年ごろに決断したのであろう．そのころ，グラティアヌスの許へ大神官の礼服を届けるために使者がローマからミラノにやってきた．グラティアヌスは，以前にもまして積極的に礼服を固辞し，大神官の称号を拒否した．かれは聖職者の団体やウェスタ女神に仕える女祭司たちがいく世紀にもわたってうけていた財政的補助ならびにその他の特権を廃止し，元老院議場から勝利の女神の祭壇を撤去した．そこでは，アウグストゥスの時代以来，供儀ではじまる元老院の会議が開かれてきていた．グラティアヌスの行動に関して，ローマの長官であった異教支持者の雄弁家シュンマクスは，グラティアヌスの後継者ウァレンティニアヌスII世に対し，元老院に代わって抗議した．シュンマクスは，習慣と実用面から先祖伝来の宗教の必要性を強調した．古来の神々が古今を通じローマを守ってきたこと，そしてそのような神々の支持は不用意に取り除かれるべきではないことをかれは主張した．キリスト教徒としての皇帝の義務とは，まさにキリスト教を支持することであった．皇帝の保護をうけて着々と拡張を進めていた宗教を擁護するアンブロシウスの主張に反対するシュンマクスの抗議は成功しなかった．エウゲニウスとニコマクス・フラウィアヌスによる393年から394年にかけての異教の復興は，異教信仰運動の最後の意思表示にすぎず，

"シュンマクス家の"という見出しのある美しい二連象牙板の1葉．これと対の1葉は，"ニコマクス家の"と書かれており，パリのクリュニー美術館に所蔵されている．おそらく，4世紀後半のこれら二つの名だたる門閥を結びつける結婚式か何かの出来事を記念したものと思われる．浮彫りの表現は異教的であると同時に古典的でもある．ここでは，ユピテルを象徴するカシの木を背景とした祭壇に女祭司が供物を捧げる場面が表されており，残る1葉では，同様の構図中にケレースとキュベレの像が表現されている．Q・アウレリウス・シュンマクスとニコマクス・フラウィアヌスは，ローマの伝統宗教の最後の世代における代表的信奉者であった．フラウィアヌスはエウゲニウス（在位392-94）の異教復興の戦乱に仆れ，シュンマクスはこの内戦に積極的に参加することなく，晩年にも政治的影響力を維持しつつテオドシウスに反乱する者たちを援助した．

その運動は，フリギドスの戦いにおいてその指導者たちもろともに終焉を迎えた．

ローマ国家に残存する古来の宗教儀礼に対する公的な闘いが行われている間に，まさしく"東方の"諸宗教が後期の異教徒の態度そのものに影響を及ぼしていた．異教徒は時には過剰なまでに東方的儀式をとり入れていた．元老院議員プラエテクスタトゥス(384年没)は，その墓碑銘から知られているように，かつての国家儀礼における四つの公の聖職のみならず，六つ以上のギリシアおよび東方の密儀宗教にみられる聖職と入信式とを結合した．そうした密儀礼拝の中でも，大母神(キュベレ)，ミトラス神，セラピス神の礼拝が抜きん出ていたが，入信者には魂の純化と永遠の生命の希望が与えられるとともに，心からの宗教的帰依と最高度の哲学的学識が求められた．背教者ユリアヌスにとってと同様に，プラエテクスタトゥスにとって，異教のパンテオンの神々は，新プラトン主義の解釈に沿って，万能の太陽神のもつ多様な機能として統一されていた．大母神信仰への入信は，雄ウシの供儀として知られている儀式によった．その際，上に格子をつけた坑に立った入信者は，上で屠殺される雄ウシの血を浴びた．この儀式は，特にキリスト教徒の論難の対象となった．その理由は，それが本質的に不愉快な性質をもっていたからであり，またその種の他の儀式と同様に，それが一種の異教の"洗礼"の役を果し，しかもそうした礼拝にみられるように，異教信仰が個人の宗教的な想像力に訴えるだけでなく，ローマの元老院議員や聖職者の公人としての義務意識にも訴える力をもっていることを示していたからでもある．

さまざまな見方があるが，シュンマクスがウァレンティニアヌスII世に上訴した時代には，アンブロシウスが主張したように，ローマの元老院議員の大多数がすでにキリスト教徒であったらしい．政治的・社会的圧力，真正の改宗(これの記録されたケースはまれである)，そしておそらく最も広く普及し効果をあげたと思われるが，キリスト教徒と異教徒との結婚の結果，異教からキリスト教へ改宗する流れがあったことは確実である．しかも次の世代のキリスト教信仰を揺るぎないものにしたのは，この結婚生活におけるキリスト教的児童教育であった．

ローマの貴族たちの間でこの変化がどの程度進んでいたかはさておき，ローマの一般市民は4世紀の後半までにたしかにキリスト教化されており，キリスト教会の生活に強い関心をはらっていた(あるとき，ローマの司教の選出をめぐって起きた暴動のために，ある聖堂の床に137体の死骸が置き去りにされたことがあった)．こうしたことは，帝国の他の大都市住民にも該当した．アンティオキアの場合は，異教の修辞家リバニウスとキリスト教司祭ヨハネス・クリュソストモスの著作のおかげで比較的よく考証される．アンティオキアには，リバニウスを筆頭とする古来の神々の支持者の中心的人物たちがいた．しかしながら，362年背教者ユリアヌスがここに到着した際に衝撃をうけたように，この都市の一般住民，貴族の大半，そして明らかに帝国官吏の大多数が，かれの統治期までにすでにすっかりキリスト教化されていた．

他のシリアの都市に関していえば，カッラエは異教信仰に立ち，かなり後々までその状態にあった．一方，ヘリオポリス(バールベク)，エメサ，アレトゥサ，ベリュトスといった都市は，必ずしも反対者が出なかったわけではないが，古来の礼拝に基づく根強い伝統を保った．さらに南のフェニキアのガザも同様であった．一方，エデッサは，聖トマスの伝承や殉教者たちの記録，アブガル王に宛ててキリストが書いたといわれる書簡を保存していたため，すでにユリアヌスの時代までに強固にキリスト教化されていた．ユリアヌスは，363年に訪れた使節がエデッサ訪問を促したとき，それさえも辞退した．

帝国の他の地に眼を転ずると，アテナイは5－6世紀に入っても依然として異教の知的伝統を保っていた．なおまた，アテナイのアゴラで発掘された4世紀の多くの粘土製ランプにはキリスト教のシンボルがまれにしかなく，当時の名の通った司教の不在，あるいは明確に比定できる聖堂建築の欠如は，一般住民もまたキリスト教に抵抗したことを示唆している．アレクサンドリアは，新プラトン主義哲学と諸科学の研究の中心地であると同時に，アタナシウスのような有能な司教が指導する熱狂的なキリスト教の温床でもあった．この市におけるアタナシウスの影響力が絶大であったため，皇帝は幾度もかれを追放した．アレクサンドリアは，その知的伝統はさておき，市民の騒動で悪名高かったが，明らかに宗教上の不和が市民騒動の機会をなおいっそう増大させた．391年，修道士たちに導かれ司教によって煽動された群衆が，古代世界の大いなる驚異に数えられた市内のセラピス神殿と巨大なセラピス像を取り壊した．

西方属州に関する証言は，東方属州ほど豊富ではない．ガッリアの主に農村部において，司教たちは4世紀後期までに自分たちの共同体のキリスト教化に注意をはらった．スルピキウス・セウェルスによる『トゥールの聖マルティヌスの生涯』のような証言は，キリスト教化の努力が伝統的に保守的な農村地域に向けて行われたことを物語っている．その際，地方の神殿が破壊されるとともに，町や村からなる教会教区の組織化がはじまった．当然考えられるように，都市は田舎より進歩的だった．一例をあげると，すでに自分自身は密かに異教信仰に与していた背教者ユリアヌスは，360年にコンスタンティウスの討伐に乗り出し，ウィエンヌで待機する間に，キリスト教の信仰告白を公然と行い，公現祭の式典に参列した．かれは自分への支持をのがさないために，こうした見せかけの態度をとったのだが，この行動は，まさにウィエンヌがキリスト教徒の優勢な都市であったことを明白に語っている．

アフリカでは，キリスト教は早い時期に足がかりを得ており(p.177参照)，カトリック派とドナトゥス派という分離教会論者との間の論争は，強力にキリスト教化された共同体を前提とし，しばしば両派にはそれぞれ好敵手の司教がいたようである．しかし，4世紀末になってもなお，アウグスティヌスに相当するマダウロスのマクシムスのような異教信仰の代弁者たちがいたし，408年になってもヌミディアのカラマで，司教が異教の行列を解散させようとしたため反キリスト教の暴動が起きている．一般に，帝国の大半が4世紀末までに主にキリスト教に帰依したが，異教信仰が地方の孤立地帯で，しばしば一定の神々との伝統的な関わりに基づいてなおも存続していたこと，またより明確な思想に基づく異教信仰は，もはや少数派の関心しかひかなかったけれども，依然として理性的な批評を必要とする重大な知的問題であったことは明らかなようである．

他のギリシアの知識人と同様に，ユリアヌスは古来の神々の信者をさすのにヘレン("ギリシア人"すなわち教養あるギリシア人)という語を用いた．ユリアヌスの見解は，反対の観点からヒエロニムスにも受け入れられた．ヒエロニムス末期ローマ時代の石棺やモザイクは，しばしば旧約聖書から題材をとったり，キリスト教時代の予表とみなしうるような図像で表現されているため，末期ローマ社会のキリスト教文化を鮮やかに表現している．ここに挙げた例は，ダニエル書に語られている"火の燃える炉"に投げ込まれた3人の兄弟(上左)と獅子の穴の中のダニエル(上右)を表した4世紀の石棺浮彫りである．中段右は，迫害に対する勝利を表したアフリカ出土の6世紀のモザイクであるが，この主題はしばしば石棺やモザイクに表現された．中段左は，390年ごろ洗礼後に死亡し，聖ピエトロ大聖堂の一族の墓所に埋葬されたローマの元老院議員ペトロニウス・プロブスの石棺である．ここにはキリストが使徒たちにキリスト教の"新しい法"の写しを手渡している場面が表されており，旧約聖書に語られた，エジプト脱出の際にモーゼが法律の書かれた書板を壊し，再び新しい書板を神からうけ取る故事に関連のある場面として解釈されている．下段左はドミティッラのカタコンベから出土した石棺浮彫りの細部表現で，手を洗うピラトが表現されていることは説明を要しないだろう．アクイレイアのバシリカから発見された4世紀初頭のモザイク(下段右)に表されたヨナとクジラは，死と再生を，より詳しくいえば，洗礼後の魂の救済を象徴するものであり，聖堂にとって格好の図像であったことはいうまでもない．

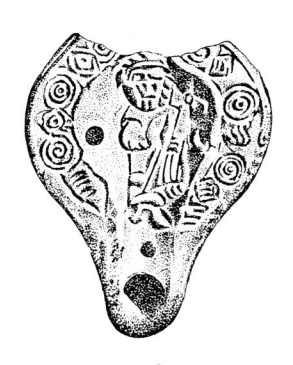

上 アテナイのアゴラから出土したランプに表された異教のモティーフとキリスト教のモティーフ．上段には5世紀に復活した4世紀初頭の図像タイプを示すアテナが，下段には聖ペテロ(5世紀)が表されている．

コンスタンティヌス大帝と4世紀

左　コーブリッジのランクス（贈呈用角皿）は，ギリシア・ローマ神話の深い知識に基づいていた点で際立っている．デロス島におけるレトーの出産，すなわちアポロンとアルテミスの誕生が主題とされている．腰掛けたレトーの背後に，円柱として示された"オンパロス"，つまり大地の"へそ"がみえる．デロス島の土着のニンフ，アステリア（レトーとアテナの中間にいる）の姿もみえることから，ここに示された伝説は，単なるうわべだけの古典趣味ではなく，積極的な異教信仰に裏打ちされた深い古典の造詣を反映しているという説得力のある解釈がなされてきた．アテナのアルテミスに対する身振りは，末期ローマ時代に特徴的なものである．

は，キリスト教の受容が古典文化およびそれと異教的過去とのあらゆる絆の拒絶を意味することを論拠づけた．第三の立場とは，キリスト教司教ナジアンズスのグレゴリオスに代表されるもので，古典文化が万人の共通の財産であることを明言した．キリスト教徒が古典文学の価値を認め，その危険に屈することなくそこから恩恵をうけることが可能である，とかれは主張した．かれらもまた"ギリシア人"であり（グレゴリオスは，ユリアヌスによるこの語の限定的使用に挑んだのである），そしてかれらにとって，教養ある人間としての自分たちの遺産を奪われることは耐えがたいことだった．アウグスティヌスのような他の著述家たちは，イスラエルの子孫たちが手に入れた"エジプト人の黄金"（『出エジプト記』12：35）と古典文化とをときどき比較しながら，キリスト教徒が正当に古典文化を活用できることを明らかにする小論をものした．しかし，事実上，大多数の人々がまさにグレゴリオスの立場を採ったことは明白である．ローマ行政府の新規雇用者にとっての古典教育の重要性，行政における修辞学の重要性は，2－3世紀においてと同様に4世紀およびそれ以後でも際立っている．4世紀のキリスト教皇帝の下で公職についた異教徒の哲学者テミスティウスとかキリスト教徒の詩人アウソニウスといった人物の例を数え挙げることはむずかしいことではない．

同時に，4世紀には聖書を拠り所とした明確なキリスト教文化が出現した．司教による詳しい解説とキリスト教著述家による注釈書を通じて聖書の理解は深められた．ヒエロニムスによる新しいラテン語版聖書，すなわちウルガタ聖書は，新しいキリスト教を信奉する民衆に，学問的で正確な翻訳を提供することを意図した試みであった．それは聖書注解の広範な企図に裏づけられ，ローマのキリスト教徒貴族の中のヒエロニムスの友人たちに献ぜられたのだが，明らかにより広い聴衆を対象としていた．

帝国のキリスト教化の結果，民衆は聖書に基づく新たな文化を創造したが，一般的に民衆は古い文化を棄てようとはしなかった．末期ローマ時代に生きつづけた知的文化と芸術創造の多くを理解する際にある種の困難が生ずるのは，このような状況によっている．詩人や文学作品の被献辞者，あるいは古典的主題のモザイク画で装飾されたウィッラの所有者といった人物の宗教についてわれわれの知識が欠けているような場合に，これをかれらと深い関係のある作品の性質から推論することには魅力がある．しかし，こうした推論に基づくなら，古典的主題で満ちた作品をものした詩人アウソニウスは，キリスト教徒であったことが充分証明されているにもかかわらず，異教徒であったとみなされてしまうだろう．真に敬虔なキリスト教信仰と古典文化への愛着との共存は，可能であったばかりかしばしば起こったことである．

教会と皇帝たち

コンスタンティヌスの改宗の瞬間から，ローマ社会におけるキリスト教会の地位は一変した．313年のいわゆるミラノの勅令により，教会は大迫害の際に没収された財産を取り戻し，またコンスタンティヌスの治世の初期にアフリカで始められた皇帝からの財政その他の援助も護得した．教会は聖職者の市民義務の免除をとりつけ（聖職者はその授任式に代理人をたてることによって義務遂行を保証すると考えられてはいたが），司教は聖俗両方面からの同意を得て，あるいは同意を得ずに，民事裁判権を授かった．訴訟当事者はこのより速やかで公正な裁判方法によって，コンスタンティヌスが"訴訟の果しない網の目"と呼んだものから放免され，疑いなく実際的な恩恵を得た．しかし，明らかな悪用もあった．たとえば，リバニウスは，修道士たちがもち込んだ土地争議に際

右　4世紀末のミラノの司教アンブロシウス．死後まもなくしてミラノの聖ウィクトリア聖堂の礼拝堂のモザイクに表現された肖像．写実的な肖像であるかどうかは確認しえないとしても，ここにみられる問いかけるような，だが自信に溢れた身構えた特徴は，この才能豊かで決断力に富んだ人物の性格の，少なくとも一面を表しているとみてさしつかえないだろう．

コンスタンティヌス大帝と4世紀

してアンティオキアの司教が修道士たちの肩をもった裁判を行ったと非難している．司教たちは，こうした権力を獲得することによって，まもなく共同体の中で一目おかれる存在となった．司教座のある教会は重要になり，寄進や遺贈をうけてしばしば非常に裕福な施設となった．

ヒエロニムスは，4世紀の教会がいかに"富や財産の点では豊かになったのに徳の点では貧しくなった"かを示す歴史を著すという，思わせぶりな果せざる約束をかつて行った．ヒエロニムスならば，堂々と正装した高位聖職者が讃美者にとり巻かれてローマ市中をパレードし，王にふさわしい晩餐をとる様子を描いた歴史家アンミアヌス・マルケッリヌスの記述を味わっていたかも知れない．アンミアヌスが著したように，こうした点では高位聖職者は，地位は低くても立派な態度をとった地方の聖職者と好対照をなした．

4世紀の教会を悩ませた宗教上の分裂についても，ヒエロニムスは思いめぐらせていた．コンスタンティヌスは，治世の当初，アフリカの教会のカトリック派とドナトゥス派との分裂に困惑した．この分裂は，大迫害の折に屈服して聖書を投げ出してしまったと信じられた者をカルタゴの司教に叙任することにドナトゥス派が反対した結果生じたものだった．4世紀にアフリカ教会の生活をゆるがしたこの分裂は，多大の遺恨を生みはしたが，5世紀初頭に，皇帝の勅令に支えられ慎重に運営された会議に助けられながら，アウグスティヌスとその同僚たちの努力によって克服された．

324年にコンスタンティヌスが東方へやってきたとき直ちにぶつかったのが，アリウス派の問題であった．アレクサンドリアの司祭アリウスは，神の本質に関する理論を発展させたのだが，その概念上の大枠は，新プラトン哲学に負っていた．かれは神の存在の位階として三位を考え，その頂点に父なる神をおき，神の子つまりロゴスは父なる神によって創造され，父に従属すると論じた．この見解に関連した神学体系においては，神の子は造物主ないし代理としての創造者，父なる神と創造界の仲介者とみなされた．正統派の見解は，三位のそれぞれの間にそうした差異を認めなかった．この論争点を解決するため325年に召集されたニカイアの宗教会議で，コンスタンティヌス自身が，父と子は"一体"（ギリシア語でホモウシオス）であるとする折衷案を出し，少数の頑固な聖職者を除くすべての者に，首尾よくこの見解をうけいれさせ，反対者を追放した．結局，ニカイア宗教会議も，またコンスタンティヌスの提唱を盛り込んで発令されたその綱領も，アリウス派と正統派の立場上の相違を調停することはできなかった．アリウス派の運動は相変らず帝国東部の中心的見解であったが，テオドシウスは正統派に対する"ニカイア信条"の厳密な定義づけを強要し，東方における重大な係争点であるアリウス派を追放した．

皇帝たちは，こうした神学論争に密接に関与せざるをえなくなり，また時にはすすんで関与したようである．かれらには，たえず教会使節団が接近をはかった．皇帝たちは教会会議を召集し，議事に影響を与えるとともに，世俗的権威を用いて決議をおしつけ，ローマのリベリウス，アレクサンドリアのアタナシウスといった皇帝に反抗的な司教を免職・追放した．アンミアヌス・マルケッリヌスの記述によれば，意図的な誇張があるにせよ，コンスタンティヌス時代の帝国の運送事業は，大勢の司教が皇帝の許可を得て教会会議へ往き来したために，ほとんど瓦解にひんしていた．

皇帝たちは教会会議の運営に巻き込まれ，会議の成果の実

197

施に際してはその世俗的権力を行使したにもかかわらず、また時には大きな脅威的権威を教会にふるったにもかかわらず、4世紀の皇帝たちは、決して自ら公式の教理を定める地位につくことはなかったし、いかなる点でも教会の長とも考えられていなかった。事実、刷新された異教信仰の神官たちにあてて、かれらがどのような衣装を身につけ、公の場においてどのように行動すべきか、またどのような教理をうけ入れて何を読むべきかを示す手紙をユリアヌスが書いたとき、かれの望んだ地位とはキリスト教徒の皇帝の誰の地位よりも神権政治色の濃い"皇帝教皇"的なものであった。

西方では、ミラノの司教アンブロシウスが、この市に居を構える機会の多かった皇帝たちに強い影響を与えた。389年、かれはミラノの聖堂を満たした群衆を前に公然とテオドシウスに挑み、エウフラテス河畔のカッリニクムの司教と会衆者に対しかれらが破壊したユダヤ教会堂を修復するようにという皇帝の命令を、無理に撤回させた。翌年、同様な直接的方法により、かれはテオドシウスに皇帝配属の兵士がテッサロニケで行った虐殺の償いをさせた。アンブロシウスはキリスト教徒の皇帝の義務に関して実に明解な考えをもっていた。しかし、当時の史料はいずれも、ここに述べた出来事を"教会"と"国家"の間の基本的争点として解釈してはいない。教会が獲得した便宜や、一定の司教たちが果した測り知れない影響力にもかかわらず、教会は末期ローマ国家の国制上の構造に明確に認められるようなどんな地位も獲得することはなかった。教会は、帝国政府との関係では、特権を有する、組織の整った圧力団体であったし、そのようなものでありつづけた。

禁欲主義の運動

迫害の終焉は、精神的な徳の本質をめぐって、キリスト教徒の共同体を苦しい立場に立たせた。初期の時代における"殉教者"とは、まさしくもとのギリシア語が意味する"証言者"であったし、死という極限の脅迫にあって公然と自らの信仰を"告白した"者であった。迫害が去った後、新たな信仰表現形態がキリスト教徒たちによって求められたが、かれらは新約聖書に語られているのと同じ厳しさで、自らの信仰を告白する必要をなおも感じていた。キリスト教の地位が変貌してしまった社会にあって、ドナトゥス派と対立するアウグスティヌスがより節度のある現実的な対応をとったのに対し、4世紀のアフリカにおけるドナトゥス派の運動は、初期キリスト教の真正の姿勢を保持した。「蛙のようにかれらは自分たちこそがキリスト教徒であるととなり立て、沼地に坐っている」とアウグスティヌスは書いている。

4世紀のキリスト教徒たちの中には、神聖な選民に属する必要を感じた人々もいたが、この要求は部分的には禁欲主義運動の発展によって満たされた。すでにみたように（p.177参照）、肉体と精神両面の修練による自己完成という見方は、古典末期の哲学的実践においても中心をなす特色であった。アンミアヌス・マルケッリヌスによれば、皇帝ユリアヌスは「あたかも哲学者の装いにいま直ぐに戻ろうとしているかのように」(25.4.4.)、まったく異彩を放つ厳格な生活を送った。しかしながら、古典末期の哲学がとった観点、つまり神についてのより高い瞑想へ精神を解放するために、肉体という障害は鍛練を通じて超越できるとする見方は、キリスト教の禁欲運動ではもっと不穏な様相を呈した。肉体は精神に積極的に敵対するとみなされるに至り、単に修練によって鍛えられるばかりか、苦行の極限の形態では傷めつけられることにもなった。その結果生じた身心二元論は、異端の疑いをまねいた。それは、個々の人間存在は悪の諸力の媒介物であって、悪魔の創造物である肉体を備えた、善と悪の相拮抗する力の闘争の場であると主張するグノーシス派やマニ教を連想させた。悪の源の問題は、アウグスティヌスの知的な議論の中心にあった。苦行を通じて適切な均衡に達することのむずかしさが、純潔に関するさまざまな論説や、ヒエロニムスのような精神的助言者が俗界の著名なキリスト教信者にあてて著した教訓的な書簡の主題となっている。

禁欲主義の発展における主要な伝統は、ともにエジプト人である2人の人物、パコミウスとアントニウスによって代表される。3世紀末、パコミウスは修道士の集団のための生活様式を確立した。修道士は、共同体内で組織化され、生活必需品を共有し、自らの労働によって基本的な経済上の必要を満たし、慈善のために剰余物を売り、宗教上および社会上の一定の行動規則に従った。これが修道院運動の起源であり、カエサレアのバシリオスによる"戒律"においてさらに明文化され、やがて西方において中世修道院制の創始者であるカッシアヌスやベネディクトゥスによって定式化された。アレクサンドリアのアタナシウスによるアントニウス伝は、大きな影響力をもったが、アントニウスは共同体生活からかけ離れた孤絶の生活を送り、孤独の瞑想と自己に課した窮乏の中で精神上の完成を追求することで、禁欲主義における隠者の伝統を築いた。荒野の中の聖アントニウスに対する悪魔の誘惑は、後世の宗教芸術の格好の主題となった。

禁欲主義運動は、さまざまな点で4世紀の教会生活に影響を与えた。ヒエロニムスは、その宗教生活に入った初めのころ、シリア砂漠で隠者としての悲惨な日々を体験していた。ヒエロニムスにとって、修道士の環境は知的・学究的作業や、すでに言及した翻訳、註釈の類を著すためばかりでなく、同じくかれの名を高めた激しい神学論争の思索をねるための基本条件であった。ヒエロニムスと同時代の北アフリカのヒッポ・レギウスの司教アウグスティヌスにとって、司教座聖堂付属の修道院は、読書、瞑想、修養、共同生活のための格好の場であったし、そこから次代の司教となる新しい聖職者が育ったかもしれない。フランス南海岸にあるレラン島の修道院は、5世紀の南ガッリアの司教区において同じような役割を果していた。

トゥールのマルティヌスによって創立された中部ガッリアのマルモーティエ修道院（"大修道院"）は、禁欲主義運動を通じて末期ローマ社会に対してさらに重要な貢献をした。マルティヌスは修道院生活と結び付くことにより、司教の地位をはるかに越えた権威ある宗教的名声を得た。かれは神の力と直接交渉することができると信じられ、その力により奇跡を起こし、その力を背景にして精力的な福音伝道活動を行った。マルティヌスの活動は、禁欲主義運動発展が伝統的なローマ社会を巻き込んだ最も騒々しい混乱の一つを引き起こしている。地方の修道士たちは、神の意志を直接霊通して授けられていると自ら信じて、一致団結して帝国のここかしこで神殿や異教施設を攻撃した。その際、かれらは時に地方の司教に励まされ、明らかに帝国当局から制止をうけることもなかった。実際ある場合には、地方の当局はそうした騒々しい不法行為を積極的に支援した。北アフリカにおけるドナトゥス派論争は、いわゆる"キルクムケッリオーネス"——「神をほめたえよ」と叫び回りながら、対立する党派のキリ

修道院の分布と影響範囲，300―500年

初期の修道院運動は、一定の道筋をたどって普及したが、聖職者の論争のためにその道筋はしばしば地理的に流動した。アレクサンドリアのアタナシウスのような論争家の司教は、最初から禁欲主義の運動の威信を自らの利害関係に利用し、他方、ポワティエのヒラリウスやヴェルチェッリのエウセビオスは、コンスタンティウスII世によって追放されていたアリウス派の東方の生活から修道院の手本をもたらした。一方、ヒエロニムスや5世紀にガッリアで活躍したヨハネス・カッシアヌスなどの西方人は東方の神学論争に影響を及ぼし、独自の役割を果した。禁欲主義の威信は監督制度の権威に対する挑戦とみなされることが多いが、トゥールのマルティヌスやアウグスティヌスといった司教たちは二つの制度を御しつつ利用する才能をもっていたし、またレラン島の修道院を例とするように、司教たちの養成機関のような機能を果した修道院もあった。5、6世紀のブリタンニアとアイルランドにおける修道院の伝統は、二つの局面を反映している。すなわち、第一にブリタンニアのケルト族と西ガッリアのケルト族との接触（これは後世に写本が西地中海沿岸ルートを経由してアイルランドへ普及したことにも反映している）、第二にカンタベリーのアウグスティヌスによって始められたブリタンニアのサクソン人の改宗である。

スト教徒を脅したり危害を加えたり，時には殺したりした，荒々しく武装した狂信者集団——を生み出した．異教を信仰する傍観者にとっては，そうした"圧制者たち"は道徳的にも法的にも礼儀正しいふるまいのあらゆる基準にそむいていた．修道院運動に対し時として非難が浴びせられたのはまさにこうした点であり，この運動がローマ社会の道徳を徐々にむしばむような態度を助長したことは，きわめて敏感に感じとることができる．

こうした非難は，4世紀の教会に対する一般の批判，つまり教会がローマ帝国の道徳的目的や物質資源を攻撃しているとする批判の一部を形成している．教会のそうした攻撃は，最も高い次元にあっては超世俗的な，また最も低い次元にあっては世俗の施設や所有物を暴力に訴えて破壊する反社会的イデオロギーを助長し，帝国政府が欠くわけにはいかない財源や人材の供給源を吸いあげることによってなされたといわれている．この批判の第一の点についていえば，4世紀の教会が超世俗的であったとする考え方は，すでにみてきたように，ヒエロニムスによって疑問視された．この時期の教会の指導者たちは，野望のみならず純粋な意味での慈善や公的責任感も欠いてはいなかったようである．それに対して，司教たちは教会管区内の裁判権のような，世俗社会において明確で有益な役割を果しうるいくつかの権利を獲得した．異教徒や異端者などの敵対者に対するキリスト教徒の暴力は，かれらの土台をゆるがしたと同時にその姿勢をいっそう頑なにもしたようである．この場合に最も予期される危険とは，無関心というよりもむしろ分裂の危険である．教会が国家に資すべき資源や人材を奪ったという批判に関していえば，これこそが4世紀のローマ国家の本質および国家とローマ社会との関係をめぐる一般的論議の中核をなしていた．

末期ローマの国家と社会

末期ローマ帝国がとりわけ官僚国家であったことは，あまねく認められている．"官僚制"という語の意味するところは，国の行政機構が業務範囲に従って分けられた部署から構成され，各部署には年功に応じて昇進し，所属の部署に忠誠心をもった有給官吏を配置していたこと，そして通常の行政面においては，政治上の大変動が上層部で起きようとも，業務の滞ることはほとんどなかったことである．官僚制に対してもっとありふれた定義づけをすれば，官僚国家とは彪大な書類仕事を特色とする行政府であった．行政組織それ自体を芸術品とみなすことが可能でさえあるような印象を，きわめて重要なある史料が伝えている．この官僚制の自己認識は，『高級官職表』——4世紀末から5世紀初頭にかけての行政各部門の官職者や軍の配置を示すための，それぞれの標章の挿絵入りの編纂物——に示されている．

『高級官職表』は，末期ローマの行政府のさまざまな運営

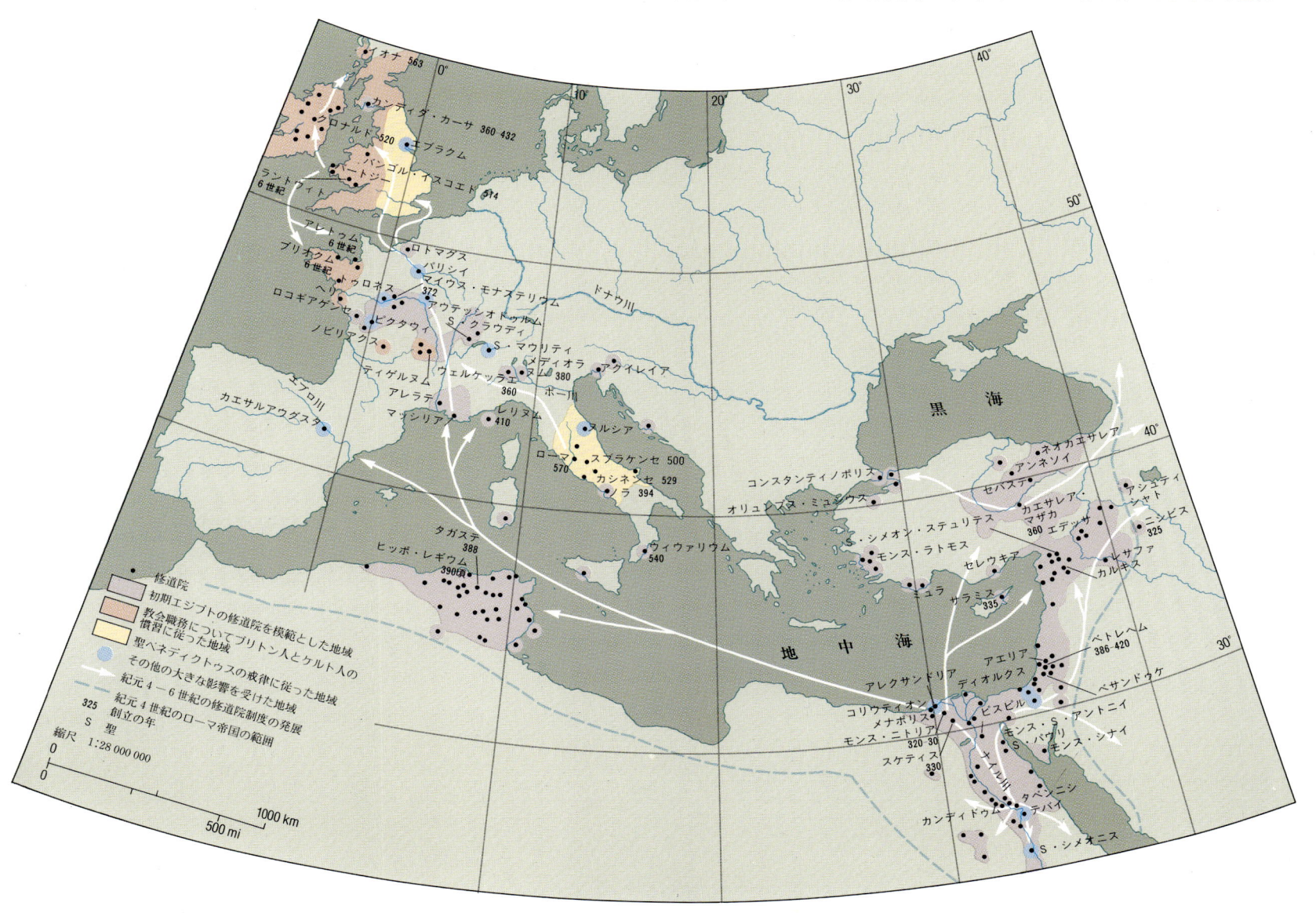

についてのほんの部分的な印象を伝えているにすぎない．その運営にあたっていた者は，帝国の宮廷に官職をもつ者たちだけでなく，各地方の役人たちも含めて考えなければならない．たとえば，属州の資金監督官，各地の軍隊の補給を担当する会計係，造幣所や造兵所の管理人，税の査定書を作成するために派遣された役人，皇帝の資産の管理人などである．こうした役人のすべてではなく，一部分がもう一つの文書（"下位の官職表"）に載っていたはずである．この文書は，『高級官職表』で一度ならず言及されているが，現存していない．

現代人からみても，また同様に疑いなく末期ローマに生きた人からみても，『高級官職表』において非常に優雅に図解されてはいるが，この行政の方法についての明白な事実とは，行政府が意志を通すのに用いた手段が暴力だったことである．テオドシウス法典は，4および5世紀初頭の法令を429年から437年にかけて編纂したもので，司法および行政上の慣行の考えうるすべての領域を網羅しているが，恐ろしい刑罰の陳列ともなっている．コンスタンティヌスによる二つの法令では，賄賂をうけとった役人は手首を切断されることになり，未婚の娘の誘拐の幇助者は口とのどを溶けた鉛でふさがれるはめになる．このような大げさな傾向は，法典や他の史料に例のないことというわけではない．拷問は普通に用いられたが，法廷において真実の情報をひき出すという"本来の"機能としてではなく，刑の執行前に念のために加えられ，それ自体刑罰としてであった．そうした体罰やその他の刑罰の使用は，多くの文献史料で言及され，確証されている．とりわけアンミアヌス・マルケッリヌスがいずれの史料に劣らず詳細にわれわれに伝えてくれた刑罰の恐怖の雰囲気こそは，末期ローマの皇帝たちが，特に謀叛やそれにつきものの策略，奇略，または占星術の未来予知によって自らの地位がおびやかされているという危惧をもったとき，自らの権利を守る上で効果があったのである．

末期ローマの法律が示す倫理的傾向は，帝国のキリスト教化からほとんど影響をうけなかった．個人の次元では，キリスト教信仰の影響はきわめて明瞭に認められる．コンスタンティヌスは十字架刑，下肢切断の刑を廃止したといわれているし，かれによる法令の一つは，"神聖な美の像が傷つけられるのを恐れて"顔面に烙印を押すのを禁じている．4世紀の法令は，いろいろな機会に，日曜の儀式の際に発布された．また，復活祭の恩赦が時に犯罪者に認められたが，ある種の犯罪には常に適用されなかった．キリスト教の立場から，姦通に関する過酷な法律，以前にまさる離婚法の厳格さ，男娼や女優たちの猥褻行為といった事例を道徳の名の下に取り締る虐待行為がますます奨励されたことは，確実ではないにしてもありうることである．概して末期ローマの法律が，以前より寛容になったと断言することはできないが，宗教上の意見を異にする者に対する取扱いの点では次第に不寛容を増していったことは確かである．

末期ローマの法律の政治的・社会的目的は，皇帝たち自身の心の中ではきわめて明確にとらえられていた．すなわち，皇帝自身の地位と社会秩序を維持すること，政府の要請に社会組織を最もよく適応させることであった．こうした目的のために，末期ローマ社会はいわば整然と並んだ経済上の道具や機関から構成されており，そのおのおのが政府の要請に見合う一定の機能を備えていた．

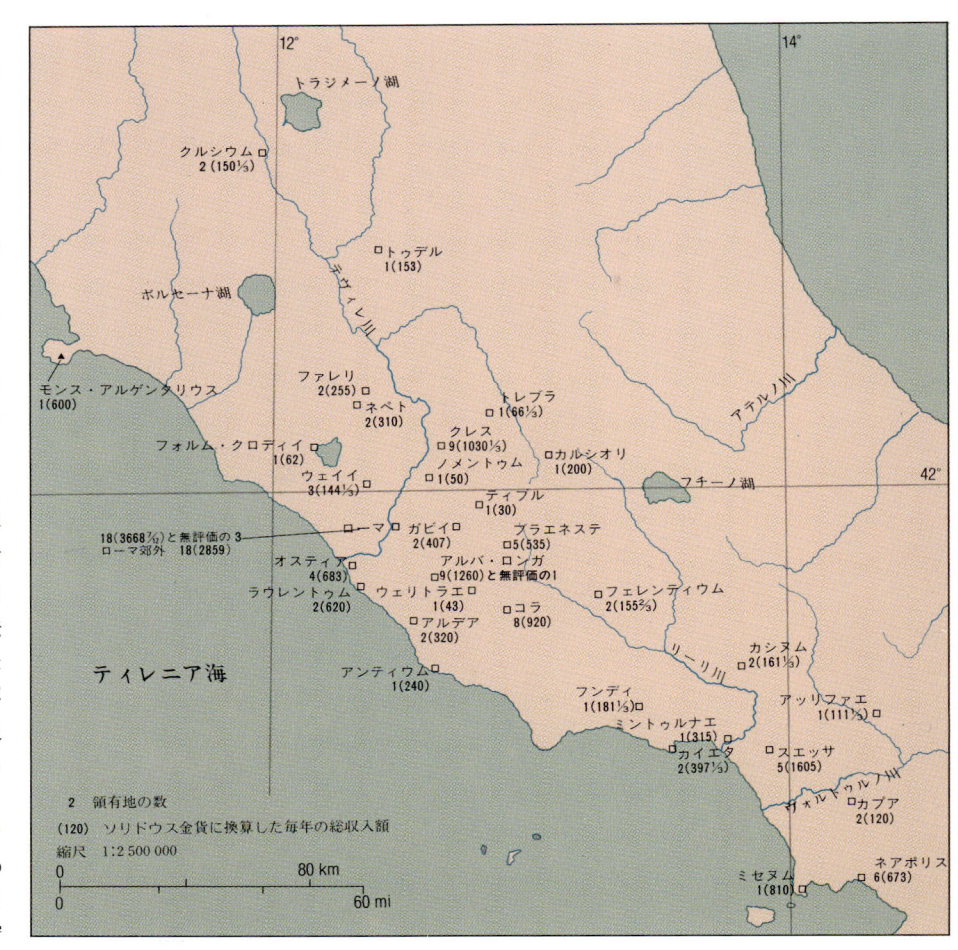

4世紀の帝国の法律が与える印象は，ローマ社会がそれまで以上に硬直し，世襲の義務に強固に縛られていたことである．しかしながら，おそらく法律の中に伝え残された末期ローマ社会の新しい姿は，社会自体にみられる現実の変化の反映というよりも，むしろ政府の要請の変化を反映したものであろう．末期ローマ政府の影響範囲は，法律や役人の数から判断されるように，以前よりずっと大きく，それが与える効果はいっそう直接的であったことは疑いない．これはおそらく，ローマ末期の帝国当局が満たすべき要求が多くなり，かなえるべき目的も多くなったことを認識した結果とみるべきであり，帝国当局は単に管理を強化することによってこれらの要求と目的を果そうとした．

近年の見解は，正当にも二つの要素，すなわち末期ローマ社会に固有の社会的流動性と，古代社会に一般的な保守性を強調する傾向をもっている．他のさまざまな時代や場所にみられるように，息子は自分の父の仕事を継ぐ傾向にあった．パン焼き職人，兵士，商人，船主は，生活面でのある種の利点，一定の職業，社会的に認められた役割とを享受した．こうした魅力ある職業が改善されたかどうかは，必ずしも明白ではない．これにひきかえはるかに明らかなことは，どんな社会においても，農民共同体が変化に無関心であり反感をもっていることである（農民共同体は旧態然とした生活方法と信仰形態にしがみつくものである．古い神々の信奉者を示すためにキリスト教思想家が用いたパガヌスという語が，本来"村人"あるいは"田舎者"を意味しているのは偶然ではない）．

しかし，法律により禁じられ阻止されたにもかかわらず，社会的流動性を示す多くの個々の事例，つまり世襲の仕事からのがれた"成功話"を集めるのは可能である．あるパン焼き職人はある地方の長官になり，ある町の参事会員の息子は

『教皇文書』による教会領の分布

6世紀初頭の『教皇文書』の編纂者は，314年から440年にかけて在任したローマの司教たちの伝記の中に，ローマ市の16の教会とオスティア，アルバーノ，カプア，ナポリの各都市のそれぞれ一つの教会がそれらの創設者たちから与えられた所有地のリストをつけ加えている．当時イタリア本土には122，帝国の他の場所には36の教会領が存在した．このリストは各教会領の名前と所在地のほかに，さらに4件を除くすべてについて，それぞれの領地からの現金収入の推定額が記されていた．

これらのイタリアの教会領のうち84の領地はコンスタンティヌス帝によって贈与されたものだと述べられている．他の教会領の贈与者は，元老院議員ガッリカヌス，ウェスティナという名の身分の高い女性，何人かの教皇たちであった．

この時期には，記録されていないにせよ，他にも多数の教会領が存在したにちがいない．膨大な数に上る各地に散らばった小規模の領地については，その贈与形態が，単に皇帝ないし個人の贈与者と拝領者たる教会だけでなく，神殿のような組織や富裕な門閥も一般的だったことは，残存する記録の細目から推測される．土地は富であり，何世代にもわたって"ときおりの"獲得によって蓄積されうるものであった．コンスタンティヌスの領地は，皇帝アウグストゥスとティベリウスのかつての所有地，またマエケナスや初期ローマ帝国の元老院議員たちの領地，迫害の時代に没収されたキリスト教徒の所有地，さらには他の場所に配置代えになったために見棄てられた軍団兵舎さえも含んでいた．

修辞学の教師になって後，司教に叙任され，ある兵士は修道士になるなどの例がある．問題は，いつもながら数量化の問題である．例をあげることから，ある種の印象を与えることはできるが，それを何らかの科学的方法に近いものによって把握することは不可能である．しかし，印象というものも特により分析的な議論に発展するような話題を吟味することでそれが確かめられる場合には，何らかの価値があるといえる．たとえば，帝国の宮廷がその目的を皮肉にも社会の利益においたために，社会的流動性や逃避の機会の原因としての役割を果してしまうといったことがあげられる．

廷臣は，末期ローマの史料の中に広い範囲にわたって，さまざまな姿をみせている．たとえば，行政府の中枢部として，危機，訴訟，使節団の陳情，政争，急死といった際の真剣な論議の場面に登場するばかりでなく，才能にめぐまれた野望をもった教養ある者たちをひきつけ，文学的な研究を育む有識者たちの一種の"クラブ"にも現れる．このクラブは，アウグスティヌスが『告白』の中に書きとめたミラノの宮廷社会のように，宗教および哲学の諸問題をまじめに議論するばかりか，優雅な宴会をくり広げる場にもなっていた．これらすべてが，古代文献から容易に証明される廷臣の活動の諸相である．

宮廷は，それが置かれた地方では経済上の刺激剤としての役割も果した．トリーアの宮廷の存在は，中部および南西ガッリアの諸市から，一群の野心家たちを輩出する機会をつくった．この地方は，帝国初期にはローマの政治生活にほとんど関与しなかった．コンスタンティノポリスの宮廷との関連で考えると，アナトリアの内陸地域についても同様のことがいえる．この地域に，ナジアンズスのグレゴリオス，カエサレアのバシリオス，ニュッサのグレゴリオスといったカッパドキアの司教たちが輩出したことは，ローマ帝国東部というかつて目立たなかった地方が，文化と政治の面で"新生"を果したことを示している．

宮廷の役割は，宮廷と関係をもった公生活の面で重要ないく人かの人物——たとえば西方における雄弁家シュンマクス，東方における修辞家アンティオキアのリバニウス，カッパドキアの司教たち——の書簡集によってさらに充分に照らし出される．こうした史料を通して明らかになるのは，有力な後援者から宮廷へ派遣された多くの者が，帝国官吏としての役割のほかに，後援者とその友人たちに恩典や特権，税の免除を与えるよりどころとなったことである．テオドシウス法典からみてとれる，帝国の法律が厳格に定めた階級に縛られていた社会という印象は，他の証言の中では，皇帝たちとかれらが発布した法律の対象者との間の決着のつかない一連の闘いに分解してしまう．後者（法律の対象者）は自分自身を守り，特権を維持するために皇帝自身の配下をさえきわめてしばしば利用したのである．

皇帝たちは，私的既得利権と帝国官吏との共謀をよく承知していたし，(さらに法律によって)それを阻止しようとしたにせよ，ここに述べたことを単に"腐敗"と評するのは誤解を招くことになろう．単にこのようなやり方で行政府は社会の中で機能を果したにすぎない．末期ローマ帝国は，多様な既得利権をもつ複数の職を兼ねた者たちの社会とみるべきであり，かれらは自分たちの影響力に見合うだけの効力をもって政府を侵害したのである．たくみに組織された既得利権のうちの二つについては，言及する価値がある．

キリスト教会の役割と，4世紀のキリスト教徒皇帝の下で教会がかちとった特権についてはすでに述べた．いく人かの近代の批評家は，それ自体官僚制を備えた教会を末期帝国の弱点の主な源の一つとみなしてきた．というのは，教会が国家にとって有用な人々を，教会の聖務の方へ誘引したからである．しかし，末期帝国の偉大な利己主義者の中には，修辞家や戦車の御者と同様，司教たちも含まれていた．かれらが教会においてと同様に帝国の公務においてもはなばなしく異彩を放っていたであろうとか，あるいは帝国の公務が官僚ないし役人としてのかれらの働きによって利益を得たであろうとかは，まったくありそうにないことである．かりにアンブロシウスが父のように親衛隊長になっていたとしても，司教という座が許す気取った構えで，かれはその公職にある自分の考えを表明できたであろうか．

もう一つの大きな既得利権は，大きな政治的権力を何らもたないが由緒のある測り知れぬ威信を備えた制度を通して，ローマの元老院がイタリアおよび西方諸州の地主貴族たちの利権を代表していたことである（東方の地主の家系の出身者を含んでいたコンスタンティノポリスの元老院は，常に東の帝国宮廷に抱き込まれ，その片われであるローマの元老院の場合と同様に，組織としての独立性をもっていなかった）．ローマの長官と"元老院の第一人者"すなわち年輪と威信を備えた指導的元老院議員の指揮のもとに，元老院はローマおよび固有の所有地としての中・南部イタリアの大部分を支配した．元老院議員は，イタリア，シチリア，北アフリカに大土地資産を所有し，統治者の立場と代々保護者であったという絆を利用してこれらの地域における影響力を強めた．ローマの貴族は，元老院を後楯とする経済的影響力，威信，政治組織を通して，皇帝に対し絶えず大きな圧力をかけることができた．

ローマの元老院貴族の測り知れぬ富は誇張しすぎることはない．富は，豪華な建造物，豪勢な旅，華美な装い，奴隷従者からなる"軍隊"を含む大家族の維持，同僚やローマの民衆への贈物，特に公の競技会開催資金などに派手に費やされた．所有地の賃貸により元老院貴族たちが得た現金収入は，ある史料によると，金4000ポンドから"中流の"資産をもつ元老院議員の場合の金1500ポンドにいたるまでの幅があった．そのほかに余剰生産物の売却によって得られる現金収入もあった．公の競技会にも元老院は資金を惜しみなく注いだ．"中流の"資産家の元老院議員であった雄弁家シュンマクスは，401年の息子の長官就任記念競技に金2000ポンドを投資した．帝国政府がますます財政上の窮境に立たされた折，ローマの元老院階級は，まさに帝国西部における政治上の破綻の責任の一端を負うものと非難された．しかしながら，西ゴート族が侵入し410年にローマを劫掠した時以後のイタリアの貴族の役割は，この時代にローマをある程度継続維持した点で重要であった．この役割はユスティニアヌスのイタリア再征服をもって終りを告げた．

官僚制

「あらゆる役と地位をこなす演技者に満ちた素晴しい劇場」．これは，ギボンが特に『高級官職表』の挿絵にふれて後期ローマの官僚制について述べた言葉である．このページに掲載されている図は，その文書にある挿絵の抜粋である．文武両部の官職者を記録した『高級官職表』は，390年代の中ごろに編纂され，その西方の部分は，425年ごろまで帝国の行政に使用された．その後，この官職表は，公的には使用されなくなったが，9世紀に筆写された後期ローマの公式・準公式文書の記録の一部として残存している．ここに掲げた例は，9世紀のカロリング期の手稿本から1436年に筆写され，オックスフォードのボードレイアン図書館に所蔵されている写本からのものである．これら写本挿絵を相ついで描いた画家たちは，明らかに後期ローマの標章を正確に表そうとした．ただし，衣装のような装飾的特徴を描き出すにあたっては，ある程度自由に制作した．

後期ローマの国家行政組織は，『高級官職表』に示されているように，皇帝を頂点としていた（ここに掲げたのは，複雑な金の打出し技法によってコンスタンティウスⅡ世をかたどった，ニコメディア製のものである）．たいていは，2人ないしそれ以上の同僚皇帝がいて，それぞれ独自に統治しながらも，統一のとれた戦線をはっていた．行政組織は，ディオクレティアヌス帝の時代以降，厳格に軍事と民事の職能に分けられた．各地に派遣される東西の野戦軍は，騎兵と歩兵の"長官"によって指揮された．ここに掲載したのは，西方の"歩兵長官"の標章と，かれの軍隊の楯に描かれた紋章のいくつかである．『高級官職表』によると，"長官"の下には，すべての属州にいた地方軍の軍司令官，総司令官と呼ばれる指揮者たちがいた．さらに，騎兵と歩兵に分けられた選り抜きの宮殿警護隊は宮殿警護隊司令官の指揮下にあった．皇帝護衛官の仕事は，後期ローマの皇帝たちの絶え間ない移動に対応した宮廷組織を維持することであったが，想像以上に複雑な仕事であった．

文政を統率するのは親衛隊長で，イタリアの親衛隊長はアフリカとイッリリクムも，ガッリアの親衛隊長はヒスパニアとブリタンニアも，そして東方地方の親衛隊長はトラキアからアラビアまでを統轄した．かれらの職責は，宮廷と地方行政の両方にまたがっており，後者の場合には徴税に深く関係していた．諸局の長官（官房長官）は行政官を統轄し，皇帝への接見を取り締まり，宮廷行政の全般にわたる運営を調整した．財務長官は造幣局と鉱山を監督し，貨幣税を徴収し，寄付金や現金給与の支払いを管理した．もう1人の官吏，帝室財産管理長官は国有財産を管理した．法務長官は皇帝の草案を適当な文書形式に書き直す任務をもち，しばしばかれ自身が著名な文人であった．書記長は皇帝の秘書つまり"書記"の一団を統率した．

官職者の標章は，一連の追書──金や象牙の枠の中に官職の地位を示す文字があり，皇帝の肖像のついている辞令──として，あるいは表紙を紋章で飾った，儀礼的な決まり文句を並べた冊子本とか巻子本として示される．たとえば，追書および時には冊子本が，模様のある覆いのかかったテーブル上に置かれている．ある場合には，彫刻をほどこした象牙製円柱が三脚付台座上に立てられているところがみられる．これは儀式用のインクスタンドであったが，司法上の権限を象徴していた．

紫と金の地にきらきらと輝く楯のある宮殿警護隊司令官の標章は，宮殿組織におけるかれの地位を表している．皇帝の肖像をささげもった有翼の勝利の女神は，すでに天使へと変容しており，キリスト教的な背景を備えている．西の歩兵長官のもとに示された最初の二つの紋章に書かれている"ヨウィアニ"と"ヘルクリアニ"の文字は，四分割統治時代の称号のヨウィウスとヘルクリウスを保持している．

属州の軍隊は，象徴的な都市ないし一群の都市によって表される．遅い時期に新設されたイタリア総司令官の職務は，防壁（実際のものか象徴的に表現されたのかはさておき）をめぐらせた"アルプスの防壁"によって表されている．ベルギカ・セクンダは，北フランスの海岸地方であった．リトゥス・サクソニクムすなわちサクソン海岸は，海岸の防衛組織の一部であった（p.171地図参照）．

皇帝護衛官を表すのは，香水の瓶の入った彫り物の銀製小箱を含む，宮殿の家具の絵である．

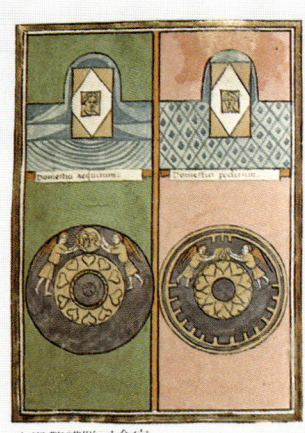

宮殿警護隊司令官

イタリア総司令官

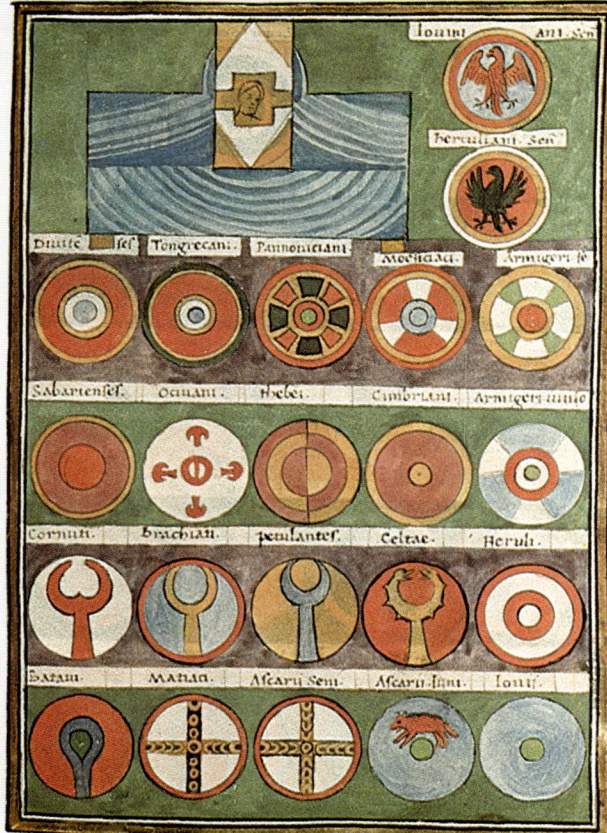

歩兵長官

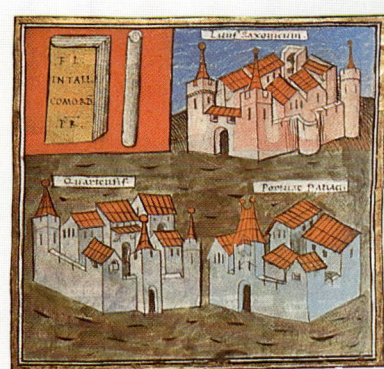

ベルギカ・セクンダ軍司令官

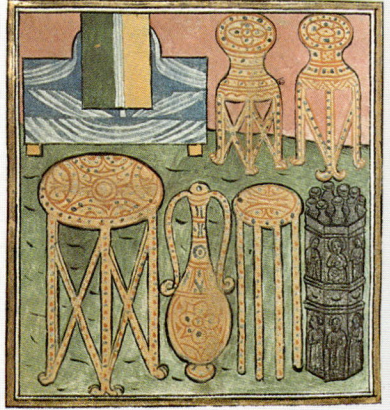

皇帝護衛官

イタリア、アフリカ、イッリュリクムの3婦人は、イタリア親衛隊長管轄下の管区を表している。彼女たちのかごには、属州から税として集めた貢物が入っている。彼女たちの衣装が"時代的に新しい"のは、自ずと明らかである。カロリング期およびルネサンス期の写本師による写本に保たれている細部の正確さも同様である。かれらは必ずしも自分たちが写しとっているものが何を理解していなかった。カンパニア州はかなり異例であるが、楯とプラカードをもつ婦人として表されており、彼女は幕付の小室に置かれた壇に腰かけている。本のおかれた机は、小室の家具の一部として巧妙に構図の中にとり入れられている。アブリア、カラブリアは、『高級官職表』では改良者の位で統治される属州の例としてあげられている。

親衛隊長の標章は、前述の儀礼用インクスタンドや追書とか、それに1組のロウソク立て、および4頭立ての馬車であったが、ローマの長官もそれを誇っていた。馬車につけられた飾りのような細部は忠実に再現されており、インクスタンドの場合には理解しがたくなっているのとは異なっている。諸局の長官の管轄範囲として示される武器製造所は、実際のところ390年まではかれの管轄下に入らなかった。これが、『高級官職表』の年代決定上の一つの根拠になっている。さまざまな種類の装備、たとえば楯、やじり、胸当ては、特殊な工場で製造された。法務長官の職分は巻物と、おそらく楽観的に"慈善を施す法"と書き込まれた円柱によって示されている。財務長官の職分は、配分しやすい形態の各種の富、たとえば金貨、銀貨、留め金、月桂樹の葉、奉納皿によって表されている。金額を示す籤のついた金入れ袋とか金庫もみられる。下右端には、『高級官職表』そのもの、つまり"より大きな登録簿"が、留め紐や紙のついた装丁本として図示されている。これを保存することは、書記長の職務に含まれていた。

イタリア、イッリュリクム、アフリカ

カンパニア

アプリア、カラブリア

親衛隊長

諸局の長官

法務長官

財務長官

書記長

コンスタンティヌスの都

　コンスタンティノポリスは創設当初から驚くべき速さで発展し，限りない財源をほしいままにしたので，東方全土から職人や物資が集まってきた．紀元前7世紀にメガラ人植民者たちは，ビザンティウム側の恵まれた土地を無視して対岸にカルケドン市を建設したために，"見る目がない"といわれた．しかし，帝政後期という時代を背景にして，この新しい都は東西のはざま，つまり小アジアとバルカン半島北部のはざまにある都市としての本領を発揮するようになった．

　都市が拡張するにつれて建築"ブーム"が起こったが，明らかにかなり不当な荒稼ぎも行われた．新たな貴族のために建てられた館は2世代を経ずしてすでに崩れはじめている，と批評家は述べていた．コンスタンティノポリスには巨大な広場と公共建造物も構築された（下図）が，異教神殿がなくてキリスト教の聖堂が多いのが特徴である．5世紀の史料，コンスタンティノポリスを描いた『高級官職表』には，14の聖堂が，皇帝および皇后の11の宮殿，5つの市場，8つの公共浴場と153の私的浴場，20の公共製パン所，120の個人用パン屋，52の柱廊，322の通りと4388の家屋とともに記載されている．

下　コンスタンティノポリスを描いた『高級官職表』の口絵で、1436年の写本に残されたもの。この挿絵には時代錯誤がみられるが、聖ソフィア大聖堂と競馬場がひときわ目をひくこの都の形状を巧みに表している。騎馬像はユスティニアヌス像である．

下　コンスタンティノポリスの内陸側の市壁は、コンスタンティヌスによる創設以来、市の大きさが2倍になっていたことを示している。親衛隊長アンテミウスにより413年に建てられた市壁は、447年の地震でひどい損害をうけたが、2ヵ月もしないうちに再建された．

下端　いまは残っていない競馬場が、1580年ごろのパンヴィニオの版画に描かれたものであるが、ユスティニアヌスの記念円柱（ここでは名高いユスティニアヌスの騎馬像は描かれていない）とか、唯一いまだに元の位置に残存しているテオドシウスのオベリスクとかに加え、前景にコンスタンティノポリスの海沿いの市壁が表されている．

ユスティニアヌスによる新しい聖ソフィア（神聖な叡知）大聖堂は、建築家トラレスのアンテミウスとミレトスのイシドロスの傑作である。ニカの乱（p.223参照）の際に以前の大聖堂が破壊されたが、5年後の537年に新しい聖堂の献堂式が行われた。下と前ページにみられる二つの図は、1852年に建築家フォサッティが公表したものである。かれは聖ソフィア大聖堂の修復の監督役をトルコ皇帝（スルタン）から委任された。巨大で堂々とした外観もさることながら、聖ソフィア大聖堂はとりわけ堂内に入って強い印象を体験するような設計になっている（建立時の歴史的に正確な姿を考えるには、周囲に配した尖塔をとり除いた状態の建物を想像しなければならない）。フォサッティは、理想的な遠近法を選んで、本質的な特徴である豊かな光の輝きとか堂内にとり込んだ広大でしかも調和した空間とかを美しく伝えてくれている。こうした特質と"あたかも天から吊り下げられているかのように浮かんでいる"円蓋こそ、まさしく建立時の著述家プロコピウスを最も感銘させた特徴であった。円蓋は建築学上の驚異であったし、いまもなおそうである。しかしここで銘記すべきことは、最初の円蓋が建立後20年にして崩壊し、現在そびえているずっと大がかりな構造の円蓋に置き換えられたことである．

帝政末期のローマ

コンスタンティヌスの改宗後、ローマはたちまちキリスト教文化の重要な中心地となった。帝政末期に、この都市が活気づいたのは、ある意味では皇帝たちが辺境地域の新しい都市へ去った結果であった。ローマは讃美者にとってはいまだ"永遠の都"であったが、そのローマを皇帝が留守にした間に、元老院階級や民衆を抑制するもの（間歇的な暴力によるものはいうにおよばず）がないままに、共和政末期以来絶えていた自己主張を行うようになった。ローマはキリスト教徒の都としての相貌をもつと同時に、そこでは文学と美術の両面から古典文化も隆盛を迎え、さらには先祖伝来の宗教を信仰する少数の元老院議員たちが異教を遅まきながら復興させえした（p.193参照）。しかし、この都がますますキリスト教化されるにつれ、古い習慣である物心両面にわたる援助の対象は、異教信仰からキリスト教会へ移り、大きなバシリカ型聖堂や殉教記念堂があちこちに建立された。

下の図は、"354年の暦"の献呈の口絵であるが、伝統的な要素とキリスト教の要素の両方が含まれている。この図案担当者フリウス・ディオニュシウス・フィロカルスは、教皇ダマッススに雇われた能書家でもあった。かれの名は、次ページに呈示された碑文断片にも現れている。フィロカルスは、かれ

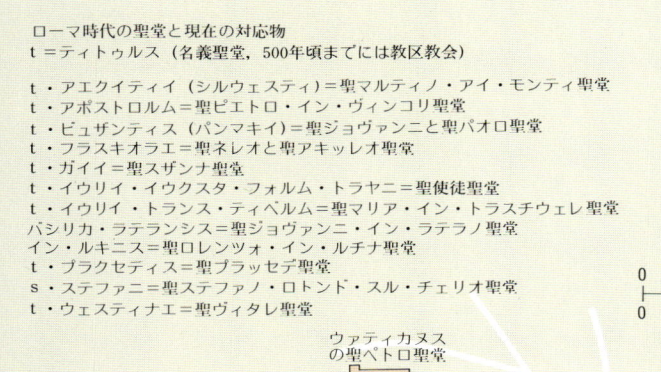

ローマ時代の聖堂と現在の対応物
t＝ティトゥルス（名義聖堂、500年頃までには教区教会）

- t・アエクイティイ（シルウェスティ）＝聖マルティノ・アイ・モンティ聖堂
- t・アポストロルム＝聖ピエトロ・イン・ヴィンコリ聖堂
- t・ビュザンティス（パンマキイ）＝聖ジョヴァンニと聖パオロ聖堂
- t・フラスキオラエ＝聖ネレオと聖アキッレオ聖堂
- t・ガイイ＝聖スザンナ聖堂
- t・イウリイ・イウクスタ・フォルム・トラヤニ＝聖使徒聖堂
- t・イウリイ・トランス・ティベルム＝聖マリア・イン・トラスチウェレ聖堂
- バシリカ・ラテランシス＝聖ジョヴァンニ・イン・ラテラノ聖堂
- イン・ルキニス＝聖ロレンツォ・イン・ルチナ聖堂
- t・プラクセティス＝聖プラッセデ聖堂
- s・ステファニ＝聖ステファノ・ロトンド・スル・チェリオ聖堂
- t・ウェスティナエ＝聖ヴィタレ聖堂

バシリカ型の聖サビーナ聖堂は、イッリュリクム出身の裕福な司祭ペテロの好意により420年代に建立されたが、その木製の扉板はローマにおける初期キリスト教時代の最も注目すべき記念建造物に属している。下左の図版は、『列王紀』（下2：11）を典拠とする"燃える戦車"に乗ってエリアが昇天するところで、旧約聖書におけるキリストの昇天の予兆である。また下右は主題の判明していない場面であるが、天使が歓呼の仕種で手をあげて、待ち構える群衆に、聖所の扉口に立つ定かではないが明らかに非聖職者の人物を指し示している。

の暦のように，古典的主題が4世紀の
ローマのキリスト教化された文化にも
継承されていたことを立証している．

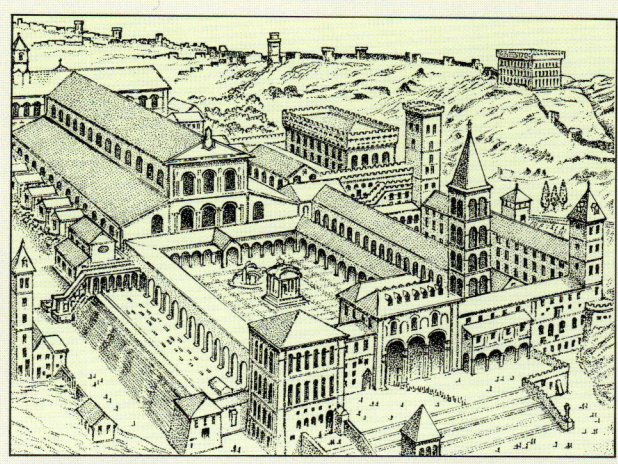

画家たちがとらえた印象は，後世に改
築されてしまった初期の聖堂につい
て，時には最も有益な概観を提供して
くれる．左は1470年ごろに描かれた旧
聖ピエトロ大聖堂であり，左下は1660
年ごろにデュグがフレスコ画に描いた
聖ジョバンニ・イン・ラテラノ聖堂の
内部である．両聖堂ともコンスタンティ
ヌスが創建したものである．

ペテロとパウロは，キリスト教ローマ
の祖であり，時にはキリスト教におけ
るロムルスとレムスに相当するとみな
する．図像の中にしばしば一緒に登場
され，図像の中にしばしば一緒に登場
する．下は旧ピエトロ大聖堂のモザ
イクの中の聖パウロである．かれは
もはや常套的表現の中では殉教者という
よりむしろ教師として表されている．

聖パオロ・フオリ・レ・ムーラという
大きなバシリカ型聖堂は，テオドシウ
ス1世の治世に献堂され，かれの後継
者ホノリウスによって完成された．こ
こにみられるのは，1750年ごろのピラ
ネージによる版画であるが，この聖堂
が1823年の火災により損害をうけ，当
初の形が改築の際に大きく損なわれた
ために特に貴重である．また，この聖
堂は4世紀末のローマにおける最も立
派な新聖堂の一つであった．プルデン
ティウスは，400年ごろのこの地がも
っていた"高貴な輝き"，金箔を施した
梁，大理石円柱，輝かしいモザイクや
フレスコ，そして"朝日のように鮮や
かな"聖堂内の光の美しさを，巧みに
呼び起こしてくれる．

西ローマ帝国の滅亡

帝国の分裂と民族移動

　50年以上の間に,軍事的才能と人格によってどうにか個人でローマ帝国全体の支配を掌握した皇帝が何人か出た.だが,テオドシウスⅠ世を最後にそのような皇帝は再び現れなかった.395年1月にミラノ(メディオラヌム)でテオドシウス帝が逝去した後,帝国がとるに足りない人物であった2人の息子のものとなり,アルカディウスがコンスタンティノポリスで帝国東半分の権力を名目上保持し,ホノリウスがミラノで西半分の皇帝となったことは,ある意味では皮肉な成り行きであった.テオドシウスは自分の一族による帝国支配をさらに強化するために,最初の妻の死後にウァレンティニアヌスⅠ世の娘ガッラと再婚していた.後に西ローマ帝国の実権をある期間握る皇女ガッラ・プラキディアが388年にこの両親から生まれた.

　兄のアルカディウスは皇位継承時にはやっと18歳であり,弟のホノリウスはそれよりも何歳か若かった.4世紀後半のローマ帝国には"幼帝"は珍しくなかった――若くして,時には幼児にして帝位についた皇帝は名目上は権力を行使したが,実際の統治を行ったのは有力な大臣たちや誰であれ個人的権勢をうまく獲得した者たちであった.テオドシウスの後継者はいずれもあまり個性的な人物ではなく,何の抵抗もなしに皇帝の職務にかかわる窮屈な儀式に臨んだり,助言者たちの言葉に従ったりした.アルカディウスが408年に死ぬと,息子のテオドシウスⅡ世が跡をついだのだが,かれは1歳にもならない402年1月に共同統治帝に任ぜられていた.ホノリウスは在位中はほとんど何もしないで隠居者のように過ごし,423年に病死した.かれについては,"ローマ"という言葉をペットのひよこの名と考えているにすぎないという悪口がいわれていた.ヨハンネスの皇位篡奪(432-425年)による中断の後に,東の宮廷は4歳になるウァレンティニアヌスⅢ世を西の皇帝として送り込んだ.かれはガッラ・プラキディアと有能な将軍のフラウィウス・コンスタンティウスの間の息子だった.

　この時期に皇帝の位をある一つの王朝で保持したということは,それだけで驚くべきことだった.しかし,そのためには皇帝の実権は犠牲にされて単なる名目と化し,実際の政治を牛耳る大臣たちの権力が皇帝の名において合法化されただけとなった.皇帝は公務に携わらずに好き勝手なことをして暮らしていた.当時の実力者の大臣たちの何人かの名が残っている.東方では,とりわけかつてテオドシウスⅠ世を支援したルフィヌスに加えて,宦官エウトロピウス,親衛隊長アンテミウス,都市長官兼親衛隊長のパノポリスのキュルス,キュルスの政敵クリュサピウスが有名であるが,テオドシウスⅡ世の皇族の女性たち,つまり皇妹のプルケリアと妃のアエリア・エウドキアが影響力をもっていたことはいうまでもない.西方では有力な軍事司令官たちが輩出したが,特にヴァンダル族と混血のスティリコや421年に皇帝となるコンスタンティウス,さらにフラウィウス・アエティウス,ゲルマン族出身のリキメルが名高い.

　テオドシウスの遺志通りに王朝は存続したが,皇帝の支持者たちの間にありがちな政治抗争や暴力沙汰まではなくならなかった.しかし,この困難な時代に王朝が存続したことの意義は過小評価されるべきではない.この他にもテオドシウスは,5世紀初頭の政治史と軍事史の舞台装置となるものを残したとされている.それは,帝国をコンスタンティノポリスの宮廷とミラノ(すぐにラウェンナに遷都)の宮廷とに分割したことと,西ゴート族が自分たちの民族の指導者を戴いたまま帝国の軍務に服して,帝国内の強力な軍事勢力となり,しかも立場を利用して帝国から特権として土地を得ていたことである.

　395年から数年の間,スティリコはいわゆるテオドシウスの遺志なるものに応じて,東西両皇帝に対する"摂政政治"を主張した.このことは東の帝国からの敵意を招いたが,当時コンスタンティノポリスの管轄下にあったイッリュリクム地方の東部を,かれが西の帝国のための新兵徴募地として確保しようとしたことが,その敵意をさらにあおってしまった.スティリコはこの計画を遂行するために,西ゴート族の王アラリクスに援助を求めた.西ゴート族はすでに395-397年にギリシアに侵入し,401-402年にイタリア侵入を企てて敗れていた.その後はローマ軍との交戦は免れていたが,かれらはいまだ定住しておらず,民族の安住の地を捜していた.407年にスティリコはアラリクスを利用してイッリュリクムを確保しようとしたが,そのころガッリアに蛮族が大侵入し,ブリタンニアで篡奪帝が立つという事態が生じたた

上　スティリコとその妻子像.ヴァンダル族の血をひく将軍スティリコとその妻子の肖像が,当時の二連象牙板に残されている.かれが仕えた皇帝ホノリウスの肖像は本書210ページにみられる.スティリコは西ゴート族のアラリクスと共謀したと疑われて職を解かれ,408年に処刑された.

西ローマ帝国の滅亡

下 アッタルスの大メダル．409／410年の冬に，ラヴェンナのホノリウスの非妥協的な体制に対抗して，アラリクスはローマの元老院議員プリスクス・アッタルスが帝国の実権を握るのを助けた．アッタルスの大メダルの銘に「征服されざる不滅のローマ」とあるが，数ヵ月もたたないうちにアラリクスはローマを攻略したのだから，皮肉な言葉である．

蛮族の西方への侵入と定着
蛮族の侵略の性格は一様ではない．たとえば，ヴァンダル族やスエビ族は土地と財産を力づくで強奪することを目的としたが，西ゴート族は定住地を得ることとローマ人がかれらを認めることを要求していた．

め，その計画は潰れた．アラリクスはこの未遂に終った軍務の報酬を要求したが，元老院に拒否されたため，408年に再度イタリアに侵入した．その408年8月にスティリコがホノリウス帝の命令により処刑され，生前の名声に対してアラリクスを優遇したという非難が浴びせられた．しかし，かれの後を継いで権力を握ったものたちは，結局は蛮族の脅しに立ち向かうことができなかった．スティリコの死後ローマ市はつづけて3度の包囲をうけ，3度目の410年8月にはついにローマ市がアラリクスに占領され略奪された．

この状況をゴート族自身の立場から考えてみるのも価値がある．4世紀の史料によれば，ローマ帝国内に入り込む以前のゴート族は平穏な農耕民族であり，村落共同体内で生活を営み，個人的にはローマ帝国と交易をしたり，時には帝国に出かけたりもしていた．ゴート族の移住は東方からフン族に圧迫されたためであり，決してローマ帝国に対する攻撃的な動きではなかった．それが攻撃的になったのは，ドナウ川の渡船所を管理するローマの役人がゴート族を虐待して圧迫したときだけだった．

382年に防衛軍務の代償としてゴート族に土地が与えられたが，このことはかれらにとってはローマ政府よりもテオドシウス帝個人との協定と考えられたかもしれない．テオドシウスの死によってアラリクスは不安定な立場におかれた．というのも，東西どちらの帝国にせよテオドシウスの後継者たちが条約を尊重することをかれは確信できなかったからである．ホノリウスとスティリコの政権とかかわっている間，アラリクスはずっと同じ要求，つまり民族の安住の地と財政的安定と食糧支給の要求で迫っていた．410年のローマ市の略奪後，かれは南方に進撃してアフリカ渡航を確実にしようとしたが，南イタリアで死んだ．後継者である弟のアタウルフがゴート族をイタリアからガッリアへ導いていった．そこで414年に傀儡としてローマ人の皇帝を戴くゴート族の政権をナルボンヌで樹立した．アタウルフはローマ市略奪後人質としていたテオドシウス帝の娘のガッラ・プラキディアと結婚し，そしてゴート族の武力によってローマの名称を維持するという政策を公表した．その翌年，ゴート族はローマ軍によって海上を封鎖されて，やむなくナルボンヌを捨ててヒスパニアへ移ったが，アタウルフはそこで暗殺された．次の王のウァッリアがアフリカ渡航を企てて失敗したが，結局418年にローマ政府との協定により，西南ガッリアのガロンヌ川からロアール川の間に定住地を手に入れた．ゴート族にしてみれば，この一連の出来事はあまりうまくいったものではなかったが，最後には望んだものを手に入れてしまった．

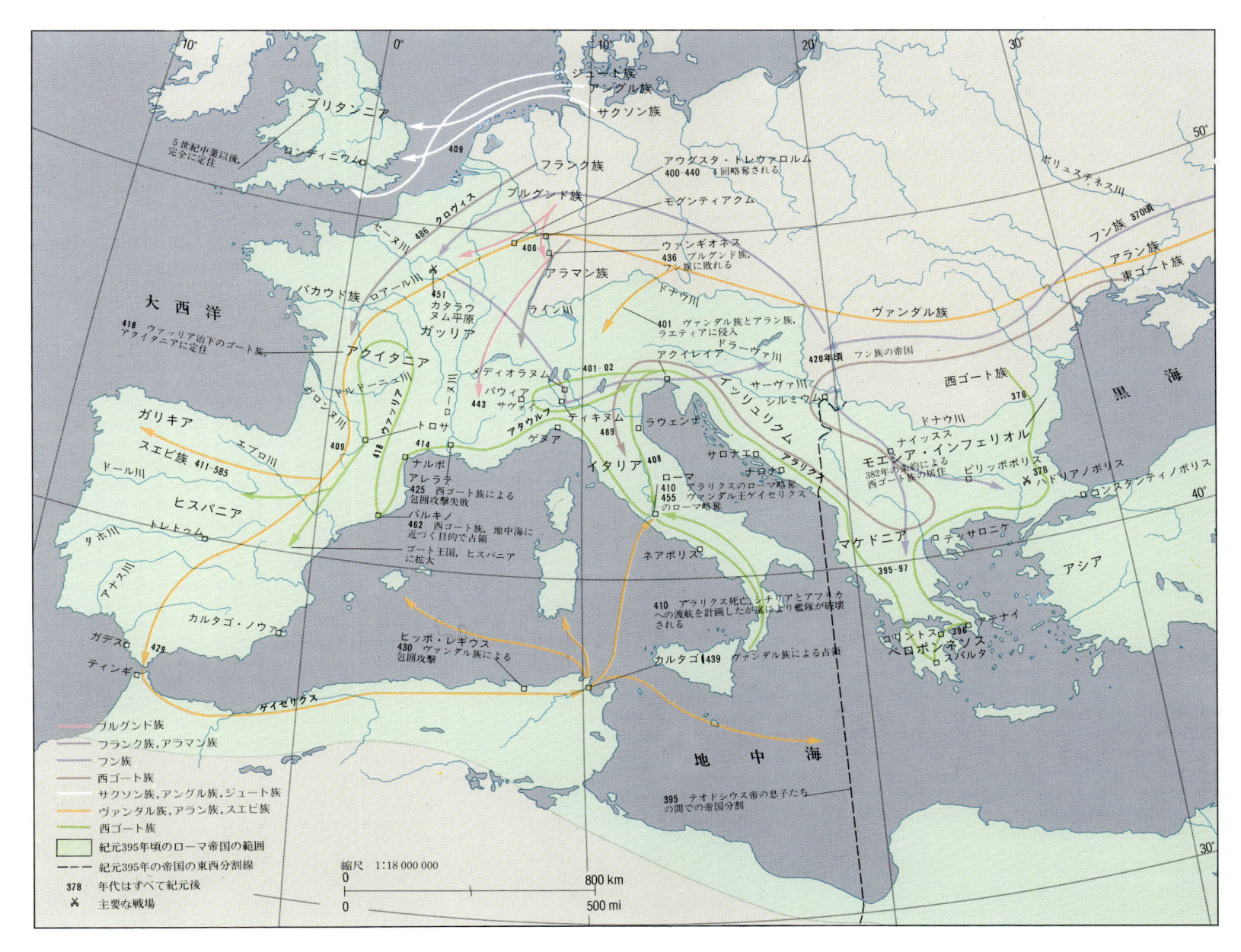

西ローマ帝国の滅亡

ローマ市略奪の与えた衝撃は大きかったが，戦略的にみれば，当時帝国を悩ましていた最悪の事態と比べると物の数ではなかった．406年末に，主にヴァンダル族，スエビ族，ブルグンド族の混成したゲルマン民族が大規模に侵入し，ライン川を渡ってローマの防衛陣地を席捲し，北ガッリアとラインラントの諸都市を攻略し，ガッリアを通って西南方向に拡がっていった．409年にはすでにアクイタニアの諸都市に迫り，スエビ族とヴァンダル族はピレネー山脈を越えて，テオドシウス朝の故郷の地で，かなり都市化していた豊かなヒスパニア地方に侵入した．同時代人の史料によれば，全ガッリアは「巨大な火葬用のたき木の炎に包まれた」のであり，このとき聖ヒエロニムスが西部地方の抑圧に苦しむ人々にあてた書簡によれば，侵入をうけた地域の物質生活と家庭生活は崩壊してしまった．ヒスパニアに侵入した蛮族たちは数年も経ずして王国を樹立し，最良の土地を競い，ローマ人の地主たちを追い払っていたのだ．

同時に，ブリタンニアでは局地的な不安と海岸線に沿ったサクソン人の侵入の混乱に乗じて，皇帝を僭称する者があいついだ．その1人の簒奪帝コンスタンティヌスIII世は407年にガッリアに渡り，アルル（アレラテ）に宮廷をかまえ，まもなくヒスパニアにまで支配を拡げた．ところがこの重大な出来事もアラリクスの侵入と時代的に重なっていたために，イタリア半島内にあった政府はガッリアの簒奪帝に対しほとんどなすすべがなかった．

コンスタンティヌスの帝位僭称とガッリア侵略の後は，ブリタンニアは2度とローマの属州として回復されることはなかった．ローマ側史料では"僭主"と呼ばれた人々，つまりローマ権力とのつながりを大なり小なり主張する地域的な王たちがその地を支配していたのであり，5世紀中葉以降はサクソン人が東部から漸進的に占拠していったのである．ローマ時代以降の僭主として西南ブリタンニアでサクソン人の侵略を撃退した者たちの中に，アンブロシウス・アウレリアヌスという漠然とした人物の名が残っている．かれはギルダスが6世紀初頭の西ブリタンニアの実力者として述べている"5王子"のモデルであったかもしれないし，伝説の陰にある真実が何であれ，アーサー王という人物のモデルになったかもしれない．

ガッリアでは410年以降は，アルモリカ（ブルターニュとその西北に隣接する地域）とガッリア地方の中心地域の大部分は，バガウダエとして知られる反乱者たちや飛び飛びに分散して定住した蛮族たちによって支配された．429年にヴァンダル族はヒスパニアからアフリカに渡り，数年にわたってカルタゴを目指して東へ進んだ．当時，ヒッポの司教だったアウグスティヌスは年老いており，ヴァンダル族に市が包囲されている間の430年に死んだ．

帝国政府はこれらの問題にできる限りの手はうったが，あまり多くのことはできなかった．スティリコが北の蛮族から広範囲にわたって兵を募り，辺境地域で非常時の軍事司令官を創設し，地方の軍隊を召集して質を高めて蛮族のイタリア侵入に対抗させたという証拠が残っている．ローマの将軍たちはヴァンダル族とスエビ族を抑えにヒスパニアへ遠征したが，その遠征では同盟部族としての西ゴート族に助けられた．たしかに西南ガッリアにゴート族を定住させたのは，ヒ

左　銀製の鉢．"コールレインの遺宝"から出土した破片を復元したもの．その"遺宝"は1854年に発見されたもので，銀貨，銀塊，銀皿の破片などが大量に貯えられていた．一連の銀貨は5世紀（420年以降）のものであることを示している．この遺宝は，アイルランド人が西ブリタンニアやガッリアを略奪した後で戦利品として得た，あるいは賠償金として受けとったものを貯えたものかもしれない．

西ローマ帝国最後の皇帝たち．西ローマ帝国のユリウス・ネポス帝は476年に廃位された後も，叔父の前例にならって，ダルマティアのサロナエに拠り，独立した国家の元首であると数年間主張していた．本図の上がネポス帝の硬貨で，476年から480年の間にオドアケルがかれの代わりにミラノで発行した．下の同じような硬貨は，西ローマ帝国の正式に認められた最後の皇帝ロムルス・アウグストゥルスのものである．

スパニアでの騒乱と中央および西北ガッリアでのバガウダエの反乱に対するローマ側の防波堤とするつもりだったらしい．アフリカではヴァンダル族の前進に対して東方から派遣された遠征隊が抵抗したが，東部マウレタニアとヌミディアが435年にヴァンダル族に割譲され，その4年後には条約に背いてゲイセリクスがカルタゴを占領し，自らアフリカ領の支配者となった．

ドナウ川の北のハンガリア平野に420年ごろからフン族が住みつき，数年のうちに勢力を拡げ，ついには古くから帝国に兵士を供給してきた地域に至る道ばかりでなく，4世紀にはすでに帝国の軍事上の中枢となっていた東西を結ぶ陸路を脅かすようになった．東の帝国政府は年金支給を含む条約を430年ごろにフン族の王ルア（ルギラ）と結び，数年後にはその後継者のブレダおよびアッティラと結んだ．441年に公然と戦いが始まり，シルミウム，マルグス，ナイッスス，ピリッポポリスがフン族の手中に落ちた．そして447年にも戦争が再燃した．両方の戦いとも年金の額を増やし，ドナウ川のローマ側の土地からローマ軍が撤退することで決着がついた．イッリュリクムの首府はシルミウムからマケドニアの沿岸都市テッサロニケに移された．

フン族の政治機構はしっかりしたものではなく，ローマ領内での定住にも関心がなかったため，かつての危惧に反して，かれらはローマ帝国にまったく破壊的影響を与えなかった．5世紀前半，フン族は西帝国の宮廷と概して協調的な関係をもち，409年にホノリウス帝の政権が危うくなったときには援軍を送り，ヨハンネスの帝位簒奪を支援し，430年代後期にはローマ軍とともに西ゴート族と戦った．この時期の西側政界には，客分や人質として一時ゴート族の中にいたことのある有力人物が何人かいた．451年にフン族の王アッティラは東のコンスタンティノポリスの宮廷と協定を結んだ後，西帝国に進軍したが，ローマ軍と西ゴート族とブルグンド族の連合した軍勢にカタラウヌムの野（シャロン・シュール・マルヌ）で敗れた．かれはガッリアから退いてアクイレイア，ミラノ，ティキヌムを略奪したが，外交折衝の結果と報復の恐れとからイタリアから撤退した．453年にアッティラが死に，フン族の帝国は崩壊した．

この時期，コンスタンティノポリスの宮廷は西帝国内の事件への関心を，必ずしも効果的ではなかったにしろ，執拗に示した．スティリコの生存中，コンスタンティノポリスの兄帝の方に穀倉地帯のアフリカがついたため，ローマは穀物不足に陥り，結局スティリコがその"反乱"を鎮圧した．アラリクスがイタリアを占領したときには，コンスタンティノポリスからホノリウスに援軍が送られた．ガッラ・プラキディアの権勢によって東の政府は，425年にヨハンネスの西の帝位簒奪を鎮圧し，彼女の息子ウァレンティニアヌスIII世を皇帝に就かせた．ウァレンティニアヌスはテオドシウス帝の娘のリキニア・エウドクシアと婚約し，437年にコンスタンティノポリスで結婚式をあげた．その祝典に臨んだ西側使節団は，438年にコンスタンティノポリスからテオドシウス法典の写本を土産に帰国した．それは，4世紀と5世紀初頭に発布された雑多な勅法を，テオドシウスII世の勅命により，事項と年代順に編纂したものである．当然，編纂者たちは非常に広く旅をして，四散した資料や時には未公開の資料から法律を集成しなければならなかったにちがいない．テオドシウス法典は東西の両帝国が協力して建設的な事業を完成させた最後のものの一つである．

東の宮廷はヴァンダル族がアフリカを占領するのを妨げようとしたが，アッティラとの最初の戦いを指揮するために，やむなく2回目の遠征軍を召還した．ゲイセリクスの率いるヴァンダル族は強力な艦隊を建造し，455年にはローマを略奪し，ギリシアや東地中海にまで海賊行為を拡大していった．468年に東の帝国は西からの援軍とともにヴァンダル族に対する大遠征を行ったが，惨敗した．この遠征の失敗の結果，ヴァンダル族はさらに勢力を拡げていった．

テオドシウス朝は，東帝国では450年にテオドシウスII世が落馬が原因で死んだために断絶した．その後の皇帝たち，マルキアヌス（450-57），レオン（457-74），イサウリア人ゼノン（474-91）には，かつての皇帝たちのように軍事的性格が備わっていた．西帝国では王朝はウァレンティニアヌスIII世の暗殺（455年）で終りを迎え，その後は在位期間の短い皇帝が数人つづいた．蛮族出身の長官リキメルの傀儡であったリウィウス・セウェルスの治世（461-65）の後は，東帝国のレオン帝が西の皇帝にアンテミウス（467-72）を就任させた．アンテミウスとリキメルは互いに敵対して内乱になった．レオンは西の元老院議員でコンスタンティノポリスに亡命していたオリュブリウスを間に立てて，両者の和解を図った．しかし，アンテミウスは暗殺され，代わってオリュブリウスが皇帝となった．数ヵ月後オリュブリウスが死に，グリュケリウスが帝位を継いだが，東の政府はネポスを送り込んで代わらせた．しかし，ネポスは将軍のオレステスによって追われ，オレステスは自分の息子のロムルスを皇帝にした．ロムルスが476年にオドアケルによって廃されたことは，西ローマ帝国の終焉を象徴するものと考えられている．476年以降はイタリアはラウェンナに宮廷をもつ蛮族の王たちに支配された．

西ローマ帝国終焉の反応

西ローマ帝国の崩壊に対する同時代人の反応はさまざまである．著述家にしてガッリアの地主であったルティリウス・ナマティアヌスは，417年末に海路で帰郷し，西南ガッリアのかれの領地内にある西ゴート族の定住地を承認するという要請に応じた．ルティリウスにとっては，事態を楽観する根拠があった．蛮族のイタリア侵入による破壊の爪跡は，こわれた橋，見捨てられた簡易宿泊所などにまだ歴然と残っていたが，すでに西ゴート族との和睦はできており，ローマでの生活は平常に戻りはじめていた．ルティリウスの反応はおそらくその時代のものとしては最も楽天的であっただろう．かれよりも年少の同時代人であるヒスパニアの司祭オロシウスが，やや違った種類の楽天主義を示している．ローマ史についてのかれの論争的な著述『異教徒に対して』において，オロシウスは苦痛なほど退屈な文献類を用いて，帝政ローマ時代とかれの時代がこうむったローマ市略奪などの不幸は，かつて共和政ローマがこうむった不幸ほどには重大なものでない，と論じた．かくして，かれは伝統的な神々を捨ててキリスト教を採用したことがローマ滅亡の直接の原因であるという非難に反対した．しかし，その歴史書の中のかれの個人的な反応が表れている特定の文章をみれば，オロシウスが当時の状況をまったく楽天的にみていたわけではなかったことが明らかである．かれは重大な危機の中，ヒスパニアを逃げ出して北アフリカに渡っていた．そしてその後，蛮族に荒々しく占領された生まれ故郷には戻ることができなかった．かれは蛮族たちがヒスパニアに首尾よく王国を樹立しそうな可能

左　西帝ホノリウス（395-423）．406年に執政官のプロブスが出したこの二連象牙板では，ホノリウスは軍服を着て表されているが，これはかれの能力を実際に反映しているというよりも象徴としての姿である．手にした軍旗の中の「キリストの名のもとに常に勝利のあらんことを」という銘につりあって，天使とも解釈されうる有翼の勝利像が表されている．

性を嘆き悲しんだ．かれはある箇所で擬人化したガッリアに「かつてローマ人が私を打ちのめしたので，私はゴート族に手向かいできないのだ」と語らせて，ユリウス・カエサルのガッリア遠征について驚くほど苦々しく論じている．オロシウスの記した歴史には個人的な信念もないし，自身の経験に誠実に一致したものもないのだが，その著作はキリスト教時代のみならず古典時代についても中世におけるローマ史の標準的な参考書となった．

やはりガッリア人のペッラのパウリヌスがその詩，『エウカリスティコン』つまり『感謝の賛歌』において，侵入によって土地を追われ，富裕な地主の身分からマルセーユ（マッシリア）での貧しい修道士に身を落とし，かつての巨額な資産の最後に残ったものをゴート族の仲買人に売るという，ある個人の経験を生々しく印象深く記している．440年ごろに東北地方出身の同胞である司祭のサルウィアヌスが，当時の腐敗したローマ社会を非難し，ガッリアとアフリカを占領した蛮族たちの偽りのない清廉さと比較している．ガッリアの生き残った地主たち，つまり市参事会員（この身分がまだ存在していたことは興味深い）については，かれらが農民から税を絞り取るので"僭主"であると述べている．農民自身については蛮族やバガウダエの反乱者と一緒に避難所を求めていると断言している．サルウィアヌスのこの論争を招くような表現がどこまで正確に事実を映しているのかは決めがたい．しかし，トリーア（アウグスタ・トレウェロルム／トレウェリ）の街路に倒れていた引き裂かれた死体についてのかれの記憶は，遺憾ながらおそらくかなり事実に即したものだろう．400年から440年の間にこの市は蛮族の猛攻撃を4度もうけて略奪されているのだ．

ローマの滅亡に対してとりわけ遠大で教養のある反応を示したのは，アウグスティヌスである．ローマの略奪に関する説教において，アウグスティヌスはヨブの受難を引合いに出して，キリスト教徒ローマ人の苦悩は神に信仰を試されているのだと説いた．しかし，ローマは古来の神々の庇護を捨てたために荒掠されたのだと思う人々もいたのであるから，キリスト教の立場からの理性的な答が示される必要があった．アウグスティヌスは『神の国』でその論拠を大々的に展開した．最初の10巻では，キリスト教以前のローマ，特に当時の異教徒たちが理想化する共和政初期のローマの業績が全体的に検討され，さらに異教の哲学的意見に対する反論として理性に基づく例が示されている．たとえば第10巻では，ポルヒュリオスの新プラトン主義哲学に対して，知的な点で説得力のある批評が示されている．『神の国』の後半では，"神の国"（キウィタス・デイ）と"地の国"（キウィタス・テッレナ）という二つの国の概念が展開されている．アウグスティヌスにとって神の国とは，いまのところは人間の社会に暮らしている"聖者の共同体"であった．かれらの素性は神のみが知っていて，最後の審判の日に示されるのであった．キウィタスというラテン語は，ある見解からすれば"国"というよりも"市民権"の意味に訳す方がよい．天国の共同体の成員は地上にあっては異邦人（ペレグリヌス）のようなものであり，ローマ人の都市にすむ異邦人と同様に，地上の法に従うが，帰還を切望する神の国に究極的な忠誠を抱いている．アウグスティヌスにとって，世俗の社会と政府は，法に従った社会生活を維持し，不完全な人間のうちでの無秩序を避ける点で，たしかに基本的な世俗の目的にかなったものだが，究極的にはあいまいなものであった．教会自体に関しては，地上における聖者の共同体というよりも，病人のための療養所のようなものだった．アウグスティヌスはヒッポにある自分の教会内にも多くのふまじめなキリスト教徒がいて，中には主にローマ帝国の法律を恐れるがゆえに教会内に留っている者さえもいることを知っていた．かれらはフィクティ，つまり個人の良心の問題としてではなく安全と便宜のために"偽って"改宗した人々であった．そうだとしても，かれらが教会内にいれば救済の機会が与えられるわけであった．

その当時の人々ばかりでなく近代の歴史家にとっても，ローマ帝国の終焉については広い視野からの説明が求められているように思われてきた．これほどの富に満ち，その物質的遺物があらゆる面にみられるほどの帝国がどのようにして破滅したのかということに，ほとんどの時代の人々が心を奪われてきた．ある意味では，このように広い視野からの解釈が必要だと思い込まれてきたことが，近代の歴史的分析を妨げてきたのである．というのも，その結果として，ある広大で複雑な歴史的変化を何か単一の解釈で説明できる可能性が示唆されてきたからである．かなり最近になっても，たとえば気候変化説のように，単一の何にでもあてはまる解釈を用いて帝国の滅亡を明らかにしようとする試みがなされており，あるいは鉛の水道管を使っていたために人々が徐々に敗血症になったことが原因だとする説さえも主張されている．

帝国滅亡の原因をしばしば道徳的なものに帰する見解があったり，時には，肉体の衰えと死とを避けられない生物体とローマ社会とを，明確にあるいは仮定として類推する見方もあった．たとえば，帝国の終焉は単にあらゆる物には必ず終りがあるという理由によるものであったというのが，ヴォルテールの見解である．ローマ帝国は指導者たちの道徳が衰退したために滅亡したのだという意見は直ちに無視できる．かりにこの意見が妥当だとすれば，帝国は最初の皇帝たち，ユリウス＝クラウディウス朝の時代に破滅したはずだし，あるいはローマが帝政となる前に，つまりローマが最も不道徳な時代であった共和政末期にでも破滅したはずである．3，4世紀の皇帝たちは全体として正直で，勤勉で，非常にまじめな道徳的人物たちであった．非常に驚くべき事実として，古代の史料にはかれらにかかわる道徳的醜聞がまったくといってよいほど欠けている．帝政時代後半の皇帝たちや支援者たちは地方の美徳が保たれている地域の出身であり，大都会の退廃した社会の影響をうけていなかった．

ギボンにとっては，ローマ帝国の衰亡はその政治機構の究極的帰結だった．帝国の巨大な組織を維持するためには，広範な物的抑制が必要だった．しかし，その結果，人々の自由の観念が衰えてしまい，蛮族の侵入という危機に際して，人人は自由の保護に対する現実の関心をまったく失ってしまっていた．同時に，2世紀に一時期平和が維持されたために，軍人階級が集団としての勇気と服従の習慣を失ったうえに，つづいて生じた軍事危機の際には皇帝たちから甘やかされてしまったというものだった．

ところで，この解釈には帝国がこれほど長くつづいたことを説明できないという難点があり，ギボン自身もそこに含まれているものを追究せずに認めている．帝国は権力行使を組織的に強めていくことで3世紀の危機を乗り越え，4世紀には強烈な活力にあふれ，政治，軍事，文化の面で復興するという一時期を享受することもできた．この非常に豊かで，しかも複雑な時期の歴史からは，帝国がすでに衰退の方向にむかっていて，後戻りできない状態にあったことなどまったく

読みとることができない．

　ギボンの説やその他このように長い期間を取り扱う説には，帝国の滅亡を説明するどころか，遺憾ながら帝国の長期の存続を高く評価するものに簡単に変ってしまうという問題がある．何かもっと正確なものが必要である．また，それに劣らず重要なこととして，西の帝国が崩壊したのに，東ローマ帝国はその後さらに1000年もつづいたという違いを生じさせたものを解明する必要もある．この点を追究すると，ギボンが提案してその後の歴史家たちがさまざまな表現で発展させた説，すなわちキリスト教会が人間の理想を市民的なものから来世を目標とするものに変えたため，人々は帝国の維持に関心を失ったのだという説が危くなる．しかも，キリスト教とキリスト教の理想は，亡びていった西の帝国だけでなく，残存した東の帝国にも同じようにゆき渡っていたのだ．このような説明には，両帝国が同じ条件を与えられながら何故それぞれに反応が異なったのかということだけでも明らかにする必要がある．

　かりに，5世紀初頭の西の政府の状況に考察の範囲をしぼってみれば，ローマ帝国に関する諸問題は理解できなくはない．帝国はハドリアノポリスで東方野戦軍の3分の2を失って（378年）以来，おそらく立ち直らなかった．それ以前にも，ユリアヌスのペルシア遠征の失敗や，もっと以前のコンスタンティウスの内乱ですさまじいほどに消耗していた．特に，コンスタンティウスがマグネンティウスを破ったムルサの戦い（351年）での人的資源の損失はまったく破壊的であった．376年にウァレンス帝がゴート族の帝国入領を認めたのは，かれらをローマ軍の兵士に徴募できる可能性に魅かれたからだった．

　軍事面での人員不足は，ローマ政府の活動に大きな影響を与えた基本的条件の一つだった．そのためにローマ人はゴート族が同盟者として軍務に就くという方針をうけ入れざるをえなかった．このように帝国内に一種のゴート族"領"を創設するという解決法によって，政府が外からの脅威に自由に反応することがますますむずかしくなった．5世紀初頭においては，西ゴート族との関係についての問題は，ローマの外敵をいかに扱うかという問題にほぼ匹敵するほど重要であり，またその問題と深く絡みあっている．

　西帝国の統治力が弱体化したことの重要な一因は，元老院議員の地主階級が財政上での負担すべき義務の遂行を拒んだことにある．ローマの元老院は，元老院議員の領地から新兵を集めることに反対し，その代償として現金を納める方を好んだ．そうすれば，領地内の農業労働者の数を減らさずにすむので，収入を保つことができたからである．元老院がしぶしぶ支出した現金で，政府は蛮族の中から新兵を集め，また特にアラリクスが要求した報酬金としての年金を支払わねばならなかった．それでもやはり元老院はこれらの報酬金の支払いに反対だった．

　帝国政府がほぼ破産状態になって苦しんでいた時期に，ローマの元老院議員階級は相変らず公開娯楽競技に多額の金を使っており，もはや新兵の供給を拒むことも，同盟部族軍への報酬金の支払いに反対することもできる状態ではないのだということを理解していなかった．

　経済面だけでなく政治面においても，元老院議員のせいで政府は難局に対処する力を失ってしまった．そのため，アラリクスと取引きをする際に政府の統一した態度を示すことがだんだんむずかしくなっていった．宮廷は予測もつかない矛盾した言動をとり，アラリクスは即座にそれにつけいった．それと対照的に東の帝国では，強引な反ゴート派がいて，ゴート族の重大な反乱（399–400年のガイナスの乱）もあったけれども，政府は外国と戦うときには，西の帝国がしたほどにはゴート族の戦力をあてにしたことはなかった．東の帝国は比較的侵入を免れていた．そして，東の政府は手近な新兵供給源の土地としてトラキアとアナトリアの支配を保持していたから，西の政府の統治力の基礎を危くした兵員数の不足に悩まされることはまったくなかった．東ローマの政策によって守られ，東地中海とその諸都市に基礎を置いた文明の及んだ範囲は，防衛資金の供給源でもあり防衛範囲でもある地域とほとんどぴったりと一致していた．その一方，西の帝国では，帝国の軍事力の源は北の内陸地方にあり，文化的生活や財源の存在する地域のほとんどから離れていた．最後に，東の貴族は西の貴族ほど豊かでなく，帝国宮廷の政治的・経済的生活に西よりも徹底して巻き込まれており，西方でローマの元老院議員階級がつくったような個々の領地をつくるようには決してならなかった．西ローマ帝国が弱体化し分解した一方で，東ローマ帝国が残存したことの理由は，このような考えの中に探られるべきであり，一般に道徳的，宗教的反映とされるべきではない．

西ローマ帝国滅亡後の蛮族国家

　旧西ローマ帝国領内に樹立された蛮族国家は，それぞれが社会面や政治面で非常に異なった個性を発揮し，ローマ風の作法や生活様式が残るのを好む国もあれば，好まない国もあった．ガッリアでは，西南地方の西ゴート族の政権が併合と拡張に乗り出していた．テオドリクス王は451年のアッティラとの激戦で斃れたが，その跡を継いだテオドリクスⅡ世の下にナルボンヌを占領し（462年），ゴート族は地中海に達することができた．数年後にはアルルも手に入れた．その地はその時までガッリアに残っていたローマの諸州を統治する親衛隊長の駐在地であり，西方におけるローマ文化の名高い中心地だった．さらにローヌ川を遡るとブルグンド族の王国があった．編年記史料によれば，436年にかれらはフン族に大敗した後にサボイ地方に定住した．この敗戦がドイツの叙事詩『ニーベルンゲンの悲歌』の基になる遠い昔の史実であるらしい．その他にも，オルレアン近くのアラニ族の土地やヴァレンス地方のように，かつてのローマ諸都市の領域から蛮族に割り当てられた土地で，蛮族の定住地がさらに増加していった．東北ガッリアでは，ロアール川以北の森林地帯はバガウダエの反乱者たちに抑えられていた．かれらは独立した公国のようなものをつくり，みずからの法で統治していたらしい．

　ガッリアやその他の地域での蛮族の定住地はホスピタリタス，つまりローマ人の地主とその蛮族の"客人"の間で土地を分け合った制度が基礎となって生まれた．残念ながら，土地の分割法の実際の仕組み，つまり蛮族の住民に実際に土地が割り当てられる方法については，ほとんどわかっていない．かれらはローマ人の領地内にある事実上の蛮族用の飛び領地――おそらく森林近くの外縁地域にあったと思われる――に住んだのか，あるいはかれらは小集団に分かれて，ローマ人の地主の領地内で個々の農民として田園地帯の家に分散居住したのだろうか．西ゴート族はガッリアを占領してから6世紀初頭にフランク族に追われるまでの1世紀間に，その地域の地名にかれらの存在を示すような跡をほとんど残して

西ローマ帝国の滅亡

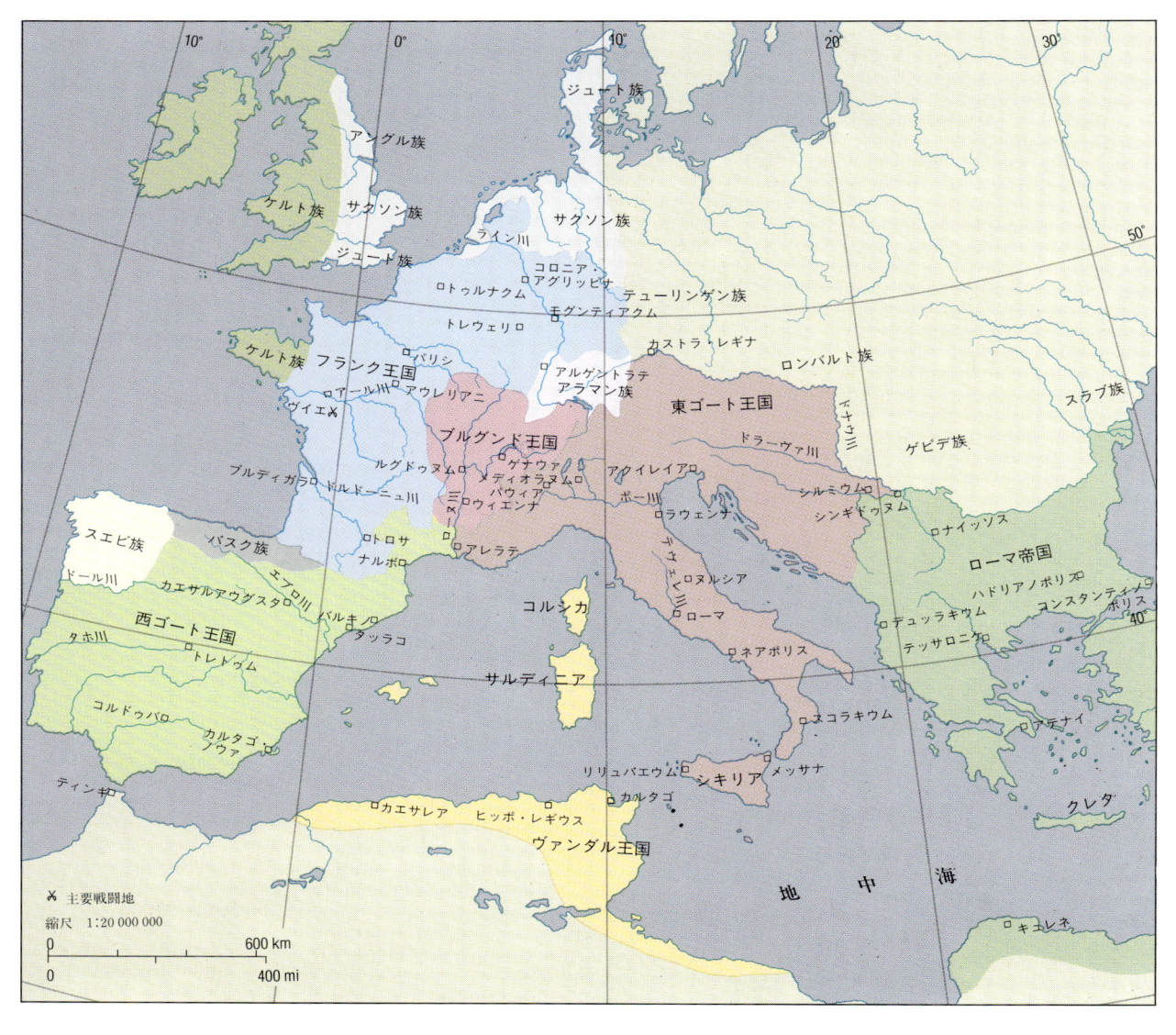

526年のローマ帝国と蛮族諸王国との政治的範囲

東ゴート族の王テオドリクスは526年に死ぬ前に，娘の子が統治するヒスパニアの西ゴート族を援助して保護下に置き，ブルグンド族とアフリカのヴァンダル族とは婚姻関係を結んだ．かれは，クロヴィスの率いるフランク族が拡大して，ヴイエの戦い（507年）でガッリアから西ゴート族を追い払うのを防ぐことには失敗していた．コンスタンティノポリスの東ローマ政府は，アリウス派のテオドリクスがカトリック派のローマ人臣下を迫害しているとみて，西ローマ帝国の旧領地を再征服する気になっていた．しかし，その征服活動はまず，別のアリウス派の政権，つまりヴァンダル族の王国に向けられ，かれらを打ち破って西方との橋渡しをした．ブリタンニアでは，ケルト人がサクソン人に抵抗し（『アーサー王物語』の原型の陰にある状況），西ガッリアへ移住している時代であった．イタリアにとって真に脅威となったのはランゴバルド族であり，東の政府にとってはアヴァール人とブルガル人であった．

おらず，ゴート族の定住地についての考古学史料も乏しくて漠然としている．それでも，ガッリアの貴族シドニウス・アポッリナリスがテオドリクスⅡ世（453-66）の時代にトゥールーズ（トロサ）の西ゴート族の宮廷を訪れた記録によれば，その光景は華麗で豊かであり，ある点ではまったく文化的な社会生活であった．

実際の定住方法は，ヒスパニアやアフリカに比べるとガッリアの方が破壊的なものがずっと少ない．ヒスパニアのヴァンダル族やスエビ族の定住には暴力と破壊が伴い，そのためローマ文化はほとんど継承されなかったらしい．5世紀と6世紀のガッリアでは皇帝一族が大地主であることが珍しくもないのだが，ヒスパニアでは断片的な史料にはまったく現れてこない．アフリカでは，ヴァンダル族がアフリカ・プロコンスラリスにまで膨脹していったが，その犠牲となって広範囲のローマ人地主たちが追い立てられた．このようにヴァンダル族に追われ，しかも宗教的迫害をうけた犠牲者として，多くの難民が東方に向かった．文化の断絶は完全ではなかった．アフリカ・プロコンスラリスの南部とヌミディアの境界近くのやや辺鄙な地域でかつて皇帝領地だったところに，ローマのマンキアナ法による伝統的な土地保有形態が5世紀末までつづいていた証拠がある．他にもローマ人地主たちのことがときたま記録に残っているし，6世紀初頭にカルタゴにあったヴァンダル族の宮廷は，適度に洗練された知的・文化的生活の中心となっており，その主な代表者はラテン詩人のルクソリウスだった．

ローマ帝国の西部にいた蛮族たちが異端とされたアリウス派のキリスト教に改宗した経緯はあまり明らかでない．西ゴート族の場合が最もわかりやすい．かれらが以前にローマ帝国と関係をもち，入国を許可されたときの皇帝が，アリウス派のウァレンスだった．さらに，かれらをキリスト教に改宗させたウルフィラスが，アリウス派のゴート人伝道者（であり，ゴート語版聖書の訳者）だった．しかし，この場合でさえ問題がある．ウァレンス帝時代の帝国は，ゴート族が入国許可を得てからハドリアノポリスの戦いに至るまでの短期間に，ゴート族との建設的な関係はほとんどなかった．かれらとローマ人との後半の関係の基になった条約は，敬虔なカトリック派皇帝テオドシウスと結んだものだった．406年末にライン川を渡って侵入したヴァンダル族がアリウス派を採用することになった理由は，いまでもまったく不明瞭のままである．スエビ族とブルグンド族はしばらく異教徒のままだったが，フランク族はクロヴィス王の治世に異教から直接にカトリック派のキリスト教に改宗した．正統派のニカイア信条に反対するアリウス派の神学上の複雑な問題に，蛮族たちが特に魅力を感じたと考える理由はないようだ．結論として，蛮族が異端の派を選んだことがローマ世界の住民としてのかれらの立場を反映するようになった，ということになる．すなわち，かれらがキリスト教徒になったことは，ローマ人の主人と利害を共有していることを示すものだが，その一方，

カルタゴのモザイク．この5世紀末から6世紀の美しいモザイクには，ゲルマン風の衣装を着た地主がその館から狩猟に出かける様子が表されている．もしこの地主が実際にヴァンダル族だとすると，この蛮族の住民たちは，かれらがローマ領のアフリカで見出した文明を，少なくともその一部分にしろ，たしかに認めていたのだということがこの肖像画からうかがえる．

アリウス派を選んだことが，蛮族とローマ人の間には親密さにも限界があることを示す分岐点になっていた．たしかに，蛮族の王たちが始めた攻撃的な反ローマ政策の諸相が，カトリック派の迫害となって現れた．これは特にフネリクス王治下（477-84）のアフリカと，エウリクスⅡ世（466-84）の攻撃的なゴート政権下のガッリアで起こった．

ガッリアでローマ文化が継承されたことには，その地に住んでいたガッリア・ローマ貴族がかかわっており，かれらの業績はかなりのものだった．5世紀後半に書かれたシドニウス・アポッリナリスの書簡には，この貴族たちの間に政治，文化，神学上の広範囲な交流の網が張りめぐらされていたことが示されている．これらの貴族の中には，ボルドー（ブルディガラ）のポンティウス・レオンティウスのように，ウィッラや田園地帯の館でローマ風の生活様式を保っていた人々もいた．ポンティウスが田園地帯に所有していた要塞のような屋敷は"ブルグス"（"城"；一般にブール・シュール・ジロンドのことだとみられている）としてシドニウスに知られているが，そこには周壁，塔，キリスト教と古典文化の主題の壁画のついた柱廊玄関，倉庫，キリスト教礼拝堂が備わっていた．他にもこのような例がある．

ガッリアでは，5世紀と6世紀にローマ文化を絶やさずに保つ手段として，キリスト教の教会も重要な役割を果した．ガッリアに帝国の宮廷がもはや存在しなくなると，職業面で確実に出世するために古典教育をうけるという刺激が消えてしまった．それとともに，諸都市が帝政時代に保持していた教育施設を提供することの動因も失われた．こうして，少なくとも基礎教育は教会の手に残された．時には，469年のクレルモンのシドニウス・アポッリナリスの例のように，貴族が自分の市の司教となって，食料の確保や危機に際しての大衆の士気の高揚，さらにゴート族の攻撃に対する都市の指導など，火急に実行する必要のあることを遂行したこともある．シドニウス自身は，470年代のクレルモンの抵抗において果した役割を咎められて，エウリクスⅡ世により解任されて拘禁された．

シドニウスは世俗的な成功を収めた（468年にはローマの長官だった）後に司教に叙階されたために，かれのキリスト教信仰の純粋性に対する疑いが，特にかれが古典文学に対して明らかに衰えることのない愛情を抱いていたことと絡まって，発せられることがよくある．しかし，それはおそらく誤解であろう．すでにみてきたように，ローマ帝国のキリスト教改宗には，ローマ側とキリスト教側の両方から若干の反対はあったが，古典文化は犠牲にはならなかった．シドニウスのような人物の司教叙階を評価することの本当の危険は，平信徒時代のかれが真のキリスト教徒として敬虔であった度合を過小評価することにある．他の人と同じように，かれも実直で正直で役に立つ司教となった．かれが自分の生まれた都市が危機に瀕したとき，都市が生き残るためにかれがしたことは重要であり立派なことだったし，実際かれの身にも危険が及んだのである．

その他にもシドニウスの友人の中には，トゥールーズの西ゴート族の王国と生き残ったローマ・ガッリア人たちとを結びつけるのに特に貢献した人々がいた——たとえばナルボンヌのレオンは，『西ゴート人のローマ法』の最古のものとして知られるものの作成に力を貸した．それは，西ゴート族の下でくらすローマ人が使えるように，ローマ法を平易な形にして与えようとする試みだった．その後に出されたアラリクスⅡ世の『西ゴート人のローマ法』（506年）は，中世初期西ヨーロッパにおけるローマ法を知るための主要史料だった．同じように，5世紀末にグンドバド王がブルグンド法を作成したが，ブルグンド族の内政の歴史がほとんど知られていないのに比べて，この法はかれらの遺産の中で最もよく後世に伝わった．このように5世紀のローマ人と蛮族との共同作業による業績は，ローマ文化と宗教の中で残せるものをローマの権力の支えなしに残すことに成功し，かつてのローマ帝国のガッリア諸州でフランク族の支配がいっそう完全にうけ入れられる道を開いた．

ローマ，ラウェンナ，コンスタンティノポリス

イタリアでは，元老院議員の海外領地からの収入が途絶えたにもかかわらず，政治経済面での生活はラウェンナの宮廷と元老院の支配するローマとに導かれて，昔とほとんど変らずにつづけられた．ローマがアラリクスに攻められたことで厳しい食料不足が生じた．特に，アフリカが海上封鎖や反乱によって，ローマに穀物船を派遣できないときは深刻だった．あるとき，ローマの大競馬場に集まった民衆が「人間の肉に値をつけろ」という恐ろしい言葉を大声で叫んでしまったほどに，肉が不足して，その値が高騰した．

主に属州との結びつきが深く，属州に富の源をもつ多くの元老院議員たちは，このころには，地方にある財産をできるだけ保全するために，ローマから消えてしまったにちがいない．その結果，イタリアの出身で，イタリアとシチリアにある所有地からいまなお大きな富を得ていた氏族の小集団が，首都ローマとその公職を牛耳ることになっていたのだろう．そのような一族が率先して都市の破損箇所を再建し，元老院議会場やコロッセウムのような公共建築物を修復した．再びコロッセウムは貴族たちが催す手の込んだ狩猟の見世物（ウェナティオネス）の舞台となった．これによって貴族たちはローマ人民（ポプルス・ロマヌス）の保護者にして恩人であるという立場を主張した．ローマが略奪されてから数年以内に，ローマの人口が再び増えはじめた証拠もある．難民たち

が戻りはじめ，都市の公共奉仕も再開された．

ローマは文化と文学の生き生きとした活動の中心地だった．ウェルギリウスに関するセルウィウスの大注釈書やマルコビウスの『サトゥルナリア』は，（かつて考えられていた4世紀後期ではなく）5世紀の30-40年代のものとするべきである．同じころに，ローマの元老院議員だったアウィエヌスの寓話集もつくられたし，ウェルギリウスの『アエネイス』のヴァティカン本と呼ばれる挿絵入り写本2冊，つまり，それぞれ『ウィルギリウス・ウァティカヌス』と『ウィルギリウス・ロマヌス』として知られるものがつくられている．6世紀初頭のボエティウスとカッシオドルスの時代に古典が復興したのは，このようにセナトール貴族たちとかれらに保護された文人たちによって5世紀を通じてずっと維持された古典学問を保存しようとする関心が高まった結果だった．

5世紀はローマに新しい大聖堂が建てられた時代でもある．それらの聖堂は堂々たる設計でつくられ，手の込んだ一連のモザイクで飾られていた．市壁外の聖パウロ・フォリ・レ・ムーラ聖堂と聖プデンティアナ聖堂という4世紀後期のバシリカにつづいて，聖サビナ聖堂，そのすぐ後で聖マリア・マジョーレ聖堂が建てられた．この最後にあげた聖堂が聖母マリアに捧げられたことは，マリアのテオトコス，すなわち"神の母"なる呼称を承認したエペソス公会議（431年）を教皇シクストゥスが支持したことを反映している．

ローマの貴族階級のキリスト教化は，5世紀にローマの教会の組織化された生活に強力に巻き込まれた形で表面化した．ローマの元老院議員たちは聖堂を建てて寄贈したとか，教会の通常の礼拝活動にかかわったとして，ますます頻繁に記録にとどめられるようになる．人間の原罪を否定したペラギウス派の異端が418年に抑えられてからは，聖職者でない禁欲主義の元老院議員が教義上の論争で独立した役割を果すことができるような動きはなくなった．そして，これ以後の時代には，教会の著名な俗人信徒たちとローマの聖職者たちとの結束，およびこの両者とローマのキリスト教徒の民衆との結束が特徴となる．

すでに5世紀初頭に，スペインの詩人プルデンティウスは，ローマがキリスト教帝国の道徳上の首都であるとし，そこには殉教者の聖遺物が他のいかなる都市よりも多くあり，かれらを称える大行列が催され，華麗に飾られた聖堂がいくつもあることを賞讃した．このキリスト教ローマという理念は，教会内において自分たちが優越しているという主張の支えとして，ローマ市の司教たちによって次第に展開されるようになり，ますます効果を発揮した．教皇レオI世（440-61）は，一連の説教においてローマの聖者ペテロとパウロを，ローマの伝説上の建国者ロムルスとレムスに対応するキリスト教ローマの建設者として示すことで，この過程に特筆すべき貢献をし，その結果帝国のキリスト教の首都であるというローマの主張にふさわしいイデオロギーを与えた．教皇レオは政治の面でも卓越しており，特に452年には使節団の一員としてアッティラのイタリア侵入の脅威をそらすことに成功した．

5世紀のまさに初頭から，帝国の宮廷はラウェンナで比較的平穏に過ごしていた．402年末にアラリクスの最初のイタリア侵入の気配に直面し，またそのとき実際にミラノが西ゴート族に包囲されたため，宮廷はラウェンナに移ったのである．ラウェンナはアドリア海の奥深くに次々と生まれた大海運都市の一つだった．ラウェンナより以前にアクイレイアが栄えていたが，すでに5世紀には港が泥で塞がって交易地としては重要でなくなっていた．しかし，アッティラが侵入したときにはまだかなりの要塞都市であった．ラウェンナの跡を継いで栄えたのは，中世とルネサンス時代にはヴェネツィアであり，最近ではトリエステであった．5世紀の皇帝たちはラウェンナのしっかりした防備に魅かれた．この都は沼地と潟に囲まれており，土手道を通って内陸側からしか近づけない．425年にテオドシウスII世の将軍たちが帝位簒奪者ヨハンネスからこの地を奪ったときに，かれらの成功は，天使が1人の羊飼いの姿を借りて沼地を通り抜ける道をかれらに教えてくれたからだといわれている．

自然の要害と人工的な防御施設とに護られて，5世紀にラウェンナはキリスト教文化の大中心地となった．ガッラ・プラキディアが気前よく費用を出したとされる，聖ジョヴァンニ・エヴァンゲリスタ聖堂と，洗礼儀式を象徴するモザイクのある司教ネオンの洗礼堂（もしくは，ギリシア正教会の洗礼堂として知られる）とが5世紀中葉に建てられた．その他に，いまは失われてしまったが皇帝の宮殿にあったモザイクには，437年のウァレンティニアヌスIII世とリキニア・エウドクシアとの結婚が描かれていた．ガッラ・プラキディア廟といわれている建物は，おそらく彼女とは関係ないのだが，5世紀に建てられたものであり，その見事なモザイクには図像学上重要な価値がある．ラウェンナにある聖堂の中で最もきらびやかなものは，ビザンティン帝国に征服された時代のものだが，この都がキリスト教文化の中心地となったのは5世紀に起源があるとみるべきである．

コンスタンティノポリスにある東の政府と西帝国との5世紀における政治上の関係についてはすでに記した．東の帝国は大きな侵入は免れていたが，イサウリア人の襲撃とキュレナイカと南エジプトへの砂漠の民の侵入によって，局地的に非常な窮地に陥り，ついにはコンスタンティノポリスがはるか遠い領土を防衛する能力をもっているか否かに対する疑問さえ発せられた．哲学者にして修辞学者であったキュレネのシュネシウスが411年にプトレマイスの司教に任ぜられたが，かれは現地の地主として侵入に対する武力抵抗を指導したことで有名な人物だった．ゴート族のガイナスの反乱は多少手こずったものの鎮圧され，アルメニアを巡ってのテオドシウス帝とペルシアとの戦争は，422年にトラキアを荒らしたフン族の脅威に立ち向かわねばならなくなったために，外交手段で解決された．413年にコンスタンティノポリスに新しく完成された内陸側の市壁は，おそらくフン族に対する備えだった．条約によってフン族に支払われた年金は財政上のかなりの負担にはなったが，一部の人々が信じてきたほどには財政を損なうものでは決してなかった．

このような例外はあるものの，5世紀は東の帝国にとっては繁栄のつづいた時代だった．小アジアのサルディスはいまや商業が拡大し，壮麗な都市としても発展する時代に入っていた．アンティオキアもまた，そのウィッラに残るモザイクから判断して繁栄をつづけており，公私の両面から聖地への関心がもたれた結果，敬虔な巡礼や旅人が外部からもち込む資本によって経済が活気を帯びるようになった．テオドシウスII世の皇后エウドキアは，443年に政治的に失脚した後，460年に他界するまでイエルサレムでくらした．彼女は聖地で多くの寄進をなし，聖堂や修道院の創立をひきうけ，コンスタンティノポリスにも聖堂を建てた．エウドキアは異教徒であるソフィストの娘としてアテナイで生まれ，市の名に因

最上　挿絵入り写本．『ウィルギリウス・ウァティカヌス』（Cod. Lat. 3225）として知られるこの写本は，5世紀のローマで古典文化への関心が失われずにいたことを如実に示している．ここに示した絵は『アエネイス』の最も感動的な場面の一つ，ディドが自殺の用意をする場面である．彼女は片手にナイフをもって，火葬用の薪の上に身を横たえているのだが，表現上の奇妙なしきたりにより，屋内にいるらしい．

んでアテナイスと名付けられた．アテナイは，イアンブリコスが確立した魔術的伝統に忠実だったために，5世紀にはシュリアノスとプロクロスの有名な新プラトン学派の中心地となった（p.177 参照）．396年にアテナイがアラリクスに攻略された後で，ハドリアヌスの図書館も含めて公共建築物を修復し整えようとする試みが，特にイッリュリクムの親衛隊長ヘルクリウス（407-12）によってなされた．

コンスタンティノポリスでエウドキアを支えていた親衛隊長のキュルスは，皇后と同じようにかなり評判の高い古典詩人でもあり，ギリシア文化に傾倒していた．リュディア人のヨハンネスがユスティニアヌスの時代に書いたものによれば，東の行政公用語としてラテン語を廃止したのはキュルスとのことだった――それは，末期ローマ帝国からギリシア風のビザンティン帝国へのゆっくりした変化における重要な一歩だった．コンスタンティノポリスの新しい市壁を拡張して，ヴァンダル族の海賊による海からの脅威を防いだのも，キュルスだった．

キュルスがおそらくコンスタンティノポリスで人気がありすぎたために441年に公職を追われて後は，かれはフリュギアのある町の司教に任ぜられた．明らかにそこでかれは記録上おそらく最も短い――少なからぬ疑問の余地はあるが――とされる説教を述べて，信徒たちを驚かせた．「兄弟たちよ，われわれの救い主イエス・キリストの生誕を黙って讃えよう．なぜなら，ただひたすら耳を傾けただけで，神の御言葉であるキリストが聖母に宿られたからである．アーメン．」この見事なほどに人を馬鹿にしたような態度にもかかわらず，またエウドキアと同様に，政治的失脚の際に異教崇拝という非難を浴びたにもかかわらず，キュルスは司教職を辞任するとコンスタンティノポリスに戻って慈善事業を行い，柱行聖者ダニエルを支援して名声を得た．古典文学とキリスト教趣味の結合は，末期ローマ文化と同じく，ビザンティン文化においても基本的な特徴である．

この時期に東の帝国が直面した最も扱いにくくて，ある意味では最も傷つきやすい問題は，宗教的統一であった．アリウス派の異端は，380年代初頭に催されたコンスタンティノポリスの宗教会議で，テオドシウスI世にうまく抑えられていたのだが，その当然の結果として，ネストリウス派とキリスト単性論者との論争が起こり，問題の解決はなおいっそうむずかしいことがわかった．ネストリウスは428年以来コンスタンティノポリスの総大司教だったが，キリストの神性と人性のうち，人性だけが受肉して十字架に処せられたのだと説いた．結局，人間キリストの母である"処女マリア"は神の母ではないことになり，ネストリウスは神の母という概念を表すテオトコスという呼称をマリアに用いるのを拒否した．ネストリウスの教義は，アレクサンドリアの総大司教キュリロスによって激しく論駁された．宮廷は2派に分裂したが，431年のエペソス宗教会議でネストリウスは非難され，任を解かれた．テオドシウスが関係者たちを和解させようとしたが失敗し，ネストリウスは追放されて，かれの著作物は焼かれた．

つづく数年の間ずっと，アレクサンドリア派の影響下にあった東の教会は，いわゆる"キリスト単性論者"の立場にさらに強力にひきつけられていった．それはネストリウス派の対極をなすもので，キリストは人性とともに神性も備えていて，単一で分割できない性質であると主張していた．単性論者は449年のエペソスの宗教会議で是認された．このときの会議では教皇レオの見解が無視されたために，教皇はこれを"強盗会議"（ラトロキニウム）と呼んだ．レオは西帝ウァレンティニアヌスIII世にこの会議を告発し，その支持を得て東のテオドシウス帝に訴えた．しかし，450年にテオドシウスが死ぬまでいかなる処置もなされなかった．

451年のカルケドンの宗教会議は宮廷の監督下に開かれ，エペソスの2回の会議のような自発的な議事進行は許されなかった．帝国の高官たちが議長となり，帝国の書記官が議事録を書いた．"強盗会議"は公然と非難され，アレクサンドリア派のキリスト単性論は否認され，教皇の使節団が会議に提出した，いわゆる"レオの大冊"がカルケドン信条の基本（あるいは，基本の一つ）とされた．けれども，東の司教たちは，レオの教書を容認することに絡んで発生する可能性のある事態をうまく避けるために，コンスタンティノポリスの司教座がローマの司教座と対等であることをはっきりと述べた．教皇の使節団と，ついでレオ自身が反対したにもかかわらず，結局，東の教会はこれに関係する教会法典（第28条）を有効なものとし，かくしてローマの司教が優位に立つという主張を退けた．

この時期の東の教会内部における論争の細目は単純でもないし，啓発的なものでもない．神学上の闘争の激しさを説明するには，個人的な競争と特定の司教座――コンスタンティノポリス，アンティオキア，アレクサンドリア――の間での優位をめぐっての闘いとを語らないわけにはいかない．特に，アレクサンドリアの総大司教は横暴で無慈悲に振舞い，その司教座の伝統の重みを考えるならば当然ためらいを感じるはずのことさえした．つまり，アレクサンドリアのキュリロスは，第1回のエペソス宗教会議でネストリウスに対する反論を伝えるに際して，宮廷のさまざまな役人に非常に贅沢な贈り物をした．そのやり繰りのために，かれは金1500ポンドを借りなければならなかった．これは，435年ごろにコンスタンティノポリスの政府とフン族との間で最初に取り決められた年金の4倍以上の金額であった．

カルケドン宗教会議は，これほど激しい神学上の相違をうまく抑えることができなかった．皇帝にとって，自らの立場を公然と表明してしまったのに，この会議によって宗教の統一を得られないことは危険なことだった．キリスト単性論は，ますます積極的になった修道会活動に支えられて，コプト語圏のエジプト，パレスティナとシリアのシリア語圏の教会，アルメニアの教会に入り込み，他方ネストリウス派はペルシア語圏のメソポタミアのキリスト教会で支持された．神学上の意見の不一致とこれらの地方に固有な文化とが結びついたことをみると，文化への傾倒と宗教への傾倒とが協調して，コンスタンティノポリスの政府に対する民族主義的な反感を形成する可能性が現実にあったのではないかと考えさせられる．このことが初期ビザンティン帝国の構造においてどの程度の弱点になったのかということは議論の的である．しかし，そのように発展する可能性があったとすれば，宗教上での統一の実施が非常に重要な問題になっていた帝国においては，政治が完全であったはずがないという疑問が明らかに生じてくる．

上 聖シメオン・ステュリテス聖堂．シリアのカラ・シマーンにある修道院と巡礼の中心地もかねたこの聖堂は，柱上行者（ステュリテス）が住んだ柱を囲んで5世紀後期に建てられた．聖シメオンは459年に死ぬまで30年間その柱の上で苦業を積み，参詣人と会い，助言を必要とするものには忠告を与えながら，祈りと瞑想にふけっていた．その修業に用いられた柱は出入り自由な8角形の広場の中にあった．この聖堂には，本図の修道院とバシリカの他に，参詣人用の宿坊も備えていた．

ラウェンナの華麗な宮廷

ラウェンナは，アウグストゥスの時代よりイタリアにおける帝国艦隊の本拠地の一つであった（もう一つの本拠地はミセヌムにあった）。また，そのころよりラウェンナは海軍基地として適度に華やかな生活を謳歌していた。商業中心地としてはアクイレイアと比べるといくぶんか見劣りしたけれども，68年より70年に至る内乱の時代にあっては，ラウェンナはきわめて重要な役割を果した。

ラウェンナを帝国の首都と定めたのは，それまで首都であったミラノが北イタリアに侵入してきた蛮族に包囲された後の，正確には402年のことと断定できる。ラウェンナは干潟や沼沢の間に隠れ，ポー川の支流に囲まれ，盛土された道によって本土に通じていて難攻不落といってよかった。ラウェンナが占領されることはごくまれでしかなく，しかもたいていは反逆や共謀のせいであった。シドニウス・アポッリナリスにとり，ラウェンナは自然の法則が覆えされていた，ひねくれた都であった。そこでは「城壁は平らに倒れていて，水は流れず，塔は漂い，船は固定されていて」，鳴き騒ぐカエルが市民であった。さらに重大なことに，ホノリウスは，この地の守りの固さと，海路によりコンスタンティノポリスと直結しているというラウェンナの優れた地の利を根拠に，ここに居残り，アラリクスが他の点では完璧にイタリアを支配したかと思われていたときにも，かれに対抗することができた（p.209参照）。この都はイタリアの蛮族の諸王にとっても同様に安全な避難地であったし，ユスティニアヌスの軍団により540年に占拠されて後は，ビザンティン帝国の為政者や征服された属州の"総督"のための避難地になった。こうした時代を通じてラウェンナでは，王室や帝国の宮廷の存在をよりどころに，典型的といえる活発な社交生活と文化生活がみられた。

ラウェンナの聖堂は，5世紀の皇帝たちの時代のものから，蛮族の王の時代ならびにビザンティン帝国に再征服された時代のものまである。ただし，ビザンティン人は聖堂内のモザイクの図像や主題に手を加えるなどできる限りのことをして，以前の住民たちの記憶を聖堂から消し去ってしまった。

下図は，ユスティニアヌスとその廷臣たちを表した聖ヴィターレ聖堂のモザイクの細部で，次ページのテオドラとその随員たちを表したモザイクに呼応している。宮殿警護隊員と認められるが，この中の1人は組合せ文字のついた華麗な楯をたずさえている。

もとはテオドリクスの宮殿付き聖堂であった聖アポリナーレ・ヌオヴォ聖堂（左上中央）は，ラウェンナの不滅の偉観をいくばくかしのばせてくれる，この都の景観をかたどるモザイクによって飾られていた。左の図は，海軍の軍港である。右端の図はテオドリクスの宮殿で，そのファサードは聖アポリナーレ・ヌオヴォ聖堂に近い"総督の宮殿"として知られている建物にいまなお現存している。聖アポリナーレ・ヌオヴォ聖堂の巧緻な彫りの欄干（左上）にみられるクジャクとブドウのつるは，永遠の生命の象徴であった。最上の写真は司教マクシミアヌス（在位546-54）の洗練された大理石製の司教座である。

9世紀の年代記作者アグネッルスがイタリアにおいて並ぶべきものがないと評した聖ヴィターレ聖堂の建設は、テオドリクスが歿したころに着手された。しかし、献堂はユスティニアヌスの将軍たちによるイタリア再征服後の547年ないし548年であった。下図は、随員を従えたユスティニアヌスの妃テオドラで、新聖堂に対する彼女の気前のよい寄進を象徴する図像である。皇后は聖堂への奉納品として金杯をかかえており、彼女の長い外衣の縁には貢物をたずさえた三賢者がおり、いずれもキリスト教徒としての惜しみなさを暗に語っている。この場面には、聖堂の拝廊に右から左へ行列している人物像と、円天井の付いた後陣と、両側があたかも開いているようにみえる拝廊とが描かれている。光輪のあるテオドラの頭部は、円天井のほぼ中央にあり、それ自体があたかもそこに配されたモザイク画のようである。群像の動きは、人物達の静かに拡大していく揺れ動きとか、随員の1人がわきにひいた幕とか、才気ある想像力のさえをみせている予期せぬ泉水の動きによって、それとなく表現されている。

東ゴート族の王テオドリクスは、526年に死亡した後、ラウェンナの市壁の外にいまなお建っている霊廟（左端）に葬られている。巨大な一枚岩による屋根は、300トンもあるイストリア産の石であり、当時の史料に記録が残っている。この石を据えるにあたって用いられた取っ手が、石の縁の周りに認められる。テオドリクスの宮殿は聖アポリナーレ・ヌオヴォ聖堂のモザイクにみられる（左）。ユスティニアヌスの再征服後に消え去ったテオドリクスという人物とその宮廷にいた人々については、いまだにおおよそのところしかわかっていない。

東ゴート王国と
ビザンティン帝国による征服

　476年以降，イタリアはラヴェンナに宮廷を置くゲルマン人の王たちに支配された．最後の西ローマ皇帝ロムルス・アウグストゥルスを廃したオドアケル自身も，東ゴート族のテオドリクスに敗れた．テオドリクスはラヴェンナを長い間包囲した挙句に謀略によって開城させ，オドアケルを殺した（493年）．この両王とも支配下に入ったイタリア住民を思いやる統治を行った．かれらはローマ帝国の感銘深い遺産を自由に処置できる立場になったが，偉大であった帝国にあらゆる面で敬意を払った．ローマでは元老院議員は以前と変らない生活をつづけており，この大都会の公職は都市貴族で占められていた．コロッセウムがオドアケルの時代に修復されて，演芸や狩猟競技などの見世物に使われた．大競馬場では戦車競争が催された．これらの催し物を表した図柄が，元老院議員が記念品として配った二連象牙板によく使われている．ローマの宗教界の政略に必ず元老院が強力にかかわるようになったことは，ラウレンティウスの要求に反対してシュンマクスを教皇に選んだことにまつわる紛争（498年）や，519年のユスティヌス帝の即位後に実を結んだ東の教会との和解に伴う，外交上や神学上の交渉に如実に現れている．

　テオドリクスは慈悲深くて思いやりのある支配者であるとの評判に値する人物であった．当時の史料によれば，かれはトラヤヌス帝とウァレンティニアヌス帝とに比べられている——かれも建築物の修復をローマの貴族たちを奨励して共同で行っており，さらにかれはローマとイタリアを注意深く穏当に扱っているので，この比較は妥当といえる．この統治方式のキー・ワードである"キウィリタス"という言葉には，本来の個人の自由を法の保護の下に保つという意味がある．帝国の統治者の家系に連なる元老院議員のカッシオドルスはテオドリクスに雇われて，かれの政策をローマ人民に示すための公式書簡を作成した．その書簡の文体は高度な技巧と隠喩に富み，現代人の眼にはあまりにも気どってみえるのだが，それが実は，この政治体制が非常に高度な文明の価値基準を尊重しているのだというイメージを保つのに効果があった．見方を変えれば，ローマの"官僚政治"が4世紀に促進されてから，長い間にますます複雑なものに発展していった結果が，この書簡に表れている．

　テオドリクスの治世には，さらに哲学者ボエティウスという卓越した人物が出た．かれは，伝統的な哲学はいうにおよばず，神学，科学，音楽の分野においても非凡な業績を残し，中世に重要な影響を与えるとともに，古代世界が産んだ最も偉大なる知性の持ち主の1人となった．ボエティウスの失脚は，その最も有名な著作である『哲学の慰め』の中でやや間接的に述べられているが，それはテオドリクスにとっても悲劇だった．かれの治世はかれと元老院との間の怨恨と葛藤で終った．『哲学の慰め』を単にボエティウスが伝統的な異教信仰に復帰したものとだけみるのは誤っている．著者の身にほぼ確実に迫ってくる死刑執行に照らして，人間の運命と神の全知について真剣に深い考察を加えているこの作品は，哲学的ヒューマニズムの傑作である．

　テオドリクスと元老院との軋轢は，東方における宗教政策

「私は，かつては力強くて希望に満ちた詩をつくったのに，ああ，いまでは泣きながら悲しい歌を始めねばならない．」ボエティウスは『哲学の慰め』を，獄中のかれのもとに現れる"哲学の貴婦人"とかれとの散文や韻文による対話として著した．下図は12世紀の写本画師が『哲学の慰め』の口絵に描いたボエティウス像で，獄中で1対の書板を開きながら座っている姿が示されている．

左　ユスティニアヌス帝時代のペルシア

ユスティニアヌス治世のかなりの期間，ローマの東方諸州は，侵略的な成功者のホスローⅠ世（531-79）が率いるササン朝ペルシアの攻撃に耐えねばならなかった．南方では限られたローマの軍勢が数カ所の要地を占領する一方で，ガッサン朝アラブ人の連合がペルシア支配下のラフム朝アラブ人の略奪から砂漠の通路を守っていた．中央部では，ダラの要塞が，アミダとコンスタンティナの主要軍事基地，さらにトゥル・アブディンの国境線の突出部の防備とに援けられながら，ペルシア側の国境都市ニシビスと対峙していた．それでも，常置守備隊ではペルシアの侵入をほとんど防ぎきれず，オスロエネやシリアの富裕な諸都市は頻繁におびやかされた．さらに北方では，マルテュロポリス，キタリゾン，テオドシオポリスといった辺境の要塞がアルザネネとペルサルメニアに面していた．そして結局，ユスティニアヌスはツザニとラジカという戦略上の重要な地域にローマの支配を確立し，それによって，コーカサス山脈を越えて略奪にやってくる遊牧民を押え，ペルシア人が黒海に近づくのを防ぐことができた．

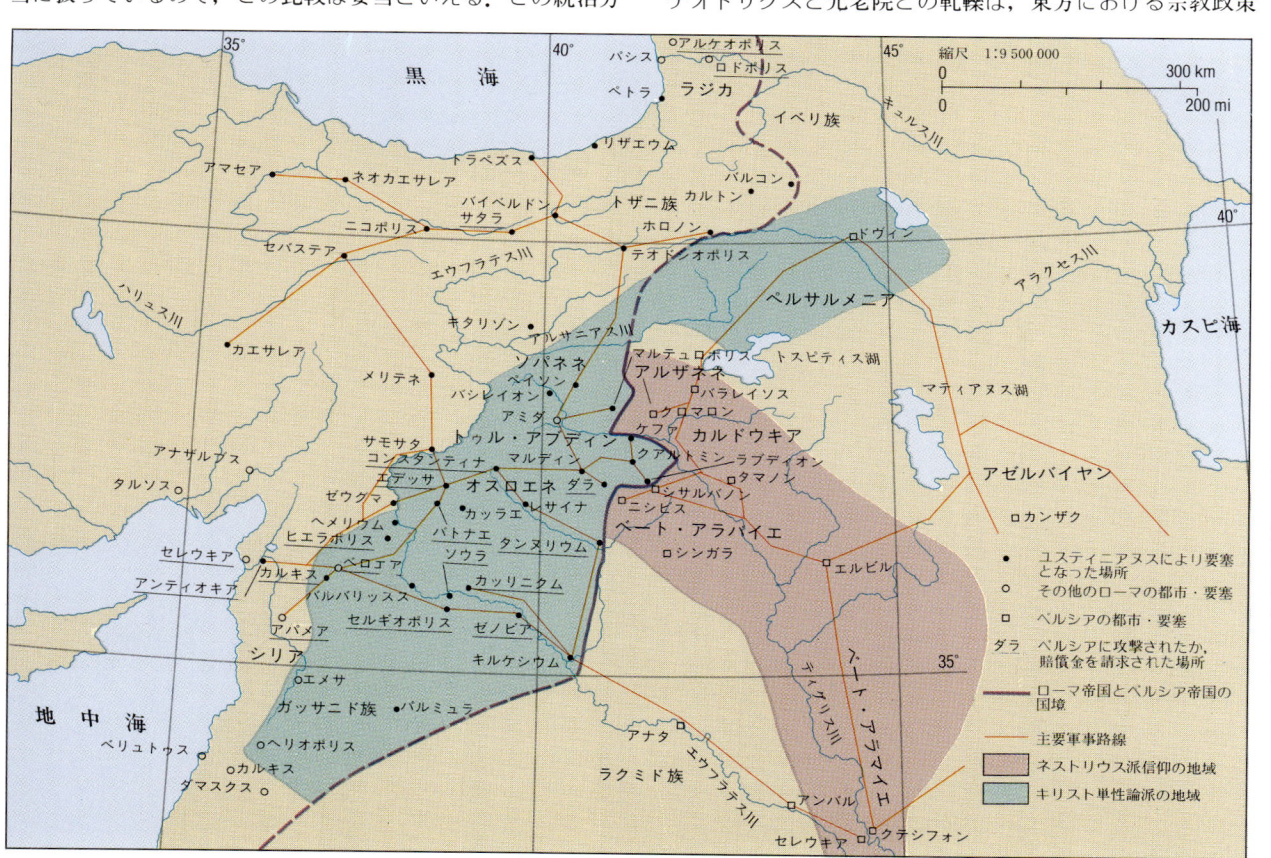

の変化が引き金となった．東の帝国では，老帝アナスタシウスがキリスト単性論を選んでいたのだが，ユスティヌスⅠ世が即位する(519年)と，積極的に"正統派"の政策に変更し，かつて疎遠になっていた西の教会を奨励して，東の教会にいっそう接近させた．この政策は，ユスティヌスの甥で後継者に指定されたユスティニアヌスによってなおいっそう精力的に押し進められ，元老院の支配するキリスト教化したローマをビザンティンの宮廷と同盟させる力となったので，アリウス派のテオドリクスにとっては明らかに不快なものだった．外交やその他の面での東西の関係は，帝国のキリスト教の首都同士がラウェンナの蛮族の宮廷に対して政治的陰謀を企てているのだと，あまりにも容易に受けとられてしまうようになった．ボエティウスは，東の帝国との陰謀の罪に問われた元老院議員を勇敢にも弁護したために捕えられ，523年にテオドリクスの命により残虐にも死刑に処せられることになった．その前年にかれはラウェンナで諸局の長官の地位を与えられており，息子も同僚執政官になっている．これは，コンスタンティノポリスからローマへの交渉が始まったのをみたテオドリクスの，ラウェンナとローマの間の友好関係を保つためのみえすいた，しかも必死の努力だった．

テオドリクスはその治世の最後の年に，東の宮廷の宗教政策を和らげることを期待して，教皇ヨハネⅠ世のコンスタンティノポリス訪問を許した．しかし，ローマの教皇が史上はじめてコンスタンティノポリスを訪れて，熱烈な大歓迎をうけたことがかえって，テオドリクスがローマ人臣民から次第に孤立していることをいっそう強調してしまった．ヨハネはイタリアに戻った後，ラウェンナで自宅に軟禁され，軟禁状態のまま死んだが，テオドリクス自身もその後まもなく世を去った(526年)．

西方では，テオドリクスは同盟によって自らの地位を固め，ガッリアやヒスパニアやアフリカの蛮族の王たちとの結合を婚姻によって強化していた．かれは，だんだん恐ろしい存在となってくるクロヴィスの率いるフランク族に対抗するために，ガッリアの支配者たちを統一しようとしたが失敗した．西ゴート族が西南ガッリアのヴイエの戦いでクロヴィスに大敗した(507年)．西ゴート族はヒスパニアの自分たちの領域に退き，ガッリアの旧ローマ属州におけるフランク王国の建設が完成した．

テオドリクスの後継者たちは，ローマ市に対する好意的な政策を維持したが，王朝内部の対立にますます悩まされていた．アタラリクス王が534年に夭折し，その母(テオドリクスの娘)アマラスンタがテオダハドに殺されたことは，西ゴート族の支配の終焉を予告している．535年にはすでにユスティニアヌス帝の将軍ベリサリウスが，西方再征の軍事行動を起こしていた．

カッシオドルスは親衛隊長としてアタラリクスとテオダハドの両王に仕えたが，537年に政治から身を退いて，できる限り長い間コンスタンティノポリスに滞在した後，イタリアへ戻って宗教活動に入った．かれの評判は，かれが蛮族の王たちのために政治に献身していたときよりも明確なものになった．カッシオドルスはまずローマにキリスト教研究の学校を創立しようとしたが，再征服戦争によって周囲の状況が不穏になったために失敗してしまった．そのため晩年はカラブリアのスクィッラケにある一族の領地に帰って，そこに名高いウィウァリウムの修道院を建てた．その地において，キリスト教徒としての敬虔な生活が行われるとともに，またそれに不可欠な要素として，古典学問の本質的要素が保存されたのであり，それは中世ヨーロッパにおける古典文化の将来にとって，はかり知れないほど重要な原型となった．

6世紀の東ローマ帝国の政治史は，アナスタシウス帝の慎重で安定した治世から始まった．かれの経済政策は成功し，節約が行われたので，519年にかれが逝去した後には巨額の剰余金が残されていた．ユスティヌスⅠ世の治世になるとアナスタシウス時代のキリスト単性論の傾向が捨てられて，すでに述べたような結果が生じた．さらにこの時代にユスティ

上 オレステスの二連象牙板．530年の執政官であったルフィウス・ゲンナディウス・プロブス・オレステス(オレステスという名が組合せ文字でも示されている)は，執政官として正装して玉座に座っており，両脇にローマとコンスタンティノポリスの2都市が表されている．足下にいるのは気前のよさの象徴であり，執政官の上に描かれているのは東ゴート族のアタラリクス王とその母のアマラスンタである．この二連象牙板から，東ゴート族の後期の政府では元老院風のローマが好まれていたことがわかり，さらに東西の調和という主題もみてとれるのだが，そのような思想の結合は，ビザンティン帝国のイタリア再征服によってすぐに砕かれてしまった．

右 ボエティウスの父の二連象牙板．ボエティウスの父，フラウィウス・ナリウス(？)・マンリウス・ボエティウスは487年の執政官であった．ボエティウスの両親は早死にしたので，幼いボエティウスは485年の執政官のシュンマクスの家で育てられ，そこの娘のルスティキアナと結婚した．夫と父が相次いで刑死した後は，ルスティキアナは慈善活動に献身した．

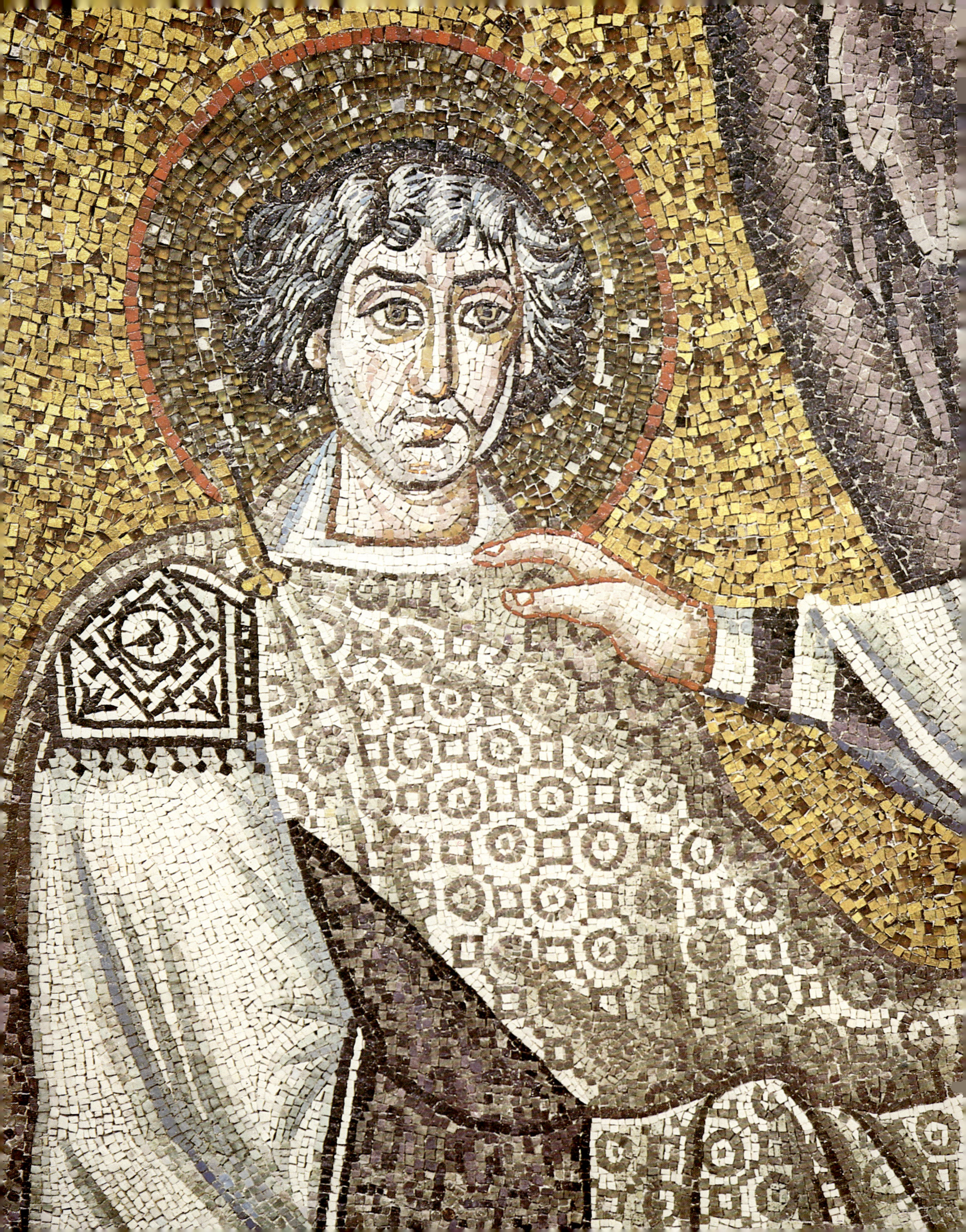

左　聖ウィタリス．ラウェンナでかれに捧げられた6世紀の大聖堂（p.218参照）のモザイク．兵士であった殉教者が殉教者の冠をうけとっている．

右上　シナイ山の聖カテリナ修道院．この要塞のような修道院は527年にユスティニアヌスが建てた．この修道院の創立によって皇帝の信心は明瞭に示されているが，守備隊はここの修道士たちを地域の騒乱から守ることぐらいしかしなかったようだ．

右下　ダラの城壁．このペルシア人に対する辺境の要塞は，往々にしてユスティニアヌスが建てたとされるが，実際はすでにアナスタシウスの治世に建てられたことはたしかである．

ニアヌスの力がますます際立っていった．527年に叔父の死によって帝国を継承したユスティニアヌスは，堰を切ったように熱心な活動を始め，即位後まもなくローマ法の再編と法典化の手順を整えた．こうしてローマ法は，ローマ帝国の最大の遺産の一つとしていまに残り，さらにその『学説彙纂』は，古典期のローマ帝国そのものの社会史に関する基本史料になっている．ユスティニアヌスはペルシア人にも関心を向け，530年にベリサリウス将軍がペルシア人に圧勝した．532年に，ローマ人とペルシア人とは，みえすいた楽天主義に満ちた"永遠の平和"として知られる協約を結んだ．その後戦争は再発し，ユスティニアヌスは北メソポタミアで一連のたん念な要塞建設に乗り出した．

ユスティニアヌスの治世は532年に浮浪民の一派の暴動によって，突然終ってしまいそうになった．はじめその暴動の直接の対象は，評判の悪い大臣たち，特に親衛隊長と傑出した法律家で法典編纂に指導的役割を果した法務長官のトリボニアヌスとであった．群衆の叫び声から"ニカ（勝利！）"の乱として知られるこの暴動で，別の皇帝が擁立された．ユスティニアヌスの皇后テオドラは元女優で，かれが帝位につく数年前に結婚したのだが，この皇后の不退転の決意によってユスティニアヌスはやっと救われ，将軍のベリサリウスとムンドゥスの指揮の下に軍隊が暴徒と化した群衆を強襲した．数千人の市民が鎮圧中に殺され，コンスタンティノポリスの広い範囲が焼かれた．ネロのときのローマの大火と同じように，この損害は大規模な都市再建のよいきっかけとなった．ユスティニアヌスの最大の業績である聖ソフィア大聖堂の再建については，歴史家プロコピウスが驚嘆して述べている．ユスティニアヌスはこの新しい大聖堂の内部をみて，「ソロモンよ，余は汝に勝った」と叫んだ．

ユスティニアヌスの西方再征服はアフリカから始まり，それ以前の試みを考えると意外なほど簡単に，533年にヴァンダル族からアフリカを取り戻した．しかし，ムーア人の反乱の問題はもっと手に負えないことがわかり，鎮圧するまでに数年かかった．アマラスンタがテオダハドに殺された事件が，イタリアまで再征服の範囲を拡げるよい口実を与えた．加えて，数年間の外交交渉によって，西側の元老院と東側の宮廷の間に関係が樹立されており，さらにコンスタンティノポリスのラテン語を話す人々の中には西から亡命してきた元老院議員たちの一団もいて，かれらは外交使節たちと接触し，東の政府に圧力を加える役目をうまく果した．

イタリア再征服はアフリカの場合よりもはるかに難事業になり，破壊と暴力が伴ったので，イタリアをビザンティン国家に編入することが，イタリア人自身にとって価値があるのかという大きな疑問が生まれた．結局553年にユスティニアヌスの将軍ナルセスがテイアス王を破って征服を完了し，554年のいわゆる"国本勅諚"によってイタリアの政府が組織された．ローマの元老院階級は，5世紀の蛮族侵入やラウェンナの蛮族王国の建設にも生き残ったのだが，ビザンティン帝国に再征服された後は2度と歴史に登場しなかった．ビザンティン時代のラウェンナはまばゆいばかりの威風を誇り，新政府，すなわち"総督管区"の首府となったが，その犠牲となってイタリアやローマ市自体は零落し，古典世界の終焉が運命づけられた．560年代後半にランゴバルド族がイタリアを急激に占領していくのに対して，ほとんど何の手出しもできなかった．

ユスティニアヌスは565年に死んだ．5世紀初頭以降の先帝たちと比べると，ローマ帝国の伝統的版図に最も近い広さの領土をかれが実際に支配していた．しかしながら，かれの業績の実体には疑問がある．再征服の費用は東の帝国の財政に重い負担となり，軍隊の駐屯を切実に必要としていたドナウ川地域やペルシアの辺境から，軍隊を移すことになってしまったのだ．さらに，征服そのものが西方の諸州にとって最大の利益にはならなかった．ビザンティン帝国は，周知の通りユスティニアヌスの死後も残り，さらに900年間存続することができた．本書の記述の出発点であったイタリアとローマは，ゲルマン民族の王たちの好意に見守られて，征服される寸前まで繁栄していた．しかし，皮肉なことに，ビザンティンの宮廷によってこの地域が蛮族から取り戻されると，その繁栄の時代は終り，いまやコンスタンティノポリスによって統治されるローマ帝国の疲弊した一地方におちぶれてしまったのである．

組合せ文字．同時代の史料によればテオドリクスは文盲で，署名をする際には真鍮製の文字型をなぞったといわれている．しかしそれは，テオドリクスが複雑な組合せ文字を書くときに文字型を使ったことから生じた誤報であったことは確からしい．上は硬貨に表されたテオドリクスの組合せ文字であり，下はオドアケルのものである．

ローマの遺産

ギボンにとってローマ帝国の没落は，「永遠に記憶され，いまなお地球上の諸民族により感得されている革命」であった．近代産業時代が勃興するまではいかなるときにも，またその後も重要な諸点において，この言辞に含まれる二つの要点はともに自明の真理であった．ごく最近まで，キケロの『義務論』は，西洋文化に最も影響を与えた著作の一つに数えることができた．イギリスにおいては，自国の歴史よりもローマ世界の歴史について多くのことを知っていることが，かつて政治家にとってあたりまえだったように，いまでも文官にとって特別なことではない．こうしたことがよい事態だとはとてもいえないのだが，そのことは大したことではない．近代に至るまでその当否が問われることはまったくなかったのだ．

"ローマの"という語の意味を狭義に理解した場合でさえ，ローマ世界が中世および近代ヨーロッパの言語，文学，建築，行政，宗教生活に残した遺産は莫大だった．視野を広げて，ビュザンティウムを中心とするキリスト教的ギリシア世界を媒介として伝えられたローマの影響も含めると，その影響力はさらにいっそう大きくなる．

ここでは個々の事例を切り離して，その事例がさらに多くありそうなところを示している．選び出された例がいずれも壮観なものというわけではない．文化は非凡なもののみならず平凡なものにも，理想的なもののみならず奇怪なものにも，そして，近よりがたいものにも劣らず優しいものにも認めることはできるし，またそうあるべきなのだ．

理想化された風景の中に古代の神話や文学に由来する場面を描き込むことは，しばしば古典に範を求めた画家，特にフランス派の画家たちの題材となった．たとえば，クロード・ロラン（1600-82）の描いたこの絵（上）は，デロス島のアイネーアスを題材としている．ここでは，人物像は背景にある建築物の規模を推測する目安以上のものを提供してはいない．中景の建物は，ローマにあるハドリアヌス帝のパンテオンとのある類似性をみせている（p.104参照）．次ページ最上のピラネージによる版画は，幻想に満ちた風変りな建築物を積み重ねた葬礼用記念碑を並べた2筋のローマ風の道路を描いているが，この画家の時代がローマ帝国の権力を示す物質的な遺物に対し，あらたな関心をもっていたことを物語っている．1756年ごろの時期は，ギボンがカピトルの神殿をながめていた時代に近く，この神殿こそがかれの心をとらえて，はじめてローマ史を書く決心を抱かせたのである．現代ローマの産物である碑文（上）は，不名誉な皇帝たちに対する古代ローマの風習をまねている．ここではムッソリーニの名は消されてしまっている．1920年代のローマが時代に逆行する傾向をみせたことを思い出させるような，それよりも早い時期の不吉な非が，ブロト・ファシストたちによって示されている（左）．かれらは古代ローマの軍隊の運搬人の標準的装束を身につけている．ウッドとドウキンの共著『パルミュラの廃墟』が1753年に公刊され，デザイナーたちはこの東方の大都市がもっていた測り知れぬ豊かな文化遺産を利用できるようになった．下にあげたのは，ウッドによるベル神殿（p.158参照）の天井の版画で，か細くなっているが形に誤りはない．こちらは，バークシャーのストラットフォード・セイヤ・ハウスの食堂間に利用されている．

凱旋門は，ローマ人が採用した，誰もが知っている戦争と勝利の象徴である．左は，パリのシャルル・ド・ゴール広場にあるフランス皇帝の凱旋門である．身近な例をあげれば，ローマにあるマンホールの蓋（下端左）には，いまだに伝統的な銘SPQRすなわち"元老院とローマ人民"の略字が型どられている．特に普及したローマ人の遺産とは左にあげたユリウス暦で，いわゆる"354年の暦"（p.207参照）に示されている．ここにみられるのは10月で，公式の競技や祭礼が一覧表になってついており，さそりの絵が描かれている．十二宮図自体は，ローマ人を通して，古代メソポタミアから現代世界にもたらされた遺産である．最後に，ガッリア人アステリクスとオベリクスについてふれておく．かれらはルテティア・パソシオルムへの旅の途中，ローマの構築物が風景をだいなしにしていると嘆いた．かれらの出身地は，北ガッリアのラウダヌムの駐屯地近くの村で，村の暮らしぶりは文献史料からよく知られているけれども，いまのところその発掘は行われていない．

図版リスト

略記：t＝上図，tl＝上段左図，tr＝上段右図，c＝中図，b＝下図，等．

地図はロベル・ジョーンズ，オックスフォードによった．

遺跡図はジョン・ブレナン，オックスフォードによった．

見返しの図：*Celeberrimae urbis (Romae) antiquae fidelissima topographia* by Mario Cartaro, 1579: British Library, London

頁

2–3. Nile mosaic from Pompeii: Leonard von Matt, Buochs, Switzerland
6–7. Drawings by John Fuller, Cambridge
9. Detail of plate from Capena, 3rd century BC: Villa Giulia Museum, Rome (photo Scala)
11. The Gran Sasso d'Italia: Mauro Pucciarelli, Rome
15. Tiber island, Rome: Mauro Pucciarelli, Rome
17. Stone altar from Ostia: Museo delle Terme, Rome (photo A.A.M. van der Heyden)
18t. Head of Hermes from Veii: Villa Giulia Museum, Rome (photo Hirmer Fotoarchiv)
18b. Iron model of *fasces* from Vetulonia: Archaeological Museum, Florence (photo Alinari)
20. Coin of Brutus, 54 BC: British Museum, London (photo Ray Gardner)
22. The "Lapis Niger": Alinari, Florence
23. Coin of P.Porcius Laeca: British Museum, London (photo Ray Gardner)
24. Inscription from Satricum: Dutch Institute, Rome
25. Coin of L.Cassius Caecianus: British Museum, London (photo Ray Gardner)
28t. Coins of A.Postumius Albinus: British Museum, London (photo Ray Gardner)
28b. Gold tablet from Pyrgi: Villa Giulia, Rome (photo Scala)
29c. Tomb painting from Paestum: Scala, Florence
29b. Coin showing Diana: British Museum, London (photo Ray Gardner)
31t. Silver plate from Tomba Bernardini, Palestrina: Scala, Florence
31bl. Bronze votive figurines from the Capitol: Capitoline Museum, Rome (photo Barbara Malter)
31bc. Wood and silver cist from the Tomba Castellani, Palestrina: Soprintendenza Archeologica di Roma (drawing by John Fuller, Cambridge)
31tr. Miniature grave goods (weapons, pots, statuette, hut) from Osteria dell'Osa: Soprintendenza Archeologica di Roma
31bcr Ivory forearm from Tomba Barberini, Palestrina: Mauro Pucciarelli, Rome
31br. La Rustica burial: Soprintendenza Archeologica di Roma
32tl. Aerial view of Banditaccia cemetery, Caere: Fotocielo, Rome
32bl. Painting in Tomb of the Leopards, Tarquinia: Scala, Florence
32br. Painting in Tomba dell'Orco, Tarquinia: Scala, Florence
33tl. Tomb of the Shields and Chairs, Caere: Conrad Helbig, Zefa
33bl. Bronze chimaera from Arezzo: Leonard von Matt
33r. Bronze warrior from Cagli: Leonard von Matt
34. The Servian wall on the Aventine: Mauro Pucciarelli, Rome
36t. Samnite warrior, bronze statuette: Louvre, Paris (photo Giraudon)
36b and 37. Ivory plaques from Palestrina: Villa Giulia Museum, Rome (photo Alinari)
41. Portrait of Pyrrhus: Ny Carlsberg Glyptotek, Copenhagen
42. The Ficoroni *cista* from Palestrina: Villa Giulia Museum, Rome (photo Alinari)
42b and 43b. Early Roman silver coins: British Museum, London (photo Ray Gardner)
43t. Coin of T.Veturius: British Museum, London (photo Ray Gardner)
44t. View of Carthage: Sonia Halliday, Weston Turville
44b. The "Brutus" head: Capitoline Museum, Rome (Photoresources)
45. Coin of C.Metellus: British Museum, London (photo Ray Gardner)
48t. Alba Fucens: Tim Cornell, London
49tl. Aerial view of Emilia: Air Ministry, Rome
49tr. Aerial view of Florence: Air Ministry, Rome
51. Roman theater at Corinth, the Acrocorinth beyond: Graham Speake, Oxford
52–53. All drawings by John Fuller, Cambridge
55l. Statue of Apollo from Falerii: Villa Giulia Museum, Rome (photo Mauro Pucciarelli)
55r. Circular temple in the Forum Boarium: Ronald Sheridan, London
56t. Coin of P.Licinius Nerva: British Museum, London (photo Ray Gardner)
56c Circular temple at Tivoli: Scala, Florence
56b. Reconstruction of the sanctuary of Fortuna Primigenia at Palestrina: Dick Barnard, Milverton, Somerset
59. Forum Romanum: K.Kerth, Zefa
61. Coin of C.Fundanius: British Museum, London (photo Ray Gardner)
63l. Social War coin: British Museum, London (photo Ray Gardner)
63r. Tabularium, Rome: Fototeca Unione, Rome
64. Coins of Sulla and Mithridates VI: British Museum, London (photo Ray Gardner)
65. The lady with a book, wall painting from Pompeii: National Museum, Naples (photo Leonard von Matt)
66t. Portrait bust of Pompey: Ny Carlsberg Glyptotek, Copenhagen
66b. "Altar of Domitius Ahenobarbus": Louvre, Paris
67c. Portrait bust of Cicero: Museum of Rome
68. Portrait bust of Caesar: German Archaeological Institute, Rome
69t. Reconstruction of the great villa at Settefinestre: Dick Barnard, Milverton, Somerset
69b. Villa fresco from Pompeii: National Museum, Naples (photo Scala)
70. Coin portrait of a Gaul: British Museum, London (photo Ray Gardner)
71t. Ides of March coin: British Museum, London (photo Ray Gardner)
71c and b. Mark Antony and Octavia coin: Hirmer Fotoarchiv, Munich
74. Silver denarius of Caesar Augustus: Hirmer Fotoarchiv, Munich
76t. Augustus, Prima Porta statue: Vatican Museum (photo Ilse Schneider-Lengyel, Phaidon Archive, Oxford)
76b. Theater of Marcellus, Rome: Fototeca Unione
77t. Detail of *Ara Pacis Augustae*: Mauro Pucciarelli, Rome
78t. Coin of Claudius and the praetorians: British Museum, London (photo Ray Gardner)
78b. Coin of Nero and Agrippina: British Museum, London (photo Ray Gardner)
80. Scene of triumph over the Jews on the arch of Titus, Rome: A.A.M. van der Heyden, Amsterdam
81. Coin of Jewish captives: British Museum, London (photo Ray Gardner)
81l. Roman arch at Saintes: Giraudon, Paris
81b. Gallic votive offering: Dijon Museum
83t. Temple of Vesunna, Périgueux: John Matthews, Oxford
85. Fresco from the villa at Boscoreale: Metropolitan Museum, New York, Rogers Fund
86tl. Still life painting from Pompeii: National Museum, Naples (photo Scala)
86bl. House of the Silver Wedding, Pompeii: Mauro Pucciarelli, Rome
86br. House of the Vettii, Pompeii: Mauro Pucciarelli, Rome
87t. General view of Pompeii: Mauro Pucciarelli, Rome
87bl. Pompeii street: Ronald Sheridan, London
87br. Forum, Pompeii: the late Edwin Smith
88t. Relief of Curtius: Capitoline Museum, Rome (photo Mauro Pucciarelli)
88b. Sacra Via in the Forum Romanum: Mario Gerardi, Rome
89tl. Temple of Portunus: Mario Gerardi, Rome
89tr. Forum of Julius Caesar: Mario Gerardi, Rome
89tcl. Temple A in the Largo Argentina: Mauro Pucciarelli, Rome
89tcr. Pons Fabricius: Mario Gerardi, Rome
89bcl. Marble plan showing Pompey's theater: drawing by John Fuller, Cambridge
89bcr. Milvian bridge: Mauro Pucciarelli, Rome
89bl. Forum Romanum: Michael Dixon, Dover
89br. Temple of Vesta, partially reconstructed: Mario Gerardi, Rome
90. Arch of Septimius Severus: Mario Gerardi, Rome
91tl. Equestrian statue of Marcus Aurelius: A.A.M. van der Heyden, Amsterdam
91tc. Trajan's market: Mario Gerardi, Rome
91tr. Trajan's column: Mario Gerardi, Rome
91cl. Temple of Antoninus and Faustina: Sonia Halliday, Weston Turville
91tc. Colosseum: the late Edwin Smith
91bc. Aqua Claudia: Scala, Florence
91br. Model of ancient Rome: Museo della Civiltà Romana
92tl. Detail from the Peutinger map, section IV: Austrian National Library, Vienna
92tr. Decumanus Maximus, Ostia: Michael Dixon, Dover
92c. Relief of harbor scene found at Ostia: Alinari, Florence
93t. Tomb painting from Ostia: Michael Dixon, Dover
93cl. Mosaic in Piazzale delle Corporazioni, Ostia: Michael Dixon, Dover
93cr. Shipwrecks diagram: John Brennan, Oxford
94t. Apollo coin: British Museum, London (photo Ray Gardner)
94b. Reconstruction of the *Fasti Antiates Maiores*: drawing by Freda Quartley, Oxford, after A.K. Michels, courtesy Princeton University Press
95tl. Etruscan mirror from Vulci: Vatican Museum
95tc. Sacrifice relief from monument of Diocletian in Forum Romanum: Michael Dixon, Dover
95tr. Vestal virgin in Forum Romanum: Mario Gerardi, Rome
96t. Mithras and the bull: British Museum, London (photo Michael Holford)
96c. Mithraic temple, St Clemente, Rome: Scala, Florence
96b. Relief of high priest of Cybele: photo Anderson (Mansell Collection, London)
97tl. Isis wall painting from Herculaneum: National Museum, Naples (photo Scala)
97tr. Votive offering of hand: British Museum, London (photo Mansell Collection)
97bl. Relief of Cybele in chariot: Michael Dixon, Dover
97br. Anubis in dress of Roman soldier: Ronald Sheridan, London
100–01. All stipple drawings by John Fuller, Cambridge, adapted from reliefs on Trajan's column. Plan of legionary fortress at Novaesium: John Brennan, Oxford
102t. Silver sestertius of Titus: British Museum, London (photo Ray Gardner)
102c and b. Silver tetradrachm of the Jewish revolt: Kadman Numismatic Museum, Tel Aviv
103t. Earthquake relief, Pompeii: Leonard von Matt
103b. Dacian battle scene from Trajan's column: German Archaeological Institute, Rome
104t. Bust of Hadrian: National Museum, Rome (photo German Archaeological Institute)
104tr. Hadrian's villa at Tivoli: C.M. Dixon, Dover
104bl. Antinous: Museo Laterano Profano, Rome (photo Ilse Schneider-Lengyel, Phaidon Archive, Oxford)
104bc. Boar-hunt roundel from the arch of Constantine: Alinari, Florence
104br. Pantheon, Rome, by Panini: National Gallery of Art, Washington, D.C.
105bl. Medallion of Commodus: Hirmer Fotoarchiv, Munich
105r. Barbarian captive, from the column of Marcus: German Archaeological Institute, Rome
106. Coin of Elagabalus: British Museum, London (photo Ray Gardner)
110. "Clementia" sarcophagus: Vatican Belvedere (photo German Archaeological Institute)
111. Coin of Trajan's alimentary scheme: British Museum, London (photo Ray Gardner)
112. Riots at the amphitheater, wall painting from Pompeii: National Museum, Naples (Photoresources)
114tl. Trajan's bridge over the Danube: reproduced from C.Cichorius, *Die Reliefs der Traianssäule*, 1896-1900
114bl. Gallo-Roman relief of carriage: Jean Roubier, Paris
114r. Aerial view of the Fosse Way: Elsevier Archive, Amsterdam
115ll. Paved street, Timgad: Alan Hutchison Library, London
115r. Milestone, Leptis Magna: Michael Vickers, Oxford
116–17. Peutinger map, section VI: Austrian National Library, Vienna

118t. Proconsul Africae, from *Notitia Dignitatum*, 1436: Bodleian Library, Oxford, MS Canon Misc 378
118b. North African mosaic: Bardo Museum, Tunis (photo Michael Holford)
119. Aqueduct near Zaghouan: Brian Brake, John Hillelson Agency, London
120t. Severan forum, Leptis: Michael Vickers, Oxford
120c. Carved detail of pilaster of Severan basilica, Leptis: Bernard Regent, Alan Hutchison Library, London
120b. Aerial view, Leptis: Aerofilms, Boreham Wood
121t. Theater at Leptis: Roger Wood, London
121b. Inscription of Annobal Rufus, Leptis: Josephine Powell, Rome
122tr. View of Djemila: Brian Brake, John Hillelson Agency, London
122cl. Capitoline temple, Dougga: Sonia Halliday, Weston Turville
122bl. Mosaic from Dougga: Sonia Halliday, Weston Turville
123c. Severan arch, Timgad: Roger Wood, London
123b. Aerial view, Timgad: Elsevier Archive, Amsterdam
124t. Vicarius Hispaniae, from *Notitia Dignitatum*, 1436: Bodleian Library, Oxford, MS Canon Misc 378
124b. Circus mosaic: Archaeological Museum, Barcelona (photo Robert Harding Associates)
126l. Italica mosaics: Robert Holford, Loughton
127t. Segovia aqueduct: Brian Brake, John Hillelson Agency, London
127b. Alcantara bridge: Scala, Florence
128t. Dux Tractus Armoricani, from *Notitia Dignitatum*, 1436: Bodleian Library, Oxford, MS Canon Misc 378
128l. "Porte d'Arroux," Autun: Klaus Kerth, Zefa
128c. Urdingen glassware: British Museum, London (photo Michael Holford)
128r. Bronze statuette: Rheinisches Landesmuseum, Trier
130t. Aerial view, Estrées-sur-Noye: Roger Agache, Service des Fouilles, Abbeville
130b. Reconstruction of villa: Dick Barnard, Milverton
131tl. Aerial view, Nîmes: Aerofilms, Boreham Wood
131tr. "Pont du Gard," near Nîmes: A. F. Kersting, London
131c. Coin of Augustus and Agrippa: Heberden Coin Room, Ashmolean Museum, Oxford
131b. "Maison Carrée," Nîmes: T. Schneiders, Zefa
132l. Aerial view, Augst theater: Aerofilms, Boreham Wood
133t. Villa fresco: Rheinisches Landesmuseum, Trier
133bl. Fresco of lady: Bischöflichen Museum, Trier (photo Elsevier Archive)
133br. Porta Nigra, Trier: Bildarchiv Foto Marburg
134tr. Vicarius Britanniarum from *Notitia Dignitatum*, 1436: Bodleian Library, Oxford, MS Canon Misc 378
134cl. Gold buckle from the Thetford treasure: British Museum, London
134bl. Building inscription from High Rochester: Museum of Antiquities, Newcastle (photo Michael Holford)
134br. Mosaic of Dido and Aeneas from Low Ham villa, Somerset: Somerset County Museum, Taunton
136–37. Hadrian's Wall near Housesteads, Northumberland: Brian Brake, John Hillelson Agency, London
138c. Bronze Silchester eagle: Reading Museum and Art Gallery
138b. Aerial view, Silchester: Cambridge University Collection
139tl. Great Bath, Bath: Michael Holford, Loughton
139tr. Male "Medusa" head from Bath: Michael Holford, Loughton
139cr. Head of Minerva from Bath: Warburg Institute, London
139b. The dolphin mosaic, Fishbourne: Sunday Times, London
140. Bronze plaque from Pannonia: Budapest Museum of Fine Arts (photo C. M. Dixon)
141. Dux Syriae, from *Notitia Dignitatum*, 1436: Bodleian Library, Oxford, MS Canon Misc 378
143l. Aerial view, Carnuntum: Lothar Beckel, Bad Ischl, Austria
143tc. Aquincum organ: John Fuller, Cambridge
143br. Aerial view, amphitheater, Carnuntum: Lothar Beckel, Bad Ischl, Austria
144tc. Bust of Diocletian from Nicomedia: Michael Vickers, Oxford
144br. Peristyle of Diocletian's Palace: T. Latona, Zefa
145tl. The south facade, Diocletian's Palace: reproduced from an engraving in Robert Adam, *Ruins of the Palace of the Emperor Diocletian at Spalatro in Dalmatia*, 1764: Library of Western Art, Ashmolean Museum, Oxford
145tr. The "pastor bonus" sarcophagus from Salona: Archaeological Museum, Split (photo Michael Vickers)
145bl and c. Metopes from the Adamclisi trophy: John Fuller, Cambridge
145br. The Adamclisi trophy: John Fuller, Cambridge
147tr. Proconsul Achaeae, from *Notitia Dignitatum*, 1436: Bodleian Library, Oxford, MS Canon Misc 378
147bl. Marble bust of Christ as Apollo: Byzantine Museum, Athens (photo Michael Dixon)
147br. Via Egnatia between Philippi and Neapolis: Sonia Halliday, Weston Turville
148tr. Odeion of Herodes Atticus, Athens: Ronald Sheridan, London
148bl. "Tower of the Winds," Athens: Photoresources, Dover
148br. Torso of Hadrian, Athens: the late Edwin Smith
149cl. Arch of Hadrian, Athens: reproduced from the engraving in J. Stewart and N. Revett, *The Antiquities of Athens*, 1762–1816
149bl. Arch of Galerius, Thessalonica: Hirmer Fotoarchiv, Munich
149bl. Walls of Thessalonica: Nikos Kontos, Athens
151t. Comes per Isaurium, from *Notitia Dignitatum*, 1436: Bodleian Library, Oxford, MS Canon Misc 378
151bl. Theater, Aspendus: Sonia Halliday, Weston Turville
151br. Mosaics at Curium, Cyprus: Michael Dixon, Dover
152t. Road to the Magnesian gate, Ephesus: W. Wilkinson, London
152bl. Villa murals, Ephesus: Sonia Halliday, Weston Turville
152br. Temple of Hadrian, Ephesus: Michael Dixon, Dover
153tl. Theater, Ephesus: Sonia Halliday, Weston Turville
153cr. Artemis: Sonia Halliday, Weston Turville
153b. Brothel sign, Ephesus: Sonia Halliday, Weston Turville
154. Aerial view, Aphrodisias: David Brill, © National Geographic Society
155tl. Head of a youth from temple of the Augusti, Aphrodisias: M. Ali Dögenci, © Aphrodisias Excavations
155tc. View of Side: W. Wilkinson, London
155bl. Classical building at Garni: R. D. Wilkinson, London
155br. Walls of Amida: W. Wilkinson, London
156tr. Dux Arabiae, from *Notitia Dignitatum*, 1436: Bodleian Library, Oxford, MS Canon Misc 378
156cl. "Still life with boiled eggs" from Daphne near Antioch: Antioch Museum (photo Research Collections, Princeton University)
156cr. Reconstruction of family mosaic from Edessa: Mrs Seton Lloyd, reproduced from J. B. Segal, *Edessa the Blessed City* by permission of Thames & Hudson
156b. Mosaic frieze from Daphne near Antioch: Antioch Museum (photo Research Collections, Princeton University)
158bl. Tombstone of a young man, Palmyra: Alan Hutchison Library, London
158br. Vine leaves on stone fragment, Palmyra: Alan Hutchison Library, London
159t. View of Palmyra: Sonia Halliday, Weston Turville
160t. Aerial view, Dura-Europus: Elsevier Archive, Amsterdam
160c and b. Wall paintings from the synagogue, Dura: Fred Anderegg photographs reproduced from E. R. Goodenough, *Jewish Symbols in the Greco-Roman Period*, Bollingen Series XXXVII, Vol II, by permission of Princeton University Press
161bl. "Urn Tomb" at Petra: reproduced from David Roberts, *The Holy Land*, lithographs by G. Croly after David Roberts's drawings, 1842–43
161tr. View of Baalbek: Ronald Sheridan, London
162c. "Wailing Wall", Jerusalem: Alan Hutchison Library, London
162r. Aerial view, Masada: Sonia Halliday, Weston Turville
162bl. Madaba mosaic: Sonia Halliday, Weston Turville
163c. Aerial view, Herodion: W. Brann, Zefa
164l. Portrait of a young woman from the Fayum: Florence Archaelogical Museum (Photoresources)
164cr. Comes Limitis Aegypti, from *Notitia Dignitatum*, 1436: Bodleian Library, Oxford, MS Canon Misc 378
165b. Nile mosaic from Pompeii: Leonard von Matt, Buochs
166. Aerial view, Cyrene: Aerofilms, Boreham Wood
167. Head of Christ on mosaic from Hinton St Mary: Royal Commison on Historical Monuments (England)
168. Silver dish of Shapur I: British Museum, London
169. Triumph of Shapur I, Sasanian rock relief: Georgina Herrmann, Oxford
170. The "Tetrarchs", San Marco, Venice: Hirmer Fotoarchiv, Munich
172t. Silver denarius of Carausius: British Museum, London (photo Ray Gardner)
172c. Medallion of Constantius: British Museum, London (photo Ray Gardner)
172b. Prices Edict of Diocletian: K. T. Erim, New York
175t. Detail of mosaic from Piazza Armerina, Sicily: Scala, Florence
175b. Relief from arch of Constantine: Mansell Collection, London
177. Portrait bust from Athens: John Fuller, Cambridge
178t. Porphyry bust from Cairo: John Fuller, Cambridge
178c and b. Coin of Aurelian: British Museum, London (photo Ray Gardner)
180tl. Portrait of a lady: Capitoline Museum, Rome (photo Ilse Schneider-Lengyel, Phaidon Archive, Oxford)
180tc. Portrait of a man: Capitoline Museum, Rome (photo Ilse Schneider-Lengyel, Phaidon Archive, Oxford)
180tr. Portrait of a man: Capitoline Museum, Rome (photo Ilse Schneider-Lengyel, Phaidon Archive, Oxford)
180bl. Portrait of a young lady: Farnese Collection, National Museum, Naples (photo Ilse Schneider-Lengyel, Phaidon Archive, Oxford)
180bc. Flavian court beauty, 80–90 AD: Capitoline Museum, Rome (photo Ilse Schneider-Lengyel, Phaidon Archive, Oxford)
180br. Republican portrait, 2nd–1st century BC: Ny Carlsberg Glyptotek, Copenhagen (photo Alinari, Mansell Collection)
181l. Portrait of a man, formerly thought to be Marius: Vatican Museum (photo Ilse Schneider-Lengyel, Phaidon Archive, Oxford)
181tr. Portrait of a man: Capitoline Museum, Rome (photo Ilse Schneider-Lengyel, Phaidon Archive, Oxford)
181cr. Portrait of a man: Capitoline Museum, Rome (photo Ilse Schneider-Lengyel, Phaidon Archive, Oxford)
181br. Portrait of a young man: Glyptothek, Munich (photo Ilse Schneider-Lengyel, Phaidon Archive, Oxford)
182tl. Greengrocer, relief from Ostia: Alinari
182tc. Shopkeeper, Gallo-Roman relief from Lillebonne: Rouen Museum
182cl. Ironmonger: Vatican Museum (photo Alinari)
182cr. Apothecary: Photoresources, Dover
182bl. Butcher's shop: British Museum, London (photo Robert Harding Associates, London)
182br. Rent collector: Landesmuseum, Trier (photo Jean Roubier, Paris)
183tr. Carpenter's plane from Silchester: Reading Museum and Art Gallery
183t. Blacksmith: Archaeological Museum, Aquileia (photo Alinari)
183c. Bargeman, from Cabrières-d'Aigues: Calvet Museum, Avignon (photo Alinari)
183bl. Sole of boot, from Walbrook, London: Royal Ontario Museum, Canada
183bc. Cobbler and cord maker: National Museum, Rome (photo Alinari)
183br. Wine barrel from Silchester: Reading Museum and Art Gallery
184–85. All drawings by Dick Barnard, Milverton, Somerset
186t. Gladiator mosaic: Bad Kreuznach Museum, Germany
186c. Mosaic at Piazza Armerina, Sicily: Sonia Halliday, Weston Turville
186b. Mosaic from Zliten: Roger Wood, London
187tl. Triumph of Junius Bassus: Palazzo Vecchio, Florence (photo Scala)
187tr. Circus audience mosaic from Gafsa, Tunisia: Unesco, Paris
187bl. Amphitheater, El-Djem: Roger Wood, London
187bc. Circus program from Oxyrhynchus: Ashmolean Museum, Oxford
187br. Diptych of the Lampadii: reproduced from R. Delbrueck, *Die Consulardiptychen*, 1926–29
188t. Gold medallion of Constantine and Trier: British Museum, London (photo Ray Gardner)
188b. Medallion of Constantine "the Unconquered": British Museum, London (photo Ray Gardner)
189t. Coin of Constantine, the "heavenly gaze" portrait: British Museum, London (photo Ray Gardner)
189ct. Medallion of Constantine of 315: British Museum, London (photo Ray Gardner)
189cb. Arch of Constantine: Alinari, Florence
189bl. Largesse scene, relief from arch of Constantine: German Archaeological Institute, Rome
189br. Siege of Verona, relief from arch of Constantine: Michael Dixon, Dover
190l. Jerusalem mosaic in St Maria Maggiore, Rome: Scala, Florence
190r. St Peter and the cock, relief from Roman sarcophagus: reproduced from J. Wilpert, *I sargofagi cristiani antiqui*, 1929–36
191t. Coin of Julian: British Museum, London (photo Ray Gardner)
191b. Coin of Eugenius: British Museum, London (photo Ray Gardner)
193. The "Symmachorum" relief from a diptych: Victoria and Albert Museum, London (reproduced from R. Delbrueck, *Die Consulardiptychen*, 1926–29)
194. Lamps from the Athenian agora: drawings by John Fuller after J. Perlzweig
195tl. The burning fiery furnace, sarcophagus relief: German Archaeological Institute, Rome
195tr. Daniel in the lion's den, sarcophagus relief:

Vatican Museum (photo Mario Gerardi)
195cl. Christ and the apostles, sarcophagus relief: Vatican Museum (photo Leonard von Matt)
195cr. Daniel in the lion's den, mosaic: Unesco, Paris
195bl. Pilate washing hands, sarcophagus relief: Vatican Museum (photo Leonard von Matt)
195br. Jonah and the whale, mosaic: Aquileia Museum (photo Scala)
196. Corbridge *lanx*: British Museum, London
197. St Ambrose: St Ambrogio, Milan (photo Scala)
202–03. Images from the *Notitia Dignitatum*, 1436: Bodleian Library, Oxford, MS Canon Misc 378
203tl. Gold multiple of Constantius II: British Museum, London (photo Ray Gardner)
204t. St Sophia, exterior: British Library, London, reproduced from G. Fossati, *Aya Sofia*, 1852
204c. Walls of Constantinople: Sonia Halliday, Weston Turville
204b. Hippodrome, Constantinople: Bodleian Library, Oxford, reproduced from O. Panvinio, *Constantinople*. c. 1580
205tl. Constantinople from *Notitia Dignitatum*, 1436: Bodleian Library, Oxford, MS Canon Misc 378
205r. St Sophia, interior: British Library, London reproduced from G. Fossati, *Aya Sofia*, 1852
206tr. Frontispiece of "calendar of 354": Vatican Library
206bl and c. Door panels from St Sabina, Rome: Hirmer Fotoarchiv, Munich
207tl. Inscription by Filocalus: John Fuller, Cambridge
207tc. Old St Peter's: John Fuller, Cambridge, after A. S. Barnes
207c. Fresco by Dughet: St John Lateran, Rome
207tr. Mosaic of St Paul in the crypt of St Peter's: Scala, Florence
207b. St Paul-outside-the-Walls, engraving by Piranesi: Elsevier Archive, Amsterdam
208. Diptych of Stilicho: Monza cathedral (reproduced from R. Delbrueck, *Die Consulardiptychen*, 1926–29)
209. Medallion of Attalus: British Museum, London (photo Ray Gardner)
210l. Silver bowl, fragmented by barbarians: British Museum, London
210r. Diptych leaf of Honorius: Aosta cathedral (reproduced from R. Delbrueck, *Die Consulardiptychen*, 1926–29)
211t. Coin of Julius Nepos: British Museum, London (photo Ray Gardner)
211b. Coin of Romulus Augustulus: British Museum, London (photo Ray Gardner)
215. Mosaic from Carthage: British Museum, London (photo Michael Holford)
216t. Dido's preparation for suicide, from the *Virgilius Vaticanus*: Vatican Library
216b. Monastery of St Simeon Stylites: Robert Harding Associates, London
218tl. Justinian's courtiers, mosaic in St Vitale: Leonard von Matt
218tr. Throne of Bishop Maximianus: Museo Arcivescorile, Ravenna (photo Leonard von Matt)
218tc. St Apollinare Nuovo: Leonard von Matt
218bcl and r. Carved balustrades from St Apollinare Nuovo: Leonard von Matt
218b. Harbor of Classis, mosaic from St Apollinare Nuovo: Leonard von Matt
219t. Theodora and attendants, mosaic in St Vitale: Scala, Florence
219bl. Theodoric's mausoleum: Elsevier Archive, Amsterdam
219br. Palace of Theodoric, mosaic from St Apollinare Nuovo: Leonard von Matt
220. Boethius in prison: Bodleian Library, Oxford, MS Auct F.6.5, folio VII
221l. Diptych of Boethius' father: Brescia Museum (reproduced from R. Delbrueck, *Die Consulardiptychen*, 1926–29)
221r. Diptych of Orestes: Victoria and Albert Museum, London (reproduced from R. Delbrueck, *Die Consulardiptychen*, 1926–29)
222. St Vitalis, mosaic in St Vitale, Ravenna: Leonard von Matt
223l. Monograms of Theodoric and Odoacer: John Fuller, Cambridge
223tr. St Catherine's monastery, Sinai: Robert Harding Associates, London
223br. The walls of Dara: Clive Foss, Boston, Mass.
224t. Aeneas at Delos by Claude Lorraine: National Gallery, London
224c. Mussolini inscription: Tim Cornell, London
224bl. Fascists dressed as legionaries: Instituto Centrale per il Catalogo e la Documentazione, Rome
224c. Ceiling at Stratfield Saye House, Berkshire: John Fuller, Cambridge
224br. Ceiling from temple of Bel, Palmyra: reproduced from Wood and Dawkins, *Ruins of Palmyra*, 1753
225t. Roman roads with funerary monuments: from an engraving by Piranesi (Phaidon Archive, Oxford)
225cl. L'Arc de Triomphe, Paris: Mansell Collection, London
225cr. Fastes d'Octobre from the "Calendar of the Year 354": Vatican Library
225bl. Manhole cover, Rome: Mauro Pucciarelli, Rome
225br. Astérix and the aqueduct: reproduced from Alberto Uderzo, *La Serpe d'or*, 1965

参考文献

下記の参考文献は原著者が分野別に選んだものであり、単行本のみで雑誌論文は含まれていない。しかも、主として英語による著作が中心になっている。各分野に関する基本的な著作で、比較的最近発表されたもののうち、入手しやすく特に重要と著者が考えたものが選ばれている。それらの本は、以上のような制約をもつものの、日本でも入手可能なものも多いので、もっと詳細な、より専門的な知識を得ることを希望する読者は、それらの著作を手がかりにして、その目的を達成することができるであろう。

地理

As far as we know this is the first Atlas of the Roman world to be published, at least in English. But the Roman world is naturally covered in older historical and classical atlases, many of which are excellent and have been extensively used by us. These include H. Kiepert, *Atlas Antiquus* (Berlin 1882), A. A. M. van der Heyden and H. H. Scullard, *Atlas of the Classical World* (London 1959), G. Westermann, *Grosser Atlas zur Weltgeschichte* (Brunswick 1976), and C. McEvedy, *Penguin Atlas of Ancient History* (Harmondsworth 1967). There is no fully satisfactory treatment in English of the geography of ancient Italy and the Mediterranean. The best available is probably M. Cary, *The Geographic Background of Greek and Roman History* (Oxford 1949). The antiquated work of H. Nissen, *Italische Landeskunde*, 2 vols. (Berlin 1883–1902), is still useful in parts. The reconstruction of ancient landscape from field archaeology and air photography is the theme of J. Bradford's *Ancient Landscapes* (London 1957), which deals with Italy in particular. A very good selection of air photographs can be found in G. Schmidt, *Atlante aerofotografico delle sedi umani in Italia*, 2 vols. (Florence 1966–70). C. Delano Smith, *Western Mediterranean Europe* (London 1979), is a modern account of the historical geography of the area since the Neolithic age. The best general introduction to Mediterranean geography is probably M. and R. Beckinsale, *Southern Europe: the Mediterranean and Alpine Lands* (London 1975); the older work of E. C. Semple, *The Geography of the Mediterranean Region* (New York 1931), is still worth consulting. The most detailed account of Italian geography is the handbook published by the Admiralty, *Italy* (Naval Intelligence Division, Geographical Handbooks), 3 vols. (London 1944). The classic account of the historical role of the Mediterranean environment is F. Braudel, *The Mediterranean and the Mediterranean World in the Age of Philip II*, English trans. (London 1972).

史料

The Loeb Classical Library includes the works of most classical and later authors, with text and parallel English translation. Several important texts, mainly of writers of the classical period, are also available in translation in the Penguin Classics series. Useful anthologies of translated texts and documents include N. Lewis and M. Reinhold, *Roman Civilisation*, 2 vols. (rev. ed., New York 1966), and A. H. M. Jones, *A History of Rome through the Fifth Century*, 2 vols. (London 1968). For a selection of documents on the early Christian church see J. Stevenson, *A New Eusebius: Documents Illustrative of the History of the Church to AD 337* (London 1957; often reprinted). Texts which bear on economic history are assembled and translated in T. Frank, *An Economic Survey of Ancient Rome*, vol. I (Baltimore, Md., 1927). Discussion of the value and reliability of the sources can be found in most textbooks on Roman history. On particular writers of the earlier period see P. G. Walsh, *Livy* (Cambridge 1961), F. W. Walbank, *Polybius* (Berkeley, Calif., 1972), and R. Syme, *Sallust* (Berkeley, Calif., 1968); for work on later writers see below. A. Momigliano, *Essays on Ancient and Modern Historiography* (Oxford 1977), contains some important studies of the sources for early Roman history; also useful is T. A. Dorey (ed.), *Latin Historians* (London 1966). On the interpretation of numismatic and papyrological evidence, especially, but by no means exclusively, important for the time of the Empire, see E. G. Turner, *Greek Papyri* (Oxford 1968), and J. P. C. Kent, B. Overbeck, A. U. Stylow, *Roman Coins* (London 1978).

概説書

The classic histories of Rome to the end of the Republic are T. Mommsen, *History of Rome*, trans. W. P. Dickson, 4 vols. (London 1861), G. De Sanctis, *Storia dei Romani*, 4 vols. (Turin/Florence 1907–53), and the collective *Cambridge Ancient History*, vols. VII–IX (Cambridge 1928–32). There are convenient one-volume histories of the entire period by A. Piganiol, *La Conquête romaine* (Paris 1927), A. E. R. Boak and W. G. Sinnigen, *History of Rome to AD 565*, 6th ed. (New York 1977), M. Cary and H. H. Scullard, *History of Rome*, rev. ed. (London 1975), and M. Grant, *History of Rome* (London 1979). The *Oxford Classical Dictionary*, 2nd ed. (Oxford 1970), is an invaluable work of reference.

初期ローマ

The most up-to-date account in English is H. H. Scullard, *History of the Roman World 753–146 BC*, 4th ed. (London 1981). E. Gjerstad, *Early Rome*, 6 vols. (Lund 1953–75), presents all the archaeological evidence, but is unreliable in matters of interpretation. Specialized studies of early Italian archaeology (including Rome) are contained in D. and F. R. Ridgway (eds.), *Italy before the Romans* (London 1979); J. Reich, *Italy before Rome* (Oxford 1979), is a concise popular account. Also useful on early Rome: J. Heurgon, *The Rise of Rome to 264 BC* (London 1973), and R. M. Ogilvie, *Early Rome and the Etruscans* (London 1976). On the Etruscans there are good books by M. Pallottino, *The Etruscans*, 2nd ed. (London 1974), M. Cristofani, *The Etruscans* (London 1979), F. Coarelli (ed.), *Etruscan Cities* (London 1975), and M. Grant, *The Etruscans* (London 1980). E. Pulgram, *The Tongues of Italy* (Cambridge, Mass., 1958), has a good account of the languages of pre-Roman Italy.

共和政

The best general account is M. Crawford, *The Roman Republic* (London 1978); see also A. H. McDonald, *Republican Rome* (London 1966). A. J. Toynbee, *Hannibal's Legacy*, 2 vols. (London 1966), is a wide ranging study of Roman society in the middle Republic. C. Nicolet, *Rome et la conquête du monde méditerranéen*, 2 vols. (Paris 1977–78), is the fullest modern account of the period 264–27 BC. On the fall of the Republic see R. Syme's classic, *The Roman Revolution* (Oxford 1939); also E. S. Gruen, *The Last Generation of the Roman Republic* (Berkeley, Calif., 1974), and, on the formation and attitudes of the nobility, M. Gelzer, *The Roman Nobility*, trans. R. Seager (Oxford 1975). For a clear and fully documented narrative of events see H. H. Scullard, *From the Gracchi to Nero*, 4th ed. (London 1976). Rome's conquest of Italy is seen from a regional point of view by E. T. Salmon, *Samnium and the Samnites* (Cambridge 1968), and W. V. Harris, *Rome in Etruria and Umbria* (Oxford 1971). E. T. Salmon, *Roman Colonisation under the Republic* (London 1969), is a good discussion of its subject. Juridical aspects of the conquest (and other matters) are treated in

A. N. Sherwin-White, *The Roman Citizenship*, 2nd ed. (Oxford 1973). The state of the Roman economy at the time of the Italian conquest is examined by C. G. Starr, *The Beginnings of Imperial Rome* (Ann Arbor, Mich., 1980).

On the Punic Wars see T. A. Dorey and D. R. Dudley, *Rome against Carthage* (London 1971), J. F. Lazenby, *Hannibal's War* (Warminster 1978), and B. Caven, *The Punic Wars* (London 1980). The growth of the Roman empire and the problem of Roman imperialism are dealt with by E. Badian, *Foreign Clientelae* (Oxford 1958), and *Roman Imperialism in the Late Republic* (Oxford 1968); W. V. Harris, *War and Imperialism in Republican Rome* (Oxford 1979). Notice also T. Frank, *Roman Imperialism* (New York 1914). For a clear account of the events see R. M. Errington, *The Dawn of Empire* (London 1971).

The social and economic consequences of empire are analyzed by P. A. Brunt, *Social Conflicts in the Roman Republic* (London 1971), and M. K. Hopkins, *Conquerors and Slaves* (Cambridge 1978). On the Gracchi see D. Stockton, *The Gracchi* (Oxford 1979), and A. H. Bernstein, *Tiberius Sempronius Gracchus* (Ithaca, N.Y., 1978). On the subject of slavery see M. I. Finley, *The Ancient Economy* (London 1973); J. Vogt, *Ancient Slavery and the Ideal of Man* (Oxford 1974: chapter 3 deals with the slave wars). T. Wiedemann, *Greek and Roman Slavery* (London 1981), is a collection of texts and documents in translation. The changing role of the army in the social structure of the Republic is discussed by E. Gabba, *Republican Rome: the Army and the Allies* (Oxford 1976). For a study of population figures, and of their importance for the social history of the Republic, see P. A. Brunt, *Italian Manpower 225 BC–AD 14* (Oxford 1971).

There are many good biographies of leading persons in the drama of republican history; only a selection can be given here: H. H. Scullard, *Scipio Africanus, Soldier and Politician* (London 1970); A. E. Astin, *Cato the Censor* (Oxford 1978), *Scipio Aemilianus* (Oxford 1967); P. A. L. Greenhalgh, *Pompey*, 2 vols. (London 1980–81); M. Gelzer, *Caesar* (Oxford 1969); M. Grant, *Julius Caesar* (London 1967), *Cleopatra* (London 1972); E. Rawson, *Cicero: a Portrait* (London 1975); D. R. Shackleton Bailey, *Cicero* (London 1971); W. K. Lacey, *Cicero and the End of the Roman Republic* (London 1978).

政治および政治思想

C. Nicolet, *The World of the Citizen in Republican Rome* (London 1980); E. S. Staveley, *Greek and Roman Voting and Elections* (London 1972); L. R. Taylor, *Roman Voting Assemblies* (Ann Arbor, Mich., 1966); D. C. Earl, *The Moral and Political Tradition of Rome* (London 1967); C. Wirszubski, *Libertas as a Political Idea at Rome* (Cambridge 1950); E. Badian, *Publicans and Sinners* (Oxford 1972); L. R. Taylor, *Party Politics in the Age of Caesar* (Berkeley, Calif., 1966); A. W. Lintott, *Violence in Republican Rome* (Oxford 1968); J. A. Crook, *Law and Life of Rome* (London 1966); J. M. Kelly, *Roman Litigation* (Oxford 1966).

ローマ社会と文化

Intellectual life: R. M. Ogilvie, *Roman Literature and Society* (Harmondsworth 1980); T. Frank, *Life and Literature in the Roman Republic* (Berkeley, Calif., 1930); S. F. Bonner, *Education in Ancient Rome* (London 1977); H. I. Marrou, *A History of Education in Antiquity* (London 1956). Art and architecture: R. Bianchi Bandinelli, *Rome, the Centre of Power* (London 1970); G. M. A. Hanfmann, *Roman Art* (London 1964); D. Strong, *Roman Art* (London 1976); A. Boëthius, *Etruscan and Early Roman Architecture*, 2nd ed. (Harmondsworth 1978). Religion: R. M. Ogilvie, *The Romans and Their Gods* (London 1969); W. Warde Fowler, *The Religious Experience of the Roman People* (London 1911); H. H. Scullard, *Festivals and Ceremonies of the Roman Republic* (London 1981). The countryside: K. D. White, *Roman Farming* (London 1970); J. M. Frayn, *Subsistence Farming in Roman Italy* (Fontwell 1979); T. W. Potter, *The Changing Landscape of South Etruria* (London 1979); T. Ashby, *The Roman Campagna in Classical Times* (London 1927). The City: W. Warde Fowler, *Social Life at Rome in the Age of Cicero* (London 1922); U. E. Paoli, *Rome, Its People, Life and Customs* (New York 1963); J. Carcopino, *Daily Life in Ancient Rome* (London 1941); M. Grant, *The Roman Forum* (London 1970); S. B. Platner, T. Ashby, *A Topographical Dictionary of Ancient Rome* (Oxford 1929); E. Nash, *Pictorial Dictionary of Ancient Rome*, 2 vols., 2nd ed. (London 1968). Ostia: R. Meiggs, *Roman Ostia*, 2nd ed. (Oxford 1973); Pompeii: J. B. Ward Perkins and A. Claridge, *Pompeii AD 79* (New York 1978); M. Grant, *Cities of Vesuvius* (London 1971).

アウグストゥスとユリウス=クラウディウス朝

The most convenient brief study of Augustus is by A. H. M. Jones, *Augustus* (London 1970); compare the more specialized discussions in his *Studies in Roman Government and Law* (Oxford 1960). Augustus' *Res Gestae* are translated and fully commented on by P. A. Brunt and J. M. Moore, *Res Gestae Divi Augusti: the Achievements of the Divine Augustus* (Oxford 1967). On Augustus' Julio-Claudian successors see B. M. Levick, *Tiberius the Politician* (London 1976), R. Seager, *Tiberius* (London 1972), A. Momigliano, *Claudius: the Emperor and His Achievement* (1934; reprinted with revised bibliography to 1959, Cambridge 1961), and B. H. Warmington, *Nero: Reality and Legend* (London 1969). Z. Yavetz, *Plebs and Princeps* (Oxford 1969), traces the political and social role of the people of Rome from late Republic to early principate. G. W. Bowersock, *Augustus and the Greek World* (Oxford 1965), studies the social, diplomatic and cultural relations of the new regime with the Greek east – compare also Fergus Millar, *The Emperor in the Roman World*, mentioned below – and Colin Wells, *The German Policy of Augustus: an Examination of the Archaeological Evidence* (Oxford 1972), its military policy on the Rhine frontier. On the literature and moral climate of Augustan Rome see Gordon Williams, *Tradition and Originality in Roman Poetry* (Oxford 1968). Miriam Griffin, *Seneca: a Philosopher in Politics* (Oxford 1976), is the best study of the problems of conscience raised by autocratic government; compare the work of Wirszubski, *Libertas* (mentioned above). Syme's *Roman Revolution* is as fundamental for the understanding of the early principate as it is for the fall of the Republic, and his marvelous *Tacitus*, 2 vols. (Oxford 1958), describes in rich detail the period covered by Tacitus – from the death of Augustus – as well as the historian's own milieu and time of writing in the Flavio-Trajanic age.

ローマ帝国，70—306年

For the general history of the Empire from the Flavians to Constantine there is no real successor to H. H. Scullard's *From the Gracchi to Nero*, mentioned above. A. Garzetti, *From Tiberius to the Antonines* (Engl. ed. London 1974), covers in detail the period 14 to 192 AD, and H. M. D. Parker, *A History of the Roman World, AD 138 to 337* (2nd ed. London 1958), reaches the death of Constantine, but necessarily without reflecting recent advances in research. (It is worth noting that the familiar but now rather dated Methuen Roman histories will over the next few years be replaced by a series of new books.) The civil wars are described by K. Wellesley, *The Long Year, AD 69* (London 1975). A. R. Birley, *Septimius Severus, the African Emperor* (London 1971), is far more than a political study and also covers effectively much of the 2nd-century background. On the political and cultural history of the Flavio-Trajanic period Syme's *Tacitus* is in all ways fundamental, as, still, are his chapters on military history in the *Cambridge Ancient History*, vols. X and XI (1934 and 1936). On Trajan's wars L. Rossi, *Trajan's Column and the Dacian Wars* (London 1971), is full and most informative but with sometimes mediocre photographs. For the history and culture of Rome's eastern neighbor see R. Ghirshman, *Iran, from the Earliest Times to the Islamic Conquest* (Harmondsworth 1954) and *Iran: Parthians and Sassanians* (London 1962), and for Rome's eastern relations in their geographical and social context Freya Stark, *Rome on the Euphrates: the Story of a Frontier* (London 1966). The "anarchy" of the 3rd century is discussed in various works, notably the major books of Rostovtzeff and A. H. M. Jones mentioned below, and by R. MacMullen, *Roman Government's Response to Crisis, AD 235–337* (New Haven, Conn., and London 1976), and by Syme, *Emperors and Biography* (Oxford 1971).

On the role of the emperor in government and the development of governmental institutions and administrative hierarchies, see especially Fergus Millar, *The Emperor in the Roman World, 31 BC–AD 337* (London 1977). Millar may overstate the continuity of the conduct of the imperial office over this period and understate the impact of changing military needs on the emperors' role, on which see the absorbing study of E. N. Luttwak, *The Grand Strategy of the Roman Empire, from the First Century AD to the Third* (Baltimore, Md., and London 1976), and the very different perspective of R. MacMullen, *Soldier and Civilian in the Later Roman Empire* (Cambridge, Mass., 1963).

On the provincial prosperity of the Empire Gibbon's *Decline and Fall*, Chap. II, is still remarkable for its perceptiveness, and for its appreciation of the potential of archaeological and epigraphic evidence. The revolution in historical method made possible by the systematic study of material remains was essentially the work of Mommsen, substantial extracts from whose *Provinces of the Roman Empire* of 1885 are available in paperback with a useful introduction by T. R. S. Broughton (Chicago, Ill., and London 1968). Also fundamental, and incorporating a still wider range of material evidence, is M. Rostovtzeff, *The Social and Economic History of the Roman Empire* (2nd ed. by P. M. Fraser, Oxford 1957). The work of Mommsen is well appreciated by G. P. Gooch in *History and Historians in the Nineteenth Century* (2nd ed. London 1952), Chap. XXIV, and that of Rostovtzeff by A. Momigliano in his *Studies in Historiography* (London 1966), Chap. 5. For a comprehensive account of the regions of the Empire, with much citation of ancient sources, see Tenney Frank and others, *An Economic Survey of Ancient Rome*, 5 vols. (Baltimore, Md., 1933–40), and for a brief survey of its institutions and provincial diversities, Fergus Millar, *The Roman Empire and Its Neighbours* (2nd ed. London 1981). M. P. Charlesworth, *The Roman Empire* (Oxford 1951, reprinted with new bibliography, Oxford 1968), is also useful. The opportunities for economic and cultural life provided by the Roman pacification of the Mediterranean, and also the physical limitations imposed by natural conditions, are treated by L. Casson, *Ships and Seamanship in the Ancient World* (Princeton, N.J., 1971) and *Travel in the Ancient World* (London 1974); and the conditions of agricultural production by K. D. White in *Roman Farming* (London 1970), *Agricultural Implements of the Roman World* (Cambridge 1967) and *Farm Equipment of the Roman World* (Cambridge 1975). See also the *Oxford History of Technology*, Vol. II, edited by Charles Singer and others (Oxford 1956).

The changing nature of legal privilege in the context of the extension of the citizenship is studied by Peter Garnsey, *Social Status and Legal Privilege in the Roman Empire* (Oxford 1970), and by A. N. Sherwin-White, *The Roman Citizenship* (2nd ed. Oxford 1973); see also J. A. Crook, *Law and Life of Rome* (London 1967). R. Duncan-Jones, *The Economy of the Roman Empire: Quantitative Studies* (Cambridge 1974), provides excellent discussions of many aspects of civic munificence, especially on the cost of public works, and many useful papers by A. H. M. Jones are collected in his *The Roman Economy*, ed. P. A. Brunt (Oxford 1974). Syme's *Tacitus* (see above) is particularly good on the enlargement of the Roman governing class by provincial recruitment; see also his *Colonial Elites: Rome, Spain and the Americas* (London 1958).

On the prestige of rhetoric and its role in public communications, three recent books are especially notable: G. W. Bowersock, *Greek Sophists in the Roman Empire* (Oxford 1969); T. D. Barnes, *Tertullian: a Historical and Literary Study* (Oxford 1971); and E. Champlin, *Fronto and Antonine Rome* (Princeton, N.J., 1980). The attitudes of educated Greeks under Roman rule are discussed by C. P. Jones in *Plutarch and Rome* (Oxford 1971) and *The Roman World of Dio Chrysostom* (Cambridge, Mass., and London 1978), and by Fergus Millar, *A Study of Cassius Dio* (Oxford 1964).

On the huge topic of religious change and the rise of Christianity, a brief selection must suffice to convey the essentials. A. D. Nock, *Conversion: the Old and the New in Religion, from Alexander the Great to Augustine of Hippo* (Oxford 1933 and 1952), provides an introduction to new forms of religious experience, and F. Cumont, *Oriental Religions in Roman Paganism* (1911; reprinted New York 1956) and *The Mysteries of Mithras* (1903; reprinted New York 1956), still provides perhaps the most authoritative general treatment, despite recent criticism of some of his theories. See also E. R. Dodds, *Pagan and Christian in an Age of Anxiety* (Cambridge 1965), discussed, with the book of Frend mentioned below, by Peter Brown, *Religion and Society in the Age of St Augustine* (London 1972). Peter Brown's own *The Making of Late Antiquity* (Cambridge, Mass., and London 1978) tends, like much other recent work, to seek the origins of the new religious developments in the 2nd rather than in the 3rd century. J. H. W. G. Liebeschuetz, *Continuity and Change in Roman Religion* (Oxford 1979), is immensely rewarding for its care and thoughtfulness over a full four centuries of Roman religious experience. The best general description of the theory and practice of theurgy is by E. R. Dodds in his *The Greeks and the Irrational* (Berkeley, Calif., and London 1968), Appendix II.

On the rise of Christianity, W. H. C. Frend, *Martyrdom and Persecution in the Early Church* (Oxford 1965), is one of the most stimulating of all discussions of the subject, and H. Chadwick, *The Early Church* (Harmondsworth 1967), is clear, comprehensive and broad in scope. The two chapters of Gibbon, *Decline and Fall*, Chaps. XV and XVI, have survived the years marvelously well, and still make a fine introduction whose main lines are inherent in modern study. T. D. Barnes's *Tertullian*, mentioned above, is not only learned and precise but very vigorous and stimulating on the broader issues.

属州

On the provinces of the Empire, general surveys are provided by the works of Mommsen, Rostovtzeff, Millar and Tenney Frank mentioned above under "provincial prosperity of the Empire." For reference on individual sites, particularly useful are the *Princeton Encyclopaedia of Classical Sites*, ed. R. Stilwell and others (Princeton, N. J., 1976), and *Atlas of Classical Archaeology*, ed. M. I. Finley (London 1977). Both works contain bibliographical references and the latter has site plans and photographs.

As to books on individual provinces it is worth mentioning the series *Provinces of the Roman Empire* under the general editorship of S. S. Frere. This includes to date J. J. Wilkes, *Dalmatia* (London 1969), A. Mócsy, *Pannonia and Upper Moesia; a History of the Middle Danubian Provinces of the Roman Empire* (London 1974), G. Alföldy, *Noricum* (London 1974), and Sheppard Frere, *Britannia* (rev. ed. London 1978). See in addition C. H. V. Sutherland, *The Romans in Spain* (London 1939); Olwen Brogan, *Roman Gaul* (London 1963); Peter Salway, *Roman Britain* (Oxford 1981), and – among many other histories of Roman Britain – A. L. F. Rivet, *Town and Country in Roman Britain* (London 1958, reprinted 1966); P. Oliva, *Pannonia and the Onset of Crisis in the Roman Empire* (Prague 1962); R. F. Hoddinott, *Bulgaria in Antiquity: an Archaeological Introduction* (London 1975). On the eastern provinces: A. H. M. Jones, *The Greek City, from Alexander to Justinian* (rev. ed. Oxford 1966), and *The Cities of the Eastern Roman Provinces* (2nd ed. Oxford 1971); B. M. Levick, *Roman Colonies in Southern Asia Minor* (Oxford 1967); and various books by George Bean: *Aegean Turkey: an Archaeological Guide* (2nd ed. London 1979), *Turkey beyond the Maeander* (2nd ed. London 1980), *Lycian Turkey* (London 1978) and *Turkey's Southern Shore* (2nd ed. London 1979). J. H. W. G. Liebeschuetz, *Antioch: City and Imperial Administration in the Later Roman Empire* (Oxford 1972), has much also on the Syrian background. On Egypt, as well as the excellent chapter in Jones's *Cities of the Eastern Roman Provinces*, there is the brief account of H. Idris Bell, *Egypt, from Alexander the Great to the Arab Conquest: a Study in the Diffusion and Decay of Hellenism* (Oxford 1948).

The following are a selection of some of the more accessible works on the sites featured in the Atlas, arranged in the order of their appearance: D. E. L. Haynes, *The Antiquities of Tripolitania* (London 1955); R. Bianchi Bandinelli and others, *The Buried City: Excavations at Lepcis Magna* (Eng. trans. London 1970); E. M. Wightman, *Trier and the Treveri* (London 1970); G. C. Boon, *Silchester; the Roman Town of Calleva* (rev. ed. Newton Abbott 1974); B. Cunliffe, *Fishbourne: a Roman Palace and its Gardens* (London 1971); E. Vorbeck, L. Beckel, *Carnuntum: Rom an der Donau* (Salzburg 1973; in German, but with splendid aerial photographs, of which one is shown above, p. 143); J. and T. Marasović, *Diocletian Palace at Split* (Zagreb 1968); J. Travlos, *Pictorial Dictionary of Ancient Athens* (London and New York 1971); R. Day, *An Economic History of Athens under Roman Domination* (New York 1942). Research on the site of Ephesus is conducted by an Austrian school and the literature is almost all in German, but two books are worth recommending to English readers for their fine illustrations: W. Alzinger, *Die Ruine von Ephesos* (Berlin and Vienna 1972), and E. Lessing, W. Oberleitner, *Ephesos, Weltstadt der Antike* (Vienna and Heidelberg 1978). There is, however, a study of late Roman and Byzantine Ephesus in English: Clive Foss, *Ephesus after Antiquity: a Late Antique, Byzantine and Turkish City* (Cambridge 1979).

On the cities of the Orient: K. Michałowski, *Palmyra* (Eng. trans. London 1970); Iain Browning, *Palmyra* (London 1979); M. A. R. Colledge, *The Art of Palmyra* (London 1976). Robert Wood's *The Ruins of Palmyra, otherwise Tedmor, in the Desart*, of 1753, has been reproduced photographically (Farnborough 1971). See also J. Jeremias, *Jerusalem in the Time of Jesus* (Eng. trans. London 1969); Y. Yadin, *Masada: Herod's Fortress and the Zealots' Last Stand* (London 1966); M. Rostovtzeff, *Dura-Europos and Its Art* (Oxford 1938); A. Perkins, *The Art of Dura-Europos* (Oxford 1973); Clark Hopkins, *The Discovery of Dura-Europos* (New Haven, Conn., and London 1979); F. Ragette, *Baalbeck* (London 1980); N. Jidejian, *Baalbek: Heliopolis, "City of the Sun"* (Beirut 1975); Iain Browning, *Petra* (London 1973); and R. G. Goodchild, *Cyrene and Apollonia* (London 1963).

後期ローマ帝国：コンスタンティヌスからユスティニアヌスまで

There is no really good modern concise account of this period in English. Apart from the incomparable narrative presentation of Gibbon – abridged by D. M. Low (London 1960) – the best of the older accounts is perhaps that of J. B. Bury, *History of the Later Roman Empire, from the Death of Theodosius I to the Death of Justinian (AD 395 to 565)*, 2 vols. (London 1923, reprinted New York 1958). By far the best modern account of the 4th century is that of André Piganiol, *L'Empire chrétien* (2nd ed. by A. Chastagnol, Paris 1972), and of the 5th and 6th centuries the very good, though rather austere, work of E. Stein, *Histoire du bas-empire* (2nd ed. and trans. by J.-R. Palanque, Paris and Bruges 1959; reprinted Amsterdam 1968). The massive work of A. H. M. Jones, *The Later Roman Empire 284–602; a Social, Economic and Administrative Survey*, 3 vols. and maps (Oxford 1964; reprinted in 2 vols., Oxford 1973), is presented in abbreviated form in *The Decline of the Ancient World* (London 1966; reprinted 1975). Jones's work is notable above all for its appreciation of the bureaucratic nature of the late Roman state and also of the limitations of its power, and for his cool assessment of the reasons for its decline. In a totally different style, Peter Brown, *The World of Late Antiquity, from Marcus Aurelius to Muhammad* (London 1971), is a particularly challenging thematic study, skillfully illustrated.

Of individual emperors in this period, Constantine, Julian and Justinian have naturally attracted most attention: see on Constantine N. H. Baynes, *Constantine the Great and the Christian Church* (London 1931; reprinted with preface and bibliography by Henry Chadwick, Oxford 1972); A. H. M. Jones, *Constantine and the Conversion of Europe* (London 1948); R. MacMullen, *Constantine* (London 1970); A. Alföldi, *The Conversion of Constantine and Pagan Rome* (Oxford 1948, reprinted 1969). On Julian, recent biographies include those of R. Browning, *The Emperor Julian* (London 1975), and, with emphasis on Julian's character, G. W. Bowersock, *Julian the Apostate* (London 1978); though J. Bidez's *L'Empereur Julien* (Paris 1930; reprinted 1965) remains the most economically penetrating of studies, especially strong on the intellectual and religious background of Julian. On Justinian, R. Browning, *Justinian and Theodora* (London 1971).

Other works on the political and social history of the age include A. Alföldi, *A Conflict of Ideas in the Late Roman Empire: the Clash between the Senate and Valentinian I* (Oxford 1952) – extremely vivid, especially on the atmosphere of "terrorism" of late Roman government, though in some ways unreliable in its judgments – and John Matthews, *Western Aristocracies and Imperial Court, AD 364–425* (Oxford 1975). This is a study of the social context of the politics of the period but presents the narrative background and touches various other aspects of the age, especially the issue of Christianization (see below).

The literary and religious history of late antiquity is studied in several recent works, notably Peter Brown's wonderful *Augustine of Hippo* (London 1967), Alan Cameron's *Claudian: Poetry and Propaganda at the Court of Honorius* (Oxford 1970) and J. N. D. Kelly, *Jerome: His Life, Writings and Controversies* (London 1975). M. W. Binns (ed.), *Latin Literature of the Fourth Century* (London and Boston, Mass., 1974), contains chapters by different authors on Ausonius, Symmachus, Paulinus of Nola, Claudian and Prudentius, and on the religious and cultural background of their work. R. Syme, *Ammianus and the Historia Augusta* (Oxford 1968), ranges widely and to great effect among the varied literary products of the late 4th century. N. K. Chadwick, *Poetry and Letters in Early Christian Gaul* (London 1955), presents accounts of later 4th- and 5th-century writers, and the 5th-century poet and bishop, Sidonius Apollinaris, is the subject of C. E. Stevens's *Sidonius Apollinaris and His Age* (Oxford 1933). The Latin writers of the early 6th century have received recent attention from J. J. O'Donnell, *Cassiodorus* (Berkeley, Calif., and London 1979), Henry Chadwick, *Boethius: the Consolations of Music, Logic, Theology and Philosophy* (Oxford 1981), and in the symposium edited by Margaret Gibson, *Boethius: His Life, Thought and Influence* (Oxford 1981). Despite much specialized work, there are still in English no substantial general studies of writers as important as Ammianus Marcellinus and Procopius; on the first of these, however, E. A. Thompson, *The Historical Work of Ammianus Marcellinus* (Cambridge 1947), is one of the essential foundations for such study.

On late Roman art and ceremonial and responses to it, see the varying approaches and interpretations of H. P. L'Orange, *Art Forms and Civic Life in the Late Roman Empire* (Eng. trans. Princeton, N.J., 1965), R. Bianchi Bandinelli, *Rome: the Late Empire. Roman Art AD 200–400* (London 1971) – lavishly illustrated; S. MacCormack, *Art and Ceremony in Late Antiquity* (Berkeley, Calif., and London 1981); A. Grabar, *The Beginnings of Christian Art* (London 1967) and *Christian Iconography: a Study of Its Origins* (London 1969); and Gervase Mathew, *Byzantine Aesthetics* (London 1963).

The theme of the Christianization of the Empire is developed by F. van der Meer and Christine Mohrmann, *Atlas of the Early Christian World* (Eng. trans. London 1966), and by Diana Bowder, *The Age of Constantine and Julian* (London 1978), a useful introduction to the visual and archaeological evidence for the religious changes of the 4th century. A. Momigliano (ed.), *The Conflict between Paganism and Christianity in the Fourth Century* (Oxford 1963), contains some excellent papers on various aspects of this theme, as, still more so, does Peter Brown, *Religion and Society in the Age of St Augustine* (London 1972), a collection of the author's learned but vividly readable articles spanning the years 1961–70.

In the absence of any modern study of comparable scope, the classic of J. Geffcken, *The Last Days of Greco-Roman Paganism* (trans. S. MacCormack, Amsterdam, New York and Oxford 1978), remains fundamental; see also R. MacMullen, *Paganism in the Roman Empire* (New Haven, Conn., and London 1981). Though its central thesis has been challenged – though not abandoned by its author – W. H. C. Frend's *The Donatist Church: a Movement of Protest in Roman North Africa* (Oxford 1952; reprinted with additional bibliography 1971) remains a fine description of the effects of Christianization on the morale and integrity of an established church in its relations with a schismatic sect. On the duties and preoccupations of a bishop, F. van der Meer, *Augustine the Bishop* (Eng. trans. London 1961; reprinted 1978), is full and circumstantial, and on the ascetic movement Philip Rousseau, *Ascetics, Authority and the Church in the Age of Jerome and Cassian* (Oxford 1978), is a book which repays the closest attention and reflection. On the actual modes of the ascetic life, see for Egypt D. Chitty, *The Desert a City* (Oxford 1966), and for Syria A. Vööbus, *A History of Asceticism in the Syrian Orient*, Vol. II (Louvain 1960). Peter Brown's *The Cult of the Saints: Its Use and Function in Latin Christianity* (London 1981), is, as always, an arresting and profound, if at times rather intangible, treatment. One particularly interesting facet of Christianization, pilgrimage, is described and put into its cultural context by E. D. Hunt, *Holy Land Pilgrimage in the Later Roman Empire AD 312–460* (Oxford 1982).

For late imperial and early Christian Rome see R. Krautheimer, *Rome: Profile of a City 312–1308* (Princeton, N.J., 1980), and in general his *Early Christian and Byzantine Architecture* (3rd ed. Harmondsworth 1979); W. Oakeshott, *The Mosaics of Rome, from the Third to the Fourteenth Centuries* (London 1967). The fullest historical account of early Christian Rome is in French, by Ch. Piétri, *Roma Christiana: recherches sur l'Église de Rome, son organisation, sa politique, son idéologie, de Miltiade à Sixte II (311–440)*, 2 vols. (Paris and Rome 1978). On Ravenna, L. von Matt, *Ravenna* (Cologne 1971), with text, in German, by S. Bovini, but with splendid photographs. For Christianity and paganism in the life of 4th-century Antioch (and many other aspects of urban life) J. H. W. G. Liebeschuetz, *Antioch: City and Imperial Administration in the Later Roman Empire* (Oxford 1972), and for the life of a rapidly Christianized city J. B. Segal, *Edessa: the "Blessed City"* (Oxford 1970). Late Roman Jerusalem is described by Ch. Couäsnon, O.P., *The Church of the Holy Sepulchre in Jerusalem* (London 1974), and by J. Wilkinson, *Egeria's Travels: Newly Translated with Supporting Documents and Notes* (London 1971). The social life of Constantinople is explored by G. Downey, *Constantinople in the Age of Justinian* (London 1964), and by Alan Cameron, *Porphyrius the Charioteer* (Oxford 1971); cf. his *Circus Factions: Blues and Greens at Rome and Byzantium* (Oxford 1976).

On the barbarian invaders of the Roman Empire there are three especially illuminating books by E. A. Thompson: *A History of Attila and the Huns* (Oxford 1948), *The Visigoths in the Time of Ulfila* (Oxford 1966) and *The Goths in Spain* (Oxford 1969). Fifth-century relations between Rome and Constantinople are the theme of W. E. Kaegi, *Byzantium and the Decline of Rome* (Princeton, N.J., 1968); the background to the 6th-century reconquest is described in the books on Boethius and Cassiodorus mentioned above. For the barbarian settlements and the formation of the early medieval west see J. M. Wallace-Hadrill, *The Barbarian West 400–1000* (rev. ed. London 1967), and the various papers in his *The Long-Haired Kings* (London 1962); and W. Goffart, *Barbarians and Romans, AD 418–584: the Techniques of Accommodation* (Princeton, N.J., 1980).

監修者のことば

　この「図説 世界文化地理大百科」も，すでに『古代のエジプト』，『古代のギリシア』の2冊を刊行して，今この3冊目の最後の「古代篇」ができあがった．本書は，はじめは小さな幼児だったローマという動物が，次第に成長するにつれてぐんぐん大きく育ち，ついにはマンモスのように巨大になって，それがしばらくつづいたのち，やがてそれが外圧と自壊作用とで死滅するまでの長いローマ史の一生をとり扱っている．そしてそこで演じられた民族の興亡や社会のなかのさまざまな人生模様は，現代人にも通じるような人間臭い善意と悪意とが織りなすドラマである．

　一般に，ローマは世界を三度征服したといわれる．武力と宗教と法律である．具体的には，属州（プロウィンキア）の拡張であり，ローマ・カトリック教会の公認と普及であり，「ローマ法大全」(Corpus Juris Civilis) を頂点とする法律の制定と施行である．そしてこの三大征服に関連して，ローマ人は石材や煉瓦やコンクリートでつくった大小数多くの記念的建造物をつくり，それが遺跡となって残った．私も20年あまり以前にイタリアを旅し，ローマの遺跡をたびたびたずねた．そのたびに私はよく，ローマ国家はほんの300年ほど前まで栄えていたのではないかという錯覚におそわれることがあった．それほど，どの遺跡も生き生きとみえた．

　これらのローマ人の業績の根底には，ローマ人の現実的，実用的，そしてさらに教養的（専門的でない）な面を重視する民族性が早くから養われていたからだと思われる．それは，ギリシア人のもつ抽象的，論理的な精神とは異質のものであった．もっとも，ローマ人は帝国時代には，そういうギリシア人が領土内で活躍することをゆるしていたし，ギリシア人もローマ化にはある程度同調していた．

　さて本書は，ひとすじ縄ではなかなか把握できないような長大なローマの歴史を，既刊の2冊と同様に，かずかずの地図と図版類を駆使しながら正確に興味ぶかく解説している．そのさい，全体を4部に分けて，とくに初期共和政時代と後期帝政時代とに重点をおいたり，共同執筆者たちが協力しあってわかりやすく記述したりしている点は，一般読者にはありがたい好意である．そして本書もまた，既刊の2冊のように，通俗書と専門書の中間に位する書物で，巻末の参考文献を利用して専門研究にむかうのもよかろうし，また，任意の記事と写真と図版を手がかりに，書物による気楽な空想的ローマ観光旅行としゃれるのもよいであろう．

　また翻訳者の諸君も，正確を期しながらやさしい訳文の統一にかなりの時間をかけ，また固有名詞の表記にもだいぶ苦労をされたらしいが，これも日本の読者のためを思ってのことで，その労を衷心から多としたい．

1985年5月　平田　寛

訳者のことば

　ヨーロッパを旅した人なら誰でも，ヨーロッパ各地に現在でも残っている城壁や水道橋や円形闘技場をはじめ多くのローマ時代の遺跡を目にし，各地の博物館でその地方で出土したローマ時代の遺物が展示されているのを見たはずであります．また，持参のガイドブックは多くの都市がローマ時代の都市に起源をもっていることを教えてくれたはずであります．石の文化であるローマ文明はあちこちに足跡を残しており，ヨーロッパの歴史を遡って行くと古代ローマに出会うことを知らされ，古代ローマの歴史的重みを実感させられたことと思います．そして少しでも古代ローマについての知識をもった人なら，ローマのフォロ・ロマーノに立ちながら，まるでギボンのように，この巨大な世界は一体何んだったのだろうかという興味が湧いてきたかもしれません．

　古代ローマがヨーロッパ世界の基盤となっていることを認めるのに，これまでにもしばしば引用されてきた著名な歴史家やローマ法学者たちの数々の名言を再びここで引合いに出すまでもないと思います．ヨーロッパは，しばしば指摘されてきたように，ローマ法やラテン文学やキリスト教会をはじめ多くの重要な文化的・社会的遺産を古代ローマから受け継いできました．古代ローマとヨーロッパとが直線的に結びつくものではないにしても，ヨーロッパが古代ローマ文明の果実をさまざまな形で享受してきたことは確かであります．

　そのこととは別に，古代ローマは新しく「発見された世界」でもあります．通常，古代ローマ史学の起源はイタリア・ルネサンスに求められていますが，古代ローマと出会って以来，近代ヨーロッパの知識人は己の関心に従って古代ローマをさまざまに解釈してきました．たとえばマキャヴェリにしろモンテスキューにしろ，さらにモムゼンにしろ，かれらの古代ローマへの関心は，かれらの時代の政治状況とかれらの政治理想とを顕著に反映していました．かれらにとって，古代ローマの「危機」は現代の「危機」でもあり，かれらの「ローマ観」はかれらの「現代観」でもありました．かれらの目には，「ローマ帝国の衰退」は，他の古代文明の衰退とはまったく次元の異なる歴史的事件と映ったはずであります．近代ヨーロッパ人が近代世界の考察にあたって，かれらの眼前に登場してきた古代ローマ世界と対峙しつづけ，古代ローマが辿った運命について思索をめぐらしたことは，ヨーロッパ文化の特質と深い関わりをもっていました．「永遠なるローマ」が滅びたことは，かれらに「ヨーロッパの運命」を意識させずにはおかなかったはずであります．「帝国の衰退」は，ヨーロッパの歴史家たちにとって常に重い課題でありつづけました．かれらは古代ローマの発する問い掛けに答えるべく格闘してきたともいえます．

　しかしながら，古代ローマとヨーロッパとがいかに特別な絆で結ばれていようとも，ヨーロッパは広大なローマ世界の一部分でしかありませんでした．本書を繙いた読者は，古代ローマ世界が時代的にも地理的にも文字通り広大な，かつ，さまざまな要素を包含した多様な世界であったことを実感することと思います．古代ローマを単にヨーロッパ側の視点からのみ考察することは余りにも不十分であり，多様なローマ世界の一面のみを強調しすぎることになります．ローマ世界ははるかに広大な世界であり，たとえばアジアやアフリカの視点からの考察を怠ることは重大な欠落でありましょう．

　本書は，普通のローマ史の概説書が重点を置いている共和政後期や帝政初期のローマの支配階層を中心とした政治史よりも，どちらかといえばむしろ周辺部分，つまりローマ建国前後の古代イタリアの事情や属州や帝国末期について詳しく叙述しています．本書が取扱っている分野は広範で，情報量は実に豊富で，しかも豊かな知識とともに多くの有益な図版や貴重な写真，詳細な地図によって本書の内容は一層豊かになっています．もし読者が今日あらためてこの広大な世界について考えてみようとするならば，本書はその試みを大いに助けてくれるはずであります．

　本書は古代と現代とを対比させながら論じる方法をとっており，内容が時代的にも分野的にも広範囲に及んでいることもあり，訳者たちの力不足のゆえに多くの誤りを犯しているのではないかとおそれています．とりわけ地名の表記には大いに悩まされました．訳者たちの力不足や不注意による誤りを除けば，問題はある程度はローマ世界の多様性と本書の構成のユニークさに由来するとも考えられますが，完全な統一は不可能であると判断し，妥協した部分も少なくなかった点は心残りではあります．

　最後に，悪戦苦闘する訳者たちを忍耐強く励まして下さった朝倉書店編集部の方々に深く感謝申し上げます．

　　訳者と分担
　　　篠塚千恵子（第1部）
　　　小林　　勝（第2部）
　　　新井　桂子（第3部）
　　　岡崎　文夫（第4部）
　　　須江　　泉（地　図）
　　訳文全体の調整は小林雅夫が担当しました．

　　　　　　　　　　　　1985年5月　小林雅夫

地名索引

ア 行

アイガイ(トルコ) 38°54′N27°13′E 150
アイギオン(ギリシア) 38°15′N22°05′E 146
アイギナ(アイギナ島)(ギリシア) 37°45′N23°26′E 47
アイギナ(島)(ギリシア) 37°43′N23°30′E 146
アイデプソス(エウボイア島)(ギリシア) 38°53′N23°03′E 146
アイノス(エネズ)(トルコ) 40°44′N26°05′E 141
アイラ(エラト)(イスラエル) 29°33′N34°57′E 157,165
アウァリクム(ブールジュ)(フランス) 47°05′N2°23′E 70,129
アウェラ(アヴィラ)(スペイン) 40°39′N4°42′W 125
アウェンティクム(アヴェンシェ)(スイス) 46°53′N7°03′E 129
アウェンニオ(アヴィニョン)(フランス) 43°56′N4°48′E 129
アウキラ(アルシノエ)(トゥクラ) 32°32′N20°35′E 164
アウクシム 43°28′N13°29′E 49,70
アウグスタ・ウィロマンドゥオルム(ヴェルマン)(フランス) 49°52′N3°09′E 129
アウグスタ・ウィンデリコルム(アウグスブルク)(西ドイツ) 48°21′N10°54′E 75,107,108,140
アウグスタ・タウリノルム(タウラシア)(トリノ) 45°04′N7°40′E 10,12,13,47,67,129
アウグスタ・トレウェロルム(トレウェリ)(トリーア)(西ドイツ) 49°45′N6°39′E 75,84,129,171,173,197,209,214
アウグスタ・プラエトリア(アオスタ) 45°43′N7°19′E 67,129
アウグスタ・ラウリコルム(ラウラキ)(アウグスト/カイザーアウグスト) 47°32′N7°44′E 108,129,140,192
アウグスティアナ(アストゥラ)(トライスマウェル) 48°22′N7°15′E
アウグストオブリガ(タラベラ・ラ・ビエハ)(スペイン) 39°48′N5°13′W 125
アウグストオブリガ(スペイン) 41°47′N1°59′W 125
アウグストドゥヌム(バイユー)(フランス) 49°16′N0°42′W 129
アウグストドゥヌム(オータン)(フランス) 46°58′N4°18′E 129,192
アウグストネメトゥム(クレールモンフェラン)(フランス) 45°47′N3°05′E 129
アウグストボナ(トリカシニ)(トロワ) 48°18′N4°05′E 129,192
アウグストマグス(サンリス)(フランス) 49°12′N2°35′E 129
アウグストリトゥム(リモージュ)(フランス) 45°50′N1°15′E 129
アウサ(ビーチ)(スペイン) 41°56′N2°16′E 125
アウジア(アルジェリア) 36°12′N3°43′E 118
アウスクルム(アスコリ・サトリアノ) 41°13′N15°34′E 35,41,46,62
アウスム(サドゥリ)(アルジェリア) 34°48′N4°59′E 119
アウテッシオドゥルム(オーセール)(フランス) 47°48′N3°35′E 129,192,199
アウトリクム(シャルトル)(フランス) 48°27′N1°30′E 129
アウフィデナ 41°44′N14°02′E 46,62
アウレウス・モンス(ユーゴスラヴィア) 44°37′N20°49′E 141
アウレリアナ(コストル)(ユーゴスラヴィア) 43°54′N22°15′E 141
アウレリアニ →ケナルム
アエカエ 41°21′N15°20′E 40,46
アエギュッスス(ルーマニア) 45°09′N28°50′E 141
アエクゥム(ユーゴスラヴィア) 43°47′N16°49′E 140
アエクゥム・トゥティクム 41°15′N15°05′E 62
アエクラヌム 41°04′N14°57′E 41,62
アエザニ(トルコ) 39°12′N29°28′E 150
アエシウム 43°38′N13°24′E 35
アエシカ(グレート・チェスターズ)(イギリス) 55°03′N2°06′W 134
アエセルニア 41°35′N14°14′E 35,41,46,62
アエソ(アヴェッリャ)(スペイン) 42°02′N1°07′E 125
アエノナ(ユーゴスラヴィア) 44°13′N15°10′E 72,140
アエフラ(モンテ・サンタンジェロ) 41°56′N12°49′E 27,30
アエミニウム(コインブラ)(ポルトガル) 40°12′N8°25′W 124
アエリア・カピトリナ →ヒエロソリュマ
アカイアカラ(アル・ハディーサー)(イラク) 34°09′N42°22′E 191
アカダマ(シリア) 35°06′N38°26′E 174
アガテ(アグド)(フランス) 43°19′N3°29′E 23,129
アカントス(ギリシア) 40°22′N23°52′E 146
アキダウァ(ルーマニア) 44°32′N24°14′E 141
アギンヌム(アジャン)(フランス) 44°12′N0°38′E 129
アクアエ(バーデン・バーデン)(西ドイツ) 48°45′N8°15′E 108,129
アクアエ(ユーゴスラヴィア) 43°40′N18°17′E 140
アクアエ・アルネメティアエ(バクストン)(イギリス) 53°15′N1°55′W 135
アクアエ・カリダエ(アルジェリア) 36°24′N2°14′E 72,118
アクアエ・コンウェナルム(バニュール・ド・ビゴル) 43°04′N0°09′E 129
アクアエ・スリス(バース)(イギリス) 51°23′N2°22′W 135
アクアエ・セクスティアエ(エクス・アン・プロヴァンス)(フランス) 43°31′N5°27′E 60,129
アクアエ・タルベッリカエ(ダクス)(フランス) 43°43′N1°03′W 129
アクアエ・ネリ(ネリ・レ・バン)(フランス) 46°18′N2°38′E 129
アクアエ・フラウィアエ(チャベシュ)(ポルトガル) 41°44′N7°28′W 124
アクアエ・マッティアカエ(アクアエ・マッティアコルム)(ヴィースバーデン)(西ドイツ) 50°05′N8°15′E 108,129,192
アクアエ・レギアエ(チュニジア) 35°42′N9°58′E 119
アクアチェトサ・ラウレンティナ 41°46′N12°30′E 30
アクアロッサ 42°31′N12°05′E 21
アクイマ 42°27′N13°42′E 40,67
アクイレイア(ハイデンハイム)(西ドイツ) 48°41′N10°10′E 108
アクイレイア 45°47′N13°22′E 29,38,47,49,60,75,84,171,173,197,199,209,214
アクイロニア 40°59′N15°30′E 35,62
アクインクム(ブダペスト)(ハンガリー) 47°30′N19°03′E 107,140
アクシオス川(ユーゴスラヴィア/ギリシア) 146
アクシマ(エイム)(フランス) 45°33′N6°40′E 107,129
アクティオン岬(ギリシア) 38°56′N20°46′E 146
アクライピア(ギリシア) 38°27′N23°13′E 146
アクラエ(パラッゾーロ・アクレイデ)(シチリア) 37°04′N14°54′E 23,45
アグリ川 10
アグリゲントゥム(アグリジェント)(シチリア) 37°19′N13°35′E 23,45,47,57,72
アクルウィウム(ユーゴスラヴィア) 42°27′N18°46′E 73,140
アグントゥム(オーストリア) 46°51′N12°51′E 140
アケッラエ 40°50′N14°16′E 62
アゲディンクム(セノネス)(サンス)(フランス) 48°12′N3°18′E 70,129,192
アケロオス川(ギリシア) 146
アシシウム(アッシジ) 43°04′N12°37′E 41
アシド(スペイン) 36°28′N5°55′W 72
アシネ(ギリシア) 36°48′N21°57′E 146
アジャッチョ(コルシカ) 41°55′N8°43′E 10,12
アシュティシャト(トルコ) 38°45′N41°26′E 199
アスカロン(イスラエル) 31°39′N34°35′E 157
アスクルム(アスコリ・ピチェーノ) 42°52′N13°35′E 38,41,62,67
アスティギ(エシハ)(スペイン) 37°33′N5°04′W 72,125
アストゥパライア(島)(ギリシア) 36°32′N26°23′E 150
アストゥラ 41°24′N12°42′E 30
アストゥラ(ツァイゼルマウエル)(オーストリア) 48°20′N16°05′E 140
アストゥリカ・アウグスタ(アストルガ)(スペイン) 42°27′N6°04′W 124
アスパラトス(スプリト)(ユーゴスラヴィア) 43°31′N16°28′E 10,140
アスペルデン(西ドイツ) 51°45′N6°09′E 192
アスペンドス(トルコ) 36°55′N31°06′E 150
アセムス(ブルガリア) 43°38′N24°55′E 141
アソポス(ギリシア) 36°40′N22°51′E 146
アダイス →ウティナ
アダダ(シリア) 35°08′N39°03′E 174
アダナ(アタニア)(トルコ) 37°00′N35°19′E 150
アッキ(グアディクス)(スペイン) 37°19′N3°08′E 72,125
アッスラス(チュニジア) 36°00′N9°03′E 72
アッセリア(ユーゴスラヴィア) 44°02′N15°40′E 140
アッソス(トルコ) 39°32′N26°21′E 150
アッタ川 10,29
アッタレイア(アンタリア)(トルコ) 36°53′N30°42′E 150
アッラボナ(ジェール)(ハンガリー) 47°41′N17°40′E 140
アッリファエ 41°20′N14°20′E 62,67,200
アッレティウム(アレッツォ) 43°28′N11°53′E 10,21,29,35,38,41,62,67,70
アーディジェ川 10,140
アティナ 41°37′N13°47′E 46
アテステ(エステ) 45°13′N11°40′E 20,29,67
アテッラ 40°56′N14°13′E 46,62
アテナイ(アテナエ)(ギリシア) 38°00′N23°44′E 47,60,70,75,84,111,146,171,179,209,214
アテヌス川(アテルノ川) 35,40,41,200
アド・アラス(スペイン) 38°44′N0°39′W 125
アトゥアトゥカ(トゥングリ)(トンゲレン)(ベルギー) 50°47′N5°28′E 129,192
アドゥール川(フランス) 129
アド・ポンテム(リンド)(オーストリア) 46°47′N13°22′E 140
アド・マイオレス(チュニジア) 34°23′N7°54′E 179
アド・メディアム(メハディア)(ルーマニア) 44°53′N22°20′E 141
アドラ(デラ)(シリア) 32°37′N36°06′E 157
アトラクス(ギリシア) 39°39′N22°16′E 146
アドラムュッティオン(エドレミト)(トルコ) 39°34′N27°01′E 150
アトランス(ユーゴスラヴィア) 46°10′N15°02′E 140
アトリビス(エジプト) 30°25′N31°11′E 165
アナグニア 41°43′N13°10′E 30,35,40,62
アナザルブス(トルコ) 37°09′N35°46′E 151,220
アナス川(グアディアナ川)(ポルトガル/スペイン) 47,72,75,124,172,209
アナタ(アーナー)(イラク) 34°29′N41°57′E 191,220
アナブス(シチリア) 45
アニオ川 27,30
アネムリウム(アナムル)(トルコ) 36°06′N32°49′E 150
アバッラウァ(バラ・バイ・サンズ)(イギリス) 54°56′N3°03′W 134
アバッロ(アヴァ)(フランス) 47°30′N3°54′E 129
アパメイア(ビルキク)(トルコ) 37°03′N37°59′E 151,157
アパメイア(シリア) 35°31′N36°23′E 157,174,220
アパメイア(トルコ) 40°24′N28°46′E 73
アビュドス(トルコ) 40°08′N26°25′E 150
アビラ(シリア) 34°11′N37°36′E 174
アブシナ(アイニング)(西ドイツ) 48°51′N11°47′E 108,140
アブソルス(ユーゴスラヴィア) 44°14′N14°29′E 140
アブディアクム(エプファハ)(西ドイツ) 47°57′N10°37′E 140
アブデラ(ギリシア) 40°56′N24°59′E 146
アブデラ(アドラ)(スペイン) 36°45′N3°01′W 125
アブリ(テオドシオポリス)(トルコ) 40°57′N27°04′E 141
アブリットゥス(ブルガリア) 43°31′N26°33′E 141,171
アブルム(アルバ・ユリア)(ルーマニア) 46°04′N23°33′E 141
アブロディシアス(トルコ) 40°39′N26°53′E 141
アブロディシアス(トルコ) 37°43′N28°50′E 150
アベッラ 40°59′N14°37′E 67
アベッリヌム(アベリノ) 40°49′N14°47′E 41,46,62,67
アポッリノポリス・マグナ(エジプト) 24°59′N32°52′E 165
アポッロニア(イスラエル) 32°13′N34°49′E 157
アポッロニア(トルコ) 39°07′N27°31′E 150
アポッロニア(アルバニア) 40°40′N19°28′E 47,70,146
アポッロニア(マルサ・スーサ)(リビア) 32°52′N21°59′E 164
アポッロニア(ソゾポール)(ブルガリア) 42°23′N27°42′E 141
アボヌテイクス(イネボル)(トルコ) 41°57′N33°45′E 150
アマストリス(トルコ) 41°44′N32°24′E 107,150
アマセア(アマシア)(トルコ) 40°37′N35°50′E 61,151,220
アマトス(キュプロス) 34°42′N33°09′E 150
アマロ山 42°05′N14°06′E 10
アミアタ山 42°53′N11°57′E 10
アミソス(サムスン)(トルコ) 41°17′N36°22′E 151
アミダ(ディヤル・バキル)(トルコ) 37°55′N40°14′E 151,220
アミテルヌム(アマトリーチェ) 38°40′N13°24′E 38,40,62
アモリウム(トルコ) 38°58′N31°12′E 150
アモルゴス(島)(ギリシア) 36°49′N25°54′E 150
アラウシオ(オランジュ)(フランス) 44°08′N4°48′E 47,60,72,129
アラウナ(メアリーポート)(イギリス) 54°43′N3°30′W 135
アラエ・フラウィアエ(ロットヴァイル)(西ドイツ) 48°10′N8°38′E 108,129
アラクセス川(ソ連/トルコ) 220
アラケリ(アラクイル)(スペイン) 42°58′N2°10′W 125
アラバンダ(トルコ) 37°40′N27°55′E 150
アラビッソス(トルコ) 38°12′N36°54′E 151
アラリア →アレリア
アラル川(ソーヌ川)(フランス) 129,192
アリエ川(フランス) 129
アリエンツォ 41°02′N14°30′E 57
アリキア(アリッチャ) 41°43′N12°41′E 27,30
アリミヌム(リミニ) 44°03′N12°34′E 10,29,35,38,41,62,70
アリュカンダ(トルコ) 36°33′N30°01′E 150
アリンダ(カルブズル)(トルコ) 37°35′N27°49′E 150
アルウォナ(ユーゴスラヴィア) 45°05′N14°11′E 140
アルカンタラ(スペイン) 39°44′N6°53′W 124
アルキダウァ(ウァラディア)(ルーマニア) 45°02′N21°43′E 141
アルギュルントゥム 44°18′N15°21′E 140
アルケオポリス(ソ連) 42°20′N41°53′E 220
アルゲントマグス(アルジャントン)(フランス) 46°32′N1°45′W 129
アルゲントラテ(ストラスブール)(フランス) 48°35′N7°45′E 108,129,192,214
アルゴス(ギリシア) 37°38′N22°42′E 146
アルコブリガ(アリクサ)(スペイン) 41°09′N2°26′W 125
アルサニアス川(トルコ) 220
アルシウム 41°54′N12°06′E 35
アルジド 41°48′N12°46′E 30
アルシノエ(キュプロス) 34°55′N32°26′E 150
アルシノエ(エジプト) 29°19′N30°50′E 164
アルスター(イギリス) 52°13′N1°52′W 135

233

地名索引

アルセナリア(トルコ) 36°25′N 0°37′E 118
アルゼン(トルコ) 38°00′N 41°47′E 151
アルタウァ(アルジェリア) 34°43′N 0°55′W 118
アルチェスター(イギリス) 51°55′N 1°07′W 135
アルツァイ(西ドイツ) 49°44′N 8°07′E 192
アルッキス(スペイン) 37°56′N 6°57′W 124
アルデア 41°36′N 12°33′E 27,30,35,67,200
アルティヌム 45°33′N 12°24′E 38
アルティブルス(チュニジア) 35°51′N 8°40′E 118
アルトリブ(西ドイツ) 49°28′N 8°26′E 192
アルノ川 10,20,21,29,35,49,57,67
アルバ(ユーゴスラヴィア) 44°46′N 14°47′E 72,140
アルバ(アプス)(フランス) 44°15′N 4°30′E 129
アルバ・フケンス 42°03′N 13°27′E 35,38,40,47
アルバ・ロンガ(カステル・ガンドルフォ) 41°45′N 12°38′E 27,30,200
アルピ 41°34′N 15°32′E 35,40,41,46,62
アルビティミリウム(ヴェンティミーリア) 43°47′N 7°37′E 129
アルピヌム 41°38′N 13°37′E 40,62
アルブッチオ(サルディニア) 41°03′N 9°25′E 20
アルブルヌス・マイオル(ルーマニア) 46°16′N 23°05′E 141
アルペイオス川(ギリシア) 146
アルボル・フェリクス(アルボン)(スイス) 47°31′N 9°27′E 140
アルンダ(ロンダ)(スペイン) 36°45′N 5°10′W 124
アレクサンドリア(エジプト) 31°13′N 29°55′E 61,70,75,84,107,111,165,171,173,179,199
アレクサンドリア・アド・イッスム(イスケンデルン)(トルコ) 36°37′N 36°08′E 157
アレクサンドリア・トロアス(トルコ) 39°47′N 26°08′E 150
アレシア(アリーズ)(フランス) 47°33′N 4°30′E 70,129
アレッツォ →アッレティウム
アレトゥサ(シリア) 34°56′N 36°47′E 157
アレトゥム(フランス) 48°42′N 1°52′W 199
アレトリウム 41°44′N 13°21′E 35,40,62
アレラテ(アルル)(フランス) 43°41′N 4°38′E 70,72,129,171,172,179,199,209,214
アレリア(アラリア)(コルシカ) 42°05′N 9°30′E 23,39,47,72,107
アーレン(西ドイツ) 48°50′N 10°07′E 108
アンキアルス(ポモリエ)(ブルガリア) 42°43′N 27°39′E 141
アンキュラ(アンカラ)(トルコ) 39°55′N 32°50′E 75,107,150
アングスティア(ルーマニア) 46°03′N 26°19′E 141
アンコーナ 43°37′N 13°31′E 10,20,38,41,67
アンセルヌ(フランス) 43°38′N 3°49′E 39
アンタイオポリス(エジプト) 26°54′N 31°31′E 165
アンダウトニア(スキタルイェヴォ)(ユーゴスラヴィア) 45°49′N 16°13′E 140
アンタドラス(シリア) 34°55′N 35°52′E 157
アンティウム(アンツィオ) 41°27′N 12°38′E 27,30,35,200
アンティオキア(トルコ) 38°18′N 31°09′E 73,150
アンティオキア(アンタキヤ) 36°12′N 36°10′E 61,70,75,84,107,111,151,157,171,173,174,179,220
アンティカリア(アンテクエラ)(スペイン) 37°01′N 4°34′W 125
アンティノオポリス(エジプト) 27°49′N 30°53′E 165
アンティノポリス(コンスタンティナ)(トルコ) 37°19′N 39°26′E 157,220
アンティポリス(アンティーブ)(フランス) 43°35′N 7°07′E 129
アンデトリウム(ユーゴスラヴィア) 43°46′N 16°39′E 140
アンテデイ(ギリシア) 38°29′N 23°28′E 146
アンデマトゥンヌム(ラングル)(フランス) 47°53′N 5°20′E 129
アンテムナエ 41°54′N 12°30′E 27,30
アンデリタ(ペヴァンジー)(イギリス) 50°47′N 0°20′E 135
アンデリトゥム(ジャヴォア)(フランス) 44°43′N 3°17′E 129
アントゥンナクム(アンデルナハ)(西ドイツ) 50°26′N 7°24′E 108,129,192
アンドロス(島)(ギリシア) 37°49′N 24°54′E 146
アンネソイ(トルコ) 40°15′N 35°37′E 199

アンピッサ(ギリシア) 38°32′N 22°22′E 146
アンピポリス(ギリシア) 40°48′N 23°52′E 146
アンブラキア(ユーゴスラヴィア) 39°10′N 20°59′E 146
アンブリアス →エンポリアエ
アンペルム(ルーマニア) 46°08′N 23°13′E 141
アンマエダラ(ハイドラ)(チュニジア) 35°32′N 8°25′E 119

イアカ(ハカ)(スペイン) 42°34′N 0°33′W 125
イアソス(トルコ) 37°17′N 27°35′E 150
イアデル(ザダル)(ユーゴスラヴィア) 44°07′N 15°14′E 72,140
ヴーイエイ(フランス) 46°38′N 0°10′W 214
イエッソ(グイソナ)(スペイン) 41°47′N 1°18′E 125
イェリコ(ヨルダン) 31°51′N 35°27′E 157
イオウィア(ユーゴスラヴィア) 46°10′N 19°08′E 140
イオウィアクム(シュレーゲン)(オーストリア) 48°27′N 13°55′E 140
イオナ(イギリス) 56°19′N 6°25′W 199
イオムニウム(アルジェリア) 36°56′N 4°00′E 119
イオル・カエサレア(シェルシェル)(アルジェリア) 36°36′N 2°11′E 75,107,118
イガエディタニ(ポルトガル) 39°56′N 6°54′W 124
イギルギリ(ジジェル)(アルジェリア) 36°50′N 5°43′E 72,119
イグウィウム(グッビョ) 43°21′N 12°35′E 41,62
イクリスマ(アングレーム)(フランス) 45°40′N 0°10′E 129
イコシウム(アルジェ)(アルジェリア) 36°50′N 3°00′E 118
イコニウム(コニャ)(トルコ) 37°51′N 32°30′E 150
イサウラ(トルコ) 37°12′N 32°15′E 150
イスカ(カーレオン)(イギリス) 51°37′N 2°57′W 135
イスカ(エクセター)(イギリス) 50°43′N 3°31′W 135
イスキア →ピテックサエ
イストミア(ギリシア) 37°55′N 23°00′E 146
イスリウム(オールドバラ)(イギリス) 54°30′N 1°41′W 135
イセオ湖 45°35′N 10°08′E 10
イゼール川(フランス) 129
イソロネ 45°15′N 12°42′E 20
イタノス(クレタ) 35°18′N 26°17′E 165
イタリカ(スペイン) 37°26′N 6°03′W 72,124
イッサ(ユーゴスラヴィア) 43°02′N 16°12′E 72
イッソス(トルコ) 36°51′N 36°10′E 151
イッリベリス(エルヴィラ)(スペイン) 37°17′N 3°53′W 125,179
イトメ山(ギリシア) 37°11′N 21°55′E 146
イリア・フラウィア(エル・パドロン)(スペイン) 42°44′N 8°40′W 124
イリオン(トロイア) 39°55′N 26°17′E 150
イリキ(エルチェ)(スペイン) 38°16′N 0°41′W 72,125
イリパ(スペイン) 37°28′N 5°56′W 46
イルロ(スペイン) 41°43′N 2°56′E 72
イレルダ(レリダ)(スペイン) 41°37′N 0°38′E 70,72,125
イン川(西ドイツ/オーストリア) 140
インギラ(トルコ) 38°11′N 40°12′E 151
インチタットヒル(イギリス) 56°32′N 3°23′W 135
インテラムナ 41°23′N 13°41′E 35,40,46,62
インテラムナ(テルニ) 42°34′N 12°39′E 10,62
インテラムニア(テラモ) 42°40′N 13°43′E 40,67
インテルキサ(ハンガリー) 46°59′N 18°56′E 140
イン・ムリオ(ムーシャム)(西ドイツ) 47°55′N 12°17′E 140
インヴレスク(イギリス) 55°58′N 2°56′W 135

ウァサテス(バザス)(フランス) 44°26′N 0°12′W 129
ウァシオ(ヴェゾン)(フランス) 44°14′N 5°04′E 129
ウァッリス・アルバ(シリア) 33°54′N 37°17′E 174
ウァディモン湖 42°28′N 12°13′E 35
ウァラエ(セント・アサフ)(イギリス) 53°13′N 3°25′W 135
ウァラノ湖 41°55′N 15°45′E 10
ウァルウァリア(ユーゴスラヴィア) 43°55′N 15°50′E 140
ヴァルケンブルク(オランダ) 52°11′N 4°24′E 129
ヴァルダル川(ユーゴスラヴィア) 141,146

ウァレイア(スペイン) 42°28′N 2°26′W 125
ウァレリア(バレラ・ヴィエーハ)(スペイン) 39°46′N 2°13′W 125
ウァレンティア(バレンシア)(スペイン) 39°29′N 0°24′W 72,125
ウァレンティア(ヴァランス)(フランス) 44°56′N 4°54′E 72,129
ヴァンギオネス →ボルベトマグス
ウィウァリウム 38°26′N 16°34′E 199
ウィウィスクス(ヴェヴェー)(スイス) 46°28′N 6°51′E 129
ウィエンナ(ヴィエンヌ)(フランス) 45°32′N 4°54′E 72,84,129,192,214
ヴィエンヌ川(フランス) 129
ウィクス・アウレリウス(オーリンゲン)(西ドイツ) 49°12′N 9°30′E 108
ウィクスv.v.(ディーブルク)(西ドイツ) 49°54′N 8°52′E 108
ヴィコ湖 42°20′N 12°09′E 10
ウィセンティウム 42°34′N 11°44′E 21
ヴィチェンツァ 45°33′N 11°32′E 10,20
ウィティラ 43°53′N 11°52′E 35
ウィブヌム(ボビノ) 41°15′N 15°20′E 62
ウィボ・ウァレンティア →ヒッポニウム
ウィミナキウム(コストラック)(ユーゴスラヴィア) 44°43′N 21°12′E 75,107,141,171
ウィルヌム(オーストリア) 46°41′N 14°16′E 75,107,140
ウィウェスカ(ブリビエスカ)(スペイン) 42°33′N 3°19′W 125
ウィロコニウム(ロクセター)(イギリス) 52°41′N 2°39′W 135
ウィロドゥヌム(ヴェルダン)(フランス) 43°43′N 1°45′E 129
ウィンティウム(ヴェンス)(フランス) 43°43′N 7°06′E 129
ウィンドウラ(ロチェスター)(イギリス) 55°00′N 1°46′W 135
ウィンドニッサ(ヴィンディッシュ)(スイス) 47°28′N 8°14′E 108,129
ウィンドボナ(ヴィエンナ) 48°13′N 16°22′E 140
ウィンドモラ(エブチェスター)(イギリス) 54°54′N 1°50′W 135
ウィンドランダ(チェスターホルム)(イギリス) 54°59′N 2°20′W 134
ウェイ 42°02′N 12°24′E 21,27,30,200
ウェギア(ユーゴスラヴィア) 44°32′N 15°05′E 72,140
ウェスウィウス山(ヴェスヴィオ山) 40°44′N 14°26′E 10
ウェスケラ(ビスクラ)(アルジェリア) 34°50′N 5°41′E 119
ウェスンナ(ペリギュー)(フランス) 45°12′N 0°44′E 129
ウェテラ(クサンテン)(西ドイツ) 51°40′N 6°27′E 108
ウェトゥロニア 45°58′N 9°10′E 41
ウェヌシア(ウェノーザ) 40°57′N 15°49′E 35,38,40,46,49,62,67
ヴェネツィア 45°26′N 12°20′E 10,12,13
ウェノナエ(ハイ・クロス)(イギリス) 52°30′N 1°18′W 135
ウェリア →エレア
ウェリアラカ(シリア) 34°19′N 38°04′E 174
ウェリトラエ(ヴェッレトリ) 41°41′N 12°47′E 27,30,35,62,200
ウェルケッラエ(ヴェルチェッリ) 45°19′N 8°26′E 29,60,129,199
ウェルコウィキウム(ハウスステッズ)(イギリス) 55°03′N 2°19′W 134
ヴェルツハイム(西ドイツ) 48°53′N 9°38′E 108
ウェルディデナ(インスブルック)(オーストリア) 47°11′N 11°25′E 140
ウェルテラエ(ブラフ)(イギリス) 54°32′N 2°19′W 135
ウェルナフルム 41°28′N 14°03′E 46,62,67
ウェルネメトゥム(ウィラビー)(イギリス) 53°14′N 1°12′W 135
ウェルラミウム(セント・オールバンス)(イギリス) 51°46′N 0°21′W 135
ヴェローナ 45°26′N 11°00′E 10,29,38
ウェロファブラ(シリア) 34°12′N 37°39′E 174
ウェンタ(カーウェント)(イギリス) 51°37′N 2°46′W 135
ウェンタ(ウィンチェスター)(イギリス) 51°04′N 1°19′W 135
ウェンタ(カイスター)(イギリス) 52°39′N 1°44′E 135
ウォラテッラエ(ボルテラ) 43°24′N 10°52′E 21,41
ウォルケイ 40°38′N 15°20′E 46

ウォルシニイ(ボルセナ) 42°38′N 11°59′E 21,35,41,62
ウォルトゥルヌム 41°02′N 13°57′E 49
ヴォルトゥルノ川 10,35,40,41,46,200
ウォルトン・カースル(イギリス) 51°58′N 1°20′E 171
ウォルビリス(モロッコ) 34°15′N 5°47′W 118
ウォレダ(オールド・ペンス)(イギリス) 54°40′N 2°44′W 135
ウォロギウム(ヴールー)(フランス) 46°19′N 3°29′E 129
ウクサマ・アルゲラ(オズマ)(スペイン) 41°35′N 3°04′W 125
ウクサマ・バルカ(オスマ)(スペイン) 42°52′N 3°03′W 125
ウクセッロドゥヌム(ピュイディッソル)(フランス) 44°53′N 1°29′E 129
ウクビス(スペイン) 37°40′N 4°34′W 72,125
ウグルトゥニア(フェンテ・デ・カントス)(スペイン) 38°15′N 6°18′W 124
ウケティア(ユゼ)(フランス) 44°01′N 4°25′E 129
ウスティーカ(島) 38°43′N 13°12′E 10
ウセリス(サルディニア島) 39°48′N 8°51′E 72
ウゼントゥム 39°55′N 18°10′E 46
ウッラトゥス(スペイン) 42°06′N 2°46′E 39
ウティカ(ユティーク)(チュニジア) 37°03′N 10°12′E 23,39,44,47,70,119
ウティナ(ウドゥナ)(チュニジア) 36°44′N 10°06′E 72,119
ウーナ川(ユーゴスラヴィア) 10,140
ウルキ 42°25′N 11°36′E 20,21,35,41
ウルキ(ウェルカル)(スペイン) 36°53′N 2°26′W 125
ウルキシア・カストラ(センテンドレ)(ハンガリー) 47°40′N 19°02′E 140
ウルソ(オスーナ) 37°14′N 5°06′W 72,125
ウルピア・トライアナ(ルーマニア) 45°30′N 22°33′E 141
ウルピアヌム(ユーゴスラヴィア) 42°33′N 21°15′E 141
ウルメトゥム(ルーマニア) 44°43′N 28°23′E 141

エイヴォン川(イギリス) 135
エイリテュオポリス(エジプト) 25°07′N 32°48′E 165
エウパトリア(マグノポリス) 40°42′N 36°37′E 151
エウフラテス川(イラク/シリア/トルコ) 61,73,76,151,157,171,174,191,220
エウヘスペリデス(ベレニケ)(ベンガジ)(リビア) 32°07′N 20°05′E 164
エウメニア(トルコ) 38°19′N 29°55′E 150
エウロポス(シリア) 36°32′N 38°13′E 157
エガディ(島) 37°57′N 12°28′E 10
エクイゼト(アルジェリア) 35°59′N 5°04′E 119
エクノムス岬(シチリア) 37°07′N 13°58′E 45
エグタ(ブルザ・パランカ)(ユーゴスラヴィア) 44°30′N 22°25′E 141
エクトラ(シチリア) 37°14′N 14°32′E 45
エストレ・シュール・ノワ(フランス) 49°47′N 2°20′E 129
エスブス(ヨルダン) 31°47′N 35°49′E 157
エデッサ(ウルファ)(トルコ) 37°08′N 38°45′E 61,151,171,199,220
エデッサ(ギリシア) 40°48′N 22°03′E 146
エトナ山(シチリア) 37°45′N 15°00′E 10
エーヌ川(フランス) 129
エピダウロス(ギリシア) 37°38′N 23°09′E 146
エピダウロス(ユーゴスラヴィア) 42°35′N 18°13′E 73,140
エピダムノス(デュッラキウム)(ドゥーレス)(アルバニア) 41°18′N 19°28′E 60,70,73,146,199
エピパネイア(ハマ)(シリア) 35°09′N 36°44′E 157,174
エブラクム(ヨーク)(イギリス) 53°58′N 1°05′W 107,135,199
エブルム(エボリ) 40°37′N 15°03′E 62
エーブロ川(スペイン) 23,46,60,72,75,84,125,173,179,214
エブロドゥヌム(イヴェルドン)(スイス) 46°47′N 6°38′E 129
エブロドゥヌム(アンブラン)(フランス) 44°33′N 6°30′E 129
エペソス(エフェスス)(トルコ) 37°55′N 27°19′E 60,70,75,107,111,150,179
エボラ(エヴォーラ)(ポルトガル) 38°34′N 7°54′W 124
エボラ(モントロ)(スペイン) 38°02′N 4°23′W 125
エポレディア(イブレア) 45°28′N 7°52′E 49
エメサ(ホムス)(シリア) 34°44′N 36°43′E 157,174,220

エメリタ・アウグスタ(メリダ)(スペイン)
　38°55′N6°20′W　72,74,106,124,179
エモナ(リュブリャーナ)(ユーゴスラヴィア)
　46°04′N10°30′E　10,140
エラエウサ(セバステ)(トルコ)
　36°32′N34°12′E　150
エリザ(トルコ)　39°44′N39°30′E　151
エリス(ギリシア)　37°54′N21°22′E　146
エリチェ →エリュクス
エリュクス(エリチェ)(シチリア)
　38°03′N12°35′E　20,45
エリュトライ(トルコ)　38°24′N26°00′E　150
エリンベッリス(オーシュ)(フランス)
　43°40′N0°36′E　129
エルカウィカ(スペイン)　40°25′N2°27′W　124
エルサ(イスラエル)　31°06′N34°39′E　157
エルサ(エオズ)(フランス)　43°51′N0°06′E　129
エルバ(島)　42°45′N10°15′E　10
エルヴィラ →イッリベリス
エルビル(イラク)　36°12′N44°01′E　220
エレア(ウェリア)　40°08′N15°11′E　23,41,46
エレウシス(ギリシア)　38°02′N23°23′E　60,146
エレウテロポリス(イスラエル)
　31°38′N34°44′E　157
エレトゥム　42°08′N12°37′E　27,30
エレファンティネ(エジプト)　24°05′N32°53′E　165
エンゲディ(イスラエル)　31°28′N35°23′E　157
エンゲルス(西ドイツ)　50°27′N7°29′E　192
エンナ(シチリア)　37°34′N14°16′E　45,57
エンポリアエ(アンプリアス)(スペイン)
　42°08′N3°03′E　23,39,47,72,125

オイアンダ(トルコ)　36°49′N29°38′E　150
オイニアダイ(ギリシア)　38°23′N21°12′E　146
オウィラウァ(ヴァルス)(オーストリア)
　48°10′N14°02′E　140
オウェトゥム(オビエード)(スペイン)
　43°21′N5°50′W　125
オエア(トリポリ)(リビア)　32°58′N13°12′E　119
オエスクス(ルーマニア)　43°44′N24°27′E　141
オクシュリュンコス(エジプト)
　28°33′N30°38′E　165
オクトドゥルム(マルティーニ)(スイス)
　46°06′N7°04′E　129
オクリクルム　42°25′N12°29′E　35,40,62
オケルム・ドゥリ(サモーラ)(スペイン)
　41°30′N5°45′W　125
オスカ(フエスカ)(スペイン)　42°08′N0°25′W
　72,125
オーズ川(イギリス)　135
オスティア　41°46′N12°18′E　21,27,30,35,47,200
オスティア・アテルネ(ペスカーラ)
　42°27′N14°13′E　10,62
オッカリバ(シリア)　35°02′N37°28′E　174
オッソノバ(ファロ)(ポルトガル)
　37°01′N7°56′W　124
オットラ(シリア)　34°22′N37°08′E　174
オッピドゥム・ノウム(モロッコ)
　35°04′N5°57′W　118
オッフェンブルク(西ドイツ)　48°29′N7°57′E　108
オデッスス(ヴァルナ)(ブルガリア)
　43°12′N27°57′E　141
オトナ(ブラッドウェル)(イギリス)
　51°44′N0°54′E　171
オトラント　40°08′N18°30′E　39
オネウアタ(シリア)　34°01′N37°30′E　174
オノバー(ウェルバ)(スペイン)
　37°15′N6°56′W　124
オビテルギウム(オデルツォ)　45°57′N12°29′E　38
オファント川　10
オーフリドスコ湖(アルバニア/ユーゴスラヴィア)　141,146
オブルコ(ポルクーナ)(スペイン)
　37°52′N4°11′W　125
オポス(ギリシア)　38°39′N23°00′E　146
オボダ(イスラエル)　30°50′N34°44′E　157
オラン(アルジェリア)　35°45′N0°38′W　118
オリクム(アルバニア)　40°22′N19°25′E　146
オリシポ(リスボン)(ポルトガル)
　38°44′N9°08′W　72,124
オリュンピア(ギリシア)　37°38′N21°39′E　146
オリュンポス・ミュシウス(トルコ)
　39°55′N29°11′E　199
オリュンポス山(ギリシア)　40°05′N22°21′E　146
オーリョ川　10
オルコメノス(ギリシア)　37°43′N22°18′E　60
オルトゥッキオ　41°57′N13°38′E　20
オルトゥル川(ルーマニア)　141

オルトプラ(ユーゴスラヴィア)
　44°42′N14°54′E　72
オルトレス山　46°31′N10°33′E　10
オルバ(トルコ)　36°42′N33°55′E　150
オルバサ(トルコ)　37°13′N29°50′E　73,150
オルビア(クァスル・エル・レビア)(リビア)
　32°38′N21°26′E　164
オルビア(ソ連)　35°07′N31°58′E　171
オレサ(シリア)　35°07′N38°52′E　174
オレトゥム(スペイン)　38°46′N3°46′W　125
オロラウヌム(アルロン)(ベルギー)
　49°41′N5°49′E　129
オロンテス川(レバノン/シリア/トルコ)　157
オンケスモス(アルバニア)　39°50′N20°00′E　146
オンヌム(ホールトン)(イギリス)
　55°01′N2°01′W　134
オンブローネ川　10
オンボス(コム・オンボ)(エジプト)
　24°26′N32°57′E　165

カ 行

カイアティア　41°11′N14°15′E　62
カイエタ　41°16′N13°32′E　200
カイロネア(ギリシア)　38°30′N22°53′E　60,146
カウィッロヌム(シャロン・シュール・ソーヌ)(フランス)　46°47′N4°51′E　129
カウカ(コカ)(スペイン)　41°13′N4°32′W　125
カウセンナエ(アンカスター)(イギリス)
　52°59′N0°32′W　135
カウディウム　41°03′N14°45′E　62
カウディネ・フォルクス　40°52′N14°47′E　35
カウリウム(コリア)(スペイン)
　39°59′N6°32′W　124
カウロニア　38°23′N16°24′E　23,41,46
カエサルアウグスタ(サラゴーサ)(スペイン)
　41°39′N0°54′W　72,74,75,125,179,199,214
カエサルオブリガ(タラヴェラ・デ・ラ・レイナ)(スペイン)　39°58′N4°50′W　125
カエサレア →マザカ
カエサレア・パネアス(シリア)
　33°08′N35°42′E　157
カエサレア・マリティマ(イスラエル)
　32°30′N34°54′E　107,157
カエサロドゥヌム(トゥール)(フランス)
　47°23′N0°42′E　129
カエサロマグス(チェルムズフォード)(イギリス)　51°44′N0°28′E　135
カエサロマグス(ボーヴェ)(フランス)
　49°26′N2°05′E　129
カエセナ(スペイン)　44°09′N12°15′E　21,29
カエレ(チェルヴェテリ)　41°59′N12°06′E　21,27,30,35,62
ガザ　31°30′N34°28′E　157
カサブランカ(モロッコ)　33°39′N7°35′W　118
カシウム(エジプト)　31°14′N33°04′E　165
カシヌム(カッシノ)　41°29′N13°50′E　38,62,200
カシネンセ　43°21′N13°26′E　199
カシリヌム　41°07′N14°14′E　38,67
カスカントゥム(カスカンテ)(スペイン)
　42°00′N1°40′W　125
カスティオネ・デイ・マルケシ　44°58′N9°49′E　20
カスティリョネ　40°43′N13°52′E　20
カステッルム・ティンギタヌム(エル・アスナム)(アルジェリア)　36°11′N1°21′E　118
カステッルム・ディンミディ(メッサド)(アルジェリア)　34°11′N3°31′E　118
カステッルム・ネナピオルム(カッセル)(フランス)　50°48′N2°29′E　129
カステル・ゴンドルフォ →アルバ・ロンガ
カストゥロ(カシオナ)(スペイン)
　38°05′N3°36′W　125
カストラ・アウグスタ(ガイゼルヘリング)(西ドイツ)　48°50′N12°25′E　140
カストラ・エクスプロラトルム(ネザービー)(イギリス)　55°03′N2°56′W　134,135
カストラ・トライアナ(ルーマニア)
　45°05′N24°12′E　141
カストラ・バタウァ(パッサウ)(西ドイツ)
　48°35′N13°28′E　108,140
カストラ・レギナ(レーゲンスブルク)(西ドイツ)　49°01′N12°07′E　108,140,214
カストルム・トルエンティヌム
　42°53′N13°55′E　38
カストルム・ノウム　42°02′N11°51′E　35,67
カストルム・ノウム　42°54′N14°12′E　35,38,41
カストルム・ハンニバリス　38°47′N16°34′E　49
カスメナエ(シチリア)　36°52′N14°46′E　23
カースルステッズ(イギリス)　54°53′N3°14′W　134
カタナ(カタニア)(シチリア)　37°31′N15°06′E

10,23,45,57,72,75,173
カタニア →カタナ
ガダメス(リビア)　30°10′N9°30′E　119
ガダラ(ウム・ケイス)(ヨルダン)
　32°39′N35°41′E　157
カタラウヌム平原(フランス)　48°44′N3°30′E　209
カタラクトニウム(カッテリク)(イギリス)
　54°22′N1°38′W　135
カッサンドレア →ポティダイア
カッラエ(ハッラン)(トルコ)　36°51′N39°01′E　151,212
カッラティス(マンガリア)(ルーマニア)
　43°48′N28°36′E　141
カッリニクム →ニケポリオン
カッリポリス(ゲリボル)(トルコ)
　40°25′N26°41′E　141
カッレウァ(シルチェスター)(イギリス)
　51°18′N1°08′W　135
カディス →カデス
ガデス(カディズ)(スペイン)　36°32′N6°18′W
　23,39,47,70,72,74,124,179
カデュアンダ(トルコ)　36°44′N29°14′E　150
カナタ(エル・クァナワト)(シリア)
　32°44′N36°36′E　157
カナテッロ(シチリア)　37°12′N13°39′E　20
カヌシウム(カーノサ・ディ・プーリア)
　41°13′N16°04′E　35,38,40,41,46,62
カノポス(エジプト)　31°18′N30°01′E　165
ガビイ(オステリア・デッロ)
　41°52′N12°45′E　27,30,200
カピドゥァ(ルーマニア)　44°29′N28°04′E　141
カビラ(ネオカエサレア)(トルコ)
　40°36′N36°59′E　151,199,220
カプア　41°06′N14°13′E　35,38,40,46,47,57,62,67,200
カブサ(ガフサ)(チュニジア)　34°28′N8°43′E　119
カブト・ステナルム(ルーマニア)
　45°34′N24°17′E　141
カプリ(島)　40°32′N14°24′E　10
カブリエル川(スペイン)　125
カベッリオ(カヴァイヨン)(フランス)
　43°50′N5°02　129
カペナ　42°19′N12°24′E　30
カーポー(イギリス)　56°21′N3°17′W　135
カポ・グラツィアノ　38°36′N14°31′E　20
カマラクム(カンブルー)(フランス)
　50°10′N3°14′E　129
カマリナ(シチリア)　36°53′N14°27′E　23,45
カモロドゥヌム(コルチェスター)(イギリス)
　51°54′N0°54′E　135
カメリヌム　43°08′N13°04′E　35,40,41,61
カラカ(スペイン)　40°29′N2°44′W　125
カラクス(リビア)　36°06′N17°15′E　164
カラクモバ(カラオッラ)(スペイン)
　42°19′N1°58′W　72,125
カラクモバ(ヨルダン)
　31°11′N35°42′E　157
カラティア　41°03′N14°22′E　67
カラナ(テオドシオポリス)(トルコ)
　39°58′N41°09′E　151,220
カラニス(エジプト)　29°31′N30°54′E　165
カラマ(ゲルマ)(アルジェリア)　36°29′N7°25′E　119
カラレス(カリアーリ)(サルディニア)
　39°13′N9°08′E　10,12,23,47,73,107
カリアリ →カラレス
ガリアンノヌム(バラ・カースル)(イギリス)
　52°30′N1°44′E　171
カリストス(エウボイア島)(ギリシア)
　38°01′N24°25′E　146
カルカ(イラク)　34°19′N43°50′E　191
カルカソ(カルカソンヌ)(フランス)
　43°13′N2°21′E　129
カルカリア(ドンカスター)(イギリス)
　53°53′N1°16′W　135
カルキス(クィネスリン)(シリア)
　35°50′N37°03′E　157,174,199,220
カルキス(レバノン)　33°47′N35°43′E　220
カルキス(エウボイア島)(ギリシア)
　38°28′N23°36′E　146
カルケウス・ヘルクレス(エル・カンタラ)(アルジェリア)　35°13′N5°40′E　119
カルケドン(カディケイ)(トルコ)
　40°59′N29°07′E　61,150
ガルサウラ(アルカライス)(トルコ)
　38°20′N34°02′E　150
カルシオリ　42°07′N13°06′E　35,40,62,200
カルタゴ(カルタージュ)(チュニジア)
　36°54′N10°16′E　23,39,47,60,70,72,75,84,107,111,171,173,209,214
ガルダ湖　45°30′N10°45′E　10
カルタゴ・ノウァ(カルタヘナ)(スペイン)
　37°36′N0°59′W　46,60,70,72,75,125,179,209,214

カルタージュ →カルタゴ
カルダレ(シチリア)　37°18′N13°39′E　20
カルテンナ(テネス)(アルジェリア)
　36°34′N1°03′E　72,118
カルトン(トルコ)　40°35′N43°04′E　220
カルヌントゥム(ペトロネル)(オーストリア)
　48°07′N16°53′E　107,140,171
カルパシア(キュプロス)　35°37′N34°23′E　150
カルピス(チュニジア)　36°45′N10°29′E　72
カルペ(ヒブラルタル)(スペイン)
　36°09′N5°21′W　125
カルペントラテ(カルパントラス)(フランス)
　44°03′N5°03′E　129
カルモ(カルモナ)(スペイン)
　37°28′N5°38′W　125
カレス　41°12′N14°08′E　35,40,46,62
ガロンヌ川(フランス)　47,72,75,129,209
ガングラ(ゲルマニコポリス)(トルコ)
　40°35′N33°37′E　150
カンザク(イラン)　35°43′N46°36′E　220
カンディダ・カーサ(イギリス)
　54°52′N4°23′W　199
カンディドゥム(エジプト)　26°19′N31°58′E　199
カンナエ　41°47′N16°10′E　46,47
カンボグランナ(バードオズワルド)(イギリス)
　54°59′N2°37′W　134
カンボドゥヌム(ケンプテン)(西ドイツ)
　47°44′N10°19′E　140
カンポヴェルデ　41°32′N12°43′E　30

キウィタス・アリシエンシウム(ヴィンプフェン)(西ドイツ)　49°14′N9°08′E　108
キウィタス・ポルト(プフォルツハイム)(西ドイツ)　48°53′N8°41′E　108
キエンティ川　10
キオス(ゲムリク)(トルコ)　40°26′N29°10′E　150
キオス(島)(ギリシア)　38°23′N26°07′E　150
ギギア(ヒホン)(スペイン)　43°32′N5°40′W
ギグティス(チュニジア)　33°30′N10°41′E　119
キサムム(カステッリ)(クレタ)
　35°29′N23°38′E　150
キジル・イルマク川 →ハリュス川
北スポラデス(諸島)(ギリシア)　146
キタリゾン(トルコ)　38°55′N39°58′E　220
キッサ(ユーゴスラヴィア)　44°24′N15°04′E　140
キッシ(アルジェリア)　36°51′N3°41′E　118
キッラ(ギリシア)　38°26′N22°28′E　146
キッリウム(カセリーヌ)(チュニジア)
　35°04′N8°38′E　119
キティオン(ラルナカ)(キュプロス)
　34°54′N33°39′E　150
キニュプス(リビア)　32°32′N14°37′E　23
キバラエ(ヴィンコヴツィ)(ユーゴスラヴィア)
　45°16′N18°49′E　140
キビュラ(トルコ)　37°05′N29°24′E　150
キュアネアイ(トルコ)　36°21′N29°46′E　150
キュジコス(トルコ)　40°25′N27°54′E　61,141,150,171,173
キュッロス(トルコ)　36°33′N36°51′E　157
ギュティオン(イチオン)(ギリシア)
　36°46′N22°34′E　146
キュテラ(島)(ギリシア)　36°15′N22°50′E　146
キュドニア(ハニア)(クレタ)　35°31′N24°01′E　165
キュトロイ(キュプロス)　35°14′N33°30′E　150
キュノスケパライ(ギリシア)　39°25′N22°33′E　47
キュメ(トルコ)　38°47′N26°56′E　150
キュルス川(ソ連)　220
キュレネ(シャハハット)(リビア)
　32°48′N21°54′E　70,75,107,164,171,214
キリキア門(トルコ)　37°17′N34°46′E　150
キルケイイ　41°14′N13°05′E　35
キルケシウム(ブサイール)(シリア)
　35°10′N40°26′E　157,174,220
キルザ(クィルザ)(リビア)　31°00′N14°39′E　119
キルタ(コンスタンティヌ)(アルジェリア)
　36°22′N6°40′E　47,60,70,72,75,119,179
キルモストゥ川(トルコ)　150
キルルヌム(チェスターズ)(イギリス)
　55°03′N2°11′W　135

グァダルキビル川 →バエティス川
グァディアナ川 →アナス川
クァルトミン(トルコ)　37°25′N41°20′E　220
クイクル(ジェミラ)(アルジェリア)
　36°25′N5°44′E　119
クイザ(アルジェリア)　36°02′N0°18′E　118
クイジク　51°44′N5°53′E　192
ククスス(トルコ)　38°03′N36°30′E　151

235

地名索引

ククッラエ（クフル）（オーストリア）
　47°38′N13°10′E　140
ククルッズ（コルシカ）41°41′N9°08′E　20
クサントス 36°22′N29°20′E　150
クッル（コロ）（アルジェリア）37°06′N6°35′E
　119
クテシフォン（イラク）33°06′N44°36′E　191,
　220
グナティア 40°56′N17°18′E　46
グヌグ（アルジェリア）36°32′N1°32′E　72
クネティア（ミルデンホール）（イギリス）
　51°21′N1°30′W　135
クノッソス（クレタ）35°18′N25°10′E　73,165
クーパ川（ユーゴスラヴィア）10
クマエ 40°47′N14°05′E　21,23,46,62,67
クミダヴァ（ルーマニア）45°43′N25°27′E　141
クライネル・ラウテン（スイス）47°36′N8°15′E
　192
グラウィスカエ 42°13′N11°42′E　21,23,49
クラウェンナ（キアヴェンナ）46°19′N9°24′E
　140
クラウセントゥム（ビッターン）（イギリス）
　50°55′N1°21′W　135
S・クラウディイ（フランス）46°23′N5°52′E
　199
クラウディオポリス（トルコ）40°45′N31°33′E
　150
クラウディオポリス（トルコ）36°38′N33°27′E
　150
クラーゲンフルト（オーストリア）
　46°38′N14°20′E　10
クラスティディウム（カステッジョ）
　45°01′N9°07′E　29
クラゾメナイ（トルコ）38°19′N26°47′E　150
グラーツ（オーストリア）47°05′N15°22′E　10,
　140
グラックリス（アルファロ）（スペイン）
　42°11′N1°45′W　125
クラティ川 10
グラヌム（サン・レミ）（フランス）
　43°47′N4°49′E　129
クラロ（グラティアノポリス）（グルノーブル）
　10,129
グランノナ（ポー・アン・ブザンユパン）（フラ
　ンス）49°21′N0°45′W　171
クランベタエ（ユーゴスラヴィア）
　44°10′N15°40′E　72
クランペティア 39°03′N16°04′E　46
クリア（フール）（スイス）46°52′N9°32′E　140
クリオン（キュプロス）34°40′N32°53′E　150
クリクム（ユーゴスラヴィア）45°02′N14°34′E
　140
クリュサス川（シチリア）45
クリュスマ（エジプト）29°59′N32°32′E　165
クルウィアエ 42°02′N14°21′E　62
クルク（島）（ユーゴスラヴィア）
　45°05′N14°40′E　10
クルシウム（キウジ）43°03′N11°57′E　21,38,
　41,62,67,200
クルーズ川（フランス）129
クルストゥメリウム 42°00′N12°31′E　30
クルニア（フェルトキルヒ）（オーストリア）
　47°15′N9°38′E　140
クルニア（スペイン）41°45′N3°24′W　84,125
グルノーブル（クラロ）
クルビス（コルバ）（チュニジア）
　36°50′N11°05′E　72,119
クルペア（チュニジア）36°50′N11°05′E　44,72
グルメントゥム 40°17′N15°53′E　41,46,62
グレウム（グロスター）（イギリス）
　51°53′N2°14′W　139
グレート・ウーズ川（イギリス）135
グレート・チェスターフォード（イギリス）
　52°04′N0°11′E　135
クレス 42°13′N12°40′E　30,38,200
クレムナ（トルコ）37°30′N30°37′E　73,150
クレメラ川 30
クレモナ 45°08′N10°01′E　29,38,47,49,67,84
クロイツナハ（西ドイツ）49°49′N8°01′E　192
クロイツベルク峠 46°42′N12°13′E　140
クロス（アルバニア）41°28′N20°10′E　146
グロッタフェラータ 41°47′N12°40′E　30
クロトン 39°05′N17°08′E　23,35,41,46,47,49
クロナルド 53°41′N7°10′W　199
クロマロン（トルコ）38°10′N41°49′E　220
グンティア（ギュンツブルク）（西ドイツ）
　48°27′N10°18′E
クンナ（シリア）34°09′N37°51′E　174

ゲソリアクム（ボノニア）（ブローニュ）（フラン
　ス）50°48′N2°14′E　129,192
ケッラエ（アルジェリア）35°32′N5°32′E　119
ケティウム（オーストリア）48°12′N15°37′E
　140
ゲディズ川（トルコ）150

ゲナウァ（ジュネーブ）（スイス）46°13′N6°09′E
　10,129,214
ケナルム（アウレリアニ）（オルレアン）（フラン
　ス）47°54′N1°54′E　129,214
ゲヌア（ジェノヴァ）44°24′N8°56′E　10,12,
　13,16,29,38,39,47,75,209
ゲヌシア 40°35′N16°45′E　41,46
ケパレニア（島）（ギリシア）38°20′N20°30′E
　146
ケパシア（ギリシア）38°04′N23°49′E　146
ケファ（トルコ）35°53′N41°20′E　220
ケファロエディウム（シチリア）
　38°03′N14°03′E　45
ゲメッラエ（アルジェリア）34°35′N5°39′E
　119
ケメネルム（サムレ）（フランス）43°41′N7°14′E
　107,129
ゲラ（シチリア）37°04′N14°15′E　20,30
グライストス（エウボイア島）（ギリシア）
　37°59′N24°31′E　146
ケライナイ（アパメイア）（ディナル）（トルコ）
　38°05′N30°09′E　150
グラサ（ヤラシュ）（ヨルダン）32°17′N35°54′E
　157
ケラソス（トルコ）40°57′N38°16′E　151
グリア・エルガルビア（リビア）
　30°21′N13°12′E　119
ケリビア（チュニジア）36°50′N11°05′E　39
ケルキト川 151
ケルクーアン（チュニジア）36°52′N11°05′E
　39
ゲルゴウィア（ジェルゴヴィ）（フランス）
　45°47′N3°05′E　70,129
ケルサ（スペイン）41°24′N0°28′E　72,125
ケルソネソス（クレタ）35°18′N25°23′E　165
ゲルニウム 41°38′N15°37′E　46
ゲルマニキア（カエサレア・ゲルマニキア）
　37°34′N36°54′E　151
ゲルメサラ（ルーマニア）45°56′N23°12′E　141
ケルメラ（イスラエル）31°16′N35°12′E　157
ゲルンダ（ヘローナ）（スペイン）41°59′N2°49′E
　125
ケレイア（ツェリェ）（ユーゴスラヴィア）
　46°15′N15°16′E　140
ケンクレアイ（ギリシア）37°54′N22°59′E　146
ケントナ・ブティ（サルドゥク）（ユーゴスラ
　ヴィア）45°10′N21°48′E　141
ケントゥリパエ（シチリア）37°37′N14°44′E
　45

コケ（マホザ）（イラク）33°05′N44°35′E　191
コサ 42°25′N11°17′E　35,38,41,49
コシリア 40°23′N15°37′E　46
コス（コス島）（ギリシア）36°53′N27°19′E　150
コス（島）（ギリシア）36°51′N27°18′E　150
コッスラ（島）（パンテッレリア）
　36°50′N12°00′E　10,39,45
ゴットレンジョ 45°17′N10°16′E　20
コッパ・ネヴィガタ 41°28′N15°56′E　20
コッラティア（ルンゲッツァ）41°54′N12°33′E
　27,30
コッレ・デル・カップッチニ 43°35′N13°32′E
　20
コトロネイ 39°09′N16°47′E　20
コニンブリガ（コインブラ）（ポルトガル）
　40°12′N8°25′W　124
コネッレ 43°23′N12°58′E　20
コバ（アルジェリア）36°45′N5°24′E　119
ゴバンニウム（アバーガヴェニー）（イギリス）
　51°30′N3°00′W　135
コプトス（エジプト）26°00′N32°49′E　165
コホルス・ブレウコルム（アルジェリア）
　34°44′N0°50′E　118
コマ（トルコ）36°49′N29°52′E　150
コマナ（トルコ）37°20′N30°27′E　73,150
コマナ（ヒエロポリス）（トルコ）
　38°15′N36°13′E　151
コマナ・ポンティカ（ヒエロカエサレア）（トル
　コ）40°22′N36°36′E　151
コマルム（エジプト）30°51′N29°07′E　165
コムム（コモ）45°48′N9°05′E　29
コモ湖 46°00′N9°25′E　10,129,140
コラ（コリ）41°38′N12°55′E　27,30,35,62,200
コリアッルム（シェルブール）（フランス）
　49°38′N1°37′W　129
コリニウム（ユーゴスラヴィア）
　44°08′N15°41′E　140
コリニウム（サイレンセスター）（イギリス）
　51°44′N1°59′W　135
コリュコス（トルコ）36°28′N34°08′E　150
コリントス（コリント）（ギリシア）
　37°56′N22°55′E　47,73,107,146,209
コルキュラ（コルブ）（コルブ島）（ギリシア）
　39°38′N19°55′E　146
コルキュラ（島）（コルブ）（ギリシア）

　39°30′N19°45′E　146
コルコッレ 41°54′N12°47′E　30
ゴルシウム（タク）（ハンガリー）
　46°48′N18°26′E　140
コルストピトゥム（コーブリッジ）（イギリス）
　54°58′N2°01′W　135
ゴルツァーノ 44°42′N10°42′E　20
ゴルテュン（クレタ）35°07′N24°58′E　107,164
コルドゥバ（コルドバ）（スペイン）
　37°53′N4°46′W　72,74,106,125,179,214
コルナ 43°17′N17°11′E　21,35,62
コルニクルム（モンテチェリオ）
　42°04′N12°45′E　27,30
コルノ山 42°30′N12°59′E　10
コルフィニウム 42°03′N13°51′E　38,62,70
コルムナタ（アルジェリア）35°37′N1°50′E
　118
コロッサイ（トルコ）37°40′N29°16′E　150
コロニア・アグリッピナ（ケルン）
　50°56′N6°57′E　107,129,171,179,192,214
コロビリウム（コルベーユ）（フランス）
　48°22′N2°29′E　129
コロポン（トルコ）38°06′N27°16′E　150
コンガウァタ（ドラムバラ）（イギリス）
　54°56′N3°08′W　134
コンカンギウム（チェスター・ル・ストリート）
　（イギリス）54°52′N1°34′W　135
コンコルディア 45°45′N12°50′E　38,67
コンサブラ（コンセグラ）（スペイン）
　39°28′N3°36′E　125
コンスタンティナ →アンティノノポリス
コンストランティア（コンスタンツ）（西ドイツ）
　47°40′N9°19′E　140
コンセンティア（コンセンツァ）
　39°17′N16°16′E　38,41,46
コンデケ（レンヌ）（フランス）48°06′N1°40′W
　129
コンデルクム（ベンウェル）（イギリス）
　54°58′N1°37′W　135
ゴンノス（ギリシア）39°52′N22°29′E　146
コンプサ 40°49′N15°44′E　46,62
コンフルエンテス（コブレンツ）（西ドイツ）
　50°21′N7°36′E　108,129
コンプルトゥム（アルカラ・デ・エナレス）（ス
　ペイン）40°28′N3°22′W　125
ゴンポイ（ギリシア）39°23′N21°36′E　146
コンマグナ（トゥルン）（オーストリア）
　48°20′N16°03′E　140

サ　行

サイス（エジプト）31°02′N30°42′E　165
サヴァティヌス湖（ボルセーナ湖）10,30,35
サウアリア（ソンバティ）（ハンガリー）
　47°14′N16°38′E　75,140
サーヴァ川（ユーゴスラヴィア）10,60,72,84,
　140,209
サウス・シールズ（イギリス）55°00′N1°25′W
　135
サエタビス（ジャティラ）（スペイン）
　39°00′N0°32′W　125
サエピヌム 41°24′N14°37′E　62
サガラッソス（トルコ）37°38′N30°30′E　150
サカリャ川（トルコ）151
ザキュントス（島）（ギリシア）37°47′N20°54′E
　146
サクラウィヤ運河（イラク）191
ザグレブ（ユーゴスラヴィア）45°48′N15°58′E
　10
サグントゥム（サグント）（スペイン）
　39°40′N0°17′W　47,60,72,125
サ・コロナ（サルディニア）39°26′N8°59′E　20
サタラ（トルコ）40°07′N39°28′E　151,220
ザーダル（ユーゴスラヴィア）44°07′N15°14′E
　10
サッコ川 10
サッサリ（サルディニア）40°43′N8°34′E　10
サティクラ 41°11′N14°30′E　35,40,46,62
サテュリオン 40°28′N17°15′E　23
サトゥルニア 42°37′N11°32′E　21,38,49
サトリクム（コンカ）41°28′N12°45′E　27,30,
　35
サニティウム（スネス）（フランス）
　43°55′N6°24′E　129
サバティア 44°18′N8°28′E　38
サビ（アルジェリア）35°46′N4°55′E　119
サブラタ（リビア）32°05′N12°24′E　119
ザマ →ザマ・レギア
ザマ・レギア（チュニジア）36°15′N9°23′E
　47,118
サマロブリウァ（アミアン）（フランス）
　49°54′N2°18′E　129
ザムザム川（リビア）119
サムム（カセイ）（ルーマニア）47°08′N23°55′E
　141
サメ（ケパレニア島）（ギリシア）

　38°15′N20°39′E　146
サモサタ（サムサト）（トルコ）37°30′N38°32′E
　151,157,220
サモス（トルコ）37°42′N26°59′E　159
サモス（サモス島）（トルコ）37°42′N26°59′E
　150
サモトラケ（サモトラケ島）（ギリシア）
　40°27′N25°32′E　146
サモトラケ（島）（ギリシア）40°27′N25°32′E
　146
サラ（ザラレヴォー）（ハンガリー）
　46°53′N16°36′E　140
サラ（サレ）（モロッコ）34°04′N6°50′W　118
ザライ（アルジェリア）35°50′N5°43′E　119
サライエボ（ユーゴスラヴィア）
　43°52′N18°26′E　10
サラ・コンシリナ 40°23′N15°35′E　57
サラピア 41°24′N15°57′E　40,41,46,62
サラミス（キュプロス）35°10′N33°55′E　150,
　199
サラリア（スペイン）38°01′N3°22′W　72
サリサ（トルコ）37°37′N40°43′E　151
サリソ（セルツ）（フランス）48°54′N8°06′E
　192
サリナエ（ドロイトウィチ）（イギリス）
　52°16′N2°09′W　135
サリナエ（ルーマニア）46°21′N23°43′E　141
サルウィウム（ユーゴスラヴィア）
　44°12′N16°57′E　140
サルシナ 43°55′N12°08′E　41
サルダエ（ベジアイア）（アルジェリア）
　36°49′N5°03′E　72,119
サルティギス（スペイン）38°56′N1°44′W　125
サルディス（トルコ）38°28′N28°02′E　60,150
サルト川（フランス）129
サルト川 10
ザールブルク（東ドイツ）50°30′N8°44′E　108
サルペンサ（ファキアルカサル）（スペイン）
　37°10′N5°47′E　125
サルマンティカ（サラマンカ）（スペイン）
　40°58′N5°40′W　125
サルミゼゲトゥサ（ルーマニア）
　45°32′N22°57′E　75,107
サレルヌム（サレルノ）40°40′N14°46′E　10,
　20,21,41,46,49,62
サレルノ →サレルヌム
サロナ（ユーゴスラヴィア）43°33′N16°30′E
　70,72,75,107,140,209
サーン（シリア）32°50′N36°38′E　174
サンクセ（フランス）46°30′N0°01′W　129
ザンクレ →メッサナ
サングロ川 10
サンゴタルド峠（スイス）46°34′N8°34′E　140
サン・ゼノ 46°29′N10°52′E　20
サンタ・サビナ（カルディニア）40°19′N8°50′E
　20
サンタンジェロ 41°05′N14°15′E　57
サンタンティネ（サルディニア）40°29′N8°49′E
　20
サンティクム（ウィラハ）（オーストリア）
　46°37′N13°51′E　140
サントリニ（テラ）（島）（ギリシア）
　36°24′N25°27′E　146

ジウル川（ルーマニア）141
ジェディ川（アルジェリア）119
ジェネーヴル山峠（フランス/イギリス）
　44°56′N6°45′E　129
ジェノヴァ →ゲヌア
シェリフ川（アルジェリア）118
シェール川（フランス）129
シェルデ川（フランス/ベルリン）129
シガ（アルジェリア）35°15′N1°21′W　118
死海（ヨルダン/イスラエル）31°30′N35°30′E
　157
シキュオン（ギリシア）37°59′N22°44′E　146
シグス（アルジェリア）36°10′N7°10′E　119
シグニア 41°42′N13°02′E　27,35
シサポ（アルマデン）（スペイン）
　38°47′N4°50′W　125
シサルバノン（シリア）37°09′N41°49′E　220
シジャン（フランス）43°02′N1°58′E　39
シスキア（シーサク）（ユーゴスラヴィア）
　45°30′N16°22′E　140,173
シースース（イギリス）52°31′N3°26′W　135
シチニャノ 40°34′N15°18′E　57
シッカ・ウェネリア（エルケフ）（チュニジア）
　36°10′N8°40′E　72,119
シッパル（アブ・ハッバー）（イラク）
　33°04′N44°22′E　191
シデ（セリミイエ）（エスキアンタリヤ）（トルコ）
　36°45′N31°23′E　60,150,171
シデ（トルコ）41°02′N37°31′E　151
シティフィス（セティフ）（アルジェリア）
　36°11′N5°24′E　119
シデュマ（トルコ）36°30′N29°16′E　150
シドン（サイダ）（レバノン）33°32′N35°22′E

157
シヌエッサ 41°07′N13°53′E 35,46,57
シノペ(シノープ)(トルコ) 42°00′N35°09′E 60,70,73,75,150
シプノス(シフノス島)(ギリシア) 36°59′N24°40′E 146
シポウォ(ユーゴスラヴィア) 44°26′N17°04′E 140
シポントゥム 41°37′N15°55′E 49,62
シミットゥ(シエムトゥ)(アルジェリア) 36°30′N8°45′E 72,119
S・シメオニス(エジプト) 24°40′N32°56′E 199
シメート川(シチリア) 45
シメート川 10
シャーン(リヒテンシュタイン) 47°10′N9°31′E 192
シュエドラ(トルコ) 36°30′N32°05′E 150
シュエネ(アスワン)(エジプト) 24°05′N32°56′E 165
シュコーデル(アルバニア) 42°03′N19°01′E 11
シュトゥットガルト(西ドイツ) 48°38′N9°10′E 108
ジュネーブ →ゲナウァ
シュバリス 39°45′N16°29′E 23
シュブリタ(クレタ) 35°29′N24°45′E 165
シュプリュゲン峠(イタリア/スイス) 46°31′N9°21′E 140
シュラクサ(シラクザ)(シチリア) 37°04′N15°18′E 23,45,47,60,72,107,179
ジュリア峠(スイス) 46°28′N9°43′E 140
S・ジュリアーノ 42°14′N12°01′E 21
シュンナダ(トルコ) 38°31′N30°29′E 150
小サン・ベルナール峠(フランス/イタリア) 45°40′N6°53′E 129
S・ジョヴェナーレ 42°13′N12°03′E 21
ショット・ジェリド湖(チュニジア) 33°45′N8°20′E 119
ショット・メルリール湖(アルジェリア) 34°20′N6°10′E 119
ジョリアーノ 40°55′N14°12′E 39
シリス(ヘラクレア) 40°10′N16°42′E 23
シルウィウム 40°49′N16°36′E 46,62
シル川(スペイン) 124
シルミウム(ミトロウィカ)(ユーゴスラヴィア) 44°59′N19°39′E 75,141,171,173,209,214
シレト川(ルーマニア) 141
シンガラ(イラク) 36°20′N41°51′E 157,220
シンギドゥヌム(ベルグラード)(ユーゴスラヴィア) 44°50′N20°30′E 141,214

スインディヌム(ルマン)(フランス) 48°00′N0°12′E 129,171
スエッサ 41°14′N13°56′E 35,40,46,62,67,200
スエッスラ 41°00′N14°26′E 46,62
スカダルスコ湖(アルバニア/ユーゴスラヴィア) 42°15′N19°20′E 10,146
スカッラビス(サンダレム)(ポルトガル) 39°14′N8°40′W 72,124
スカルドナ(スクラジン)(ユーゴスラヴィア) 43°48′N15°55′E 140
スカルバンティア(ソプロン)(ハンガリー) 47°40′N16°35′E 140
スキダウァ(ブルガリア) 44°06′N27°17′E 141
スキダウァ(セレイ)(ルーマニア) 43°46′N24°31′E 141
スキドロス 40°04′N15°38′E 23
スキュトポリス(イスラエル) 32°36′N35°33′E 157
スキュロス(島)(ギリシア) 38°55′N24°34′E 146
スクピ(スコピエ)(ユーゴスラヴィア) 42°01′N21°28′E 141
スケティス(エジプト) 30°25′N30°38′E 199
スコドラ(アルバニア) 42°03′N19°01′E 72,141
スコラキウム(ミネルウィウム)(スクイラチェ) 38°46′N16°31′E 49,57,214
スコリョ・デル・トンノ 40°26′N17°18′E 20
スース →ハドルメトゥム
スタビアエ 40°47′N14°29′E 62
スタンウィクス(イギリス) 54°54′N2°55′W 134
ズッカバル(アルジェリア) 36°17′N2°05′E 72,118
スッレントゥム(ソレント) 40°37′N14°23′E 62
ストビ(ユーゴスラヴィア) 41°33′N21°59′E 72,141,146
ストラトス(ギリシア) 38°41′N21°19′E 146
ストラトニケイア(トルコ) 37°17′N28°22′E 150
ストラトニケイア(ハドリアノポリス)(トルコ) 39°06′N27°40′E 150
ストリウム 42°14′N12°14′E 21,35,62,67

ストリュモン川(ギリシア) 146
ストルーマ川(ブルガリア) 141,146
スニオン岬(ギリシア) 37°49′N24°01′E 146
スパルタ(ギリシア) 37°05′N22°25′E 47,146,209
スピナ 45°29′N12°09′E 21,23
スフェス(チュニジア) 35°33′N9°05′E 119
スフェトゥラ(スベートラ)(チュニジア) 35°13′N9°03′E 119
スブムントリウム(ノイブルク)(西ドイツ) 48°44′N11°12′E 140
スプラケンセ 41°56′N13°06′E 199
スプリト →アスパラトス
スポレティウム(スポレト) 42°44′N12°44′E 35,41,62
スミュルナ(イズミール)(トルコ) 38°25′N27°10′E 150
スメレ(サマッラ)(イラク) 34°13′N43°52′E 191
スメロケンナ(ロッテンブルク)(西ドイツ) 48°28′N8°55′E 108,129
スラキ(サルディニア) 40°02′N8°32′E 20
ズリテン(リビア) 32°32′N14°37′E 119
ズリル(モロッコ) 35°12′N6°10′W 72
スルキ(サルディニア) 39°04′N8°27′E 23,70
スルモ(スルモナ) 42°03′N13°56′E 62
スルモ(セルモネタ) 41°33′N12°59′E 20,30
セイィ(セー)(フランス) 48°36′N0°10′E 129
ゼウグマ(トルコ) 37°07′N37°56′E 157,220
セギサモ(ササモン)(スペイン) 42°25′N4°02′E 125
セクシ(アルムニュカル)(スペイン) 36°44′N3°41′W 23
セグシオ(スーザ) 45°08′N7°02′E 107,129
セグステロ(シストロン)(フランス) 44°16′N5°56′E 129
セグーラ川(スペイン) 125
セゴウィア(スペイン) 40°57′N4°07′W 125
セゴドゥヌム(ロデーズ)(フランス) 44°21′N2°22′E 141
セゴブリガ(カベサ・デ・グリエゴ)(スペイン) 39°50′N3°02′E 125
セゴラ(ブレシュイール)(フランス) 46°50′N0°29′W 125
セゴンティア(シグエンサ)(スペイン) 41°04′N2°38′W 125
セゴンティア(カーナヴォン)(イギリス) 53°08′N4°16′W 125
セジェスタ(シチリア) 37°57′N12°51′E 20,45
セストゥス(トルコ) 40°14′N26°24′E 141
セッラ・イリクシ(サルディニア) 39°47′N9°03′E 20
セッラ・オリオス(サルディニア) 40°20′N9°36′E 20
セティア(セッツェ) 41°29′N13°04′E 30,35
セナ・ガッリカ(セニガッリア) 43°43′N13°13′E 29,35,41
セナ・ユリア(シエナ) 43°19′N11°19′E 67
セニア(ユーゴスラヴィア) 45°00′N14°55′E 72,140
セーヌ川(フランス) 72,75,84,129,171,172,192,209
セノネス →アゲディンクム
ゼノビア(シリア) 34°41′N39°51′E 157,220
セバステ →メガロポリス
セヴァーン川(イギリス) 135
セプティマンカ(シマンカス)(スペイン) 41°35′N4°50′W 125
セベンニュトゥス(エジプト) 30°58′N31°14′E 165
セボー川(モロッコ) 118
セマン川(アルバニア) 146
ゼラ(ジレ)(トルコ) 40°18′N35°52′E 70
セリアネ(シリア) 35°21′N37°47′E 157,174
セリヌス(トライアノポリス)(ガジパシャ)(トルコ) 36°16′N32°18′E 150
セリヌス(シチリア) 37°35′N12°50′E 23,45
セリュンブリア(エウドクシオポリス)(トルコ) 41°05′N28°15′E 141
セルギオポリス →レサファ
セルゲ(トルコ) 37°17′N31°08′E 150
セルディカ(ソフィア)(ブルガリア) 42°40′N23°18′E 141,171,173
セルパ(ポルトガル) 38°00′N7°37′W 124
セルモネタ →スルモ
セレウケイア(イラク) 33°35′N44°35′E 191,220
セレウケイア(シリフケ)(トルコ) 36°22′N33°57′E 150,199
セレウケイア・シデラ(トルコ) 37°58′N30°39′E 150
セレウケイア・ピエリア(トルコ) 36°07′N35°55′E 157,220
センティヌム 43°20′N12°44′E 35,62

ソウァナ 42°31′N11°38′E 21
ソウラ(ソウリィ)(シリア) 35°52′N38°44′E 157,174,220
ソーヌ川 →アラル川
ソピアナエ(ペーチュ)(ハンガリー) 46°04′N18°15′E 141
ソラ 41°43′N13°37′E 35,40,46,62,67
ソルウァ(エステルゴム)(ハンガリー) 47°46′N18°42′E 141
ソルウァ(ユーゴスラヴィア) 46°31′N16°18′E 140
ソルウィオドゥヌム(オールド・セイラム)(イギリス) 51°06′N1°49′W 135
ソルス →ソロエイス
ソロイ(ポンペイオポリス)(トルコ) 36°35′N34°19′E 150
ソロイ(キュプロス) 35°00′N32°48′E 150
ソロエイス(ソルス)(シチリア) 38°06′N13°32′E 23,45

タ 行

大サン・ベルナール峠(スイス/イタリア) 45°52′N7°11′E 129
タイン川(イギリス) 135
タウィウム(トルコ) 39°47′N34°24′E 150
タウラシア →アウグスタ・タウリノルム
タウロメニウム(タオルミナ)(シチリア) 37°51′N15°17′E 45,57,72
タエナエ(チュニジア) 34°37′N10°38′E 119
タガステ(スーク・アラス)(アルジェリア) 36°14′N8°00′E 119,199
タカパエ(ガベース)(チュニジア) 33°25′N10°06′E 119
タサックラ(アルジェリア) 35°31′N0°11′W 118
タスガエティウム(シュタイン・アム・ライン)(西ドイツ) 47°40′N8°30′E 140
タスキアカ(テーセー)(フランス) 47°20′N1°18′E 129
タソス(タソス島)(ギリシア) 40°46′N24°42′E 146
タソス(島)(ギリシア) 40°46′N24°42′E 146
タッパ(コルシカ) 41°33′N9°14′E 20
タッラ(クレタ島) 35°14′N23°48′E 165
タッラキナ(テッラチーナ) 41°17′N13°15′E 30,35,37,62
タッラゴーナ(スペイン) 41°07′N1°15′E 47,70,72,75,84,107,125,171,179,214
タッロス(サルディニア島) 39°53′N8°25′E 20,23
タナグラ(ギリシア) 38°20′N23°32′E 146
タナグロ川 10
ダナバ(シリア) 34°19′N36°52′E 157,174
タニス(エジプト) 31°07′N31°50′E 165
タパルラ(スファクス)(チュニジア) 34°45′N10°43′E 119
タプスス(チュニジア) 35°30′N11°03′E 70,119
タプソス(シチリア) 37°09′N15°14′E 20
タブデオス(アルジェリア) 34°50′N6°00′E 119
タブラカ(タバルカ)(チュニジア) 36°55′N8°45′E 72,119
タベルナエ(ラインザベルン)(西ドイツ) 49°07′N8°18′E 129
タベンニシ(エジプト) 26°13′N32°39′E 199
タホ川(ポルトガル/スペイン) 47,60,72,74,124,173,214
タポシリス・マグナ(エジプト) 30°57′N29°32′E 165
ダマスコス(シリア) 33°30′N36°19′E 75,157,174,179,220
タマッソス(キュプロス島) 35°01′N33°16′E 150
タマノン(イラク) 37°12′N42°41′E 220
タムガディ(ティムガッド)(アルジェリア) 35°29′N6°28′E 119
タムシダ(モロッコ) 34°20′N6°32′W 118
タメシス川(テムズ川)(イギリス) 135,171
タラ(チュニジア) 35°38′N8°40′E 119
ダラ(トルコ) 37°11′N40°46′E 220
タラスコ(タラスコン)(フランス) 43°48′N4°39′E 129
タラブリガ(ポルトガル) 40°45′N8°35′W 124
ダランタシア(ムティエ)(フランス) 45°29′N6°32′E 129
タラント →タレントゥム
ダリオリトゥム(ヴァンヌ)(フランス) 47°40′N2°44′W 128
タルウェンナ(テルーアンヌ)(フランス) 50°38′N2°15′E 129
タルクイニイ(タルクイニア) 42°23′N11°45′E 21,35,41,62
タルサティカ(ユーゴスラヴィア) 45°19′N14°28′E 72
タルサティカ(ユーゴスラヴィア) 45°19′N14°28′E 140
タルソス(トルコ) 36°52′N34°52′E 70,75,107,150,179,220
ダルダヌス(トルコ) 40°08′N26°25′E 60
タルタロ川 29
タルテッソス(ヒスパリス)(セビーリャ)(スペイン) 37°24′N5°59′W 23,74,124
ダルニス(デルナ)(リビア) 32°49′N22°15′E 164
タルフナ(リビア) 32°27′N13°36′E 119
タルン州(フランス) 129
タレントゥム(ネプトゥニア)(タラント) 40°28′N17°15′E 10,13,16,23,35,38,41,46,47,57,62,70,75
タンヌリウム(シリア) 36°32′N40°43′E 220

チェチーナ川 10
ツルナ川(ユーゴスラヴィア) 146
ツレス(島)(ユーゴスラヴィア) 44°58′N14°25′E 10

テアテ(キエチ) 42°21′N14°10′E 62
テアデルピア(エジプト) 29°21′N30°34′E 165
テアヌム 41°15′N14°05′E 40,41,62
ディアキラ(イヒ・デ・クィラ)(ヒート)(イラク) 33°38′N42°50′E 191
ディアナ・ウェテラノルム(アルジェリア) 35°50′N5°52′E 119
ディアニウム(デニア)(スペイン) 38°51′N0°07′E 125
ティアレ(アルジェリア) 35°20′N1°20′E 118
ディウィティア(ドイツ)(西ドイツ) 50°56′N6°59′E 129
ディウォドゥルム(メディオマトリキ)(メッツ)(フランス) 49°07′N6°11′E 129,192
ディウォナ(カオール)(フランス) 44°28′N1°26′E 129
ティウス(トルコ) 41°33′N32°01′E 150
ディエルナ(オルショーヴァ)(ルーマニア) 44°42′N22°22′E 141
ディオカエサレア(レバノン) 32°46′N35°13′E 157
ディオクレティアノポリス(ヒッサール)(ブルガリア) 42°24′N24°45′E 141
ディオスポリス(ヨルダン) 31°57′N35°02′E 157
ディオニュシアス(エジプト) 29°25′N30°25′E 165
ディオニュソポリス(バルチック)(ブルガリア) 43°24′N28°10′E 141
ディオルクス(エジプト) 31°18′N31°38′E 199
ディオン(ギリシア) 40°13′N22°32′E 73,146
ティガヴァ(アルジェリア) 36°15′N1°51′E 118
テイ川(イギリス) 135
ティギシ(アルジェリア) 36°09′N7°13′E 119
ティキヌス川(ティチノ川)(イタリア/スイス) 10,47
ティキヌム(パウィア) 45°12′N9°09′E 173,209,214
ティグニカ(チュニジア) 36°32′N9°22′E 119
ティグラノケルタ(トルコ) 38°08′N40°58′E 61,151
ティグリス川(イラク/トルコ) 61,73,75,157,171,191,220
ティサ川(ハンガリー) 11,141
ティーズ川(イギリス) 135
ティスベ(ティスヴィ)(ギリシア) 38°15′N22°58′E 146
ティッルタ(イラク) 34°23′N42°06′E 191
ティトゥキア(スペイン) 40°10′N3°35′W 125
ディニア(ディーニュ)(フランス) 44°05′N6°14′E 129
ティヌルティウム(トゥルニュ)(フランス) 46°33′N4°55′E 129
ティノス(島)(ギリシア) 37°33′N25°08′E 146
ティノス(ティノス島)(ギリシア) 37°33′N25°08′E 146
ティパサ(アルジェリア) 36°40′N2°42′E 118
ディビオ(ディジョン)(フランス) 47°20′N5°02′E 129
ティビスクム(ルーマニア) 45°30′N22°12′E 141
ティブル(ティヴォリ) 41°58′N12°48′E 27,30,35,38,62,200
ティベリア湖(ガリラヤ湖)(イスラエル) 31°30′N35°30′E 157
ティベリアス(イスラエル) 32°48′N35°32′E 157
ティベリス川 →テヴェレ川
ディヤラ川(イラク) 191
ティラネ(アルバニア) 41°20′N19°49′E 11

地名索引

ティリュンス(ギリシア) 37°36′N22°48′E 146
ティルソ川(サルディニア) 10
ティルリウム(ユーゴスラヴィア) 43°45′N16°46′E 140
ティンギ(タンジール)(モロッコ) 35°48′N5°50′W 47,72,74,106,118,171,209,214
ティンダリ →テュンダリス
デウア(チェスター)(イギリス) 53°12′N2°54′W 135
テウェスティス(テベッサ)(アルジェリア) 35°21′N8°06′E 119
テウドゥルム(テュッデン)(オランダ) 50°57′N5°59′E 129
テウトロネ(ブルガリア) 36°38′N22°29′E 146
デウルトゥム(ブルガリア) 42°22′N27°24′E 141
テウルニア(オーストリア) 46°48′N13°30′E 140
テオス(シーアジュク)(トルコ) 38°12′N26°47′E 150
テオドシオポリス →カラナ
テゲア(ギリシア) 37°30′N22°24′E 146
デケティア(ドゥーシーズ)(フランス) 46°50′N3°28′E 129
デケム・パギ(デューズ)(フランス) 48°49′N6°43′E 192
テスピアイ(ギリシア) 38°15′N22°58′E 146
デチマ 41°12′N12°26′E 20,27,30
テッサロニケ(テッサロニカ)(ギリシア) 40°38′N22°58′E 60,70,107,141,146,171,173,179,209,214
テネア(ギリシア) 37°49′N22°55′E 146
テバイ(ギリシア) 39°15′N22°45′E 146
テバイ(ギリシア) 38°19′N23°19′E 146
テバエ(ルクソール)(エジプト) 25°41′N32°24′E 164
テプトゥニス(エジプト) 29°06′N30°45′E 165
テヴェレ川 10,20,21,30,35,38,40,49,57,67,72,173,199,200,214
デヴォル川(アルバニア) 146
テミスキュラ(トルコ) 41°12′N37°00′E 151
テムズ川 →タメシス川
デメトリアス(ギリシア) 39°25′N23°00′E 47,146
テュアテイラ(アクヒサール)(トルコ) 38°54′N27°55′E 150
テュアナ(トルコ) 37°48′N34°36′E 150
テュスドルス(エル・ジェム)(チュニジア) 35°15′N10°35′E 119
デュッラキウム →エピダムノス
テュニス(チュニジア) 36°50′N10°13′E 10,44,119
デュメ(ギリシア) 38°06′N21°35′E 73
テュラス(ソ連) 46°10′N30°19′E 171
デュランス川(フランス) 10,129
テュロス(ティル)(レバノン) 33°16′N35°12′E 75,157,179
テュンダリス(テュンダリ)(シチリア) 38°08′N15°02′E 20,45,72
テラ(サントリニ島)(ギリシア) 26°24′N35°27′E 146
テラモン 42°37′N11°08′E 47
テリナ 38°55′N16°13′E 23
デルウェンティオ(パップカースル)(イギリス) 54°38′N3°13′W 135
デルウェンティオ(リトルチェスター)(イギリス) 52°54′N1°25′W 135
テルウェントゥム 41°47′N14°33′E 62
テルゲステ(テリエステ)(サルディニア) 45°34′N13°47′E 10,13,16,67,140
デルトサ(トルトーサ)(スペイン) 40°49′N0°31′E 47,72,125
デルトナ(トルトナ)(シチリア) 44°54′N8°52′E 38,67
テルニ →インテラムナ
デルベ(トルコ) 37°18′N32°25′E 150
デルポイ(ギリシア) 38°29′N22°30′E 146
テルマエ →ヒメラ
テルミニウム(ユーゴスラヴィア) 43°46′N17°10′E 140
テルメス(スペイン) 41°25′N3°13′W 125
テルメッソス(トルコ) 37°01′N30°32′E 150
テルメッソス(フェトヒエ)(トルコ) 36°37′N29°08′E 150
テルモピュライ(ギリシア) 38°50′N22°35′E 47
テルリッツィ 41°08′N16°33′E 20
テルレシア(エジプト) 30°23′N30°40′E 165
テレプテ(チュニジア) 35°45′N8°43′E 119
デロス(デロス島)(ギリシア) 37°24′N25°20′E 60,146
テンテオス(ジンタン)(リビア) 32°05′N12°15′E 119
テンテュラ(ダンダラ)(エジプト) 26°06′N32°38′E 165
テンプサ 38°55′N16°12′E 49

ドゥー川(フランス) 129
トゥスカーニャ 42°24′N11°54′E 21
トゥスクルム(フラスカチ) 41°48′N12°41′E 27,30,35
トゥズ湖(トルコ) 38°45′N33°25′E 150
ドゥーセン(アルジェリア) 34°36′N5°05′E 119
トゥダエ(ツーイ)(スペイン) 42°03′N8°39′W 124
トゥッガ(チュニジア) 36°29′N9°19′E 119
トゥッキ(マルトス)(スペイン) 37°44′N3°58′W 72,125
トゥッリス・タマッレニ(テルミン)(チュニジア) 33°42′N8°43′E 119
トゥッリス・リビヨニス(ポルトトレス)(サルディニア) 40°51′N8°24′E 72
トゥッルム(トゥール)(フランス) 48°41′N5°54′E 129
トゥデル 42°47′N12°24′E 21,41,67,200
ドナウ →ドナウ川
トゥプスクトゥ(テイクラ)(アルジェリア) 36°42′N4°50′E 72,119
トゥプナエ(アルジェリア) 35°19′N5°32′E 119
ドゥブリス(ドーヴァー)(イギリス) 51°08′N1°19′E 135,171
トゥブルシク・ヌミダルム(カミッサ)(アルジェリア) 36°06′N7°37′E 119
トゥブルニカ(アルジェリア) 36°34′N8°43′E 72
トゥブルボ・マイウス(チュニジア) 36°24′N9°54′E 119
トゥブルボ・ミヌス(チュニジア) 36°54′N9°50′E 72
ドゥブロブニク(ユーゴスラヴィア) 42°40′N18°07′E 11
ドウラ(イラク) 34°29′N43°48′E 191
ドウラ・エウロポス(シリア) 34°46′N40°46′E 157
トゥーリア川(スペイン) 125
トゥリアッソ(タラソナ)(スペイン) 41°54′N1°44′W 72,125
トゥリイ(トゥリイ・コピア) 39°43′N16°31′E 35,41,46,49,62
トゥルナクム(トゥールネ)(ベルギー) 50°36′N3°24′E 129,214
ドゥルノウァリア(ドーチェスター)(イギリス) 50°43′N2°26′W 135
ドゥロウィグトゥム(ゴッドマンチェスター)(イギリス) 52°19′N0°11′E 135
ドゥロウェルヌム(カンタベリー)(イギリス) 51°17′N1°05′E 135
ドゥロカタラウニ(シャロン・シュール・マルヌ)(フランス) 48°58′N4°22′E 129
ドゥロカッセス(ドルー)(フランス) 48°44′N1°23′E 129
ドゥロコルトルム(レミ)(ランス)(フランス) 49°15′N4°02′E 84,107,129,192
ドゥロストルム(シリストラ)(ブルガリア) 44°06′N27°17′E 141
ドゥロブリウァエ(ロチェスター)(イギリス) 51°24′N0°30′E 135
ドゥロブリウァエ(ウォーター・ニュートン)(イギリス) 52°32′N0°21′W 135
ドゥロリポンス(ケンブリッジ)(イギリス) 52°12′N0°07′E 135
トゥーロン 43°07′N5°55′E 10
トゥングリ →アトゥアトゥカ
ドクレア・メテオン(ユーゴスラヴィア) 42°33′N19°06′E 141
ドス・ゼロン 46°11′N11°22′E 20
トスピティス湖(ワン湖)(トルコ) 38°30′N43°00′E 220
ドーチェスター(イギリス) 51°39′N1°10′W 135
トッレ(コルシカ) 41°38′N9°18′E 20
トッレ・カステルッチャ 40°21′N17°22′E 20
トッレ・グアチェト 40°41′N17°52′E 20
トッレ・サトゥロ 40°24′N17°19′E 20
ドドナ(ギリシア) 39°42′N21°01′E 146
ドナウ川(ドナウ川/ドナ川)(中央ヨーロッパ) 11,47,61,70,72,75,84,141,171,173,179,199,209,214
ドヴィン(ソ連) 40°04′N44°44′E 220
ドマウィア(ユーゴスラヴィア) 44°06′N19°21′E 141
トミ(コンスタンティアナ)(コンスタンツァ)(ルーマニア) 44°12′N28°48′E 141
トムイス(エジプト) 31°07′N31°30′E 165
ドメイル(シリア) 33°44′N36°39′E 174
トライエクトゥム(ウトレヒト)(オランダ) 52°06′N5°07′E 129
トラグリウム(トローギル)(ユーゴスラヴィア) 43°32′N16°15′E 72,140
トラジメーノ湖(トラジメノ湖) 10,35,47,200
トラッレイス(アイドゥン)(トルコ) 37°52′N27°50′E 150
ドラーヴァ川(オーストリア/ハンガリー/ユーゴスラヴィア) 10,72,84,140,209,214
トラペズス(トラブゾン)(トルコ) 41°00′N39°43′E 60,151,171,220
トラヤヌス運河(イラク) 191
トランスマリスカ(ブルガリア) 44°02′N27°50′E 150
トリエステ →テルゲステ
トリカシニ →アウグストボナ
ドリケ(トルコ) 37°04′N37°22′E 151
ドリスコス(トライアノポリス)(トルコ) 40°57′N25°56′E 141,146,150
トリッカ(ギリシア) 39°33′N21°64′E 146
トリッキアナ(サグヴァル)(ハンガリー) 46°46′N18°09′E 140
トリデントゥム(トレント) 46°04′N11°08′E 29,140
ドリーナ川(ユーゴスラヴィア) 11,141
トリノ →アウグスタ・タウリノルム
トリポリス(トリポリ)(レバノン) 34°25′N35°90′E 157
トリモンティウム(ニューステッド)(イギリス) 55°36′N2°44′W 135
ドリュライオン(エスキセヒール)(トルコ) 39°46′N30°30′E 150
ドリン川(ユーゴスラヴィア)(アルバニア) 141,146
ドール川(ポルトガル/スペイン) 46,60,72,75,124,172,209,214
ドルドーニュ川 72,75,129,209,214
トールメス川(スペイン) 124
トレウェリ →アウグスタ・トレウェロルム
トレス・タベルナエ(サヴェルヌ)(フランス) 48°45′N7°22′E 192
トレッピア川 →トレビア川
トレトゥム(トラパニ)(シチリア) 39°52′N4°02′W 75,125,179,209,214
ドレパヌム(トラパニ)(シチリア) 38°02′N12°32′E 45
トレビア川(トレッピア川) 10,47
トレフォンタネ(シチリア) 37°32′N14°56′E 20
トレブラ 42°16′N12°52′E 200
トレルス川 30
トレント川(イギリス) 135
トロイゼン(ギリシア) 37°30′N23°21′E 146
トロエスミス(ルーマニア) 45°06′N28°10′E 141
トロサ(トゥールーズ)(フランス) 43°37′N1°27′E 47,75,129,209,214
トロス(トルコ) 36°33′N29°24′E 150
トロパエウム・トライアニ(アダムクリシ)(ブルガリア) 43°59′N27°56′E 141
ドロベタ(トゥルヌ・セヴェリン)(ルーマニア) 44°36′N22°39′E 141

ナ 行

ナイッスス(ニーシュ)(ユーゴスラヴィア) 43°20′N21°54′E 141,209,214
ナイル川(エジプト/スーダン/ウガンダ) 70,75,165,171,173,179
ナウィオ(ブラフ)(イギリス) 53°21′N1°40′W 135
ナウクラティス(エジプト) 30°54′N30°35′E 165
ナウパクトス(ギリシア) 38°23′N21°50′E 146
ナウポルトゥス(ブルフニカ)(ユーゴスラヴィア) 45°58′N14°15′E 140
ナクスス(シチリア) 37°49′N15°17′E 23
ナクソス(ギリシア) 37°06′N25°24′E 146,150
ナクソス(ナクソス島)(ギリシア) 37°06′N25°24′E 146,150
ナコレア(トルコ) 39°29′N30°37′E 150
ナジアンズス(トルコ) 38°16′N34°23′E 150
ナシウム(ネクス)(フランス) 48°43′N5°16′E 129
ナポカ(クルージュ)(ルーマニア) 46°47′N23°37′E 141
ナポリ →ネアポリス
ナリュカ(ギリシア) 38°48′N22°43′E 146
ナルチェ 42°13′N12°28′E 20,21
ナルニア 42°31′N12°31′E 35,40,41,62
ナルボ(ナルボンヌ)(フランス) 43°11′N3°00′E 47,60,70,72,75,107,129,209,214
ナールマルカ運河(イラク) 191
ナローナ(ネレトバ)(ユーゴスラヴィア) 43°02′N17°39′E 73,75,140,209

ニカイア(イズニッキ)(トルコ) 40°27′N29°43′E 70,150,179
ニカエア(ニース)(フランス) 43°42′N7°16′E

10,129
ニキウ(エジプト) 30°39′N30°45′E 165
ニケポリオン(カッリニクム)(ラッカ)(シリア) 35°57′N39°03′E 157,174,220
ニッケル川(西ドイツ) 108
ニコポリス(ヨルダン) 31°53′N34°59′E 157
ニコポリス(ギリシア) 39°00′N20°43′E 146
ニコポリス(トルコ) 40°12′N38°06′E 61,151,220
ニコポリス(エジプト) 31°19′N30°04′E 165
ニコポリス・アド・イストルム(ブルガリア) 43°14′N25°40′E 141,141
ニコポリス・アド・ネストルム(ブルガリア) 41°38′N24°09′E 141
ニコメディア(イズミール)(トルコ) 40°47′N29°55′E 75,107,150,171,173
ニサヴァ川(ユーゴスラヴィア) 140
ニシビス(ヌサイビン)(トルコ) 37°05′N41°11′E 61,151,157,199,220
ニース →ニカエア
ニダ(フランクフルト・ヘッデルンハイム)(西ドイツ) 50°06′N8°41′E 108
ニドゥム(ニース)(イギリス) 51°40′N3°48′W 135
ニュサ(スルタンヒサル)(トルコ) 37°52′N28°10′E 150

ヌケリア 40°43′N14°38′E 40,46,62,67
ヌーシャテル湖(スイス) 46°55′N6°55′E 129
ヌマンティア(ソリア)(スペイン) 41°46′N2°28′W 47,60,125
ヌミストロ 40°45′N15°29′E 46
ヌメルス・シュロルム(アルジェリア) 34°50′N1°45′E 118
ヌラゲ・ロサ(サルディニア) 40°13′N8°49′E 20
ヌルシア 42°47′N13°05′E 40,199,214

ネアポリス(カヴァッラ)(ギリシア) 40°20′N24°21′E 146
ネアポリス(キュプロス島) 34°40′N33°03′E 150
ネアポリス(ナーブル)(チュニジア) 36°30′N10°44′E 44,72,119
ネアポリス(ナポリ) 40°50′N14°15′E 10,12,13,16,21,23,35,40,46,47,62,111,200,209,214
ネアポリス(ヨルダン) 32°13′N35°16′E 157
ネオカエサレア →カビラ
ネッカル川(西ドイツ) 129
ネッサナ(イスラエル) 30°53′N34°26′E 157
ネディヌム(ユーゴスラヴィア) 44°06′N15°31′E 140
ネトス(シチリア) 36°53′N15°05′E 45
ネハルデア(テル・ニハル)(イラク) 33°04′N44°11′E 191
ネプトゥニア・タレントゥム →タレントゥム
ネブリッサ(レブリハ)(スペイン) 36°55′N6°10′W 124
ネペテ(ネフタ)(チュニジア) 33°53′N8°02′E 119
ネペト 42°14′N12°21′E 21,35,62,200
ネマウッス(ニーム)(フランス) 43°50′N4°20′E 129
ネミ 41°43′N12°43′E 30
ネムルド・ダー(トルコ) 37°46′N38°15′E 151
ネメタエ →ノウィオマグス
ネメタクム(アッラス)(フランス) 50°17′N2°46′E 129
ネルトブリガ(フレフェナル・デ・ラ・シェッラ)(スペイン) 38°10′N6°39′W 124
ネレトヴァ川(ユーゴスラヴィア) 11
ネン川(イギリス) 135

ノウアエ(セザヴァ)(ユーゴスラヴィア) 44°36′N21°54′E 141
ノウアエ(ブルガリア) 43°36′N25°22′E 141
ノウァエシウム(ノイス)(西ドイツ) 51°12′N6°42′E 129,192
ノウァリア(ノヴァーラ) 45°27′N8°37′E 29
ノウィオ 46°23′N6°15′E 129
ノウィオドゥヌム(ニヨン)(スイス) 46°23′N6°15′E 129
ノウィオドゥヌム(ジュブラン)(フランス) 48°15′N0°29′W 129
ノウィオドゥヌム(ソアソン)(フランス) 49°23′N3°20′E 129
ノウィオドゥヌム(ルーマニア) 45°10′N28°50′E 141
ノウィオドゥヌム(ニジョン)(フランス) 48°03′N5°31′E 129
ノウィオマグス(ナイメーゲン)(オランダ) 51°50′N5°52′E 84,129
ノウィオマグス(リジュー)(フランス) 49°09′N0°14′E 129
ノウィオマグス(ノイマゲン)(西ドイツ) 49°51′N6°55′E 129
ノウィオマグス(ネメタエ)(シュパイエル)(西

地名索引

ドイツ) 49°18′N 8°26′E 108, 129, 192
ノウィオマグス(チチェスター)(イギリス) 50°50′N 0°48′W 135
ノウィオリグム(ロアイヤン)(フランス) 45°38′N 1°02′W 129
ノガラ川(スペイン) 125
ノビリアクス(サン・レオナール)(フランス) 45°50′N 1°29′E 199
ノメントゥム 42°04′N 12°39′E 27, 30, 200
ノラ(サルディニア) 39°00′N 9°01′E 23
ノラ 40°55′N 14°32′E 21, 40, 46, 60, 62, 67, 199
ノルキア 42°47′N 13°05′E 21
ノルバ(ノルマ) 41°34′N 12°59′E 27, 30, 35
ノルバ(カセレス)(スペイン) 39°29′N 6°23′W 72, 124
ノレイア(オーストリア) 46°56′N 16°09′E 60

ハ 行

バイエ・ヘルクラネ(ルーマニア) 44°53′N 22°22′E 141
ハイデルベルク(西ドイツ) 49°25′N 8°42′E 108, 192
パイナイ(シリア) 33°08′N 36°24′E 157
パイノン(ヨルダン) 30°41′N 35°37′E 157
バイベルドン(トルコ) 40°12′N 40°02′E 220
パウィア →ティキヌム
パウタリア(ブルガリア) 42°22′N 22°40′E 141
S・パウリ(セント・ポール修道院)(エジプト) 28°49′N 32°33′E 199
バエクラ(スペイン) 38°23′N 3°28′W 47
バエシッポ(スペイン) 36°12′N 5°55′W 124
バエストゥム(ポセイドニア) 40°24′N 15°00′E 23, 35, 39, 41, 46, 62
バエティス川(グァダルキビル川)(スペイン) 23, 47, 124
バエテッラエ(ベジェ)(フランス) 43°21′N 3°13′E 72, 129
バエトゥロ(バダロナ)(スペイン) 41°27′N 2°15′E 72, 125
バガクム(バヴェー)(フランス) 50°12′N 3°36′E 129
パクス・ユリア(ベーハ)(ポルトガル) 38°01′N 7°52′W 72, 124
バグラダス川(チュニジア) 44
バシ(コルシカ) 41°45′N 8°48′E 20
バシレイオン(トルコ) 38°16′N 40°02′E 220
ハスタ(メサ・デ・アスタ)(スペイン) 36°48′N 6°10′W 72, 124
バスティ(バーサ)(スペイン) 37°30′N 2°45′W 125
バスティア(コルシカ) 42°41′N 9°26′E 10
パセリス(トルコ) 36°39′N 29°22′E 150
バーゼル(スイス) 47°33′N 7°36′E 108
パゼント川 10
パタウィウム(パドウア) 45°24′N 11°53′E 10, 20, 29, 38
パタラ(トルコ) 36°06′N 28°05′E 150
パッシアナ(ペトロウチ)(ユーゴスラヴィア) 44°57′N 20°06′E 141
バッパ(モロッコ) 34°41′N 5°39′W 72
バッラ 40°42′N 17°15′E 62
パッランティア(パレンシア)(スペイン) 42°01′N 4°32′W 125
パディアス(アルジェリア) 34°49′N 6°50′E 119
パテルノ(シチリア) 37°34′N 14°55′E 20
パドウア →パタウィウム
バートジー(イギリス) 52°46′N 4°48′W 199
バトナエ(トルコ) 36°49′N 38°36′E 157, 220
パトライ(ギリシア) 38°14′N 21°44′E 73, 146
ハドリア(アトリ) 42°35′N 13°59′E 35, 38, 41, 67
ハドリアノポリス(エティネ)(トルコ) 41°40′N 26°34′E 141, 209, 214
ハドリアノポリス(ドリアナ)(リビア) 32°21′N 20°13′E 164
ハドルメトゥム(スース)(チュニジア) 35°50′N 10°38′E 23, 39, 47, 70, 118
ハナウ(西ドイツ) 50°08′N 8°56′E 108
バナサ(モロッコ) 34°29′N 6°08′W 72, 118
パナロ川 10
パニウム(トルコ) 40°55′N 27°28′E 141
パノポリス(エジプト) 26°28′N 31°50′E 165
パノルムス(パレルモ)(シシリア) 38°08′N 13°23′E 10, 12, 13, 16, 23, 38, 45, 47, 72
バビュロン(イラク) 32°33′N 44°25′E 75
バビュロン(エジプト) 30°00′N 31°14′E 165
ハブル川(シリア) 157
パポス(キュプロス島) 34°45′N 32°25′E 107, 150
ハライ(ギリシア) 38°41′N 23°10′E 146
ハラエサ(シチリア) 37°59′N 14°16′E 45, 72
パラエトニウム(エジプト) 31°21′N 27°14′E

165
バラダーノ川 10
バラトン湖(ハンガリー) 46°50′N 17°50′E 10, 140
バラレイスス(トルコ) 38°17′N 42°02′E 220
バリ →バリウム
ハリアクモン川(ギリシア) 146
バリウム(バリ) 41°07′N 16°52′E 10, 38, 41, 46, 62
パリウム(トルコ) 40°25′N 27°48′E 73
ハリカルナッソス(ボドルム)(トルコ) 37°03′N 27°28′E 150
ハリキュアエ(シチリア) 37°54′N 12°52′E 45
パリシイ →ルティティア
ハリュクス(シチリア) 45
ハリュス川(キジル・イルマク川)(トルコ) 61, 72, 75, 150, 171, 173, 179, 220
バルカ(リビア) 32°30′N 20°50′E 164
バルキノ(バルセロナ)(スペイン) 41°25′N 2°10′E 72, 125, 209, 214
バルケ・ディ・ソルフェリノ 45°16′N 10°34′E 20
バルコン(トルコ) 40°37′N 43°30′E 220
バルサロス(ファルサラ)(ギリシア) 39°22′N 22°23′E 70, 146
ハルシュタット(オーストリア) 47°34′N 13°39′E 140
バルデラド・ウェイ川(スペイン) 125
バルバリッソス(メスケン)(シリア) 36°02′N 38°02′E 157, 174, 220
バルブラ(トルコ) 36°59′N 29°32′E 150
パルマ 44°48′N 10°19′E 10, 20, 38, 49, 67
パルマ(マリョル島)(スペイン) 39°35′N 2°39′E 72, 124
パルマヴェラ(サルディニア) 40°36′N 8°18′E 20
バルミニ(サルディニア) 49°43′N 9°01′E 20
パルミュラ(タドモル)(シリア) 34°36′N 38°15′E 75, 157, 174, 179, 220
バルライス(トルコ) 37°40′N 31°43′E 73
ハルンティウム(シチリア) 38°04′N 14°09′E 72
バルンドルフ(オーストリア) 47°59′N 16°52′E 140
バレアレス諸島(スペイン) 47, 60, 75, 125
バレスタ(コルシカ) 41°48′N 9°01′E 20
パレルモ →パノルムス
パレンティウム(ポレチ)(ユーゴスラヴィア) 45°14′N 13°36′E 67
パロス(島)(ギリシア) 37°04′N 25°06′E 146
パロンバラ・サビナ 42°10′N 12°46′E 20, 30
バンゴル・イスコエド(イギリス) 53°00′N 2°55′W 199
バンティア 40°52′N 16°02′E 62
パンテッレリア →コッスラ
パンドシア 39°08′N 16°44′E 46

ピアチェンツァ →プラケンティア
ピアーヴェ川 10
ピアーヴェ川 29
ピエトロアサ(ルーマニア) 45°08′N 26°40′E 141
ヒエラピュトナ(イエラペトラ)(クレタ) 35°00′N 26°15′E 165
ヒエラポリス(パムッカレ)(トルコ) 37°57′N 28°50′E 150
ヒエラポリス(メンビジ)(シリア) 36°32′N 37°55′E 151, 157, 220
ヒエロソリュマ(アエリア・カピトリナ)(イェルサレム)(イスラエル/ヨルダン) 31°47′N 35°13′E 75, 84, 157, 199
ヒエロポリス・カスタバラ(トルコ) 37°18′N 36°16′E 151
ピガレイア(ギリシア) 37°23′N 21°51′E 146
ピクタウィ →リモヌム
ピゲステ(ユーゴスラヴィア) 43°18′N 17°29′E 140
ピクティア 40°38′N 14°53′E 62
ピサ →ピサエ
ピサウルム(ペザロ) 43°54′N 12°54′E 41, 49, 67
ピサエ(ピサ) 43°43′N 10°24′E 10, 21, 38, 41, 47, 67
ピサンテ(ラエデストゥス)(テキルダー)(トルコ) 40°59′N 27°28′E 141
ビジュエ(ヴィゼ)(トルコ) 41°34′N 27°45′E 141
ピスエルガ川(スペイン) 125
ピスタ(スペイン) 41°30′N 1°23′E 72
ヒスティアイア(エウボイア島)(ギリシア) 38°57′N 23°06′E 146
ヒストゥエ・ウェトゥス(ユーゴスラヴィア) 43°17′N 17°30′E 140
ヒストゥエ・ノウア(ユーゴスラヴィア) 44°08′N 17°46′E 140
ヒストニウム 42°06′N 14°43′E 62
ヒストリア(ルーマニア) 44°32′N 28°07′E 141

ヒスパリス →タルテッスス
ピスピル(エジプト) 29°47′N 31°43′E 199
ヒスペッルム 42°59′N 12°41′E 67
ビダ(アルジェリア) 36°44′N 4°18′E 119
ヒッポ(レバノン) 32°44′N 35°47′E 157
ヒッポニウム(ウィボ・ウァレンティア) 38°40′N 16°06′E 23, 38, 46, 49
ヒッポ・ディアッリュトス(ビゼルト)(チュニジア) 37°18′N 9°52′E 72, 119
ヒッポ・レギウス(アンナバ)(アルジェリア) 36°57′N 7°47′E 119, 199, 209, 214
ピテクッサエ(島)(イスキア) 40°44′N 13°57′E 10, 23
ビフェルノ川 10
ビブラクテ(ブーヴレー)(フランス) 46°55′N 4°06′E 70, 129
ヒメラ(テルマエ)(シチリア) 37°57′N 13°47′E 23, 38, 45, 72
ヒメラ川(シチリア) 45
ピュクスス(ブクセントゥム) 40°04′N 15°37′E 23, 49
ビュザンティウム(ビュザンティオン)(コンスタンティノポリス)(イスタンブール)(トルコ) 41°02′N 28°57′E 61, 75, 141, 150, 171, 173, 199, 209, 214
ピュドナ(アウロン)(アルバニア) 40°32′N 19°39′E 73, 146
ピュドナ(ギリシア) 40°24′N 22°36′E 47, 146
ピュパタ(ギリシア) 38°49′N 22°07′E 146
ピュブススス川(シチリア) 45
ビュブロス(レバノン) 34°08′N 35°38′E 157
ピュク・メンデレス川(トルコ) 150
ピュルギ 42°01′N 11°59′E 21, 35
ピヨス川(ギリシア/アルバニア) 146
ピラデルピア(ラシェヒール)(トルコ) 38°22′N 28°32′E 150
ピラデルピア(アンマン)(ヨルダン) 31°57′N 35°56′E 157
ピリサボラ(ブンベディタ)(アンバル)(イラク) 33°21′N 43°36′E 191, 220
ピリッポイ(ギリシア) 41°05′N 24°19′E 73, 141, 146
ピリッポポリス(プロヴディヴ)(ブルガリア) 42°08′N 24°45′E 141, 171, 209
ピリティオ(ベリンツォーナ)(スイス) 46°12′N 9°01′E 140
ビルビリス(スペイン) 41°21′N 2°50′W 72, 125
ピレーヌ川(フランス) 129
ピンギウム(ビンゲン)(西ドイツ) 49°58′N 7°55′E 108, 129, 192
ピンナ(ペンネ) 42°27′N 13°56′E 62

ファウィアナ(マウテルン)(オーストリア) 48°24′N 15°50′E 140
ファウスティノポリス(トルコ) 37°27′N 34°38′E 150
ファエスラエ 43°49′N 11°24′E 41, 67
ファシス(トルコ) 42°11′N 41°41′E 220
ファゼモン(ネアポリス)(トルコ) 40°52′N 35°35′E 150
ファヌム・フォルトゥナエ(ファーノ) 43°51′N 13°01′E 41, 67
ファブラテリア・ウェトゥス 41°35′N 13°20′E 40
ファブラテリア・ノウァ →フレゲッラエ
ファレリイ 42°17′N 12°25′E 21, 41, 62, 200
ファレリオ 43°07′N 13°33′E 67
フィカナ 41°44′N 12°21′E 27, 30
フィデナエ(フィデナエ・ロムルス) 41°55′N 12°31′E 27, 30, 35
フィッシュバーン(イギリス) 50°50′N 0°50′W 135
フィセニア(イラク) 33°11′N 43°51′E 191
フィラエ(エジプト) 24°01′N 32°53′E 165
フィルムム・ピケヌム(フェルモ) 43°09′N 13°44′E 35, 41, 62, 67
フィレンツェ →フロレンティア
フィロッタノ 41°36′N 16°13′31′E 20
フィモン 45°29′N 11°29′E 20
フェイソン(トルコ) 36°42′N 39°29′E 220
フェス(モロッコ) 34°05′N 5°00′W 118
フェッラーラ 44°50′N 11°38′E 10
フェルシナ →ボノニア
フェレンティヌム(フェレンティノ) 41°41′N 13°15′E 30, 35, 40, 200
フォーチェ(シチリア) 41°50′N 9°04′E 20
フォッジャ 41°28′N 15°33′E 10
フォルミアエ 41°16′N 13°37′E 35, 62
フォルム・アンニ(ポラ) 40°31′N 15°27′E 38, 57
フォルム・クロディイ 42°09′N 12°09′E 200
フォルム・コルネリイ(イモラ) 44°21′N 11°43′E 38
フォルム・セグシアウォルム(フール)(フラン

ス) 45°44′N 4°13′E 129
フォルム・ノウム 40°42′N 15°06′E 38
フォルム・ハドリアニ(ムニキピウム・カナネファトゥム)(ヴォールブルク-アレンツブルク) 52°04′N 4°22′E 129
フォルム・ユリ(フレジュ)(フランス) 43°26′N 6°44′E 72, 129
フォルム・リウィイ(フォリ) 44°13′N 12°02′E 10, 29, 38
フォルリ →フォルム・リウィイ
フォレントゥム 40°52′N 15°52′E 62
フォンテ・エ・モラ(サルディニア) 40°32′N 8°43′E 20
フーカル川(スペイン) 125
ブクセントゥム →ピュクスス
フクンブラ(イラク) 33°51′N 44°31′E 191
ブシリス(エジプト) 31°05′N 31°14′E 165
ブダリア(ユーゴスラヴィア) 45°01′N 19°31′E 141
フチーノ湖 42°00′N 13°45′E 35, 40, 41, 200
ブップト(チュニジア) 36°25′N 10°40′E 119
ブッラ・レギア(チュニジア) 36°26′N 8°56′E 119
プテオリ(ポッツオリ) 40°49′N 14°07′E 46, 49, 67
ブト(エジプト) 31°12′N 30°45′E 165
プトゥア(ユーゴスラヴィア) 42°15′N 18°43′E 72, 140
プトレマイス(アッコ)(イスラエル) 32°55′N 35°04′E 157
プトレマイス(トゥルマイター)(リビア) 32°42′N 20°55′E 164
プトレマイス・ヘルミオウ(エル・マンシャ)(エジプト) 29°31′N 31°50′E 165
ブトロトゥム(アルバニア) 39°44′N 20°02′E 72, 146
ブ・ニエム(リビア) 30°32′N 15°21′E 119
フバール(島)(ユーゴスラヴィア) 43°18′N 16°36′E 10
ブポン(トルコ) 36°59′N 29°16′E 150
ブズノル(ベルギー) 49°38′N 5°36′E 129
ブライザハ(西ドイツ) 48°02′N 7°36′E 192
ブライエ(フランス) 45°08′N 0°40′W 129
フラウィオブルガ(カストロ・ウルジアレス)(スペイン) 43°23′N 3°11′W 125
フラウィオポリス(カディルリ)(トルコ) 37°22′N 36°05′E 151
プラエトリウム(ルーマニア) 45°20′N 24°20′E 141
プラエネステ(パレストリーナ) 41°50′N 12°54′E 21, 27, 30, 35, 62, 67, 200
ブラカラ・アウグスタ(ブラガ)(ポルトガル) 41°32′N 8°26′W 124
プラケンティア(ピアチェンツァ) 45°03′N 9°41′E 10, 29, 38, 47, 49, 67, 84
プラタイアイ(ギリシア) 38°12′N 23°16′E 146
ブラーチ(島)(ユーゴスラヴィア) 43°26′N 16°38′E 10
ブラッチアーノ湖 →サヴァティヌス湖
フラッテシネ 45°00′N 11°25′E 20
ブラノ(ユーゴスラヴィア) 45°11′N 14°26′E 140
ブラノドゥヌム(ブランカスター)(イギリス) 52°58′N 0°39′E 135, 171
プラノナ(ユーゴスラヴィア) 45°11′N 14°26′E 140
ブランコ・グランデ(シチリア) 36°51′N 14°27′E 20
プランダ 39°57′N 15°42′E 46
ブランダエ(スペイン) 42°02′N 3°11′E 72
プリウェルヌム 41°29′N 13°12′E 30, 62
プリウオドゥルム(ブリアル)(フランス) 51°38′N 0°44′E 129
プリエネ(トルコ) 37°38′N 27°17′E 150
プリオクム(フランス) 38°40′N 2°51′W 199
ブリガンティウム(ラコルーニャ)(スペイン) 43°22′N 8°24′W 124
ブリガンティウム(ブレゲンツ)(オーストリア) 47°31′N 9°46′E 108
ブリガンティオ(ブリアンソン)(フランス) 44°52′N 6°37′E 129
ブリクシア(ブレッシア) 45°33′N 10°13′E 29, 67
ブリクセッルム 44°54′N 10°31′E 67
ブリグェティオ(セニ)(ハンガリー) 47°42′N 18°05′E 140
ブリダウア(ルーマニア) 45°01′N 24°13′E 141
フリュギア(イラク) 34°04′N 43°55′E 191
プリレプ(ユーゴスラヴィア) 41°20′N 21°32′E 146
ブリンディジ →ブルンディシウム
フルギニウム 42°57′N 12°43′E 62
ブルク(スイス) 47°43′N 8°49′E 192
ブルサ(ブルサ)(トルコ) 40°12′N 29°04′E 150
プルシアス・アド・ヒュピウム(トルコ) 40°52′N 30°37′E 150
フルシノ(フロジノネ) 41°38′N 13°22′E 62
ブルディガラ(ボルドー)(フランス)

地名索引

44°50′N 0°34′W 60,75,107,129,171,179,214
ブルート川(ルーマニア/ソ連) 141
ブルヌム(ユーゴスラヴィア) 44°00′N 15°59′E 140
ブルンディシウム(ブリンディジ) 40°37′N 17°57′E 10,35,38,41,46,47,60,63,70,84
ブレイウス(ギリシア) 37°51′N 22°38′E 146
フレゲッラエ(ファブラテリア・ノウァ) 41°33′N 13°32′E 35,40,46,49
フレグナイ 41°52′N 12°12′E 35
ブレスティウム(モンマス) 51°50′N 2°43′W 135
プレスパンスコ湖(アルバニア/ギリシア/ユーゴスラヴィア) 40°50′N 21°00′E 141,146
プレッケン峠(オーストリア/イタリア) 46°37′N 12°58′E 140
ブレッシア 45°33′N 10°13′E 10
ブレメテンナクム(リブチェスター)(イギリス) 53°52′N 2°44′W 135
ブレメニウム(ハイ・ロチェスター)(イギリス) 55°16′N 2°16′W 135
ブレラ 42°16′N 12°01′E 21
ブレンネル峠(オーストリア/イタリア) 47°01′N 11°31′E 140
ブロコリティア(キャロウバラ) 55°02′N 2°18′W 134
プロティノポリス(ギリシア) 41°22′N 26°29′E 141
ブロトマグス(ブリュマット)(フランス) 48°44′N 7°43′E 192
フロレンティア(フィレンツェ) 43°47′N 11°15′E 10,13,16,38,67
プンタ・デッレ・テッラレ 40°34′N 18°03′E 20
フンディ(フォンジ) 41°22′N 13°27′E 35,62,200

ベイシェヒル湖(トルコ) 37°40′N 31°30′E 150
ベイライエウス(ギリシア) 37°57′N 23°42′E 146
ベイリアク・ド・メール(フランス) 43°08′N 2°59′E 39
ベガストルム(セエヒン)(スペイン) 38°06′N 1°48′W 125
ベザブデ 37°47′N 42°12′E 157
ベサンドゥケ(ヨルダン) 31°36′N 35°09′E 199
ペスカーラ →オスティア・アテルネ
ペスカレ・ディ・ブリニアノ 44°27′N 10°29′E 20
ペスキエーラ 45°26′N 10°42′E 20
ベゼレオス(チュニジア) 33°37′N 9°54′E 119
ベソウキス(ベサウケ)(イラク) 33°03′N 44°26′E 191
ベソンティオ(ブザンソン)(フランス) 47°14′N 6°02′E 84,129,192
ベダイウム(セーブルック)(西ドイツ) 47°56′N 12°29′E 140
ベッシヌス(トルコ) 39°17′N 31°32′E 61,150
ペッラ(ギリシア) 40°27′N 22°30′E 73,146
ペッラ(ヨルダン) 32°27′N 35°37′E 157
ベッラモント 46°19′N 11°39′E 20
ペテリア 39°16′N 17°03′E 41,46
ペトウアリア(ブラフ)(イギリス) 53°32′N 2°19′W 135
ヘドゥム(ユーゴスラヴィア) 44°03′N 18°18′E 140
ベート川(モロッコ) 118
ペトラ(ソ連) 41°37′N 41°36′E 220
ペトラ(シチリア) 37°48′N 14°06′E 45
ペトラ(ヨルダン) 30°20′N 35°26′E 157
ベドリアクム 45°09′N 10°28′E 84
ベトレヘム(ヨルダン) 31°42′N 35°12′E 157,199
ヘニル川(スペイン) 125
ペネイオス川(ギリシア) 146
ベネウェントゥム(マルウェントゥム)(ベネヴェント) 41°08′N 14°46′E 35,38,41,46,62,67
ヘバ 42°36′N 11°18′E 21
ヘパイスティア(レムノス島)(ギリシア) 39°58′N 25°20′E 146
ヘブロン(ヨルダン) 31°32′N 35°06′E 157
ヘメリウム(シリア) 38°41′N 39°00′E 220
ヘメロスコペイオン(スペイン) 38°51′N 0°07′E 23
ヘラクライ(ギリシア) 37°36′N 21°51′E 146
ヘラクラエ・ミノア(シチリア) 37°24′N 13°17′E 45
ヘラクラネウム 40°46′N 14°22′E 62
ヘラクレア 40°16′N 16°41′E 35,38,41
ヘラクレア(アクシオポリス)(ルーマニア) 44°20′N 28°03′E 141
ヘラクレア(トルコ) 41°02′N 27°59′E 173
ヘラクレア(トルコ) 37°31′N 27°36′E 150
ヘラクレア・ポンティカ(エレーリ)(トルコ)

41°17′N 31°26′E 73,150
ヘラクレイア・リュンケスティス(ビトラ)(ユーゴスラヴィア) 41°01′N 21°21′E 146
ヘラクレオポリス(エジプト) 29°02′N 30°52′E 165
ヘリ(フランス) 47°03′N 1°56′W 199
ヘリオポリス(エジプト) 30°08′N 31°18′E 165
ヘリオポリス(バールベク)(レバノン) 34°00′N 36°12′E 73,157,220
ベリュトス(ベイルート)(レバノン) 35°52′N 35°30′E 73,111,157,220
ペリントス(トルコ) 40°59′N 27°57′E 107
ペルウァ(ユーゴスラヴィア) 43°50′N 17°04′E 140
ベルガモ →ベルゴムム
ペルガモン(ペルガマ)(トルコ) 39°08′N 27°10′E 60,70,75,107,150
ベルギディウム(スペイン) 42°36′N 6°48′W 124
ベルゲ(トルコ) 36°59′N 30°46′E 150
ベルゴムム(ベルガモ) 45°42′N 9°40′E 10,29
ペルシャ(ペルージャ) 43°07′N 12°23′E 10,21,35,41,62
ペルシオン(エジプト) 31°02′N 32°32′E 165
ペルージャ →ペルシア
ペルゾビス(レシナァ)(ルーマニア) 45°16′N 21°55′E 141
ヘルドニア 41°18′N 15°35′E 40,41,46,62
ベルネスガ川(スペイン) 125
ベルヴェルデ 42°54′N 11°58′E 20
ヘルマエウム岬(チュニジア) 37°03′N 10°58′E 44
ヘルミオネ(ギリシア) 37°23′N 23°15′E 146
ヘルモポリス(エル・アシュムーネイン)(エジプト) 27°47′N 30°47′E 165
ヘルモンティス(エジプト) 25°37′N 32°32′E 165
ベルン(スイス) 46°57′N 7°26′E 10
ヘレラ(シリア) 34°46′N 38°41′E 174
ペレンドウァ(ルーマニア) 44°18′N 23°47′E 141
ベロイア(アレッポ)(シリア) 36°14′N 37°10′E 151,157,174,220
ベロイア(ギリシア) 40°32′N 22°11′E 141,146
ベロエ(アウグスタ・トライアナ)(スターラ・ザゴーラ)(ブルガリア) 42°25′N 25°37′E 141
ベロサバ(ベールシェバ)(イスラエル) 31°15′N 34°47′E 157
ヘロディオン(ヨルダン) 31°41′N 35°14′E 157
ヘロルス(シチリア) 36°51′N 15°07′E 45
ポイアナ(ルーマニア) 45°08′N 25°44′E 141
ポイオドゥルム(パッサラ・インシュタット)(オーストリア) 48°35′N 13°28′E 140
ポイニクス(クレタ) 35°12′N 24°08′E 165
ボウィアヌム 41°46′N 14°22′E 21
ボウィアラエ 41°45′N 12°34′E 27,30
ボウィアヌム・ウェトゥス 41°43′N 14°28′E 35,67
ポエトウィオ(プトゥイ)(ユーゴスラヴィア) 46°27′N 15°51′E 84,140
ポー川 10,20,21,23,29,38,47,67,72,75,171,173,179,199,214
ボストラ(ブスラ)(シリア) 32°30′N 36°29′E 107,157,174
ボスナ川(ユーゴスラヴィア) 10
ポセイドニア →パエストゥム
ポタイッサ(トゥルダ)(ルーマニア) 46°35′N 23°50′E 141
ポダリア(トルコ) 36°35′N 29°59′E 150
ポダンドゥス(トルコ) 37°51′N 34°53′E 150
ポッジョ・ブコ 42°38′N 11°46′E 21
ポッラ →フォルム・アンニ
ホッレウム・マルギ(クプリヤ)(ユーゴスラヴィア) 43°56′N 21°21′E 141
ポッレンティア(ポリェンサ)(マリョルカ島)(スペイン) 39°52′N 3°01′E 125
ポティケ(パラミティア) 39°38′N 20°30′E 146
ポティダイア(カッサンドレア)(ギリシア) 40°10′N 23°19′E 73,146
ボーデン湖 →ウェネトゥス湖
ポテンティア(ポテンツァ) 40°38′N 15°48′E 62
ポノーグ(島)(フランス) 43°16′N 5°15′E 39
ボノニア(ヴィンディン)(ブルガリア) 44°00′N 22°50′E 141
ボノニア →グソリアクム
ボノニア(フェルシナ)(ボローニャ) 44°30′N 11°20′E 10,13,16,20,21,29,38,49,67,70,75,179
プボロニア 42°59′N 10°30′E 21,38,41
ポマリア(トレムセン)(アルジェリア) 34°53′N 1°21′W 118
ポメティア(カブリフィコ) 41°35′N 12°50′E 30
ポラ(プーラ)(ユーゴスラヴィア)

44°52′N 13°52′E 67,140
ポラダ 45°28′N 10°30′E 20
ポリュステネス川(ソ連) 84,209
ポリュスレ(クレタ) 35°27′N 23°29′E 165
ポルスレ(コモティニー)(ギリシア) 41°06′N 25°25′E 141
ボルセナ(ヴォルシニイ・ノヴィ) 42°38′N 11°59′E 21
ボルセーナ湖 42°35′N 11°57′E 10,35,200
ポル・ディ・パチェンジョ 45°33′N 10°43′E 20
ポルトゥス・アドゥルニ(ポートチャスター)(イギリス) 50°51′N 0°59′W 135,171
ポルトゥス・ウィクトリアエ(スペイン) 43°28′N 3°48′W 124
ポルトゥス・カレ(オポルト)(ポルトガル) 41°09′N 8°37′W 124
ポルトゥス・ナンネトゥム(ナント)(フランス) 47°14′N 1°35′W 129
ポルトゥス・マグヌス(アルジェリア) 35°50′N 0°23′W 72,118
ボルベマグス(ヴァンギオネス)(ヴォルムス)(西ドイツ) 49°38′N 8°23′E 108,129,192
ボローニャ →ボノニア
ホロノン 40°04′N 42°28′E 220
ポロリッスム(モイグラト)(ルーマニア) 47°10′N 23°07′E 141
ポンス・アエニ(ローゼンハイム)(西ドイツ) 47°51′N 12°09′E 140
ポンス・アエリウス(ニューカースル)(イギリス) 54°59′N 1°35′W 135
ポンス・アルティ(ルーマニア) 44°24′N 24°12′E 141
ポンティア(島)(ポンティアネ諸島) 40°53′N 12°58′E 35
ポンテカイノ 40°38′N 14°53′E 21
ボンナ(ボン)(西ドイツ) 50°44′N 7°06′E 108,129,192
ポンパレロ(パンポロナ)(スペイン) 42°49′N 1°39′E 125
ポンペイ 40°45′N 14°27′E 21,40,46,62,67

マ 行

マイア(ボウネス)(イギリス) 54°22′N 2°55′W 135
マイウス・モナステリウム(フランス) 47°36′N 1°20′E 199
マイナケ(ベレスマラガ)(スペイン) 36°47′N 4°06′W 23
マイン川(西ドイツ) 108,129
マイン川(西ドイツ) 129
S.マウリティ(フランス) 46°07′N 7°05′E 199
マギア(マイエンフェルト)(スイス) 47°01′N 9°32′E 140
マクタル(チュニジア) 35°51′N 9°12′E 119
マグダレンスベルク(オーストリア) 46°42′N 14°20′E 140
マグニス(ケンチェスター)(イギリス) 52°05′N 2°51′W 135
マグニス(カーヴォラン)(イギリス) 54°58′N 2°20′W 134
マグヌム(ユーゴスラヴィア) 44°03′N 15°59′E 140
マグネシア・アド・シピルム(トルコ) 38°36′N 27°29′E 150
マグネシア・アド・メアンドルム(マニサ)(トルコ) 37°46′N 27°29′E 61,150
マケブラクタ(イラク) 33°22′N 43°44′E 191
マゴ(マオン)(メノルカ島)(スペイン) 30°54′N 4°15′E 124
マザカ(カエサレア)(カイセリ)(トルコ) 38°42′N 35°28′E 107,150,220
マサダ(イスラエル) 31°19′N 35°21′E 157
マスクラ(ヘンシェラ)(アルジェリア) 35°22′N 7°09′E 119
マダウロス(アルジェリア) 36°05′N 7°50′E 119
マダバ(ヨルダン) 31°44′N 35°48′E 157
マッジョーレ湖(イタリア/スイス) 10,129,140
マッシリア(マルセーユ)(フランス) 43°18′N 5°22′E 23,47,60,70,75,111,129,179,199
マッターホルン(イタリア/スイス) 45°49′N 7°39′E 10
マティアヌス湖(ウルミア湖)(イラン) 37°40′N 45°30′E 220
マトレイウム(マトリ)(オーストリア) 47°06′N 11°28′E 140
マムキウム(マンチェスター)(イギリス) 38°27′N 2°15′W 135
マラカ(マラガ)(スペイン) 36°43′N 4°25′W 23,46,125
マラケシュ(モロッコ) 31°49′N 8°00′W 118
マラトン(ギリシア) 38°09′N 23°57′E 146
マリアナ(コルシカ) 41°23′N 9°10′E 72

マリーツァ川(ブルガリア) 141
マリノ 41°46′N 12°40′E 10
マルウェント →ベネウェントゥム
マルエサ(ユーゴスラヴィア) 43°51′N 20°03′E 141
マルキアノポリス(ブルガリア) 43°20′N 27°36′E 141
マルキス(マーク)(フランス) 50°57′N 1°57′E 171
マルグム(ユーゴスラヴィア) 44°44′N 21°08′E 141
マルサラ →リリュバエウム
マルシリアナ 42°32′N 11°21′E 21
マルツァボット 44°21′N 11°12′E 21
マルデン(トルコ) 37°34′N 40°29′E 220
マルテュロポリス(トルコ) 38°09′N 41°09′E 220
マルヌ川(フランス) 129
マルマンタルム(シリア) 35°34′N 37°21′E 174
マロネイア(マローニア)(ギリシア) 40°56′N 25°32′E 141,146
マンティネイア(アンティゴネイア)(ギリシア) 37°27′N 22°23′E 146
マントウア 45°10′N 10°47′E 21
マンドウラ 40°24′N 17°38′E 46
マンヌ川(サルディニア) 10
マンハイム(西ドイツ) 49°30′N 8°28′E 192
マンプシス(イスラエル) 31°02′N 35°04′E 157
ミキア(ルーマニア) 45°57′N 22°40′E 141
ミスラタ(リビア) 32°24′N 15°04′E 119,164
ミセヌム 40°46′N 14°06′E 200
ミッサア(チュニジア) 36°52′N 10°57′E 119
ミナ(アルジェリア) 35°44′N 0°35′E 118
ミナティアクム(ニジ)(フランス) 49°35′N 4°04′E 129
ミネルウィウム →スコラキウム
ミノア(シチリア) 37°24′N 13°17′E 23
ミノ川(スペイン) 124
ミュケナイ(ギリシア) 37°44′N 22°45′E 146
ミュティストラトゥス 37°37′N 13°40′E 45
ミュティレネ(トルコ) 39°06′N 26°34′E 60,47
ミュラ(トルコ) 36°17′N 29°58′E 150,199
ミュラエ(シシリア) 38°13′N 15°15′E 23,45,47
ミュラサ(ミリャス)(トルコ) 37°19′N 27°48′E 150
ミュルティリス(メルトラ)(ポルトガル) 37°38′N 7°40′W 124
ミラノ →メディオラヌム
ミルオブリガ(カピピッリャ)(スペイン) 38°50′N 5°05′W 125
ミルテンベルク(西ドイツ) 49°42′N 9°16′E 108
ミレウィス(アルジェリア) 36°32′N 6°15′E 118
ミレトス(トルコ) 37°30′N 27°18′E 150
ミンチオ川 10
ミントゥルナエ(ミンツルノ) 41°16′N 13°45′E 35,46,57,62,67,200
ムーズ川 →モサ川
ムスティ(チュニジア) 36°25′N 9°15′E 119
ムティナ(モデナ) 44°39′N 10°55′E 10,29,38,49,67
ムニキピウム(カリステ)(ユーゴスラヴィア) 44°30′N 21°21′E 141
ムニキピウム・イアソルム(ダルヴァル)(ユーゴスラヴィア) 45°36′N 17°14′E 140
ムニキピウム・ケレグロルム(ユーゴスラヴィア) 43°44′N 20°41′E 141
ムニキピウム・ダルド(アノルム)(ソカニカ)(ユーゴスラヴィア) 44°03′N 20°50′E 141
ムニキピウム・ラトビコルム/ネウイオドゥヌム(クルシュコ)(ユーゴスラヴィア) 45°58′N 15°30′E 140
ムニキピウム・S(プロヌム)(ユーゴスラヴィア) 43°21′N 19°21′E 141
ムラット川(トルコ) 151
ムリオ 43°09′N 11°23′E 21
ムール川(オーストリア) 10
ムルギ(スペイン) 36°46′N 2°35′W 125
ムルサ(オシイエク)(ユーゴスラヴィア) 45°33′N 18°41′E 140
ムルセッラ(ハンガリー) 47°30′N 17°27′E 140
ムルセッラ(ペトリエヴツィ)(ユーゴスラヴィア) 45°41′N 18°26′E 140
ムールーヤ川(モロッコ) 118
ムレスル川(ルーマニア) 141
メイドン・カースル(イギリス) 50°41′N 2°30′W 135
メウァニア 42°56′N 12°37′E 62
メガラ(ギリシア) 38°00′N 23°20′E 146
メガラ・ヒュブラエア(シチリア) 37°12′N 15°10′E 23,45

メガロポリス(セバステア)(シヴァス)(トルコ)
39°44′N37°01′E 151,199,220
メガロポリス(ギリシア) 37°24′N22°08′E 146
メサルフェルタ(アルジェリア) 35°09′N5°31′E 119
メセンブリア(ネセブール)(ブルガリア)
42°39′N27°43′E 141
メタウルス 38°26′N15°55′E 23
メタッルム・ウィパスケンセ(ポルトガル)
37°56′N8°18′W 124
メタポントゥム 40°23′N16°50′E 23,41,46
メッサナ(ザンクレ)(メッシナ)
38°13′N15°33′E 10,23,38,45,47,57,70,72,214
メッシナ →メッサナ
メッセネ(ギリシア) 37°11′N21°58′E 146
メッラリア(フェンテ・オベジュナ)(スペイン)
38°15′N5°25′W 125
メディオマトリキ →ディウォドゥルム
メディオラヌム(ミラノ) 45°28′N9°12′E 10,12,13,16,29,47,60,75,129,171,173,199,209,214
メディオラヌム(エブルー)(フランス)
49°03′N1°11′E 129
メディオラヌム(サント)(フランス)
45°44′N0°38′W 129
メテッリヌム(メデリン)(スペイン)
38°58′N5°58′W 72,124
メトゥルム(ユーゴスラヴィア)
45°16′N15°19′E 140
メトネ(ギリシア) 36°49′N21°42′E 146
メドマ 38°29′N15°59′E 23
メトロポリス(ギリシア) 39°20′N21°50′E 146
メナポリス(エジプト) 30°50′N29°41′E 199
メリタ(島)(マルタ) 23,45,47
メリッリ(シチリア) 37°11′N15°07′E 20
メリテネ(マラトヤ)(トルコ) 38°22′N38°18′E 151,220
メルタ(ロヴェッチ)(ブルガリア)
43°08′N24°45′E 141
メレーグ川(チュニジア) 119
メロス(島)(ギリシア) 36°42′N24°26′E 146
メンピス(エジプト) 29°52′N31°12′E 70,75,165,179
メンブレッサ(チュニジア) 36°39′N9°50′E 119

モクロス(クレタ島) 35°11′N24°54′E 165
モグンティアクム(マインツ)(西ドイツ)
50°00′N8°16′E 84,107,108,129,192,209,214
モゲンティアナ(ハンガリー) 46°47′N17°16′E 140
モサ川(ムーズ川)(フランス/ベルギー/オランダ) 129,192
モストラガネム(アルジェリア) 35°54′N0°05′E 118
モーゼル川(フランス/ルクセンブルク/西ドイツ) 108,129,192
モデナ →ムティナ
モトゥア(シチリア) 37°53′N12°29′E 23
モプスエスティア(トルコ) 36°57′N35°35′E 150
モラヴァ川(ユーゴスラヴィア) 140
モリドゥヌム(カーマーゼン)(イギリス)
51°52′N4°20′W 135
モルガンティナ(シチリア) 37°10′N14°45′E 57
モンス・アルゲンタリウス(モンテ・アルジェンタリオ) 42°23′N11°11′E 200
モンス・アルバヌス(モンテ・カヴォ)
41°45′N12°43′E 30
モンス・イオウィス(シリア) 34°45′N37°25′E 174
モンス・シナイ(エジプト) 28°32′N33°59′E 199
モンス・ニトリア(エジプト) 30°24′N30°18′E 199
モンス・ラトモス(トルコ) 37°33′N27°35′E 199
モンス・S・アントニイ(エジプト)
28°56′N32°19′E 199
モンタナ(ブルガリア) 43°37′N23°12′E 141
モンテ・カステッラッチョ 44°12′N11°42′E 20
モンテ・サンタンジェロ →アエフラ
モンテ・ジョーヴェ 43°53′N13°00′E 57
モンテチェリオ →コルニクルム
モンテ・ロッファ 45°36′N11°11′E 20
モン・ブラン山(フランス/イタリア)
45°50′N6°52′E 10

ヤ 行

ヤムニア(イスラエル) 31°45′N34°48′E 157

ユウァウム(ザルツブルク)(オーストリア)
47°48′N13°03′E 140
ユピテル・ラティアリス 41°46′N12°42′E 27
ユリアクム(ユーリヒ)(西ドイツ)
50°55′N6°21′E 129
ユリオブリガ(レトルティッコ)(スペイン)
43°03′N4°09′W 125
ユリオボナ(リュボンヌ)(フランス)
49°31′N0°32′E 129
ユリオマグス(アンジュー)(フランス)
47°29′N0°32′E 129
ユンカリア(フィゲラス)(スペイン)
42°16′N2°57′E 125
ヨッパ(テル・アヴィヴ=ヤフォ)
32°05′N34°46′E 157
ヨルダン川(シリア/イスラエル/ヨルダン) 157
ヨンヌ川(フランス) 129

ラ 行

ライナウ(スイス) 47°37′N8°37′E 192
ライン川(スイス/ドイツ/フランス/オランダ)
10,72,75,84,108,129,140,171,173,192,209,214
ラウァトラエ(ボウズ)(イギリス)
54°30′N2°01′W 135
ラウィニウム(プラティカ・ディ・マレ)
41°40′N12°30′E 20,27,30
ラウェンナ 44°25′N12°12′E 10,84,173,209
ラウス 39°54′N15°47′E 23
ラウダ(ロア)(スペイン) 41°42′N3°55′W 125
ラウトゥラエ 41°19′N13°21′E 35
ラウラキ →アウグスタ・ラウリコルム
ラウラヌム(ロム)(フランス) 46°18′N0°06′E 129
ラウリアクム(ロルヒ)(オーストリア)
48°14′N14°29′E 140
ラウレイオン山(ギリシア) 37°45′N23°53′E 146
ラウレントゥム 41°40′N12°19′E 200
ラエティニウム(ビハッツ)(ユーゴスラヴィア)
44°49′N15°53′E 140
ラオディケイア(トルコ) 37°46′N29°02′E 75,150
ラオディケイア(ラタキア)(シリア)
35°31′N35°47′E 157
ラクトドルム(トウスター)(イギリス)
52°08′N1°00′W 135
ラクトラ(レクトゥール)(フランス)
43°56′N0°38′E 129
ラゲンティウム(カースルフォード)(イギリス)
53°44′N1°21′W 135
ラゴッツァ 45°39′N8°41′E 20
ラゴナ川(西ドイツ) 108
ラス(ギリシア) 36°41′N22°31′E 146
ラ・スタルツァ 41°10′N15°02′E 20
ラ・スペツィア 44°07′N9°48′E 10
ラタエ(レスター)(イギリス) 52°38′N1°05′W 135
ラッバトモバ(ラッパ)(ヨルダン)
31°16′N35°44′E 157
ラティアリア(アルカル)(ブルガリア)
43°49′N22°55′E 141
ラドヴァニヤ運河(イラク) 191
ラトポリス(イスナ)(エジプト)
25°16′N32°30′E 164
ラヌウィウム 41°40′N12°42′E 27,30,35
ラバト(モロッコ) 34°02′N6°51′W 118
ラパナイア(シリア) 32°54′N36°10′E 157
ラピア(ラファ)(エジプト) 31°18′N34°15′E 157,165
ラビキ 41°46′N12°45′E 27,30
ラピドゥム(アルジェリア) 36°17′N3°36′E 118
ラブルドゥム(バイヨンヌ)(フランス)
43°30′N1°28′W 129
ラペトス(ラピソス)(キュプロス)
35°20′N33°11′E 150
ラミニウム(スペイン) 39°01′N2°54′W 125
ラランダ(カラマン)(トルコ) 37°11′N33°13′E 150
ラリサ(ギリシア) 39°38′N22°25′E 146
ラリヌム(ラリノ) 41°48′N14°54′E 40,41,46,62
ラ・ルスティカ 41°53′N12°35′E 27,30
ランキア(スペイン) 42°25′N5°25′E 125
ランダヴェリー(イギリス) 51°25′N3°30′W 135
ラントウィト(イギリス) 51°25′N3°30′W 199
ランバエシス(ランベス)(アルジェリア)
35°31′N6°15′E 119
ランプサコス(リャプセキ)(トルコ)
40°22′N26°42′E 73,150

リエカ(ユーゴスラヴィア) 45°20′N14°27′E 10
リクスス(モロッコ) 35°12′N6°10′W 23,118
リゴマグス(レマゲン)(西ドイツ)
50°34′N7°14′E 108,129
リザエウム(リトリ)(スペイン) 43°31′N40°31′E 220
リシニウム(ユーゴスラヴィア)
42°32′N18°42′E 72,140
リッスス(アルバニア) 41°47′N19°39′E 47,73,141,146
リデル(ユーゴスラヴィア) 43°41′N16°08′E 140
リテルヌム 40°55′N14°02′E 49
リノコルラ(エル・アリシュ)(エジプト)
31°08′N33°48′E 165
リパラ(リパリ)(リパリ島) 38°27′N14°58′E 20,23,45
リパリ諸島 38°30′N14°57′E 10
リビア(レイバ)(スペイン) 42°21′N3°04′W 125
リビソサ(レサ)(スペイン) 38°57′N2°22′W 72,125
リミニ →アリミヌム
リミュラ(トルコ) 36°20′N30°11′E 150
リメニア(キュプロス) 35°09′N32°33′E 150
リモヌム(ポアティエ)(パクタウィ)(フランス)
46°35′N0°20′E 129,199
リュクンドス(オーフリド)(ユーゴスラヴィア)
41°06′N20°49′E 146
リュコポリス(エジプト) 27°23′N30°58′E 164
リュストラ(トルコ) 37°36′N32°17′E 73,150
リュッテス(クレタ) 30°08′N25°23′E 165
リュブリャーナ →エモナ
リーリ川 10,35,40,41,46,200
リリュバエウム(マルサラ)(シチリア)
37°48′N12°27′E 45,47,70,72,214
リンディニス(イルチュスター)(イギリス)
51°01′N2°41′W 135
リンドゥム(リンカン)(イギリス)
53°14′N0°33′W 135
リンドス(ロドス島)(ギリシア)
36°05′N28°50′E 150

ルカ(ルッカ) 43°50′N10°30′E 49,67
ルギオ(ドゥナケムレド)(ハンガリー)
46°06′N18°49′E 140
ルグァリウム(カーライル)(イギリス)
54°54′N2°55′W 135
ルクス・アウグスティ(ルーゴ)(スペイン)
43°00′N7°33′W 124
ルクス・フェロニアエ 42°12′N12°34′E 30
ルグドゥヌム(リヨン)(フランス)
45°46′N4°50′E 72,75,84,107,111,129,172,179,192,214
ルグドゥヌム・コンウェナルム(フランス)
43°02′N0°34′E 70,129
ルグドゥヌム・バタウォルム 52°14′N4°25′E 129
ルゲッラス(サルディニア) 40°06′N8°48′E 20
ルケリア(ルチェラ) 41°30′N15°20′E 35,40,46,62,67
ルケントゥム(アリカンテ)(スペイン)
38°21′N0°29′W 125
ルサズ(アルジェリア) 36°51′N5°02′E 72
ルサッディル(メリリャ)(モロッコ)
35°20′N3°00′W 46,118
ルシカデ(アルジェリア) 36°53′N6°52′E 119
ルシッピシル(アルジェリア) 36°55′N4°12′E 119
ルスキノ(カステル・ルシロン)(フランス)
42°36′N2°44′E 39,129
ルスグニアエ(アルジェリア) 36°51′N3°18′E 72,118
ルスックル(アルジェリア) 36°57′N3°55′E 118
ルスペ(チュニジア) 35°10′N11°06′E 119
ルセッラエ 42°45′N11°10′E 21,41,67
ルッソニウム(ドゥナケムレド)(ハンガリー)
48°38′N18°51′E 140
ルディアエ 40°19′N18°06′E 46
ルテウァ(ロデーブ)(フランス) 43°44′N3°19′E 129
ルテティア(パリシィ)(パリ)(フランス)
48°52′N2°20′E 129,192,199,214
ルトゥピアエ(リッチバラ)(イギリス)
51°18′N1°21′E 135,171,192
ルナ 44°02′N10°02′E 38,49
ルニ・スル・ミニョネ 42°19′N11°47′E 20,21
ルビ 41°07′N16°29′E 46,62
ルンゲッツァ →コッラティア

レアテ(リエティ) 42°24′N12°51′E 38,40,62
レイリア(エデタ)(リリア)(スペイン)
39°38′N0°37′W 125
レウカス(島)(ギリシア) 38°40′N20°17′E 146
レオンディア(ギリシア) 40°39′N22°04′E 146
レオンティニ(シチリア) 37°17′N15°00′E 23,10
レカイオン(ギリシア) 37°55′N22°53′E 146
レギウム(レッジョ・ディ・カラブリア、レッジョ) 38°06′N15°39′E 10,13,16,23,35,38,41,45,46,47,57
レギウム・レピドゥム(レッジョ・ネルエミーリャ) 44°42′N10°37′E 10,38
レギオ(レオーン)(スペイン) 42°34′N5°34′W 84,125
レギナ(レイナ)(スペイン) 38°11′N5°57′W 72,124
レグルビウム(リカルヴァー)(イギリス)
51°23′N1°12′E 171
レゲディア(アブランシュ)(フランス)
48°42′N1°21′W 129
レゴルン 43°34′N10°18′E 10
レ・コロンバレ 45°32′N11°05′E 20
レサイナ(テオドシオポリス)(トルコ)
36°52′N40°05′E 157,220
レサパ(セルギオポリス)(リサーフェ)(シリア)
35°38′N38°43′E 157,174,199,220
レシェン峠(イタリア/オーストリア)
46°50′N10°30′E 140
レジナ湖 41°53′N15°30′E 10
レスボス(島)(ギリシア) 39°15′N26°15′E 70,150
レッジョ →レギウム
レッジョ・ネルエミーリャ →レギウム・レピドゥム
レッユン(イスラエル) 32°39′N35°06′E 157
レデラタ(パランカ)(ルーマニア)
44°52′N21°24′E 141
レトケトゥム(ウォール)(イギリス)
52°40′N1°50′W 135
レドロ 45°33′N10°34′E 20
レノ川 10
レバデア(レヴァディア)(ギリシア)
38°26′N22°53′E 146
レプティス・マグナ(リビア) 32°38′N14°16′E 23,119,171
レプティス・ミノル(チュニジア)
35°39′N10°54′E 70,119
レベドス(トルコ) 38°04′N26°55′E 150
レマニス(リム)(イギリス) 51°05′N1°02′E 135,171
レマン湖(フランス/スイス) 46°45′N7°00′E 10,129,192
レミ →ドゥロコルトルム
レムノス(島)(ギリシア) 39°52′N25°20′E 146
レメシアナ(ベラ・パランカ) 43°13′N22°17′E 141
レリヌム(フランス) 43°32′N7°03′E 199
レンティア(リンツ)(オーストリア)
48°19′N14°18′E 140

ロアール川(フランス) 47,60,72,75,84,129,171,173,192,199,209,214
ロイブル峠(オーストリア/ユーゴスラヴィア)
46°25′N14°17′E 140
ロガティカ(ユーゴスラヴィア)
43°51′N19°01′E 140
ロクリ 38°14′N16°15′E 23,35,41,45,46
ローザンヌ(スイス) 46°32′N6°39′E 10
ロッカ・サン・フェリチェ 40°57′N15°09′E 57
ロッカ・ディ・パパ 41°46′N12°42′E 30
ロッカ・ディ・リヴォリ 45°34′N10°48′E 20
ロット川(フランス) 129
ロディアポリス(トルコ) 36°25′N30°20′E 150
ローテ・ヴァーク(スイス) 47°33′N8°08′E 192
ロドス(島)(ギリシア) 36°26′N28°14′E 150
ロドス(ロドス島)(ギリシア) 36°26′N28°14′E 61,150
ロドポリス(ソ連) 42°07′N42°35′E 220
ロトマグス(ルーアン)(フランス)
49°26′N1°05′E 129,199
ローヌ川 10,23,29,47,60,72,75,84,129,173,209,214
ロブル(スイス) 47°32′N7°37′E 192
ロボドゥヌム(ラーデンブルク)(西ドイツ)
49°28′N8°36′E 108,129
ローマ 41°53′N12°30′E 10,12,13,16,19,20,21,23,27,30,35,38,39,40,41,47,57,60,62,67,70,72,75,84,107,111,171,173,179,199,200,209,214
ロムラ(ルーマニア) 44°07′N24°14′E 141
ロルフ(西ドイツ) 48°48′N9°42′E 108
ロンコ川 10
ロンディニウム(ロンドン)(イギリス)
51°30′N0°10′W 107,135,171,173,179,192,209

ワ 行

ワイ川(イギリス) 135

索　引

イタリック数字の頁は，図版または地図の説明文に対応する．

ア 行

アイトリア同盟諸市　48
アウグスタ・トレウェロルム　132
アウグスタ・ラウリコルム　132
アウグスティヌス　193, 196, 201, 210, 212
アウグストゥス　74, 77, 79, 148
アウグストドゥヌム　82
アウクトーリタース　74
アウソニウス　196
アウレリアヌス　176, 176
アウレリウス，マルクス　90, 102, 103, 108, 142, 169, 176
アエクイ族　29, 34, 37
アエディーリス　26
アエドゥイ族　83
アエネーアス　17
『アエネイス』　76, 108, 216, 216
アエミリア街道　48
アカイア同盟　51
アカイア同盟諸市　48
アクアエ・スリス　139
アクイレイア　48
アクインクム　142, 143
アクティウムの戦い　74
アグリコラ　81
アグリッパ，マルクス・ウィプサニウス　75, 76, 77
アグリッピナ　78
アスクレピオス　14, 43, 112
アスパラトス　144
アタナシウス　194, 198
アタラリクス　221
アタルガティス　96
アッキウス，ガイウス　54
アッタルス　209
アッタロス王朝　48
アッタロス（ペルガモンの）　50, 151
アッティス　97
アッティラ　211, 213, 216
アッピア街道　37, 41
アッピウス・クラウディウス・カエクス　37, 39, 41, 42
アッピウス・クラウディウス（ティベリウス・グラックスの義父）　57
アナスタシウス　221
アヌビス　97
アフリカ　118
アプレイウス　107, 112, 177
アプロディシアス　154, 154
アプロディテ神殿　154
アポッリナリス，シドニウス　214, 215
アポッロドロス（ダマスコスの）　90, 115
アポロニオス　112
アマランタ　223
アミダ　155
アラウシオの会戦　60
アラマンニ族　168, 191
アラリクス　147, 208, 213, 215, 217
アリウス派　197, 214, 214
アリステイデス，アエリウス　112
アルカイック期のローマ
アルカディウス　193, 208
アルカンタラ　127
　──の橋　126
アルバ・ロンガ　17, 27
　──の建設　17
アルボガスト　193
アルミニウス　80
アレクサンドリア　166, 194
アンクス・マルキウス　14, 18, 26
按察官　26, 36
アンティオキア　194
アンティオコスⅢ世　50

アンティゴノス王朝　48
アンティノオス　103, 104
アンテミウス　211
アントニウス　198
アントニウス，マルクス　70, 71, 71, 158
アントニヌス時代　111
アントニヌス朝　105, 170, 175, 177
アントニヌスの勅法　108
アントニヌス・ピウス　102
アンドリスコス　51
アンドロニコス，リウィウス　54
アンブロシウス　193, 196

イアンブリコス　177, 191, 217
イェルサレム　162, 189
イシス　96, 97, 176
移住権　29
イタリアの地形　11
イタリカ　126
イッリュリア戦争　48
インフレーション　172
インペリウム　18, 23, 24, 44

ウァバッラトス　169
ウァルス，クインティリウス　80
ウァレリアヌス　168, 169, 178
ウァレリウス＝ホラティウス法　26
ウァレリウス，ルキウス　27
ウァレンス　191, 193, 213, 214
ウァレンティニアヌス　191, 192, 193
ウァレンティニアヌスⅡ世　193
ウァレンティニアヌスⅢ世　208, 211
ヴァンダル族　120, 209, 210, 211, 213, 223
ウィカリウス　174
ウィクトリヌス　191
ウィテッリウス　75, 79
ウィトルウィウス　131, 184
ウィンデクスの反乱　84
ウィンデクス，ユリウス　79
ウェイイ　18, 27, 29, 30, 34, 42
ヴェスヴィオ山　17
　──の噴火　102
ウェスタ　94
　──の女祭司　95
　──の神殿　89
ウェスパシアヌス　79, 81
ウェッレス，ガイウス　68
ウェルギリウス　76, 108, 216
ウォルスキ族　29, 34
ウォロゲシアス　158
売上税　77
ウルガタ聖書　196
ウルピアヌス　106, 109, 156

エウゲニウス　191, 193, 193
エウセビオス（教会史家）　177, 178, 179, 188
エジプト　164
エデッサ　156
エトルリア　21
エトルリア語　28
エトルリア人　23
エトルリア文明　32
エペソス　152
エペソス宗教会議　152, 216, 217
エラガバルス　105
エラトステネス　43
エンニウス，クイントゥス　54

オクタウィウス，ガイウス　72
オクタウィウス，グナエウス　63
オシリス　176
オシリス・セラピス　97
オスティア　92
オダイナトス　158, 169
オトー　79, 84
オドアケル　211, 220, 223

オピミウス，ルキウス　60
オリュブリウス　211
オロシウス　211

カ 行

ガイウス・グラックスの殺害　60
海賊　68
街道　39
ギナスの反乱　213, 216
カエサル，ガイウス・ユリウス　62, 68, 69, 70, 70, 71, 71, 148
　──の暗殺　71
カエサレア　201
カエピオ，クイントゥス・セルウィリウス　60
河岸河床の管理者たち　76
学説彙集　109
貸付契約　26
鍛冶屋　183
火葬　20, 31
カタラウヌムの戦い　211
家長　19
カッシアヌス　198
カッシウス，ガイウス　72, 73
カッシウス，スプリウス　26, 28, 29
カッシウスの反乱　102
カッシオドルス　216, 220, 221
カッラエの戦い　69
ガッラ・プラキディア　208, 216
ガッリア・キサルピナ　29
ガッリア人の侵入　30
ガッリア人の帝国　84
ガッリア・ナルボネンシス　48
ガッリエヌス　168, 175, 176
カッリニコスの会戦　51
カツレウァ　138
カティリナ，ルキウス・セルギウス　68
カトー（大カトー）　42, 54
カトー，マルクス・ポルキウス（小カトー）　58, 68
カナバエ　80, 82, 142, 142
カピトリウムのオオカミ　52
カプア　66
貨幣　20, 23, 25, 43, 45, 56, 70, 111, 131, 169, 188, 191
　──の鋳造　42
貨幣制度　42, 169
神々の平和　94
カミッルス，マルクス・フリウス　30, 34
『神の国』　212
カラウシウス　172
カラカッラ　105, 169
　──の勅法　108
　──の浴場　90
ガラティア人　50
『ガリア戦記』　25, 70
刈り入れ機　184
カリグラ　78, 166
カリヌス　168
カリマコス　43
カルケドンの宗教会議　217
カルタゴ　28, 43, 44, 51
　──の宗教会議　177
カルデアの神託　176
カルヌントゥム　142, 142
ガルニ　155
ガルバ　79, 84
ガルバ，セルウィウス・スルピキウス　48, 58
カルボ，グナエウス・パピリウス　60
カレス　37
ガレノス　112
ガレリウス　171, 178, 179
監察官　24, 54
干渉権　26
カンナエ　45
　──の戦い　50

官僚制　202
キケロ，M・トゥッリウス　54, 67, 68, 72
騎士階級　58, 74
　──の台頭　75
技術　184
貴族　36
ギボン　102, 112, 193, 212, 224
キュノスケパライの戦い　50
キュプリアヌス　177
キュベレ　96, 96, 97, 193, 194
キュレナイカ　164
キュレネ　166
教会領　200
『業績録』　72, 74, 77
共和政の崩壊　69
曲芸　186, 187
キリスト教徒　78
　──の迫害　176, 178
キルクムケッリオーネス　198
銀貨　102
キンナ，ルキウス・コルネリウス　63
禁欲主義運動　198

クァエストル　24
クアディ族　103
クイクル　123
クイリーテース　18
クインティリアヌス　107
グノーシス主義　176
クラウディウス　78, 78, 80
　──の水道　91
グラックス，ガイウス　58
グラックス兄弟　22, 56
　──の土地改革　57
グラックス，ティベリウス　56
クラッスス，マルクス　64, 66, 69
クラッスス，リキニウス　62
グラティアヌス　193
クーリア　18, 81
クーリア民会　18
クリウス・デンタトゥス，マニウス　42, 54
クリエンテース　19
クリエンテラ　19
グリュケリウス　211
クリュソストモス，ヨハンネス　194
クレオパトラ　74, 80
グレゴリオス
　ナジアンズスの──　196, 201
　ニュッサの──　201
クレメラ　29
　──の戦い　25
クロディウス，プブリウス　69
クロヴィス　214, 214, 221
軍艦　43
軍事財庫の設置　77
軍隊の組織　18
軍団　77, 78, 101, 172
　──の司令官　36
　──の兵士　101

ゲイセリクス　211
ゲタ　105
結婚法　75
ケルト人　30
ケルト族　29
ケレース　193
ケレース神殿　25
権威　74
元首政　74
ゲーンス　18
ケーンソル　24
剣闘士　186, 186
ケントゥリア　22
ケントゥリア民会　22, 42
"元老院の"属州　74, 107

古イタリア人　18
交易権　29, 34, 37
『高級官職表』　116, 124, 128, 134, 141, 147, 151, 164, 199, 200, 202, 203, 204, 205
交通　114
皇帝肖像　180
皇帝崇拝　83
"皇帝の"属州　74, 107
コギドゥブヌス　138, 139
黒石碑文　22
『告白』　201
穀物配給　76
穀物法　69
国家宗教　94, 176
骨壺葬地文化　20
ゴート族　192
コプト教会　164
護民官　27, 44, 54, 64
暦　71
娯楽　186
古ラティウム　30
コリオラヌス　29
コリントス　149
コロヌス　107
コンスタンス　188, 190
コンスタンティウス　171, 179, 188, 190
コンスタンティヌス　170, 172, 179, 188, 190, 200
　──の記念門　175, 175, 189
コンスタンティヌスⅡ世　190
コンスタンティヌスⅢ世　210
コンスタンティノポリス　189, 190, 204
コーンスル　24, 36
コンモドゥス　102, 105, 176

サ 行

最高価格令　169
最高命令権　23, 44
祭祀の王　24, 36, 94
財務官　24
サクソン海岸　171
サクソン人　210
サトゥルニヌスの反乱　102
サトゥルニヌス，ルキウス・アップレイウス　61, 62
サトゥルヌスの祭　95
サバジオス　96, 97
ザビニ人　17
サビニ族　29
ザマ　47
　──の戦い　48
サムニウム戦争　34, 37, 39
サムニテス族　34, 37, 38, 86
サリイ　18, 94
サロナ　144
三頭政治の再建　74

紫衣崇拝　174
ジェミラ　123, 123
司教　177
市参事会員　86, 107, 111, 174
『自省録』　142, 176
シチリアにおける二つの蜂起　66
執政官　24, 28, 37, 43, 58
執政官職　36
シデ　155, 155
使徒聖堂　189
支配階級の出身地　109
四分割統治制　170, 170
借金　68, 71
シャープールⅠ世　160, 168, 168, 190
自由　22, 78
修辞学　110
修道院運動　198

索　引

十二表法　19, 27
十人官　27
首都駐留軍　76
シュラクサ　44
シュンマクス　193, 201
小プリニウス　107
消防隊　76
シリア語　156
親衛隊　74, 79, *101*
親衛隊長　203
信義　19
新人　36, 68
新プラトン主義　177, 191, 194
　——の哲学　212
水道　119
水道橋　41, 42, 126, *184, 185*
スエトニウス　107
スエビ族　209, 210, 214
スキピオ・アエミリアヌス　48, 51
スキピオ，グナエウス　47
スキピオ・バルバドゥス，ルキウス・コルネリウス　37
スキピオ，ププリウス　47
スタティウス，カエキリウス　54
スッラ，ルキウス・コルネリウス　58, 63, 64, *64*, 66, 67
ストラボン　75, 84
スパルタクスの反乱　66
スプリト　144
スルピキウス，ププリウス　63

聖アポリナーレ・ヌオヴォ聖堂　218
聖イレーネ堂　189
聖ヴィタリス　223
聖ヴィターレ聖堂　218, 219
聖カテリナ修道院　223
聖サビーナ聖堂　206
聖山　26
聖シメオン・ステュリテス聖堂　217
税制改革　173
聖ソフィア大聖堂　189, *205*, 223
聖パオロ・フォリ・レ・ムーラ　207
聖ピエトロ大聖堂　194
製粉場　185
聖墳墓教会　189, *190*
聖マリア・マッジョーレ聖堂　190
政務官職　36
誓約による義務（レークス・サクラータ）　26
セウェルス　188
セウェルス，アレクサンデル　105, 109
セウェルス，セプティミウス　105, 106, *121*, 142, 169
セウェルス朝　102, 174
セウェルス帝の記念門　115
セウェルス，ルキウス　211
セクスティウス，ルキウス　36
セゴヴィア　126
セネカ　78, 107
ゼノビア　158, 169
セプティミウス・セウェルスの記念門　175
セラピス神　194
セラピス像　194
セルウィウス　216
セルウィウス・トゥッリウス　21, 28, 42
セルウィウスの市壁　28
セルトリウス，クイントゥス　66
セレウコス王国　48, 50, 156, 160
ゼロテ派　163, *163*
戦車競争　186
占星術　176

象牙板　*187, 193, 211, 221*
相続税　77
測量　48

測量器　48
測量術　49
祖国の父　77
空からみたドゥラ　160
ソンム　130

タ　行

第1回三頭政治　*68*, 69
第1次ポエニ戦争　*44*
大カトー　54
大工　183
第3次ポエニ戦争　51
大神官　94
大聖堂　205
第2次ポエニ戦争　*47, 50*
第2次マケドニア戦争　50
第二ソフィスト運動　110, 112
大迫害　178
太陽神　176, *176, 188*, 194
ダキア戦役　102
ダキア戦争　100, *101*, 106
タキトゥス　106, 178
ダビデ王　162
ダラの城壁　223
タルクイニウス王朝　42
タルクイニウスII世　21, 28
タルクイニウス・プリスクス（タルクィニウスI世）　18, 20
タレントゥム　39, 46
父たち　25
中間王　25, 36
徴税請負人　56, 58, 77
追加登録議員　25
通貨改革　172
通貨危機　68
通婚禁止　26
通婚権　29, 34, 37

ディアナ女神の聖域　27
帝位簒奪者　168
ディオクレティアヌス　144, *144*, 169, *171, 172, 173*, 176, 188, 202
　——による大迫害　178
ディオクレティアヌス道路　174
ディオニュソス　97
ディオン・カッシオス　168
ディクタートル職　24
ティトゥス　80, 81, 102
ティトゥス・タティウス　17
ティベリウス　77, 80
ティベリス川　*14*, 27
ティベリーナ島　*14*
ティムガッド　123, *123*
テヴェレ川　14
テウタ（イッリュリアの女王）　48
テオダハド　221
テオドシウス　192, 193, 208, 217
テオドシウスII世　208
テオドシウス法典　200
テオドラ　219, 223
テオドリクス　213, 214, 218, 219, 220, 223
テオドリクスII世　214
デキウス　176, 177, 178
デクシッポス　168
デケバルス王　106
テッサロニケ　149
テミスティオス　196
テルトゥッリアヌス　107, 177
テレンティウス・アフェル，プブリウス　54

ドゥイリウス，ガイウス　43
闘技場　*184, 187*
投射機　100

トゥッガ　122
ドゥッガ　122
トゥッルス・ホスティリウス　18, 27
同盟者戦争　*62, 63*
同盟都市　39, 40
ドゥラ・エウロポス　160
道路　114
独裁官職　24, 36
都市　21
土葬　20, *31*
ドナトゥス派　123, 179, 194, 198
ドミティアヌス　79, 81, 102
　——の暗殺　102
トラシメヌス湖畔での戦い　50
トラシュロス　84
トラヤヌス　102, 126, 177
　——の記念円柱　*91, 100, 103*, *103, 145*
トリーア　*128*, 132, 190
鳥占官職　36
トリブス（地区）　41
トリボニアヌス　223
ドルイド教　83
ドルスス，マルクス・リウィウス　62
トロパエウム・トライアニ　145

ナ　行

内乱　66
ナエウィウス，グナエウス　54
ナジアンズス　196
ナバタエ王国　161
ニカイア信条　197
ニコメディア　*144, 178, 190*
ニコメディア遷都　170
西ゴート族　192, 201, 208, 209, 213
ニーム　131
ヌマ・ポンピリウス　18
ネアポリス　37
ネストリウス派　217
ネポス　211
ネマウッス　131
ネルウァ　102
ネロ　77, 78, *78*, 84, 155
　——の自殺　79
ネロ，ガイウス・クラウディウス　47
ノウィオマグス　139
農地配分三人委員ノビリス　36

ハ　行

パウッルス，ルキウス・アエミリウス　51
パウリヌス　212
パウルス（アンティオキアの司教）　177
パウロ　81, 108, 149, *207*
パウロ（タルソスの）　156
パエトゥス，トラシア　78
バガウダエ　210
　——の反乱　169, *170*
　——の反乱者　212, 213
パクウィウス，マルクス　54
迫害　177
パコミウス　198
バシリオス　201
バース　139
バスク語　124
ハスドゥルバル　44, 47
バッシアヌス，ウァリウス・アウィトゥス　105
ハドリアヌス　81, 102, 103, *104*, 126, *126, 134, 148*
　——の門　149
パトリキ　36

パトローヌス　19
ハミルカル・バルカ　43, 44
パラティヌスの丘　17
バル・コクバの反乱　163
パルティア　69, 80, 160
パルナケスの反乱　71
バールベク　161
パルミュラ　80, 158, *158, 169*
反逆取締法　77
ハンニバル　40, 43, 44, 46, 47, 48, 50
ハンニバル戦争　46
ピアッツァ・アルメリーナ　175
ヒエロニムス　83, 194, 196, 197, 198, 210
ヒエロンII世　43
東ゴート族　214, 220
ピクトール，クイントゥス・ファビウス　17
ピクトール，ファビウス　54
庇護関係　19
庇護民　19
ヒスパニア　48
ヒスパニア戦争　48
ヒスパリス　126
ピソ　79
百人隊　36
ビュザンティオン　170
ピュドナの戦い　51
ピュロス（エペイロスの王）　39, 41, 43
標章　203
ピラト，ポンティウス　83, 179
ピラネージ　*207*, 224
ピリッポスV世　46, 48, 50, 51
ピロストラトス　112
ピロン　166

ファスケース　18, 23
ファビウス・マクシムス，クイントゥス　46
ファミリア　19
フェニキア人　118, 120, *121*
フォサッティ　205
フォルムの建設　71
フォルム・ロマーヌム　88
父権　19
プトレマイオスXIV世　71
プトレマイオスII世（ピラデルポス）　43
プトレマイオス朝　48
船　184
フネリクス　215
ププリカーニ　56
ププリコラ，ププリウス・ウァレリウス　25
ププリウス法　26
フミリオレス　108
フラウィアヌス，ニコマクス　193
フラウィウス＝アントニヌス朝　102
フラウィウス朝　102
プラウトゥス，ティトゥス・マッキウス　54
プラエテクスタトゥス　194
プラエトル　36
プラトン　177
フラックス，ウァレリウス　64
フラミニウス，ガイウス　44, 54
フラミニヌス，ティトゥス・クインクティウス　50
フランク族　168, 193, 214, 221
プリスキッリアヌス　124
ブリタンニクス　154
プリニウス　177, 178
プルデンティウス　216
ブルグンド族　210, 213, 214
ブルグンド法　215
プルタルコス　*66*, 147
ブルトゥス，マルクス　27

ブルトゥス，マルクス・ユニウス　72, 73
フレゲッラエ　37
ブレダ　211
プレブス　25, 26
プロウィンキア（属州）　44
プロウォカティオ　23
　——の権利　24
プロクラトル　109
プロクロス　177
プロコピウス　192
プロコンスル　109
プロティノス　177
プロペルティウス　76
プロレタリイ　22
フン族　192, 209, 211

兵員会　42
兵士トリブーヌス　36
兵隊の給料　42
平民　25, 26
平民会決議　36, 60
平和の祭壇　77
ペテロ　*190*, 207
ベドウィン族　156, *159*
ペトラ　80, 161
ベネディクトゥス　198
ヘリオガバルス　105, *106, 109*, 176
ヘリオポリス　161, *161*
ペリシテ人　160
ベルガエ族　80
ヘルクラネウム　97
ベル神殿　159
ペルセウス（マケドニア王）　51
ヘルニキ族　29, 34, 37
ヘルリ族　168, 170
ヘレナ（コンスタンティヌスの母）　189
ヘロディアヌス　168
ヘロディオン　163
ヘロデ王朝　80
ヘロデス・アグリッパ　81
ヘロデス・アッティクス　107, *148*
ヘロデス大王　80, 162, 163
辺境駐屯軍　172, 174
ペンタポリス　164

ポイティンガー地図　*116*
ボエティウス　216, 220, *220, 221*
ポエティリウス法　26
ポエニ戦争　37, 40, 44, *44, 47, 51*
墓抗文化　20
保護者　19
母市コホルス　76
補充査定　174
補助軍　77, 81, *101*
ホスローI世　220
ホネスティオレス　108
ホノリウス　193, 208, 209, *211*, 218
ホラティウス　76
ホラティウス，マルクス　27
ポリュビオス　28, 43, 46
ポルセンナ（クルシウムの王）　21
ポルピュリオス　177
ポンペイ　86, *86, 112*
ポンペイウス，グナエウス　66, *66*, 69, 156

マ　行

マエケナス，ガイウス　75, 76
巻揚げ装置　184
マクシミアヌス　171, 188
マクシミヌス　168
マクシミヌス，ガイウス・ユリウス　106
マクシミヌス・ダイア　179, 188

243

索　引

マクシムス　193
マクセンティウス　179, 188, *189*
マグナ・グラエキア　39
マグネンティウス　190
マケドニア　51, 58
マケドニア戦争　50
マサダ　81, 163, *163*
——の砦　*81*
魔術　176
マニ教　176
マニ教徒迫害　176
マメルティニ　43
マリウス, ガイウス　58, 60, 63
——の軍制改革　61
マルクス・アウレリウス記念柱　105
マルケッリヌス, アンミアヌス　168, 197, 200
マルケッルス劇場　*77*
マルコビウス　216
マルコマンニ族　103
マルティアリス　107
マルティヌス（トゥールの）　198
マンリウス・ウルソ, グナエウス　50

密儀宗教　96, 176
密儀礼拝　194
ミトラス　96, *96*, 176, 191, 194
ミトリダテス軍　64
ミトリダテス戦争　*64*
ミトリダテスⅥ世　63, *64*, 68
ミネルウァ　*139*
ミラノの勅令　196
ミルウィウス橋の戦い　188
ミロ, ティトゥス・アニウス　69
民会決議　69

ムーア人　223
ムニキピア　82
ムニキピウム　36, 80, *142*
ムルサの戦い　213
ムンダの戦場　71

メッサナ　43
メッシナ　43
メテッルス・ピウス, クイントゥス　64, 66
メテッルス, ルキウス・カエキリウス　43

門閥派　64

ヤ　行

ユウェナリス　102, 107, 156, 186
ユグルタ　60
ユグルタ戦争　60, 63, *64*
ユスティニアヌス　148, 201, *218*, *219*, 221, 223
ユスティヌスⅠ世　221
ユダヤ　80
ユダヤ人共同体　96
『ユダヤ戦記』　*163*
ユダヤ反乱　102, 103, 106, 162
ユピテル　*97*
ユピテル・バアル神殿　*161*
ユリア（アウグストゥスの娘）　75
ユリアヌス　179, 190, 191, *191*, *192*, 194, 198, 213
ユリウス＝クラウディウス朝　77
ユリウス暦　*95*, 225

ヨウィアヌス　191
ヨセフス　163, *163*
ヨハネス　208, 211, 217

ラ　行

ラウェンナ　218
ラクタンティウス　172, 174, 179, 190
ラティフンディウム　55
ラテン人植民市　*34*, 37, 39, 40, 42, 46, *49*, 63
ラテン人反乱鎮圧　42
ラテン同盟　29, 34
ラピス・ニゲル　*22*
ランゴバルド族　223
ランバエシス　123, *123*

リウィウス　30, 36, 50, 76
リキニウス　36, 179, 188
リキニウス＝セクスティウス法　36
離婚法　200
リバニウス　197, 201
リーベルタース　*22*, 78
リミタネイ　172
リュコフロン　43

ルア　211
ルカヌス（詩人）　79, 107
ルキアノス（サモサタの）　156, 177
ルギラ　211
ルキリウス, ガイウス　54
ルクソリウス　214
ルクッルス, ルキウス・リキニウス　66
ルタティウス・カトゥルス, ガイウス　43
ルフス, ウェルギニウス　79
ルペルクス神の祭　*95*

レオン　211
レピドゥス, マルクス・アエミリウス　71, 66
レプティス・マグナ　120
レムス　17, *17*

ロストフツェフ　170
ローマ同盟　*41*
ローマの大火　78
ローマ法　223
ロムルス　17, *17*
ロムルス・アウグストゥルス　211, *211*

監修者

平田　寛
<ruby>平<rt>ひら</rt></ruby><ruby>田<rt>た</rt></ruby>　<ruby>寛<rt>ひろし</rt></ruby>

　1910年　兵庫県に生まれる
　1936年　早稲田大学文学部史学科・大学院(旧制)修了
　現　在　早稲田大学名誉教授
　（専攻　古代・中世科学技術史）

訳　者

<ruby>小<rt>こ</rt></ruby><ruby>林<rt>ばやし</rt></ruby><ruby>雅<rt>まさ</rt></ruby><ruby>夫<rt>お</rt></ruby>

　1940年　東京都に生まれる
　1971年　早稲田大学大学院（西洋史専攻）
　現　在　早稲田大学文学部教授
　（専攻　ギリシア・ローマ文化史）

図説 世界文化地理大百科
古代のローマ（普及版）

1985年 6 月25日　初　版第 1 刷
2000年 4 月15日　　　　第 7 刷
2008年11月20日　普及版第 1 刷

　　　　　　　　　監修者　平　田　　　寛
　　　　　　　　　訳　者　小　林　雅　夫
　　　　　　　　　発行者　朝　倉　邦　造
　　　　　　　　　発行所　株式会社　朝倉書店
　　　　　　　　　　　　　東京都新宿区新小川町6-29
　　　　　　　　　　　　　郵便番号　162-8707
　　　　　　　　　　　　　電　話　03（3260）0141
　　　　　　　　　　　　　FAX　03（3260）0180
　〈検印省略〉　　　　　　　http://www.asakura.co.jp

© 1985　〈無断複写・転載を禁ず〉　　　凸版印刷・渡辺製本

Japanese translation rights arranged with EQUINOX (OXFORD) Ltd., Oxford, England through Tuttle-Mori Agency Inc., Tokyo

ISBN 978-4-254-16864-8　C 3325　　　　Printed in Japan

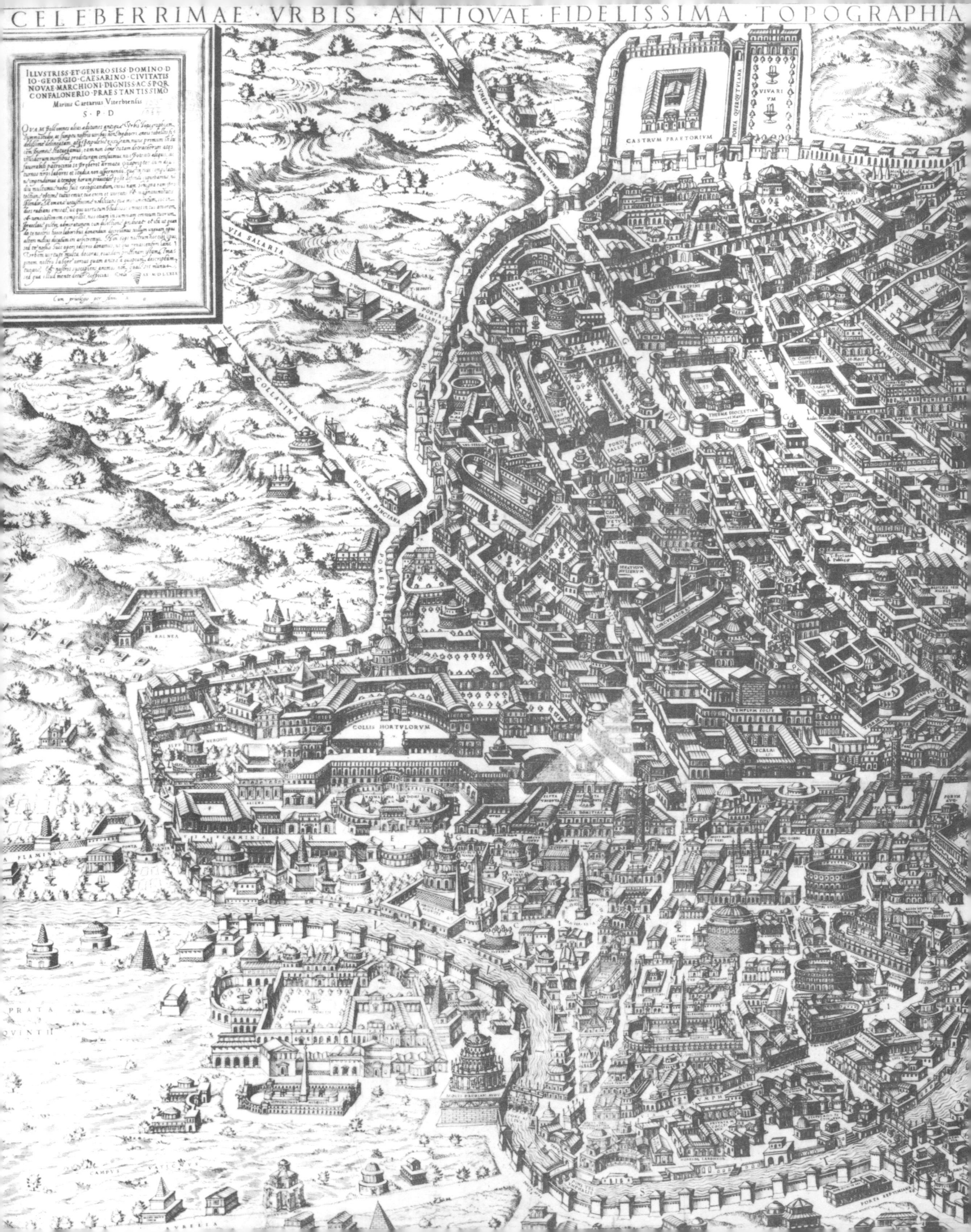

CELEBERRIMAE · URBIS · ANTIQUAE · FIDELISSIMA · TOPOGRAPHIA